蔡鎮楚　注譯
周鳳五　校閱

新譯

論衡讀本（下）

三民書局　印行

國家圖書館出版品預行編目資料

新譯論衡讀本 / 蔡鎮楚注譯;周鳳五校閱.－－二版二刷.－－臺北市：三民，2019
冊；　公分.－－(古籍今注新譯叢書)

ISBN 978-957-14-5202-9 (上冊:平裝)
ISBN 978-957-14-5203-6 (下冊:平裝)

1.論衡 2.注釋

122.61　　98010112

© 新譯論衡讀本(下)

注譯者　蔡鎮楚
校閱者　周鳳五
發行人　劉振強
著作財產權人　三民書局股份有限公司
發行所　三民書局股份有限公司
地址　臺北市復興北路386號
電話　(02)25006600
郵撥帳號　0009998-5
門市部　(復北店) 臺北市復興北路386號
(重南店) 臺北市重慶南路一段61號
出版日期　初版一刷　1997年10月
二版一刷　2012年5月
二版二刷　2019年4月
編號　S 031330
行政院新聞局登記證局版臺業字第〇二〇〇號

ISBN 978-957-14-5203-6 (下冊：平裝)

http://www.sanmin.com.tw 三民網路書店

新譯論衡讀本 目次

下冊

卷一五

變動篇第四十三

【題解】本篇亦旨在駁斥「天人感應論」。〈寒溫篇〉著力從君主之喜怒刑賞引起寒溫之變說起，〈譴告篇〉著重從天降寒溫之氣以指責君主政治之失入手，本篇二合為一，從上述兩個方面提出問題，批判漢儒所謂君主的政治和人的至誠能感天，使天氣、天象為之感動之說，故篇名之「變動」。

作者以較客觀的態度來分析自然現象，認為自然的變化對人和物會產生一定影響，如「天且雨，螻蟻徙，丘蚓出，琴弦緩，固疾發」，這裡王充已涉及「氣象醫學」之命題，頗有價值。但是，他認為「人不能動地，而亦不能動天」，因為「寒暑有節，不為人變改也」，無論君主政治如何，都難以改變「春生而秋殺」的自然法則；無論人怎樣地至誠，都不可能使冬熱而夏寒。但王充過分誇大了自然的威力，強調「人物吉凶統於天」，不免又失之偏頗，在論述自然變化對人和物的影響時，有時又近乎形而上學，是不可取的。

論災異者，已疑❶於天用災異譴告人矣。更❷說❸曰：「災異之至，殆人君以政動天，天動氣❹以應❺之。譬之以物擊鼓，以椎❻扣❼鐘，鼓猶天，椎猶政，鐘鼓聲猶天之應也。人主❽為❾於下，則天氣隨人而至矣。」曰：此又疑也。

【章旨】此章提出災異之論以疑之。

【注釋】❶疑 可疑；不可信。❷更 又。❸說 解釋。❹動氣 動用陰陽之氣。❺應 應和。❻椎 同「槌」。❼扣 敲打。❽人主 君主。❾為 動詞。做。此指施政。

【語譯】主張災異之說的人，在上天用災異來譴告君主的說法方面已被人們懷疑了。他們又進一步解釋道：「災異的發生，大概是君主用政治感動上天，上天就動用陰陽之氣來應和君主。如果用物擊鼓、用槌子敲鐘來比喻它，那麼鼓好比天，槌子好比政治，鐘鼓之聲好比上天的應和。君主在天底下施政治國，天上不同的氣就隨著君主施政的好壞而出現了。」我認為：這種說法又是不可以相信的。

夫天能動物，物焉能動天！何則？人、物繫於天，天為人、物主也。故曰：
「王良策馬❶，車騎❷盈❸野。」非車騎盈野，而❹乃❺王良策馬也。天氣變於上，
人、物應於下矣。故天且❻雨，商羊❼起舞，非使天雨也。商羊者，知雨之物也，
天且雨，屈其一足起舞矣。故天且雨，螻❽蟻徙❾，丘蚓❿出，琴弦緩⓫，固疾⓬
發，此物為天所動之驗也。故天且風，巢居之蟲⓭動；且雨，穴處之物⓮擾⓯，風
雨之氣感蟲物也。故人在天地之間，猶蚤虱之在衣裳之內，螻蟻之在穴隙之中。
蚤虱螻蟻為逆順橫從⓰，能令衣裳穴隙之間氣變動乎？蚤虱螻蟻不能，而獨謂人

能，不達⓱物氣之理也。

【章　旨】此章言人、物不能動天。

【注　釋】❶王良策馬　據《史記·天官書》載，銀河中有四顆星叫天駟，旁有一星名叫王良，王良星與天駟之旁，尚有一策星，策星閃動，則預示地上有戰爭發生，名之曰「王良策馬」。策馬，用馬鞭子趕馬。❷車騎　車馬。❸盈　充滿；遍。❹而　而後。❺乃　方；才。❻且　將要。❼商羊　傳說中的鳥名。《孔子家語·辯政》云：「齊有一足之鳥，飛集於宮朝下，止於殿前，舒翅而跳。齊侯大怪之，使使聘問孔子。孔子曰：『此鳥名曰商羊，水祥也。昔童兒有屈其一腳，振訊兩眉而跳。且謠曰：天將大雨，商羊鼓舞。』」❽螻　螻蛄。❾徙　遷徙；搬家。❿丘蚓　蚯蚓。丘，通「蚯」。⓫緩　鬆弛。⓬固疾　頑症；經久不癒的疾病。固，通「痼」。⓭巢居之蟲　指築巢而居的鳥類。⓮穴處之物　穴居的動物。此指螻蛄螞蟻之類。⓯擾　騷動。⓰逆順橫從　前後左右亂跳亂爬。從，通「縱」。⓱達　通曉。

【語　譯】上天能感動物，物怎麼能感動天！為什麼呢？因為人和萬物都隸屬於天，天為人和萬物的主人。所以說：「王良用馬鞭子趕馬，車馬遍布原野。」不是車馬遍布原野，而後才有王良策馬的。天氣在上面變化著，人和物在天下邊應和著。因此天將要下雨，商羊鳥就飛舞鳴叫，並不是商羊起舞使天下雨的。商羊，是一種懂得下雨的動物，天將要下雨的時候，牠就把自己的一足彎曲起來，不斷地飛舞鳴叫。所以天將下雨時，螻蛄螞蟻就搬家，蚯蚓出土，琴弦鬆弛，舊病就復發了，這就是物被天感動的證明。因此天將颳風，巢居的蟲類就動起來了；將要下雨時，穴居的螻蛄螞蟻之類動物就騷動起來了，這是風雨之氣感動蟲物的表現。所以人在天地之間，如同蚤虱生長在衣裳之內、螻蛄螞蟻生活在穴隙之中一樣。蚤虱螻蟻只作前後左右亂跳亂爬，能使衣裳穴隙之間的氣變動嗎？既然蚤虱螻蟻不能改變衣裳穴隙間的氣，而唯獨說人能改變天地之間的氣，這就說明是不通曉物氣的常理了。

夫風至而樹枝動，樹枝不能致❶風。是故夏末蜻蛚❷鳴，寒螿❸啼，感陰氣❹也。雷動而雉❺驚，發蟄❻而蛇出，起陽氣也。夜及半而鶴唳❼，晨將旦❽而雞鳴，此雖非變❾，天氣動物，物應天氣之驗也。顧❿可言寒溫感動人君，人君起氣而以賞罰，乃⓫言以⓬賞罰感動皇天，天為寒溫以應政治乎？

【章旨】此章駁「天為寒溫以應政治」之論。

【注釋】❶致　招來。❷蜻蛚　蟋蟀。❸寒螿　寒蟬。❹感陰氣　按陰陽五行說，冬末春初，陽氣始生，夏末秋初，陰氣始生，故言。❺雉　野雞。❻發蟄　驚蟄。二十四節氣之一。❼唳　鶴鳴聲。❽旦　天亮。❾變　指災異之變。❿顧　但；只。⓫乃　豈；怎麼。⓬以　用。

【語譯】風來了，於是樹枝就搖動了，然而樹枝不能招來風。因此夏末蟋蟀鳴，寒蟬叫，這是受了陰氣的感動。春雷動而野雞驚，驚蟄開始而長蛇出洞，這是受了陽氣的激發。半夜時分而鶴鳴，天亮時分而雞鳴，這些雖然不是自然災害和異常現象，卻是天氣感動萬物，萬物應和天氣的證明。只能夠說寒溫之氣感動了君主，君主受寒溫之氣的激發而對人予以賞罰，怎麼能說君主以賞罰感動了上天，上天用寒溫之氣來應和君主的政治呢？

六情風家❶言：「風至，為盜賊者感應之而起❷。」非盜賊之人精氣感天，使風至也。風至，怪不軌❸之心，而盜賊之操❹發❺矣。何以驗之？盜賊之人，見物而取，睹敵而殺，皆在徙倚漏刻❻之間，未必宿日❼有其思也，而天風已以貪狼陰賊❽之日至矣。以風占❾貴賤❿者，風從王相鄉⓫來則貴，從囚死地⓬來則賤。夫貴賤多少，斗斛⓭故⓮也。風至，而糴⓯穀之人貴賤其價⓰，天氣動怪⓱人物者也。故穀價低昂，一貴一賤矣。

【章　旨】此章駁六情風家所謂風為盜賊者感應而起之論。

【注　釋】❶六情風家　見《漢書・翼奉傳》。六情，《白虎通・情性》云：「六情者，何謂也？喜、怒、哀、樂、愛、惡謂六情。」風家，指根據風向預測吉凶的人。他們認為，風有東、西、南、北、上、下六個方向，並分別賦予人的怒、喜、惡、愛、樂、哀六種感情，根據時日風向則可以推測吉凶。❷起　作案。❸不軌　不守法度；犯法。❹操　行為。❺發　發作。❻徙倚漏刻　比喻時間很短。徙倚，徘徊。漏刻，頃刻。❼宿日　往日；舊日。❽貪狼陰賊　像貪婪狠毒的狼、陰險狡猾的賊一樣。六情風家認為，每逢申、子、亥、卯日，便是貪狼陰賊橫行當道之日，故言。見《漢書・翼奉傳》。❾占　占卜；預測。❿貴賤　指物價高低。⓫王相鄉　指在某一時間內表示興旺的方位。王相，陰陽五行說的專門術語，表示興旺。⓬囚死地　指在某一時間內表示衰亡的方位。囚死，陰陽五行說的專門術語，表示衰亡。⓭斛　古代容量單位。漢代以十斗為一斛。⓮故　照舊。⓯糴　賣穀物。⓰貴賤其價　把穀子的價格抬高或降低。價，價格。⓱動怪　動搖。此指影響。

【語　譯】以六種感情和風向來預測吉凶的人說：「風來了，做盜賊的人受到風的感應而起來作案。」不是做盜賊的人的精氣感動了天，使風到來了。風一來，動了盜賊犯法的心，於是盜賊的行為就發作了。憑什麼來證明呢？做盜賊的人，看見財物就偷取，看到敵手就拼殺，都發生在徘徊頃刻之間，不一定往日就有這種想法，而是天上的風已在貪狼陰賊當道的日子裡颳來了。用風向來預測物價高低的人，認為風從表示興旺的「王相鄉」颳來，物價就貴，風從表示衰亡的「囚死地」颳來，物價就賤。穀價有貴賤高低，但斗斛並沒有改變。風一颳來，於是賣穀物的人就會抬高或壓低穀物的價格，這是由於天上的氣影響了人心和物價的緣故。所以穀物的價格時而低下，時而高昂，出現一貴一賤的情況。

〈天官〉之書❶，以❷正月朝❸，占❹四方之風。風從南方來者旱，從北方來者湛❺，東方來者為疫❻，西方來者為兵❼。太史公❽實道❾，言以風占水旱兵疫者，人物吉凶統於天❿也。使物生者，春也；物死者，冬也。春生而冬殺者，天也。如或欲春殺⓫冬生，物終不死生，何也？物生統於陽⓬，物死繫⓭於陰⓮也。故以口氣吹人，人不能寒；吁⓯人，人不能溫。使見⓰吹吁之人，涉冬觸夏⓱，將有凍暍⓲之患矣。寒溫之氣，繫於天地而統於陰陽，人事國故，安能動之？

【章　旨】此章以《史記・天官書》所論批駁之。

【注　釋】❶天官之書　指司馬遷《史記・天官書》。❷以　在；於。❸朝　早晨。❹占　占卜；推測。❺湛　大水；澇。據今本《史記・天官書》說，「北方，為中歲」、「東方大水」，與此說有異。❻疫　瘟疫。今本《史記・天官書》說「東南，民有疾疫」。與王充的說法不同。❼兵　戰亂。❽太史公　即司馬遷。❾實道　據實論事。❿統於天　被天統治、主宰。⓫殺　死。⓬統於陽　由陽氣所決定。陽，指陽氣。⓭繫　隸屬。⓮陰　陰氣。⓯吁　呵氣。⓰見　被。⓱涉冬觸夏　經冬歷夏。涉，經過。觸，接觸。此作經歷解。⓲暍　晴天。此指太陽曝曬。

【語　譯】《史記・天官書》載，在夏曆正月初一的早晨，根據風向來占卜一年的吉凶。如果風從南方來，就預示今年要發生旱災；如果風從北方來，就預示今年要發生水災；如果風從東方來，就預示今年要發生瘟疫；如果風從西方來，就預示今年要發生戰亂。太史公是據實論事的人，他說用風向來預測一年的水旱兵疫情況，就是說人和物的吉凶由天主宰著。使植物生長的，是春天；使植物枯死的，是冬天。植物在春天生長而在冬天枯死，這是天決定的。如果有人想讓植物在春天死而在冬天生長，植物終究不會在春天死而在冬天生長的，這是什麼原因呢？因為植物生長是由春天開始產生的陽氣決定的，植物枯死則是隸屬於冬天產生的陰氣。因此用口氣吹人，人不可能感到寒冷；向人呵氣，人也不可能感到溫暖。讓被吹氣和呵氣的人，經歷冬天和夏天，將有受凍挨曬的憂患之苦了。寒氣和溫氣，隸屬於天地而由陰陽所主宰著，人事國政，怎麼能感動它？

且❶天本而人末❷也。登樹怪其枝，不能動其株❸。如伐株，萬莖枯矣。人事猶樹枝，寒溫猶根株也。人生於天，含天之氣，以天為主，猶耳目手足繫於心矣。心有所為，耳目視聽，手足動作。謂天應人，是謂❹心為耳目手足使❺乎？旌❻旗垂旒❼，旒綴❽於杆，杆東則旒隨而西。苟謂寒溫隨刑賞而至，是以天氣為綴旒也。鉤星在房、心之間，地且❾動之占❿也。齊太卜⓫知之，謂⓬景公⓭：「臣能動地。」景公信之。夫謂人君能致寒溫，猶齊景公信太卜之能動地。夫人不能動地，而⓮亦不能動天。

【章　旨】此章提出「天本人末」之說，故人不能感動天地。

【注　釋】❶且　況且。❷天本而人末　以天為本，以人為末。❸株　樹幹。❹謂　說。❺使　使用；支配。❻旌　古代旗子的通稱。❼旒　旗上的穗帶。❽綴　繫；結。❾且　將要。❿占　徵兆。⓫太卜　主管占卜的官吏。⓬謂　對……說。⓭景公　指齊景公。⓮而　則。

【語　譯】況且天是根本而人是末節。人攀登大樹時，只能搖動樹的枝葉，而不能搖動它的樹幹。如果砍掉樹幹，它的無數枝葉就枯死了。人事好比樹枝，寒溫好比樹根樹幹。人承受天施放的氣而生，蘊含著天的氣，以天為主，如同耳目手足隸屬於心一樣。心裡想要做什麼，眼睛就會看什麼，耳朵就會聽什麼，手足就會隨著動作起來。如果說天應和人的話，這就是說人的心理活動是受耳目手足支配的嗎？旌旗垂穗，穗帶繫於旗杆，旗杆往東，穗帶隨即就向西飄。如果說寒溫之氣是隨君主的刑賞而到來，這就是把天上的氣當作繫在旗杆上的穗帶了。水星在房宿和心宿之間，是將要發生地震的徵兆。齊國的太卜得知這個消息，就對齊景公吹噓說：「我能使地動起來。」景公信以為真。說君主能招致寒溫之氣，就好比齊景公相信太卜能夠使地動起來一樣可笑。人不可能使地動，就也不可能使天動。

夫寒溫，天氣也。天至❶高大，人至卑小。筳❷不能鳴鐘，而螢火不爨❸鼎者，何也？鐘長而筳短，鼎大而螢小也。以七尺之細形❹，感皇天之大氣，其無分銖❺之驗，必也。占將❻且入國邑❼，氣寒，則將且怒；溫，則將喜。夫喜怒起事而發，未入界❽，未見吏民，是非未察，喜怒未發，而寒溫之氣已豫❾至矣。怒喜致寒溫，怒喜之後，氣乃當至。是❿竟寒溫之氣使人君⓫怒喜也。

【章旨】此章繼續駁人的怒喜招致寒溫之說。

【注釋】❶至　極；最。❷筳　小竹枝。❸爨　燒火煮飯。❹細形　細小的身軀。❺分銖　形容極微小。相當於一絲一毫。銖，古代重量單位。二十四銖為一兩。❻將　此指郡守之類地方行政長官。❼國邑　即郡邑。郡的首府。❽界　郡界。❾豫　通「預」。❿是　此。指「氣寒，則將且怒；溫，則將喜」的說法。⓫人君　指地方長官。

【語譯】寒溫，是天氣。天最高最大，人最卑微最小。小竹枝不可能敲響鐘，而螢火光也不可能燒火把一鼎飯煮熟，為什麼呢？因為鐘太長大而小竹枝太短小，鼎太大而螢火太小啊。憑著七尺長的小小身軀，要感動皇天的大氣，它不會有一絲一毫的效驗，這是必然的。預計地方長官將要進入郡邑，如果天氣寒冷，那就表明地方長官將要發怒了；天氣溫暖，就表明地方長官很欣喜。喜怒是有感於事情而引起的，如今地方長官還沒有進入郡界，還沒有見到一郡的官吏和老百姓，是非尚未觀察，喜怒尚未發出，而寒溫之氣已經預先來到了。如果怒喜能招致寒溫的話，那麼應當在地方長官發怒或歡喜之後，寒溫之氣才可能到來。而「氣寒，則將且怒；溫，則將喜」這種說法，竟然是寒溫之氣引起地方長官發怒或高興的啊。

或曰：「未至誠❶也。行事❷至誠，若鄒衍之呼天而霜降，杞梁妻哭而城崩❸，何天氣之不能動乎？」夫至誠，猶以心意之好惡❹也。有果蓏❺之物，在人之前，去❻口一尺，心欲食之，口氣吸之，不能取也；手掇❼送口，然後得之。夫以果蓏之細，員❽圖❾易轉，去口不遠，至誠欲之，不能得也，況天去人高遠，其氣莽蒼❿無端末乎？盛夏之時，當風⓫而立；隆冬之月，向日而坐。其夏欲得寒而冬欲得溫也，至誠極矣。欲之甚者，至⓬或當風鼓箑⓭，向日燃爐，而天終不為冬夏易氣⓮，寒暑有節，不為人變改也。夫正欲得之而猶不能改，況⓯自刑賞意思不欲求⓰寒溫乎？

【章　旨】此章批駁「至誠動天」之論。

【注　釋】❶至誠　十分虔誠。❷行事　做事。❸若鄒衍二句　見本書〈感虛篇〉。❹好惡　愛好、憎惡。❺蓏　瓜。❻去距離。❼掇　拾取。❽員　通「圓」。❾圜　通「團」。❿莽蒼　無邊無際之貌。⓫當風　迎風。當，面對著。⓬至　以至於。
⓭鼓箑　搧扇子。箑，扇子。⓮易氣　改變天氣。⓯況　何況。⓰求　求得；得到。

【語　譯】有人說：「沒有十分虔誠啊。做事十分虔誠，像鄒衍因感到冤屈而仰天長歎，感動上天而盛夏五月降霜，杞梁妻痛哭丈夫而使長城崩潰，為什麼天氣不能夠改動呢？」所謂至誠，還是就人的心意好惡來說的。有瓜果之類物品，如果在人們的面前，距離嘴巴僅一尺遠，心裡很想吃掉它，用口氣吸收它，仍然不可能取到它；用手拾取它以後送到口裡，然後才能得到它。即使以這細小的瓜果，圓團易轉，離口不遠，最虔誠地想得到它，也不可能獲得，何況天離人那麼高遠，天上的氣無邊無際、沒頭沒尾呢？盛夏的時候，人們迎風而立；隆冬臘月，人們對著太陽而坐。人們在夏天想得到寒氣而冬季想得到溫氣的心，可謂至誠已極了。那些希望得到寒冷或溫暖最心切的人，以至於有時迎風搧扇，面對著太陽燒火爐子，然而天終究不會替他們改變冬夏的寒溫之氣，因為寒暑是有節氣的，不以人的意願而改變的。真正想得到寒溫時，尚且不能招來，更何況君主刑賞的用意並不是希望求得那寒溫之氣呢？

萬人俱歎，未能動天，一鄒衍之口，安能降霜？鄒衍之狀❶，孰與屈原？見❷拘之冤，孰與沈江？〈離騷〉❸、《楚辭》❹悽愴，孰與一歎？屈原死時，楚國無霜，此懷❺、襄❻之世也。厲❼、武❽之時，卞和❾獻玉，刖其兩足，奉❿玉泣⓫出，涕⓬盡續之以血。夫鄒衍之誠，孰與卞和？見拘之冤，孰與刖足⓭？仰天而歎，孰與泣血？夫歎固⓮不如泣，拘固不如刖，料計⓯冤情，衍不如和，當時楚地不見霜。李斯⓰、趙高⓱讒殺⓲太子扶蘇⓳，並及蒙恬⓴、蒙驁㉑。其時皆吐痛苦之言，與歎聲同，又禍至死，非徒見拘，而其死之地，寒氣不生。秦坑㉒趙卒於長平㉓之下，四十萬眾同時俱陷㉔。當時啼號㉕，非徒歎也。誠雖不及鄒衍，四十萬之冤，度㉖當㉗一賢臣之痛；入坑坎㉘之啼，度過拘囚之呼，當時長平之下不見隕㉙霜。〈甫刑〉㉚曰：「庶㉛僇㉜旁㉝告無辜㉞於天帝。」此言蚩尤之民被㉟冤，旁告無罪於上天也。以眾民之叫，不能致霜，鄒衍之言，殆虛妄也。

【章旨】此章批駁所謂「鄒衍呼天而霜降」之謬。

【注釋】❶狀　狀況；處境。❷見　被。❸離騷　屈原之代表作。❹楚辭　詩歌總集名。西漢劉向輯。全書收錄屈原、宋玉及漢代淮南小山、東方朔、王褒、劉向等人辭賦十六篇，以屈原的詩歌為主。後東漢王逸為之作章句，增列己作〈九思〉，遂成十七篇。❺懷　楚懷王。❻襄　楚頃襄王。西元前二九八前二六三年在位。❼厲　楚厲王。❽武　楚武王。西元前七四〇至前六九〇年在位。❾卞和　春秋時代楚國的著名玉工。❿奉　通「捧」。⓫泣　淚。⓬涕　淚。⓭刖足　古代一種斷足的酷刑。見《韓非子・和氏》。⓮固　本來；確實。⓯料計　衡量。⓰李斯　秦始皇時任丞相。⓱趙高　秦始皇時任中車府令。⓲讒殺　進讒言而殺害。據《史記・李斯列傳》和《史記・蒙恬列傳》等載，西元前二一〇年，秦始皇病死，趙高偽造詔書，擁立胡亥為二世，讒殺扶蘇，蒙恬、蒙毅等被株連而死。⓳扶蘇　秦始皇之長子。⓴蒙恬　秦國大將。㉑蒙驁　蒙恬之祖父。據《史記・蒙恬列傳》載，蒙驁死於始皇七年。此應是蒙恬之弟蒙毅之誤。㉒坑　活埋。㉓長平　古地名。在今山西高平之西北。西元前二六〇年，秦將白起在長平大敗趙軍，降卒四十萬眾全部坑殺於長平之野。㉔陷　被埋。㉕啼號　哭喊。㉖度　衡量；估計。㉗當　抵當；抵得上。㉘入坑坎　指被活埋入坑。㉙隕　落；降。㉚甫刑　即《尚書・呂刑》。㉛庶　百姓；眾民。㉜僇　通「戮」。殺戮。㉝旁　廣泛；普遍。㉞辜　罪過。㉟被　遭受。

【語譯】萬人同仰天長歎，尚且不能動天，鄒衍的一張嘴巴，怎能使天感動而至於降霜？鄒衍的處境，與屈原相比，又怎麼樣？被拘禁的冤屈，與遭讒而氣憤自沈汨羅江相比，又怎麼樣？〈離騷〉、《楚辭》所表達的淒涼悲傷，與鄒衍的一聲長歎相比，又怎麼樣？屈原死時，楚國並沒有降霜，這是楚懷王、楚頃襄王時代。楚厲王、楚武王時代，卞和把一塊寶玉先後奉獻給楚厲王和武王，二王不識寶，以欺君之罪砍掉卞和的雙腳，卞和手捧寶玉淚流滿面地被趕出了朝廷，眼淚哭盡，接著就哭出血來。鄒衍的虔誠，與卞和相比，又怎麼樣？被拘禁的冤屈，哪裡比得上被砍掉雙腳的酷刑？仰天而歎息，哪裡比得上泣血之悲？歎息聲本來不如哭泣聲動人，被拘禁本來不如被砍斷雙腳悲悽，衡量冤屈之情，鄒衍不如卞和，當時楚地並不見霜降。李斯、趙高進讒言殺害太子扶蘇，並且禍及大將蒙恬及其弟弟蒙毅。那時他們都傾吐了悲痛淒苦的話，與鄒衍的歎息聲相同，卻又禍及至死，不僅僅是被拘禁，然而他們被殺死的地方，寒氣並不降生。秦將白起在長平活埋趙國降卒，四十萬眾同時一起被活埋了。當時趙國降卒哭喊著，不僅僅是仰天長歎。誠心即使不及鄒衍，但四十萬將士的哀冤，估計應當抵得上一個賢臣的悲痛；四十萬將士被活埋的哭喊，估計應超過一個被拘禁的囚徒的呼叫，然而，當時長平之下卻不見降霜。《尚書．呂刑》說：「眾民被殺戮，紛紛向天帝訴說自己無罪。」這是講蚩尤統治下的老百姓遭受冤屈，紛紛向上天訴說自己無罪。以廣大老百姓的哭叫，尚不能招致霜降，鄒衍呼天而霜降的說法，大概是虛妄之言吧。

南方至熱，煎❶沙爛石，父子同水而浴。北方至寒，凝冰坼土❷，父子同穴而處。燕❸在北邊，鄒衍時，周❹之五月，正歲❺三月也。中州❻內，正月、二月霜雪時降；北邊至寒，三月下霜，未為變也。此殆❼北邊三月尚寒，霜適自降，而衍適❽呼，與霜逢會❾。傳曰：「燕有寒谷，不生五穀，鄒衍吹律，寒谷復溫❿。」

則⓫能使氣溫，亦能使氣復寒。何知衍不令時人知屈己之冤，以天氣表己之誠，竊吹律於燕獄⓬令氣寒，而因呼天乎？即⓭不然者，霜何故降？

【章旨】此章從地域氣候時令之分析入手，駁鄒衍呼天而霜降之論。

【注釋】❶煎　熔煉。❷坼土　凍裂土地。❸燕　戰國七雄之一。開國君主為召公奭。在今河北北部和遼寧西部，建都於薊。❹周　指周曆。以夏曆的十一月為正月。❺正歲　指夏曆。即現在的農曆。❻中州　古地區名。即中土、中原。狹義的中州指今河南一帶，因其地處古九州之中而得名；廣義的中州或指黃河流域。❼殆　大概。❽適　恰巧。❾逢會　碰在一起。❿燕有寒谷四句　見《藝文類聚・卷五》引劉向《別錄》。⓫則　若；如果。⓬燕獄　燕國的監獄。⓭即　如果。

【語譯】南方最炎熱，能使沙子熔化石頭爛，父子常同在水中洗澡。北方最寒冷，能使水凝結成冰塊，土地凍裂，父子常同在穴洞之中居住。燕國在北方，鄒衍時代，周曆的五月，夏曆正是三月。中州之內，正月、二月霜雪時降；北方最寒冷，三月下霜，並不是變異現象。這樣看來，鄒衍呼天而霜降的說法大概是北方三月間天氣還很寒冷，霜恰巧自己降落下來，而鄒衍恰巧在呼喊，與霜碰在一起。一般解釋經書的書籍說：「燕國有一寒冷的山谷，不生長五穀，鄒衍吹律這種樂器，這一寒冷的山谷又變得氣候溫暖了。」如果人能使氣候變溫暖，也能使氣候又變寒冷。怎麼知道鄒衍不希望能使當時的人知道自己的冤屈，想藉天氣來表示自己的誠心，因此偷偷地在燕國的監獄之中吹律管使天氣變寒冷，而後接著才向上天呼號的呢？如果不是這樣的話，霜雪為什麼緣故要降落下來呢？

范雎❶為須賈❷所讒，魏齊❸僇❹之，折幹❺摺❻脅❼。張儀游❽於❾楚，楚相掠❿之，被捶⓫流血。二子冤屈，太史公列記其狀。鄒衍見拘，雎、儀之比⓬也，且⓭

子長⓮何諱⓯不言？案⓰衍列傳，不言見拘而使霜降。偽書游言⓱，猶太子丹⓲使日再中、天雨粟也。由此言之，衍呼而降霜，虛矣！則杞梁之妻哭而崩城，妄也！

【章　旨】此章以范雎、張儀比鄒衍，斥呼天降霜說之虛。

【注　釋】❶范雎　一作范且。戰國時魏人。❷須賈　戰國時魏國大夫。據《史記・范雎列傳》載，魏昭王時，范雎隨須賈出使齊國，齊襄王派人饋贈其黃金與酒肉，范雎沒有接受。回國後，須賈誣告范雎受賄，被魏相魏齊折幹摺脅。❸魏齊　人名。任魏相。❹僇　受刑罰。❺折幹　腰脊骨被打斷。❻摺　通「折」。❼脅　肋骨。❽游　通「遊」。遊說。❾於　到。❿掠　拷打。⓫捶　通「棰」。棰鞭。據《史記・張儀列傳》載，張儀與楚相一起飲酒，楚相丟了玉璧，懷疑張儀偷了，把他嚴刑拷打了一頓。⓬比　同類型。⓭且　而。⓮子長　司馬遷之字。⓯諱　隱諱；忌諱。⓰案　考察。鄒衍列傳附在《史記・孟子荀卿列傳》之後，故言。⓱游言　沒有根據的道聽塗說。⓲太子丹　燕國太子，名丹。據說太子丹為人質時，秦王政說如果太子丹能使偏西的太陽回到中天，天降粟雨，就答應放他回燕國去。見本書〈感虛篇〉。

【語　譯】范雎被須賈讒害，魏相魏齊懲罰他，被打斷了腰脊和肋骨。張儀到楚國去遊說，楚相懷疑他偷了玉璧，被打得鮮血直流。二人的冤屈，司馬遷《史記》都曾在列傳中記載了他們的情況。鄒衍被拘禁，與范雎、張儀的情況類似，而司馬遷何以隱諱不說？考察鄒衍的列傳，並沒有說他被拘禁而使天為之降霜。偽書上毫無根據的說法，好比秦王政要太子丹讓已經偏西的太陽再回復到中天、讓天下粟雨一樣。由此說來，鄒衍呼天而天降霜的說法，是虛假的！而杞梁的妻子痛哭夫亡而使城牆崩塌的事，也是一種妄說而已。

頓牟❶叛，趙襄子❷帥師攻之。軍到城下，頓牟之城崩者十餘丈，襄子擊金❸而退之。夫以杞梁妻哭而城崩，襄子之軍有哭者乎？秦之將滅，都❹門內崩；霍光❺家且敗，第❻牆自壞。誰哭於秦宮、泣於霍光家者？然而門崩牆壞，秦、霍敗亡之徵❼也。或時❽杞國❾且❿圮⓫，而杞梁之妻適哭城下，猶燕國適寒，而鄒衍偶呼也。事以類而時相因⓬，聞見之者，或而然之⓭。又城老牆朽，猶有崩壞。一婦之哭，崩五丈之城，是則一指摧三仞之楹⓮也。春秋之時，山多變。山、城，一類也。哭能崩城，復能壞山乎？女⓯然素縞⓰而哭河⓱，河流通，信⓲哭城崩，固⓳其宜⓴也。案杞梁從軍死，不歸。其婦迎之，魯君㉑弔㉒於途㉓，妻不受弔，棺歸於家，魯君就弔㉔，不言哭於城下。本從軍死，從軍死不在城中，妻向㉕城哭，非其處㉖也。然則杞梁之妻哭而崩城，復虛言也。

【章旨】此章批駁杞梁之妻哭倒城牆之虛言。

【注釋】❶頓牟　即中牟。古邑名，故址傳說不一，《史記正義》：「相州湯陰縣西有牟山，中牟當在其側。」此說較近，在今河南鶴壁之西。據《淮南子・道應》載，春秋末期，中牟人以中牟歸附於齊國，故趙襄子起兵伐中牟。❷趙襄子　春秋末晉國大夫。❸金　指鉦。一種金屬樂器，又名「丁寧」，形似鐘而狹長，有長柄可執，擊之而鳴。古人打仗，以金、鼓指揮軍隊進退，擊鼓則進，鳴金則退。❹都　國都。此指秦都咸陽。❺霍光　西漢大將。字子孟，河東平陽（今山西臨汾）人。武帝時為奉車都尉，昭帝時輔政，任大司馬大將軍，封博陸侯。死後其家人以謀反罪被滅族。❻第　宅院；門第。❼徵　徵兆。❽或時　或許；也許。❾杞國　古國名。西周時在今河南杞縣境內，後遷至今山東昌樂、安丘地帶。❿且　將要。⓫圮　倒塌。⓬因　連接。⓭然之　以之為然。然，對。引申為相信。⓮楹　廳堂前部的柱子。⓯女　通「汝」。你。⓰素縞　穿喪服。⓱河　黃河。⓲信　相信。⓳固　本來。⓴宜　應該。㉑魯君　據《左傳・襄公二十三年》載，「魯君」應作「齊君」。

㉒弔　弔唁。㉓途　道路。㉔就弔　到他家裡去弔唁。㉕向　面對著。㉖處　地方。

【語　譯】頓牟人背叛，趙襄子統帥軍隊去攻打他們。趙襄子的軍隊剛到達城下，頓牟的城牆就崩塌了十多丈，趙襄子立即鳴金退兵。如果說杞梁妻的哭泣而使城牆倒塌，那麼趙襄子的軍隊中有痛哭的人嗎？秦王朝將要滅亡的時候，都城咸陽的城門向內倒塌了；霍光家將要衰敗的時候，門第的屋牆自己倒塌了。是誰對著秦宮和霍光家哭泣呢？然而城門和家牆崩塌了，這是秦朝、霍光家行將敗亡的徵兆啊。或許杞國的城牆正好將要倒塌，而杞梁的妻子正好在城下哭泣，如同燕國碰巧氣候寒冷，而鄒衍正好在呼喊一樣。同屬於一類的兩件事，發生時間又相連接著，聽到或見到的人，有的也就相信二者之間有因果關係了。再說城老了，牆朽了，也有自行倒塌的。一個婦人的啼哭，能使五丈高的城牆倒塌，這樣說來，一個指頭就可以摧毀三仞高的廳堂柱子了。春秋時代，山多變。山、城牆，屬於同一類情況。哭能使城牆倒塌，還能使山崩塌嗎？你相信晉景公穿著孝服而去哭黃河，被堵塞的黃河之水就流通了的說法，那麼相信杞梁妻子的哭泣能夠使城牆倒塌，本來也就應該了。考察杞梁從軍而死，沒有活著回家。他的媳婦去迎候他的屍骨時，魯君在道路上弔唁，杞梁妻沒有接受君主的弔唁，棺材運回到家裡，魯君就到他家中去弔唁，並沒有說她在城下哭泣。杞梁本是從軍而死，從軍而死就不是死在城中，他的妻子面對著城牆哭泣，哭的不是地方啊。既然這樣，那麼杞梁的妻子哭泣而使城牆倒塌，又是虛妄之言了。

因類以及❶，荊軻刺秦王，白虹貫日❷，衛先生為秦畫長平之計，太白食昴❸，復妄言也。夫豫子❹謀殺襄子，伏於橋下，襄子至橋心動。貫高❺欲殺高祖，藏人於壁❻中，高祖至柏人❼，亦動心。二子欲刺兩主，兩主心動。實論之，尚謂非二子精神所能感也，而況荊軻欲刺秦王，秦王之心不動，而白虹貫日乎？然則白虹貫日，天變自成，非軻之精為虹而貫日也。鉤星在房、心間，地且動之占❽也。地且動，鉤星應房、心。夫太白食昴，猶鉤星在房、心也。謂衛先生長平之議，令太白食昴，疑矣！歲星❾害❿鳥尾⓫，周、楚惡之⓬；綝然之氣⓭見⓮，宋、衛、陳、鄭災⓯。案時周、楚未有非，而宋、衛、陳、鄭未有惡也。然而歲星先守尾⓰，災氣⓱署垂⓲於天，其後周、楚有禍，宋、衛、陳、鄭同時皆然。歲星之害周、楚，天氣災四國也，何知白虹貫日不致刺秦王、太白食昴不使長平計起也？

【章旨】此章再次批駁「白虹貫日」、「太白食昴」之天人感應論，但無新意。

【注釋】❶因類以及　猶言以此類推。❷白虹貫日　意味著君主將遭到兇殺。貫，貫穿。白虹，象徵兵器。日，象徵君主。❸太白食昴　乃是秦國將要進攻趙國的一種徵兆。太白，金星。昴，二十八宿之一。太白食昴，指金星侵犯昴宿。古人認為金星在西方，象徵秦國，昴宿是趙的分野。以上二說均已見於本書〈感虛篇〉，可資參考。❹豫子　即豫讓。晉大夫智伯的家臣。❺貫高　西漢初年人。任趙王張敖的相，曾暗殺劉邦未遂。❻壁　夾牆。❼柏人　古縣名，在今河北內丘東北。見《史記・張耳陳餘列傳》。❽占　占卜；預兆。❾歲星　即木星。它在黃道帶裡每年經過一宮，運行一周天的時間是一一・八六二年，古代以為是十二年，故用以紀年，名為「歲星」。這種歲星紀年法，每隔一定時間就誤差一年，故並不科學。❿害　侵害。古人以一周天為十二等分，認為歲星每年運行一等分。由於計算的誤差，過了一定時間，歲星並不在應該到達的等分之中，而是超越了應在的等分而到了下一等分。他們以為這是不祥之兆，說歲星侵害了別的星宿。⓫鳥尾　指朱雀星宿中形狀像鳥尾的星宿。古人把二十八宿分為東、南、西、北四組，南方組星宿群的排列形狀活像一隻鳥，南方屬火，故名之「朱雀」。⓬周楚惡之　據《左傳・襄公二十八年》，西元前五四四年，歲星越過應到等分，位置正對著朱雀尾巴上的星宿。人們認為天上的星宿分別配屬於地上的政治區域，而朱雀之尾宿配屬於周、楚二國，象徵二國將要遭受災禍，故人們憎惡這一星象。⓭綝

然之氣 指彗星。緌，緌纚。形容人的衣裳和羽毛下垂之貌。⓮見 出現。⓯災 遭受災害。見《左傳》〈昭公十七年〉、〈昭公十八年〉。⓰守尾 侵犯朱雀星宿群的鳥尾。⓱災氣 指彗星。⓲署垂 垂現。署，部署；分布。

【語譯】以此類推，荊軻刺秦王時，一道白色長虹貫穿太陽，衛先生替秦國籌劃長平之戰計時，太白星侵犯昴宿，這又是無知妄說而已。豫讓謀殺趙襄子，埋伏在橋下，趙襄子走到橋邊，心就動了。貫高想殺死漢高祖劉邦，就躲藏在夾牆之中，而高祖到達柏人時，也動了心。二人企圖刺殺兩個君主，結果兩君主心動察覺了。據實來說，趙襄子和漢高祖的心動察覺，尚且說不是豫讓和貫高二人的精神所能觸動的，更何況荊軻想刺殺秦王，連秦王的心還沒有聽說被觸動，怎麼能使白虹貫日呢？這樣說來，白虹貫日，是由於天象變化自然形成的，而不是荊軻的精神之氣化為白色長虹而穿過太陽的。水星運行到房宿、心宿之間，這是地震將要發生的預兆。地將要震動，水星就應當相應地運行到房宿、心宿之間。太白星侵犯昴宿，如同水星運行到房宿、心宿之間一樣。說衛先生為秦國謀劃攻打長平的計策，是使太白星侵犯了昴宿，顯然是值得懷疑的。歲星侵害朱雀星宿群的鳥尾星宿，周、楚兩國都很厭惡它；彗星一出現，宋、衛、陳、鄭四國都遭火災。考察當時的周、楚二國並沒有錯誤，而宋、衛、陳、鄭四國君主也沒有罪惡。然而歲星先侵犯了朱雀星宿的鳥尾，彗星帶來的災氣垂現在天上，這以後周、楚發生災禍，宋、衛、陳、鄭也同時遭到災禍。歲星降災害給周、楚兩國，彗星使宋、衛、陳、鄭四國同時遭受災禍，怎麼知道「白虹貫日」沒有導致荊軻刺秦王，而「太白食昴」也沒有引起衛先生為長平之戰出謀劃策呢？

招致篇第四十四

【題　解】本篇存目，原本缺正文。〈自然篇〉云：「夫寒溫、譴告、變動、招致，四疑皆已論矣。譴告於天道尤詭，故重論之，論之所以難別也。」由此可見，〈招致篇〉亦是一篇批駁天人感應論的文章。唐人馬總《意林》五卷，曾引用〈招致篇〉之佚文，知其對「物以類而時相因」之論進行過比較深入的解說，如其中言獵犬應主人之呼喚、新絲登而舊弦易等，均有一定見地，然而亦摻雜一些糟粕在內，良莠並存也。

明雩篇第四十五

【題　解】本篇旨在辨析古人雩祭。雩祭是古人求雨之祭祀。「變復之家」認為，君主橫暴，上天便用旱災加以警戒；君主荒淫，上天便用水災加以譴責。君主舉行祭祀，則可得到上天寬恕，消除災害。王充依據天道自然法則加以駁斥，認為「暘（晴）久自雨，雨久自暘」，晴雨變化都是自然之氣的運行，君主雖舉行祭祀，也不會影響自然的變化。因而雩祭對於求雨是無所補益的。只有在為了安慰人民並表示君主的「惠愍惻隱之恩」這點上，雩祭才有意義。

變復之家❶，以久雨為湛❷，久暘❸為旱，旱應亢陽❹，湛應沈溺❺。

【章　旨】此章提出變復之家關於水旱天災方面天人感應的觀點以作為全篇駁斥的依據。

【注　釋】❶變復之家　指信奉天人感應的學者。他們把自然災害說成是上天對下民的警示，只要君主祭祀祈禱，便可消除災異，恢復原狀。變，指自然變異。復，指消除變異，恢復正常。❷湛　指水澇災害。❸暘　晴。❹亢陽　高亢的陽氣。此比喻君主橫暴。❺沈溺　此比喻君主迷戀酒色。

【語　譯】信奉天人感應的學者，以為久雨會形成水災，久晴會形成旱災；而旱災是警示君主的橫暴，水災是警示君主的迷戀酒色。

或難❶曰：夫一歲之中，十日者一雨，五日者一風。雨頗留❷，湛之兆也；

暘頗久，旱之漸也。湛之時，人君未必沈溺也；旱之時，未必亢陽也。人君為政，前後若一，然而一湛一旱，時氣❸也，范蠡、計然曰❹：「太歲❺在於水❻，毀；金，穰❼；木，饑❽；火，旱。」夫如是，水旱饑穰，有歲運❾也。歲直❿其運，氣當⓫其世，變復之家，指而名⓬之，人君用其言，求過自改，暘久自雨，雨久自暘，變復之家，遂名其功⓭，人君然之⓮，遂信其術。試使人君恬⓯居安處，不求己過，天猶自雨，雨猶自暘。暘濟⓰雨濟之時，人君無事，變復之家，猶名其術。是則陰陽之氣⓱，以人為主，不統於天也。

【章旨】此章指出一湛一旱是氣的運行，與人君為政的表現沒有必然聯繫。

【注釋】❶或難　有人責難。屬王充本人提出反駁。❷頗留　稍久。❸時氣　遇上災害之氣。❹范蠡計然曰　按《史記・貨殖列傳》作「計然曰」，下所引為計然的話。范蠡為春秋末越王句踐的謀臣，計然為范蠡之師。❺太歲　古代天文學家把木星叫做「歲星」，用它來紀年。但木星是由西向東（逆時針方向）運轉，不符十二地支（子、丑、寅、卯……）的定位順序，難於應用，因而後來又虛構了一顆和「歲星」運轉方向相反的假歲星來紀年。這顆假歲星就被稱為「太歲」。❻水　按照古代陰陽五行的說法，北方為水，西方為金，東方為木，南方為火。太歲在水，指太歲運行到北方。❼穰　農業豐收。❽饑　饑荒。❾歲運　太歲運轉。❿直　通「值」。遇上。⓫當　遇上。⓬名　說；作出解釋。⓭遂名其功　於是說成是他們的功勞。⓮然之　認為他們的說法是對的。⓯恬　安。⓰濟　止。⓱陰陽之氣　古人認為構成宇宙的基本元素是陰陽二氣。

【語譯】有人責難說：一年當中，十天一下雨，五天一颳風。如果下雨稍久，就是水災的預兆；晴天稍久，就是旱災的苗頭。可是，水災到來之時，君主未必在迷戀酒色；旱災到來之時，君主未必表現橫暴。君主治理政事，前後表現一貫，然而也時而水災時而旱災，這說明是碰上了災害之氣啊！范蠡的老師計然說：「太歲星在北方就毀壞莊稼，在西方就獲得豐收，在東方就產生饑荒，在南方就發生旱災。」這樣說來，水災、旱災、饑荒、豐收，都是太歲星運行造成的啊！太歲星當其運行到一定的方位，災害之氣正好出現在世上，信奉天人感應的學者，針對這種自然變異造出種種說法，君主依據他們的言論找出過錯，加以改正。其實，晴久自然下雨，雨久自然天晴，而天人感應論者卻把晴雨的變化說成是他們的功勞，君主也認為他們是正確的，於是相信了他們的做法。假如君主安居無事，也不找出自己的過錯加以改正，可是天還是自然下雨，雨過還是自然天晴。當晴止雨停的時候，君主並沒有作特殊的事情，然而天人感應論者還是說他們的做法起了作用。照他們這樣說來，那麼陰陽二氣的變化，完全是以人的意志為轉移，不統屬於天了。

夫人不能以行感天，天亦不隨行而應人。《春秋》❶魯大雩，旱求雨之祭也。旱久不雨，禱祭求福，若人之疾病，祭神解禍矣，此變復也❷。《詩》❸云：「月離於畢❹，比❺滂沱❻矣。」《書》❼曰：「月之從星❽，則以風雨❾。」然則風雨隨月所離從❿也。房星四表三道⓫，日月之行，出入三道⓬。出北⓭則湛，出南則旱。或言出北則旱，南則湛。案月為天下占⓮，房為九州候⓯。月之南北，非獨為魯也。孔子出，使子路賫⓰雨具。有頃，天果大雨。子路問其故，孔子曰：「昨暮月離於畢。」後日，月復離畢。孔子出，子路請賫雨具，孔子不聽。出果無雨。子路問其故，孔子曰：「昔日，月離其陰⓱，故雨。昨暮，月離其陽⓲，故不雨。」

夫如是，魯雨自以月離，豈以政⑲哉？如審⑳以政令，月離於畢為雨占㉑，天下共之，魯雨，天下亦宜皆雨。六國㉒之時，政治不同，人君所行，賞罰異時，必以雨為應政令㉓，月離六七畢星㉔，然後是也。

【章旨】此章說明晴雨與月運行的軌道有關，而魯國舉行的雩祭則與天氣晴雨毫不相干。

【注釋】❶春秋　孔子所編。屬儒家經典。記載了春秋二百四十二年間的歷史，為我國第一部編年史。其中記載了魯國雩祭求雨的事。❷此變復也　這就是變復之道。即屬於天人感應的做法。❸詩　《詩經》。屬儒家經典。❹月離於畢　月靠近畢宿。離，通「麗」。有附著、靠近的意思。畢，星宿名。二十八宿之一。見《詩經・小雅・漸漸之石》。❺比　接近。❻滂沱　形容大雨。❼書　《尚書》。屬儒家經典。❽星　指箕宿和畢宿。❾則以風雨　意思是說，月入於箕宿就多風，月入於畢宿就多雨。見《尚書・洪範》。❿離從　靠近和跟隨。⓫房星四表三道　指房宿有四顆星作標誌，其間有三條通道。房，星宿名。二十八宿之一。表，標誌。⓬出入三道　日月運行都必須出入這三條通道。⓭出北　指經歷北邊的通道。⓮占　占卜；預測。⓯候　觀測天氣。⓰賫　攜帶。⓱陰　指畢宿的北面。⓲陽　指畢宿的南面。⓳以政　指依據政治的好壞。⓴審　明；的確。㉑雨占　意思是下雨的預兆。㉒六國　指戰國時的齊、楚、燕、趙、韓、魏。㉓應政令　指應和六國各個國家的政令。㉔月離六七畢星　指月當要靠近畢星六七次。

【語譯】人不能以自己的行為來感動天，天也不會順隨人的行為來適應人。《春秋》記載了魯國舉行雩祭的事，這是因旱災而求雨的祭祀。天乾旱太久不下雨，想通過雩祭來求得天的福佑，好像人有了疾病一樣，通過祭神來解除疾病罷了。這就是所謂變復之道。《詩經》有這樣的話：「月亮靠近畢宿，就快要下大雨了。」《尚書》也有這樣的話：「月亮靠近箕宿和畢宿，就會颳風下雨。」那麼風雨的出現是與月亮靠近箕宿和畢宿相關的。四顆星作為標誌的房宿有三條通道，日月的運行，都由這三條通道出入。如果經過北邊通道就會形成水災，經過南邊通道就會形成旱災。也有人說經過北邊通道就形成旱災，經過南邊通道就形成水災。總之，《詩經》和《尚書》說的，都是依據月亮靠近箕宿或畢宿的自然現象作為天下晴雨的預兆，依據月亮運行於房宿南北通道的情況作為九州晴雨的徵候。可見，月亮運行於房宿的南道或者北道，不僅是為了魯國啊！一次孔子出門，要子路攜帶雨具。過了一會兒，天果然下起大雨來。子路問孔子這是怎麼知道的。孔子說：「昨晚月亮靠近畢宿。」後來有一天，月亮靠近畢宿。孔子出門，子路請求攜帶雨具，孔子不聽，天果然未下雨。子路問這是何故。孔子說：「過去，月亮靠近畢宿的北邊，所以下雨。昨晚，月亮靠近畢星的南邊，所以不下雨。」像這樣說來，魯國下雨自然是因為月亮靠近畢宿的緣故，難道是由於政治好壞的緣故嗎？假如真的是依據政令，那麼月亮靠近畢宿為下雨的預兆，這是天下共同的，魯國下雨，天下也應該普遍下雨。戰國時期，各國的政治不同，君主的所作所為及其賞罰也各有不同的時間，假如必定要用下雨來應和政令，那麼月亮一月之中要靠近畢宿六七次，這樣才足以適應天人相應的情況。

魯繆公❶之時，歲旱。繆公問縣子❷：「天旱不雨，寡人欲暴巫❸，奚如？」縣子不聽。「欲徙市❹，奚如？」對曰：「天子崩，巷市❺七日；諸侯❻薨❼，巷市五日。為之❽徙市，不亦可乎❾？」案縣子之言，徙市得雨也。案《詩》、《書》之文，月離星得雨。日月之行，有常節度❿，肯為徙市故離畢之陰⓫乎？夫月畢天下占，徙魯之市，安耐⓬離月⓭？月之行天，三十日而周⓮。一月之中，一過畢星，離陽⓯則暘。假令徙市之感，能令月離畢陰，其時徙市，而⓰得雨乎？夫如縣子言，未可用也。

【章旨】此章駁斥縣子「徙市得雨」之說。

【注釋】❶魯繆公　即魯穆公。戰國時魯國君主。❷縣子　人名。據本文介紹，是個天人感應論者。❸暴巫　曝曬巫師。巫，古代專門與鬼神打交道的人。他們通過敬鬼神可以為人消災求福。暴巫是古代的一種迷信。認為把巫師置於陽光下曝曬，便可以感動上天，從而使天下雨。❹徙市　遷移市集。古時遇大喪事就停止正常的市集活動，遷移到小巷裡作買賣。這裡魯穆公提出徙市是表示悔罪，藉以感動上天。❺巷市　在小巷裡作買賣。❻諸侯　即國君。❼薨　稱侯王死。❽之　指旱災。❾不亦可乎　句意是表示肯定，可行。❿節度　節制度數。猶言規律性。⓫離畢之陰　靠近畢宿的北面。⓬安耐　何能。⓭離月　使月靠近畢宿的北面。⓮周　一周天；在天轉一圈。⓯離陽　指靠近畢星南面。⓰而　通「能」。

【語譯】魯穆公在位的時候，有一年天旱。穆公詢問縣子：「天旱不下雨，我想曝曬巫師，你看如何？」縣子不聽從。穆公又問：「我想遷移市集，你看如何？」縣子回答說：「天子死了，在小巷裡作七天買賣；諸侯死了，在小巷裡作五天買賣。為旱災而遷移市集，不是可行的嗎？」按照縣子的說法，遷移市集可以使天下雨；按照《詩經》、《尚書》的記載，月亮靠近畢星天會下雨。日月的運行，有固定的規律，難道為了遷移市集的緣故，月亮就靠近畢宿的北面嗎？月亮靠近畢宿的北面是天下雨的預兆，僅僅魯國遷移市集，何能改變月亮運行的軌道呢？月亮在天上運行，三十天繞一周。一月當中，只經過畢宿一次，靠近畢宿南面就天旱。假令通過遷移市集來感動天，能使月亮靠近畢宿的北面，那麼當月亮已經靠近畢宿南面時遷移市集，能使月亮改道靠近畢宿北面而下雨嗎？像縣子的這些說法，是不可採用的啊！

董仲舒❶求雨，申❷《春秋》之義，設虛立祀❸，父❹不食於枝庶❺，天子不食於下地❻，諸侯雩禮所祀，未知何神？如天神也，唯王者天乃歆❼，諸侯及今長吏❽，天不享也。神不歆享，安耐得神？如雲雨者氣也，雲雨之氣，何用歆享？

觸石而出，膚寸❾而合。不崇朝❿而辨⓫雨天下，泰山⓬也。泰山雨天下，小山雨國邑⓭。然則大雩所祭，豈祭山乎？假令審然⓮，而不得也。何以效⓯之？水異川而居，相高⓰分寸，不決不流，不鑿不合。誠令人君禱祭水旁，能令高分寸之水流而合乎？夫見⓱在之水，相差無幾，人君請之，終不耐行。況雨無形兆⓲，深藏高山，人君雩祭，安耐得之？

【章　旨】此章駁斥董仲舒「設虛立祀」以求雨，認為這是一種誣妄行為。

【注　釋】❶董仲舒　漢武帝時公羊學派的大學者。他上「天人三策」，並作《春秋繁露》一書，用以宣揚「天人感應」，使儒學走上宗教化的道路。❷申　發揮。❸設虛立祀　設立土壇祭祀。虛，同「墟」。指用土築的祭壇。❹父　指父親的亡靈。❺枝庶　指嫡長子以外的眾子。❻下地　指天子所領屬的各諸侯國。❼歆　享用。❽長吏　官府主持事務的人。按漢制，吏在六百石以上的稱「長吏」。這裡指漢時的地方官。❾膚寸　古代的度量名稱。一個手指的厚度叫「寸」，四個手指的厚度叫「膚」。《公羊傳・僖公三十一年》何休注：「側手為膚，案指為寸。」這裡比喻空隙甚小。❿崇朝　整個早晨。崇，終。⓫辨　通「遍」。⓬泰山　地處山東泰安之北。東嶽泰山，為五嶽之長，古以為它是天下最大的山。⓭國邑　諸侯所領。指一個局部地區。⓮審然　的確如此。⓯效　驗證。⓰相高　地勢高低有差。⓱見　同「現」。⓲兆　跡象。

【語　譯】董仲舒求雨，發揮《春秋》的意思，設立土壇進行祭祀。本來父親的亡靈不享用眾庶諸子的祭祀，上天不享用諸侯國的祭祀。那麼，諸侯雩禮所祀的神，不知道是什麼神。如果是祭祀天神的話，只有天子的祭祀，天神才肯享用，諸侯及今天的地方官的祭祀，天神是不享用的。神既然不享用，又怎麼能得到神的福祐呢？如果說是祭祀雲雨之氣的話，雲雨之氣，用什麼來享受祭品呢？雲氣從石頭上蒸發出來，任何一點小小的空隙都充滿雲氣。不要一早上天下便普遍降雨，這是泰山的雲氣造成的。泰山的雲氣降雨，能遍及於天下，小山的雲氣降雨，只能及於一個地區。那麼，雩祭所祭的對象，難道是山嗎？假使的確如此，卻還是得不到雨的。憑什麼來證實呢？水積聚在不同的河道裡，儘管高低只有分寸的差別，可是，不挖開河堤，水不能流通，不鑿開河道，水不能匯合。假使人君在水旁禱祭，能使相高分寸的兩水流到一起來嗎？那呈現在眼前的水，高低相差不遠，人君向它祈禱，終於不能達到目的，何況是雲雨之氣沒有跡象，深藏在高山之中，人君向它舉行雩祭，怎能得到它呢？

夫雨水在天地之間也，猶夫涕泣在人形中也。或賫❶酒食請於惠人❷之前，未出其泣，惠人終不為之隕涕❸。夫泣不可請而出，雨安可求而得？雍門子❹悲哭，孟嘗君❺為之流涕。蘇秦、張儀❻悲說坑中，鬼谷先生❼泣下沾襟。或者倘可為雍門之聲，出蘇張之說，以感天下乎？天又耳目高遠，音氣不通。杞梁❽之妻，又已悲哭，天不雨而城反崩。夫如是，竟當何以致雨？雩祭之家，何用感天？案月出北道，離畢之陰，希❾有不雨。由此言之，北道，畢星之所在也。北道星肯為雩祭之故下其雨乎？孔子出，使子路賫雨具之時，魯未必雩祭也。不祭，沛然❿自雨；不求，曠然⓫自暘。夫如是，天之暘雨，自有時也，一歲之中，暘雨連屬⓬。當其雨也，誰求之者？當其暘也，誰止之者？

【章　旨】此章闡明天之晴雨，當有一定時節，何況上天耳目高遠，音氣不通，以雩祭求雨，自不能得雨。

【注　釋】❶賚　贈送。❷惠人　仁愛的人。❸隕涕　落淚。❹雍門子　一作雍門子周。戰國齊人。據《淮南子・覽冥》記載：雍門子曾以哭見於孟嘗君，使孟嘗君感動得淚不可止。又據《說苑・善說》記載：雍門子曾以善鼓琴見於孟嘗君，亦使孟嘗君感動得流淚。孟嘗君說：「先生之鼓琴，令文立若破國亡邑之人也。」❺孟嘗君　田文。任齊相，以養士出名，為戰國四公子之一。❻蘇秦張儀　戰國時縱橫家的代表。❼鬼谷先生　亦戰國時人。姓名不詳，傳說居於鬼谷，故稱「鬼谷子」。他是蘇秦、張儀的老師。蘇秦、張儀「悲說坑中」的事，參見本書〈答佞篇〉。❽杞梁　春秋齊國大夫。從齊侯襲莒而死。據《列女傳》記載：「杞梁既死，其妻內外無五屬之親，既無所歸，乃枕其夫之屍哭於城下，內誠動人，道路過者莫不為之揮涕，十日而城為之崩。既葬，赴淄水死。」❾希　稀。❿沛然　形容雨大的樣子。⓫曠然　形容天氣晴朗的樣子。⓬連屬　連接。

【語　譯】那雨水存在於天地之間，就好像眼淚存在於人體中一樣。有人把酒食送到一個仁愛人面前請他流下同情的眼淚，可是自己不先流出眼淚，那人終究是不會為之落淚的。那眼淚尚不可通過請求得到，雨水怎能通過雩祭得到呢？雍門子悲痛地哭泣，孟嘗君為他流下了眼淚。蘇秦、張儀曾經在坑中悲痛地勸說鬼谷子，鬼谷子才為他們痛哭所感動而落淚沾濕了衣襟。有人假使能發出像雍門子那樣悲痛的聲音，說出像蘇秦、張儀那樣悲痛的話來，也許可以憑此感動天吧？可是天的耳目又高高在上遠離人間，人間的聲音天也不懂。杞梁的妻子哭得夠悲痛了，天也沒有下雨表示同情，可是反而把城牆哭倒了。這樣看來，究竟應當用什麼方法得到雨水呢？主張用雩祭的人，又用什麼方法來感動上天呢？按照規律，月亮經過北道，靠近畢宿的北面，很少有不下雨的。從這裡說來，北道，是畢宿所在的地方，北道的星宿願意為了人間的雩祭的緣故才會下雨嗎？孔子出門，叫子路攜帶雨具的時候，魯國未必正在舉行雩祭。其實，不舉行祭祀，自會有沛然大雨，不去請求，自會有晴朗天氣。像這樣，天的晴和雨，自然會有一定季節的。一年當中，晴雨接連交替發生，當天下雨的時候，是誰去請求的呢？當天放晴的時候，又是誰停止下雨的呢？

人君聽請❶，以安民施恩，必非賢也。天至賢矣，時未當雨，偽❷請求之，故妄❸下其雨，人君聽請之類也。變復之家，不推類❹驗之，空張❺法術，惑人君。或未當雨，而賢君求之而不得；或適當自雨，惡君求之，遭遇其時。是使賢君受空責❻，而惡君蒙❼虛名也。世稱聖人純而賢者駁❽，純則行操無非❾，無非則政治無失。然而世之聖君莫有如堯、湯。堯遭洪水，湯遭大旱❿。如謂政治所致，堯、湯惡君也；如非政治，是運氣⓫也。運氣有時，安可請求？世之論者，猶謂堯、湯水旱者，時也，其小旱湛，皆政也⓬。假令審然，何用⓭致旱湛？審以政致之，不修所以失之，而從請求，安耐復⓮之？世審稱堯、湯水旱，天之運氣，非政所致。夫天之運氣，時當自然，雖雩祭請求，終無補益。而世又稱湯以五過⓯禱於桑林，時立得雨。夫言運氣，則桑林之說絀⓰；稱桑林，則運氣之論消。世之說稱者，竟當何由⓱？救水旱之術，審當何用⓲？

【章　旨】此章說明上天下雨，是自然之氣的流行所造成的，無干政治的善敗，無論國君的好壞，通過雩祭求雨，都是沒有成效的。

【注　釋】❶聽請　聽從別人的請求。❷偽　人為叫做「偽」。❸妄　虛妄；無依據隨意而為。❹推類　按事類推究。❺空張　憑空誇大。❻空責　無緣而受責備；白白受到責備。❼蒙　受。❽駁　雜；不純。古人把聖、賢分出等級。聖高於賢。

❾非　缺點錯誤。❿堯遭洪水二句　傳說堯時十年九潦，湯時八年七旱。⓫運氣　流行之氣。⓬其小旱湛二句　那些小的旱澇之災都是不良政治造成的。此處意思可能是：堯、湯為大聖君，自無政治得失可言，因而其遭旱澇之災可歸於氣的流行所致，與政治無關。至於另外一些非聖君在位的朝代所產生的小災害，則應視為上天的示警，是不良政治造成的。⓭何用　因什麼。⓮復　指恢復正常。⓯五過　本書〈感虛篇〉稱湯「自責以六過」。⓰絀　通「黜」。退。⓱何由　由何；依從哪一種說法。⑱何用　用何；用什麼辦法。

【語　譯】國君如果聽從別人的請求，用以安定民心和施予恩澤，那必定不是好的國君。天是最高明的，當未到下雨的時節，人為地請它下雨，如果上天隨意落下雨來，這樣的上天，也就如同聽從別人請求的國君一樣了。天人感應論者，不依據事類研究驗證這種情況，總是憑空誇張雩祭的法術，把國君弄得糊塗。有時本不當下雨，即令賢能的國君向上天請求也得不到雨；有時恰好本當下雨，即令壞的國君向上天求雨，遇上了下雨的時節也會得到雨的。這就使賢能的國君無緣而受譴責，而壞的國君卻又蒙受到感動上天的虛名。世上的人往往說聖人純正而賢人駁雜，純正那麼行為操守就沒有缺點，沒有缺點那麼政治上就沒有失誤。然而世上的聖君，沒有如帝堯和商湯的。可是帝堯遭到洪水，商湯遭到大旱。如果說這也是政治造成的，那麼帝堯和商湯就是壞君主；如果不是政治造成的，這就應是流行之氣造成的。氣的流行是有時節的，怎麼可能通過請求來消災呢？世上為此作解釋的人，也還是說帝堯和商湯遭到水旱災的原因，是遇上了災氣流行的時節，然而另一些君主當政時產生的旱澇，都是政治不好造成的。假使的確如此，究竟因什麼造成旱澇災害呢？的確是因政治不好造成的，不在政治方面努力改善，反而向上天請求，又怎能恢復正常呢？世人明白宣稱帝堯、商湯時的水旱災，是天的流行之氣造成的，不是政治造成的。那天的流行之氣，發生的時節當有自然規律，即使舉行雩祭請求，終於沒有什麼補益的。可是世人又宣稱商湯因為有五種過錯在桑林禱告上天，當時立即得到了雨。如果說是流行之氣造成的，那麼桑林禱告的說法就會隱沒；如果宣稱是桑林禱告而得雨，那麼流行之氣的說法就會消亡。世上論說這件事情的人，究竟應該遵循哪一種說法呢？而拯救水旱災害的辦法，又到底應該採用哪一種呢？

夫災變大抵有二，有政治之災，有無妄之變❶。政治之災，須耐❷求之。求之雖不耐得，而惠愍❸惻隱❹之恩，不得已之意也。慈父之於子，孝子之於親，知病必祀神，疾痛必和藥❺。夫知病之必不可治，治之無益，然終不肯安坐待絕❻，猶卜筮❼求祟❽，召醫和藥者，惻痛殷勤，冀有驗❾也。既死氣絕，不可如何，升屋之危❿，以衣招復⓫，悲恨思慕，冀其悟⓬也。雩祭者之用心，慈父孝子之用意也。無妄之災，百民不知，必歸於主，為政治者慰民之望⓭，故亦必雩。

【章　旨】此章說明國君為了表示對人民的同情和安慰，面對政治之災和無妄之災，適時雩祭仍然是必要的。

【注　釋】❶無妄之變　出於意外的自然災害。這裡指君主的施政和品德在沒有失誤的情況下產生的災害。❷須耐　要能。❸惠愍　仁慈。❹惻隱　憐憫；同情。❺和藥　配藥。❻待絕　等待死亡。❼卜筮　卜問吉凶的活動。卜用龜甲，筮用蓍草。❽求祟　了解是何鬼神在作怪。祟，怪。❾驗　效果。❿危　高。這裡指屋脊。⓫以衣招復　按照古人的迷信觀念，認為站在高處揮動衣服可以把死人的魂招回來。舉行這種招魂的儀式叫做「復」。⓬悟　甦醒；復活。⓭望　怨。

【語　譯】關於自然災害變異，大致有兩種情況：有一種是政治失誤所造成的災害，有一種是人們意想不到的自然災害。政治失誤所造成的災害，應該去向上天禱告。禱告雖然不能有什麼收穫，可是仁愛憐憫人民的心情，是發自內心而不可自禁的。慈父對於兒子，孝子對於父親，知道他病了必定要祭神和調配藥方。又知道他所患病是不可治的，治他的病也是徒勞無益的，然而慈父、孝子終於不肯靜坐等待著病人死亡，還是通過卜筮來了解是何鬼神作怪，還是請醫看病、調配藥方。這樣作的原因，是由於存有憐憫殷勤的心情，希望有所效驗。等到已經死了，氣也絕了，無可奈何了，還攀到屋脊上，揮動死人的衣服企圖把死人的魂招回來，並表示悲傷、悔恨、思念、愛慕，希望死人能夠復活。舉行雩祭人的用心，正如慈父孝子們的用心一樣。至於意想不到的自然災害，百姓並不了解，把它的產生必歸罪於君主，當政者為了安撫民心堵塞怨望，所以也必須舉行雩祭。

問：「政治之災，無妄之災，何以別之？」曰：德酆[1]政得，災猶至者，無妄也；德衰政失，變應[2]來者，政治也。夫政治，則外雩而內改，以復其虧[3]；無妄，則內守舊政，外修雩禮，以慰民心。故夫無妄之變，歷世時[4]至，當固自一[5]，不宜改政。何以驗之？周公[6]為成王陳立政[7]之言，曰：「時則物[8]有間[9]之，自一話一言，我則末[10]，維成德[11]之彥[12]，以乂[13]我受民[14]。」周公立政，可謂得矣。知非常之物[15]，不賑[16]不去，故敕[17]成王自一話一言，政事無非，毋敢變易。然則非常之變，無妄之氣間而至也。水氣[18]間堯，旱氣間湯。周宣[19]以賢，遭遇久旱[20]。建初[21]孟年[22]，北州[23]連旱，牛死民乏，放流[24]就賤[25]。聖主寬明於上，百官共職[26]於下，太平之明時[27]也。政無細非[28]，旱猶有，氣間之也。聖主知之，不改政行，轉穀[29]賑贍[30]，損酆濟耗[31]。斯見之審明，所以救赴[32]之者得宜也。魯文公[33]間歲[34]大旱，臧文仲[35]曰：「修城郭，貶[36]食省用，務嗇[37]勸分[38]。」文仲知非政，故徒㊴修備㊵，不改政治。變復之家，見變輒歸於政，不揆㊶政之無非。見異懼惑，變易操行，以不宜改而變，只取災焉！

【章　旨】此章論述對待政治之災與無妄之災的不同態度。對於政治之災是外雩而內改，對於無妄之災只須內守而外修雩禮，本「不宜改而變」，只會自取其禍。

【注　釋】❶酆　通「豐」。豐厚。❷變應　變易之災應和著政治道德上的失誤。❸復其虧　恢復（彌補）原來所遭到的損失。❹時　時時；經常。❺自一　本來一貫的做法。❻周公　周武王弟姬旦。武王死，成王年幼，由周公攝理政事。❼立政　《尚書》有〈立政〉篇，內容是周公向成王陳述如何設立官職，如何任用官員。❽物　外物。指水旱之災。❾間　干擾。❿末　無。此指無失誤。⓫成德　道德完善的人。⓬彥　才能之士。⓭乂　治理。⓮受民　稟受天命所擁有的人民。以上五句均見〈立政篇〉。⓯非常之物　指異常的災害。⓰賑　救濟。⓱敕　訓誡。⓲水氣　雨水之氣。指洪水。⓳周宣　周宣王姬靖。號稱周朝中興之主。⓴久旱　傳說周宣王即位初年連續大旱。㉑建初　東漢章帝年號。㉒孟年　初年。㉓北州　指京師（指東漢都城洛陽）和兗（今河南東部及山東西南部）、豫（今河南東部和安徽西北部）、徐（今江蘇北部及山東東南部）三州。章帝初年這一帶地區連續大旱（見《後漢書・章帝紀》）。㉔流　指流離失所的人。㉕賤　指糧價便宜。㉖共職　恭職；忠於職守。㉗明時　政治清明的時代。㉘細非　小錯誤。㉙轉穀　輾轉運送糧食。㉚賑贍　救濟供給。㉛耗　損耗。指遭災減產。㉜救赴　救濟前去。㉝魯文公　春秋時魯國君主。據《左傳》記載，應為魯僖公。㉞間歲　隔年。㉟臧文仲　魯國大夫。㊱貶　減少。㊲嗇　同「穡」。稼穡；農業生產。㊳分　職分；本職工作。㊴徒　僅。㊵備　指防災設施。㊶揆　度量、估計、考察的意思。

【語　譯】有人問：「政治失誤造成的災害，與意外出現的災害，二者如何區別呢？」回答說：君主道德豐厚、政治得當，災害還是來到了，這就是意外出現的災害；君主道德欠缺、政治失誤，變異適應這種情況到來的，這就是政治失誤造成的災害。對於政治失誤造成的災害，就對外要舉行雩祭，對內要進行改革，用以恢復彌補原來的虧損；對於意外出現的災害，就對內堅持原有的政治，對外就要講修雩祭的大禮，用以安慰民心。

所以意外出現的災害，歷代經常發生，這時君主應當堅守本來一貫的做法，不應當改變政治措施。憑什麼來證實這點呢？周公向成王陳說了〈立政〉的話，說：「經常會有災害來干擾政事，然而即使我的一言一語，也沒有什麼錯誤，我只是任用有德的才士來治理我稟承天命所擁有的人民。」周公〈立政〉的主張，真可說是得當的。他知道異常的災害，不賑救就不會消除。所以周公告誡成王即使一言一語也不要有錯誤，政事沒有失誤，就不要輕易改變。但是異常的災變，意外的災氣，都無緣乘間而來的。水災當堯時乘間而來，旱災當湯時乘間而來。以周宣王這樣的賢能之主，也遭到長時間的旱災。漢章帝建初初年，北邊各州連年遭旱，耕牛死亡，人民困乏，於是只好開放流民到糧價低賤的地方去活命。在上位有寬厚清明的君主，在下位有忠於職守的百官，這當是太平盛世啊！政治沒有一點錯誤，旱災也還是出現，這原是旱災之氣乘間襲入造成的啊！聖明之主深知這一情況，就不改變原有的政治行事，只是盡力運轉糧食以賑救供養人民，減損豐收的地區，救濟失收的地區。這樣的見解的確高明，所以救災的辦法也是正確的。魯文公時曾經隔一年一旱，臧文仲說：「修好內城外郭，減少食用開支，提倡農業，獎勵大家做好本身工作。」臧文仲知道旱災不是政治造成的，所以僅僅加強防災的措施，不改變政治措施。天人感應論者則不然，他們看到變異發生，動輒就把責任歸於政治，不去考究政治本就沒有失誤的情況。看到變異發生就害怕以致迷失方向，改變原有的操行。把不宜改變的事情也改了，這只能是自取其禍呢！

何以言必當雩也？曰：《春秋》大雩，傳家左丘、公羊、穀梁無譏之文❶，當雩明矣。曾晳❷對孔子言其志曰：「暮春者，春服既成，冠者❸五六人，童子六七人，浴乎沂❹，風乎舞雩❺，詠而饋❻。」孔子曰：「吾與❼點也！」魯設雩祭於沂水之上。「暮」者晚也，「春」者四月也。「春服既成」，謂四月之服成也。

「冠者」、「童子」，雩祭樂人也。「浴乎沂」，涉沂水也，象龍之從水中出也。「風乎舞雩」，「風」，歌也。「詠而饋」，詠歌饋祭也，歌詠而祭也。說《論》❽之家，以為浴者，浴沂水中也；風，乾身也。周之四月，正歲❾二月也，尚寒，安得浴而風乾身？由此言之，涉水不浴，雩祭審矣。《春秋左氏傳》曰：「啟蟄❿而雩。」又曰：「龍見⓫而雩。」啟蟄、龍見，皆二月也。春二月雩，秋八月亦雩。春祈穀雨⓬，秋祈穀實⓭。當今靈星⓮，秋之雩也。春雩廢，秋雩在。故靈星之祀，歲雩祭也。孔子曰：「吾與點也！」善⓯點之言，欲以雩祭調和陰陽，故與之也。使雩失正⓰，點欲為之，孔子宜非，不當與也。樊遲從游，感雩而問⓱，刺魯不能崇德，而徒雩也。

【章　旨】此章以孔子、左丘明、公羊高、穀梁赤等人對待雩祭的態度來證實，雩祭是應該舉行的。

【注　釋】❶傳家句　「春秋三傳」對雩祭沒有批評。傳家，指解釋《春秋》的人。左丘，左丘明。相傳為春秋末期魯國人，是《春秋左氏傳》的作者。公羊，公羊高。戰國初年齊國人，相傳為《春秋公羊傳》的作者。穀梁，穀梁赤。戰國初年魯國人，相傳是《春秋穀梁傳》的作者。以上三人所著合稱「春秋三傳」。譏，譏諷。❷曾皙　名點。孔子門徒。❸冠者　成年人。古代男子二十歲時舉行加冠禮，表示成年。❹沂　水名。沂水流經山東曲阜城南，西入泗水。❺舞雩　舞雩臺。魯國當時用以求雨的祭祀臺。❻饋　指用酒食祭祀。❼與　贊成。見《論語・先進》。❽說論　解釋《論語》。❾正歲　即夏曆。東漢使用夏曆，即今之農曆。周曆以夏曆十一月為正月，比夏曆提前兩個月，所以說周曆的四月便是夏曆的二月。❿啟蟄　即驚蟄。二十四節氣之一。⓫龍見　龍星出現。龍星指二十八宿中的角、亢二宿。⓬穀雨　滋潤禾苗的雨水。⓭穀實　穀粒充實飽滿。

⑭靈星　傳說是主管農業的星。王充認為靈星就是龍星。參見本書〈祭意篇〉。⑮善　稱贊。⑯失正　不符合正道。⑰樊遲從游二句　見《論語・顏淵》。樊遲，孔子的弟子。感雩，對舉行雩祭有所感觸。

【語譯】憑什麼說雩祭是必須舉行的呢？回答說：《春秋》有關於雩祭的記載，解釋《春秋》的左丘明、公羊高、穀梁赤都沒有留下譏刺雩祭的文章，應該舉行雩祭這是很明確的。曾皙對孔子談自己的志向說：「暮春時節，春服已經製成，帶領五、六個成年人，六、七個童子，趟涉沂水，在舞雩臺上歌唱，歌詠而祭。」孔子說：「我贊成曾點的志向。」這是寫魯國在沂水之上舉行雩祭的事。「暮」，是晚的意思；「春」，是指四月。「春服既成」，是說四月之服製成了。「冠者」、「童子」，是舉行雩祭伴奏、跳舞的人。「浴乎沂」，意為涉足於沂水，象徵龍從水中出現。「風乎舞雩」，「風」，唱歌的意思。「詠而饋」，是詠歌饋祭，歌詠而祭的意思。解釋《論語》的人，以為「浴」，是在沂水中洗澡；「風」，是吹乾身上的水氣。其實，周曆的四月，還只是夏曆的二月，氣溫還較寒冷，怎能洗澡吹風。從以上情況說來，涉水而不洗澡，雩祭應該是如此的。《春秋左氏傳》說：「驚蟄就舉行雩祭。」又說：「龍星出現就舉行雩祭。」驚蟄、龍現，都在二月。春二月舉行雩祭，秋八月也舉行雩祭。春雩祭為禾苗求雨，秋雩祭為穀粒充實求雨。現在靈星出現舉行的雩祭，是古時秋天的雩祭。春雩祭廢除了，秋雩祭尚保留著。所以現在對靈星的祭祀，就是每年的雩祭。孔子說「吾與點也」，就是贊成曾點的發言，他想用雩祭來調和陰陽之氣，所以贊成他。假使雩祭不符合正道，曾點想舉行雩祭，孔子應該反對，不應該贊成。樊遲隨同孔子遊賞，曾經為魯再次舉行雩祭而有所感觸，向孔子發問，意思是批評魯國不能崇尚德行，只知道舉行雩祭啊！

夫雩，古而有之。故《禮》❶曰：「雩祭，祭水旱也。」故有雩禮，故孔子不譏，而仲舒申之。夫如是，雩祭，祀禮也。雩祭得禮❷，則大水，鼓❸用牲於社❹，亦古禮也。得禮無非，當雩一❺也。禮，祭社，報❻生萬物之功。土地廣遠，難得辨祭❼，故立社為位，主心❽事之。為水旱者，陰陽之氣也，滿六合❾，難得盡祀，故修壇設位，敬恭祈求，效❿事社之義，復⓫災變之道也。推生事死，推人事鬼。陰陽精氣⓬，倘如生人能飲食乎，故共⓭馨香⓮，奉進旨嘉⓯，區區惓惓⓰，冀見荅享⓱。推祭社言之，當雩二也。歲氣⓲調和，災害不生，尚猶而雩。今有靈星，古昔之禮也。況歲氣有變，水旱不時，人君之懼，必痛甚矣。雖有靈星之祀，猶復雩，恐前不備，形繹⓳之義也。冀復災變之虧，獲酆穰⓴之報，三也。

禮之心悃愊㉑，樂之意歡忻㉒。悃愊以玉帛效心㉓，歡忻以鐘鼓驗意㉔。雩祭請祈，人君精誠㉕也。精誠在內，無以效外㉖，故雩祀盡己㉗惶懼，關納㉘精心於雩祀之前。玉帛鐘鼓之義，四也。臣得罪於君，子獲過於父，比自改更，且當謝罪。惶懼於旱，如政治所致，臣子㉙得罪獲過之類也。默㉚改政治，潛易㉛操行，不彰於外，天怒不釋㉜，故必雩祭。惶懼之義，五也。漢立博士㉝之官，師弟子相訶難㉞，欲極㉟道之深，形㊱是非之理也。不出橫難㊲，不得從說㊳；不發苦詰㊴，不聞甘對㊵。導㊶米低仰㊷，欲求粺㊸也；砥石㊹劘㊺厲㊻，欲求銛㊼也。推《春秋》之義，求雩祭之說；實孔子之心，考仲舒之意。孔子既歿，仲舒已死，世之論者，孰當復問？唯若孔子之徒，仲舒之黨，為能說之㊽。

【章　旨】此章從雩祭的合乎禮以及人們對雩祭的各種心態方面，說明舉行雩祭的意義。同時，作者以繼孔子、董仲舒之後解釋雩祭的權威自居，從而結束全篇。

【注　釋】❶禮　指《禮記》。儒家經典之一。下面的引文參見《禮記．祭法篇》，該篇作「雩祭，祭水旱也」。❷得禮　符合禮。❸鼓　擊鼓。❹社　土地神。❺一　指第一條理由。❻報　報答。❼辨祭　普遍祭祀。❽主心　專心。❾六合　上、下、四方。❿效　仿效。⓫復　恢復；消除。⓬陰陽精氣　指構成人的因素。作者認為，人和萬物都是氣構成的，而構成人之氣最精純，陰氣構成骨肉，陽氣構成精神（參見本書〈訂鬼篇〉）。⓭共　通「供」。⓮馨香　指芳香的祭品。⓯旨嘉　美味的祭品。⓰區區惓惓　誠懇真摯的樣子。區區，忠愛專一。惓惓，忠謹。⓱答享　報答獻祭。⓲歲氣　一年的陰陽之氣。⓳肜繹　祭祀之名。意思是再祭。殷代稱「肜」，周代稱「繹」。⓴鄷穰　農作物豐收。㉑悃愊　至誠；最誠懇。㉒忻　通「欣」。㉓效心　表達心意。㉔驗意　證驗誠意。㉕精誠　真心誠意。㉖效外　表現於外。㉗盡己　盡量表達自己。㉘闕納　表達；奉獻。㉙臣子　即「臣與子」。㉚默　不聲不響。㉛潛易　暗中改變。㉜釋　消解。㉝博士　官名。負責講解儒家經典，西漢立五經博士。㉞訶難　呵斥責難。㉟極　窮盡。㊱形　顯露。㊲橫難　橫加辯駁。任意遍加論難，無所避忌。㊳從說　正確的說法。從，通「縱」。直。㊴苦詰　苦苦追問。㊵甘對　很好的回答。㊶導　選擇。㊷低仰　指用簸箕簸揚米時的一上一下。㊸粺　精米。㊹砥石　磨刀石。㊺劘　磨。㊻厲　同「礪」。磨。㊼銛　鋒利。㊽孔子既歿七句　此處作者似以孔子、董仲舒的繼承者自居。意思是繼孔子、董仲舒之後，能對雩祭作出解釋的就是作者自己。

【語　譯】雩祭，自古就存在。所以《禮記》說：「雩祭，是祭祀水旱之災的。」所以古有雩禮，所以孔子不曾譏諷，董仲舒也進一步申述發揮雩祭的意義。像這樣，雩祭已成了一種祭祀禮儀了。雩祭符合禮的規定，那麼遇上大水災，擊鼓獻牲，祭祀土地神，也是符合古禮的。既符合禮就不值得非議，這是應該舉行雩祭的第一條理由。按照禮的要求，祭祀土地神，是為了報答大地生成萬物的功勞。土地又非常寬廣遼遠，難得普遍祭到，所以建立土地神位，專心祭祀祂。水旱災是陰陽之氣造成的。陰陽之氣充滿天地四方，難於普遍祭祀，所以築土壇設立陰陽之氣的神位，恭恭敬敬地祈求，效法祭祀土地神的意義而舉行雩祭來祭祀陰陽之氣，也是一種消除災害的辦法呢。依據活人的要求推及於事奉死人，依據人的要求推及於事奉鬼。構成人的陰陽之氣，也許會像活人一樣能吃喝吧，所以供奉芳香而美味可口的祭品，以表現誠懇真摯的心意，希望神能對自己的獻祭給予報答。依據祭祀土地神的道理來祭祀陰陽之氣，所以應該舉行雩祭，這是第二條理由。一年之中的陰陽之氣調和，災害不發生，還是舉行雩祭。現在的祭祀靈星，也是符合古禮的。何況一年之中陰陽之氣又有所變易，水災旱災經常發生，人君的懼怕，必定非常痛苦。雖然有靈星的祭祀，還要舉行雩祭，恐怕前面的祭祀靈星作得不夠周到，正是商、周舉行肜祭、繹祭的道理。希望消除災害的虧損，獲得農業豐收的報答，這是應該舉行雩祭的第三條理由。行禮的時候，心情是至誠的，作樂的時候心情是高興的。至誠用玉帛祭品來表達心意，高興用鐘鼓音樂來體現情緒。雩祭的請求，是人君精誠的體現。精誠在內心，沒有辦法表達出來，所以用雩祭盡量表現自己的惶恐不安，把自己的真心誠意奉獻到雩祭壇前。用玉帛鐘鼓來表達人君至誠高興的道理，便是應該舉行雩祭的第四條理由。臣子得罪了國君，兒子得罪了父親，等到自己改正時，尚且應該當著國君、父親的面表示謝罪悔過。在旱災面前惶恐不安，假如旱災是政治造成的，正是臣、子得罪了國君、父親一類的事情。假如只是不聲不響地改變不良政治，暗暗地改變不良操行，不顯現於外表，那麼天的怒氣是不會消除的，所以必須舉行雩祭。從惶恐不安的意義來看舉行雩祭的必要，這是第五條理由。西漢以來立了博士官，經師與弟子互相呵責論難，想窮究道的深意，明確是非的道理。假如不提出肆意的責難，就得不到正確的解釋；不發出深刻的追問，就聽不到很好的回答。一低一高地簸米，是為了求得精米；在磨刀石上磨刃，是欲求得刀刃的鋒利。以上的這些議論，是為了推究《春秋》的原意，尋求關於雩祭的解說，證實孔子的想法，考察董仲舒的用意。可是，孔子已經逝世，董仲舒已經死亡，世上研究雩祭的人，又當向誰去求教呢？只有像孔子的弟子，像董仲舒一類的人，才能對雩祭作出正確的解釋。

順鼓篇第四十六

【題　解】本篇旨在辨析漢儒關於《春秋》「大水，鼓用牲于社」之論，說明水災發生之因及其消除水患之法。漢儒把「鼓」訓釋為「攻」，認為水災要通過攻擊土地神才能消除。王充指出「雲積為雨，雨流為水」，雨、晴、水、旱都是陰陽之氣的運行造成的，攻擊土地神是不能消除水災的，只有像堯那樣派禹去治水，才能收到實際效果。何況把「鼓」訓為「攻」，再把「攻」又訓為「責讓」，都是難於講通的。這些看法都是正確的。但是，王充亦肯定了一些迷信說法：譬如關於「桑穀」、「金縢」等改政消災的傳說，又如「攻社」雖講不通，但誠心擊鼓，向社神告急，卻是有意義的，符合禮制的。篇名「順鼓」，是訓釋「鼓」字之意，「順」，通「訓」，訓釋。

《春秋》❶之義，「大水，鼓用牲于社」❷，說者曰：「鼓者，攻之❸也」。或❹曰：「脅❺之。」脅則攻矣。陰勝❻，攻社❼以救之。

【章　旨】此章引用漢儒對《春秋》「鼓用牲于社」之釋，以為全文駁難的依據。

【注　釋】❶春秋　孔子所編的一部史書。屬於儒家經典。❷大水二句　見《春秋・莊公二十五年》。鼓，擊鼓。牲，祭祀所用的牲畜。社，土地神位。❸攻之　指攻擊土地神。❹或　有人。❺脅　威脅。❻陰勝　陰勝過陽。❼攻社　按照迷信說法，水屬陰，火屬陽，水災是陰盛陽衰造成的，而天屬陽，地屬陰，所以認為攻擊土地神便可消除水災。

【語　譯】按照《春秋》的道理，「發生了水災，要擊鼓用牲畜在土地神面前舉行祭祀。」可是有人解釋說：「鼓，是攻擊的意思。」又有人說：「是威脅的意思。」威脅也是攻擊，意思一樣。他們認為陰勝過陽產生水災，只有攻擊土地神才能消除。

或難曰❶：攻社，謂得勝負之義，未可得順義之節❷也。人君父事天，母事地。母之黨類❸為害，可攻母以救之乎？以政令失道，陰陽繆盭❹者，人君也。不自攻以復之，反逆❺節以犯尊❻，天地安可濟❼？使湛水❽害傷天，不以地害天，攻之可也。今湛水所傷，物也。萬物於地，卑❾也。害犯至尊之體，於道❿違逆。論《春秋》者，曾⓫不知難。

【章　旨】此章說明攻擊土地神，侵犯了「至尊之體」，不符合禮義的規定。

【注　釋】❶或難曰　有人責難說。作者對攻社說法提出的責難。❷順義之節　順從禮義的規定。義，宜。指禮制中上下、尊卑間的一種合宜規定。❸黨類　親族。❹繆盭　錯亂。繆，錯誤。盭，違背。❺逆　違背。❻尊　指土地神。❼濟　幫助。❽湛水　大水；水災。❾卑　卑下。萬物為大地所生，所以萬物與大地相比，地位卑下。❿道　道理。指按禮的規定的道理。⓫曾　乃；卻。

【語　譯】有人責難說：攻擊土地神的說法，可以認為符合爭勝負的道理，但沒有能作到遵循禮義的規定。人君像事奉父親般地事奉天，事奉母親般地事奉地。母親的親族為害作惡，可以通過攻擊母親來拯救嗎？因為政策法令違反了原則而遭致陰陽錯亂，那應該是人君的責任。人君不責備自己，以消除陰陽錯亂所造成的災禍，反而違背禮的規定來冒犯尊長，天地怎能願意幫助呢？假使水災傷害了天，從地不應該傷害天的方面來說，攻土地神是可以的。但是，現在看來，水災所傷害的是萬物。萬物對大地來說，地位卑下。為此而傷害最尊的土地神，這在道理上是違背的。解釋《春秋》的人，卻不知道這種難處。

案❶雨出於山，流入於川，湛水之類，山川是矣。大水之災，不攻山川。社❷，土也。五行❸之性，水、土不同。以水為害而攻土，土勝水❹，攻社之義，毋乃如今世工匠之用椎鑿❺也？以椎擊鑿，令鑿穿木。今倘❻攻土令厭❼水乎？且夫攻社之義，以為攻陰之類❽也。甲為盜賊，傷害人民，甲在不亡，舍甲而攻乙之家，耐止甲乎？今雨者，水也。水在，不自攻水❾，而乃攻社。案天將雨，山先出雲，雲積為雨，雨流為水。然則山者，父母；水者，子弟也。重罪刑❿及族屬⓫，罪父母子弟乎？罪其朋徒也？計⓬山、水與社，俱為雨類也，孰為親者？社，土也，五行異氣，相去遠。

【章　旨】此章說明水、土不同氣，因水災而攻土（社），沒有道理。

【注　釋】❶案　考察。❷社　為土所築成，所以稱「土」。❸五行　金、木、水、火、土。❹土勝水　按五行相剋（勝）的說法，土是剋水的。❺椎鑿　槌子、鑿子。皆木匠工具。❻倘　如果。❼厭　通「壓」。勝；克。❽攻陰之類　水為陰，土地亦為陰，所以為消除水災，就要攻水的同類——土地神。作者否定這種看法，所以舉下面甲、乙同為盜賊的例子。❾水　指水神。❿刑　施刑罰。⓫族屬　親族。⓬計　衡量。

【語　譯】考察那雨水是從山中出來，然後流到河裡，大水這類東西，是山川造成的。大水的災害到來，人們並不去攻擊山川。社壇，是土築成的。五行的本性，水與土並不相同。因為水造成災害就要攻土，按五行相剋的說法，土是剋水的，那麼攻土地神的道理，不就是好像今天工匠使用槌子和鑿子嗎？用槌子打擊鑿子，使鑿子穿過木頭。現在假如攻擊土地，能讓它消除水災嗎？那麼，攻擊土地神的理由，以為就是攻擊陰（水災）的同類了。這好比甲做盜賊，傷害人民，甲在此並不逃跑，捕盜的人卻要拋開甲而攻擊乙，能夠制止甲做盜賊嗎？現在下的雨，是水造成的。水在眼前，不去攻擊水神，卻去攻擊土地神。考察天將要下雨，山中先吐出雲氣，雲氣積累就變成了雨，雨再流入河道就變成了水。這樣看來，那麼山呢，就好像父母；水呢，就好像子弟了。犯重罪也只懲罰到親族，究竟是應該懲罰他的父母子弟呢？還是應該懲罰他的朋友呢？可以衡量一下，山、水與土地神，都是屬雨的同類，但哪一個更親近呢？土地神，屬於五行中的土行，在五行中，土和水屬於不同的氣，性質相距甚遠，所以攻土地神是沒有道理的。

殷❶太戊❷，桑穀俱生❸。或曰高宗❹。恐駭，側身❺行道，思索先王之政，興❻滅國❼，繼絕世❽，舉❾逸民❿，明⓫養老⓬之義，桑穀消亡，享國⓭長久。此說《春秋》者所共聞也。水災與桑穀之變何以異？殷王改政，《春秋》攻社，道相違反，行之何從⓮？周成王之時，天下雷雨，偃⓯禾拔木，為害大矣。成王開金縢之書⓰，求索⓱行事⓲，見周公之功⓳，執書以泣過⓴，雨止風反㉑，禾、大木復起㉒。大雨、久湛，其實一也。成王改過，《春秋》攻社，兩經㉓二義，行之如何？

【章　旨】此章以《尚書》改政消災的記載駁斥「攻社」的錯誤說法。

【注　釋】❶殷　殷朝。即商朝。❷太戊　商代的君主。❸桑穀俱生　傳說殷朝時，桑樹和楮樹突然在宮廷長出來，七天就長得高大，被認為是天降災異的徵兆，是上天對不良政治的示警。桑，桑樹。穀，楮樹。❹高宗　殷高宗武丁。❺側身　傾側身體。憂懼不安的樣子。❻興　復興。❼滅國　已滅亡的國家。❽絕世　失去世襲地位的貴族。❾舉　起用。❿逸民　隱士。⓫明　顯揚；發揚。⓬養老　敬養老年人。⓭享國　擁有國家；統治國家。⓮何從　從何；遵循什麼。⓯偃　伏倒。⓰金縢之書　傳說周武王重病，周公祈禱於太王、王季和文王之廟，請求以自己代替武王去死。禱告的書冊收藏在金屬束封的匱中，所以稱該書冊為「金縢之書」。縢，束封牢固。⓱求索　搜尋。⓲行事　指往事。⓳周公之功　指周公代替武王去死的功績。⑳泣過　為有過而哭泣。過，錯誤。傳說周成王曾懷疑周公輔政有異心，見金縢之書，始明白自己的過錯。㉑風反　風向相反的方向吹。㉒復起　再樹立起來。以上事參見《尚書‧金縢》。㉓兩經　《尚書》與《春秋》。

【語譯】殷王太戊在位時，桑樹和楮樹突然在宮廷中長出。有人說發生在殷高宗在位時。當時殷王恐懼，以致走路都傾側著身子，追慕並努力實現已故君王的政績，恢復已遭滅亡的諸侯，接續沒落貴族的世襲，起用隱居的德才之士，發揚敬老尊賢的傳統，於是桑樹和楮樹很快就消亡了，因而在位的時間久長。這是解釋《春秋》的人都知道的事情。水災與桑、楮的變異有什麼不同呢？殷王用改政的辦法，而《春秋》用「攻社」的辦法，這兩種辦法是相反的，究竟遵循哪一種辦法呢？周成王時，天下發生大雷雨，大風把禾苗吹倒，把樹木拔起，造成的災害算是很大了。成王於是打開用金屬束封的匱子，取出書冊，搜尋往事，看到了周公的功績。他拿著書冊悲泣悔過，於是雨很快停了，風倒颳了，禾苗和大樹又立了起來。大雨、久澇，它們實際上是一回事。成王採取悔過的辦法，而《春秋》則是用「攻社」的辦法，兩部經書講的是兩種不同的道理，照誰的去作呢？

月令之家❶，蟲食穀稼，取蟲所類象之吏❷，笞❸擊僇❹辱以滅其變。實論者❺謂之未必真是❻，然而為之，厭合❼人意。今致雨者，政也，吏也，不變其政，不罪其吏，而徒攻社，能何復塞❽？苟❾以為當攻其類，眾陰之精，月也。方諸❿

鄉⑪月，水自下來。月離⑫於畢⑬，出房⑭北道⑮，希有不雨。月中之獸，兔、蟾蜍⑯也。其類在地，螺與蚄⑰也。月毀⑱於天，螺蚄舀缺⑲，同類明矣。雨久不霽⑳，攻陰之類，宜捕斬兔、蟾蜍，椎破螺、蚄，為其得實㉑。蝗蟲時至，或飛或集㉒。所集之地，穀草枯索㉓。吏卒部民㉔，塹㉕道作坎㉖，榜㉗驅㉘內㉙於塹坎，杷㉚蝗積聚以千斛㉛數。正攻㉜蝗之身，蝗猶不止，況徒攻陰之類，雨安肯霽？

【章旨】此章言攻陰之類，不能取得實效。

【注釋】①月令之家　解釋季節時令與人事災異關係的人。月令，一年十二個月的節氣時令。②蟲所類象之吏　蟲所象徵的官吏。如紅頭的蟲象徵武官，黑頭的蟲象徵文官。本書〈商蟲篇〉說：「身黑頭赤，則謂武官；頭黑身赤，則謂文官。」作者駁斥了這些說法。③笞　用竹板打。④僇　辱。⑤實論者　核實這種說法的人。作者自指。⑥是　正確。⑦厭合　滿足。厭，通「饜」。飽。⑧復塞　消除堵塞。⑨苟　假如。⑩方諸　古人在月下承接露水的器物。⑪鄉　通「向」。⑫離　通「麗」。靠近。⑬畢　畢宿。二十八宿之一。⑭房　房宿。二十八宿之一。⑮北道　房宿由四顆星組成，其間有三條通道，古人認為月經行北邊通道就會下雨。⑯蟾蜍　癩蛤蟆。⑰蚄　同「蚌」。⑱月毀　月虧損。月有圓有缺，這裡指的是月缺。⑲舀缺　消減。按照陰陽五行的說法，月與螺、蚌同屬陰類，是相互感應的，當月虧缺，螺、蚌的肉也相應縮小。此說法是無根據的。⑳霽　雨止放晴。㉑得實　符合實際；符合道理。㉒集　停下。㉓索　盡。㉔部民　統屬之民；當地之民。㉕塹　濠溝。㉖坎　坑。㉗榜　笞；打。㉘驅　驅趕。㉙內　通「納」。㉚杷　耙。㉛斛　容量單位。漢時十斗為斛。㉜正攻　正面攻擊；直接攻擊。

【語譯】解釋季節時令變異的人認為，蟲類傷害莊稼，捕捉蟲所象徵的官吏，給予鞭打汙辱，用這種辦法可消除災害。核實這種說法的人則認為這種說法未必是正確的。然而，這樣做，可以滿足一下人們的意願。現在形成水災的原因，如果是政治不良，官吏不好，不改善政治措施，不懲罰官吏，卻只是一味攻擊土地神，怎麼能夠消除制止災害呢？假如認為應當攻擊同類，那麼，眾多陰類中最精粹的應是月亮。把方諸承露器對著月亮，雨水自然會落下來。月亮靠近畢宿，經過房宿的北道，很少有不下雨的。月亮中的獸物，是白兔與癩蛤蟆。它的同類在地上的，就是螺與蚌。當月亮在天上虧缺時，螺、蚌的肉也相應緊縮，螺、蚌與月亮同類是明顯的了。下雨很久而不天晴，如果要攻擊陰的同類，應該捕捉斬殺白兔、癩蛤蟆，椎破螺、蚌，算是合理的。蝗蟲經常到來，或飛或落。牠們所到之處，莊稼雜草都要枯死。官吏、士卒、民眾都在路上挖濠開溝，撲打驅趕蝗蟲到濠溝坑穴中，耙梳蝗蟲堆積起來，往往以千斛統計。直接攻擊蝗蟲本身，蝗蟲尚且不能制止，何況只是一味攻擊陰的同類，下雨怎能停止而放晴？

《尚書大傳》❶曰：「煙氛❷郊社❸不修，山川不祝❹，風雨不時，霜雪不降，責於天公❺。臣多弒主，孽❻多殺宗❼，五品❽不訓❾，責於人公❿。城郭不繕⓫，溝池不修，水泉不隆⓬，水為民害，責於地公⓭。」王者三公，各有所主；諸侯卿大夫，各有分職。大水不責卿大夫，而擊鼓攻社，何知不然？魯國失禮，孔子作經⓮，表⓯以為戒⓰也。公羊高⓱不能實⓲，董仲舒⓳不能定⓴，故攻社之義，至今復行之。使高尚生、仲舒未死，將難之曰：久雨湛水溢，誰致之者？使人君也，宜改政易行，以復塞之；如人臣也，宜罪其人。以過解㉑天。如非君臣，陰陽之氣偶時運㉒也，擊鼓攻社，而何救止？

【章　旨】此章引述《尚書大傳》「水為民害，責於地公」之說，言水災出現而攻擊土地神，亦無道理。

【注　釋】❶尚書大傳　相傳為西漢初年伏勝撰寫的一部解釋《尚書》的著作。早已殘缺，清人有輯本。❷煙氛　指古時祭祀天地燒柴火和祭品的一種儀式。煙，火氣。❸郊社　祭祀名稱。冬至祭天叫「郊」，夏至祭地叫「社」。❹祝　禱告。❺天公　指司馬。其職可能是調和陰陽，舉行祭祀。周代的司馬、司徒、司空稱「三公」。❻孽　庶子。❼宗　嫡長子。❽五品即「五常」。指君臣、父子、兄弟、夫婦、朋友之間的五種關係。❾訓　順。❿人公　指司徒。⓫繕　修治。⓬隆　旺。⓭地公　指司空。⓮經　此指《春秋》。⓯表　顯露；指出。⓰戒　警戒。⓱公羊高　傳為《春秋公羊傳》的作者。⓲實　據實解釋。⓳董仲舒　西漢公羊學派的經師。⓴定　結論。㉑解　達；上達；上聞。㉒偶時運　偶然之間運行。

【語　譯】《尚書大傳》說：「祭祀天地的時候，不認真舉行煙火儀式，不禱告山川，風雨失調，霜雪不降，這就要責罰天公。臣下殺君主，庶子殺嫡子，五常關係紊亂，這就要責罰人公。城郭不修治，護城河不開通，水流不充裕，水災為害人民，這就責罰地公。」人君手下的三公，各有自己所主持的事務，諸侯、卿、大夫，各有分管的職務。遇上水災不去責備卿、大夫，卻去擊鼓攻社。怎麼知道這是不對的呢？魯國沒有按禮辦事，孔子就作《春秋》，表明以它作為警戒。公羊高不能據實論說，董仲舒不能作出定論，所以攻社的道理，到現在還遵循照辦。假使公羊高還活著、董仲舒沒死，我將責難他們說：長久下雨，大水充溢，是誰造成的呢？假使是人君造成的，就應該改善政治變易操行，以消除水患；假使是臣下造成的，就應該加罪於失職的人，把他們的過錯稟告上天。如果不是君臣的責任，是陰陽之氣偶然間運行造成的，即使擊鼓攻社，又怎能挽救和制止災害呢？

《春秋》說❶曰：「人君亢陽❷致旱，沈溺❸致水。」夫如是，旱則為沈溺之行❹，水則為亢陽之操❺，何乃攻社？攻社不解，朱絲縈之❻，亦復未曉。說者以為，社，陰；朱，陽也❼。水，陰也，以陽色縈之，助鼓為救。夫大山失火，灌以甕❽水，眾知不能救之者，何也？火盛水少，熱不能勝也。今國湛水，猶大山失火也；以若繩之絲，縈社以救，猶以甕水灌大山也。原❾天心❿以人意，狀⓫天治⓬以人事，人相攻擊，氣不相兼⓭，兵不相負⓮，不能取勝。今一國水，使真欲攻陰，以絕其氣，悉⓯發國人，操刀把杖以擊之，若歲終逐疫，然後為可。楚⓰、漢⓱之際，六國⓲之時，兵革⓳戰攻，力強則勝，弱劣則負。攻社，一人擊鼓，無兵革之威，安能救雨？

【章　旨】此章說明，即令可以理解為攻社，少不勝多，亦不足以消除大水災。

【注　釋】❶說　解釋。指關於《春秋》的解釋。❷亢陽　陽氣太盛。指驕橫。❸沈溺　指迷戀酒色。參見〈明雩篇〉。❹行　意思是用迷戀酒色的行為消除旱災。❺操　行為。意思是用驕橫的行為消除水災。❻朱絲縈之　用紅繩圍繞社壇。見《公羊傳·莊公二十五年》、《春秋繁露·止雨》。❼朱二句　陰陽五行學者認為顏色也分陰和陽兩類，紅色屬於陽。❽甕　盛水的瓦罐。口小腹大。❾原　推測；探究。❿天心　上天的心意。⓫狀　形容。⓬天治　上天所治理的事情。⓭兼　超越。⓮負　通「倍」。⓯悉　盡；全。⓰楚　指項羽。項羽自稱西楚霸王。⓱漢　指劉邦。劉邦被項羽封為漢王。劉邦、項羽爭鬥達五年之久。⓲六國　戰國時齊、楚、燕、趙、韓、魏，合稱六國。⓳革　兵器。如甲、盾之類，皆以皮革製成。

【語　譯】解釋《春秋》的人說：「人君驕橫造成旱災，迷戀酒色就造成水災。」照這種說法，那麼遇上旱災人君表現迷戀酒色的行為，遇上水災人君表現驕橫的行為，災害就消除了，為什麼卻要攻擊土地神呢？攻擊土地神，我是不能理解的，用紅繩把土地神圍繞起來，我也是不能理解的。解釋的人認為，土地神屬於陰類，紅色屬於陽類。水屬於陰類，用陽色來圍繞土地神，可以協助擊鼓來救止水災。那大山失火，用一小罎水去救火，大家知道這是不能滅火的。為什麼呢？因為火太旺盛而水太少了，熱氣不能被水壓住。現在全國遭水災，就好比大山失火了；假如用這紅繩圍繞土地神來救災，就好像用一罎水去澆灌大山的火一樣呢！用人的心意來探究天的心意，用人間的事情來比喻天所治理的事情，人們相互攻擊，力氣不能超越對方，兵力不倍於對方，就不能取得勝利，現在全國發生水災，假使真的想用陽攻陰，以消除造成水災的陰氣，就應該把一國的人全部發動起來，拿著刀和棍子去攻擊土地神，像年終驅逐疫鬼一樣，然後才可以取得勝利。楚、漢之爭的時候，六國爭戰的時候，用兵器進攻，力量強的就勝利，弱的就失敗。攻擊土地神也是一樣，只有一人擊鼓，沒有兵器的威力，怎能消除水災呢？

夫一暘❶一雨，猶一晝一夜也；其遭若堯、湯之水旱❷，猶一冬一夏也。如或欲以人事祭祀復塞其變，冬求為夏，夜求為晝也。何以效❸之？久雨不霽❹，試使人君高枕安臥，雨猶自止。止久至於大旱，試使人君高枕安臥，旱猶自雨。何則❺？暘極反陰，陰極反暘。故夫天地之有湛也，何以知不如人之有水病❻也？其有旱也，何以知不如人之有癉疾❼也？禱請求福，終不能愈；變操易行，終不能救。使醫食藥，冀可得愈。命❽盡期至，醫藥無效。堯遭洪水，《春秋》之大水也，聖君知之，不禱於神，不改乎政，使禹❾治之，百川東流。夫堯之使禹治水，猶病水者之使醫也。然則堯之洪水，天地之水病也；禹之治水，洪水之良醫也。說者❿何以易⓫之？攻社之義，於事不得。雨不霽，祭女媧⓬，於禮何見？伏羲⓭、女媧，俱聖者也，舍伏羲而祭女媧，《春秋》不言。董仲舒之議，其故⓮何哉？夫《春秋經》但⓯言鼓，豈言攻哉？說者見有「鼓」文⓰，則言攻矣。夫「鼓」未必為「攻」，說者用意異也。

【章　旨】此章論治水之法，說明晴雨之變，則如晝夜、四季之變，不可求其改變，只有治之。

【注　釋】❶暘　晴。❷堯湯之水旱　傳說堯時十年九澇，湯時八年七旱。❸效　驗證。❹霽　雨止放晴。❺何則　為什麼呢。❻水病　水腫病。❼癉疾　中醫病名。俗稱黃疸病。癉，通「疸」。❽命　作者相信「命」，認為它是一種決定人們死生壽夭和貴賤貧富的神秘力量。認為每個人的「命」是當在母胎裡稟受氣的厚薄而成的，後天無法改變。這種「命定論」是沒有科學依據的。參見本書〈氣壽篇〉。❾禹　傳說中的夏禹王。據說他治水八年於外，三過家門而不入，十分辛苦。❿說者　指解釋《春秋》的人。⓫易　改變。⓬女媧　神話傳說中的女性帝王。⓭伏羲　傳說中的古帝王。⓮故　依據。⓯但　只。⓰文　字。

【語　譯】那一晴一雨，就好像一晝一夜；可能遭到像堯、湯那樣的水災和旱災，也好像是一冬一夏呢。假使有人想通過人的活動祭祀來消除變異，就好像處於冬天卻要夏天到來，處於黑夜要求白天到來一樣。用什麼來驗證呢？長久下雨而不放晴，假使人君並不去祈禱只是高枕而臥，雨還是自然會停止的。晴了很久，以至於產生了大旱，假使人君並不去祈禱只是高枕而臥，旱後還是會自然下雨的。為什麼呢？天氣晴到了極限就會轉變為陰雨，陰雨到了極限就會轉變為天晴。所以那天地有大水，怎知不像人患了水腫病呢？它有旱象，怎知不像人患了黃疸病呢？假如人患了這樣的病，只是祈禱求福，終究也是不能病癒的；改變操行，終究也是不能得救的。一定要請醫生看病服藥，才有痊癒的希望。假如命裡注定的壽期已經完了，治病服藥就再無效果。堯遇上的洪水，《春秋》記載的「大水」，聖明的堯知道對待的辦法，他不去向神祈禱，也不改變政治措施，而是派禹去進行治理，使百川的水歸向東流。那堯使禹治水，就好像患水腫病的人讓醫生治理一樣。那麼，堯時的洪水，是天地所患的水腫病；禹的治水，是治洪水最好的醫生。可是解釋《春秋》的人為什麼改變這個道理呢？攻擊土地神的做法，不符合事理。再者，雨不停止，還倡導祭祀女媧，在禮制上哪裡見到過呢？伏羲、女媧，都是遠古的聖人，卻拋開伏羲單祭女媧，《春秋經》上也不曾說過。董仲舒的論說，依據是什麼呢？《春秋經》上只說「鼓」，難道說了「攻」嗎？解釋的人見有「鼓」字，就解釋成「攻」了。「鼓」未必能解釋成「攻」，解釋《春秋》的人的用意與經文不符呢！

「『季氏❶富於周公❷，而求❸也❹為之聚斂❺而附益❻之。孔子曰：非吾徒❼也，小子鳴鼓❽而攻之可也。』攻者，責也，責讓❾之也。六國兵革相攻，不得難❿此。」此又非也。以卑而責尊，為逆矣。或曰：「據天責之也。」王者母事地，母有過，子可據父以責之乎？下之於上，宜言諫⓫。若事⓬，臣、子之禮也；責讓，上之禮也。乖違⓭禮意，行之如何？夫禮以鼓助號呼，明聲響也。古者人君將出，撞鐘擊鼓，故⓮警戒下也。必以伐鼓為攻社，此則鐘聲鼓鳴攻擊上也。

【章旨】此章說明解釋「攻」為「責讓」，亦違背禮制規定。

【注釋】❶季氏　季孫氏。春秋時魯桓公的後代，累世為魯國大夫。這裡指的是季康子。❷周公　這裡指魯國的公室。因為西周初年，周公被封於魯，魯國國君是周公的後代。❸求　冉求。孔子的弟子，當時為季康子家臣。❹也　表停頓的語氣。

❺聚斂　搜聚財物。❻附益　增加。❼非吾徒　不配做我的弟子。❽小子鳴鼓　見《論語・先進》。小子，孔子對弟子的稱呼。鳴鼓，擊鼓使響。❾讓　責；斥責。❿難　難倒。⓫諫　勸阻。古時用於臣對君，子對父。⓬若事　這件事。指「諫」。⓭乖違　違反。⓮故　本來。

【語譯】『季康子比魯公室還要富裕，可是冉求繼續為他搜聚而增加財富。孔子說：冉求不是我的弟子，小子們可以擊鼓公開討伐他。』攻，就是責備、譴責的意思。戰國時期各國互相攻伐的史事，不得難倒這種解釋。」這又錯了，以卑賤譴責高貴，算是大逆不道了。有人會說：「是按照天的意志來譴責土地神的。」人君像事奉母親一樣地事奉地，母親有錯誤，做兒子的可以按照父親的意志來譴責她嗎？下對上有意見，應該用「勸諫」。像這種事（勸諫），就是臣下、兒子對待國君、父親的禮節；譴責，是國君、父親對臣下、兒子的禮節。違反禮的規定，怎麼能實行呢？按照禮儀，擊鼓是幫助呼喊，使聲音更加響亮。古代人君將要外出，要撞鐘擊鼓，本來是為了警戒臣民的。一定把擊鼓理解為攻擊土地神，這就等於把撞鐘擊鼓說成是攻擊君主啊！

大水用鼓，或時❶再告社。陰之太盛，雨湛不霽，陰盛陽微，非道❷之宜❸。口祝❹不副❺，以鼓自助，與日食鼓用牲於社，同一義也。俱為告急，彰❻陰盛也。事大而急者用鐘鼓，小而緩者用鈴𥫗❼，彰事告急，助口氣也。天道難知，大水久湛，假令政治所致，猶先告急，乃斯❽政行。盜賊之發，與此❾同操❿。盜賊亦政所致，比⓫求闕失⓬，猶先發告。鼓用牲於社，發覺之也。社者眾陰之長，故伐鼓使社知之。說鼓者以為攻之，故「攻母」、「逆義」之難，緣此而至。今言告以陰盛陽微，攻尊之難，奚從來哉？且告宜於用牲，用牲不宜於攻。告事用牲，禮也；攻之用牲，於禮何見？朱絲如繩，示在陽也。陽氣實微，故用物微也。投一寸之針⑬、布⑭一丸之艾⑮於血脈之蹊⑯，篤病⑰有瘳⑱。朱絲如一寸之針、一丸之艾也。吳攻破楚⑲，昭王⑳亡走㉑，申包胥間步赴秦㉒，哭泣求救，卒得助兵，卻㉓吳而存楚。擊鼓之人，誠㉔如何耳。使誠若申包胥，一人擊得。假令一人擊鼓，將耐令社與秦王同感㉕，以土勝水之威，卻止雲雨。雲雨氣得與吳同恐，消散入山，百姓被害者得蒙霽晏㉖，有楚國之安矣。

【章　旨】此章解釋「鼓用牲于社」、「朱絲縈之」。

【注　釋】❶或時　可能是。時，是。❷道　指天道。❸宜　應該；正常。❹祝　禱告。❺不副　不稱。❻彰　表明。❼簌篇。❽乃斯　這才。❾此　指告急。❿操　持；做法。⓫比　及；到。⓬闕失　過失。⓭針　指針灸之針。⓮布　施放。⓯艾　艾葉。中醫治法，將艾製成艾絨，用來燒灼穴位以治病。⓰蹊　小路。此指經絡穴位。⓱篤病　重病。⓲瘳　病癒。⓳吳攻破楚　春秋後期，吳王闔閭進攻楚國，佔領了楚國的郢都。⓴昭王　楚昭王。㉑亡走　逃亡。㉒申包胥間步赴秦　吳侵佔楚時，申包胥到秦國請秦哀公出兵救援，哀公表示猶豫，申包胥於是靠著庭牆哭了七日七夜，感動了哀公，答應出兵。見《左傳・定公四年》。申包胥，楚國大夫。間步，偷行。㉓卻　打退。㉔誠　誠心。㉕同感　一樣受感動。㉖晏　天清；天氣晴朗。

【語　譯】遇上水災要擊鼓，可能是進一步向土地神告急。陰氣太盛，天久雨而不放晴，陰氣旺盛，陽氣微弱，這不是天道的正常現象。用口祈禱還不相稱，還得依靠擊鼓的協助，與日蝕發生時，要擊鼓用牲口到土地神面前舉行祭祀，是同一個道理。都是為了向土地神告急，表明陰氣太盛了。事大而且緊急的就敲鐘打鼓，事小而且能遲緩的就搖鈴吹簫。用鐘、鼓、鈴、簫表明發生了事情告急，為了協助增大口說的聲氣。關於天道人們難得了解清楚，長久的水災，假使是政治不良造成的，還是先要向土地神告急，才再在政治措施方面加以改正。盜賊的發生，與對待水災用同樣的辦法。盜賊也是政治不良造成的，等到人君反省自己的過失，還是先要發布文告讓大家知道。擊鼓用牲畜祭土地神，也就是為了使土地神知道陰氣太盛了。土地神是眾陰類的尊長，所以擊鼓使祂知道。解釋「鼓」的人以為是攻擊土地神，所以得到了「攻擊母親」和「違反禮義」的責難，就是從這裡引起的。現在如果只說把陰氣強盛、陽氣衰微的消息向土地神告急，那麼攻擊尊長者的責難，又從何而生呢？況且告急應該用牲畜，既用牲畜就不應該說成是攻擊。稟告事情用牲畜，這是符合禮的。攻擊用牲畜，在禮制上哪兒見過呢？用紅絲或者紅繩把社壇圍起來，表示存在陽氣。只是陽氣實在微弱，所以只能用小的東西來象徵。比如在人體血脈的途徑穴位上，扎入一寸長的針、鋪上小丸般的艾絨進行針灸治療，重病也會很快得到痊癒。紅絲就好像一寸長的針、小丸般的艾絨呢！吳國攻佔了楚國郢都，楚昭王逃走，大夫申包胥偷偷跑到秦國，痛哭七天七夜要求救援，終於得到秦國的援兵，擊退吳國，保存了楚國。看擊鼓的人，誠心如何罷了。假使誠心像申包胥一樣，一人擊鼓就能成功。假使一人擊鼓，將能使土地神如同秦哀公一樣受到感動，用土壓倒水的威風，就能擊退制止雲雨之氣。雲雨之氣能像吳國一樣害怕，退到山中消散，遭受水災的百姓，就會享受雨止晴朗的天氣，過著楚國人那樣平安的日子了。

迅雷風烈，君子必變❶，雖夜必興❷，夜冠而坐，懼威❸變異也。夫水旱，猶雷風也，雖運氣無妄❹，設令人君高枕據❺臥，以俟其時，無惻怛❻憂民之心。堯不用牲，或時❼上世質❽也。倉頡❾作書❿，奚仲⓫作車，可以前代之時無書、車之事，非⑫後世為之乎？時同作殊，事乃可難⑬；異世易俗，相非如何？世俗圖畫女媧之象，為婦人之形，又其號曰「女」。仲舒之意，殆⑭謂女媧古婦人帝王者也。男陽而女陰，陰氣為害，故祭女媧求福祐也。傳又言：「共工⑮與顓頊⑯爭為天子，不勝，怒而觸不周之山⑰，使天柱⑱折，地維⑲絕。女媧消煉⑳五色石以補蒼天，斷鰲之足以立四極㉑。」仲舒之祭女媧，殆見此傳也。本有補蒼天、立四極之神，天氣不和，陽道不勝，倘㉒女媧以精神助聖王止雨湛乎！

【章　旨】此章解釋人君遇災必祭及對祭女媧之補充。

【注　釋】❶變　改變常態。❷興　起。❸威　畏。❹無妄　即無妄之災。非政治操行所造成的意外之災。見本書〈明雩篇〉。❺據　安。❻惻怛　憂傷。❼或時　可能是。❽質　質樸。❾倉頡　相傳為黃帝時的史官。❿書　文字。⓫奚仲　相傳為黃帝或夏禹時的臣子。⓬非　反對；責難。⓭難　責難。⓮殆　可能。⓯共工　傳說中的上古部落領袖。⓰顓頊　傳說中的上古帝王。⓱不周之山　不周山。傳說中的山。⓲天柱　神話中撐天的柱子。⓳地維　繫地的繩索。⓴消煉　熔化冶煉。㉑極　邊。以上引文參見《淮南子・天文》。㉒倘　也許。

【語　譯】當疾雷烈風到來，君子也必然改變常態，即使夜晚睡覺也必須起身，整理衣冠正襟危坐，是因為懼怕災害到來。那水災、旱災的發生，與疾雷烈風到來一樣，即使陰陽之氣運行所造成的意外之災，假使人君高枕安臥，等待晴天的到來，那就表明人君沒有憐憫百姓的沈痛心情。堯不用牲畜舉行祭祀，可能是古人質樸的緣故。傳說倉頡發明文字，奚仲發明車子，可依據前代沒有文字、車子這些東西，就責難後世製作這些東西嗎？時代相同而做法不一樣，對這種情況才可以進行責難；時代不同風俗變易，怎麼能互相責難呢？世上一般人祭祀女媧，繪女媧的圖像，畫成婦人樣的形體，又給以稱號叫做「女」。董仲舒的意思，可能認為女媧是古代的女帝王。由於男性屬陽，女性屬陰，陰氣為害造成水災，所以祭祀女媧求得她的福祐。一本書上說：「共工與顓頊爭著要做天子，共工沒有爭得，發起怒來撞觸了不周山，使天柱折斷，繫地的繩索也斷絕。女媧於是熔化冶煉五色礦石來補綴蒼天，砍斷大海龜的腳來支撐天的四邊。」董仲舒之所以提倡祭祀女媧，可能是見到了這本書的記載。其實，本來有一個補蒼天立四極的神，天氣不調和，陽道力量微弱，也許是認為女媧可以用她的精神幫助聖王止雨去澇吧！

卷一六

亂龍篇第四十七

【題解】本篇旨在為董仲舒設土龍以求雨的措施進行辯護，並作為最後定論。文中列舉出十五條事例來證明設土龍求雨是能取得實效的。同時還指出，即使明知不能招來雲雨，它在禮儀上也是有重大意義的。王充依據生活中一些實際存在的現象（如人學雞鳴，群雞也跟著叫；人思念亡母，看到亡母的圖像也情緒激動等）和前人虛構的一些傳說（如葉公好龍，「真龍聞而下之」；木囚可以明辨冤獄等），推論出：凡事物的同類或同類的虛象，都是可以互相招致、感應的，土龍是可以致雨的。由於在類比中混淆了人與物、實與虛的界限，得出的結論是沒有科學根據的。題目「亂龍」二字，是總結「透徹解釋土龍求雨」之意。

董仲舒申❶《春秋》之雩❷，設土龍❸以招雨，其意以雲龍相致❹。《易》❺曰：「雲從龍，風從虎❻。」以類❼求之，故設土龍，陰陽從類，雲雨自至。

【章旨】此章引述董仲舒「設土龍以招雨」的觀點，作為全篇論述中心。

【注釋】❶申　發揮。❷雩　古代求雨的祭祀。❸土龍　以土作成的龍。❹相致　互相招來。❺易　《周易》。儒家經典之一，亦稱《易經》。❻雲從龍二句　雲與龍同類，風與虎同類，物以類相從。見《周易‧乾卦‧文言》。從，跟隨。❼類同類。

【語譯】董仲舒發揮《春秋》雩祭的意義，陳設土龍用來吸引雲雨，他是認為雲和龍是互相招致的。《周易》中說：「雲跟隨龍，風跟隨虎。」根據同類相互招致的道理，所以設置土龍，屬於陰類和陽類的事物，都是以同類相吸引，所以和龍同類的雲雨就自然來到了。

儒者或❶問曰：夫《易》言「雲從龍」者，謂真龍也，豈謂土哉？楚葉公好龍❷，牆壁槃❸盂❹皆畫龍。必以象類❺為若真是，則葉公之國常有雨也。《易》又曰「風從虎」，謂虎嘯而谷風❻至也。風之與虎，亦同氣類。設為土虎，置之谷中，風能至乎？夫土虎不能而致風，土龍安能而致雨？古者畜龍，乘車駕龍，故有豢龍氏、御龍氏❼。夏后❽之庭❾，二龍常在，季年❿夏衰，二龍低伏⓫。真龍在地，猶無雲雨，況偽象乎？禮，畫雷樽⓬象雷之形，雷樽不聞能致雷，土龍安能而動雨？頓牟掇芥⓭，磁石⓮引針，皆以⓯其真是，不假⓰他⓱類。他類肖⓲似，不能掇取者，何也？氣性異殊，不能相感動也。劉子駿⓳掌雩祭，典⓴土龍事，桓君山㉑亦難以頓牟、磁石不能真是，何能掇針、取芥？子駿窮無以應㉒。子駿，漢朝智囊㉓，筆墨淵海㉔，窮無以應者，是事非議㉕誤，不得道理實㉖也。

【章　旨】此章引述儒者駁斥董仲舒以類相招的觀點，認為土龍不可招來雨水。

【注　釋】❶或　有的人。❷葉公好龍　見《新序．雜事五》。葉公，楚國貴族。名諸梁，字子高，封於葉（今河南葉縣西南），自稱葉公。❸槃　同「盤」。盤子。❹盂　盛水的器皿。❺象類　相類似的東西。❻谷風　山谷之風。❼豢龍氏御龍氏　因官職而得的姓氏。豢，飼養。御，駕馭。❽夏后　指夏朝。夏朝為夏后氏部落所建。❾庭　朝廷。❿季年　末年。⓫低伏　潛藏。⓬雷樽　刻有雲、雷圖案的盛酒器皿。⓭頓牟掇芥　指玳瑁經過磨擦，能吸引小草類的細物。頓牟，玳瑁。掇，拾取。芥，小草。⓮磁石　帶磁性的石。可以吸鐵。⓯以　因。⓰假　借。⓱他　別的。⓲肖　相似。⓳劉子駿　即劉歆。西漢末年經學家。⓴典　主持。㉑桓君山　桓譚。西漢末年哲學家。㉒無以應　無法回答。㉓智囊　形容足智多謀。㉔筆墨淵海　形容學識淵博，擅長文章。㉕非議　責難。㉖道理實　確實的道理。

【語　譯】儒者中有人發問說：《周易》說的「雲從龍」，說的是真龍，難道說的是土龍嗎？楚國葉公子高喜好龍，牆壁、盤盂器皿上都畫上龍。如果一定要把相類似的事物當作真實的事物用來影響同類，那麼，葉公所在的楚國會經常下雨。《周易》又說「風從虎」，說虎咆嘯一聲山谷就要產生大風。風與虎，也屬於同一氣質類別。假設作一個土虎，放在山谷中，風能夠吹來嗎？那土虎不能招來風，土龍又怎能招來雨呢？古代豢養龍，乘車也駕龍，所以有豢龍氏、御龍氏。夏朝的庭中經常有兩條龍，夏朝末年衰敗，這兩條龍才潛藏起來。真龍在地，尚且不能招來雲雨，何況是假龍呢？按照禮制，酒樽上畫有雲雷的圖案只是像雲雷的形狀，沒有聽說雷樽能夠招來雷，土龍又怎麼能夠感動雨呢？玳瑁能吸引小草，磁石能吸引針，都因為它們是真實的東西，不必假借別的事物。別的事物雖有相似的特徵，不能產生吸引的作用，是什麼原因呢？就是因為事物之間氣質不同不能互相感動啊！劉子駿掌管雩祭，主持土龍求雨事，桓君山也曾用玳瑁、磁石不是真的怎麼能吸針取芥來責難劉子駿，弄得劉子駿理屈詞窮，無法回答。劉子駿是漢朝的智囊，學識淵博，擅長文章，被弄得理屈詞窮無法回答的原因，在於所舉的事例與責難是錯誤的，而自己卻不懂得其中的確實道理啊！

曰❶：夫以非真❷難❸，是也；不以象類❹說❺，非也。夫東風至，酒湛溢❻；鯨魚死，彗星❼出。天道自然，非人事也。事與彼雲龍相從，同一實❽也。

【章旨】此章言作者申言象類之說是對的，借以表明全文中心。

【注釋】❶曰　作者王充說。❷非真　不是真的東西。❸難　責難。❹象類　相似的東西。❺說　解釋。❻湛溢　滿出來。❼彗星　俗稱掃帚星。古人以為彗星出現是不吉祥的徵兆。❽實　實質。

【語譯】作者反駁說：用土龍不是真龍為理由提出責難，這是對的；不用相類似的東西可以相互招致的道理來解釋，這是錯誤的。譬如春風吹來，釀酒就容易發酵而膨脹；鯨魚死，彗星就出現在天空。這都是天道的自然規律，不是人為的。這類事與雲和龍互相感召是同一道理。

日，火也；月，水也。水火感動，常以真氣。今伎道之家❶，鑄陽燧❷取飛火於日，作方諸❸取水於月，非自然❹也，而天然之❺也。土龍亦非真，何為不能感天？一❻也。

【章旨】此章以陽燧取火、方諸取水為例說明土龍可以致雨。

【注釋】❶伎道之家　主要指方術之士。伎，通「技」。技藝。醫術、方術等皆可稱「技」。❷陽燧　古時在日光下取火的凹面銅鏡。❸方諸　古時在月下承接露水用的器具。❹自然　自身生成。❺天然之　天使之如此。❻一　指第一條例證。

【語譯】太陽，與火為類；月亮，與水為類。水火與它們的同類產生感應，常常因為它們有相通的本真氣質。

現在方術之士，鑄成陽燧對著太陽取來閃爍的火，製成方諸對著月亮承接到露水，不是陽燧、方諸自身能產生水火，而是天受到感召使之取得水火的。土龍也不是真實的東西，為什麼不能感召天呢？這是土龍能致雨的第一條例證。

陽燧取火於天，五月❶丙午❷日中之時，消煉五石❸，鑄以為器，乃能得火。今妄取❹刀劍偃月之鉤❺，摩❻以向日，亦能感天。夫土龍即不得比於陽燧，當與刀劍偃月鉤為比。二也。

【章旨】此章以刀劍偃月之鉤取火為例，說明土龍可以致雨。

【注釋】❶五月　夏曆五月。古人以為一年中以五月陽氣最盛。❷丙午　指丙午這天。古人將天干和地支相配紀日，按陰陽五行的說法，丙和午都屬火。可見「五月丙午」被認為是陽氣最盛的日子，因而便於生火。❸五石　指丹砂、雄黃、白礬、曾青、磁石。據傳古代鑄銅器須加五石。❹妄取　隨意取。❺刀劍偃月之鉤　指刀劍頭部彎曲的部分。偃月，半月形。❻摩　摩擦。

【語譯】陽燧對著天能取火。當五月丙午這天中午之時，把五石消熔冶煉，鑄成取火的器具，才能得火。現在隨便取用刀劍頭部彎曲的部分，對著太陽加以摩擦，也能感召上天而得火。那土龍即使不能與陽燧相提並論，也應當與刀劍頭部彎曲的部分相比。這是土龍能致雨的第二條例證。

齊孟嘗君夜出秦關❶，關未開，客❷為雞鳴而真雞鳴和❸之。夫雞可以奸聲❹

感，則雨亦可以偽象致。三也。

【章旨】此章以偽裝雞鳴而招致真雞鳴的事例，說明土龍可以致雨。

【注釋】❶孟嘗君夜出秦關　據《史記・孟嘗君列傳》記載：孟嘗君入秦，昭王即以孟嘗君為秦相。有人向昭王進言，說孟嘗君必定會把齊國的利益放在秦之上，於是昭王就囚禁孟嘗君，並想殺掉他。後來孟嘗君溝通昭王寵姬得以釋放，便連夜逃跑到函谷關。秦國規定，雞不叫不開關。於是，隨從他的一名食客便學雞叫，結果群雞齊鳴，孟嘗君便逃出了關。孟嘗君，田文，齊國貴族，戰國四公子之一。秦關，指函谷關。❷客　指孟嘗君門下的一名食客。❸和　應和。❹奸聲　偽裝的聲音。

【語譯】齊國孟嘗君連夜逃到函谷關，當時關門未開。他的一名食客偽裝雞鳴，真雞也就應和著鳴了起來。那真雞可以因偽裝的聲音所感動，那麼雨水也可以因土龍假像招來。這是土龍能致雨水的第三條例證。

李子長❶為政❷，欲知囚情❸，以梧桐為人，象囚之形。鑿地為坎❹，以盧❺為椁❻，臥木囚其中。囚罪正❼則木囚不動，囚冤❽侵奪❾，木囚動出。不知囚之精神著❿木人乎？將⓫精神之氣動木囚也？夫精神感動木囚，何為獨不應從土龍？四也。

【章旨】此章以木人驗證冤獄為例，說明土龍可以致雨。

【注釋】❶李子長　人名。❷為政　治理政事。❸囚情　囚犯的實情。情，實。這裡指判罪是否符合囚犯罪行的實際。❹坎　坑穴。❺盧　通「蘆」。蘆葦。❻椁　棺材之外的套棺。❼罪正　判罪正確。❽冤　冤屈。❾侵奪　受侵犯、受迫害。❿著　附著。⓫將　或者。

【語譯】李子長治理政事，想知道囚犯的實情，用梧桐樹作成木人，與囚犯的模樣相像，在地上掘成坑穴，以蘆葦當作外棺，把木囚放臥其中。假如判案罪有應得，那麼木囚不動；假如囚犯受有冤屈遭到侵犯和迫害，木囚就會跳出棺槨。不知是囚犯的精神附著在木人身上呢？還是囚犯的精神之氣感動了木人呢？如果精神之氣能感動木人，那雲雨為什麼偏偏不能受土龍的感動而到來呢？這是土龍能致雨水的第四條例證。

舜以❶聖德❷，入大麓❸之野，虎狼不犯，蟲蛇不害。禹鑄金鼎❹象百物，以入山林，亦辟❺凶殃。論者以為非實。然而上古久遠，周鼎❻之神，不可無也。夫金與土，同五行❼也，使作土龍者如禹之德，則亦將有雲雨之驗❽。五也。

【章旨】此章以舜、禹的聖德可以排除虎狼凶殃為例，說明土龍可以致雨。

【注釋】❶以　憑藉。❷聖德　聖明的德行。❸大麓　山腳。舜入於大麓的記載見於《尚書・舜典》。❹鼎　古時三足兩耳的金屬重器，以為傳國之寶。禹鑄九鼎事見於《左傳・宣公三年》的記載。據傳禹鑄的銅鼎上繪有百物圖像。❺辟　排除。❻周鼎　傳說夏禹鑄的大鼎傳到周朝，成了國寶，故稱「周鼎」。❼五行　指金、木、水、火、土。❽驗　效驗。

【語譯】舜憑藉他的聖明德行，走進山腳的野外，虎狼不侵犯，蟲蛇不傷害。夏禹鑄的銅鼎上繪有百物的圖像，憑藉它走進山林，也能排除凶險禍殃。有責難的人認為有關舜、禹的這些傳說並不實在。然而，上古久遠，就算不可相信，但是關於周鼎的神奇，不能說沒有啊！那金與土，都在五行之列，假使製作土龍的人也具有像禹那樣的德行，那麼，也將會產生感應雲雨的效驗。這是土龍能致雨水的第五條例證。

頓牟掇芥，磁石、鉤象之石❶非頓牟也，皆能掇芥。土龍亦非真，當與磁石、鉤象為類。六也。

【章　旨】此章以玭瑁、磁石、象牙皆能拾草為例，說明土龍可以致雨。

【注　釋】❶鉤象之石　象牙。

【語　譯】玭瑁可以吸拾小草，磁石、象牙並不是玭瑁，也都能吸拾小草。土龍也不是真龍，應當與磁石、象牙同類。這是土龍能致雨水的第六條例證。

楚葉公好龍，牆壁盂樽皆畫龍象，真龍聞而下之。夫龍與雲雨同氣，故能感動，以類相從。葉公以為畫❶致真龍，今獨何以不能致雲雨？七也。

【章　旨】此章以葉公畫龍招來真龍為例，說明土龍可以致雨。

【注　釋】❶為畫　作畫。

【語　譯】楚國葉公子高喜好龍，牆壁、盛水器皿、酒杯上都畫著龍的圖像，於是真龍知道了從天而降。那龍與雲雨同一氣類，所以能夠互相感動，以同類而互相跟隨。葉公憑藉作畫招來了真龍，現在為什麼偏偏土龍不能招來雲雨呢？這是土龍能致雨水的第七條例證。

神靈示人以象❶不以實❷，故寢臥夢悟❸，見事之象❹。將吉，吉象來；將凶，凶象至。神靈之氣，雲雨之類也。神靈以象見❺實，土龍何獨不能以偽致真？八也。

【章　旨】此章以神靈用虛象不用真實示人的例子說明土龍可以致雨。

【注　釋】❶象　事物的虛象。❷實　真實的事物。❸悟　覺醒。❹見事之象　看到事物的虛象。❺見　讓人看見；預示。

【語　譯】神靈以事物的虛象而不是以事物的真實向人顯示，所以睡覺夢醒，都是見到事物的虛象。將有吉事出現，吉的虛象就會來臨；將有凶事發生，凶的虛象就會來到。神靈的氣，與雲雨的氣是同類的啊！神靈用事物的虛象預示真實事物的產生，土龍為什麼偏偏不能以假物招來真實的東西呢？這是土龍可以致雨的第八條例證。

上古之人，有神荼、鬱壘❶者，昆弟❷二人，性能執❸鬼，居東海度朔山❹上，立桃樹下，簡閱❺百鬼。鬼無道理，妄為人禍，荼與鬱壘縛以盧索❻，執以食❼虎。故今縣官❽斬桃為人，立之戶側❾，畫虎之形，著❿之門闌⓫。夫桃人非荼、鬱壘也，畫虎非食鬼之虎也，刻畫效象⓬，冀以禦凶。今土龍亦非致雨之龍，獨信桃人、畫虎，不知土龍。九也。

【章　旨】此章以桃人、畫虎的禦凶為例說明土龍可以致雨。

【注　釋】❶神荼鬱壘　傳說中的兩個門神。❷昆弟　兄弟。❸執　捉。❹度朔山　傳說中的山名。❺簡閱　查看。❻盧索　即蘆索。蘆葦搓成的繩子。❼食　通「飼」。餵。❽縣官　古代天子的另一稱法。天子都城周圍的縣稱「王畿」，為天子直接管轄，所以天子為縣官。❾戶側　門旁。❿著　附。⓫門闌　門框。⓬效象　模仿其形貌。

【語　譯】上古時代的人中，有神荼、鬱壘兄弟兩人，本性能夠捉鬼。他們居住在東海度朔山上，站在桃樹下，查看百鬼的表現。如果有鬼不依道理，胡作非為給人造成災禍，神荼與鬱壘便用蘆葦繩索把鬼捆綁，拿來飼養老虎。所以當今天子砍倒桃樹作成人形，把它立在門旁，畫老虎的圖像，貼在門框內，用以革除鬼怪。那桃木人並不是神荼、鬱壘，所畫的老虎也不是吃鬼的老虎，只是雕刻、繪畫模仿他們的形貌，希望用來抵禦凶邪。當今土龍也不是招來雨水的真龍，只是相信雕刻的桃木人和繪畫的老虎能抵禦凶邪，卻不知道土龍可以感應雨水。這就是土龍可以致雨的第九條例證。

此尚因緣❶昔❷書，不見實驗❸。魯般❹、墨子❺刻木為鳶❻，蜚❼之三日而不集❽，為❾之巧也。使作土龍者若魯般、墨子，則亦將有木鳶蜚不集之類。夫蜚鳶之氣，雲雨之氣也。氣而❿蜚木鳶，何獨不能從土龍？十也。

【章　旨】此章以魯般、墨子刻木為飛鳶的例子說明土龍可以致雨。

【注　釋】❶因緣　依憑。❷昔　古。❸實驗　實際效驗。❹魯般　即公輸般。我國古代著名的木工。❺墨子　墨翟。墨家學派的創始人，亦善木伎。❻鳶　老鷹。❼蜚　通「飛」。❽集　止；落下。❾為　製作。❿而　能。

【語　譯】上面所舉諸例還是依據古書的記載，沒有見到過實際效驗。魯般、墨子用木頭雕刻成的老鷹，飛了三天卻不落下，這是因為製作得非常工巧。假使製作土龍的人也像魯般、墨子一樣工巧，那麼也將會有木老鷹飛三日不落一類的事情出現。那飛鷹的氣，與雲雨的氣一樣啊！同樣的氣能使木鳶起飛，為什麼偏偏不能讓雲雨順隨土龍而產生感應？這是土龍可以致雨的第十條例證。

夫雲雨之氣也，知❶於蜚鳶之氣，未可以言❷。釣者以木為魚，丹漆❸其身，近❹之水流而擊❺之，起水動作❻，魚以為真，並來聚會。夫丹木非真魚也，魚含血而有知，猶為❼象❽至。雲雨之知，不能過魚，見土龍之象，何能疑之？十一也。

【章旨】此章以木魚能感應真魚為例說明土龍可以致雨。

【注釋】❶知　通「智」。❷言　說明。❸丹漆　紅漆。❹近　靠近。❺擊　指把木魚懸於釣鉤在水面撞擊。❻起水動作　指讓木魚在水中作湧出水面的動作。❼為　被。❽象　指木魚。魚的虛象。

【語譯】如果說構成雲雨的氣比飛鳶的氣聰明，就不便用木鳶來說明問題。釣魚的人把木頭雕刻成魚形，在它身上塗上紅漆，靠近流水讓木魚在水面撞擊，作湧出水面的動作，魚以為這是真魚在游動，都來會聚。那塊紅漆木頭不是真魚，真魚是含有血氣而且有智慧的動物，尚且被木魚招來。雲雨的智慧不能超過魚，見到土龍這個虛象，怎麼能懷疑它不被土龍感應呢？這是土龍可以致雨的第十一條例證。

此尚魚也，知不如人。匈奴敬畏郅都❶之威，刻木象都之狀❷，交弓❸射之，莫能一中❹。不知都之精神在形象邪？亡將❺匈奴敬畏精神在木也？如都之精神在形象，天龍之神亦在土龍。如匈奴精在於木人，則雩祭者之精亦在土龍。十二也。

【章　旨】此章以木刻郅都亦含有精神為例，說明土龍可以致雨。

【注　釋】❶郅都　西漢人。景帝時任雁門太守，威震匈奴。❷刻木象都之狀　刻木人像郅都的樣子。❸交弓　交錯開弓。❹中　指射中目標。❺亡將　還是。

【語　譯】這裡說的還是魚，魚的智慧趕不上人。匈奴人敬重畏懼郅都的威力，刻了一個像郅都形貌的木頭人，亂箭射他，卻沒有一箭能射中的。不知是郅都的精神附在木人上呢？還是匈奴人敬重畏懼的精神附在木人上呢？如果郅都的精神附在木人上，天龍的靈氣也可附在土龍上；如果匈奴人敬重畏懼的精神附在木人上，那麼，主持雩祭人的精神也可附在土龍上，從而使雲雨產生感應。這是土龍可以致雨的第十二條例證。

金翁叔❶，休屠❷王之太子也，與父俱來降漢❸。父道死❹，與母俱來，拜為騎都尉❺。母死，武帝圖❻其母於甘泉殿❼上，署❽曰「休屠王焉提❾」。翁叔從上❿上甘泉，拜謁⓫起立，向之泣涕沾襟⓬，久乃去。夫圖畫，非母之實身也，因見形象，涕泣輒下，思親氣感⓭，不待實⓮然也。夫土龍猶甘泉之圖畫也，雲雨見之，何為不動？十三也。

【章　旨】此章以金日磾被母親圖像感動為例，說明土龍可以致雨。

【注　釋】❶金翁叔　金日磾。匈奴人，漢武帝時歸降於漢，官至車騎將軍。❷休屠　匈奴的一個部落。❸降漢　因休屠王跟匈奴單于有矛盾，怕遭殺害，於是全家歸降漢朝。見《漢書・霍光金日磾傳》。❹道死　在路上死了。❺騎都尉　漢代武官名。❻圖　畫。❼甘泉殿　指甘泉宮殿。甘泉宮在今陝西淳化西北甘泉山。❽署　題字。❾焉提　即「閼氏」。匈奴王后的稱號。❿從上　跟隨皇帝。⓫拜謁　拜見。⓬沾襟　沾濕衣襟。⓭感　感動。⓮實　指母親的實身。

【語　譯】金日磾，是匈奴休屠王的太子，他與父親一道歸降漢朝。父親在道路上死了，與母親一道來漢，拜授為騎都尉。母親逝世，漢武帝把他母親的像畫在甘泉殿上，並題名叫「休屠王焉提」。金日磾跟隨漢武帝上甘泉宮，他拜見母親圖像後起身站立，面對圖像哭泣流淚，淚水沾濕了衣襟，站了很久才離開。那圖像，並不是母親的真身，因為見到了母親圖像，便立即落下涕淚。因見圖像而思念母親，引起情緒激動，不必等待母親真的出現才如此啊！那土龍就好像甘泉殿的圖畫一樣，雲雨見到它，怎麼不被感動呢？這是土龍可以致雨的第十三條例證。

此尚夷狄❶也。有若❷似孔子，孔子死，弟子思慕，共坐有若❸孔子之座。弟子知有若非孔子也，猶共坐而尊事❹之。雲雨之知，使若❺諸弟子之知，雖知土龍非真，然猶感動，思類❻而至。十四也。

【章　旨】此章以孔子弟子尊有若的例子說明土龍可以致雨。

【注　釋】❶夷狄　指少數民族。有所謂「四夷」，即東夷、西戎、南蠻、北狄，為古代漢族對少數民族的一種輕蔑的稱法。❷有若　孔子弟子。其模樣很像孔子。❸坐有若　使有若坐。❹事　侍奉。❺使若　假使像。❻思類　思慕同類。

【語　譯】這還是屬於夷狄族的事情。有若的模樣很像孔子，孔子逝世，弟子們思念孔子，共推有若坐在原來孔子的座位上。弟子們明知有若不是孔子，還是共推有若坐孔子座位並尊敬侍奉他。雲雨的智慧，假使像弟子們的智慧一樣，雖然明知土龍並不是真龍，然而還將受到感動，因思慕同類而到來。這是土龍可以致雨的第十四條例證。

有若，孔子弟子疑❶其體象❷，則謂相似。孝武皇帝❸幸❹李夫人❺，夫人死，思見其形。道士❻以術為❼李夫人，夫人步入殿門，武帝望見，知其非也，然猶感動，喜樂近之。使雲雨之氣如武帝之心，雖知土龍非真，然猶愛好感起而來。十五也。

【章旨】此章以偽裝的李夫人引起漢武帝的感動為例，說明土龍可以致雨。

【注釋】❶疑　通「擬」。比。❷體象　形體像貌。❸孝武皇帝　漢武帝。❹幸　寵愛。❺李夫人　以妙麗善樂舞，得到漢武帝寵愛，死得很早。武帝死後，她被追尊為「孝武皇后」。❻道士　秦漢方士。以求仙、煉丹等迷信活動為業。❼為　指偽裝。偽裝李夫人事，見《史記・孝武帝本紀》、《漢書・外戚傳・孝武李夫人》。又，《史記・封禪書》以為王夫人事。

【語譯】有若，孔子的弟子把他的形體像貌和孔子相比較，則認為模樣相似。漢武帝寵幸李夫人，李夫人死後，想看她的形貌。道士用法術偽裝出李夫人的模樣，夫人走進殿門，武帝望見，明知這不是李夫人，然而還是大受感動，喜歡接近她。假使雲雨之氣也像漢武帝的心情一樣，雖然知道土龍不是真龍，然而還是會因愛好受感動而到來的。這是土龍可以致雨的第十五條例證。

既效驗❶有十五，又亦有義❷四焉。立春東耕❸，為土象人❹，男女各二人，秉❺耒❻把鋤，或立土牛，未必能耕也。順氣❼應時❽，示率❾下❿也。今設土龍，雖知不能致雨，亦當夏時，以類應變⓫，與立土人、土牛同義。一也。禮，宗廟⓬

之主⑬，以木為之，長尺二寸，以象先祖。孝子入廟，主心⑭事之，雖知木主非親，亦當盡敬，有所主事⑮。土龍與木主同，雖知非真，亦當感動，立意於象⑯。二也。塗車、芻靈⑰，聖人知其無用，示象生存，不敢無⑱也。夫設土龍，知其不能動雨也，示若塗車、芻靈而有致⑲。三也。天子射熊⑳，諸侯射麋㉑，卿大夫射虎豹，士射鹿豕㉒，示服㉓猛也。名布為侯㉔，示射無道諸侯也。夫畫布為熊麋之象，名布為侯，禮貴㉕意象㉖，示義取名也。土龍亦夫熊麋布侯之類。四也。

【章　旨】此章指出設土龍的四重意義。

【注　釋】❶效驗　證據。❷義　指設土龍在禮方面的意義。❸東耕　古代在立春這天，朝廷官員到東郊去舉行耕田儀式，謂之「東耕」。❹為土象人　作成土人。❺秉　握持。❻耒　耒耜。古代起土的農具。❼氣　節氣。❽時　時令。❾率　表率；榜樣。❿下　指老百姓。⓫變　災變。這裡指旱災。⓬宗廟　祭祀祖宗先人的地方。⓭主　指祖宗牌位。⓮主心　專心；一心一意。⓯主事　專心侍奉。⓰象　虛象。指土龍。⓱塗車芻靈　泛指摹擬的殉葬品。塗車，用泥作成的車。芻靈，用草束成的生物。如人、馬畜等。⓲無　缺少。⓳致　盡。指盡心。⓴熊　畫有熊圖像的箭靶。下文的麋、虎、豹、鹿、豕皆為箭靶。㉑麋　鹿的一種。㉒豕　豬。㉓服　征服。㉔侯　箭靶名稱。㉕貴　注重。㉖意象　有意義的形象。

【語　譯】設土龍已經有了十五條例證，從禮儀的要求看又有四重意義。古代立春的這天，朝廷百官都到東郊去舉行耕田儀式，作成土人，男女各二人，握著耒耜和鋤頭，有的還作成土牛，這些土人、土牛，未必能夠從事耕作。這樣作的目的，在於順應節氣時令，並表示給老百姓做個榜樣。現在設立土龍，雖然知道它不能招來雲雨，卻也是適應夏季時令，用與真龍類似的土龍來應付災變，與立土人、土牛有同樣的意義。這是設土龍的第一重意義。按禮的規定，宗廟的神主，是用木雕刻成的，長一尺二寸，用來象徵先祖的模樣。孝子進入宗廟，專心一意來侍奉它，雖然知道木主不是先祖的親身，也應當盡到自己的恭敬之心，表示出一心一意侍奉的意思。土龍與木主同類，雖然知道不是真龍，也當會令人感動，對土龍表示自己的心意。這是設土龍的第二重意義。用泥做的車子、用草束的生物，聖人本知道它是無用的，為了表示祖先還好像活著一樣，所以殉葬品中不敢缺少這些東西。設土龍，明知道它是不能招來雲雨的，但就像用塗車、芻靈殉葬一樣，表示盡心而已。這是設土龍的第三重意義。天子射熊的箭靶，諸侯射麋的箭靶，卿大夫射虎、豹的箭靶，士射鹿、豬的箭靶，是表示征服兇猛的東西。把這些畫有獸類圖像的布靶取名為「侯」，是表示要射殺無道諸侯的意思。在布靶上畫著熊、麋等形象，並把布靶取名為「侯」，這說明禮是注重這些靶象的深意，為了顯示它的含義而取名的啊！土龍也是那熊、麋布靶一類的東西。這是設土龍的第四重意義。

夫以象類有十五驗，以禮示意有四義。仲舒覽見深鴻❶，立事不妄❷，設土龍之象，果有狀❸也。龍暫❹出水，雲雨乃至。古者，畜龍、御龍常存，無雲雨。猶舊交相闊遠❺，卒❻然相見，歡欣歌笑，或至悲泣涕，偃伏❼少❽久，則亦行各恍忽❾矣。《易》曰「雲從龍」，非言「龍從雲」也。雲樽刻雷雲之象，龍安肯來？夫如是，傳之者❿何可解？則桓君山之難可說也，則劉子駿不能對，劣⓫也。劣則董仲舒之龍說不終⓬也。《論衡》終之，故曰〈亂龍〉。亂⓭者，終也。

【章旨】此章提出土龍猝然出現可以致雨的新解，用以回答篇首的責難。

【注釋】❶深鴻　深刻博大。❷妄　隨便。❸狀　依據。❹暫　突然；猝然。❺闊遠　久別。❻卒　通「猝」。❼偃伏俯仰臥床。指共同生活。偃，仰臥。伏，俯臥。❽少 稍。❾恍忽 模糊不清；淡漠。❿傳之者 解釋的人。指責難者。傳，闡發；解釋。⓫劣 低劣無能。⓬終 盡；透徹。⓭亂 本為古代音樂末章的名稱，後來辭賦中用「亂曰」來結尾，用以概括全篇要旨，所以「亂」有「終」的意思。

【語 譯】依據與土龍同類的事物，列出了十五條例證；依據禮儀的要求用土龍表示寓意的，具有四重意義。董仲舒見識深刻博大，興建事業不是隨意，設土龍的虛象以求雨，果真有客觀的依據。龍猝然躍出水面，雲雨才會到來。古代豢養的龍、駕車的龍是經常存在，所以就沒有雲雨。好像老友互相久別，猝然相見，歡歌喜笑，有時還極其悲痛流淚，可是等到同住時間稍久，也將各自淡漠了。《周易》說的是「雲從龍」，不是說的「龍從雲」啊！雲樽上刻著雷雲的圖像，龍怎願到來呢？像這樣理解，責難的人還有什麼可說呢？桓君山的責難也就可以解釋了。那麼劉子駿不能對答，說明他低劣無能。劉子駿低劣無能，那麼董仲舒的設土龍的主張就得不到透徹解釋。《論衡》能夠為此作透徹解釋，所以取篇名叫「亂龍」。「亂」，有終結、透徹的意思。

遭虎篇第四十八

【題解】本篇針對天人感應論者提出的「虎食人者，功曹為姦所致」的觀點加以辯駁。王充認為老虎是「山林之獸」，「稟性狂勃」，人入山林偶然為虎所食，與人為蜂蠆所螫、為毒氣所傷、為火所燒、為水所淹，以及為蝮蛇、麋鹿、野豬、牛象、熊羆、豺狼，乃至蚤虱、蚊虻所害，都是同一性質，與政治沒有聯繫。如果把老虎食人歸罪於功曹，諸多的害人現象又歸罪於誰呢？這些辯駁都具有說服力。但是王充又指出老虎進城邑與長吏的精氣消損有關，還舉出許多凶驗來證實這一看法，這就與原有持論相矛盾了。「遭虎」是「遇虎」之意。

變復之家，謂虎食人者，功曹[1]為姦[2]所致也。其意以為，功曹眾吏之率[3]，虎亦諸禽[4]之雄[5]也。功曹為姦，采漁[6]於吏，故虎食人，以象[7]其意[8]。夫虎食人，人亦有殺虎。謂虎食人，功曹受取[9]於吏，如人食虎，吏受於功曹也乎？案[10]世清廉之士[11]，百不能一。居功曹之官，皆有姦心，私舊[12]故可以幸[13]，苞苴[14]賂遺，小大皆有。必謂虎應功曹，是野中之虎常害人也。夫虎出有時，猶龍見[15]有期也。陰物[16]以冬見，陽蟲[17]以夏出。出應其氣，氣動其類。參[18]、伐[19]以冬出，心[20]、尾[21]以夏見。參、伐則虎星[22]，心、尾則龍象[23]。象[24]出而物見，氣至而類動，天地之性也。動於林澤之中，遭虎搏㉕噬㉖之時，稟性㉗狂勃㉘，貪叨㉙飢餓，觸自來之人，安能不食？人之筋力，羸㉚弱不適㉛，巧便㉜不如，故遇輒㉝死。使孟賁㉞登山，馮婦㉟入林，亦無此害也。

【章旨】此章揭示虎食人是功曹為姦所致的反面觀點而加以駁斥，指虎的活動與星宿變異有關，與功曹為姦沒有聯繫。

【注釋】❶功曹　郡縣屬官。主管官吏的任免獎懲。❷姦　姦邪；為非作歹。❸率　同「帥」。首領；長。❹禽　指禽獸。❺雄　長。❻采漁　榨取侵奪。❼象　象徵；照應。❽意　指功曹榨取侵奪的用心。❾受取　指受賄榨取。❿案　考察。⓫清廉之士　清白廉潔的人。⓬私舊　親戚朋友。⓭幸　僥倖。⓮苞苴　原指包裹魚肉的蒲包，後來多指賄賂。⓯見　同「現」。⓰陰物　按陰陽五行說法，陰氣秋天始出，到冬天極盛，所以把冬天出現的動物叫「陰物」。⓱陽蟲　按陰陽五行說法，陽氣春天始出，到夏天極盛，所以把夏天出現的動物叫「陽蟲」。⓲參　參宿。二十八宿之一。⓳伐　伐星。參宿中央的三顆小星。⓴心　心宿。二十八宿之一。㉑尾　尾宿。二十八宿之一。㉒虎星　古代把西方七宿的形狀描繪成虎，稱「白虎」。㉓龍象　古代把東方七宿的形狀描繪成龍，稱「蒼龍」。㉔象　星象。㉕搏　捕捉。㉖噬　咬。㉗稟性　猶天性。稟，領受。㉘狂勃　狂悖；兇暴。㉙叨　通「饕」。貪食。㉚羸　弱。㉛適　通「敵」。㉜巧便　靈巧敏捷。㉝輒　往往。㉞孟賁　古代傳說中的大力士。㉟馮婦　晉國善於搏虎的勇士。

【語譯】變復之家認為老虎食人，是功曹為非作歹所造成的。他們的意思是：功曹是諸吏人的首領，老虎也是各類禽獸的首領。假使功曹為非作歹，向吏人榨取侵奪，所以老虎產生感應而食人，以此來象徵功曹的為非作歹。老虎食人的情況是存在的，人殺老虎的情況也是存在的。說老虎食人，是由於功曹向諸吏索賄榨取所致，如果人食老虎，是諸吏向功曹索賄所致嗎？考察世上清明廉潔的人，一百個中挑不出一個來。居於功曹官位的人，都有為非作歹的用心，他們的親戚朋友因而可以得到僥倖的機會，賄賂贈送的情況，無論大小都是存在的。一定說成老虎食人與功曹為非作歹相感應，這就是說山野中的老虎時時刻刻都在傷害人了。那老虎的出現是有季節的，就好像龍的出現有定期一樣。陰物在冬季出現，陽蟲在夏季出現。陰物或陽蟲的出現是應和陰氣或陽氣的，陰氣和陽氣能夠分別感動它們的同類。參宿中的伐星在冬天出現，心宿、尾宿在夏天出現。參宿、伐星是白虎，心宿、尾宿是蒼龍。天上出現什麼星象，地上也就出現相應的事物，陰氣或陽氣到來，同類的事物就產生感應，這是天地本性的體現啊！人們在山林草澤中活動，正遇上老虎捕捉食物的時候，牠天性兇暴，飢餓貪食，碰上自動走來的人，怎麼能不食呢？人的身體瘦弱，敵不過老虎，靈巧敏捷也不如老虎，所以遇上老虎往往只有死路一條。假使孟賁上山，馮婦入林，也就不會遭到這樣的禍害了。

孔子行魯林❶中，婦人哭，甚哀，使子貢❷問之：「何以哭之哀也？」曰：「去年虎食吾夫，今年食吾子，是以哭哀也。」子貢曰：「若此，何不去也？」對曰：「吾善❸其政之不苛，吏之不暴也。」子貢還報孔子。孔子曰：「弟子識❹諸❺！苛政暴吏，甚於虎也。」夫虎害人，古有之矣。政不苛，吏不暴，德化之足以卻❻虎，然而二歲比❼食二人，林中獸不應善也。為廉不應，姦吏亦不應矣。或曰：「虎應功曹之姦，所謂不苛政者，非功曹也。婦人，廉吏之部❽也，雖有善政，安耐❾化虎？」夫魯無功曹之官，功曹之官，相國❿是也。魯相者，殆⓫非孔、墨，必三家⓬也，為相必無賢操⓭。以不賢居權位，其惡⓮，必不廉也。必以相國為姦，令⓯虎食人，是則魯野之虎常食人也。

【章　旨】此章言魯林之虎食人，與魯國的政治無關。

【注　釋】❶魯林　魯國的山林。❷子貢　端木賜。孔子的弟子。❸善　以……為善；贊許。❹識　記住。❺諸　之。❻卻　退。❼比　接連。❽部　部民；統屬的百姓。❾耐　能。❿相國　古官名。春秋時齊景公始設左右相，戰國時各國先後設相，稱相國、相邦，或稱丞相（楚國稱令尹），為百官之長。⓫殆　大概。⓬三家　指魯桓公的後代孟孫氏、叔孫氏、季孫氏三家大夫。又稱「三桓」。古代大夫稱「家」。⓭賢操　美好的操守。⓮惡　指惡劣的操守。⓯令　使。

【語　譯】孔子行經魯國山林，發現有婦人哭泣，十分傷心，派子貢詢問：「為什麼哭得如此傷心呢？」婦人說：「去年老虎吃了我的丈夫，今年又吃了我的兒子，因此哭得傷心。」子貢說：「像這種情況，你為什麼不離開這裡呢？」婦人回答說：「我喜歡這裡的政治不苛刻，吏人不兇暴啊！」子貢回頭把這事告訴孔子。孔子說：「弟子記住這件事！苛政暴吏比老虎還厲害啊！」老虎害人，從古以來就有了。按應和的說法，政治不苛刻，吏人不兇暴，這樣的道德教化應該可以使老虎退卻了，然而兩年當中食了二人，說明山林中的野獸並不應和善政。廉潔的吏人不被應和，自然為非作歹的吏人也不被應和了。有人辯解說：「老虎只應和功曹的為非作歹，所謂不苛刻的善政，並不是功曹造成的。婦人，是廉潔吏人的部屬，雖有善政，又怎能感化老虎？」魯國沒有設功曹的官職，功曹的官職，是相國擔任的。那麼魯國的相，大概不是孔子、墨子這類學者擔任，必定是三家的人擔任，做相的人必定沒有好的操守。以一個不賢的人居於有權勢的地位，他的惡劣品行使得他必無廉潔的行為。如果一定要說相國為非作歹，才使得老虎食人，這就是說魯國山野的老虎一定經常吃人了。

水中之毒，不及❶陵❷上，陵上之氣，不入水中，各以所近，罹❸殃取禍。是故漁者不死於山，獵者不溺於淵。好入山林，窮❹幽❺測深，涉虎窟寢❻，虎搏噬之，何以為變❼？魯公牛哀❽病化為虎，搏食其兄，同變化者，不以為怪；入山林草澤，見❾害於虎，怪之，非也。蝮蛇❿悍⓫猛，亦能害人。行止澤中，中⓬於蝮蛇，應何官吏？蜂蠆⓭害人，入毒氣害人，入水火害人。人為蜂蠆所螫⓮，為毒氣所中，為火所燔⓯，為水所溺，又誰致之者？苟⓰謂禽獸乃應吏政，行山林中，麋鹿、野豬、牛、象、熊、羆⓱、豺、蜼⓲、蠼⓳皆復殺人。苟謂食人乃應⓴為變㉑，蚤、虱、閩㉒、虻㉓皆食人，人身強大，故不致死。倉卒㉔之世，穀食乏貴，百姓飢餓，自相啖㉕食，厥㉖變甚於虎，變復之家，不處㉗苛政。

【章　旨】此章說明害人之物到處都有，人們遭禍全由自取。要說害人之物，只有苛政最厲害。

【注　釋】❶及　達到。❷陵　丘陵。❸罹　遭。❹窮　盡。❺幽　深。❻窟寢　穴居。❼變　災變。❽公牛哀　春秋時魯國人。傳說他病了七天之後，就變成老虎。這當然是迷信說法。❾見　被。❿蝮蛇　一種毒蛇。⓫悍　兇暴。⓬中　指被蝮蛇咬中。⓭蠆　蠍子一類的毒蟲。⓮螫　蜂、蠍一類動物用尾部的毒刺刺人，叫「螫」。⓯燔　燒。⓰苟　如果。⓱羆　熊的一種。⓲蜼　一種長尾猴。⓳蠼　同「玃」。大母猴。⓴應　應和。㉑為變　算作災變。㉒閩　通「蚊」。㉓虻　也叫牛虻。像蠅，吸食動物的血液。㉔倉卒　緊迫。這裡指時局動亂。㉕啖　吃。㉖厥　其。㉗處　決斷。

【語　譯】水中的毒物，不會延及到丘陵上，丘陵上的毒氣，不會進入到水中，人們都是因為接近了毒物，才遭受殃禍。因此，捕魚的人不會死在山上，打獵的人不會淹死在深淵。喜歡遊山林的人，走遍探測山林的深處，步入老虎居住的洞穴，被老虎抓住吃掉，怎麼算作災變呢？魯國公牛哀患病，後來變成老虎，把他的哥哥抓住吃了，因為他已經變得與老虎完全相同，人們不把它作為怪事；進入山林草澤的人，被老虎所害，把這作為怪事，就不對了。蝮蛇兇猛，也能傷害人。人們在草澤中活動，被蝮蛇咬到，與什麼官吏相應和呢？蜂、蠍能傷害人；進入毒氣中，毒氣傷害人；進入水火中，水火傷害人。人被蜂、蠍所螫，被毒氣所傷，被火所燒，被水所淹，又是哪一種官吏使他如此的呢？如果說只有禽獸才應和官吏的苛政，人們在山林中行走，麋鹿、野豬、牛、象、熊、羆、豺、長尾猴、大母猴，又都能傷害人。如果說只有吃了人才是應和而算作災變，跳蚤、虱子、蚊子、牛虻都能吃人，只是由於人的身軀強大，所以才不致喪命。動亂的時代，穀物糧食缺乏而且昂貴，百姓受飢挨餓，以致人與人相食，那種災變比老虎吃人更厲害。可是，變復之家卻不判定這是苛政造成的。

且虎所食，非獨人也，含血之禽，有形之獸，虎皆食之。食人，謂應功曹之姦；食他禽獸，應何官吏？夫虎，毛蟲；人，倮蟲❶。毛蟲飢，食倮蟲，何變之有？四夷❷之外，大人食小人，虎之與蠻夷，氣性❸一也。平陸❹廣都❺，虎所不由❻也；山林草澤，虎所生出也。必以虎食人應功曹之姦，是則平陸廣都之縣，功曹常為賢；山林草澤之邑，功曹常伏誅❼也。夫虎食人於野，應功曹之姦，虎時入邑，行於民間，功曹游於閭巷❽之中乎？實說，虎害人於野，不應政，其行都邑，乃為怪。

【章旨】此章說明老虎飢餓，既吃人，也吃別的野獸，不能說成應和功曹的為非作歹。

【注釋】❶倮蟲　指沒有羽毛鱗甲的動物。包括人類。倮，同「裸」。❷四夷　古指四方的少數民族。即東夷、西戎、南蠻、北狄。❸氣性　血氣本性。這裡把少數民族說成與虎同類，顯然是一種偏見。❹平陸　平原。❺廣都　大都市。❻由經過。❼伏誅　依法處死。❽閭巷　村落街巷。閭，古時二十五家聚居的村落。巷，街巷。

【語　譯】況且老虎所吃的，不僅僅是人，凡屬含有血性的禽類，有形體的獸類，老虎都會吃牠。如果將老虎吃人，說成是應和功曹的為非作歹，那麼吃別的禽獸，又是應和什麼官吏呢？那老虎，屬於毛蟲；人，屬於裸蟲。毛蟲飢餓，要吃裸蟲，有什麼變應呢？四夷以外的偏僻之地，大人吃小孩，老虎與蠻夷的人，血氣本性相同啊！平原、大都市，是老虎不經過的地方；山林、草澤，是老虎生活出沒的地方。一定認為老虎吃人是應和功曹的為非作歹，那麼平原、大都市所在的縣，功曹經常是賢良的，山林、草澤的都邑，功曹就依法處死了。那老虎在山野吃人，應和功曹的為非作歹，那麼老虎竄進城邑，跑到老百姓家，豈不是應和功曹在村落街巷遊蕩嗎？實在說來，老虎在山野傷害人，不足以說明應和政事，但是，牠闖進城市，才真算怪事。

夫虎，山林之獸，不狎❶之物也，常在草野之中，不為馴畜❷，猶人家之有鼠也，伏匿❸希❹出，非可常見也。命❺吉居安，鼠不擾亂；祿❻衰居危，鼠為殃變。夫虎亦然也，邑縣吉安，長吏❼無患，虎匿不見；長吏且危，則虎入邑，行於民間。何則？長吏光氣❽已消，都邑之地與野均❾也。推此以論，虎所食人，亦命時❿也。命訖⓫時衰，光氣去身，視肉猶尸⓬也，故虎食之。天道⓭偶會⓮，虎適⓯食人，長吏遭惡⓰，故謂為變應上⓱失⓲矣。

【章　旨】此章說明老虎入都邑食人與郡縣長吏走惡運相應和。

【注　釋】❶狎　親近。❷馴畜　馴服豢養。❸伏匿　躲藏。❹希　通「稀」。少。❺命　王充也稱之為「天命」，認為命是一種決定人的死生壽夭和貴賤貧富的神秘力量，分「壽命」與「祿命」兩種，是人胚胎在母體時，由於承受了不同的氣而形成的。這裡指「祿命」。（參見本書〈命祿篇〉）❻祿　祿命。❼長吏　指郡、縣的主管官吏。❽光氣　指精神之氣。王充認為人由陰陽二氣結合而生，陰氣形成骨肉，陽氣形成精神。所以光氣就是陽氣。（參見本書〈訂鬼篇〉）❾均　同樣。❿命時　天命與時運。⓫訖　完結。⓬尸　屍體。⓭天道　自然之道。⓮偶會　偶合；偶然湊在一起。⓯適　恰好。⓰遭惡　遇上惡運。⓱上　指功曹。⓲失　過失。

【語　譯】老虎，是山林中的野獸，是不可親近的東西，牠們經常生活在草野之中，不被人們馴服豢養，好像家中有老鼠一樣，老鼠躲藏，很少出現，不是能經常見到的。當人們命運吉祥、處境平安，老鼠不會擾亂；當人們祿命衰微、處境危急，老鼠便發生災變。老虎也是如此，郡縣城邑吉祥安定，長吏沒有禍患，老虎藏匿不出；長吏將遇危急，那麼老虎就會竄入城邑，跑到老百姓家。什麼原因呢？長吏的精神已經消損，他所在的都市城鎮便變得和曠野山林一樣了。據此推論，老虎所吃的人，也是他的祿命和時運決定的。祿命結束，時運衰微，精神離開了身軀，這個人的肉體看來就和死屍一樣了，所以老虎才吃掉他。天道多方面的因素偶然湊在一起，老虎正好要吃人，長吏又逢上惡運，所以就把老虎吃人說成是災變，認為這是應和功曹的過失了。

古今凶驗，非唯虎也，野物皆然。楚王英❶宮樓未成，鹿走上階，其後果薨❷。魯昭公❸且出❹，鸜鵒❺來巢，其後季氏❻逐昭公，昭公奔齊，遂死不還。賈誼❼為長沙王❽傅，鵩鳥❾集❿舍，發書⓫占之，曰：「主人將去。」其後遷為梁王⓬傅。懷王好騎，墜馬而薨，賈誼傷之，亦病而死⓭。昌邑王⓮時，夷鴣⓯鳥集宮殿下，王射殺之，以問郎中令⑯龔遂⑰，龔遂對曰：「夷鴣野鳥，入宮，亡之應也。」其後，昌邑王竟亡。盧奴⑱令田光⑲與公孫弘⑳等謀反，其且覺時，狐鳴光舍屋上，光心惡㉑之，其後事覺坐㉒誅。會稽㉓東部都尉㉔禮文伯㉕時，羊伏廳下，其後遷為東萊㉖太守。都尉王子鳳㉗時，麏㉘入府中，其後遷丹陽㉙太守。夫吉凶同占，遷免㉚一驗，俱象空亡㉛，精氣消去也。故人且亡也，野鳥入宅；城且空也，草蟲㉜入邑。等類眾多，行事比肩㉝，略舉較著㉞，以定實驗㉟也。

【章旨】此章舉例論證老虎吃人是一種凶險的預兆。

【注釋】①楚王英　東漢光武帝劉秀的兒子劉英。封為楚王，後以謀反被廢自殺。②薨　古代王、侯去世叫「薨」。③魯昭公　春秋時魯國君主。由於與宗室大夫季孫氏有矛盾，被迫逃到齊國，後來死在晉邑乾侯。④出　出奔。⑤鸜鵒　鳥名。俗稱「八哥」。鸜鵒來魯作巢，被認為是不吉祥的象徵，當時有童謠預言魯昭公將被逐出國。見《左傳・昭公二十五年》。⑥季氏　指季平子。⑦賈誼　西漢初年的政治家、文學家。先後做過太中大夫、長沙王、梁懷王太傅。⑧長沙王　指吳差（一說吳產）。為西漢初年受封的長沙王吳芮的後代。⑨鵬鳥　俗稱貓頭鷹。古人以為牠是不祥之鳥。⑩集　棲息。⑪發書　即開書。書，指占卜的書。⑫梁王　指漢文帝的愛子梁懷王劉揖。⑬亦病而死　以上事見於《史記・屈原賈生列傳》。⑭昌邑王　指漢武帝的孫子劉賀。漢昭帝死，無子繼嗣，大將軍霍光以昭帝皇后名義迎立昌邑王劉賀為帝，因他荒淫無度，即位二十七天被廢，回原封地。宣帝即位，貶為海昏侯。見《漢書・武五子傳》。⑮夷鴣　即鵜鶘。一種水鳥。⑯郎中令　官名。負責警衛宮門的長官。⑰龔遂　人名。以郎中令侍昌邑王，宣帝時為渤海太守，拜為水衡都尉。見《漢書・循吏傳》。⑱盧奴　古縣名。在今河北定縣。⑲田光　人名。⑳公孫弘　東漢人。曾為幽州從事，參與楚王劉英的謀反。見《後漢書・虞延列傳》。㉑惡　憎惡。㉒坐　坐罪；連罪。㉓會稽　郡名。在今江蘇、浙江省境。㉔都尉　漢代輔佐郡守並掌管軍事的長官。㉕禮文伯　人名。㉖東萊　郡名。在今山東東北部。㉗王子鳳　人名。㉘麞　獐子。㉙丹陽　郡名。在今安徽東南部。㉚遷免　升官、免職。遷，指升遷。免，指免官。㉛亡　同「無」。㉜草蟲　指野獸。㉝比肩　肩挨肩；接連不斷。㉞較著　明顯。㉟實驗　實事驗證。

【語譯】古往今來凶險的預兆，不僅體現在老虎身上，野生動物的活動都是如此。楚王劉英宮樓未建成時，野鹿跑上宮樓的臺階，後來他果然死了。魯昭公將出奔，八哥鳥來魯國作巢，後來季平子驅逐昭公，昭公逃奔齊國，於是死在國外不回。賈誼做長沙王太傅，貓頭鷹飛進室內，賈誼開書占卜，占辭說：「主人將要離開。」後來調任梁懷王太傅。懷王愛好騎馬，不幸落馬摔死，賈誼感到傷痛，也憂鬱病死。劉賀做昌邑王時，鵜鶘落到宮殿下，昌邑王把牠射殺，然後就此事詢問郎中令龔遂，龔遂回答說：「鵜鶘是野生的鳥，飛入宮廷，這是死亡的預兆。」後來，昌邑王終於死亡。盧奴令田光與公孫弘等圖謀反叛，事情將被發覺時，狐狸在田光的屋頂上叫，田光很討厭，後來謀反的事情被發覺處死。會稽東部都尉禮文伯在任時，有羊伏在廳堂之下，後來禮文伯擢升為東萊太守。王子鳳任都尉時，獐跳到郡府中，後來擢升為丹陽太守。同樣是野物來臨的徵兆，結果有吉有凶。同屬一類占驗，結果有的升官，有的免職。這些徵驗都象徵一種「空」和「無」的狀態，這是由於人們的精神消損了的緣故。所以人將死的時候，野鳥就飛入住宅；城市將空的時候，野獸就竄進都邑。諸如此類眾多的例子，發生的事情也是接連不斷，大略舉出明顯的事例，用以判定哪些預兆是實際的證驗。

商蟲篇第四十九

【題解】本篇針對變復之家「蟲食穀者，部吏所致」的說法加以辯駁。變復之家認為部吏侵奪百姓，蟲就毀壞五穀，並且認為「身黑頭赤」的蟲象徵武官，「頭黑身赤」的蟲象徵文官。王充認為蟲的種類多，而且所食也甚廣，有的吃穀，有的吃草，有的害物，有的害人，這許多蟲又各象徵什麼官吏呢？同時，蟲產生的季節也不一，有的蟲只產生在春夏濕熱之季，有的蟲則年年月月不斷生出。是否官吏有時侵奪，有時清廉，有時長年貪瀆呢？王充還指出：「天道自然，吉凶偶會，非常之蟲適生，貪吏遭署。」蟲災與貪吏碰在一起，不過是一種巧合，不是什麼災變應和。王充這種把災變和政事分開的觀點是正確的。「商蟲」，是商討、商議蟲災之意。

變復之家[1]，謂蟲食穀者，部吏[2]所致也。貪則侵漁[3]，故蟲食穀。身黑頭赤，則謂武官[4]；頭黑身赤，則謂文官[5]。使加罰於蟲所象類[6]之吏，則蟲滅息，不復見[7]矣。夫頭赤則謂武吏，頭黑則謂文吏所致也，時或頭赤身白，頭黑身黃，或頭身皆黃，或頭身皆青，或皆白若魚肉之蟲，應何官吏？時或白布豪民[8]、猾吏[9]被刑乞貸[10]者，威勝於官，取[11]多於吏，其蟲形象何如狀哉？蟲之滅也，皆因風雨。案蟲滅之時，則吏未必伏罰[12]也。陸田[13]之中時[14]有鼠，水田之中時有魚、蝦、蟹之類，皆為穀害。或時[15]希[16]出而暫[17]為害，或常有而為災，等類[18]眾多，應何官吏？

【章　旨】此章提出變復之家所謂「蟲食穀者，部吏所致」的對立論點作為辯駁中心。

【注　釋】❶變復之家　指天人感應論者。他們把自然災害或不正常現象的出現，說成是天降災異，譴告人間，只要君主改革弊政，或進行祭祀祈禱，便可消除災異，恢復原有的狀態。變，指自然災變或不正常的現象。復，指災變被消除或不正常現象得以恢復原狀。❷部吏　這裡指地方官吏。西漢分全國為十三部，設刺史十三人，分別負責本部所屬各郡和王國的監察工作。❸侵漁　侵，侵奪。漁，漁利。❹武官　戴紅頭巾，若頭赤之蟲。❺文官　戴黑帽子，若頭黑之蟲。❻象類　類似；象徵。❼見　同「現」。❽白布豪民　指不當官的豪強。白布或謂「白衣」，無官職者叫「白衣」。❾猾吏　狡猾的吏人。❿被刑乞貸　漢代官吏因犯法而判刑，可以用贖金乞求寬免。乞，求。貸，寬免。⓫取　榨取。⓬伏罰　受到懲罰。⓭陸田　旱田。⓮時　經常。⓯或時　有時。⓰希　少。⓱暫　短時間。⓲等類　諸如此類。

【語　譯】變復之家說蟲食穀物，是地方官吏所造成的。因為他們貪財好利，就敲詐勒索，所以蟲食穀物。身黑頭赤的蟲，就說是象徵武官；頭黑身赤的蟲，就說是象徵文官，假使懲罰蟲子所象徵的官吏，那麼蟲子就消亡停息，再也不出現了。如果頭赤的蟲為災是武官所造成，頭黑的蟲為災是文官所造成，那麼，經常有的是頭赤身白的蟲為災，有的是頭黑身黃的蟲為災，有的是頭身都黃的蟲為災，有的是頭身都青的蟲為災，有的都是白色好像魚肉生的蛆一樣的蟲為災，牠們應和哪一類官吏呢？經常有無官職的豪強和被判刑而請求交錢贖罪的狡猾官吏，他們威風超過一般官吏，榨取的錢財也比一般官吏更多，應和這些人的蟲子，其形象又是什麼樣子呢？蟲子的消亡，都是因為風雨影響。考察當蟲子消亡的時候，相應的官吏未必在受懲罰呢！旱田當中經常有老鼠，水田當中經常有魚、蝦、蟹一類的生物，牠們都是損害穀物的。牠們有時很少出現，只是短時間為害，有時是經常出現而造成災害，諸如此類眾多的害蟲，又是應和哪些官吏呢？

魯宣公履畝而稅❶，應時而有蝝❷生者，或言若蝗。蝗時至，蔽天如雨，集地食物，不擇穀草。察其頭身，象類何吏？變復之家，謂蝗何應？建武❸三十一年，蝗起太山郡❹，西南過陳留❺、河南❻，遂入夷狄❼。所集鄉縣，以千百數，當時鄉縣之吏，未皆履畝。蝗食穀草，連日老極❽，或蜚❾徙❿去，或止⓫枯死，當時鄉縣之吏，未必皆伏罪也。夫蟲食穀，自有止期，猶蠶食桑，自有足時也。生出有日，死極有月，期盡變化，不常為蟲。使人君不罪其吏，蟲猶自亡。夫蟲風氣⓬所生，蒼頡⓭知之，故「凡」、「蟲」為「風」之字。取氣於風，故八日而化⓮。生春夏之物，或食五穀，或食眾草。食五穀，吏受錢穀也；其食他⓯草，受人何物？

【章　旨】此章以魯宣公及建武年間的蝗災為例，說明蟲食穀物非部吏所致。

【注　釋】❶魯宣公履畝而稅　魯宣公十五年（西元前五九四年）魯國「初稅畝」，按佔有田地的畝數收稅，承認私有土地的合法性。魯宣公，春秋時魯國君主。履畝而稅，按田畝面積收稅。履畝，用步子丈量土地。履，踏。❷蝝　蝗蟲的幼蟲。❸建武　東漢光武帝的年號。❹太山郡　即泰山郡。在今山東境內。❺陳留　郡名。在今河南東北部。❻河南　郡名。在今河南中部。❼夷狄　指當時少數民族所居之地。❽老極　衰老。❾蜚　通「飛」。❿徙　遷移。⓫止　停。⓬風氣　古人以為一年四季，其風所含的氣有所不同，蟲類的生和死都依憑季風和一定的氣溫、濕度等條件。⓭蒼頡　傳說為黃帝時史官。文字的創造者。⓮八日而化　指蟲經過八天就要變成別的東西。見《大戴禮記・易本命》。⓯他　別。

【語　譯】魯宣公實行按畝徵稅的制度，與此事相應和便出現了蝝蟲，有人說是蝗蟲。蝗蟲來時，遮天蓋日，像下雨一樣，落到地面吃東西，穀物草類，無所選擇。細看牠頭、身的顏色，當象徵什麼官吏呢？變復之家，該說蝗蟲應和什麼呢？建武三十一年，蝗蟲從太山郡出現，往西南方發展，經過陳留、河南兩郡，接著進入夷狄族居住的地方。蝗蟲所落的鄉縣數字，都用千百統計，而當時鄉縣的官吏，都沒有實行按畝徵稅的制度。本來蝗蟲吃穀物草類，會一天天衰老，有的飛走徙移離開，有的留下來老死，當時鄉縣的官吏們未必都獲罪而受到了處罰。其實，蟲食穀物，自然有一定限期，好像蠶吃桑葉一樣，自然會有足夠的時候。牠們出生有一定日期，死去也有一定月分，期限滿了就會發生變化，不會永遠是蟲子。假如人君不懲罰屬下的官吏，蟲子也會自然消亡。蟲的出生，是風氣影響所致，古時蒼頡懂得這個道理，所以造字時，把「凡」字和「虫」字結合在一起就成了「風」字。蟲從風中承受到氣，所以經過八天牠就變成了別的東西。當春季和夏季出生的蟲，有的吃五穀，有的吃眾草。如果說，蟲吃五穀是象徵官吏接受了錢穀的賄賂，那麼蟲吃別的草類，又是象徵官吏接受了什麼東西呢？

「倮蟲❶三百，人為之長。」由此言之，人亦蟲也。人食蟲所食，蟲亦食人所食，俱為蟲而相食物，何為怪之？設蟲有知❷，亦將非❸人曰：「女❹食天之所生❺，吾亦食之，謂我為變，不自謂為災。」凡含氣之類❻所甘嗜❼者，口腹不異。人甘五穀，惡❽蟲之食，自生天地之間，惡蟲之出，設蟲能言，以此非人，亦無以詰❾也。夫蟲之在物間也，知者不怪；其食萬物也，不謂之災。甘香渥❿味之物，蟲生常多，故穀之多蟲者，粢⓫也。稻時有蟲，麥與豆無蟲⓬。必以有蟲責⓭

主者吏⑭，是其桼鄉部吏常伏罪也。《神農》、《后稷》⑮藏種之方⑯，煮馬屎以汁漬⑰種者，令禾不蟲。如或以馬屎漬種，其鄉部吏，鮑焦⑱、陳仲子⑲也。是故《后稷》、《神農》之術用，則其鄉吏可免為姦。何則？蟲無從生，上無以察也。蟲食他草，平事⑳不怪㉑，食五穀葉，乃謂之災。桂㉒有蠹㉓，桑有蝎㉔，桂中㉕藥而桑給蠶，其用㉖亦急㉗，與穀無異。蠹、蝎不為怪，獨謂蟲為災，不通物類之實，暗㉘於災變之情也。穀蟲曰蠱㉙，蠱若蛾矣。粟米饐㉚熱生蠱。夫蠱食粟米，不謂之災，蟲食苗葉，歸之於政。如說蟲之家㉛，謂粟輕苗重也。

【章旨】此章以蟲子好吃甘香厚味的本性及《神農》、《后稷》的藏種之術來證明，蟲食穀與部吏侵漁是無關的。

【注釋】❶倮蟲　同「裸蟲」。沒有毛羽鱗甲的動物。見《大戴禮記・易本命》。❷知　通「智」。❸非　非難；責備。❹女　同「汝」。❺天之所生　指穀類。❻含氣之類　指活著的動物。❼甘嗜　喜歡吃。❽惡　厭惡。❾詰　反問。❿渥　厚。⓫桼　粟；穀。⓬麥與豆無蟲　王充以為麥豆其味不甘。參見〈藝增篇〉。⓭責　責備。⓮主者吏　主管的官吏。⓯神農后稷　古代的兩部農書。早已失傳。神農為古代傳說中的帝王，后稷為古代傳說中周民族的始祖。此二書為後人假託他們的名義所著。⓰方　術；方法。⓱漬　浸。⓲鮑焦　周代廉潔的隱士。⓳陳仲子　又名田仲。戰國時齊國的廉潔之士。⓴平事　平常的事。㉑不怪　不以為怪。㉒桂　肉桂樹。㉓蠹　蛀蟲。㉔蝎　桑樹蠹蟲。㉕中　適合。㉖用　作用。㉗急　重要。㉘暗　不明白。㉙蠱　陳穀中所生出的飛蟲。㉚饐　食物傷濕變味。㉛說蟲之家　專門解釋蟲害與政事相應的學者。亦即變復之家。

【語譯】「裸蟲有三百種，人是牠們的首領。」這樣看來，人也是蟲啊！人吃蟲所吃的東西，蟲也是吃人所吃的東西，都是蟲類，又彼此吃對方所吃的東西，為什麼對這種事情感到奇怪呢？假設蟲有智慧，也將會責難人說：「你們吃天所生的東西，我們也吃天所生的東西，只把我們說成災變，卻不說你們自己是災變。」一凡是活著的動物都是好吃的，口味沒有什麼不同。人喜歡吃五穀，就厭惡蟲吃五穀；自己生在天地之間，就厭惡蟲生在天地之間，假設蟲能說話，用這種道理來責難人，人也是沒有辦法反駁的。蟲處在萬物之間，有見識的人不以為怪：牠們吃萬物，也不能說成是災變。香甜濃味的東西，經常生蟲，所以穀類多蟲的是粟。稻子有時生蟲，麥子和豆子不生蟲。如果一定要因為莊稼生蟲而責備主管的官吏，那麼生產粟的地區的官吏就經常要受懲罰了。《神農》、《后稷》兩書記載的收藏種子的方法，把馬屎煮沸用汁來浸種，可以使禾苗不生蟲。如果有人用馬屎浸種，這鄉的官吏豈不都成了像鮑焦、陳仲子那樣的廉潔之士！因此，《后稷》、《神農》浸種方法的使用，那麼這鄉的官吏就可以不用承受做壞事而得到的懲罰。為什麼呢？蟲沒有地方出生，君主或者上司也就無法對他們進行考察了。蟲吃別的草，被認為是平常的事而不以為奇。唯獨吃五穀的葉子，就把這稱作災變。肉桂樹有蠹蟲，桑樹有蝎蟲，肉桂樹適合作藥材，而桑葉可以餵蠶。它們的作用也很重要，與穀類沒有什麼不同。可是，蠹、蝎的為害不以為奇，唯獨把蟲食穀類叫做災變，這就不懂得物類的實情，也不明白災變的實情啊。穀類所生出的蟲叫做「蟲」，蟲的形狀好像蛾子了。粟米傷濕發熱生出蟲。蟲食粟米，不說它是災變，蟲吃苗葉，卻把它歸罪於政治。按照「說蟲之家」的說法，這是說粟不重要，反而是苗重要了。

蟲之種類，眾多非一。魚肉腐臭有蟲，醢[1]醬不閉[2]有蟲，飯溫濕有蟲，書卷[3]不舒[4]有蟲，衣襞[5]不懸[6]有蟲，蝸[7]、疽[8]、螥[9]、螻[10]、𧕋[11]、蝦[12]有蟲。或白或黑，或長或短，大小鴻[13]殺[14]，不相類似，皆風氣所生，并連[15]以死。生不擇日，若生日短促，見[16]而輒[17]滅。變復之家，見其希出，出又食物，則謂之災。災出當有所罪，則依所似類之吏，順而說之。人腹中有三蟲[18]，下地[19]之澤，其蟲曰蛭[20]。蛭食人足，三蟲食腸。順說之家[21]，將謂三蟲何似類乎？凡天地之間，陰陽所生，蚑蟯[22]之類，蜫蠕[23]之屬，含氣而生，開口而食。食有甘不[24]，同心等欲，強大食細弱，知慧反[25]頓[26]愚。他物小大連相囓噬[27]，不謂之災，獨謂蟲食穀物為應政事，失道理之實，不達物氣之性也。然夫蟲之生也，必依溫濕。溫濕之氣，常在春夏。秋冬之氣，寒而乾燥，蟲未曾生。若以蟲生罪鄉部吏，是則鄉部吏貪於春夏，廉於秋冬，雖盜跖[28]之吏，以秋冬署[29]，蒙伯夷[30]之舉[31]矣。夫春夏非一[32]，而蟲時生者，溫濕甚也。甚則陰陽不和，陰陽不和，政也[33]，徒[34]當歸於政治，而指[35]謂部吏為姦，失事實矣。何知蟲以溫濕生也？以蠱蟲知之。穀乾燥者，蟲不生；溫濕饐餲[36]，蟲生不禁。藏宿麥[37]之種，烈日乾暴[38]，投於燥器，則蟲不生。如不乾暴，閘喋[39]之蟲，生如雲煙[40]。以蠱閘喋，准況[41]眾蟲，溫濕所生明矣。

【章　旨】此章從蟲子出生的季節條件方面說明蟲食穀與部吏侵漁無關。

【注　釋】❶醯　醋。❷閉　封閉；蓋緊。❸卷　捲起來。古代的書籍是寫在竹簡或絲帛上的，可以捲束。❹舒　鋪開。❺襞　摺疊。❻懸　掛。❼蝸　通「瘑」。一種毒瘡。❽疽　癰疽。化膿性毒瘡。❾螥　同「瘡」。❿螻　通「瘻」。一種外發頸部，內染蟲毒，久則生管道流出分泌物的惡性瘡。⓫蠍　腳上瘡。⓬蝦　通「瘕」。腹中硬塊，忽聚忽散，無有定形，可以推移。⓭鴻　大。⓮殺　消滅；變細。⓯并連　並且隨著。⓰見　同「現」。⓱輒　立即；就。⓲三蟲　可能即道家所說的「三尸蟲」。參見葉夢得《石林避暑錄話》卷下。⓳下地　低窪的地方。⓴蛭　水蛭。即螞蟥。㉑順說之家　順著蟲類為災象徵官吏侵漁說法加以解釋的學者。㉒蚑蟯　泛指爬行的小蟲。蚑，用足爬行。蟯，本指腹中短蟲，此指一般小蟲。㉓蜫蠕　泛指各種無足而蠕動行進的小蟲。蜫，同「昆」。眾。蠕，蠕動。㉔不　通「否」。㉕反　指侵犯。㉖頓　通「鈍」。笨。㉗嚙　咬。㉘盜跖　跖，古代傳說中的大盜名，故稱「盜跖」。㉙署　做官。㉚伯夷　殷末的遺民。不食周粟，隱於首陽山而餓死，古代推崇為道德高尚的典範。㉛舉　稱頌。㉜非一　情況不一。㉝陰陽不和二句　王充認為政治的好壞影響陰陽不調和。㉞徒　僅僅。㉟指　指責。㊱餲　臭味。㊲宿麥　冬小麥。㊳暴　同「曝」。曬。㊴鬧喋　形容蟲子吃穀的聲音。㊵雲煙　形容蟲子多。㊶准況　類推。以此作為標準來比況。

【語　譯】蟲的種類很多，不是一種情況。魚肉腐臭生蟲，醯醬不封閉生蟲，飯食溫熱濕潤生蟲，書籍捲束而不鋪開生蟲，衣服摺疊而不懸掛生蟲，還有瘑、癰、瘡、瘻、癥、瘕等病都有蟲。有的白、有的黑；有的長、有的短；有的大而粗，有的小而細。這些蟲各不相似，但都是因適當的風氣而生出，並且隨著風氣的變化而死亡。牠們出生不選擇日期，或者活著的時間短促，出現不久便死了。變復之家看到這樣一些很少出現的蟲子，一旦出現又吃食五穀，就說牠們是災變。他們認為災變出現應當歸罪於某些官吏，於是就根據蟲所象徵的官吏，順著加以解釋。人腹中也有三蟲，低窪的水澤，其中的蟲叫做「螞蟥」。螞蟥吸人腳上的血，三蟲吃人的腸。順說之家又將把三蟲說成象徵什麼樣的官吏呢？凡屬天地之間承受陰陽二氣所生的蟲，如用腳爬行的蟲類，蠕動前行的蟲類，這些含有陰陽二氣而生的蟲，開口就要吃東西。食物有美味的，也有非美味的，心思相同，欲望相等，強大的吃弱小的，聰明的侵侮愚蠢的，其他動物以大吃小，交相殘食。變復之家不把這些現象叫做災變，偏偏說蟲食穀物是應和政事，這就失去了真實的道理，不通達含氣動物的本性。然而那些蟲的出生，必定依靠溫熱、濕潤的外部條件。溫熱、濕潤的氣，經常存在於春夏兩季。秋冬兩季的氣，寒冷而且乾燥，生蟲的事從來沒有。假若因蟲子出生就歸罪於鄉裡的官吏，那麼鄉裡的官吏在春夏兩季就貪婪，在秋冬兩季就廉潔，即使像盜跖那樣的壞官吏，在秋冬兩季上任做官，也會蒙受到像伯夷那樣清廉的名聲。其實，春夏兩季年年都有，而蟲子有時出生，這是因為天氣太熱、太潮濕的緣故。不過天氣太熱、太潮濕就陰陽不調和，陰陽不調和，那倒是政治不好造成的，只應當歸罪於政治，而指責說部吏作了壞事，這就不符合實際了。怎麼知道蟲子是憑藉溫熱、濕潤的條件產生的呢？依據蠹蟲的產生可以弄清楚。穀物乾燥的，不生蟲；溫熱、濕潤的穀物腐臭變味，就不斷生出蟲來。收藏冬小麥種，經過烈日曝曬，放入乾燥的容器中，就不生蟲。假如不經烈日曝曬，吃食之蟲，就多如雲煙。依據蠹蟲食穀的例子，類推其他的蟲類，說明蟲類是憑藉溫熱、濕潤的條件所生出的，就十分清楚了。

《詩》❶云：「營營❷青蠅，止於藩❸。愷悌❹君子，無信讒言。」讒言傷善，青蠅汙白，同一禍敗。《詩》以為興❺。昌邑王❻夢西階下有積蠅矢❼。明旦，召問郎中龔遂❽。遂對曰：「蠅者，讒人之象也。夫矢積於階下，王將用讒臣之言也。」由此言之，蠅之為蟲，應人君用讒，何故不謂蠅為災乎？如蠅可以為災，夫蠅歲生世間，人君常用讒乎？案蟲害人者，莫如蚊虻❾。蚊虻歲生，如以蚊虻應災，世間常有害人之吏乎？必以食物乃為災，人則物之最貴者也，蚊虻食人，尤當為災。必以暴生❿害物乃為災，夫歲生而食人，與時出而害物，災孰為甚？

人之病疥⓫，亦希非常，疥蟲何故不為災？且天將雨，蟻出蚋⓬蜚⓭，為⓮與氣相應也。或時諸蟲之生，自與時氣相應，如何輒歸罪於部吏乎？天道自然，吉凶偶會，非常之蟲適生⓯，貪吏遭署⓰，人察貪吏之操⓱，又見災蟲之生，則謂部吏之所為致也。

【章　旨】此章以蠅、蚊虻、疥瘡皆不被稱為災變為例，反駁蟲食穀物應和官吏侵漁的說法，最後並以「天道自然，吉凶偶會」結束全篇。

【注　釋】❶詩　指《詩經》。儒家經書之一。❷營營　指蒼蠅飛行發出的聲音。❸藩　藩籬；籬笆。❹愷悌　和樂平易。見《詩經・小雅・青蠅》。❺興　起興。作詩借別的事物引起要歌詠的事情。朱熹說：「先言他物以引起所詠之詞也。」（見《詩集傳・關雎》注）❻昌邑王　漢武帝的孫子劉賀。❼積蠅矢　見《漢書・五行志》。矢，通「屎」。❽龔遂　人名。以郎中令侍昌邑王。見《漢書・循吏傳》。❾虻　牛虻一類吸人、畜血的昆蟲。❿暴生　突然出現。⓫疥　疥瘡。⓬蚋　像蠅而小，能吸食人、畜血液的一種昆蟲。⓭蜚　同「飛」。⓮為　因。⓯適生　恰好生出。⓰遭署　遇上做官。⓱操　操守；品格。

【語　譯】《詩經・青蠅》說：「嗡嗡的蒼蠅，落在籬笆上。和樂平易的君子，不要相信小人的讒言。」讒言傷害好人，青蠅把潔白的東西弄汙，讒言與蒼蠅都是禍害，所以詩歌用牠來起興。昌邑王劉賀夢見西邊臺階下有蒼蠅屎堆積。天明，便召來郎中令龔遂詢問。龔遂回答說：「蒼蠅這東西，是讒人的象徵。屎堆積在臺階下，說明王將要任用讒臣小人了。」根據這一道理說來，蒼蠅這種蟲子，是應和人君用讒的，為什麼不把蒼蠅的出現說成災變呢？如果蒼蠅可以算作災變，蒼蠅年年出現在世上，難道是君主經常信任讒臣嗎？考察蟲類傷害人的，沒有比蚊虻更厲害的了。蚊虻年年生出，如果把蚊虻看作應和災變，那麼世上豈不經常有害人的官吏嗎？一定把蟲吃穀物才算作災變，那麼人是萬物當中最珍貴的，蚊虻吃最珍貴的人，尤其應算災變。一定把突然出現傷害穀物的才算作災變，那年年出現而吃人的蚊虻，與有時出現而傷害穀物的蟲比較起來，所造成的災害誰厲害呢？人的生疥瘡，也是少有而不常見的，疥瘡中的蟲為什麼不算作災變呢？天將下雨的時候，螞蟻出洞，蚋蟲起飛，人們認為是與當時的氣相應和的緣故。有時有許多蟲生出，自然與當時的風氣相應和，為何把這種現象的產生就歸罪到部吏頭上呢？天運行的規律是自然的，吉凶的出現，是多方面的條件偶然碰到一起造成的。不常見的蟲恰好出生，貪婪的官吏也碰上上任，人們考察貪婪官吏的品格，又發現災蟲的出生，那麼就說這一切都是部吏所造成的啊！

講瑞篇第五十

【題解】本篇講述識別鳳凰、麒麟等瑞物的有關問題。儒者根據《春秋》「有麐而角」的記載，認定鳳凰、麒麟具有與一般鳥獸不同的特徵，有其獨特的種類。王充針對這種「特徵說」和「種類說」指出：鳳凰、麒麟是鳥獸中的聖者，聖人的骨相各不相同，與聖人同骨相的也有壞人，如「虞舜重瞳，王莽亦重瞳」。那麼與鳳凰、麒麟形貌、顏色相同的也有一般鳥獸，相反無特異形貌、顏色的一般鳥獸中也有聖鳥聖獸。同時像鳳凰、麒麟一類的瑞物，沒有自己獨特的種類，而且前代與後代出現的也不會相同。因而從特徵、種類方面識別鳳凰、麒麟是不可能的。但是王充又承認祥瑞與災變的出現與「政治之得失，主之明暗」有關，則屬於「天人感應論」了。

儒者之論，自說見鳳凰、騏驎❶而知之，何則？案鳳凰、騏驎之象❷。又《春秋》❸獲驎文❹曰：「有麐❺而角。」麐而角者，則是騏驎矣。其見鳥而象鳳凰者，則鳳凰矣。黃帝、堯、舜、周之盛時，皆致❻鳳凰。孝宣帝❼之時，鳳凰集於上林❽，後又於長樂之宮❾東門樹上，高五尺，文章❿五色。周獲驎⓫，驎似麐而角。武帝之驎⓬，亦如麐而角。如有大鳥，文章五色，獸狀如麐，首戴一角，考以圖象，驗之古今，則鳳、驎可得審⓭也。

【章　旨】此章引述儒者能識辨鳳凰、麒麟的論點，作為全篇辯駁的中心。

【注　釋】❶騏驎　即「麒麟」。古代傳說中的一種象徵吉祥的動物。❷象　形象；形狀。❸春秋　指《春秋公羊傳》。❹獲驎文　指《春秋公羊傳・哀公十四年》關於《春秋》「西狩獲麟」的解釋。據該年記載：（這年春天）打柴的人在魯國西部捕獲一隻野獸，形狀似獐而有角。孔子認為是麟。於是感歎說：「吾道窮矣。」❺麞　即「麞」、「獐」。一種似鹿但形體較小而無角的野獸。❻致　招致。❼孝宣帝　即漢宣帝。❽上林　指上林苑。秦及西漢時專供皇帝遊獵的園林，在今陝西西安西。❾長樂之宮　長樂宮。在今陝西西安西北郊漢長安故城東南隅。❿文章　花紋。以上事參見《漢書・宣帝紀》。⓫周獲驎　指魯哀公十四年的「西狩獲麟」。當時是春秋末期，名義上還尊東周君主為「天子」，所以稱「周獲麟」。⓬武帝之驎　漢武帝元狩元年（西元前一二二年）曾捕獲一隻麟。見《史記・封禪書》。武帝，漢武帝。⓭審　明；辨別清楚。

【語　譯】儒者有這樣的說法，他們自稱看到鳳凰、麒麟就能夠識別清楚。為什麼呢？考察鳳凰、麒麟的形狀就得知了。另外，《春秋公羊傳》關於獲麟的記載，說：「捕獲的麒麟有點像獐而且長了角。」像獐而且長了角的野獸，那麼這就是麒麟了。看到鳥有像鳳凰的，那麼這就是鳳凰了。黃帝、堯、舜、周朝的興盛時期，都招來過鳳凰。漢宣帝時，鳳凰落到上林苑，後來又飛到長樂宮東門外的樹上，高五尺，身上有五彩花紋。東周魯國捕獲的麟，好像獐而且長了角。漢武帝時出現的麟，也像獐而且長了角。如果有大鳥，五彩花紋，野獸的形狀像獐，頭上長著一隻角，按照畫上的鳳凰、麒麟的樣子來考查，根據古今的歷史記載來驗證，那麼鳳凰和麒麟是可以識別的啊。

夫鳳凰，鳥之聖者也；騏驎，獸之聖者也；五帝❶、三王❷、皋陶❸、孔子，人之聖也。十二聖❹相❺各不同，而欲以麞戴角則謂之騏驎，相與鳳凰象合者謂之鳳凰，如何？夫聖鳥獸毛色不同，猶十二聖骨體不均❻也。戴角之相，猶戴干❼

也。顓頊戴干，堯、舜未必然。今魯所獲麟戴角，即❽後所見麟未必戴角也。如用魯所獲麟求知世間之麟，則必不能知也。何則？毛羽骨角不合同也。假令合同，或時❾似類，未必真是。虞舜❿重瞳⓫，王莽⓬亦重瞳；晉文⓭駢脅⓮，張儀⓯亦駢脅。如以骨體毛色比，則王莽，虞舜；而張儀，晉文也。有若⓰在魯，最似孔子。孔子死，弟子共坐有若⓱，問以道事⓲，有若不能對⓳者，何也？體狀似類，實性非也。今五色之鳥，一角之獸，或時似類鳳凰、騏驎，其實非真，而說者欲以骨體毛色定鳳凰、騏驎，誤矣！是故顏淵⓴庶幾㉑，不似孔子；有若恆庸㉒，反類聖人。由是言之，或時真鳳凰、騏驎，骨體不似；恆庸鳥獸，毛色類真。知之如何？儒者自謂見鳳凰、騏驎輒㉓而㉔知之，則是自謂見聖人輒而知之也。皋陶馬口㉕，孔子反宇㉖，設使輒有知而㉗絕殊㉘，馬口、反宇，尚未可謂聖。何則？十二聖相不同，前聖之相，難以照㉙後聖也。骨法㉚不同，姓名不等，身形殊狀，生出異土㉛，雖復有聖，何如知之？

【章　旨】此章說明不能以骨相毛色定鳳、麟，就好像不能用相貌定聖人一樣。

【注　釋】❶五帝　指傳說中的黃帝、顓頊、帝嚳、堯、舜。❷三王　指夏、商、周三代的帝王夏禹、商湯、周文王和武王。❸皋陶　傳說為堯、舜時掌管刑罰的大臣。❹十二聖　指五帝、三王、皋陶、周公、孔子。❺相　相貌。❻均　同。❼戴干形容人的前額寬闊，像戴著盾牌一樣。干，盾。❽即　則。❾或時　或者；也許。❿虞舜　即舜。舜的先人封於虞，帝舜有天下，以虞為朝代號。⓫重瞳　指每隻眼睛有兩個瞳仁。⓬王莽　漢元帝王皇后的姪子。西漢末王莽以外戚掌握政權，改國號為「新」。⓭晉文　晉文公。春秋時晉國君主。⓮駢脅　指肋骨連成一整塊。⓯張儀　戰國時政治家。縱橫家的代表人物。⓰有若　孔子的弟子。⓱共坐有若　大家共同推舉有若坐在孔子的座位上。坐，使……坐。⓲道事　指先王之道和禮儀制度。⓳對　回答。⓴顏淵　孔子最得意的弟子。㉑庶幾　差不多。㉒恆庸　平常；一般。㉓輒　立即；就。㉔而　通「能」。能夠。㉕馬口　形容嘴像馬嘴。㉖反宇　形容頭頂中間凹周圍高。宇，屋簷。㉗知而　通「智能」。㉘絕殊　卓絕；超出一般。㉙照　比照；鑑定。㉚骨法　骨相。㉛異土　不同的地域。

【語　譯】鳳凰，是鳥類的聖鳥；麒麟，是獸類的聖獸；五帝、三王、皋陶、孔子，是人類的聖人。十二位聖人的相貌各不相同，想把像獐而頭上長著角的就稱牠叫麒麟，鳥的長相與鳳凰的樣子相符合的就稱牠叫鳳凰，這怎麼行呢？聖鳥、聖獸的毛色各不相同，就好像十二位聖人的骨相體形各不相同一樣。頭上長角的獸，就好像人頭上戴著一個盾牌似的。顓頊頭上好像戴著一個盾牌，堯、舜的相貌未必是如此。現在魯國所捕獲的麒麟長著角，那麼後世所見到的麒麟未必都長著角啊！如果用魯國所捕獲的麒麟為標準，要求識別世上所有的麒麟，那麼必然不能識別清楚。為什麼呢？因為鳳凰、麒麟的毛羽骨角不是個個都相同的啊！假使毛羽骨角相同，或許也只是相類似而已，不一定真是這個東西。虞舜每隻眼睛有兩個瞳仁，王莽也有兩個瞳仁；晉文公的肋骨是一整塊，張儀的肋骨也是一整塊。如果用骨相體形毛色的同異來對比，那麼王莽就應該是虞舜那樣的聖人了；而張儀也就應該是晉文公那樣的霸主了。魯國的有若，相貌最像孔子。孔子逝世後，弟子們想念孔子，共同推舉有若坐在孔子的座位上，弟子們向他詢問先王之道和禮儀制度，有若不能回答。為什麼呢？有若只是體形狀貌與孔子相似，而實際上稟性和孔子並不相同。現在那些五顏六色的鳥，長一隻角的野獸，或許像鳳凰、麒麟的相貌，牠們實際上並不是真的鳳凰、麒麟，可是解說的人想憑藉骨相體形毛色來確定鳳凰、麒麟，那就錯了。因此顏回的道德學問和孔子差不多，相貌卻不像孔子；有若是個平常的人，相貌反而像孔子。從這方面說來，或者是真鳳凰、真麒麟，骨相體形不相似；或者是平常的鳥獸，毛色又像是真的一樣。用儒者提出的標準怎麼能夠辨別牠們呢？儒者自稱看到鳳凰、麒麟立即能夠辨別牠們，那麼這就是等於自稱看到聖人立即能夠辨別他。皋陶的嘴像馬嘴，孔子的頭頂像倒反的屋簷，假使就有智慧能力卓絕超群，並且口像「馬口」、頭像「反宇」的人出現在眼前，也還是不能稱他們為聖人。為什麼呢？十二聖的相貌不同，將前代聖人的相貌，用來鑑別後代的聖人是困難的。因為骨相不同，姓名不同，體形不一樣，又出生在不同的地域，即使再有聖人出現，怎麼能識別他呢？

桓君山❶謂楊子雲❷曰：「如後世復有聖人，徒❸知其才能之勝己❹，多不能知其聖與非聖人也。」子雲曰：「誠然。」夫聖人難知，知能之美若桓、楊者，尚復不能知，世儒懷庸庸❺之知，齎❻無異之議，見聖不能知，可保❼必❽也。夫不能知聖，則不能知鳳凰與騏驎。世人名❾鳳凰、騏驎，何用❿自謂能之乎？夫上世之名鳳凰、騏驎，聞其鳥獸之奇者耳。毛角有奇，又不妄翔⓫苟遊⓬，與鳥獸爭飽，則謂之鳳凰、騏驎矣。世人之知聖，亦猶此也。聞聖人人之奇者，身有奇骨，知能⓭博達⓮，則謂之聖矣。及其知之，非卒⓯見暫⓰聞而輒名之為聖也。與之偃伏⓱，從之受學，然後知之。

【章旨】此章以聖人不能辨識，說明麟、鳳亦不能辨識。

【注釋】❶桓君山　桓譚。漢代思想家。❷楊子雲　楊（一作「揚」）雄。漢代思想家、文學家。❸徒　僅僅；只。❹勝

己　超過自己。❺庸庸　平庸；平凡。❻賫　持；抱。❼保　保證。❽必　必然；肯定。❾名　稱。❿何用　用何；依憑什麼。⓫妄翔　亂飛。⓬苟遊　隨便走動。⓭知能　智慧才能。⓮博達　知識寬廣通達。⓯卒　通「猝」。倉猝。⓰暫　匆忙。⓱偃伏　俯仰。指生活在一起。偃，仰。伏，俯。

【語　譯】桓君山對揚子雲說：「如果後世再有聖人出現，那麼人們僅僅知道他的才能超過自己，大都不能確定他究竟是不是聖人。」揚子雲說：「確實如此。」看來聖人很難識辨，即使像桓君山、揚子雲這樣智慧才能很高的人，尚且再不能識辨，世上一般儒者只不過具有平凡的智慧，死抱住聖人骨相沒有差別的說法，即使遇到了聖人，也識辨不出，這是可以肯定的。既然聖人不能識辨，那麼鳳凰與麒麟也是不能識辨的。一般人稱某些動物為鳳凰和麒麟，自己認為能識辨又是根據什麼呢？古人叫牠們「鳳凰」、「麒麟」，只不過聽說牠們是鳥獸中奇異的東西罷了。牠們的毛色、頭角有奇異的地方，又不胡亂飛翔、隨便走動，與鳥獸爭食飽肚，那麼就說牠們是鳳凰、麒麟了。一般人識辨聖人，也好像是這種情況。他們聽說聖人是人類中奇異的人，身上有奇異的骨相，智慧才能廣博通達，那麼就說他是聖人了。等到他們識辨聖人的時候，並不是倉卒見一面、匆忙聽到一點道理就把他叫做「聖人」的。必須同他生活在一起，跟他學習，然後才能識辨是不是聖人。

何以明之？子貢❶事❷孔子一年，自謂過孔子；二年，自謂與孔子同；三年，自知不及孔子。當一年、二年之時，未知孔子聖也，三年之後，然❸乃❹知之。以子貢知孔子，三年乃定，世儒無子貢之才，其見聖人，不從之學，任❺倉卒之視，無三年之接❻，自謂知聖，誤矣！少正卯❼在魯，與孔子并❽。孔子之門，三盈三虛❾，唯顏淵不去❿，顏淵獨知孔子聖也。夫門人去孔子歸少正卯，不徒不能知孔子之聖，又不能知少正卯，門人皆惑⑪。子貢曰：「夫少正卯，魯之聞人⑫也。子⑬為政⑭，何以先誅⑮之？」孔子曰：「賜⑯退，非爾⑰所及⑱。」夫才能知⑲佞⑳若子貢，尚不能知聖，世儒見聖，自謂能知之，妄也！

【章旨】此章以子貢識辨孔子是否聖人的過程為例，說明聖人難於識辨。

【注釋】❶子貢　孔子的弟子。姓端木，名賜。❷事　侍奉。❸然　這樣。❹乃　才。❺任　憑藉。❻接　接觸。❼少正卯　春秋末期魯國大夫。曾在魯國收徒講學，據傳後來被孔子殺了。❽并　齊。指齊名。❾三盈三虛　指孔子講學時，弟子幾次滿堂，幾次走光，到少正卯那兒去了。盈，滿。虛，空。❿去　離開。⓫惑　迷惑；糊塗。⓬聞人　有名望的人。⓭子　你。⓮為政　治理政事。指做魯國的大司寇並代行宰相的職權。⓯先誅　首先殺掉。按《荀子・坐宥》記載：「孔子為魯攝（代理）相，朝七日而誅少正卯。」⓰賜　子貢。⓱爾　你。⓲及　達到；懂得。⓳知　智慧。⓴佞　口才；善辯說。

【語譯】憑什麼說明必須與聖人久處才能識辨聖人呢？子貢侍奉孔子一年，自己認為超過孔子；侍奉孔子兩年，自己認為與孔子相當；侍奉孔子三年，自己才知道趕不上孔子。當子貢侍奉孔子頭一、二年的時候，尚未能識辨孔子是聖人，侍奉三年之後，這才識辨清楚孔子是聖人。以子貢這樣的人識辨孔子是不是聖人，都要經過三年才能確定，一般的儒者不具備子貢那樣的才智，他們看到聖人，又不跟隨他學習，只是憑藉倉卒之間的觀察，沒有像子貢那樣三年接觸聖人，卻自己認為能識辨聖人，那就錯了。少正卯在魯國，與孔子齊名。孔子門下的弟子，幾次滿堂，又幾次走光，歸向少正卯，只有顏淵一人不離開，只有顏淵知道孔子是聖人。那些門人離開孔子，歸向少正卯，不僅不能識辨孔子是聖人，又不能識辨少正卯不是聖人，門人都是糊塗的。子貢責問孔子說：「少正卯是魯國有名望的人。你治理政事，憑什麼首先殺掉他？」孔子曰：「端木賜，你走開吧！這不是你所能懂得的。」長於才能智辯的子貢，尚且不能識辨聖人，一般的儒者看到聖人，自己認為能識辨清楚，這是亂說啊！

夫以不能知聖言之，則亦知其不能知鳳凰與騏驎也。使鳳凰羽翮❶長廣，騏驎體高大，則見之者以為大鳥巨獸耳，何以別之？如必以巨大別之，則其知聖人亦宜以巨大。春秋之時，鳥有爰居❷，不可以為鳳凰；長狄❸來至，不可以為聖人。然則鳳凰、騏驎與鳥獸等也，世人見之，何用知之？如以中國❹無有，從野外❺來而知之，則是鸜鵒❻同也。鸜鵒，非中國之禽也；鳳凰、騏驎，亦非中國之禽獸也。皆非中國之物，儒者何以謂鸜鵒惡❼，鳳凰、騏驎善❽乎？

【章旨】此章說明不能以「巨大」、「外來」為標準鑑別鳳凰和麒麟。

【注釋】❶羽翮　指羽翼。翮，羽莖；禽類羽毛中間的主幹。❷爰居　古代傳說中的一種形似鳳凰的大海鳥。❸長狄　一作「長翟」。古代傳說中的一個種族，身材高大。❹中國　古指中原地區。❺野外　指中原以外的邊遠地區。❻鸜鵒　俗名「八哥」。魯國本無此鳥，魯昭公二十五年，有鸜鵒飛到魯國境內作巢，同年，魯昭公被季平子驅逐出國，有人就把「鸜鵒來巢」說成是不吉利的預兆。參見本書〈遭虎篇〉。❼惡　凶兆。❽善　吉兆。

【語譯】根據不能識辨聖人的實事說來，那麼也就知道他們不能識辨鳳凰與麒麟了。假使鳳凰翅膀廣闊，麒麟體形高大，那麼看到牠們的人只以為是大鳥、巨獸罷了，怎麼能識辨牠們是鳳凰、麒麟呢？如果一定要以形體巨大作為標準來識辨是不是鳳凰、麒麟，那麼他識辨聖人也應該是以巨大為標準。可是，春秋時期，鳥類有爰居，其形體巨大，不能把他當做鳳凰；長狄來的人，形體巨大，不能把他當做聖人。那麼鳳凰、麒麟與鳥獸的形體是一樣的，一般看到牠們，怎麼能識辨牠們是鳳凰、麒麟呢？如果用不產於中原地區，而是從邊遠地區來到內地為標準來識辨牠們，那麼這就與鸜鵒相同了。鸜鵒，不是中原地區的禽鳥；鳳凰、麒麟也不是中原地區的禽獸。都不是中原地區的產物，儒者憑什麼說鸜鵒的出現是凶兆，而鳳凰、麒麟的出現是祥瑞呢？

或曰：「孝宣之時，鳳凰集於上林，群鳥從之以千萬數❶。以其眾鳥之長❷，聖神❸有異，故群鳥附從。如見大鳥來集，群鳥附之，則是鳳凰。鳳凰審❹則定矣。」夫鳳凰與騏驎同性，鳳凰見❺，群鳥從，騏驎見，眾獸亦宜隨。案《春秋》之驎❻，不言眾獸隨之。宣帝、武帝皆得騏驎，無眾獸附從之文。如以騏驎為人所獲，附從者散，鳳凰人不獲，自來蜚❼翔，附從可見。《書》曰：「〈簫韶〉❽九成❾，鳳凰來儀❿。」《大傳》⓫曰：「鳳凰在列⓬樹。」不言群鳥從也。豈宣帝所致者異哉？或曰：「記事者失⓭之。唐、虞之君⓮，鳳凰實有附從。上世久遠，記事遺失，經書之文，未足以實⓯也。」夫實有而記事者失之，亦有實無而記事者生⓰之。夫如是，儒書之文，難以實事⓱，案附從以知鳳凰，未得實也。且人有佞⓲猾⓳而聚者，鳥亦有佼⓴黠㉑而從群者，當唐虞之時鳳愨㉒愿㉓，宣帝之時佼黠乎？何其俱有聖人之德行，動作之操㉔不均同也！無鳥附從，或時是鳳凰；群鳥附從，或時非也。

【章　旨】此章說明不能以是否有「附從」為標準鑑別鳳凰和麒麟。

【注　釋】❶數　計算。❷長　首領。❸聖神　聖明神奇。❹審　明。❺見　同「現」。❻春秋之驎　指《春秋・魯哀公十四年》所記載的「西狩獲麟」。❼蜚　通「飛」。❽簫韶　相傳為舜時的樂曲。❾成　樂曲從頭到尾演奏一遍謂之「一成」，九成則言其演奏多遍。❿儀　禮。見《尚書・益稷》。⓫大傳　指《尚書大傳》，相傳是西漢伏勝解釋《尚書》的著作，可能是伏勝的弟子或後學雜錄所聞而成。原書除〈洪範五行傳〉首尾完整外，其餘各卷今只存佚文。清人有輯本。⓬列　大。⓭失遺漏。⓮唐虞之君　指堯、舜。堯初封於陶，後徙於唐。舜之先人封於虞。唐、虞均成了朝代名稱。⓯實　證實。⓰生　指憑空捏造。⓱實事　證實事情。⓲佞　巧詐。⓳猾　狡猾。⓴佼　姦詐。㉑黠　狡猾。㉒慤　誠實。㉓愿　忠厚。㉔操　操守。

【語　譯】有人說：「漢宣帝時，鳳凰棲息在上林苑中，跟隨飛來的鳥成千上萬。因為鳳凰是眾鳥的首領，聖明神奇，不同尋常，所以有群鳥跟隨。如果看見大鳥落下，又有群鳥跟隨，那麼這就是鳳凰。鳳凰可以明辨則是無疑的了。」這樣說來，鳳凰與麒麟同一性質，鳳凰出現，有群鳥跟隨，那麼麒麟出現，眾獸也應該跟隨。考察《春秋》關於「西狩獲麟」的記載，並沒有說有眾獸跟隨麒麟。漢宣帝、漢武帝都獲得麒麟，但沒有眾獸跟隨的記載。如果認為麒麟被人所捕獲，跟隨的眾獸逃散，那麼鳳凰人們不捕獲，自己飛來，跟隨的群鳥應能見到。《尚書》中說：「〈簫韶〉這種樂曲演奏多遍，鳳凰就會來朝。」《尚書大傳》也說：「鳳凰棲息在大樹上。」沒有說群鳥跟隨啊！難道宣帝時所招來的鳳凰同古代的不一樣嗎？有人說：「這是記事的人遺漏了。堯、舜的時期，鳳凰的確有眾鳥跟隨。由於上古時間久遠，記事遺漏，經書的記載，不能用來證實啊！」既然有實際存在而記事者遺漏了的事，也會有實際並不存在而記事者憑空捏造的事。像這樣，儒家典籍的記載，很難用它來證實什麼事情，那麼根據群鳥跟隨鳳凰用以識辨鳳凰，也就不能得到證實啊！況且人之中有姦詐狡猾而善於聚眾的，鳥之中也有姦詐狡猾而善於讓群鳥跟隨的，難道當堯、舜時出現的鳳凰忠誠老實，而宣帝時出現的鳳凰就姦詐狡猾嗎？不然為什麼牠們都具有聖人的品德，而行為卻大不相同呢？可見，沒有群鳥跟隨的，可能是鳳凰；有群鳥跟隨的，可能不是鳳凰啊。

君子在世，清節❶自守，不廣結從❷，出入動作，人不附從。豪猾之人，任俠用氣❸，往來進退，士眾雲合❹。夫鳳凰，君子也，必以隨多者效❺鳳凰，是豪黠為君子也。歌曲彌❻妙，和❼者彌寡；行操❽益❾清，交者益鮮❿。鳥獸亦然。必以附從效鳳凰，是用和多為妙曲也。龍與鳳凰為比類⓫。宣帝之時，黃龍出於新豐⓬，群蛇不隨。神雀⓭、鸞鳥⓮，皆眾鳥之長也，其仁聖雖不及鳳凰，然其從群鳥亦宜數十。信陵⓯、孟嘗⓰，食客三千，稱為賢君。漢將軍衛青⓱及將軍霍去病⓲，門無一客，亦稱名將。太史公⓳曰：「盜跖⓴橫行，聚黨數千人。伯夷、叔齊㉑，隱處首陽山㉒。」鳥獸之操，與人相似。人之得眾，不足以別賢，以鳥附從審㉓鳳凰，如何？

【章　旨】此章以君子的清節自守、不廣結交否定根據「附從」鑑別鳳凰的說法。

【注　釋】❶清節　清明的節操。❷結從　聚結黨徒。❸任俠用氣　講究俠義的氣概。任，使；用。俠，負氣仗義的精神。❹雲合　如雲聚在一起。形容人多。❺效　效驗；證明。❻彌　愈。❼和　應和。❽行操　行為操守。❾益　愈。❿鮮　少。⓫比類　同類。⓬新豐　古縣名。其地在今陝西臨潼東北。⓭神雀　傳說中的神鳥。⓮鸞鳥　傳說中鳳凰一類的鳥。⓯信陵　信陵君魏無忌。戰國四公子之一，以養食客著名。⓰孟嘗　孟嘗君田文。戰國四公子之一，以養食客著名。⓱衛青　漢武帝時名將。⓲霍去病　漢武帝時名將。⓳太史公　指司馬遷。⓴盜跖　古代傳說中的大盜。㉑伯夷叔齊　皆殷末人。不食周粟，隱於首陽山而餓死。㉒首陽山　山名。地處今山西永濟南。見《史記‧伯夷列傳》。㉓審　明；認清。

【語譯】君子生在世上，堅持清明的節操，不廣泛聚結黨徒，任何行動，不需人們應和跟隨。豪強狡猾的人，講究俠義氣概，往來進退，人們多得像雲一樣地聚結在一起。鳳凰是鳥中的君子，如果一定要以跟隨的鳥多為標準來證明是鳳凰，這就把豪強狡猾的人也當作君子了。歌曲越是美妙，跟著唱的人就越少；品格愈是清高，和他結交的人就愈少。鳥獸也是如此。如果一定要以跟隨的鳥多為標準來證明是鳳凰，這就是等於把跟著唱的人多的歌曲說成是美妙的歌曲一樣了。龍與鳳凰同類。漢宣帝時，黃龍在新豐出現，群蛇沒有跟隨。神雀與鸞鳥，都是眾鳥的首領，牠們仁愛聖明的品格雖然趕不上鳳凰，然而跟隨牠們的群鳥也應該有數十隻。信陵君、孟嘗君，門下食客三千，號稱賢能封君。西漢大將軍衛青和驃騎將軍霍去病，門下一個食客也沒有，也號稱著名的將領。太史公曾說：「盜跖遍行天下，聚結黨徒數千人。伯夷、叔齊，卻隱居首陽山而餓死。」鳥獸的操守與人相似。人擁有很多黨徒，不足以鑑別他是賢人，以鳥擁有群鳥跟隨為標準來鑑別牠是不是鳳凰，怎麼行呢？

或曰：「鳳凰、騏驎，太平之瑞❶也。太平之際，見來至也。然亦有未太平而來至也。鳥獸奇骨異毛，卓絕非常，則是矣，何為不可知？鳳凰、騏驎，通常以太平之時來至者，春秋之時，騏驎嘗❷嫌❸於王孔子❹而至，光武皇帝❺生於濟陽❻，鳳凰來集。」夫光武始生之時，成❼、哀❽之際也，時未太平而鳳凰至。如以自❾為光武有聖德而來，是則為聖王始生之瑞，不為太平應❿也。嘉瑞⓫或應太平，或為始生，其實難知。獨以太平之際驗⓬之，如何？

【章　旨】此章說明以太平瑞物來鑑別是否鳳凰、麒麟也是不可靠的。

【注　釋】❶瑞　吉祥的徵兆。❷嘗　曾經。❸嫌　懷疑。❹王孔子　以孔子為王。❺光武皇帝　漢光武帝劉秀。❻濟陽　古縣名。其地在今河南蘭考東北。❼成　漢成帝劉驁。❽哀　漢哀帝劉欣。❾自　另外。❿應　應和。指祥瑞。⓫嘉瑞　美好的瑞物。⓬驗　證驗。

【語　譯】有人說：「鳳凰、麒麟，是天下太平的吉祥徵兆。天下太平的時期，就可以看到牠們到來。然而也有不是太平時而來到的。鳥獸中有毛骨奇異的，超出一般的，那麼這就是鳳凰了。為什麼不能識辨呢？鳳凰、麒麟作為瑞物，一般是在天下太平的時期來到的，春秋末期，麒麟曾經懷疑孔子將會做王而出現過，光武皇帝在濟陽時，鳳凰也曾飛來過。」其實，光武皇帝出生的時候，正當漢成帝、漢哀帝的時期，當時天下並不太平而鳳凰卻來到了。假如以為鳳凰是為了光武皇帝具備了聖明的德行而來，那麼這是聖王初生的祥瑞，不是太平的徵兆。祥瑞有時候應和太平，有時候應和初生，牠們實際上是難於識辨的。僅以太平時期的瑞物驗證牠們，怎麼行呢？

或曰：「鳳凰、騏驎，生有種類❶，若龜、龍有種類矣。龜故❷生龜，龍故生龍，形色小大，不異於前者也。見之❸父，察❹其子孫。何為不可知？」夫恆物❺有種類，瑞物無種適❻生，故曰「德應❼」，龜、龍然也。人見神龜、靈龍而❽別❾之乎？宋元王❿之時，漁者網⓫得神龜焉，漁父不知其神也。方今世儒，漁父之類也。以漁父而不知神龜，則亦知夫世人而不知靈龍也。龍或時似蛇，蛇或時似龍。韓子曰：「馬之似鹿者千金。」⓬良馬似鹿，神龍或時似蛇。如審⓭有類，形色不異。王莽時，有大鳥如馬，五色龍文⓮，與眾鳥數十集於沛⓯國蘄縣⓰。宣帝時，鳳凰集於地，高五尺，與言「如馬」，身高同矣；文章五色，與言「五色龍文」，物色⓱均矣；眾鳥數十，與言「俱集」、「附從」等也。如以宣帝時鳳凰體色、眾鳥附從案知鳳凰，則王莽所致鳥，鳳凰也。如審是，王莽致之，是⓲非瑞也。如非鳳凰，體色、附從，何為均等？

【章　旨】此章以宋元王神龜及王莽大鳥一正一反之例，否定儒者麟、鳳生有種類的說法。

【注　釋】❶生有種類　儒者以「生有種類」作為識辨鳳凰、麒麟的一種辨法。按生物本來「生有種類」，同種類的生物具有共同的特徵。但傳說中的鳳凰、麒麟屬何種類，實在渺茫，因而王充從此段起對「種類說」加以駁斥。❷故　固；必。❸之　其；牠的。❹察　了解。❺恆物　平常的東西。恆，常。❻適　偶然。「瑞物無種適生」，這是王充反對「種類說」的一個基本觀點。❼德應　吉祥的徵兆。❽而　通「能」。❾別　識別。❿宋元王　即宋元公。春秋末期宋國君主。《莊子》稱「宋元君」。⓫網　用網捕捉。漁者網得神龜，見《莊子・外物》。據該篇記載：「宋元君夜半而夢人被髮窺阿門（側門），曰：『予自宰路（淵名）之淵，予為清江使河伯之所，漁者余且（人名）得予。』元君覺，使人占之，曰：『此神龜也。』君曰：『漁者有余且乎？』左右曰：『有。』君曰：『令余且會朝。』明日，余且朝。君曰：『漁何得？』對曰：『且之網得白龜焉，其圓五尺。』君曰：『獻若（你）之龜。』龜至，君再（兩次）欲殺之，再欲活之，心疑，卜之，曰：『殺龜以卜，吉。』乃刳（剖）龜以卜，七十二鑽而無遺筴。」⓬韓子曰二句　見《韓非子・外儲說右上》。韓子，韓非。⓭審　確實。⓮文　花紋。⓯沛　西漢為沛郡，東漢為沛國，今安徽北部及江蘇豐縣、沛縣一帶。⓰蘄縣　在今安徽宿縣東南。⓱物色　指大鳥的顏色。⓲是　此。

【語　譯】有人說：「鳳凰、麒麟的出生，有自己固有的種類，好像龜、龍有自己種類一樣。龜必定生龜，龍必定生龍，形狀顏色大小，後代與前代沒有什麼不同。看到了牠的父親，就知道牠子孫的模樣。對於鳳凰、麒麟為什麼不能識辨呢？」平常的東西有種類，可是瑞物這類東西就沒有種類，是偶然出現的，所以叫做吉祥的徵兆，龜、龍就是這樣的徵兆。人看到神龜和靈龍能夠識別牠們嗎？宋元君時，有漁父用網捕得神龜，漁父分不清牠是神龜。當今一般儒者，就是漁父一類的人啊！根據漁父不能識別神龜這件事，那麼也就知道一般人不能識辨靈龍了。有的龍或許像蛇，有的蛇或許像龍。韓非說：「像鹿的馬價值千金。」良馬像鹿，神龍或許像蛇。如果確實有種類的話，那麼，同一種類的東西，形狀、顏色就不應當有什麼不同。王莽時，出現大鳥體大如馬，呈現五色龍般的花紋，牠與數十隻鳥落在沛國蘄縣。漢宣帝時，鳳凰落在地上，高五尺，與所說王莽時像馬的大鳥，身高是相同了。花紋呈現五色，和所說王莽時五色龍紋的大鳥，顏色是完全一樣了。眾鳥數十隻，與漢宣帝時群鳥落下、跟隨的情況也無異了。如果根據漢宣帝時鳳凰的形體、顏色以及眾鳥跟隨這種情況來考察識辨鳳凰，那麼王莽所招來的鳥，就是鳳凰。假如的確是這樣，由於是王莽招來的，這就不是祥瑞了。如果不是鳳凰，牠們和鳳凰在形體、顏色、眾鳥跟隨這些特徵上，為什麼又都相同呢？

且瑞物皆起和氣❶而生，生於常類之中，而有詭異❷之性，則為瑞矣。故夫鳳凰之至也，猶赤烏❸之集也。謂鳳凰有種，赤烏復有類乎？嘉禾❹、醴泉❺、甘露❻，嘉禾生於禾中，與禾異穗，謂之嘉禾；醴泉、甘露，出而甘美也，皆泉、露生出，非天上有甘露之種，地下有醴泉之類，聖治公平，而乃沾❼下❽產出也。蓂莢❾、朱草❿，亦生在地，集於眾草，無常⓫本根，暫時產出，旬⓬月枯折，故謂之瑞。夫鳳凰、騏驎亦瑞也，何以有種類？案周太平，越常⓭獻白雉⓮。白雉，生短而白色耳⑮，非有白雉之種也。魯人得戴角之麞，謂之騏驎，亦或時生於麞，非有騏驎之類。由此言之，鳳凰亦或時生於鵠⑯鵲⑰，毛奇羽殊⑱，出異眾鳥，則謂之鳳凰耳，安得與眾鳥殊種類也？有若曰：「騏驎之於走獸，鳳凰之於飛鳥，太山⑲之於丘垤⑳，河海之於行潦㉑，類㉒也。」然則鳳凰、騏驎都與鳥獸同一類，體色詭㉓耳，安得異種？同類而有奇，奇為不世㉔，不世難審，識之如何？

【章　旨】此章從瑞物的產生方面來說明鳳凰、麒麟「生有種類」的說法是錯誤的。

【注　釋】❶和氣　指陰、陽二氣和諧協調的氣。王充認為陰陽調和是瑞物出現的根源。❷詭異　奇特。詭，怪異。❸赤烏　紅烏鴉。傳說周武王伐紂時，有火落到王屋上，化為赤烏，三隻腳。參見《尚書大傳・大誓》。❹嘉禾　生長得美好的禾。禾，粟。❺醴泉　甜的泉水。❻甘露　甜的露水。❼沾　浸潤。❽下　落下。❾蓂莢　傳說一種其葉按日增生、按日遞減的瑞草。一名曆英。據《白虎通・封禪》：「蓂莢者，樹名也，月一日一莢，生十五日畢，至十六日一莢去，故夾階而生，以明日月也。」❿朱草　一種莖葉都是紅色的草。⓫常　固定不變。⓬旬　十天為一旬。⓭越常　又稱「越裳」。周代南方的少數民族。⓮雉　野雞。⓯耳　罷了。⓰鵠　天鵝。⓱鵲　俗名喜鵲。⓲殊　不同。⓳太山　泰山。⓴垤　小土堆。㉑行潦　小水溝。㉒類　同類。引文參見《孟子・公孫丑上》。㉓詭　怪異。㉔不世　世上不經常出現。

【語　譯】況且瑞物都是由天地間的和氣產生的，從平常的物類中產生，有些怪異的特性，那麼這就是瑞物了。所以鳳凰來到，就好像赤烏落下一樣。說鳳凰生有種類，赤烏也生有種類嗎？嘉禾、醴泉、甘露這些瑞物，嘉禾生在一般的禾中，只是與一般禾的穗子不同，稱它叫「嘉禾」；醴泉、甘露，生出就很甜美，都是從一般的泉水、露水中產生的，並不是天上有什麼甘露的種類，地下有什麼醴泉的種類，由於聖君治理公平，醴泉才浸潤而出，甘露才降落而生。蓂莢、朱草，也出生在地上，雜在眾草當中，沒有固定的莖和根，突然生出，經過十天到一月的時間，它們就枯死了，所以稱它們叫瑞物。鳳凰、麒麟也是瑞物，根據什麼說牠們生有種類？據周代太平時期，越常族獻來白色野雞。白色野雞，只是生得短小、有白色羽毛罷了，並非白色野雞的種類啊！春秋末期魯國人捕獲的戴角的獐，稱牠叫麒麟，也或許是獐生出來的，並不是有麒麟的種類。從這種情況說來，鳳凰也或許是天鵝和喜鵲生出的，只是羽毛奇特，與眾鳥不相同，就稱牠叫鳳凰罷了，怎麼又能與眾鳥的種類不同呢？有若說：「麒麟對於走獸來說，鳳凰對於飛鳥來說，泰山對於小丘土堆來說，河海對於水溝來說，同屬一類啊！」那麼鳳凰、麒麟都與鳥獸同一種類，只不過形體顏色奇異罷了，哪能有不同的種類呢？同類中有奇異的東西，奇異的東西是世上不常有的，世上不常有的東西就很難弄明，又怎能識辨它呢？

堯生丹朱❶，舜生商均❷。商均、丹朱，堯、舜之類也，骨性❸詭耳。鯀❹生禹，瞽瞍❺生舜。舜、禹，鯀、瞽瞍之種也，知❻德殊矣。試種嘉禾之實❼，不能得嘉禾。恆❽見粢粱之粟❾，莖穗怪奇。人見叔梁紇❿，不知孔子父也；見伯魚⓫，不知孔子之子也。張蒼⓬之父五尺，蒼長八尺，蒼孫長六尺。孝宣鳳凰高五尺，所從生鳥⓭或時高二尺，後所生之鳥或時高一尺，安得常種？種類無常，故曾晳⓮生參，氣性不世；顏路⓯出回⓰，古今卓絕。馬有千里，不必騏驎⓱之駒⓲；鳥有仁聖，不必鳳凰之雛⓳。山頂之溪，不通江湖，然而有魚，水精⓴自為之也。廢庭壞殿，基上草生，地氣自出之也。按溪水之魚，殿基上之草，無類而出，瑞應之自至，天地未必有種類也。

【章旨】此章以人的父子同類也產生變化，說明鳳凰、麒麟「生有種類」說法之不實。

【注釋】❶丹朱　傳說是堯的兒子。品行惡劣。❷商均　傳說是舜的兒子。品行惡劣。❸骨性　骨相及稟性。❹鯀　傳說為禹的父親。後因治水失敗，被舜處死。❺瞽瞍　傳說為舜的父親。他多次想害死舜而未成功。❻知　通「智」。❼實　種子。❽恆　常。❾粢粱之粟　泛指穀物。粢，稷。粱，品種較好的粟。❿叔梁紇　孔子的父親。名紇，字叔梁，做過鄹邑大夫，孔子三歲時卒。⓫伯魚　孔鯉。孔子的兒子。⓬張蒼　漢文帝的丞相。⓭所從生鳥　指生出鳳凰的鳥。⓮曾晳　曾參的父親。曾晳、曾參父子二人都是孔子的弟子。⓯顏路　顏回的父親。孔子的弟子。⓰回　顏回。即顏淵，孔子的得意弟子。⓱騏驎　皆指良馬。白馬而有青黑紋分路相交的叫「騏」，馬黑脣叫「驎」。⓲駒　小馬。⓳雛　幼鳥。⓴水精　水中的精氣。王充認為精氣是一切生命之源。

【語譯】堯生出丹朱，舜生出商均。商均、丹朱，是堯、舜的後代，骨相和天性與堯、舜大有變異。鯀生出禹，瞽瞍生出舜。舜、禹，是鯀、瞽瞍的後代，才智和德行與鯀、瞽瞍大有不同。試著播種嘉禾的種子，不能生出嘉禾。常見的粢粱一類的穀物，莖穗也有生得奇異的。人們看到叔梁紇，不知道他是孔子的父親；看到伯魚，不知道他是孔子的兒子。張蒼的父親身高五尺，張蒼身高八尺，張蒼的孫子身高六尺。漢宣帝時出現的鳳凰身高五尺，生育這種鳳凰的鳥，也許身高只有二尺，牠後世所生的鳥，也許身高只有一尺，哪有固定不變的種類呢？種類沒有固定不變的，所以曾晳生出曾參，曾參的氣質和稟性，世上不是常有的；顏路生出顏回，顏回在古今的士人中，都是卓越超絕的。一般的馬中存在千里馬，牠不一定是騏驎生的小馬；一般的鳥中存在具備仁聖之德的鳥，牠不一定是鳳凰生的小雛。山頂的溪流，不與江湖相通，然而其中有魚，那是水中的精氣自然產生的啊！廢壞的庭屋殿堂，它的場基上長出雜草，那是地氣自然產生的啊！根據溪水裡的魚、殿基上的草，都是沒有種類遺傳而自然生出的實事，可以斷定瑞物也是自然出現的，天地間的瑞物未必生有種類啊！

夫瑞應猶災變也。瑞以應善，災以應惡❶，善惡雖反，其應一也。災變無種，瑞應亦無類也。陰陽之氣，天地之氣也，遭❷善而為和❸，遇惡而為變，豈天地為善惡之政，更❹生和變之氣乎？然則瑞應之出，殆❺無種類，因善而起，氣和而生。亦或時政平氣和，眾物變化，猶春則鷹變為鳩❻，秋則鳩化為鷹，蛇鼠之類，輒❼為魚鱉，蝦蟆❽為鴽❾，雀為蜃蛤❿。物隨氣變，不可謂無。黃石為老父⓫，授張良書，去復為石，世儒知之。或時太平氣和，麞為騏驎，鵠為鳳皇。是故氣性⓬隨時變化，豈必有常類哉？褒姒⓭，玄⓮黿⓯之子，二龍漦⓰也。晉之二卿⓱，熊羆之裔⓲也。吞燕子⓳、薏苡⓴、履大跡㉑之語，世之人然之㉒，獨謂瑞有常類哉？以物無種計㉓之，以人無類議㉔之，以體變化論之，鳳皇、騏驎生無常類，則形色何為當同？

【章　旨】此章說明瑞應與災變都是陰陽之氣與政治善惡遇合造成的，物隨氣變，沒有種類的特徵，因而鳳凰、麒麟不可識辨。

【注　釋】❶惡　指政治不好。王充認為政治好，使陰陽調和，就招來祥瑞，政治不好，使陰陽失調，就招來災變，這實際上也是天人感應論的說法，沒有科學依據。❷遭　遇上。❸和　指陰陽調和。❹更　另外。❺殆　可能。❻鳩　斑鳩。❼輒　往往。❽蝦蟆　蛤蟆。❾鴽　鵪鶉。鳥名。❿蜃蛤　大蛤蜊。這裡談的鷹、鳩互變等等，皆無客觀依據。⓫老父　老人。黃石老人的傳說，見《史記·留侯世家》。該篇記載：張良年輕時，曾在一座土橋上遇上一個老人。老人自稱是黃石變的，當面送給張良一部兵書，書名叫《太公兵法》。參見本書〈紀妖篇〉。⓬氣性　氣質和本性。⓭褒姒　周幽王的妃子。後為王后。⓮玄　黑色。⓯黿　一作「蚖」。蜥蜴。⓰漦　唾液。關於褒姒來歷的傳說，見《史記·周本紀》的記載。傳說夏代末年，夏的宮廷中出現兩條龍，自稱是褒國的二君王。夏帝問卜，把龍唾液收藏就可得到吉利。龍逃走，留下的唾液被收藏在匣內。夏亡，此匣傳到殷；殷亡，此匣又傳到周。厲王末年，打開匣子，唾液流到宮廷，變成黑蜥蜴，竄進後宮，使一宮女懷孕，生下一個女孩。宮女被趕走，女孩被褒國收養，長成後又被送到幽王宮內，這就是褒姒。⓱晉之二卿　指范氏和中行氏。晉，春秋時晉國。在今山西、河北西南部、河南北部一帶。⓲熊羆之裔　傳說趙簡子在夢中射死一熊一羆，後來有神告訴他，被射死的熊羆就是范氏、中行氏的祖先。羆，熊的一種。裔，後代。⓳燕子　燕卵。傳說商代的祖先契的母親簡狄吞了燕卵，然後才生下契來。⓴薏苡　一種草本植物。果實可供食用。傳說夏禹的母親姜嫄是吃了薏苡才生下禹的。㉑大跡　巨人的腳印。傳說周代祖先稷的母親是踩了巨人的腳印才生下稷的。㉒然之　以這種說法為是。㉓計　考慮。㉔議　評。

【語譯】瑞應與災變是一樣的。祥瑞應和善政，災變應和惡政，善政、惡政雖然相反，它們在祥瑞和災變的應和上卻是一致的。災變沒有種類，祥瑞也沒有種類。陰氣和陽氣，都是天地間的氣，它遇上善政，就陰陽調和，遇上惡政，就陰陽失調，難道是天地有意識地根據政治的善惡，另外製造出和氣和災變之氣嗎？那麼祥瑞的出現，可能就沒有種類的根源了。祥瑞憑藉善政才會興起，陰陽調和才會出現。也或許由於政治安定、陰陽調和，才使眾物變為祥瑞，正好像當春天來時，老鷹就會變成斑鳩，秋天來時，斑鳩就會變成老鷹，蛇鼠一類的東西往往變成魚鱉，蛤蟆變成鵪鶉，小雀變成大蛤蜊。萬物都隨著氣的變化而變化，不能說沒有這種情況。黃石變成老人，賜給張良兵書，離開後又變成石頭，這些事情當世的儒者是知道的。或許是太平時期，陰陽二氣調和，獐就變成麒麟，天鵝就變成鳳凰。因此一種東西的氣質本性總是隨時發生變化的，怎麼能斷定有固定不變的種類呢？褒姒，是黑蜥蜴生的女兒，是兩條龍的唾液變成的。晉國的范氏和中行氏，是熊羆的後代。簡狄吞了燕卵生下契，夏禹的母親吃了薏苡生下禹，姜嫄踩了巨人的足跡生下后稷，這些古書上的記載，世上的人都是相信的，怎麼偏偏說瑞物有固定不變的種類呢？根據萬物沒有固定不變的種類這一點來考慮，根據人類沒有固定不變的種類這一點來評議，根據形體變化無定這一點來論說，鳳凰、麒麟的出生沒有固定不變的種類，那麼牠們的形體和顏色為什麼應當相同呢？

案《禮記・瑞命篇》❶云：「雄曰鳳，雌曰凰。雄鳴曰即即❷，雌鳴足足❸。」《詩》❹云：「梧桐生矣，於彼高岡。鳳凰鳴矣，於彼朝陽❺。菶菶萋萋❻，雝雝喈喈❼。」〈瑞命〉與《詩》俱言鳳凰之鳴，〈瑞命〉之言「即即、足足」，《詩》云「雝雝、喈喈」，此聲異也。使聲審❽，則形不同也。使聲同，《詩》與《禮》異，世傳鳳凰之鳴，故將疑焉。案魯之獲麟，云「有麞而角」。言「有麞」者，色如麞也。麞色有常❾，若烏色有常矣。武王❿之時，火流為烏，云其色赤。赤非烏之色，故言其色赤。如似麞而色異，亦當言其色白若⓫黑。今成事⓬色同，故言「有麞」。麞無角，有異於故⓭，故言「而角」也。夫如是，魯之所得麟者，若麞之狀也。武帝之時，西巡狩⓮，得白麟，一角而五趾⓯。角或時同，言五趾者，足不同矣。魯所得麟，云「有麞」，不言色者，麞無異色也。武帝云「得白麟」，色白不類麞，故不言「有麞」，正言「白麟」，色不同也。孝宣之時，九真⓰貢⓱，獻麟，狀如鹿而兩角者，孝武言一角，不同矣。春秋之麟如麞，宣帝之麟言如鹿。鹿與麞小大相倍，體不同也。

【章　旨】此章說明鳳凰不可以鳴聲別，麒麟不可以形色分，皆無從識辨。

【注　釋】❶禮記瑞命篇　指《大戴禮記》中的〈瑞命篇〉。後來失傳。❷即即　形容鳳的鳴聲。❸足足　形容凰的鳴聲。❹詩　指《詩經》。❺朝陽　向著太陽。❻菶菶萋萋　形容樹葉茂盛。❼噰噰喈喈　形容鳳、凰的鳴聲。見《詩經・大雅・卷阿》。❽審　確實。❾常　固定不變。❿武王　周武王。⓫若　或。⓬成事　已成事實。⓭故　過去。⓮巡狩　古時天子到諸侯各國去視察或巡遊叫做「巡狩」。⓯五趾　五個腳趾。⓰九真　郡名。漢武帝時設置。⓱貢　進貢。

【語　譯】根據《禮記・瑞命篇》說：「鳳凰，雄性叫鳳，雌性叫凰。雄鳳的鳴聲是即即，雌凰的鳴聲是足足。」《詩經》說：「梧桐生了，在那高岡之上；鳳凰鳴了，朝著那太陽。梧桐長得菶菶萋萋，鳳凰叫得噰噰喈喈。」〈瑞命〉與《詩經》都是說的鳳凰鳴叫，可是〈瑞命篇〉說「即即、足足」，而《詩經》說「噰噰、喈喈」，這說明鳳凰的鳴聲是不同的。假使〈瑞命篇〉和《詩經》所記鳳和凰的鳴聲都是確實的，那麼牠們的形狀就應該不一樣啊！假使牠們的鳴聲相同，而《詩經》與《禮記》的記載又不一樣，那麼，把這些當作鳳凰的鳴聲，就將令人懷疑了。根據魯捕獲麒麟的記載，說「捕獲到一隻獐卻長了角」。說「獲得了獐」，是因為牠的毛色像獐。獐的毛色是固定不變的，好像烏的顏色固定不變一樣。周武王時，火變成了烏鴉，說牠的顏色紅。然而紅色並不是烏鴉的本色，所以說牠顏色紅。如果魯國捕獲的麒麟像獐而毛色不同，也就應該說牠的毛色是白，或者黑。現在事實上魯國捕獲的麒麟與獐的毛色相同，所以說「捕獲到獐」，獐是沒有角的，牠不同獐本來的樣子，所以說「長了角」。像這種記載，說明魯國所捕得的麒麟，像獐的形狀。漢武帝時，武帝到西邊巡視，獲得一隻白色的麒麟，頭上長一隻角，蹄上有五個腳趾。角或許與魯國的麒麟相同，說有五個腳趾，表明腳是不同了。魯國所捕得的麒麟，說「有獐」，不說顏色，是因為獐本沒有不同的顏色。武帝時說「得白麟」，是因為顏色是白的，不像獐的顏色，所以不說「有獐」，直接說「白麟」，是由於顏色不同。漢宣帝時，九真郡進貢，獻來麒麟，形狀像鹿卻長有兩隻角，這就和漢武帝時說的一隻角的麒麟，又不相同了。春秋時的麒麟像獐，宣帝時的麒麟說像鹿。鹿與獐的小大相差一倍，說明麒麟的形體是不相同的啊！

夫三王[1]之時，麟毛色、角趾、身體高大不相類似。推此準[2]後世，麟出必不與前同，明矣！夫騏驎，鳳凰之類，騏驎前後體色不同，而欲以宣帝之時所見鳳凰高五尺，文章五色，準前[3]況後[4]，當復出鳳凰，謂與之同，誤矣！後當復出見之鳳凰、騏驎，必已不與前世見[5]出者相似類，而世儒自謂見而輒知之，奈何？案魯人得麟，不敢正名麟，曰「有麞而角」者，時誠無以知也。武帝使謁者[6]終軍[7]議之，終軍曰：「野禽并角[8]，明[9]天下同本[10]也。」不正名「麟」，而言「野禽」者，終軍亦疑無以審也。當今世儒之知，不能過魯人與終軍，其見鳳凰、騏驎，必從而疑之非恆之鳥獸耳，何能審其鳳凰、騏驎乎？以體色言之，未必等。以鳥獸隨從多者言之，未必善。以希見言之，有鸜鵒來。以相奇言之，聖人有奇骨體，賢者亦有奇骨。聖賢俱奇，人無以別。由賢聖言之，聖鳥、聖獸，亦與恆鳥、庸獸俱有奇怪。聖人賢者亦有知而絕殊，骨無異者；聖賢鳥獸亦有仁善廉清，體無奇者。世或有富貴不聖，身有骨為富貴表[11]，不為聖賢驗[12]。然則鳥亦有五采，獸有角，而無仁聖者。夫如是，上世所見鳳凰、騏驎，何知其非恆鳥獸？今之所見鵲、麞之屬，安知非鳳凰、騏驎也？

【章 旨】此章總言鳳凰、麒麟古今前後不同，沒有共同特徵，因而無法識辨。

【注 釋】❶三王 這裡指魯哀公、漢武帝、漢宣帝。❷準 衡量。❸準前 依據前代為標準。❹況後 比況後代。❺見同「現」。❻謁者 漢官名。❼終軍 漢武帝時人。武帝拜為謁者給事中，升為諫議大夫，奉使說服南越王內屬被害。❽并角 兩隻角合併長成一隻。❾明 表明。❿天下同本 天下以西漢皇帝為宗，都歸順西漢皇帝。⓫表 標誌；象徵。⓬驗 證驗；證明。

【語 譯】魯哀公、漢武帝、漢宣帝三王在位時出現的麒麟，毛色、頭角、腳趾、身體的高大各個方面都不相像。以此為標準衡量後世出現的麒麟，必不與前代相同，這是很明顯的了。麒麟，是與鳳凰同類的，既然麒麟前後的體形、毛色不同，想以宣帝時所見的高五尺、呈五色花紋的鳳凰為標準去比況後代，如果再出現鳳凰，說牠一定會和宣帝時的鳳凰相同，那就錯了。後代如果再出現鳳凰、麒麟，必定不會和以前出現的相類似，可是當世的儒者自稱見到就立即能識辨牠們，怎麼行呢？考察魯人捕得麒麟，不敢直接叫牠「麒麟」，只說「捕捉到獐卻長了角」，因為當時確實無法識別牠。漢武帝派謁者終軍鑑定當時捕獲的白麒麟，終軍說：「野獸兩隻角合併長成一隻，意思是表明天下都歸附西漢皇帝。」不直接叫牠「麒麟」，而說「野獸」，這是因為終軍也懷疑是不是麒麟，無法確認的緣故。當代儒者的才智，不能超過魯人與終軍，他們見到鳳凰、麒麟，也必定只是懷疑牠們不是一般的鳥獸罷了，怎麼能確認牠們是鳳凰、麒麟呢？就體形、顏色來說，未必一樣；就鳥獸跟隨之多來說，未必都是吉祥；就人們少見的鳥獸來說，不吉祥的鸜鵒也曾飛來。就人的相貌奇異來說，聖人有奇異的骨相體形，賢人也有奇異的骨相體形。聖人、賢人的相貌都奇異，人們就無法區別他們誰是聖人誰是賢人。就聖人和賢人的相貌都有奇異這一點來推論，聖鳥、聖獸和一般鳥獸相反也各有奇異的地方。然而聖人、賢人當中也有智慧卓絕而骨相卻沒有什麼特異的，聖鳥、賢獸當中也有仁慈、善良、廉潔、清高而形體並不出奇的。世上有的富貴之人並不是聖人，他們也可能身有奇骨，只是作為富貴的象徵，而不是作為聖人、賢人的證驗。那麼在鳥獸中，雖然有的鳥有五彩，獸有奇角，但牠們卻不是仁鳥、聖獸的。照這樣說來，古代所見到的所謂鳳凰、麒麟，怎麼見得牠們不是一般的鳥獸呢？而現在所看到的喜鵲、獐一類的鳥獸，又怎麼知道牠們不是真的鳳凰、麒麟呢？

方今❶聖世，堯、舜之主❷，流布道化❸，仁聖之物，何為不生？或時以有鳳凰、騏驎亂❹於鵠鵲、麞鹿，世人不知。美玉隱在石中，楚王❺、令尹❻不能知，故有抱玉泣血之痛。今或時鳳凰、騏驎以仁聖之性，隱於恆毛庸羽❼，無一角、五色表❽之，世人不之知❾，猶玉在石中也，何用審之？為此論草❿於永平⓫之初，時來有瑞，其孝明⓬宣惠⓭，眾瑞並至。至元和⓮、章和⓯之際，孝章⓰耀德，天下和洽⓱，嘉瑞奇物，同時俱應，鳳凰、騏驎，連出重見，盛於五帝之時，此篇已成，故不得載。

【章旨】此章說明〈講瑞篇〉起草甚早，後來的瑞應沒有得到記載的原因。

【注釋】❶方今　當今。指王充所生活的時代。❷堯舜之主　像堯、舜那樣的聖明的君主。指東漢皇帝。❸道化　道德教化。❹亂　混雜。❺楚王　指楚厲王和楚武王。❻令尹　楚國的最高行政長官。相當於宰相。據《韓非子・和氏》記載：春秋時期，楚國著名的玉工卞和得到一塊蘊藏在石頭中的寶玉，先後獻給楚厲王和楚武王。但是厲王、武王和大臣都不能識別，以為是塊石頭，是卞和欺騙君主，先後砍掉他的左腳和右腳。楚文王即位，卞和抱著玉石在山中哭泣，眼睛哭出血來，文王受到感動，命令人雕琢，果然是塊寶玉。這就是有名的「和氏璧」的故事。❼恆毛庸羽　指一般的鳥獸。❽表　標誌。❾不之知　即「不知之」。不能識別它。❿草　寫文章起草。⓫永平　漢明帝的年號。⓬孝明　漢明帝劉莊。⓭宣惠　布施恩惠；

實行德政。⓮元和　漢章帝的年號。⓯章和　漢章帝的年號。⓰孝章　漢章帝劉炟。⓱和洽　和諧；融洽。

【語譯】當今聖人在位的時代，堯、舜般的君主，普遍施行道德教化，仁鳥聖獸這些祥瑞的東西為什麼不出現呢？或許已有鳳凰、麒麟混雜在天鵝、喜鵲和獐、鹿當中，世上的人因此不能識別牠們。美玉蘊藏在石頭中，連楚王和令尹都不能識別，所以有和氏抱著玉石在山裡痛哭的情況。當今或許有具備仁聖品格的鳳凰、麒麟，隱藏在一般的鳥獸當中，沒有只長一隻角或五色羽毛這樣的特徵把牠們標誌出來，世上的人因此不能識別，就好像美玉在石頭中一樣，憑什麼來確認它呢？因為這篇文章在永平初年就起草了，後來經常出現的祥瑞，可能是漢明帝布施恩惠的緣故，許多祥瑞之物都出現了。到了元和、章和年間，漢章帝功德顯耀，天下和諧融洽，美好奇異的瑞物，都同時應和，鳳凰、麒麟接連出現，比五帝時出現的瑞物還多。由於這篇文章早已寫成，所以後來出現瑞物的情況沒有記載上去。

或問曰：「〈講瑞〉謂鳳凰、騏驎難知，世瑞不能別。今孝章之所致鳳凰、騏驎，不可得知乎？」曰：五鳥❶之記，四方中央，皆有大鳥，其出，眾鳥皆從，小大毛色類鳳凰，實難知也，故夫世瑞不能別。別之如何？以政治、時王❷之德。不及唐、虞❸之時，其鳳凰、騏驎，目不親見，然而唐、虞之瑞必真是者，堯之德明也。孝宣比❹堯、舜，天下太平，萬里慕化❺，仁道施行，鳥獸仁者，感動而來，瑞物小大、毛色、足翼必不同類。以政治之得失、主之明暗❻，準況❼眾瑞，無非真者。事或難知而易曉，其此之謂也。又以甘露驗之，甘露，和氣所生也，露無故而甘，和氣獨已至矣。和氣至，甘露降，德洽❽而眾瑞湊❾。案永平以來，訖❿於章和，甘露常降，故知眾瑞皆是，而鳳凰、騏驎皆真也。

【章　旨】此章說明政治之得失、君主之明暗，乃是識辨祥瑞與否的標準。

【注　釋】❶五鳥　指所謂東、西、南、北、中央五方的神鳥。參見《說文・鳥部》及《後漢書・五行志二》。❷時王　在位的君主。❸唐虞　堯、舜。❹比　類似。❺慕化　仰慕歸化。❻明暗　指君主的聖明與昏庸。❼準況　對照。❽德洽　恩德沾潤普施。❾湊　集。❿訖　至。

【語　譯】有人問道：「〈講瑞〉這篇文章說鳳凰、麒麟難於弄清，世上出現的祥瑞是不能識別的。當今漢章帝招來的鳳凰、麒麟，難道是不可能識別的嗎？」回答說：根據關於五方神鳥的記載，四方中央，都有大鳥，當牠們出現時，很多的鳥都跟隨著，形體的大小和毛色都像鳳凰，確實難於識別，所以世上的祥瑞都不能識別。不過要識別牠又用什麼辦法呢？那就是根據政治的好壞和在位君主的德行情況。我雖然沒有趕上堯、舜在位的時代，那時的鳳凰、麒麟不能親眼看到，然而堯、舜時的祥瑞必然是真實的，那是因為堯的德行聖明的緣故。漢宣帝類似堯、舜，天下太平，邊遠之民都嚮風慕義接受教化。由於施行仁道，鳥獸中的仁者也受到感動而出現。這些瑞物的形體大小、毛色、腳、翅必然不相類似。用政治的好壞、君主的賢明和昏庸作標準，來對照宣帝時的眾多祥瑞，沒有一個不是真的。有的事情看起來很難懂，實際上卻容易理解，可能就是指這種情況說的吧！又用甘露來驗證這種看法。甘露，是和氣產生的，露水無緣無故地發甜，這是因為和氣早已來到了。和氣一到來，甘露就降下，恩德普施，所以許多祥瑞就都聚集起來了。考察永平以來，一直到章和年間，甘露經常落下，所以知道眾多的瑞物都是真實的，而鳳凰、麒麟的出現也是真實的。

卷一七

指瑞篇第五十一

【題解】本篇著重解釋鳳凰、麒麟等祥瑞的形成和祥瑞的性質。儒者認為鳳凰、麒麟是有意志的，牠們為聖王而來，思想深刻，避害遠禍，有道則來，無道則隱。王充認為祥瑞諸物都是無意志的，它們不知避害遠禍，既出現在盛世，也曾出現在衰世，因而不知為聖王而來，也不是「天使之所為也」。王充指出瑞物是「和氣」所生，吉利的人往往與祥瑞偶然相遇，至於祥瑞象徵什麼吉事，完全在於人們的解釋。王充的這些看法中，如否認符瑞有意志是對的，但是承認符瑞具備道德屬性，說它們本身有吉有凶，「吉凶之物來至，自當與吉凶之人相逢遇」，這仍然是一種「天人感應」之說。

儒者說鳳凰、騏驎為聖王來，以為鳳凰、騏驎仁聖禽❶也，思慮深，避害遠，中國❷有道則來，無道則隱。稱鳳凰、騏驎之仁知者，欲以褒❸聖人也，非聖人之德，不能致鳳凰、騏驎。此言妄❹也。

【章旨】此章引述儒者關於鳳凰、麒麟善於深謀遠慮、避禍遠害，有道則來、無道則隱的看法，以作為全文辨析的中心。

【注釋】❶禽　指鳥獸。❷中國　古代指中原地區。❸褒　頌揚。❹妄　虛妄不實。此句為王充的總評語。

【語譯】儒者說鳳凰、麒麟的出現是為了聖王，以為鳳凰、麒麟是仁聖的禽獸，牠們考慮問題深刻，遠遠地避開禍害，中國有道就出現，無道就隱沒。稱贊鳳凰、麒麟仁智，是為了想用牠們來頌揚聖人，因為不具備聖人的德行，就不能招來鳳凰、麒麟。這些話都虛妄不實啊！

夫鳳凰、騏驎聖，聖人亦聖。聖人恓恓❶憂世，鳳凰、騏驎亦宜❷率教❸。聖人遊❹於世間，鳳凰、騏驎亦宜與鳥獸會❺，何故遠去中國，處於邊外❻？豈聖人濁❼，鳳凰、騏驎清哉？何其聖德俱❽而操❾不同也？如以聖人者當隱❿乎，十二聖⓫宜隱；如以聖者當見⓬，鳳、驎亦宜見。如以仁聖之禽，思慮深，避害遠，則文王拘於羑里⓭，孔子厄於陳蔡⓮，非⓯也。文王、孔子，仁聖之人，憂世憫民，不圖⓰利害⓱，故其有仁聖之知，遭拘厄之患。凡人操行，能修身正節⓲，不能禁人加非於己⓳。案⓴人操行，莫能過聖人，聖人不能自免於厄，而鳳、驎獨能自全於世，是鳥獸之操賢於聖人也。且鳥獸之知，不與人通，何以能知國有道與無道也？人同性類㉑，好惡㉒均等，尚不相知，鳥獸與人異性，何能知之？人不能知鳥獸，鳥獸亦不能知人，兩不能相知，鳥獸為愚於人，何以反能知之？儒者咸㉓稱鳳凰之德，欲以表㉔明王㉕之治，反令人有不及鳥獸，論事過情，使實不著㉖。且鳳、驎豈獨為聖王至哉？孝宣皇帝之時，鳳凰五至，騏驎一至，神雀、黃龍、甘露、醴泉㉗，莫不畢見，故有五鳳、神雀、甘露、黃龍㉘之紀㉙。使鳳、驎審㉚為聖王見，則孝宣皇帝聖人也；如孝宣帝非聖，則鳳、驎為賢來也。為賢來，則儒者稱鳳凰、騏驎，失其實也。鳳凰、騏驎為堯、舜來，亦為宣帝來矣。夫如是，為聖且賢也。儒者說聖太隆㉛，則論鳳、驎亦過其實。

【章　旨】此章對儒者提出的鳳凰、麒麟「思慮深，避害遠」、「有道則來，無道則隱」以及「為聖王來」等看法予以全面辯駁。

【注　釋】❶悽悽　通「棲棲」。不安定的樣子。❷宜　應該。❸率教　遵循聖人的教化。❹遊　交遊。❺會　聚集在一起。❻邊外　指中原邊境之外。❼濁　混濁。指道德低下。❽俱　同。❾操　操守；品格。❿隱　指隱藏。⓫十二聖　指黃帝、顓頊、帝嚳、堯、舜、禹、湯、周文王、周武王、周公、皋陶、孔子。⓬見　同「現」。出現。⓭文王拘於羑里　傳說周文王曾被商紂王囚禁在羑里。文王，周文王。羑里，古地名。在今河南湯陰北。⓮孔子厄於陳蔡　孔子周遊列國時，從陳國到蔡國去的途中，被當地的人包圍起來，七天沒有作飯，餓得面無人色。厄，困；遭難。陳，春秋時的陳國。在今河南淮陽一帶。蔡，春秋時的蔡國。⓯非　不對。⓰圖　考慮。⓱利害　得失。⓲正節　端正節操。⓳加非於己　把錯誤加在自己頭上。⓴案　考察。㉑性類　稟性和種類。㉒好惡　愛好和厭惡。㉓咸　都。㉔表　表彰。㉕明王　聖王。㉖著　顯著。㉗神雀黃龍甘露醴泉　都是當時出現的所謂瑞物。㉘五鳳神雀甘露黃龍　都是漢宣帝的年號。㉙紀　記；記載的年號。㉚審　確實。㉛隆　高。

【語譯】鳳凰、麒麟是聖明的，聖人也是聖明的。聖人既然東奔西走，為天下操心，鳳凰、麒麟也應該按聖人的樣子去做。聖人既然生活在人群中，鳳凰、麒麟也應該與鳥獸聚集在一起，為什麼要遠離中國到邊境以外的地方去呢？難道聖人的品格卑汙，鳳凰、麒麟反而清高嗎？為什麼牠們的品德如此相同，而行為卻又如此不同呢！如果認為聖人應當隱藏起來，那麼十二聖也就應當隱藏起來；如果認為聖人應當出現在世上，鳳凰、麒麟也應當出現在世上。如果認為仁聖的禽獸，考慮問題深刻，遠遠避開禍害，那麼周文王被囚禁在羑里，孔子在由陳國到蔡國去的途中遭受困厄，是他們自己錯了！周文王和孔子都是仁聖之人，為天下操心，同情人民，不計較個人得失，由於他們具備仁聖的智慧，所以就遭到囚禁困厄的禍患。大凡人們的操行，能夠潔身自好，端正品格，卻不能禁止別人把錯誤栽到自己頭上。考察人們的操行，沒有能超過聖人的，聖人尚且不能使自己免受困厄，而鳳凰、麒麟偏偏能在世上保全自己，這就是鳥獸的品格還超過了聖人啊！況且鳥獸的思想，不與人相通，怎麼能知道國家有道還是無道呢？人與人的稟性和種類是相同的，喜好和厭惡都相同，尚且不能互相了解，鳥獸與人稟性不同，怎能知道人世治亂呢？人不能了解鳥獸，鳥獸也不能了解人，兩者不能互相了解，鳥獸比人愚蠢，怎麼反而能了解呢？儒者都贊頌鳳凰的德行，想要用牠的出現來表彰聖王的治理，反而使人有聖王不如鳥獸的感覺，這就是論事超過真情，反而使真情不明了。況且鳳凰和麒麟難道偏偏為了聖王才出現嗎？漢宣帝時，鳳凰出現過五次，麒麟出現過一次，神雀、黃龍、甘露、醴泉，沒有不全部出現的，所以有五鳳、神雀、甘露、黃龍的年號。假使鳳凰、麒麟確實為了聖王而出現，那麼漢宣帝就是聖人了；假如漢宣帝不是聖人，那麼鳳凰、麒麟就是為賢人而來了。既是為賢人而來，那麼儒者稱牠們叫鳳凰、麒麟，就失去根據了。鳳凰、麒麟既為堯、舜而來，也為宣帝而來了。如此說來，鳳凰、麒麟既為聖王而來，又為賢人而來了。儒者頌揚聖人太過分，那麼論說鳳凰、麒麟也就超過了實際。

《春秋》❶曰：「西狩獲死驎❷，人以示孔子❸。孔子曰：『孰為❹來哉？孰為來哉？』反袂❺拭❻面，泣涕沾襟❼。」儒者說❽之，以為天以麟命❾孔子，孔子不王之聖❿也。夫麟為聖王來，孔子自以不王，而時王⓫魯君⓬無感麟⓭之德，怪其來而不知所為，故曰：「孰為來哉？孰為來哉？」知其不為治平⓮而至，為己道窮⓯而來，望絕⓰心感⓱，故涕泣沾襟。以孔子言「孰為來哉」，知麟為聖王來也。曰⓲：前孔子之時，世儒⓳已傳此說。孔子聞此說而希見其物⓴也，見麟之至，怪所為來。實㉑者，麟至無所為來，常有之物也，行邁㉒魯澤㉓之中，而魯國見其物，遭㉔獲之也。孔子見麟之獲，獲而又死，則自比於麟，自謂道絕不復行，將為小人所徯㉕獲也。故孔子見麟而自泣者，據其見得而死也，非據其本所為來也。然則麟之至也，自與獸會聚也；其死，人殺之也。使麟有知，為聖王來，時無聖王，何為來乎？思慮深，避害遠，何故為魯所獲殺乎？夫以時無聖王而麟至，知不為聖王來也；為魯所獲殺，知其避害不能遠也。聖獸不能自免於難，聖人亦不能自免於禍。禍難之事，聖者所不能避，而云㉖鳳、麟思慮深，避害遠，妄也。

【章旨】此章以《春秋》所載「西狩獲死麟」的事實說明麒麟「思慮深，避害遠」的誣妄。

【注釋】❶春秋　孔子所編的史書。後為儒家經書之一。❷西狩獲死麟　據《春秋》記載，魯哀公十四年，有人在魯國西部打獵，捕殺到一頭麒麟。狩，冬天打獵叫「狩」。❸示孔子　給孔子看。❹孰為　為誰。❺袂　衣袖。❻拭　擦。❼沾襟沾濕衣襟。見《公羊傳・哀公十四年》。❽說　解釋。❾命　授命。❿不王之聖　不做王的聖人。⓫時王　當時在位之王。⓬魯君　指魯哀公。⓭感麟　感動麒麟。⓮治平　社會安定太平。⓯道窮　主張無法實現，到了窮盡的地步。⓰望絕　希望斷絕。⓱心感　內心感傷。⓲曰　王充對上述儒者觀點的駁斥。⓳世儒　當世儒生。指孔子以前的儒生。⓴物　指麒麟。㉑實其實；實際上。㉒邁　行。㉓澤　水草叢生的地方。㉔遭　遇。㉕徯　通「繫」。用繩子捆綁。㉖云　說。

【語　譯】《春秋》說：「魯國西部冬天打獵捕殺到一頭麒麟，有人把牠給孔子看。孔子說：『牠為誰而來呢？牠為誰而來呢？』於是用衣袖擦拭眼淚，淚水沾濕了衣襟。」儒者對此加以解釋，以為是天用麒麟出現作標誌來授命孔子，因為孔子是不做王的聖人啊！那麒麟是為聖王而出現，孔子自以為不是聖王，而當時在位的君主魯哀公又沒有感動麒麟的德性，孔子為麒麟的出現感到奇怪，不知道為了什麼，所以說：「牠為誰而來呢？牠為誰而來呢？」知道牠不是為了社會安定太平而來，而是為自己的治世主張已經到了窮途末路而來，希望幻滅，內心感傷，所以淚水沾濕了衣襟。根據孔子說的「牠為誰而來」，便可斷定麒麟是為聖王而來的啊！

我說：在孔子以前，當世的儒者已經流傳著關於麒麟是為聖王而來的這種說法。孔子只是耳聞卻很少親眼見到那種東西，因而看到麒麟的到來，對牠為什麼到來而感到奇怪。實際上，麒麟出現是沒有什麼目的的，牠也是一種常見的動物，行經魯國的山澤之中，魯國人見到這種東西，遇上就捕殺了牠。孔子看到麒麟被捕捉，而且又被殺掉，就把自己比作麒麟，自己認為他的治世主張已經絕望，不能再有機會施行，將被小人所牽制了。所以孔子看到麒麟就痛哭起來，是由於看到麒麟被捉住並且死了，並不是根據牠原本是為了什麼而來的。那麼麒麟的到來，是自己與其他野獸會聚在一起；牠死掉，是人殺死的啊！假使麒麟有智慧，是為了聖王而來，當時又沒有聖王，那是為了什麼而來的呢？如果說牠的思想深刻，能遠遠地避開禍害，為什麼又被魯人所捕殺呢？根據當時沒有聖王而麒麟到來，就知道牠不是為聖王而來的；被魯人所捕殺，就知道牠並不能遠遠地避開禍害。聖獸不能自己免除災難，聖人也不能自己免除禍害。禍害災難的事，聖人是不可能避開的，卻說鳳凰、麒麟的思想深刻，能遠遠避開禍害，那是騙人的啊！

且鳳、麟非生外國❶也，中國有聖王乃❷來至也。生於中國，長於山林之間，性廉❸見❹希，人不得害也，則謂之思慮深，避害遠矣。生與聖王同時，行❺與治平相遇，世間謂之聖王之瑞，為聖來矣。剝❻巢破卵，鳳凰為之不翔；焚林而畋❼，漉❽池而漁❾，龜、龍為之不遊。鳳凰，龜、龍之類也，皆生中國，與人相近。巢剝卵破，屏❿竄⓫不翔；林焚池漉，伏匿⓬不遊。無遠去之文⓭，何以知其在外國也？龜、龍、鳳凰，同一類也。希見不害，謂在外國，龜、龍希見，亦在外國矣。孝宣皇帝之時，鳳凰、騏驎、黃龍、神雀皆至。其至同時，則其性行⓮相似類，則其生出宜同處⓯矣。龍不生於外國，外國亦有龍；鳳、麟不生外國，外國亦有鳳、麟。然則中國亦有，未必外國之鳳、麟也。人見鳳、麟希見，則曰在外國；見遇⓰太平，則曰為聖王來。

【章　旨】此章駁斥儒者提出的鳳凰、麒麟來自「外國」之說。

【注　釋】❶外國　指中原地區以外的邊遠地區。❷乃　才。❸廉　廉潔；廉正。❹見　同「現」。❺行　行為；活動。❻剝　通「撲」。擊。❼畋　打獵。❽漉　水乾。❾漁　捕魚。❿屏　隱蔽。⓫竄　逃跑。⓬伏匿　隱藏。⓭文　記載。⓮性行　本性和行為。⓯同處　同一個地方。⓰見遇　看到牠們出現恰好遇上。

【語　譯】況且鳳凰、麒麟不是出產在「外國」，而因中國有聖王才來到的。牠們在中國生出，在山林之中成長，本性廉潔，很少出現，人不能傷害，就說牠們思想深刻，能遠遠避開禍害了。牠們出生與在位的聖王同時，牠們活動恰好遇上安定太平的局面，世上就說牠們是聖王的祥瑞，是為聖王而來了。擊毀鳥巢，打破鳥卵，鳳凰因此不會飛來；焚燒山林打獵，放乾池水捕魚，龜、龍因此不會游來。鳳凰，是龜、龍一類的，都生長在中國，與人相距很近。鳳凰巢被擊毀，鳳凰卵被打破，鳳凰就藏逃不會飛來；山林焚毀，池水乾竭，麒麟就躲藏不會來遊。古代並沒有牠們遠遠離去的文字記載，怎麼知道牠們生長在外國呢？龜、龍、鳳凰，屬於同一個種類。牠們很少出現不被傷害，就說是生長在「外國」，龜、龍也很少出現，也是生長在外國了。漢宣帝時，鳳凰、麒麟、黃龍、神雀都來到過，牠們同時來到，那麼牠們的本性、行為也當相似，那麼牠們的出生也應在同一地域了。中國的龍不是「外國」產出的，固然外國也有龍；中國的鳳凰、麒麟不是「外國」產出的，固然「外國」也有鳳凰、麒麟，那麼既然中國也產鳳凰、麒麟，中國的鳳凰、麒麟未必是從「外國」來的。人們看見鳳凰、麒麟很少出現，就說出產在「外國」；鳳凰、麒麟的出現恰好遇上太平時期，就說為聖王而來。

夫鳳凰、騏驎之至也，猶醴泉❶之出、朱草❷之生也。謂鳳凰在外國，聞有道而來，醴泉、朱草何知，而生於太平之時？醴泉、朱草，和氣❸所生，然則鳳凰、騏驎，亦和氣所生也。和氣生聖人❹，聖人生於盛世。物生為瑞，人生為聖，同時俱然，時❺其長大，相逢遇矣。衰世亦有和氣，和氣時生聖人。聖人生於衰世，衰世亦時有鳳、驎也。孔子生於周之末世，騏驎見於魯之西澤。光武皇帝生於成、哀之際❻，鳳凰集於濟陽❼之地。聖人聖物，生於盛、衰世，聖王遭見聖物，猶吉命之人逢吉祥之類也，其實相遇，非相為出❽也。

【章　旨】此章說明祥瑞之物是和氣所生，盛世和衰世都可能出現。

【注　釋】❶醴泉　甘甜的泉水。❷朱草　一種莖葉都是紅色的草。❸和氣　指陰氣和陽氣協調和諧的氣。❹和氣生聖人　聖人是由和氣產生的。這種看法混淆了自然屬性與社會屬性的界限，因而是不正確的。❺時　通「伺」。等待。❻光武皇帝句　漢成帝、漢哀帝這二帝在位的時期是西漢衰敗的時期，東漢光武帝劉秀出生在這個時期。❼濟陽　今河南蘭考東北。❽相為出　互相為了對方才出現。

【語　譯】鳳凰、麒麟的到來，就好像醴泉湧出、朱草生出一樣。說鳳凰在「外國」，聽到中國君主聖明、天下太平就到來，醴泉、朱草懂得什麼呢，只在太平盛時產生嗎？醴泉、朱草，都由和氣產生，那麼鳳凰、麒麟，也是由和氣產生的。和氣生出聖人，聖人在太平盛世出生。物遇上和氣就成為瑞祥，人遇上和氣就成為聖人，同時產生，本性都一樣，等到祥瑞與聖人長大後，自然就碰在一起了。衰世也有和氣，和氣出現時就生出聖人。聖人生在衰世，衰世也經常有鳳凰、麒麟出現。孔子生當周代的末世，麒麟出現在魯國西部的山澤當中。漢光武帝出生在漢成帝、漢哀帝的時期，鳳凰落到濟陽這個地方。可見聖人和聖物，既有生於盛世的，也有生於衰世的。聖王遇見聖物，就好像吉祥命運的人遇上吉祥的事情一樣，其實他們是偶然碰在一起了，並不是互相為了對方才產生出來的。

夫鳳、驎之來，與白魚、赤烏❶之至無以異也。魚遭❷自躍，王舟❸逢之；火偶為烏，王仰❹見之。非魚聞武王之德而入其舟，烏知周家❺當起❻集於王屋❼也。謂鳳、驎為聖王來，是謂魚、烏為武王至也。王者受富貴之命，故其動出見吉祥異物，見則謂之瑞。瑞有小大，各以所見定德薄厚。若夫白魚、赤烏，小物，小安之兆❽也；鳳凰、騏驎，大物，太平之象也。故孔子曰：「鳳鳥不至，河不出圖，吾已矣夫❾！」不見太平之象，自知不遇太平之時矣。且鳳凰、騏驎何以為太平之象？鳳凰、騏驎，仁聖之禽也，仁聖之物至，天下將為❿仁聖之行⓫矣。

【章旨】此章說明鳳凰、騏驎的出現，非有意為王者而來，牠們是由於與受命王者偶然相遇而成為祥瑞，可以作為太平的一種象徵。

【注釋】❶白魚赤烏　相傳周武王伐紂渡黃河時，有一條白魚跳進船中，渡河後，又有一團火落到武王的屋頂上，變成一隻紅色的烏鴉。這些被認為是殷將滅亡、周將興起的象徵。見《史記・周本紀》。❷遭　遇上。❸王舟　指武王的船。❹仰　抬頭。❺周家　指周朝。❻起　興起。❼王屋　指武王的屋。❽兆　徵兆；預兆。❾鳳鳥不至三句　見《論語・子罕》。河不出圖，黃河不出現圖像了。古有所謂「河圖」的說法，傳說古帝伏羲氏在位時，黃河出現龍馬，伏羲根據其圖像畫成「八卦」，這就是「河圖」，古以為黃河出圖是天下太平的象徵。見《尚書・顧命》孔氏傳。❿為　變成；出現。⓫行　德行。

【語譯】鳳凰、麒麟的出現，與白魚、赤烏的到來沒有什麼不同。白魚恰好跳出水面，就遇上武王的船經過；火偶然落到屋上變成赤烏，武王抬頭就見到了牠。並不是白魚聽到武王具備聖德才跳入船中，赤烏知道周朝將要興起才落到武王屋上的。說鳳凰、麒麟是為了聖王才出現，等於說白魚、赤烏是為了武王才來到的。實際上是因為聖王稟受了富貴的命運，所以他動輒就看到吉祥珍奇的東西，他所看到的這些東西就稱它叫「瑞」。瑞物有大有小，人們各自根據王者所見到的瑞物來判斷牠象徵德行的厚薄。像那白魚、赤烏，是些小的瑞物，那是局部平安的徵兆；鳳凰、麒麟，則是大的瑞物，那就是天下太平的象徵。所以孔子說：「鳳凰不飛來，黃河不出現圖像，我這一生恐怕是完了吧！」孔子沒有見到天下太平的徵兆，就自知不可能遇到太平的時世了。鳳凰、麒麟為什麼是天下太平的象徵呢？這是因為鳳凰、麒麟是仁聖的禽獸，仁聖的瑞物來到，象徵天下將要出現仁聖的德行了。

《尚書大傳》❶曰：「高宗❷祭成湯❸之廟，有雉❹升鼎耳❺而鳴。高宗問祖己❻，祖己曰：『遠方君子殆❼有至者。』」祖己見雉有似君子之行，今從外來，則曰「遠方君子將有至者」矣。夫鳳凰、騏驎猶雉也，其來之象❽，亦與雉同。孝武皇帝❾西巡狩❿，得白驎，一角⓫而五趾⓬，又有木⓭，枝出復合於本⓮。武帝議問群臣，謁者⓯終軍⓰曰：「野禽并角，明同本⓱也；眾枝內附，示無外⓲也。如此瑞者，外國宜有降者。是⓳若應⓴，殆且㉑有解編髮㉒、削左衽㉓、襲㉔冠帶而蒙化㉕焉。」其後數月，越地㉖有降者，匈奴㉗名王㉘亦將數千人來降，竟如終軍之言。終軍之言得瑞應之實矣。推此以況白魚、赤烏，猶此類也。魚，水精㉙；白者，殷之色㉚也。烏者，孝烏㉛；赤者，周之應㉜氣也。先得白魚，後得赤烏，殷之統㉝絕，色移㉞在周矣。據魚、烏之見，以占㉟武王，則知周之必得天下也。世見武王誅紂，出遇魚、烏，則謂天用魚、烏命使武王誅紂，事相似類，其實非也。

【章旨】此章說明祥瑞之物自己並不知道是為太平而來，大凡是解瑞的人根據實情的一種附會。

【注釋】❶尚書大傳　相傳是西漢初期經學家伏勝解釋《尚書》的一部著作。❷高宗　指殷高宗。❸成湯　商湯王。商朝的第一個君主。❹雉　野雞。❺鼎耳　鼎的把手。鼎，古代一種煮食物的器物，三足兩耳，後又作為禮器。耳，指鼎兩邊的把手。❻祖己　殷高宗的大臣。❼殆　大概；可能。❽象　徵兆。❾孝武皇帝　漢武帝。❿巡狩　古代天子到諸侯國視察、巡遊。⓫一角　頭上長著一隻角。據下文終軍的解釋，應是兩隻角併在一起。⓬五趾　每隻蹄有五個腳趾。⓭木　樹。⓮本　樹幹。⓯謁者　漢代官名。⓰終軍　漢武帝時人。⓱同本　同一本根。指天下統一，都歸附漢武帝。⓲無外　指沒有異心背離的人。⓳是　指這個祥瑞。⓴應　應驗；應證。㉑且　將。㉒編髮　髮辮。編髮是當時少數民族的習俗，與中原地區的髮式不同。㉓左衽　衣襟向左邊開口。當時少數民族的習俗。㉔襲　承受、穿戴。中原地區人們的習俗是頭上戴帽子，腰間繫帶子。㉕蒙化　接受教化。㉖越地　漢代南方少數民族居住的地區。㉗匈奴　漢代北邊的少數民族。㉘名王　指匈奴有尊顯稱號的王。㉙水精　水中的精氣。㉚色　服色。指一個朝代所崇尚的顏色，主要表現在帝王使用車馬的顏色上。按照陰陽五行的說法，古時改朝換代，新的王朝一定要改換舊王朝的服色，以作為新興的標誌。殷代崇尚白色。㉛孝烏　古人認為烏鴉老了有下一代的烏鴉哺養，因而稱烏鴉為「孝烏」。㉜應　瑞應；祥瑞。㉝統　帝位。㉞色移　所崇尚的顏色要轉換。㉟占　占卜；推測。

【語　譯】《尚書大傳》說：「殷高宗祭祀成湯的宗廟時，有一隻野雞飛到鼎的把手上鳴叫起來。高宗問祖己這是怎麼回事，祖己說：『大概將有遠方的君子來朝貢。』」祖己看到野雞的性情具有和君子的德行相似的地方，現在從外飛來，就說「將有遠方的君子來朝貢」了。鳳凰、麒麟就好像野雞一樣，牠們到來的徵兆，也應當與野雞相同。漢武帝到西邊巡視時，獲得一隻白色麒麟，頭上長著一隻角，而且腳蹄有五個腳趾。又看到一棵樹，樹枝長出後，又合併到樹幹上。武帝對此評議並問群臣，謁者終軍說：「野獸兩角合併長成一角，表明天下統一，都歸向漢代天子；樹枝都向內和樹幹長在一起，象徵沒有背離的人。像這些瑞物所象徵的事情，外國應該有歸降的人來。這些祥瑞假若得到驗證，大概將有解開辮子，去掉向左開襟的衣服，頭戴帽子，腰繫帶子的人到這裡來接受教化。」果然，幾個月以後，越地有人歸降，匈奴名王也率領數千人來歸降，終於應了終軍所說的話。終軍的話，說中了祥瑞的實質。根據終軍的這種說法照樣解釋白魚、赤烏的出現，也是這種情況。魚，是水中精氣產生的；白色，是殷代崇尚的顏色。烏鴉，是一種養老盡孝的鳥；赤色，是應和周代祥瑞之氣的顏色。武王先獲得白魚，後又發現赤烏，表明殷朝的帝統已經斷絕，殷崇尚的白色將改換成周代崇尚的赤色了。根據白魚、赤烏的出現，來推測武王的未來，就知道周人必定會取得天下了。世人見到武王誅滅紂王，出師途中遇上白魚、赤烏，就說天用白魚、赤烏來授命武王誅滅紂王，事情有點類似，其實並不是這麼回事。

春秋之時❶，鸜鵒來巢❷，占者❸以為凶。夫野鳥來巢，魯國之都且為丘墟❹，昭公❺之身❻且❼出奔也。後昭公為季氏❽所攻，出奔於齊，死不歸魯。賈誼❾為長沙❿太傅⓫，服鳥⓬集舍，發書⓭占之，云「服鳥入室，主人當去⓮。」其後賈誼竟去⓯。野鳥雖殊，其占不異。夫鳳、驎之來，與野鳥之巢，服鳥之集，無以異也。是鸜鵒之巢，服鳥之集，偶巢適⓰集，占者因其野澤之物，巢集城宮之內，則見魯國且凶、傳舍人⓱不吉之瑞矣。非鸜鵒、服鳥知二國禍將至，而故為之巢集也。

【章　旨】此章舉例說明凶兆之物自己並不知道將會發生災禍才到來的。

【注　釋】❶春秋之時　指魯昭公二十五年。❷鸜鵒來巢　魯昭公二十五年，發現鸜鵒到魯國作巢的罕見現象，同年，魯昭公被魯國大夫季平子驅逐出國，有人就把鸜鵒來作巢說成是不吉利的預兆。此事見於《左傳・魯昭公二十五年》的記載。鸜鵒，俗名「八哥」。❸占者　占卜的人。❹丘墟　廢墟。❺昭公　魯昭公。❻身　本人。❼且　將。❽季氏　指魯國大夫季平子。❾賈誼　西漢初年的政治家、文學家。❿長沙　指長沙王吳差（一說吳產）。為西漢初年受封的長沙王吳芮的後代。⓫太傅　官名。諸侯王的輔佐。⓬服鳥　即鵩鳥。俗名貓頭鷹，民俗以為牠是不吉利的鳥。⓭發書　打開占卜的書。⓮去　離開。

含有「死亡」的意思。⓯竟去　終於離開。指賈誼任漢文帝愛子梁懷王劉揖的太傅，因劉揖墜馬而死，賈誼亦憂傷而死。⓰適　偶然；恰好。⓱傳舍人　指賈誼。傳舍，客舍。

【語譯】春秋時期，鸜鵒來魯國作巢，占卜的人以為將有凶事發生。因為野鳥來魯國作巢，象徵魯國的都城將要變成廢墟，魯昭公將要離開國境去逃難啊！後來，魯昭公果然被季平子所攻擊，逃奔到齊國，終於死在國外而不能回到魯國。賈誼做長沙王太傅時，有一隻貓頭鷹落到室內，打開書占卜，說「貓頭鷹入室，主人將要離開」。後來，賈誼竟然離開了。野鳥種類雖然不同，但占卜的結果卻沒有兩樣。鳳凰、麒麟的到來，與野鳥的作巢，鵩鳥的入室，都是無意的，沒有什麼不同。鸜鵒作巢，鵩鳥入室，都是出於偶然，偶然來魯國作巢，偶然落到賈誼室內，占卜的人根據牠們都是生活在野外山澤的禽類，竟然在魯國城內作巢，在賈誼室內落下，就預見到魯國將有凶事發生，賈誼將有不吉利的事出現了。可見，並不是鸜鵒、鵩鳥預知二國將會出現災禍，才故意來作巢、入室的啊！

王者以天下為家。家人將有吉凶之事，而吉凶之兆豫見❶於人，知❷者占之，則知吉凶將至，非吉凶之物有知，故為吉凶之人來也。猶蓍龜❸之有兆數❹矣，龜兆蓍數，常有吉凶，吉人卜筮❺與吉相遇，凶人與凶相逢，非蓍龜神靈，知人吉凶，出兆❻見數❼以告之也。虛居❽卜筮，前無過客❾，猶得吉凶。然則天地之間，常有吉凶，吉凶之物來至，自當與吉凶之人相逢遇矣。或言天使之所為也，夫巨大之天，使細小之物，音語❿不通，情指⓫不達，何能使物？物亦不為天使，其⓬來神怪⓭，若天使之，則謂天使矣。

【章　旨】此章總的說明無論吉兆、凶兆，兆物之來本身是無意識的，也不是上天派遣的。

【注　釋】❶豫見　豫，通「預」。見，同「現」。❷知　通「智」。❸蓍龜　蓍，草名，古人用它的莖來算卦。龜，烏龜，古人用龜甲來占卜。❹兆數　兆和數是占卜吉凶的依據。兆，古人灼烙龜甲占卜吉凶，龜甲被灼烙後出現的裂紋叫「兆」。數，指蓍草的計數。❺卜筮　用龜兆算卦叫做「卜」，用蓍草算卦叫做「筮」。❻出兆　龜灼烙後現出兆紋。❼見數　出現蓍草的數目。❽虛居　無事空坐。❾過客　指求占卜的客人。❿音語　聲音言語。⓫指　通「旨」。意。⓬其　指吉凶之兆物。⓭神怪　神奇；神秘。

【語　譯】天子以天下為家。家人將有吉凶的事情發生，吉凶的徵兆總是預先出現在人們面前，智慧的人對它加以占卜，就知道吉事或者凶事將要到來，並不是吉凶兆物本身有什麼思慮，故意為了吉凶的人而出現的。好比蓍草有數、龜甲有兆一樣，龜兆蓍數，經常有吉凶的象徵，吉利的人去占卜，正好碰上吉兆，不吉利的人去占卜，正好碰上凶兆，並不是蓍草、龜甲有什麼神靈，預知人的吉凶，顯出龜兆、蓍數用以警告將要遇吉逢凶的人。空居在家進行卜筮，門前沒有一人來問卜求筮，還是會得到吉兆或凶兆的。那麼天地之間，經常會有吉事和凶事出現，當吉凶的兆物來到時，自然會與將要遭吉逢凶的人相遇合了。有人說這是上天指使它們這麼作的，巨大的上天，要派遣細小的兆物，連聲音語言都互不懂得，思想感情就更不能交流，上天怎能派遣這些兆物呢？吉凶兆物也不會接受上天的派遣，只是它們出現得神秘，好像是上天派遣它們的，那麼就說它們是上天派遣的了。

夏后❶孔甲❷畋❸於首山❹，天雨晦冥❺，入於民家，主人方乳❻。或曰：「后來，之子❼必大貴。」或曰：「不勝❽，之子必有殃。」夫孔甲之入民室也，偶遭❾雨而蔭庇❿也。非知民家將生子，而其子必凶，為之至也。既至，人占則有吉凶矣。夫吉凶之物見於王朝，若⑪入民家，猶孔甲遭雨入民室也。孔甲不知其將生子，為之故到，謂鳳凰諸瑞有知，應吉⑫而至，誤矣。

【章　旨】此章以孔甲偶然入於民家躲雨為例，說明鳳凰諸瑞物的到來皆出於無意。

【注　釋】❶夏后　夏朝君主。❷孔甲　夏朝後期的一個君主。❸畋　打獵。❹首山　古山名。傳說在今河南境。❺晦冥　昏暗。❻乳　生孩子。❼之子　這個小孩。❽不勝　領受不起。❾遭　遇上。❿蔭庇　躲蔽。⓫若　或。⓬應吉　應和吉事。

【語　譯】夏朝君主孔甲在首山打獵時，遇上大雨，天昏地暗，跑到民家躲雨，湊巧民家的主人正在生孩子。有人說：「君主來了，這個小孩將來必定會做大官。」又有人說：「君主來了，領受不起，這小孩將來必定遇上大的災禍。」孔甲進入民家，是偶然遇雨來躲雨的，並不是預先知道民家將要生孩子，也不是知道這孩子的命一定不好，才為他而來的。既來之後，人們對小孩加以預測，就出現吉凶兩種不同的說法了。無論吉凶的兆物出現在王朝，還是出現在民家，都好比孔甲進入民家躲雨帶有偶然性一樣。孔甲預先不知道民家將要生孩子故意為此事而來，那麼說鳳凰等瑞物有先見之明，是應和吉事而來的，那就大錯了。

是應篇第五十二

【題解】本篇旨在辨析儒者所謂太平盛世的瑞應，指出其說法之不實。王充指出，儒者宣揚的瑞應，什麼「五日一風，十日一雨」，「男女異路」，「市無二價」等，都是些「溢美過實」的說法。至於生來就能指出誰是偽善者的奇草「屈軼」，判定誰是罪人的神獸「觟䚦」等，世上根本「無有此物」，只不過是古代聖王利用「人畏怪奇」的心理編造出來的神物，目的在於「威眾」以成全他們的「教化」。王充在本書〈須頌篇〉中說：「俗儒好長古而短今，言瑞則渥前而薄後，〈是應〉實而定之，漢不為少。」這裡說明了本篇的寫作目的，在於對古代傳說的瑞物加以核實和判斷。題目「是應」二字，就是這個意思。

儒者論太平瑞應❶，皆言氣物❷卓異❸，朱草、醴泉、翔風❹、甘露、景星❺、嘉禾❻、萐脯❼、蓂莢❽、屈軼❾之屬；又言山出車❿，澤出馬⓫，男女異路，市無二價⓬，耕者讓畔⓭，行者讓路，頒白⓮不提挈⓯，關梁⓰不閉，道無虜掠，風不鳴條⓱，雨不破塊⓲，五日一風，十日一雨；其盛茂者，致黃龍⓳、騏驎、鳳凰。

【章旨】此章引述儒者關於天下太平時期瑞應的描述。

【注釋】❶太平瑞應　天下太平時期出現的瑞應。瑞應，祥瑞；吉祥的徵兆。❷氣物　祥瑞的氣和物。❸卓異　特別突出，與其他時期不同。❹翔風　猶祥風、好風。翔，通「祥」。❺景星　星名。一種光亮形狀不定的星，古人以為這種星出現，便是國家聖君吉祥的象徵。❻嘉禾　美禾。指生長得特別茁壯的禾。❼萐脯　即「萐莆」。傳說為堯時瑞草。這種草生於廚房，夏天它的葉片自動鼓風，可以解暑降溫，防止菜食腐變。❽蓂莢　傳說中的瑞草。一種葉子按日增生又按日凋落的草，根據葉片數可以知道一個月中已經到了哪一天，因又稱「曆莢」。❾屈軼　傳說中的瑞草。據說這種草能辨識花言巧語、諂媚奉承的偽善者。❿山出車　傳說太平之世深山裡會出現神奇的車子。⓫澤出馬　傳說太平之世水澤中會出現神馬。⓬市無二價　指買賣價格公平，不必討價還價。⓭畔　指田界。⓮頒白　指頭髮花白的老年人。頒，通「斑」。⓯挈　提。⓰關梁　關口和橋梁。指交通要道。⓱鳴條　使樹的枝條發出聲響。⓲塊　土塊。⓳黃龍　古代傳說中四方神龍的首領。

【語　譯】 儒者談論天下太平時的吉祥徵兆，都說靈氣瑞物較一般時期卓越異常，譬如朱草、醴泉、祥風、甘露、景星、嘉禾、萐莆、蓂莢、屈軼一類的瑞物，都出現了。又說深山當中出現了神車；水澤裡面出現了神馬；男人和女人各走不同的道路；買賣價格公平，不討價還價；耕田的人不爭土地，讓出田界；過路的人互相讓路，老年人不必提著東西行走；關口和橋梁等交通要道，不設關卡，讓過路的人通行；路上行人安全，沒有歹徒搶劫；和風吹不響樹枝，雨水沖不壞土塊；五天吹一陣風，十天下一場雨。到了最興盛的時期，還招來黃龍、麒麟、鳳凰這些傑出的祥瑞。

夫儒者之言，有溢❶美過實。瑞應之物，或有或無。夫言鳳凰、騏驎之屬，大瑞較然❷，不得增飾❸，其小瑞徵應，恐多非是。夫風氣雨露，本當和適❹。言其風翔❺露甘❻，風不鳴條，雨不破塊，可也；言其五日一風，十日一雨，褒❼之也。風雨雖適，不能五日、十日正如其數。言男女不相干❽，市價不相欺，可也；言其異路，無二價，褒之也。太平之時，豈更❾為男女各作道哉？不更作道，一路而行，安得異乎？太平之時，無商人則可❿，如有，必求便利⓫以為業，買物安肯不求賤？賣貨安肯不求貴？有求貴賤之心，必有二價之語。此皆有其事，而褒增過其實也。若夫萐脯、蓂莢、屈軼之屬，殆⑫無其物。何以驗之？說以實⑬者，太平無有此物。

【章旨】此章對儒者提出的太平祥瑞現象作總的辨析。

【注釋】❶溢　過分；超出。❷較然　明顯的樣子。較，明。❸增飾　誇大和修飾。❹和適　調和適宜。❺風翔　風祥；風和。❻露甘　露水甜美。❼褒　誇大。❽干　侵犯。❾更　另外。❿可　宜。⓫便利　增利、賺錢。⓬殆　大概；可能。⓭以實　根據實際。

【語譯】儒者的話，有的未免稱美過分，超出了實際情況。他們說的祥瑞之物，有的是存在，有的卻不存在。所謂鳳凰、麒麟這類東西，都是些眾所周知的大瑞物，再無法加以誇大和修飾，但那些小的祥瑞徵兆，恐怕很多不是如此。風氣雨露的調和適宜，本是應有的現象。說風來和暢露水甜美，風吹不響樹枝，雨打不壞泥土，這也是可能的。但是說五天一陣風，十天一場雨，這就誇張了。即使風調雨順，也不能做到恰好按所說的五天、十天的數字來吹風下雨。說男人和女人不相侵犯，買賣價格不相欺詐，這是可能的，但說男人和女人各走各的道路，買賣沒有兩種價格，這就誇大了。天下太平的時期，難道會另外替男人和女人各修一條道路嗎？不另外修路，仍在一條道路上行走，怎能做到男人和女人各走各的道路呢？天下太平的時期，沒有商人便罷，如果有商人，必定以追求賺錢來作為他的職業，買進貨物怎能願意不追求廉價？賣出貨物又怎能願意不追求高價？商人有買賤賣貴的心理，必定就有「二價」的說法。這些情況都算實有其事，只是有點過分誇大，在一定程度上超過了實際內容。至於像萐莆、蓂莢、屈軼這類瑞草，可能沒有那些東西。用什麼來證明呢？根據實際情況來說，即使太平時期，也不存在這些東西。

儒者言萐脯生於庖廚❶者，言廚中自生肉脯❷，薄如萐❸形，搖鼓❹生風，寒涼食物，使之不臭。夫太平之氣雖和，不能使廚生肉萐，以為寒涼。若能如此，則能使五穀自生，不須人為之也。能使廚自生肉萐，何不使飯自蒸於甑❺，火自燃於竈乎？凡生萐者，欲以風吹食物也，何不使食物自不臭？何必生萐以風❻之乎？廚中能自生萐，則冰室❼何事而復伐❽冰以寒物乎？人夏月操❾萐，須手搖之，然後生風。從❿手握持，以當⓫疾風，萐亦鼓動。言萐脯自鼓，可也，須風乃鼓，不風不動。從手風來，自足以寒廚中之物，何須萐脯？世言燕太子丹⓬使日再中⓭，天雨⓮粟，烏白頭⓯，馬生角⓰，廚門木象⓱生肉足，論之既虛⓲，則萐脯之語，五應⓳之類，恐無其實。

【章　旨】此章辨析萐莆這種瑞物是不存在的。

【注　釋】❶庖廚　廚房。❷肉脯　即萐脯。❸萐　扇。❹鼓　動。❺甑　古代蒸飯的器物。❻風　吹。❼冰室　古人藏冰的地窖。❽伐　採伐。❾操　拿。❿從　通「縱」。放鬆。⓫當　迎對著。⓬燕太子丹　戰國末年燕國太子。傳說他在秦國做人質的時候，秦王提出，如果上天有所感應，出現「日再中」、「天雨粟」等五種變異現象，就放他回國。後來上天保佑，這些變異都出現了。⓭日再中　使西斜的太陽再回到中午的位置。⓮雨　落下。⓯烏白頭　烏鴉的黑頭變成白頭。⓰馬生角　馬頭長出角。⓱木象　木雕的象。⓲論之既虛　王充在〈感虛篇〉已經評論過以上說法。⓳五應　指「日再中」、「天雨粟」等五種變異。

【語　譯】儒者說的萐莆從廚房裡生出這件事情，是說廚房裡自然生出一種肉片薄膜，薄得像扇子一樣，它自己能搖動生風，把食物搧涼使它不會腐臭。太平時期的陰陽之氣雖然調和，也不能使廚房生出肉扇，用以搧風保持食物的寒涼。假若能夠作到，那麼也就能使五穀自己生出，不須人們去種田了。既然能使廚房自己生出肉扇，為什麼不讓飯自己在甑裡蒸，讓火自己在竈裡燃燒呢？大凡生出萐莆這種瑞物，是想讓它來吹涼食物，那又為什麼不讓食物自己不變腐臭呢？又何必生出萐莆來吹風呢？廚房中能自己生出萐莆，那麼，冰室為什麼還要採冰用來冷藏食物呢？人們在夏天拿扇，必須用手搖動，然後才能生風。如果輕輕地拿著扇子，迎著大風，扇子也會搖動。從這種情況看，說萐莆自己搖動，也是可以的。不過萐莆必須待風才能搖動，無風就不動。既然把手放鬆，要等風來扇子才會自己搖動，那麼使萐莆搖動的風本身就可以吹涼廚房裡的食物了，又何必要萐莆呢？世人說燕太子丹能使偏西的太陽再次返回正中，天上落下糧食，烏鴉的黑頭變成白頭，馬頭上長出角，廚門上雕刻的木象生出肉腳來，這些我已經在〈感虛篇〉辨析過，證明是一種虛妄的說法，那麼關於萐莆的說法，也當和上述五種感應的說法同屬一類，恐怕不是實事。

儒者又言：「古者蓂莢夾階而生❶，月朔❷，日一莢生❸，至十五日而十五莢，於十六日，日一莢落，至月晦❹莢盡。來月朔，一莢復生。王者南面❺視莢生落，則知日數多少，不須煩擾案日曆❻以知之也。」夫天既能生莢以為日數，何不使莢有日名❼，王者視莢之字則知今日名乎？徒知日數，不知日名，猶復案歷然後知之，是則王者視日則更煩擾不省❽，蓂莢之生，安能為福？夫蓂，草之實❾也，猶豆之有莢也，春夏未生，其生必於秋末。冬月隆❿寒，霜雪霣⓫零⓬，萬物皆枯，儒者敢謂蓂莢達冬，獨不死乎？如與萬物俱生俱死，莢成而以秋末，是則季秋⑬得察莢，春夏冬三時不得案⑭也。且月十五日生十五莢，于十六日莢落，二十一日六莢落，落莢棄殞⑮，不可得數，猶當計未落莢以知日數，是勞心苦意，非善祐⑯也。使莢生於堂上，人君坐戶牖⑰間，望察莢生以知日數，豈⑱謂善矣。今云夾階而生，生於堂下也。王者之堂，墨子稱堯、舜高三尺⑲，儒家以為卑下。假使之然⑳，高三尺之堂，蓂莢生於階下，王者欲視其莢，不能從戶牖之間見也，須臨堂察之，乃知莢數。夫起視堂下之莢，孰與懸歷日㉑於扆坐㉒，傍顧㉓輒見之也？天之生瑞，欲以娛王者，須起察乃知日數，是生煩物以累之也。且莢，草也。王者之堂，旦夕所坐，古者雖質㉔，宮室之中，草生輒耘㉕，安得生莢而人得經月數之乎？且凡數日一二者，欲以紀識㉖事也。古有史官典歷㉗主日㉘，王者何事而自數莢？堯候㉙四時之中㉚，命羲和㉛察四星㉜以占時氣㉝，四星至重㉞，猶不躬㉟視，而自察莢以數日也？

【章　旨】此章辨析關於蓂莢說法之不實。

【注　釋】❶夾階而生　沿臺階兩邊生長。❷朔　夏曆每月的初一。❸日一莢生　每天長出一莢。❹晦　夏曆每月的最後一天。❺南面　面朝南方。古代帝王座位的方向是朝南，因此「南面」有「做帝王」的意思。❻案日歷　考察日曆。❼日名日子的名稱。如「甲子」、「乙丑」等。❽省　明白。❾實　果實。❿隆　盛。⓫霣　通「隕」。墜。⓬零　落。⓭季秋　秋季最後的一個月。⓮案　考察。⓯殞　死亡。⓰祐　助。⓱戶牖　門窗。⓲豈　其；可能。⓳三尺　此指堂階比平地高出三尺。⓴之然　它是如此。㉑歷日　記載日期的曆書。㉒扆坐　君主的座位。古代君主的座位後靠著屏風。扆，屏風。㉓傍顧　向旁看。㉔質　樸實。㉕耘　除草。㉖紀識　記錄。紀，通「記」。識，通「志」。㉗典歷　主管曆法。㉘主日　負責記日。㉙候　觀測天氣。㉚四時之中　指春分、夏至、秋分、冬至。這裡泛指節氣。四時，四季。㉛曦和　即「羲和」。指曦仲、曦叔、和仲、和叔四人，傳說在堯時他們掌管天文，測定四時。㉜四星　指二十八宿中的星宿、心宿、虛宿、昴宿。古人分別觀察它們在空中的位置來判斷節氣。㉝占時氣　測定四時和節氣。㉞至重　最重要。㉟躬　親身。

【語譯】儒者又說：「古代蓂莢沿著臺階兩邊生長，從每月初一開始，每天長出一個莢來，到十五日就有了十五個莢，從十六日開始，每天凋落一個莢，至月末莢全部落盡。從下個月初一開始，又每天再生出一個莢來。君主在座位上可以看清楚莢的生長和凋落，就知道已經到了這一個月中的哪一天，不必費事去查日曆來弄清楚日期。」天既然能生出蓂莢來表示日期，天何不使蓂莢載明日期的名稱，讓君主只看蓂莢的文字便可知道今日的名稱呢？只知道天數，不知道日期名稱，還要查看日曆然後才知道日期，這樣就使得君主查看日期更加費事而且弄不明白。天生蓂莢，又怎能為國君帶來好處呢？莢，本是一種草的果實，就好像豆子有莢一樣，春夏兩季不會生出，它的生出必然是在秋季之末。冬月嚴寒，降霜下雪，萬物都要枯死，儒者能說蓂莢到了冬天偏偏不枯死嗎？蓂莢如果與萬物同時生同時死，在秋末莢才長成，這就是說九月間能依據看莢以定日期，春夏冬三個季節就不能考察日期了。況且每月頭十五天生了十五個莢，從第十六天起開始落莢，到第二十一天落了六個莢，落下的莢都被拋棄而消亡，不可能進行統計，還需要計算沒有落下的莢來推知天數，這真是勞苦心意，不是有益的幫助。假使莢是生在堂上，君主坐在門窗之間，望見莢的生長情況便知道日期，這可能被認為是有益的了。可是現在說蓂莢是沿臺階的兩邊生長，是生在堂下了。君主的殿堂，墨子說堯、舜的殿基比平地高出三尺，儒家以為太低了。假定它是這樣的，高出地面三尺的殿堂，蓂莢生長在臺階之下，君主想看看那些莢，不能從門窗之間的王座上看到，必須臨堂細看，才知道莢數。君主站起來去看長在堂下的蓂莢，這和把日曆掛在君主的座位附近，君主向旁邊一看就能見到相比，哪一個方便呢？天生瑞物是想以此使得君主愉快，可是必須起身細看才知道日期，這是天生麻煩的東西來使君主勞累啊！況且蓂莢，也是一種草。君主的殿堂，是早晚要坐的地方，古代的人雖然樸實，房屋當中，如果草長出來還得立即除掉，怎麼能長出莢來讓人能從月初到月末去數它呢？而且凡是計算日數的目的，都是為了來記事啊！古代有史官主管曆法，負責記載日期，君主為什麼要親自去數莢呢？堯觀測天氣以確定四季中的節氣，派曦和觀察四星來測定四時和節氣，觀察四星的出現非常重要，堯尚且不親自查看，反而會親自去查看蓂莢來計算日子嗎？

儒者又言：「太平之時，屈軼生于庭之末❶，若草之狀，主指佞人❷。佞人入朝，屈軼庭末以指之，聖王則知佞人所在。」夫天能故❸生此物以指佞人，不使聖王性自知之，或佞人本不生出❹，必復更❺生一物以指明之，何天之不憚煩❻也？聖王莫過堯、舜，堯、舜之治，最為平矣。即❼屈軼已自生于庭之末，佞人來，輒指知之，則舜何難於知佞人，而使皋陶❽陳❾知人之術❿？經⓫曰：「知人則哲，惟帝難之⓬。」人含五常⓭，音氣⓮交通⓯，且猶不能相知。屈軼，草也，安能知佞？如儒者之言是，則太平之時，草木逾⓰賢聖也。獄訟⓱有是非，人情有曲直，何不並令屈軼指其非而不直者，必苦心聽訟，三日斷獄⓲乎？故夫屈軼之草，或時⓳無有而空言生，或時實有而虛言能指。假令能指，或時草性見人而動。古者質樸⓴，見草之動，則言能指；能指，則言指佞人。司南之杓㉑，投之於地，其柢㉒指南。魚肉之蟲，集地北行，夫蟲之性然㉓也。今草能指，亦天性也。聖人因草能指，宣言曰：「庭末有屈軼，能指佞人」，百官臣子懷姦心者，則各變性易操㉔，為忠正之行矣。猶今府廷畫皋陶、觟䚦㉕也。

【章　旨】此章辨析儒者關於屈軼能指出「佞人」說法之不實。

【注　釋】❶庭之末　指宮廷臺階的下面。❷佞人　善辯的人；以巧言諂媚取寵的偽善者。❸故　有意。❹本不生出　根本不讓出生。❺更　另外。❻憚煩　怕麻煩。❼即　如果。❽皋陶　人名。傳說在舜時掌管刑罰。❾陳　陳述。❿術　方法。⓫經　此指《尚書》。為儒家經書。⓬知人則哲二句　見《尚書・皋陶謨》。哲，明智。帝，指堯。⓭五常　指儒家所說的仁、義、禮、智、信五種道德規範。「五常」被認為是與生俱來的。⓮音氣　語言和氣息。⓯交通　溝通。⓰逾　超過。⓱獄訟　訴訟；打官司。⓲三日斷獄　意思是在案情已清的情況下，還要等三天才定案治罪。表明對待獄訟的嚴肅態度。⓳或時　或者。⓴質樸　樸實。指思想單純。㉑司南之杓　古時一種辨別方向的儀器。和指南針原理相同，杓柄指向南方。㉒柢　柄。㉓性然　本性如此。㉔操　操行。㉕觟䚦　一作「解豸」。古代傳說中的一角羊，能用角去觸有罪的人。

【語　譯】儒者又說：「天下太平時期，屈軼這種瑞草在庭階下生出，像草的形狀，它專主指出誰是佞人。當佞人進入朝廷，屈軼就在廷階下指出他是佞人，聖王就清楚佞人所在的地方。」上天能有意生出這種東西來指明佞人，而不使聖王生來自己就識別佞人，或者根本不讓佞人出生，一定要另生一種東西來指明佞人，為什麼上天這樣不怕麻煩呢？聖王沒有超過堯、舜的，堯、舜治理天下是最公平的了。如果屈軼已自己生長在庭階之下，如有佞人來朝廷，立即指出他識別他是佞人，那麼舜對於識別佞人又有什麼困難，而要讓皋陶陳述識別好人和壞人的方法呢？《書經》說：「識別人的好壞才稱得上明哲，就連堯這樣的帝王也感到難於做到。」人包含「五常」之德，語言和氣息都互相溝通，尚且不能互相識別。屈軼，屬於草類，怎能識別佞人？如果儒者說的是對的，那麼太平時期的草木也超過賢聖的智慧了。打官司總有一方是對的，一方是錯的；就人的情理來說，也總有一方是理虧的，一方是理直的。為什麼不都讓屈軼直接指出那有過錯而理虧的人，一定要費心勞神聽取雙方的申訴，判決以後還要等三天才按罪執行呢？所以屈軼這種草，或許是根本就不存在而是憑空捏造出來的，或許是真有這種草，而捏造說它能指出佞人。假使這種草能指人，也許這種草生來見了人就會搖動。古人樸實單純，看到草動，就說能指人；能指人，就說能指出佞人。有一種指示方向的儀器叫「司南杓」，把它放在地上，它的柄指向南方。魚肉腐爛長出的小蟲，牠們落在地面總是往北爬行，那種蟲生來便是如此的啊！現在有這種草能指人，也可能是生來如此的吧！聖王就利用草能指人這一特點，公開宣稱說：「庭階之下有屈軼，能指出誰是佞人。」百官臣子中懷有壞心的人，就各自改變本性和操行，成為忠誠正直的人了。就如同現在政府衙門裡畫著皋陶和觟䚦，是為了威懾罪人服罪一樣。

儒者說云：「觟䚦者，一角之羊也，性知有罪❶。皋陶治獄❷，其罪疑者，令羊觸之，有罪則觸，無罪則不觸。斯❸蓋❹天生一角聖獸，助獄為驗❺，故皋陶敬羊，起坐❻事之。此則神奇瑞應之類也。」曰❼：夫觟䚦則復❽屈軼之語也。羊本二角，觟䚦一角，體損❾於群，不及眾類，何以為奇？鱉三足曰「能」❿，龜三足曰「賁」⓫。案能與賁不能神於四足之龜鱉，一角之羊，何能聖於兩角之禽⓬？狌狌⓭知往，乾鵲⓮知來，鸚鵡能言，天性能一，不能為二。或時觟䚦之性徒能觸人，未必能知罪人，皋陶欲神事⓯助政⓰，惡⓱受罪者之不厭⓲服，因觟䚦觸人則罪之，欲人畏之不犯，受罪之家沒齒⑲無怨言也。夫物性各自有所知，如以觟䚦能觸謂之為神，則狌狌之徒⑳皆為神也。巫知吉凶，占㉑人禍福，無不然㉒者。如以觟䚦謂之巫類，則巫何奇而以為善？斯皆人欲神事立化也。師尚父㉓為周司馬㉔，將師伐紂，到孟津㉕之上，杖鉞㉖把旄㉗，號其眾曰：「倉兕㉘！」倉兕者，水中之獸也，善覆人船。因神以化㉙，欲令急渡，不急渡，倉兕害汝，則復觟䚦之類也。河中有此異物，時出浮揚，一身九頭，人畏惡之，未必覆人之舟也。尚父緣㉚河㉛有此異物，因以威眾㉜。夫觟䚦之觸罪人，猶倉兕之覆舟也，蓋有虛名，無其實效也。人畏怪奇，故空褒增㉝。

【章旨】此章辨析儒者關於觟䚦本性能識別有罪的人這種說法之不實。

【注釋】❶有罪　有罪的人。❷治獄　審理案件。❸斯　此。❹蓋　大概。不定之詞。❺驗　證。❻起坐　一起一坐；時時刻刻。❼曰　為王充反駁。❽復　仍舊。❾損　虧損。❿能　古獸名。熊屬。此處說法不同。⓫賁　三腳龜。⓬禽　禽獸。此指羊。⓭狌狌　同「猩猩」。據傳狌狌有記憶力。《淮南子・氾論》說：「猩猩知往而不知來。」《山海經・海內南經》說：「狌狌知人名，其為獸，如豕（豬）而人面。」⓮乾鵲　喜鵲。據傳喜鵲能預報未來喜事。《淮南子・氾論》說：「乾鵲知來而不知往。」⓯神事　把事神化。⓰助政　幫助政事。指處理案件。⓱惡　討厭。⓲厭　順從。⓳沒齒　壽終。齒，年。⓴徒類。㉑占　推測未來。㉒不然　不以為然；不以為是。㉓師尚父　指呂尚。即姜尚。周武王以他為太師，尊稱為「師尚父」。㉔司馬　周代掌管軍事的高級官吏。㉕孟津　地名。黃河南岸的渡口，在今河南孟津東。㉖杖鉞　舉起鉞。鉞，古代兵器，形如大斧。㉗旄　用氂牛尾裝飾桿頭的大旗。㉘倉兕　傳說為水中的一種怪獸。㉙化　感化；激勵。㉚緣　因。㉛河　黃河。

㉜威眾　威懾眾人。㉝褒增　誇大。

【語譯】儒者說道：「觟𧣾，是一隻角的羊，牠生來就能識別有罪的人。皋陶審理案件，對那些被疑為有罪而難於判定的人，就讓羊去觸他。羊對有罪的人就觸，無罪的人就不觸，這大概是天有意生下來的一種獨角聖獸，用以幫助法官判定疑案，所以皋陶對羊很尊敬，時時刻刻侍奉牠。這就是神奇瑞應一類的東西啊！」我說：有關觟𧣾的說法，仍舊和有關屈軼的說法一樣。羊本有兩隻角，觟𧣾只有一隻角，形體比一般的羊有所虧損，趕不上眾類，為什麼把牠當作神奇的東西？鱉中只有三隻腳的叫做「能」，龜中只有三隻腳的叫做「賁」。考察能與賁不可能比四隻腳的龜、鱉神奇，一隻角的羊又怎能比兩隻角的獸物聖明？據說猩猩能記憶往事，喜鵲能預知未來，鸚鵡能說話，這些禽獸生來就只有一種本領，不能再學第二種本領。或許觟𧣾的天性只能觸人，未必能識別有罪的人，皋陶想把事情神化來幫助處理案件，厭惡那些有罪受審的人不順從，就依靠觟𧣾用角觸人來判罪，目的是希望人們害怕觟𧣾而不犯罪，被判罪的人家也就一輩子沒有什麼怨言。按照萬物的本性，都各有自己知道的事情，如把觟𧣾能觸人稱牠是神，那麼猩猩一類禽獸也都是神了。巫師知道吉凶，預測人們的禍福，可沒有人認為這是不對的。如果把觟𧣾也說成與巫師同類，那麼巫師有什麼神奇的地方值得贊美呢？這都是人們想把事情神化來成就教化啊！太師呂尚做周初的司馬，率領部隊討伐商紂王，到達黃河孟津渡口上，他舉起鉞，握著旗，向眾人發出號令說：「河中有倉兕！」倉兕這東西，是水中的獸物，很會顛覆人們的船隻。呂尚想憑藉神的力量來激勵大家，讓大家趕快渡河。如果不快渡河，倉兕就會危害你們。那麼倉兕仍舊是觟𧣾一類的東西了。黃河中有這樣的怪物，經常出來浮游跳出水面，一個身子九個頭，人們害怕而討厭牠，不過未必能顛覆人們的船隻啊！呂尚因黃河存在這種怪物，於是用牠來威懾眾人。觟𧣾的觸罪人，就如同傳言倉兕的顛覆船隻一樣，大概只有虛名，沒有它的實際效果啊！因為人們害怕奇怪的東西，所以就憑空把它誇大。

又言❶太平之時有景星。《尚書中候》❷曰：「堯時景星見於軫❸。」夫景星或時五星❹也。大者，歲星❺、太白❻也。彼或時歲星、太白行於軫度❼，古質❽不能推步❾五星，不知歲星、太白何如狀，見大星則謂景星矣。《詩》又言：「東有啟明❿，西有長庚⓫。」亦或時復歲星、太白也。或時昏見於西，或時晨出於東，詩人不知，則名曰「啟明」、「長庚」矣。然則長庚與景星同，皆五星也。太平之時，日月精明⓬。五星，日月之類也。太平更⓭有景星，可復更有日月乎？詩人，俗人⓮也；《中候》之時，質世⓯也，俱不知星。王莽⓰之時，太白經天⓱，精⓲如半月，使不知星者見之，則亦復名之曰「景星」。《爾雅・釋四時章》⓳曰：「春為發生，夏為長嬴⓴，秋為收成，冬為安寧。四氣和為景星。」夫如《爾雅》之言，景星乃四時氣和㉑之名也，恐非著㉒天之大星。《爾雅》之書，五經之訓故㉓，儒者所共觀察也，而不信從㉔，更謂大星為景星，豈《爾雅》所言景星與儒者之所說異哉！

【章旨】此章對儒者關於景星的說法進行辨析。

【注釋】❶言　指儒者發言。❷尚書中候　古代緯書名。後失傳。❸軫　星宿名。二十八宿之一。❹五星　金星、木星、水星、火星、土星。❺歲星　木星。❻太白　金星。❼軫度　軫宿所在的位置。❽古質　古代的人質樸。❾推步　推算運行的度數。⑩啟明　星名。天剛亮時出現在東方天空最明的一顆星。⑪長庚　星名。傍晚時出現在西方天空最明的一顆星。其實，啟明、長庚都是金星。見《詩經·小雅·大東》。⑫精明　光明。⑬更　另外。⑭俗人　一般人。⑮質世　質樸的時代。⑯王莽　篡漢建立新朝。十四年而亡。⑰經天　橫貫天空。⑱精　明。⑲爾雅釋四時章　指《爾雅·釋天》。爾雅，儒家經書之一。注釋古書名物詞義。⑳長嬴　長得旺盛。㉑和　陰陽二氣調和。㉒著　附。㉓訓故　即「訓詁」。解釋古文音義。㉔信從　相信和照辦。

【語　譯】儒者又說，天下太平時期就有景星出現。《尚書中候》說：「堯在位時，曾有景星出現在軫宿所居的位置上。」這裡說的景星，或許就是五星吧！五星中最大的是歲星和太白星。或許那時正是歲星、太白星運行到了軫宿所在的位置。古人思想單純，不能推算五星運行的度數，不了解歲星、太白星是什麼樣子，一見到大星出現就說它是景星了。《詩經》又說：「東邊天空有啟明星，西邊天空有長庚星。」也可能仍舊是歲星、太白星啊！或傍晚出現在西邊天空，或清晨出現在東邊天空，《詩經》的作者弄不清楚，就定名為「啟明」、「長庚」了。那麼長庚與景星是一回事，都是五星中的星了。天下太平時期，日月特別光亮，五星，與日月同一類別。如果照儒者說的，太平時期會另外出現景星，那麼太平時期能另外出現日月嗎？作詩的人，是普通的人，《尚書中候》作者所處的時代，是質樸的時代，都不了解五星的情況。王莽在位時，太白星橫貫天空，光亮如同半月，假設不了解五星的人看到這種現象，也就會稱它為景星。《爾雅·釋四時章》說：「春天是萬物開始生長的季節，夏天是萬物生長旺盛的季節，秋天是萬物收穫的季節，冬天是萬物安寧的季節。四季的陰陽之氣調和就是景星。」照《爾雅》說來，所謂景星就是四季陰陽之氣調和的名稱，恐怕不是附著天空的大星。《爾雅》這部書，是為五經作訓詁的，是儒者仔細閱讀過的，卻對它採取不信不從的態度，另外把天上的大星說成景星，難道《爾雅》所說的景星，與儒者所說的景星不同嗎？

《爾雅》又言：「甘露時❶降，萬物以嘉❷，謂之醴泉。」醴泉乃謂甘露也。

今儒者說之，謂泉從地中出，其味甘若醴❸，故曰醴泉。二說相遠❹，實未可知。案《爾雅・釋水章》：「泉一見一否曰瀸❺。檻泉❻正❼出。正出，湧出也。沃泉❽懸出。懸出，下出也。」是泉出之異，輒❾有異名。使太平之時，更有醴泉從地中出，當於此章中言之，何故反居〈釋四時章〉中，言甘露為醴泉乎？若此，儒者之言醴泉從地中出，又言甘露其味甚甜，未可然❿也。儒曰：「道至大者，日月精明，星辰⓫不失其行⓬，翔風起，甘露降。雨濟⓭而陰曀⓮者謂之甘雨，非謂雨水之味甘也。」推此以論，甘露必謂其降下時，適潤養萬物，未必露味甘也。亦有露甘味如飴蜜⓯者，俱太平之應⓰，非養萬物之甘露也。何以明之？案甘露如飴蜜者，著於樹木，不著五穀。彼露味不甘者，其下時，土地滋潤流濕，萬物洽⓱沾濡⓲溥⓳。由此言之，《爾雅》且近得實。緣《爾雅》之言，驗之於物，案味甘之露下著樹木，察所著之樹，不能茂於所不著之木。然今之甘露殆⓴異於《爾雅》之所謂甘露。欲驗《爾雅》之甘露，以萬物豐熟，災害不生，此則甘露降下之驗也。甘露下，是則醴泉矣。

【章旨】此章對儒者關於醴泉、甘露的說法進行辨析。

【注　釋】❶時　按時。❷嘉　美好。指長得茂盛。❸醴　甜酒。❹相遠　相差甚遠。❺瀸　指泉水時斷時續。❻檻泉　噴泉。❼正　直。❽沃泉　自上往下流的泉。❾輒　往往。❿然　對。⓫辰　星。⓬行　路線。⓭濟　止。⓮曀　天陰而有小風。⓯飴蜜　飴糖；蜜糖。⓰應　瑞物。⓱洽　浸潤。⓲濡　濕潤。⓳溥　同「普」。周遍。⓴殆　大概。

【語　譯】《爾雅》又說：「甘露及時降下，萬物因而生長茂盛，這就叫做醴泉。」照此說來，醴泉便是甘露了。現在儒家對它作出解釋，說泉水從地中流出，它的味道甜得像甜酒一樣，所以叫做醴泉。兩種說法相距甚遠，實在不知哪種說法是正確的。根據《爾雅・釋水章》說：「泉水斷斷續續流出叫做『瀸』，『檻泉』是正出的噴泉，正出就是泉水從地底往上湧出。『沃泉』是懸出的泉水，懸出是泉水從上往下流。」泉水流出的不同，往往就有名稱的不同。假使太平時期另有醴泉從地中流出，《爾雅》作者就應把它記載在〈釋水章〉中，為什麼反而把它記載到《爾雅・釋四時章》，說甘露就是醴泉呢？像這樣，儒者說的醴泉從地中流出，又說甘露它的味道很甜，是不可信從的啊！儒者辯說道：「道德最崇高的君主當政，日月都十分明亮，星星的運行不走錯道路，好風會吹來，甘露也會降下。雨停後仍舊天陰而颳小風，這種雨叫做甘雨，並不是說雨水的味道是甜的啊！」據此推論，所謂甘露，必定認為它降下的時候，適應潤濕滋養萬物的需要，它的味道不一定是甜的。不過也有的露好像飴糖、蜜糖那樣的甜味，它們都是太平時期的瑞應，不是滋養萬物的甘露。根據什麼來說明呢？考察一下像蜜糖一樣的甘露都是附在樹木上，而不是附在穀物上。那露味不甜的，它降下時，土地滋潤流濕，萬物普遍地得到滋潤。從這方面說來，《爾雅》的解釋比較接近實際。依據《爾雅》的解釋去驗證實物，考察味甜的露落到森林，細看沾了露的樹，不比不沾露的樹長得茂盛。這樣，說明儒者所說的甘露就與《爾雅》所說的甘露可能有所不同。想證實《爾雅》所說的甘露，憑藉萬物豐盛成熟，不生災害，這就是甘露降下的證明啊！甘露降下來，這也就是醴泉了。

治期篇第五十三

【題解】本篇旨在論證社會治亂是由一種不可抗拒的自然力量——「時數」決定的，它與君主本身的好壞沒有關係。王充在分析社會治亂的原因時指出：「世之治亂，在時不在政；國之安危，在數不在教。賢不賢之君，明不明之政，無能損益。」他認為糧食足，人們都有飯吃，社會秩序自然安定；天時好，「穀足食多」，天下就太平。反之，「穀食乏絕，不能忍饑寒」，就會「盜賊眾多，兵革并起」。但是，所謂糧食充足與乏絕，王充仍認為是「時數」決定的。王充在本篇強調「命運」、「時數」的決定作用，實屬於一種「宿命論」的觀點，同時，忽視君主本身的賢與不肖對社會治亂的影響，也是不符實際的。題目「治期」是「治有時，命有期」（〈須頌篇〉）之意。

世❶謂古人君賢則道德施行，施行則功❷成治安❸；人君不肖❹則道德頓❺廢，頓廢則功敗治亂。古今論者，莫謂不然。何則？見堯、舜賢聖致太平，桀❻、紂❼無道致亂得誅❽。如實❾論之，命❿期⓫自然⓬，非德化也。

【章旨】此章引述世人關於君主的賢與不肖決定社會治亂的看法，並總的表明王充自己關於「命期自然，非德化」的觀點。

【注釋】❶世　世俗；一般人。❷功　事。❸治安　社會安定。❹不肖　不善。❺頓　困。❻桀　夏桀王。❼紂　商紂王。❽誅　殺。❾如實　照實際情況。❿命　王充在本書中談到「命」的地方很多，他認為「命」是一種決定人的壽夭、貴賤的神秘力量，是由母體胚胎承受了不同的氣而形成的。這裡說的命，是指決定人的富貴貧賤的「祿命」，參見本書〈命祿篇〉。⓫期　時期；期數；時運。王充認為國家的治亂是由自然條件決定的，自然諸條件的變化有一定週期，所以國家遇上運行中好的自然條件就治，反之就亂，有一定期數，與國君的德行沒有關係。這是一種自然命定論。⓬自然　自然而然；本來如此。

【語　譯】一般人認為古代君主如果賢能，道德教化就可能施行無阻，施行無阻就事業成功社會安定；君主如果不好，道德教化就受阻而廢止，受阻而廢止就事業失敗社會動亂。古代和當今評論的人，沒有人認為這種看法是不對的。為什麼呢？看到堯、舜賢聖就招致太平，桀、紂無道就招致動亂而被誅戮。不過照實際情況說來，他們或成或敗，都是命運和時運決定他們本應如此，不是君主道德教化好壞所造成的。

吏百石❶以上若❷斗食❸以下，居位治民，為政布教❹，教行❺與止❻，民治與亂，皆有命焉。或才高行潔，居位職廢❼；或智淺操洿❽，治民而立❾。上古之黜陟幽明❿，考功⓫，據有功而加賞，案⓬無功而施罰⓭。是考命⓮而長⓯祿，非實⓰才而厚⓱能也。論者⓲因⓳考功之法，據效⓴而定賢㉑，則謂民治國安者，賢君之所致，民亂國危者，無道㉒之所為也。故危亂之變至，論者以責人君，歸罪於為政不得其道。人君受以自責，愁神苦思，撼動㉓形體，而危亂之變終不減除。空憒㉔人君之心，使明知之主虛受之責㉕，世論㉖傳稱㉗，使之然也。

【章　旨】此章說明君主德才的高低與政治的好壞沒有關係。

【注　釋】❶百石　漢代的俸祿級別之一。月俸十六斛（漢制與石相當）。石，古代的容量單位。一石為十斗。❷若　及。

❸斗食　指月俸十一斛的官吏。百石以上，指一般官吏。斗食以下，指小吏。❹布教　施行教化。❺行　行得通。❻止　行不通。❼職廢　職事廢止。❽洿　同「汙」。❾立　成功。❿黜陟幽明　罷黜庸吏，提拔賢吏。黜，降職或罷官。陟，升官。幽，暗；愚。明，智。⓫考功　考察功過。⓬案　據。⓭施罰　實行處罰。⓮考命　考察祿命。⓯長　崇高。⓰實　核實。⓱厚　重視。⓲論者　一般評論的人。⓳因　依據。⓴效　功效。㉑定賢　確定是否賢能。㉒無道　指壞的君主。㉓撼動　搖動；操勞。㉔空憒　白白苦心勞神。憒，心求通而不能通的樣子。㉕責　責難。㉖世論　社會輿論。㉗傳稱　傳說。

【語譯】凡「百石」以上及「斗食」以下的各種官吏，居守本職來治理百姓，從事政治而施行教令，教令施行還是受阻，百姓安定還是動亂，都是由「命」決定的。有的官吏才能出眾德行高潔，而居守本位卻事業失敗；有的官吏智慧淺薄操行卑汙，而治理百姓卻取得成功。上古罷黜昏庸官吏，提拔賢能官吏，考核他們的功過，根據有功就加以獎賞，根據無功就施行懲罰。這實際上是考察他們的「命」，重視他們的「祿」，並不是核實他們的才智，重視他們的能力啊！世上評論的人因襲考核功過的方法，來根據官吏的功效評定賢與不賢，就認為凡百姓安定、國家無事的局面，就是賢能的君主所造成的，凡百姓動亂、國家危急的局面，就是無道的君主造成的。所以預示國家危亂的災變到來時，評論的人總是指責君主，把罪過歸到君主頭上，認為他治理政事沒有得到正確的辦法。君主接受人們的指責而加以自責，弄得心神愁苦，身體操勞，危亂的災變卻沒有減少和消除。白白地使君主勞神苦思，使明智的君主平白無故地受到他們的責難，這是社會輿論和流言造成的啊！

夫賢君能治當安之民❶，不能化❷當亂之世❸。良醫能行其針藥，使方術❹驗❺者，遇未死之人，得未死之病也。如命❻窮❼病困，則雖扁鵲❽末❾如之何。夫命窮病困之不可治，猶夫亂民之不可安也。藥氣❿之愈病，猶教導之安民也。皆有命時⑪，不可令⑫勉力⑬也。公伯寮⑭訴⑮子路於季孫，子服景伯⑯以告孔子，孔子曰：「道之將行也與⑰，命⑱也！道之將廢也與，命也！」由此言之，教之行廢，國之安危，皆在命時，非人力也。

【章　旨】此章以醫生治病不能治命為例，說明政教的行廢、國家的安危，都是「命」與「時」決定的。

【注　釋】❶當安之民　按「命期」注定本就該趨於安定的老百姓。❷化　改變。❸當亂之世　按「命期」注定本就該趨於動亂的社會。❹方術　指治病的方法、技術。❺驗　效驗；效果。❻命　指壽命。❼窮　盡；完結。❽扁鵲　古代名醫。❾末　無。❿藥氣　藥的性能。⑪命時　命運和時運。照王充的理解，「命」是先天的稟受，「時」是後天的機遇。⑫令　使。⑬勉力　努力。指人主觀上的努力。⑭公伯寮　孔子弟子。⑮訴　說；評論。⑯子服景伯　魯國大夫。姓子服，名何。⑰與　同「歟」。⑱命　孔子指「天命」。見《論語・憲問》。

【語　譯】賢能的君主能治好命數注定本該趨於安定的百姓，卻不能改變命數注定本該趨於動亂的社會。良醫利用他的針灸和藥物能給人治病，使醫術容易取得成效，這是因為遇上的本就是不到死期的人和不會致死的病。如果一個人的壽命已盡，病已無法醫治，那麼即使有扁鵲這樣的名醫，也是無可奈何的。一個人如果壽盡病困無法醫治，就如同亂世百姓不可能得到安定一樣。藥物的性能可以治好病，就如同政治教化可以安定百姓一樣，都有命運和時運的主宰，不是靠人的主觀努力得以實現的。公伯寮在季孫氏面前訴說子路的不是，子服景伯把這事告訴孔子，孔子感歎說：「我的主張將會行得通嗎？那是天命決定的；我的主張將受阻而行不通嗎？那也是天命決定的。」從這些情況看，政教是否行得通，國家是否安定，都是命運和時運決定的，並不決定於人力啊！

夫世亂民逆❶，國之危殆❷災害，繫❸於上天，賢君之德不能消卻❹。《詩》❺道周宣王❻遭大旱矣。《詩》曰：「周餘黎民❼，靡有孑遺❽。」言無有孑遺一人不被害者。宣王賢者，嫌於德微❾，仁惠盛者，莫過堯、湯，堯遭洪水，湯遭大旱❿。水旱，災害之甚者也，而二聖逢之。豈二聖政之所致哉？天地歷數⓫當然⓬也。以堯、湯之水旱，準⓭百王之災害，非德所致。非德所致，則其福祐⓮非德所為也。

【章　旨】此章以堯遭洪水、商湯王、周宣王遭大旱的史事說明人君德行與災害無關。

【注　釋】❶逆　造反。❷殆　危。❸繫　牽制；決定。❹卻　退；除。❺詩　指《詩經》。❻周宣王　西周後期的君主。號稱中興之主。❼黎民　老百姓。❽靡有孑遺　形容大旱之年百姓受災的嚴重，不能說百姓在旱災中死光了。靡，無。孑，單獨。這裡表示一個。遺，留。見《詩經・大雅・雲漢》。❾德微　德行微薄。❿堯遭洪水二句　傳說堯時十年九澇，湯時八年七旱。⓫歷數　指天地之氣運行的期數。⓬當然　應當如此。指應當出現水旱。⓭準　衡量。⓮福祐　賜福幫助。此指風調雨順。

【語　譯】社會動亂，百姓叛逆，國家危急遭災，都決定於上天，靠賢君良好的德行是不能消除的。《詩經》說周宣王遭到的大旱非常嚴重，說：「周地剩下的老百姓，沒有一個人不受害的。」其實，這是說沒有一個人不受災害的。周宣王是賢能的國君，如果還嫌他的德行有所不足，那麼最仁愛的君主，沒有超過帝堯和商湯王的。可是，帝堯遭到洪水，商湯王遭到大旱。水災和旱災，是災害當中最嚴重的，這兩位聖君卻遇上了它們。難道是這兩位聖君的政治不好所招致的嗎？是天地的災害之氣運轉的期數所必然如此的啊！以帝堯和商湯王遭受水旱災的例子，衡量歷代君主之所以發生災害，都不是君主德行不好造成的。既然遭災不是君主德行不好造成的，那麼上天賜給風調雨順，也就不是君主德行好造成的了。

賢君之治國也，猶慈父之治家。慈父耐❶平教明令❷，不耐使子孫皆為孝善。子孫孝善，是家興也；百姓平安，是國昌也。昌必有衰❸，興必有廢。興昌非德所能成，然則衰廢非德所能敗也。昌衰興廢，皆天時也。此善惡之實，未言苦樂之效❹也。家安人樂，富饒財用足也。案富饒者命厚所致，非賢惠❺所獲也。人皆知富饒居安樂者命祿❻厚，而不知國安治化行者歷數❼吉也。故世治非賢聖之功，衰亂非無道之致。國當衰亂，賢聖不能盛；時當治，惡人不能亂。世之治亂，在時❽不在政；國之安危，在數❾不在教。賢不賢之君，明不明之政，無能損益❿。

【章　旨】此章以慈父治家為比，說明國家的昌衰興廢與君主是否賢明沒有關係。

【注　釋】❶耐　能。❷平教明令　推行正確明白的教化。❸昌必有衰　昌盛了必轉化為衰敗。古人認為物極必反，事物發展到極限就要向反面轉化，反之衰敗到極限也會向昌盛轉化。王充認為這是一種天的時運造成的，人力無法干預。❹效　效驗。❺賢惠　賢能惠愛。❻命祿　祿命；富貴貧賤的命運。❼歷數　天地之氣運行的期數；時數。❽時　時運。❾數　期數。❿損益　增減。

【語　譯】賢君治國，就好像慈父治家一樣。慈父能對子孫正確明白地進行教育，卻不能使子孫都成為孝順善良的人。子孫孝順善良，是家庭興旺的表現；百姓平安無事，是國家昌盛的表現。可是，國家昌盛必定有衰微的時候，家庭興旺必定有廢敗的時候。興旺和昌盛都不是君主和慈父的德行造成的，那麼衰微和廢敗也不是君主和慈父的德行所導致的。這是因為昌盛、衰微、興旺、廢敗，都是天的時運決定的。以上說的只是關於時運善惡的實際情況，還沒有談到痛苦和歡樂方面的效驗。家人安樂，表明富饒財物充足。考察富饒的原因，是命運好造成的，並不是賢惠的德行獲得的。人們都明白家庭的富饒處於安樂的環境，是天生「祿命」優厚的緣故，卻不知道國家安定、教化施行，是由於「歷數」吉利決定的。所以社會安定不是賢君聖主的功勞，國家衰敗動亂也不是無道之君造成的。國家遇上衰敗動亂的時運，即使聖賢之君也不能使它興盛；時運遇上太平，惡人當政也不會使它變成動亂。社會的太平與動亂，決定於時運，而不決定於政治；國家的安定與危急，在於「歷數」，不在於教令。君主的賢與不賢，政治的清明不清明，對國家的安定與危亂都不能產生什麼影響。

世稱五帝❶之時，天下太平，家有十年之蓄❷，人有君子❸之行。或時不然，世增❹其美；亦或時然，非政所致。何以審❺之？夫世之所以為亂者，不以盜賊眾多，兵革❻并起，民棄禮義，負畔❼其上乎？若此者，由穀食乏絕，不能忍饑寒。夫饑寒并至而能無為非者寡❽，然則溫飽并至而能不為善者希❾。傳曰：「倉廩❿實⓫，民知禮節；衣食足，民知榮辱。」讓⓬生於有餘，爭起於不足。穀足食多，禮義之心生；禮豐義重，平安之基立矣。故饑歲之春，不食親戚；穰歲之秋，召及四鄰⓭。不食親戚，惡行⓮也；召及四鄰，善義也。為善惡之行，不在人質性⓯，在於歲之饑穰。由此言之，禮義之行，在穀足也。

【章旨】此章說明國家的治亂以及人們的道德觀念，是建立在物質生活基礎之上的。

【注釋】❶五帝　指傳說中的黃帝、顓頊、帝嚳、堯、舜。❷蓄　指糧食等生活資料的儲備。❸君子　指品德高尚的人。❹增　增飾；誇大。❺審　明。❻兵革　指戰爭。❼負畔　背叛。畔，通「叛」。❽寡　少。❾希　稀少。❿廩　糧倉。⓫實　充足。⓬讓　辭讓。⓭故饑歲之春四句　見《韓非子・五蠹》。饑歲，荒年。食，給人吃。穰歲，豐年。穰，莊稼成熟豐收。召，召請。⓮惡行　壞的德行。⓯質性　本性。

【語　譯】一般人稱頌五帝時期，天下太平，家家有十年的生活儲備，人人有君子的高尚德行。或許不是如此，是人們誇大了那時的美好景況；也或許是如此，但不是政治清明造成的。怎麼知道是這樣呢？社會之所以造成混亂的原因，不是盜賊眾多，戰爭並起，百姓拋棄禮義，才背叛他們的君主的嗎？像這類事情，是由於百姓缺乏糧食，不能忍受飢寒造成的。一般說來，人們處於飢寒交迫的境遇，而能不為非作歹的人是很少的。那麼處於衣食充足的境遇，而不能就善從良的人也是稀少的。古書上說：「倉裡糧食充實，百姓就講究禮節；衣食充足，百姓就懂得榮辱。」辭讓產生於衣食有餘，爭奪產生於衣食不足。衣食充足，就會講究禮義；禮義隆盛，國家安定的基礎就奠定了。所以荒年的春季，連親人也不讓吃上頓飽飯；豐年的秋天，連四鄰的人也被叫來參與飲宴。不給親人飯吃，這是不好的行為；叫來四鄰的人飲宴，這是優良的德性。好的德性或者壞的行為的形成，不在人的本性，而決定於荒歲還是豐年。從這方面說來，人們符合禮義要求的道德和行為，全決定於糧食充足的條件了。

案穀成敗❶，自有年歲。年歲水旱，五穀不成，非政所致，時數❷然也。必謂水旱政治所致，不能為政者❸莫過桀、紂，桀、紂之時，宜常水旱。案桀、紂之時，無饑耗❹之災。災至自有數❺，或時返❻在聖君之世。實事者❼說堯之洪水，湯之大旱，皆有遭遇❽，非政惡之所致。說百王之害，獨謂為惡之應，此見❾堯、湯德優，百王劣也。審一足以見百，明惡足以照❿善。堯、湯證百王，至百王遭變，非政所致。以變見而明禍福，五帝致太平，非德所就⓫，明矣。

【章旨】此章以桀、紂無水旱災，堯、湯有水旱災的事實，說明水旱災的出現與政治無關。

【注釋】❶成敗　指收成好壞。❷時數　時運期數。❸不能為政者　不善於治理國家的人。❹饑耗　饑荒、減損。❺數　期數。❻返　同「反」。❼實事者　依據實際情況。❽遭遇　指遭遇時數，遇上水災、旱災的時機。❾見　同「現」。❿照　明。⓫就　造成。

【語譯】考察五穀收成的好壞，本是由年歲決定的。遇上水災或旱災的年歲，五穀不能成熟，這不是政治所造成的，是時運期數使之如此的。一定要說水災、旱災是政治造成的，不善於治理國家的人，沒有超過桀、紂的了，按理桀、紂的時期，應該經常有水旱災發生。可是考察桀、紂時的情況，卻沒有發生過饑荒耗損的災變。可見災變的到來本有一定的期數，說不定反而會在聖明君主的時期出現。依據實際情況說，堯時的洪水，湯時的大旱，都是遇到了水旱災的時機，不是政治不好所造成的。人們要說歷代君主所以遭受自然災害，獨獨認為是政治不好所造成的，這種說法只是為了表明堯、湯道德高尚，歷代的君主都不好而已。明確了一件事，就足以看清一百件事，明白了什麼是惡，就知道什麼是善。根據堯、湯的情況來論證歷代君主，以及他們遇上的自然災害，都不是政治所造成的。根據災變的出現，就能明白禍福的根源不在君主的德行，五帝造成太平局面，不是由於他們的德行所成就，就十分清楚了。

人之溫病❶而死也，先有凶色❷見於面部。其病，遇邪氣也。其病不愈，至於身死，命壽訖❸也。國之亂亡，與此同驗❹。有變見於天地，猶人溫病而死，色見於面部也。有水旱之災，猶人遇氣❺而病也。災禍不除，至於國亡，猶病不愈，至於身死也。論者謂變徵❻政治，賢人溫病色凶，可謂操行❼所生乎？謂水旱者無道所致，賢者遭病，可謂無狀❽所得乎？謂亡者為惡極❾，賢者身死，可謂罪重乎？夫賢人有被病而早死，惡人有完強❿而老壽，人之病死，不在操行為惡也。然則國之亂亡，不在政之是非。惡人完強而老壽，非政⓫平安而常存。由此言之，禍變不足以明惡，福瑞不足以表善，明矣。

【章　旨】此章以人的生老病死為例，說明國家的存亡與政治的好壞沒有關係。

【注　釋】❶溫病　熱病。❷凶色　不好的氣色。❸訖　完結。❹驗　徵兆。❺氣　指邪氣。❻徵　象徵。❼操行　品行。❽無狀　不肖；不好。❾惡極　壞到極點。❿完強　健壯。⓫非政　政治不好。指政治不好的國家。

【語　譯】當人患熱病將死的時候，總先在面部現出不好的氣色。那種病由於遇上了邪氣，無法治好，以致最後死去，壽命走到了盡頭。國家動亂將亡的時候，與病人將死有著同樣的徵兆。如國家將亡，天地間出現災變，就如同人患熱病將死，在面部出現不好的氣色一樣。出現水災和旱災，就如同人遇上邪氣而形成疾病一樣。如果災害不能消除，而使國家喪亡，就如同熱病無法醫治，至於身死一樣。論說的人說災變象徵政治不良，那麼賢人患熱病而呈現不好的氣色，能說是由於他的品行不好而產生的嗎？說水災旱災的發生，是國君無道造成的，那麼賢人生病，可以說是操行不好造成的嗎？說亡國之君罪大惡極，那麼賢人因病而死，能說他的罪過很重嗎？賢人有患病而早死的，壞人也有健壯而長壽的，可見人的病死，並不在於死者品行的惡劣啊！那麼國家的動亂喪亡，原因也不在於政治的得失。壞人健壯而長壽，政治不良的國家也能平安而長期存在。從這方面說來，災變不足以說明這個國家政治的惡劣，祥瑞不足以說明這個國家政治的清明，這就很清楚了。

在天之變，日月薄蝕❶，四十二月日一食❷，五月六月月亦一食❸。食有常數❹，不在政治。百變千災，皆同一狀，未必人君政教所致。歲❺害❻鳥帑❼，周、楚有禍❽；綝然之氣❾見，宋、衛、陳、鄭❿皆災。當此之時，六國⓫政教，未必失誤也。歷陽⓬之都，一夕沈⓭而為湖，當時歷陽長吏⓮，未必誣妄⓯也。成敗繫於天，吉凶制於時⓰。人事未為⓱，天氣⓲已見，非時而何？五穀生地，一豐一耗⓳；穀糴⓴在市，一貴一賤。豐者未必賤，耗者未必貴。豐耗有歲，貴賤有時。時當貴，豐穀價增；時當賤，耗穀直㉑減。夫穀之貴賤不在豐耗，猶國之治亂不在善惡。

【章旨】此章說明日月蝕及種種災變的產生與政治好壞無關。

【注釋】❶日月薄蝕　指日蝕、月蝕。薄，遮掩。王充認為日蝕、月蝕的形成是由於日月的光亮消滅的緣故。參見本書〈說日篇〉。❷日一食　一次日蝕。〈說日篇〉作「四十一二月日一食」。❸月亦一食　也一次月蝕。〈說日篇〉作「百八十日月一蝕」。❹常數　定數；固定不變的期數。❺歲　指歲星。即木星。古人認為歲星運行一周天是十二年，因而用它來紀年，稱「歲星」。實際上歲星繞太陽一周，只需十一・八六二二年，誤差太大，因而自東漢順帝以後，歲星紀年法就廢而不用了。❻害　侵犯。古人把歲星運行的一周天以星宿為標誌分成十二等分，認為歲星每年運行一個等分。實際上歲星運行一年卻要超越本年等分而進入下年等分，形成對下年等分中星宿的「衝犯」，古人認為這是不祥之兆。❼鳥帑　指朱雀這組星宿的尾部。鳥，指南方的一組星宿「朱雀」。帑，通「孥」。鳥尾。❽周楚有禍　據《左傳・襄公二十八年》記載，這一年歲星越過本年等分，所在位置正對著朱雀尾部的星宿。古人認為天上星宿的位置與地上的行政區域相配合，朱雀尾部的星宿配合周、楚兩國。所以歲星「衝犯」朱雀尾部，就表明周、楚將遭災禍。周，指東周君主的直轄地區，在今河南洛陽一帶。楚，春秋時，楚國其地包括今湖北、湖南北部、河南南部及安徽西南部一帶。❾綝然之氣　指彗星。古人以為彗星出現是不祥之兆。綝然，這裡指彗星尾巴。綝，綝纚。形容衣裳毛羽下垂的樣子。❿宋衛陳鄭　春秋時這四個國家都在今河南境內。據《左傳》〈昭公十七年〉、〈昭公十八年〉記載：昭公十七年，彗星出現在心宿附近，次年宋、衛、陳、鄭同時出現大火災。⓫六國　指周、楚、宋、衛、陳、鄭六國。⓬歷陽　古縣名。其地在今安徽省境內。⓭沈　沈沒。⓮長吏　地方長官。⓯誑妄　欺詐妄為。⓰制於時　受「時運」的制約。⓱未為　未行動。⓲天氣　指自然徵兆。⓳耗　減損；歉收。⓴糶　賣糧。㉑直　通「值」。價值。

【語　譯】天上的變異，有日蝕、月蝕，四十二個月發生一次日蝕，五、六個月也發生一次月蝕。日蝕、月蝕有一定的期數，不決定於政治的好壞。千百種災變，都是同樣的情況，未必是君主政教不良所造成的。歲星逾越等次，侵犯朱雀星宿的尾部，周、楚兩國將遭災禍；彗星出現，宋、衛、陳、鄭四國都起大火。當這時，以上六國的政教，未必都有失誤啊！歷陽的都城，一夜之間沈沒而變成湖泊，當時歷陽的地方長官，未必是在欺詐妄為啊！政事的成敗決定於上天，吉凶的遭遇決定於時運。人事還沒有行動，自然變異已經顯現，不是時運又是什麼呢？五穀長在田土，有時豐收，有時歉收；在市裡賣糧，有時價高，有時價低。豐收年未必價低，歉收年未必價高。豐收歉收有一定的年歲，價高價低有一定的時運。按時運應當高價，豐收年的糧價也會提高；按時運應當低價，歉收年的糧價也會降低。糧價的高低，不在於豐收或歉收，就如同國家的治亂，不決定於政治的好壞一樣。

賢君之立，偶❶在當治❷之世，德自明於上❸，民自善❹於下，世平民安，瑞祐并至，世則謂之賢君所致。無道之君，偶生於當亂之世，世擾❺俗亂，災害不絕，遂❻以破國亡身滅嗣❼，世皆謂之為惡所致。若此，明於善惡之外形，不見禍福之內實❽也。禍福不在善惡，善惡之證不在禍福。長吏到官，未有所行，政教因❾前，無所改更，然而盜賊或多或寡，災害或無或有，夫何故哉？長吏秩❿貴，當階⓫平安以升遷⓬，或命賤不任，當由危亂以貶⓭詘⓮也。以今之長吏，況⓯古之國君，安危存亡，可得論⓰也。

【章旨】此章說明國家的治亂全在於當時與不當時，與國君的賢能或者無道沒有聯繫。

【注釋】❶偶　偶然；湊巧。❷當治　時運注定應當安定。❸上　指上位。❹善　善良。❺擾　紛擾；亂。❻遂　終。❼嗣　繼嗣的人。❽內實　內情。❾因　因襲；遵循。❿秩　官吏俸祿的級別。⓫階　憑藉。⓬遷　指升官。⓭貶　降職。⓮詘　同「黜」。罷免。⓯況　比況。推論的意思。⓰論　論定。

【語譯】賢君在位，偶然遇到社會注定應當安定的時代，在上位的君主道德自然清明，在下位的百姓品行自然善良，社會太平，人民安定，吉祥的瑞物一齊出現，一般人卻認為這是賢君所造成的。無道的君主，偶然生在社會注定應當動亂的時代，社會風氣紛擾混亂，災害不斷出現，終於遭到破國、亡身、絕滅後嗣的結局，一般人認為這是他作壞事所造成的。諸如此類的說法，只是看到善惡的表面現象，沒有看到禍福的實質。其實，國家的禍福不決定於君主的善惡，君主善惡的證驗不表現在國家的禍福上面。譬如一個長吏新上任，還來不及採取什麼措施，政教因襲前任的做法，沒有什麼更改，然而盜賊有時多，有時少，災害有時沒有，有時有，這是什麼緣故呢？如果長吏命裡注定要做大官，就該讓他憑藉注定的安定局面而得到升遷；也可能由於他的命賤不能勝任長吏，就應當讓他在注定的危亂局面中受到降職或罷免的處分。根據今天長吏的任免升降，來推論古代國君的遭遇，國家的安危存亡，就可以論定了。

卷一八

自然篇第五十四

【題解】本篇依據道家天道無為的觀點駁斥儒者天道有為之說。儒者認為天有意志，「天生五穀以食人，生絲麻以衣人」，它對於不好的君主還可提出譴告。王充認為天只是如雲煙一樣的氣，沒有口目，也沒有手，「恬淡無欲，無為無事」。他說：「天道無為，故春不為生，而夏不為長，秋不為成，冬不為藏。陽氣自出，物自生長；陰氣自起，物自成藏。」萬物的生、長、成、藏皆出於自然。王充還認為所謂「譴告」的說法，完全是以人道去推測天道，是「末世衰微，上下相非」的形勢下人們假造的。這些看法是正確的。但是把政治中的有為與無為說成是君主受氣的厚薄所致，對唐叔虞等人的手紋等怪異現象信以為真，這就失去了科學依據。

天地合氣❶，萬物自生❷，猶夫婦合氣❸，子自生矣。萬物之生，含血之類❹，知饑知寒。見五穀可食，取而食之；見絲麻可衣，取而衣之。或說❺以為天生五穀以食❻人，生絲麻以衣人❼。此謂天為❽人作農夫、桑女之徒❾也，不合自然❿，故其義疑⓫，未可從⓬也。試依道家⓭論之。

【章旨】此章初步指明天地生萬物，人類求衣食，都是自然而然的事情。

【注釋】❶氣　王充理解氣是構成人類萬物的元素，是由天地星宿不斷運動產生出來的。氣有陰氣和陽氣，二氣交合便產生了萬物和人類。用氣來解釋萬物和人類生成的觀點在當時是頗具進步意義的。❷自生　自然生長。❸夫婦合氣　指男女交配。可以促使陰陽二氣交合在一起從而孕育小孩。人怎麼會懷孕的，這種合氣說雖不怎麼科學，但已經走上了科學探索的道路，對此前的人類神造說是一種否定。❹含血之類　有血氣的動物。這裡指人。❺或說　有人說。這裡指儒者的說法。全篇以「或曰」引出對立的觀點而加以辨析。❻食　通「飼」。餵養。❼衣人　給人衣穿。❽為　替。❾徒　類。❿自然　指自然之理。自然，是排除人為，自然而然的意思。⓫義疑　意義、道理值得懷疑。⓬從　信從。⓭道家　先秦諸子中的一個重要流派。以老子、莊子為代表，主張自然無為。本篇王充即用道家自然的觀點來辨析儒者的許多迷信說法。

【語譯】天地陰陽二氣交合，萬物便自然生出，如同夫婦陰陽二氣交合，小孩便自然生出了。萬物的生出，凡屬含有血氣的動物，都有飢寒的感覺。人類看到五穀可以食用，於是就生產五穀拿來食用；看到絲麻可以做衣穿，於是就生產絲麻拿來做衣穿。有的說法以為上天有意生出五穀來飼養人，有意生出絲麻來給人衣穿。這是說天在替人們充當農夫和桑女一類的人啊！這不符合天道自然的道理。所以這種主張是值得懷疑的，不可信從。試按道家的主張來辨析一下這個問題。

天者，普施❶氣萬物之中，穀愈❷饑而絲麻救寒，故人食穀、衣❸絲麻也。夫天之不故❹生五穀絲麻以衣食人，由❺其有災變不欲以譴告❻人也。物自生而人衣食之，氣❼自變而人畏懼之。以若❽說論之，厭❾於人心矣。如天瑞❿為故⓫，自然焉⓬在？無為⓭何居？何以知天之自然也？以天無口目也。案⓮有為⓯者，口目之類⓰也。口欲食而目欲視，有嗜欲⓱於內，發⓲之於外，口目求之，得以為利，欲之為也。今無口目之欲，於物無所求索⑲，夫⑳何為乎？何以知天無口目也？以地知之。地以土為體，土本無口目。天地，夫婦也，地體無口目，亦知天無口目也。使㉑天體㉒乎？宜與地同。使天氣乎？氣若雲煙。雲煙之屬，安得口目！

【章　旨】此章論述天體自然，無口無目，沒有欲望。

【注　釋】❶普施　普遍施予。❷愈　勝。❸衣　穿。❹故　故意；有意。❺由　通「猶」。❻譴告　譴責；告誡。❼氣　指產生災變的氣。❽若　此。❾厭　滿足；心服。❿天瑞　上天的祥瑞。王充認為祥瑞也是由氣形成，陰陽調和便產生瑞氣，出現祥瑞。只有天下太平的時候，才有祥瑞出現，但是出現祥瑞，既不是上天有意的，也不是祥瑞本身有意的。參見本書〈講瑞篇〉。⓫故　有意。⓬焉　何。⓭無為　與「自然」同義。指任其自然，無目的而為。⓮案　考察。⓯有為　指有意識、有目的而為。王充認為凡有思慮的人，都是有意識、有目的而為的。天沒有思慮，天則不可能有為。⓰口目之類　有口、有目一類的。這裡指人類。⓱嗜欲　欲望。⓲發　表現出來。⓳求索　追求。⓴夫　彼；它。㉑使　假使。㉒體　實體。指有固定形狀之物。

【語　譯】天的職分只是普遍對萬物施予陰陽之氣，讓萬物得以生成，五穀生成可解救人的飢餓，絲麻生成可解救人的寒冷，所以人們要食五穀，穿絲麻。但是，天並不是有意生出五穀絲麻來供人們衣食的，就如同天有了災變並無意來譴責告誡一樣啊！五穀絲麻是自然生出而人們吃穿它們，災氣是自然變化而人們畏懼它。用這樣的說法來論證，就能使人心服了。假如天生瑞物是有意的，那麼天道自然又在哪裡呢？天道無為又在哪裡呢？憑什麼知道天是無意而自然呢？因為天沒有口目器官。考察凡有意識、有目的而為的，都是具有口目這類器官的。口要吃，目要看，心裡有了欲望，就會表現在行動上，用口目去追求，得到了才算滿足，這是欲望起的作用。現在我們知道天沒有口目的欲望，對事物無所追求，它為了什麼而行動呢？憑什麼知道天是沒有口目的呢？憑大地就知道。大地是以土為體的，土本來就沒有口目。天地，就好像夫妻，作為妻子的地的體沒有口目，也就知道作為丈夫的天是沒有口目的了。要說天是體嗎？那就該和地一樣。要說天是氣嗎？氣就像雲煙，雲煙一類的東西，哪能有口目呢？

或曰❶：「凡動行之類，皆本有為❷。有欲故動，動則有為。今天動行與人相似，安得無為？」曰❸：天之動行也，施氣也，體動氣乃出，物乃生矣。由人動氣❹也，體動氣乃出，子亦生也。夫人之施氣也，非欲以生子，氣施而子自生矣。天動不欲以生物，而物自生，此則自然也。施氣不欲為物❺，而物自為，此則無為也。謂天自然無為者何？氣也，恬淡❻無欲，無為無事者也，老聃❼得以壽❽矣。老聃稟❾之於天，使天無此氣，老聃安所稟受此性！師無其說而弟子獨言❿者，未之有也。

【章旨】此章說明天生萬物，沒有目的，自然無為。

【注釋】❶或曰　有人說。引用對立的說法。❷有為　有意識、有目的而為。❸曰　王充說。此下為王充的反駁。❹動氣　指男女交配。❺為物　創造物。❻恬淡　清靜。❼老聃　即老子李耳。春秋時楚國人，曾做過周朝的史官，是道家學派的創始人。❽得以壽　指能夠憑藉天的恬淡之氣長壽。❾稟　承受。❿獨言　指弟子在老師的見解之外另創新說。這個比喻用得不太恰當，不過王充只是用來說明假如天不施予清靜無為之氣，老聃便不可能有這種清靜無為的本性。

【語譯】有人說：「凡屬能活動行走的物類，都本來是有為的。因為有欲望，所以有行動；因為有行動，所以有所作為。現在天能活動運行，與人類相似，怎能無為呢？」我說：天在運行當中，散布出氣來。物體運動氣就生出，新的物就產生了。如同男女交配生出氣來一樣，身體運動氣就生出，孩子也就生下來了。人在互相施予氣的時候，並不是有意要生孩子，可是由於氣的施予，孩子自己出生了。天的運動並不是想藉此生出萬物，可是萬物自己生出，這就是「自然」。天施氣不是想要創造萬物，而萬物承受氣卻自己形成了，這就是「無為」。說天為什麼會是自然無為的呢？這是因為天是由氣構成的，氣是清靜無欲的，無為無事的，老聃憑藉它就能夠長壽了。老聃是承受天施予的氣才能清靜無為，假使天沒有這種氣，老聃稟受的這種清靜無為的本性又是從哪裡來的呢？老師沒有那樣的說法而弟子另立新的說法，是不曾有過的事情。

或復❶於桓公❷，公曰：「以告仲父❸。」左右曰：「一則仲父，二則仲父，為君乃易❹乎？」桓公曰：「吾未得仲父，故難；已得仲父，何為不易❺！」夫桓公得仲父，任之以事，委❻之以政，不復與知❼。皇❽天以至❾優之德與王政❿而譴告之，則天德不若桓公，而霸君⓫之操過上帝也。

【章　旨】此章以齊桓公的清靜無為來證明上天的清靜無為。

【注　釋】❶復　指覆命。報告執行命令的情況。❷桓公　齊桓公。春秋時齊國的國君，五霸之一。❸仲父　齊桓公對管仲的尊稱。❹易　容易。❺吾未得仲父四句　事見《韓非子・難二》。❻委　委託。❼與知　過問。與，參與。❽皇　光明；偉大。❾至　最。❿與王政　與國君以政事；把政事交給國君。⓫霸君　指齊桓公。

【語　譯】有人向齊桓公報告工作，桓公說：「把這事向仲父報告。」左右的臣子說：「一次有人來報告，說去找仲父，二次有人來報告，說去找仲父，做君主那麼容易嗎？」桓公說：「我未曾得到仲父的時候，的確做國君是困難的；當我得到仲父之後，做國君為什麼不感到容易呢？」齊桓公得到了仲父，任用他掌管國家大事，委託他主持政務，自己不再過問。如果皇天以它最高的道德授命，把政權交給君主，隨後又要譴告他，那麼皇天的道德還不如桓公，而霸主的操行還超過上帝了。

或曰：「桓公知管仲賢，故委任之；如非管仲，亦將譴告之矣。使天遭❶堯、舜，必無譴告之變❷。」曰：天能譴告人君，則亦能故❸命聖君，擇才若堯、舜，受❹以王命，委以王事，勿復與知。今則不然，生庸庸❺之君，失道廢德，隨譴告之，何天不憚❻勞也！曹參❼為漢相，縱酒歌樂，不聽政治，其子諫❽之，笞❾之二百。當時天下無擾亂之變。淮陽❿鑄為錢，吏不能禁，汲黯⓫為太守，不壞一爐，不刑一人，高枕安臥，而淮陽政清⓬。夫曹參為相，若不為相，汲黯為太守，若郡無人，然而漢朝無事，淮陽刑錯⓭者，參德優而黯威重也。計⓮天之威德，孰與⓯曹參、汲黯？而謂天與王政，隨⓰而譴告之，是謂天德不若曹參厚，而威不若汲黯重也。蘧伯玉⓱治衛，子貢⓲使人問之：「何以治衛？」對曰：「以不治⓳治之。」夫不治之治，無為之道也。

【章旨】此章以曹參、汲黯等人的無為而治為例，說明天道的自然無為。

【注釋】❶遭　遇。❷變　災變。❸故　有意。❹受　授。❺庸庸　平庸無能。❻憚　怕。❼曹參　漢初政治家。漢惠帝時為丞相。❽諫　勸阻。古時臣對君、子對父提意見叫「諫」。❾笞　用鞭子或板子打。❿淮陽　郡名。在今河南東部。⓫汲

黯 漢武帝時為東海太守、主爵都尉、淮陽太守。⑫淮陽政清 以上事參見《史記・汲鄭列傳》。⑬刑錯 刑罰棄置不用。錯，通「措」。棄置。⑭計 考慮；衡量。⑮孰與 與……比，誰（高）。⑯隨 接著。⑰蘧伯玉 春秋時衛國大夫。⑱子貢 孔子的弟子。⑲不治 無為。

【語譯】有人說：「齊桓公因為了解管仲賢能，所以委任他以國事；如果所委任的並不是像管仲那樣賢能的人，也必將對他進行譴責和告誡的了。假使天遇上堯、舜，必定不會有災變來對他們進行譴責和告誡。」我說：天如果能譴責告誡君主，那麼也就能有意授命聖明的君主，選擇像堯、舜有才能的人，授命他做國君，把國家大事委託給他，不再過問政事。現在卻不是這樣，生出一些平庸無能的君主，沒有道德，接著又對他們進行譴責和告誡，天為什麼這樣不怕麻煩呢！曹參曾經做西漢的相國，放肆飲酒作樂，不親自處理政事，他的兒子進行勸諫，反而被打了兩百板。這種無為而治的辦法，使得當時天下太平，沒有擾亂的事變發生。淮陽郡有人私鑄假錢，當地的官吏無法禁止，汲黯一到那裡做太守，不毀壞一個鑄爐，不懲罰一個人，只是高枕而臥，淮陽卻政治清明，社會安定。曹參做相國，好像沒有做相國一樣，汲黯做太守，好像郡中沒有此人，然而漢朝當時沒有變亂的事情發生，淮陽郡刑罰棄而不用，就是由於曹參道德好而汲黯威望高的緣故。衡量一下天的威望和德行與曹參、汲黯比較，哪一個高呢？可是說天把政事授予君主，接著又對他進行譴責和告誡，這就是說天的德行反而不如曹參的厚，而天的威望反而不如汲黯的高啊！蘧伯玉治理衛國，子貢派人向他請教：「先生用什麼辦法來治理衛國呢？」蘧伯玉回答說：「用不治的辦法治理它。」那不治的治理，就是無為的辦法啊！

或曰：「太平之應❶，河出圖，洛出書❷。不畫不就，不為不成，天地出之，有為之驗❸也。張良❹遊泗水❺之上，遇黃石公授太公書❻，蓋❼天佐漢誅秦，故命令神石❽為鬼書❾授人，復為有為之效❿也。」曰：此皆自然也。夫天安得以筆墨而為圖書乎？天道自然，故圖書自成。晉唐叔虞⓫，魯成季友⓬生，文在其手，故叔曰「虞」，季曰「友」。宋仲子⓭生，有文在其手，曰「為魯夫人」。三者在母之時，文字成矣，而⓮謂天為文字，在母之時，天使神持錐⓯筆墨刻其身乎？自然之化⓰，固疑⓱難知，外若有為，內實自然。是以太史公⓲紀黃石事，疑而不能實⓳也。趙簡子⓴夢上天，見一男子在帝㉑之側。後出，見人當㉒道，則前所夢見在帝側者也㉓。論之㉔以為趙國且㉕昌㉖之狀㉗也。黃石授書，亦漢且興之象也。妖氣㉘為鬼，鬼象人形，自然之道，非或㉙為之也。

【章　旨】此章論定黃石公書、唐叔虞、成季友、宋仲子生時手有文字等怪異都是自然形成的，不是誰有意創造出來的。

【注　釋】❶應　瑞應；吉祥的徵兆。❷河出圖二句　見《周易・繫辭》。河出圖，傳說上古伏羲氏時，黃河水面出現龍馬，伏羲根據其圖像畫成八卦，所以河圖指「八卦」。河，黃河。洛出書，傳說夏禹治水時，洛水出現書，稱洛書。有注家認為洛書就是《尚書・洪範》中的「九疇」。洛，洛水。即今洛河，在河南西部。❸驗　證明。❹張良　劉邦的謀臣。❺泗水　水名。在今山東中部。❻遇黃石公授太公書　傳說張良早年，在泗水的一座土橋上散步，一個叫黃石公的老人，送給他一部《太公兵法》。見《史記・留侯世家》。❼蓋　發語詞。但有表推測的意思。❽神石　指黃石公。傳說他是一塊黃石變成的。❾鬼書　指《太公兵法》。❿效　證明。⓫晉唐叔虞　周武王的兒子。名虞，封於唐，後來唐改為晉，故稱晉唐叔虞。據《左傳・昭公元年》記載，唐叔虞出生，手上便有「虞」的字樣。⓬魯成季友　春秋時魯桓公的小兒子。名友，字成季。據《左傳・

昭公二十三年》記載，成季友生下來，手上便有「友」的字樣。⓭宋仲子　春秋時宋國君主宋武公的女兒。據《左傳・隱公元年》記載，仲子生下來，手上便有「為魯夫人」的字樣，後來嫁給了魯惠公。⓮而　如。⓯錐　錐子。刻字的工具。⓰化變化。⓱固疑　本來值得懷疑。⓲太史公　史官名。此指司馬遷。⓳實　證實。⓴趙簡子　趙鞅。春秋時晉國大夫。㉑帝指上帝。㉒當　阻擋。㉓在帝側者也　事見本書〈紀妖篇〉。㉔論之　議論這件事。指王充自己對這件事情的看法。㉕且將。㉖昌　興盛。㉗狀　徵兆。㉘妖氣　人死後的氣。㉙或　有誰。

【語　譯】有人說：「天下太平時期的吉祥徵兆，就首推黃河出現圖，洛水出現書。圖不畫不成，書不寫不成，天地出示了河圖、洛書，這是上天有意識活動的證明。張良早年在泗水上散遊，遇上一個名叫黃石公的老人，送給他一部《太公兵法》，大概是體現了天要張良輔佐漢代誅滅秦代，所以命令神石化為老人，授給張良一部兵書，這又是上天有意識活動的證明。」我說：這些都是自然形成的。天怎麼能用筆墨來繪寫出河圖和洛書呢？天道自然無為，所以河圖、洛書是自己形成的。晉國唐叔虞和魯國成季友出生時，他們的手上現出文字，所以唐叔名「虞」，成季名「友」。宋國仲子出生時，她的手上也有文字，說「做魯國的夫人」。以上三人手上的文字，都是在母親懷胎的時期便已形成了。如果說是天寫下的文字，難道是他們還在母體裡的時期，天命令神拿著錐子筆墨把文字刻在他們手上的嗎？自然的變化，本來就值得懷疑，難搞清楚，從外表上看好像是有意作成的，從實質上看卻是自然形成的。因此司馬遷在《史記・留侯世家》記載黃石授書這件事時，也感到疑惑而不能加以證實。趙簡子夢見自己登天，見到一位男子在上帝身旁。後來外出，見到有人擋住道路，卻就是以前所夢見的在上帝身旁的那個人。議論這件事情的人，認為是趙國將要興起的徵兆。黃石授書張良，也是漢代將要興起的徵兆。人死後的氣變成鬼，鬼像人的樣子，符合自然的道理，並不是有誰有意創造出來的。

草木之生，華❶葉青蔥，皆有曲折❷，象類文章❸。謂天為文字，復為華葉乎？

宋人❹或❺刻木為楮❻葉者，三年乃成。列子❼曰：「使天地三年乃❽成一葉，則萬物之有葉者寡❾矣。」如列子之言，萬物之葉自為生也。自為生也，故能並成❿。如天為之，其遲⓫當若宋人刻楮葉矣。觀鳥獸之毛羽，毛羽之采色，通⓬可為乎？鳥獸未能盡實⓭。春觀萬物之生，秋觀其成，天地為之乎？物自然也？如謂天地為之，為之宜用手，天地安得萬萬千手，並為萬萬千千物乎？諸物在天地之間也，猶子在母腹中也。母懷子氣，十月而生，鼻口耳目，髮膚毛理⓮，血脈脂⓯腴⓰，骨節爪齒，自然成腹中乎？母為之也？偶人⓱千萬，不名為人者，何也？鼻口耳目，非性⓲自然也。武帝⓳幸⓴王夫人㉑，王夫人死，思見其形。道士以方術作夫人形㉒，形成，出入宮門，武帝大驚，立而迎之，忽不復見。蓋非自然之真，方士㉓巧妄㉔之偽㉕，故一見恍惚㉖，消散滅亡。有為之化，其不可久行㉗，猶王夫人形不可久見也。道家論自然，不知引物事以驗其言行，故自然之說未見㉘信也。

【章　旨】此章以花葉、毛羽乃至天地萬物的紛繁現象為證，說明皆成於自然之理。

【注　釋】❶華　同「花」。❷曲折　指花葉的紋理脈絡曲折複雜。❸文章　文字圖案。❹宋人　春秋時宋國人。宋國在今河南商丘一帶。❺或　有。❻楮　楮樹。樹皮可以造紙。❼列子　即列禦寇。相傳是戰國前期的道家，他的著作已佚，今傳

《列子》一書屬偽託。❽乃　才。❾寡　少。❿並成　同時一道長成。⓫遲　緩慢。⓬通　都。⓭盡實　完全證實。⓮理　皮膚的紋理。⓯脂　脂肪。⓰腴　肥肉。⓱偶人　泥或木作成的人。⓲性　天性。⓳武帝　指漢武帝。⓴幸　寵愛。㉑王夫人　漢武帝的妃子。《漢書・外戚傳》指「李夫人」。㉒道士句　按以法術重現夫人形象。道士，指以求仙、煉丹等迷信活動為職業的人。術，法術。㉓方士　法術之士。即道士。㉔巧妄　巧妙虛妄。㉕偽　人為叫「偽」。這裡指假象。㉖恍惚　若有若無看不清的樣子。㉗久行　長久存在下去。㉘見　被。

【語　譯】草木的生長，花葉一片青翠，都有曲折的脈理，好像有文字圖案一樣。要說晉唐叔虞等人手中的文字是天寫的，那麼花葉也是天造的嗎？有一個宋國人把木頭雕刻成楮樹葉，花了三年時間才完成。列子說：「假使天地也雕刻三年才成葉子，那麼萬物當中有葉子的就太少了。」按照列子說的意思，萬物的葉子是自己生成的。正是因為自己生成，所以能同時長出葉子。如果是天創造的葉子，那麼葉子的生長就會像宋人刻楮葉那樣緩慢了。再看看鳥獸的毛羽之多，這些毛羽的五顏六色，都是天有意創造出來的嗎？當然，只用鳥獸作例子還不能完全證實這個道理。再當春天看看萬物的生出，當秋天看看萬物的成熟，是天地有意創造出來的呢？還是萬物自然生長的呢？如果說是天地有意創造的，既然創造它就應該用手，天地怎能有千千萬萬隻手，並創造出千千萬萬種物呢？千萬種物在天地之間，就好像孩子在母腹中一樣。母親承受了孕育孩子的氣，經過十個月就出生，孩子的鼻、口、耳、目，頭髮、皮膚、汗毛、肌理，血液、脈絡、脂肪、肥肉，骨骼、關節、手爪、牙齒，都是在母腹中自然生成的呢？還是母親有意創造的呢？泥人、木人雖然成千上萬，也不能稱它們為人，為什麼呢？因為它們的鼻、口、耳、目，並不是生下來就自然如此的。漢武帝寵幸王夫人，王夫人死後，武帝思念想見到王夫人的形貌。道士用法術偽裝成王夫人的樣子，在宮門進進出出，武帝大為驚奇，站起來迎接她，忽然又不見了。大概不是自然形成的真人，是道士巧妙弄虛作假造成的假象，所以剛一出現還來不及識別清楚，就立即消失了。可見人為的變化，它是不能長久存在的，就好像王夫人的形貌不可久出現一樣。道家闡發自然的道理，不知道引用具體的事物來證明自己的言行，因而他們所講的自然之道，沒有被人們所信從。

然雖自然，亦須有為輔助❶。耒耜❷耕耘❸，因❹春播種者，人為之也。及穀入地，日夜長大，人不能為也。或❺為之者，敗之道也。宋人有閔❻其苗之不長者，就而揠❼之，明日❽枯死。夫欲為❾自然者，宋人之徒❿也。

【章旨】此章說明有為只能輔助自然，但不能替代自然。

【注釋】❶有為輔助　用人的有意識的行動去輔助自然。❷耒耜　古代類似鍬一類的翻土農具。❸耘　鋤草。❹因　趁。❺或　有人。❻閔　憂慮。❼揠　拔。❽明日　次日。❾為　指替代。❿徒　類。

【語譯】然而，雖然一切都是自然形成，也仍然須有人為去輔助。如用耒耜來耕耘，趁著春季播種，這些都是屬於人為。等到種穀入地，日夜不斷成長壯大，這是人不能參與的。如果有人參與其事，那只能是一種損害它的做法。宋人中有個憂慮他的禾苗長得不快的人，到田裡去拔苗助長，第二天禾苗盡枯死了。想替代自然而有所為的人，與宋人是一類的啊！

問曰❶：「人生於天地，天地無為，人稟天性者，亦當無為，而有為，何也？」

曰：至德❷純渥❸之人，稟天氣多，故能則❹天，自然無為。稟氣薄少，不遵❺道德❻，不似天地，故曰不肖。不肖者，不似也。不似天地，不類聖賢，故有為也。天地為爐，造化為工❼，稟氣不一，安能皆賢！賢之純者，黃、老❽是也。黃者，黃帝也；老者，老子也。黃、老之操，身中恬淡，其治無為，正身共己❾而陰陽自和，無心於為而物自化，無意於生⑩而物自成。

【章　旨】此章說明承受氣的厚薄是人有為、無為的根源。

【注　釋】❶問曰　有人問道。❷至德　最高的德。❸渥　厚。❹則　效法。❺遵　遵循。❻道德　在古代「道」和「德」是兩個概念。「道」是天地萬物的總根源，「德」是得到的意思，即得到了道的一部分，萬物中的每一物都包含了道的內容。因此，道德可以理解為天地的性質或者規律。❼天地為爐二句　見《莊子．大宗師》及賈誼〈鵩鳥賦〉。天地為爐，古人把天地比作一個冶鍊金屬的大熔爐。造化，創造化育萬物的一種力量。指自然。工，工匠。❽黃老　黃帝及老子。道家學派本以老子為創始人，但是為了尊古，打出遠古傳說中的帝王黃帝的名號來與老子相配，以提高其學說的地位，所以經常以「黃、老」並稱。❾正身共己　形容端莊嚴肅的樣子。正，端正。共，通「恭」。❿生　指生物。

【語　譯】有人問道：「人生在天地之間，天地是無為的，人是承受天的本性而生出的，也應當具備無為的本性，而人卻是有為的，這是為什麼呢？」我說：道德最高尚、最淳厚的人，承受天的氣多，所以能夠效法天的自然無為。承受天的氣少的人，不能遵循道德的規律，就不似天地，所以叫做「不肖」。「不肖」的意思，就是不似。既不似天地的自然，也不像聖賢的無為，所以就是有為了。天地好比一座大熔爐，自然好比司爐的工匠，治鍊出來的人，承受的天的氣不一樣，怎麼能都是賢人呢？賢人中最淳的，要算黃帝和老子了。黃，指黃帝；老，指老子。黃帝、老子的節操，表明在他們身上具有恬淡的自然之氣，他們用無為的辦法治理天下，自己端莊嚴肅，陰陽二氣自然調和，無心去創造而萬物自己變化，無意去生育而萬物自己成熟。

《易》❶曰：「黃帝、堯、舜垂衣裳而天下治❷。」垂衣裳者，垂拱❸無為也。

孔子曰：「大哉，堯之為君也！惟天惟大，惟堯則❹之。」又曰：「巍巍乎！舜、禹之有天下也，而不與焉❺。」周公❻曰：「上帝引❼佚❽。」上帝，謂舜、禹也。舜、禹承安繼治，任賢使能，恭己無為而天下治。舜、禹承堯之安，堯則天而行，不作功邀❾名，無為之化自成，故曰：「蕩蕩❿乎！民無能名⓫焉。」年五十者擊壤於塗⓬，不能知堯之德，蓋自然之化也。《易》曰：「大人與天地合其德⓭。」黃帝、堯、舜，大人也，其德與天地合，故知無為也。天道無為，故春不為生，而夏不為長，秋不為成，冬不為藏。陽氣⓮自出，物自生長；陰氣⓯自起，物自成藏。汲井⓰決陂⓱，灌溉園田，物亦生長。霈然⓲而雨，物之莖葉根荄⓳，莫不洽濡⓴。程量㉑澍㉒澤㉓，孰與汲井決陂哉？故無為之為大矣。本不求功，故其功立；本不求名，故其名成。霈然之雨，功名大矣，而天地不為也，氣和而雨自集㉔。

【章旨】此章說明黃帝、堯、舜等聖君能取得無為而治的功效，都是效法天地無為的結果。

【注釋】❶易 《周易》。儒家經書之一。❷黃帝句 見《周易・繫辭》。垂衣裳，按《周易・繫辭》的本意是指根據乾、坤兩卦製作出衣裳，用以顯示天下，使知道上下尊卑的關係。王充在這裡只是把「垂衣裳」理解為穿著長衣大裳以作為「無為」的象徵。垂，有垂示、垂下的意思。衣裳，古代指上衣和下裳。❸垂拱 垂衣裳拱手。恭敬而無事可做的樣子。❹則 效法。❺巍巍乎三句 見《論語・泰伯》。巍巍，崇高的樣子。與，參與；干預。❻周公 周武王的弟弟姬旦。❼引 長。❽佚 通「逸」。安逸。❾邀 追求。❿蕩蕩 廣大的樣子。⓫名 稱頌。⓬擊壤於塗 相傳堯在位的時候，有五十多歲的老人在玩擊壤的遊戲，旁觀的人說：「偉大啊！堯的德政。」老人則說：「日出而作，日入而息。鑿井而飲，耕田而食。帝力於我何有哉！」這就是傳說中的「擊壤歌」。擊壤，古代的一種遊戲。把一塊木頭放在地上，在規定的距離之外，用另一塊木頭去擊，擊中為勝。塗，道路。⑬大人與天地合其德　見《周易・乾卦》。大人，指聖王、君主。⑭陽氣　指溫暖之氣。⑮陰氣　指寒冷之氣。⑯汲井　從井裡打水。⑰決陂　挖開池塘。⑱霈然　形容雨大的樣子。⑲荄　草根。⑳洽濡　濕潤。㉑程量　衡量。㉒澍　及時下的雨。㉓澤　潤澤。㉔集　落下。

【語　譯】《周易》說：「黃帝、堯、舜穿著長衣大裳天下就平安無事。」「垂衣裳」的意思，就是垂拱無為。孔子說：「堯作為君主，多偉大啊！只有天算最大，卻只有堯能效法它。」孔子又說：「多崇高啊！舜、禹擁有天下而自己卻並不參與國家的具體事務。」周公說：「上帝長久安逸。」上帝，是指舜、禹啊！舜、禹繼承堯開創的安定太平局面，任用賢能，自己恭敬無為而天下安定。舜、禹繼承堯的安定局面，堯效法天道無為行事，不興功求名，無為而治的教化卻自然獲得成功，所以說：「堯的功德如此廣大，老百姓竟不知怎麼稱頌他了。」當堯在位，有五十歲的老人在路途玩擊壤的遊戲，竟然不知道堯的功德，這可能是自然無為的教化所形成的。《周易》說：「聖君與天地的道德相合。」黃帝、堯、舜都是聖君，他們的道德與天地相合，所以知道用「無為」來進行治理。天道是無為的，所以春天來臨，並不是有意來生出萬物；夏天來臨，並不是有意來長育萬物；秋天來臨，並不是有意來成熟萬物；冬天來臨，並不有意來收藏萬物。溫暖的氣出現，萬物就自己生長；寒冷的氣來臨，萬物就自己成熟而收藏。從井裡打水和挖開池塘放水，來灌溉園田，萬物當然也會生長，但是降下充沛的雨水後，草木的莖葉根，沒有不濕潤的。用這種及時雨潤澤的功效來衡量，與從井裡打水、挖池塘放水比較，哪一種功效強呢？所以無為的治理，作用算最大的了。本來不追求功業，所以它的功業就能建立；本來不追求名譽，所以它的名譽就能成就。充沛的雨水，它建立的功名算最大了，可是天地並不參與其事，而是由於陰陽二氣調和，雨就自然而然落下來了。

儒家說夫婦之道取法❶於天地。知夫婦法天地，不知推夫婦之道以論天地之性，可謂惑矣。夫天覆於上，地偃❷於下，下氣烝❸上，上氣降下，萬物自生其中間矣。當其生也，天不須復與❹也，由❺子在母懷中，父不能知❻也。物自生，子自成，天地父母何與知哉！及其生也，人道❼有教訓❽之義❾。天道無為，聽❿恣⓫其性，故放魚於川，縱⓬獸於山，從⓭其性命⓮之欲也。不驅魚令上陵⓯，不逐獸令入淵者，何哉？拂詭⓰其性，失其所宜也。夫百姓，魚獸之類也，上德⓱治之，若烹小鮮⓲，與天地同操也。商鞅⓳變秦法，欲為殊異⓴之功，不聽趙良㉑之議，以取車裂㉒之患，德薄多欲，君㉓臣相憎怨也。道家德厚，下當㉔其上，上安其下，純蒙㉕無為，何復譴告？故曰：政之適㉖也，君臣相忘於治㉗，魚相忘於水，獸相忘於林，人相忘於世，故曰天㉘也。孔子謂顏淵曰：「吾服汝，忘也；汝之服於我，亦忘也㉙。」以孔子為君，顏淵為臣，尚不能譴告，況以老子為君㉚，文子㉛為臣乎？老子、文子似天地者也。淳酒㉜味甘，飲之者醉不相知；薄酒酸苦，賓主嚬蹙㉝。夫相譴告，道薄之驗也。謂天譴告，曾㉞謂天德不若淳酒乎！

【章旨】此章說明天地對萬物不加干預，任其自然，更不會加以譴告。

【注釋】❶取法 效法。儒家主要從倫理方面理解夫婦之道取法天道，取法天尊地卑的道德等級觀念。❷偃 仰臥。❸烝 升。❹與 干預。❺由 猶；好像。❻知 主管；過問。❼人道 人世間的道理。❽教訓 教育訓誡。❾義 道理。❿聽 聽任。⓫恣 放縱。⓬縱 放。⓭從 隨。⓮性命 本性。⓯陵 丘陵。⓰拂詭 違背。⓱上德 指具有崇高道德的聖君。道家理想中的聖人。⓲若烹小鮮 出自《老子》第六十章。烹小鮮，烹煮小魚。小魚肉嫩易碎，不可任意攪動。比喻治天下不可煩擾百姓，應當自然無為。⑲商鞅　戰國時秦孝公的大臣。曾主持變法，孝公死，被殺害。⑳殊異　與眾不同。㉑趙良　秦孝公時秦國的儒生。曾向商鞅建議不要變法，遭到商鞅拒絕。㉒車裂　古代酷刑。㉓君　指繼承秦孝公的秦惠王。商鞅在惠王時遭到報復被殺。㉔當　適。㉕純蒙　純樸渾厚。㉖適　適應；完美。㉗相忘於治　在無為而治的教化當中互相忘懷。因為在無為政治之下，大家都任其自然，本性不受到外力的約束，所以上位有沒有君主，臣民們也並不關心。在上位的君主無為而治，任臣民發展，不加干預，也不必關心。㉘天　自然。㉙吾服汝四句　見《莊子·田子方》：「吾服女也，甚忘；女服吾也，亦甚忘。」原文的意思是宇宙萬物日新月異，過去的印象只是反映過去陳舊的情況，因而應該很快的忘掉，而參與到日新月異的變化中去。這裡也有任物自然的意思。服，思念。㉚君　古代對尊長的一種稱法。這裡指老師。㉛文子　傳說為老子的學生。㉜淳酒　味道淳厚的酒。淳，通「醇」。㉝嚬蹙　皺眉頭。表示難受的神態。㉞曾　乃。

【語　譯】儒家說夫婦的道理是效法天地而形成的。儒家知道夫婦效法天地，卻不知道將夫婦的道理拿來論證天地的本性，可以說是夠糊塗了。天覆蓋在上，地仰臥在下，地氣向上蒸發，天氣向下降落，萬物就在上下氣交合的中間產生了。當萬物出生以後，天不須再加以干預，就好像孩子在母體中，父親不能加以過問一樣。萬物自己生出，孩子自己長成，天地、父母怎麼能加以干預和過問呢？等到孩子出生，按照人間世的道理，父母還要給予教育和訓誡。按照天道的要求則是自然無為，聽任放縱萬物的本性，所以把魚放到河裡，把野獸放到山林，順從牠們本性的要求。為什麼不把魚驅趕讓牠進入山林，不把野獸驅趕讓牠進入深淵呢？因為這樣做就違背了牠們的本性，使牠們失去了適宜的環境。老百姓在要求適應本性這點上，是與魚和野獸同類的，最高道德的聖君治理天下，就好像烹煮小魚一樣，不煩不擾，與天地的自然無為是同一種操行啊！商鞅在秦國變法，想建立卓越的功勳，不聽從趙良的建議，因而自取車裂的殃禍，這是由於他自己德行單薄而又雄心勃勃，使得君臣之間產生憎恨埋怨造成的。道家的德行淳厚，百姓適應他們的君主，君主適應他的百姓，他們純樸渾厚活動無所用心，君主怎麼又會譴責和告誡百姓呢？所以說：政治達到最適應境界的時候，君臣之間在安定的局面中互相忘懷，魚在適應的水中互相忘懷，獸在適應的山林中互相忘懷，人在太平世道中互相忘懷，所以說都是符合自然本性的。孔子對顏淵說：「我所思念的過去的你，現在忘掉了；你所思念的過去的我，也忘掉了。」憑著德高望重的孔子做老師，顏淵做學生，孔子尚且不能加以譴責和告誡，更何況憑著自然無為的老子做老師，文子做學生呢？老子、文子都主張自然無為，好像天地一樣啊！醇酒的滋味甜美，飲了醇酒的人醉後互不相識，薄味的酒又酸又苦，賓主喝了互皺眉頭。可見互相譴責和告誡，是德行單薄的表現。儒家說天是慣於譴責和告誡君主的，豈不是說天的德行還趕不上醇酒的德行嗎？

「禮者，忠信之薄，亂之首也❶。」相譏❷以禮，故相譴告。三皇❸之時，坐者于于，行者居居❹，乍自以為馬，乍自以為牛❺。純德行而民瞳矇❻，曉惠❼之心未形生也。當時亦無災異。如有災異，不名曰譴告。何則？時人愚惷，不知相繩責❽也。末世衰微，上下相非，災異時至，則造譴告之言矣。夫今之天，古之天也。非古之天厚，而今之天薄也。譴告之言生於今者，人以心準況❾之也。誥、誓❿不及五帝⓫，要盟⓬不及三王⓭，交質子⓮不及五伯⓯，德彌薄者信彌⓰衰。心險⓱而行詖⓲，則犯約而負⓳教。教約不行，則相譴告。譴告不改，舉兵相滅。由此言之，譴告之言，衰亂之語也，而謂之上天為之，斯⓴蓋㉑所以疑也。

【章旨】此章論述譴告起源於德薄信衰之時。

【注釋】❶禮者三句　見《老子》第三十八章。老子認為「失道而後德，失德而後仁，失仁而後義，失義而後禮」。禮的出現是社會道德倫理逐步喪失的表現，在道德完善的時期，人心淳厚，相待以忠，相約以信，可是道德淪喪，就要用禮制加以約束，所以禮的出現，是忠信欠缺的表現，是社會混亂的開端。❷譏　譏諷；指責。❸三皇　上古的三個帝王。一般指燧人氏、伏羲氏、神農氏。❹坐者于于二句　《莊子·應帝王》作「其臥徐徐，其覺于于」。都是悠閒自得的樣子。于于，同「迂迂」。迂緩的樣子。居居，同「徐徐」。舒緩的樣子。❺乍自以為馬二句　《莊子·應帝王》作「一以己為馬，一以己為牛」。意思是德純之世，人不懂得計較名分，是馬是牛皆無不可。乍，忽然；時而。❻瞳矇　愚昧無知。❼曉惠　聰明。此指機巧狡詐。惠，通「慧」。❽繩責　按一定標準而加以責備。❾準況　比照；推論。❿誥誓　《尚書》中的兩類文告。誥，告。把道理宣告給眾人。誓，誓約。⓫五帝　傳說中的上古帝王。一般指黃帝、顓頊、帝嚳、堯、舜。⓬要盟　以勢力脅迫結盟。⓭三王　指三代的君主：夏禹王、商湯王、周文王、武王。⓮交質子　古代把君主的兒子與對方君主的兒子互相交換作人質。質，作抵押。⓯五伯　即五霸。一般指齊桓公、晉文公、楚莊王、秦穆公、宋襄公。⓰彌　愈；更。⓱險　險惡。⓲詖　邪僻。⓳負　違背。⓴斯　這。㉑蓋　大概。

【語譯】「禮是忠信衰微的表現，是禍亂的開端。」人們互相以禮來進行指責，所以就得互相譴告。三皇時期，人們無論安居在家，還是在外面行走，都顯得悠閒自在，有時自以為是匹馬，有時自以為是頭牛。聖王純樸的道德風行，百姓就愚昧無知，智慧的思想沒有形成的緣故。當時的社會也沒有災變發生。即令有災變，也不把它叫作「譴告」。為什麼呢？當時的人都愚蠢無知，還不知道互相責備。後世道德衰微，君主與臣下互相詆毀，災變及時來到，這就偽造出「譴告」的說法了。當今的天，也同樣是古代的天。並不是古代的天就厚道，當今的天就澆薄。「譴告」的說法在當今產生，這是人們以自己的心理推論天的緣故。誥、誓在五帝時是沒有的，強行對方結盟在三代時是沒有的，君主把兒子互作抵押在五霸時期也是沒有的，道德愈澆薄，誠信就愈衰微。人心險惡行為邪僻，就干犯誓約和違背教令。教令誓約行不通就相互譴告。譴告還不能改變，就發動戰爭拼個你死我活。從這些方面說來，譴告的說法，是亂世出現的，儒者卻把它說成是上天造成的，這大概就是譴告之說為什麼值得懷疑的原因。

且凡言譴告者，以人道驗❶之也。人道，君譴告臣，上天譴告君也，謂災異為譴告。夫人道，臣亦有諫君，以災異為譴告，而王者亦當時❷有諫上天之義❸，其效何在？苟❹謂天德優，人不能諫，優德亦宜玄默❺，不當譴告。萬石君❻子有過❼，不言，對案不食❽，至優❾之驗也。夫人之優者猶能不言，皇天德大，而乃謂之譴告乎！夫天無為，故不言。災變時至，氣自為之。夫天地不能為，亦不能知也。腹中有寒，腹中疾痛，人不使也，氣自為之。夫天地之間，猶人背腹之中也，謂天為災變，凡諸怪異之類，無小大薄厚，皆天所為乎？牛生馬，桃生李，如論者之言，天神入牛腹中為馬，把李實❿提⓫桃間乎？牢⓬曰：「子云：『吾不試⓭，故藝⓮。』又曰：『吾少也賤，故多能鄙事⓯。』」人之賤不用於大者，類⓰多伎⓱能。天尊貴高大，安能撰⓲為災變以譴告人！且吉凶蜚色⓳見於面，人不能為，色自發也。天地猶人身，氣變猶蜚色，人不能為蜚色，天地安能為氣變！然則氣變之見，殆自然也。變自見，色自發，占候之家⓴因㉑以言也。

【章　旨】此章論述譴告之說形成的原因。

【注　釋】❶驗　驗證。❷時　及時。❸義　合宜。指合宜的行為。❹苟　假如。❺玄默　沈默不語。❻萬石君　即石奮。西漢初年人，因為他和他的四個兒子，官祿都是二千石，所以稱他為「萬石君」。❼過　錯誤。❽對案不食　見《史記・萬石張叔列傳》。案，古時進食使用的短足木盤。❾至優　指道德最優異。❿李實　李子。⓫提　放置。⓬牢　子牢。孔子的弟子。⓭試　用。指被任用為官。⓮藝　技藝。⓯吾少也賤二句　見《論語・子罕》。鄙事，鄙賤的事。指技藝。⓰類　大都；

一般。⑰伎　通「技」。⑱撰　造作。⑲蜚色　指臉上突然現出的顏色。蜚，通「飛」。⑳占候之家　指以觀測天象變化為職業的人。㉑因　依據。

【語譯】況且，凡是宣揚譴告的人，都是用人世間的道理來驗證的。按照人世間的道理，君主應該譴告臣下，上天應該譴告君主，認為災變就是上天的一種譴告。但是，按照人世間的道理，臣下也有義務勸諫君主，如果災變是上天的一種譴告，那麼君主也應該有及時勸諫上天的大義，那麼它又表現在哪裡呢？如果說天的道德是優異的，下民不能勸諫，那麼具有優異道德的天也應該保守沈默，不應該譴告下民。萬石君的兒子有過錯，自己並不發言，只是對著餐桌不食，這就是道德最優異的驗證。道德優異的人，尚且能保持沈默，皇天道德宏大，能說它是譴告嗎？上天是無為的，所以它不發言。災變按時到來，是災氣自己造成的，天地不能製造災變，它也不知道譴告。人腹中有寒氣，腹中就感到疼痛，這不是本人使它疼痛的，也是由氣自己造成的。天地之間，就好像背腹之間一樣，說天製造災變，凡是許許多多怪異的事，不管怪異的大小厚薄，都是天所製造的嗎？牛生下馬來，桃樹結出李子的怪異現象，按照主張譴告之說的人的說法，是天神鑽進牛腹中製造出馬來，天神把李子放到桃樹中間去的嗎？子牢說：「孔子說過：『我沒有做官，所以懂得一些技藝。』又說：『我年少時是個地位卑賤的人，所以能夠做一些卑賤的事。』」地位卑賤不受重視的人，大都擁有很多技能。天尊貴高大，怎能製造災變來譴告下民呢？人如遭遇吉事或凶事，顏色會突然出現在面部，這不是人為的，是顏色自己出現的。天地就好像人的身子，災氣變化就好像面部突然出現的顏色，人不能有意造出這種顏色，天地怎能製造災氣的變化呢？那麼災氣的出現，大概是自然形成的了。災變是自己出現的，臉色是自己生成的，占候之家應依據這樣的道理來發言啊！

夫寒溫、譴告、變動、招致，四疑❶皆已論矣。譴告於天道尤詭❷，故重論之，論之所以難別❸也。說合於人事，不入於道❹意。從道不隨事❺，雖違儒家之說，合黃老之義也。

【章　旨】此章說明再次論述「譴告」的原因，並結束全篇。

【注　釋】❶四疑　四個方面的疑問。王充針對儒家宣揚的寒溫、譴告、變動、招致四種天人感應的說法加以辨析，寫成〈寒溫〉、〈譴告〉、〈變動〉、〈招致〉四篇文章，其中〈招致〉只留下篇名。❷詭　違背。❸難別　責難辨別。❹道　天道；自然無為之道。❺隨事　隨從人事。

【語　譯】寒溫、譴告、變動、招致四個方面的疑問，已經論述清楚了。尤其是譴告違背天道最遠，所以再次對它進行論述，論述它的目的是為了進一步責難它，識別它。譴告說符合於人世間的事理，卻不符合天道自然的道理。那麼我的論述是服從自然的天道，而不遷就人世間的事理，雖然違背儒家的說法，卻符合黃、老的道理。

感類篇第五十五

【題解】本篇論述客觀同類事物的變化對主觀心理產生的影響，所以篇名叫做「感類」。據《尚書・金縢》記載：周公死後，產生過一場風災，成王開「金縢之匱」得書泣過，然後風止。今文學家把風災與成王葬周公用什麼禮儀的猶豫心理聯繫起來，說成是「天大雷雨，動怒示變」。全篇圍繞這種天怒成王的說法進行辨析。王充認為「千秋萬夏，不絕雷雨」，一年之中雷雨也有季節性，如果把雷雨說成天怒，那麼上天年年在發怒，一年之中春天小怒，秋夏大怒，天怒之說顯然是說不通的。篇中還從正反兩面列舉了很多歷史人物，證明天怒之說不可信。因而王充認為「成王心疑未決，天以大雷雨責之，殆非皇天之意。《書》家之說，恐失其實也。」

陰陽不和，災變發起❶，或時先世遺咎❷，或時氣自然❸。賢聖感類❹，慊❺懼自思，災變惡徵❻，何為至乎？引過❼自責，恐有罪，畏慎恐懼之意，未必有其實事也。何以明之？以湯❽遭旱自責以五過❾也。聖人純完❿，行無缺失⓫矣，何自責有五過？然如《書》⓬曰：「湯自責，天應以雨⓭。」湯本無過，以五過自責，天何故雨？以無過致旱，亦知自責不能得雨也。由此言之，旱不為湯至，雨不應⓮自責。然而前旱後雨者，自然之氣也。此言⓯，《書》之語也。難之曰⓰：《春秋》⓱大雩⓲，董仲舒⓳設土龍⓴，皆為一時間㉑也。一時不雨，恐懼雩祭，求陰㉒請福，憂念百姓也。湯遭旱七年，以五過自責，謂何時㉓也？夫遭旱一時，輒㉔自責乎？旱至七年，乃㉕自責也？謂一時輒自責，七年乃雨，天應之誠，何其留㉖也？如謂七年乃自責，憂念百姓，何其遲也？不合雩祭之法，不厭㉗憂民之義。《書》之言，未可信也。

【章　旨】此章辨析《尚書》所載關於商湯王自責而得雨的事不可信。

【注　釋】❶陰陽不和二句　王充認為陰陽調和就萬物生，陰陽失調就災變起。陰陽，指陰氣和陽氣。和，調和。❷遺咎　遺留下來的災禍。❸自然　自然而然地形成。❹感類　因接觸客觀同類事物在主觀上引起的感受。就是觸物興感的意思。❺慊　同「嫌」。疑。❻惡徵　凶兆。❼引過　把過失歸於自己。❽湯　商湯王。商代的第一個君主。❾自責以五過　傳說商湯王時八年七旱，湯便自己剪掉頭髮，捆綁手足，把自己當作祭天的犧牲，責備自己有五大過錯，向上天求雨，天果真下了雨。❿純完　道德品質純粹完美。⓫缺失　缺點過失。⓬書　《尚書》。儒家經書之一。⓭湯自責二句　不見於今本《尚書》，當為佚文。應，應和。⓮不應　不應和。⓯此言　指「湯自責，天應以雨」的話。⓰難之曰　以下是對「湯自責，天應以雨」的責難。難，責難。⓱春秋　儒家經書之一。⓲雩　古時求雨的祭祀。⓳董仲舒　漢武帝時公羊學派的經學大師。⓴土龍　用土塑成的龍。董仲舒認為龍與雲雨為類，所以作成土龍求雨，這是當時向天求雨的一種祭祀。㉑一時間　猶言「一時」。㉒陰　指「雨」。按陰陽五行說法，雨屬陰。㉓何時　指湯的自責在什麼時候。㉔輒　立即。㉕乃　才。㉖留　滯留；遲緩。㉗厭　合。

【語　譯】陰陽二氣不調和，就出現災害變異，這或許是前代遺留下來的禍害，或許是由災氣自然形成的。賢主聖君面臨這樣的災變有所感觸，心懷疑懼而自我思量，這種災變凶兆是因為什麼出現的呢？於是把過失歸到自己頭上，自己責備自己，害怕自己有罪過。其實這是表示謹慎恐懼，自己並不一定真有那樣的罪過。用什麼來證明這一點呢？用商湯王遭受旱災自己用五種過錯來責備自己的例子就可以證明。聖人的道德本是純粹完美的，行為沒有絲毫缺點和過失了，為什麼責備自己有五種過錯呢？然而《尚書》說：「商湯王為求雨而責備自己，上天便以下雨應和。」湯本來沒有過錯，卻用五種過錯來責備自己，上天為什麼要下雨呢？因為沒有過錯而招致旱災，也就知道責備自己不會得到雨的啊！從這裡說來，旱災並不是因為湯有過錯才到來，下雨也不是應和湯的責備自己。然而先前遭旱，後來又下雨，這是自然的氣造成的啊！這種說法，不過是《尚書》的記載罷了。我對這種說法提出責難，說：《春秋》所記載的雩祭，董仲舒的設土龍以求雨，都是為了一時出現的旱災。一時不下雨，君主恐懼而舉行雩祭，用以求雨祈求上天賜福，這是為百姓擔憂啊。湯遭到七年旱災，用五種過錯責備自己，說的是在什麼時候呢？是剛一遭旱災就責備自己嗎？還是遭了七年旱災之後，才責備自己呢？如果說剛一遭受旱災就責備自己，旱了七年才下雨，上天應和他的誠心為什麼那樣遲緩呢？如果說天旱了七年湯才責備自己，那麼擔憂百姓之心，又為什麼產生得如此遲緩呢？可見這都不符合雩祭的規定，不符合君主為百姓擔憂的道理。《尚書》的說法，是不足信的。

由此論之，周成王❶之雷風發，亦此類也。〈金縢〉❷曰：「秋大熟未穫❸，天大雷雨以❹風，禾盡偃❺，大木❻斯❼拔，邦❽人大恐。」當此之時，周公❾死。儒者❿說⓫之，以為成王狐疑⓬於葬周公⓭。欲以天子禮葬公，公人臣也；欲以人臣禮葬公，公有王功⓮。狐疑於葬周公之間⓯，天大雷雨，動怒⓰示變⓱，以彰⓲聖⓳功。古文家⓴以武王崩㉑，周公居攝㉒，管、蔡流言㉓，王㉔意狐疑周公，周公奔楚㉕，故天雷雨，以悟㉖成王。

【章　旨】此章介紹漢儒關於《尚書・金縢》所載周公死，「天大雷雨」這個事件的兩種不同解說。

【注　釋】❶周成王　周武王的兒子姬誦。繼承武王君位。❷金縢　《尚書》中的一篇。❸穫　收割。❹以　和。❺偃　伏倒。❻大木　大樹。❼斯　句中助詞。❽邦　國。古時大的國家稱「邦」，小的國家稱「國」。❾周公　即周武王的弟弟姬旦。武王死後，成王年幼，由周公執政七年。❿儒者　指「經今文學派」。漢代儒生解經，分成兩大派別，經書用漢代當時流行的隸書寫成的定本稱「經今文」，研究「經今文」的叫「經今文學派」，經書用先秦古文寫成流傳到漢代的稱「經古文」，研究「經古文」的叫「經古文學派」。⓫說　解說。⓬狐疑　猶豫。⓭葬周公　指安葬周公用什麼禮儀。⓮王功　天子的功績。指在創立和鞏固西周王朝過程中具有如周王那樣的功績。⓯葬周公之間　指葬周公用天子禮儀和人臣禮儀二者之間。⓰動怒　發怒。⓱示變　用災變表示出來。⓲彰　明。⓳聖　指周公。⓴古文家　經古文學派。㉑崩　古稱天子死。㉒居攝　居天子位代理執掌政事。攝，代理。㉓管蔡流言　周武王滅紂後，封紂王的兒子武庚主持商的祭祀，留在商都朝歌，企圖通過武庚來控制商人，並派管叔、蔡叔、霍叔進行監督，稱為「三監」。武王死，周公攝政，管叔、蔡叔對此不滿，散布流言，說周公不利於成王，武庚乘機和管叔、蔡叔串通，聯合東夷諸部落發動叛亂。周公調動大軍東征，經過三年戰爭，取得了完全勝利，殺了武庚和管叔，流放蔡叔，鞏固了西周的政權。管，管叔鮮。周公的哥哥。蔡，蔡叔度。周公的弟弟。㉔王　指成王。㉕奔楚　逃到楚國。西周初年的楚國，在今湖北西部。以上史事參見《史記》〈魯周公世家〉、〈管蔡世家〉。㉖悟　醒悟。

【語　譯】從這方面說來，周成王時的打雷颳風，與商湯王時的大旱是同一類性質的事情。〈金縢〉篇說：「秋天穀物成熟還沒有收割的時候，上天降下大雷雨和風暴，禾苗完全倒伏，大樹被連根拔起，國人大為驚恐。」正在這時，周公死了。漢儒今文學派對此作出解釋，認為是成王在用什麼禮儀安葬周公的問題上表現猶豫造成的。成王想用天子的禮儀葬周公，可周公又是臣子；想用臣子的禮儀去葬周公，可周公又具有周天子的功績。成王在葬周公的兩種禮儀之間猶豫不決，因而上天降下大的雷雨，用災異來表明上天在發怒，用這辦法來顯示周公的功績。古文學派則以為周武王死了，周公攝理政事，管叔、蔡叔散布流言，成王對周公產生了懷疑，周公逃到楚國，所以上天降下雷雨，使成王醒悟過來。

夫一❶雷一雨之變❷，或以為葬疑，或以為信讒❸。二家未可審❹，且訂❺葬疑之說。秋夏之際，陽氣尚盛，未嘗無雷雨也，顧❻其拔木偃禾，頗❼為狀❽耳。當雷雨時，成王感懼，開金縢之書❾，見周公之功，執書泣過❿，自責之深。自責適⓫已⓬，天偶⓭反風⓮，《書》家⓯則謂天為周公怒也。千秋萬夏，不絕雷雨。苟⓰謂雷雨為天怒乎？是則皇⓱天歲歲怒也。正月⓲陽氣發洩⓳，雷聲始動，秋夏陽至極⓴而雷折㉑。苟謂秋夏之雷為天大怒，正月之雷天小怒乎？雷為天怒，雨為恩施。使天為周公怒，徒㉒當雷，不當雨。今雨俱至，天怒且㉓喜乎？「子於是日也，哭則不歌㉔。」《周禮》㉕：「子、卯稷食菜羹㉖。」哀樂不並行。哀樂不並行，喜怒反並至乎？

【章旨】此章指出成王葬周公猶豫不決與大風雷雨的發作只不過是一種偶合，不能表明上天在發怒。

【注釋】❶一　同一樣的。❷變　災變。❸讒　讒言。指管叔和蔡叔詆毀周公的流言。❹審　明；弄清楚。❺訂　評議。❻顧　只。❼頗　略微。❽狀　貌。指特殊的樣子。❾金縢之書　傳說有次周武王病重，周公向先王祈禱，請求代替武王去死，周公回去後把禱告的冊書放進金屬束著的匣子中間，這就是「金縢之書」。金，指銅。縢，封固。❿泣過　哭泣和悔過。⓫適　恰好。⓬已　結束。⓭偶　偶然。⓮反風　風向相反的方向吹。⓯書家　解釋《尚書》的人。⓰苟　如果。⓱皇　大。⓲正月　夏曆正月。⓳發洩　發動外露。⓴至極　到達頂點。㉑折　斷。㉒徒　僅僅。㉓且　又。㉔子於是日也二句　見《論語・述而》。子，指孔子。是日，這一天。歌，唱歌。㉕周禮　儒家經書之一。㉖子卯句　引文不見於今本《周禮》，見《禮記・玉藻》。子卯，古代把十天干（甲、乙、丙、丁……）和十二地支（子、丑、寅、卯……）配合起來紀日。子卯是指逢子、逢卯的日子。稷，粟。羹，湯。傳說商紂王死於甲子日，夏桀王死於乙卯日，所以周朝的君臣每逢子日和卯日只吃粟米飯和菜湯，不進葷食，以表示戒懼。

【語譯】同樣雷雨形成的變異，有的人認為是應和成王對安葬周公的猶豫，有的人認為是應和成王的聽信讒言。這兩種說法都不能弄清楚，姑且評議一下應和成王對安葬周公的猶豫這一說法。夏秋之交的時候，陽氣還十分旺盛，雷雨不曾消失，只是拔起樹木吹倒禾苗，稍帶點特殊現象罷了。當雷雨發作時，成王感到恐懼，打開用金屬封固的匣子，取出冊書，看到了周公請求代武王死的禱詞所表現的功績，於是拿著冊書哭泣悔過，深深責備自己。自己責備恰好結束，天碰巧颳起相反方向的風，解說《尚書》的人就認為上天是為周公而發怒啊。千萬個秋天和夏天，打雷下雨從未間斷。如果認為打雷下雨是上天在發怒嗎？這就是說皇天年年歲歲都在發怒了。夏曆正月時陽氣開始散發，開始出現雷聲，夏秋交接的季節，陽氣旺盛到極點，雷電甚至擊折樹木。如果說夏秋季節的雷是表示上天大怒，那麼正月出現的雷是表示上天小怒嗎？如果說打雷是上天發怒，下雨就應該是上天施恩。假使上天因周公的事發怒，僅僅應該打雷，不應該下雨。現在打雷，雨也隨之而來，難道上天又怒又喜嗎？「孔子在這天如果哭了，就不唱歌。」《周禮》說：「每逢子、卯的日子，周朝的君臣就只吃粟米飯和蔬菜湯。」這都表明人們哀和樂的心情是不能同時產生的。既然人們哀和樂的心情不能同時產生，那麼上天的喜和怒反而能同時來到嗎？

秦始皇帝東封岱岳，雷雨暴至❶。劉媼息大澤，雷雨晦冥❷。始皇無道，自同前聖，治亂❸自謂太平，天怒可也。劉媼息大澤，夢與神遇，是❹生高祖❺，何怒於生聖人而為雷雨乎？堯時大風❻為害，堯繳大風於青丘之野❼。舜入大麓❽，烈風雷雨。堯、舜世之隆主❾，何過於天，天為風雨也？大旱，《春秋》雩祭；

又董仲舒設土龍，以類招氣⓾。如天應雩、龍，必為雷雨。何則？秋夏之雨，與雷俱也。必從《春秋》、仲舒之術，則大雩、龍，求怒天⓫乎？師曠奏〈白雪〉之曲，雷電下擊；鼓〈清角〉之音，風雨暴至⓬。苟為雷雨為天怒，天何憎於〈白雪〉、〈清角〉，而怒師曠為之乎？此雷雨之難⓭也。

【章　旨】此章以劉媼、堯、舜、雩祭招來雷雨諸例，駁斥雷雨暴至為天怒的說法。

【注　釋】❶秦始皇帝東封岱岳二句　見《史記・秦始皇本紀》。封岱岳，指登泰山築土壇以祭天。封，累土築壇。岱岳，泰山。暴，突然。❷劉媼息大澤二句　見《史記・高祖本紀》。劉媼，指劉邦的母親。媼，老年婦女。息，休息。澤，水草叢生的地方。晦冥，昏暗。❸治亂　治理得不好。❹是　這；這就。❺高祖　漢高祖劉邦。❻大風　古代一種兇猛的鳥。王充在此處引用則作吹的大風。❼堯繳大風於青丘之野　見《淮南子・本經》。繳，本指繫在箭尾的繩子，此處作「射」解。大風，可能指風神。青丘，傳說中的古地名。❽舜入大麓　見《尚書・堯典》。據說堯準備讓位給舜，就先讓舜到深山大林去經受考驗，舜遇上烈風雷雨而不迷失方向。大麓，大山林。麓，山足。❾隆主　隆盛的君主；道德高尚的君主。❿以類招氣　指以屬於陰類的土龍招來陰類的雲雨之氣。⓫怒天　使天發怒。雖目的在於求雨，實際雷雨是一道到來的，既然雷是天怒，豈不是在求雨的同時，又觸犯了天怒嗎？⓬師曠奏白雪之曲四句　見本書〈感虛篇〉、〈紀妖篇〉。師曠，春秋時晉國的樂師。白雪，古樂曲名。清角，古樂曲名。⓭雷雨之難　對雷雨是天怒說法的責難。

【語　譯】秦始皇到東邊巡遊登泰山築土壇祭天，雷雨突然到來。劉媼在大澤休息，雷雨大作，天地昏暗。秦始皇是無道的君主，卻把自己比作前代的聖人，造成天下混亂，卻自以為天下太平，上天為此發怒還可以說得過去。劉媼在大澤休息，夢見與神相遇，就這樣生下劉邦，上天對生聖人為什麼還要發怒而降下雷雨呢？堯時大風造成災害，堯在青丘的野外射下風神。舜進入深山大林，碰上了烈風雷雨。堯、舜是世上道德隆盛的君主，對上天有什麼過錯，上天要降下風雨呢？大旱之年，《春秋》記載舉行求雨的雩祭，董仲舒又設置土龍求雨，企圖用陰類的土龍招來陰類的雲雨之氣。如果上天應和雩祭和土龍的儀式，肯定會降下雷和雨來。為什麼呢？因為夏秋季節的雨，同雷是伴隨而來的。果真要聽從《春秋》和董仲舒的做法，那麼舉行雩祭和設置土龍，豈不有意激怒上天嗎？傳說師曠演奏〈白雪〉的樂曲，有雷電下擊；彈奏〈清角〉的樂曲，風雨突然來到。如果認為降下雷雨是上天發怒，上天為什麼要憎恨〈白雪〉、〈清角〉，而惱怒師曠演奏它們呢？這就是我對關於雷雨被認為是天怒這種說法的責難。

又問之曰❶：「成王不以天子禮葬周公，天為雷風，偃禾拔木。成王覺悟，執書泣過，天乃反風，偃禾復起，何不為疾❷反風以立大木，必須國人起築之❸乎？」應曰❹：「天不能。」曰：「然則天有所不能乎？」應曰：「然。」難曰：「孟賁❺推人，人仆❻；接人而起，接人立❼。天能拔木，不能復起，是則天力不如孟賁也。秦時三山❽亡❾，猶❿謂天所徙⓫也。夫木之輕重，孰與三山？能徙三山，不能起大木，非天用力宜也。如謂三山非天所亡，然則雷雨獨天所為乎？」應曰：「天之欲令成王以天子之禮葬周公，以公有聖德，以公有王功。經⓬曰：『王⓭乃得周公所自以為功⓮代武王⓯之說。』今天動威，以彰周公之德也。」

【章旨】此章以風既然能反風起禾，何不能反風立木，來反駁天怒之說。

【注釋】❶又問之曰　指王充向持天怒之說的儒者發問。本篇此後是一問一答的形式行文，問者為王充，答者為儒者。

❷疾　急；猛烈。❸國人起築之　國都的人把大樹扶起築好。據《尚書．金縢》記載，當時被颳倒的樹，是命令老百姓扶起用土築穩的。❹應曰　儒者回答說。❺孟賁　傳說中的大力士。❻仆　跌倒。❼接人立　此句疑當作「接人，人立」。接，扶。❽三山　三座山。❾亡　消失。❿猶　還。⓫徙　遷移。⓬經　此指《尚書》。⓭王　指成王。⓮周公所自以為功　周公自以為多才多藝。功，事。這裡指作事的能力。⓯代武王　可以替代武王去侍奉上帝。

【語　譯】又對此發問說：「周成王不用天子的禮儀葬周公，上天就降下雷風，吹倒禾苗，拔起樹木。等到成王覺悟，拿著周公封存的冊書哭泣悔過，上天就向相反的方向颳風，倒下的禾苗重新豎起，為什麼不猛地刮起反向的風來使樹木直立，必須命令國人來把它扶起築穩呢？」回答說：「上天辦不到。」說：「那麼上天也有它辦不到的事嗎？」回答說：「是的。」責難說：「孟賁力大可以推人，把人推倒在地；他又能把人扶起，讓人站立。上天能拔起樹木，卻不能再把樹木扶起，這就說明上天的力量還趕不上孟賁啊！秦代時，海中有三座山消失了，儒者還說是上天所遷徙的。照此說來，樹木的輕重，同三山比較怎麼樣呢？上天能遷徙三山，卻不能扶起大樹，應該不是上天用力啊！如果說三山不是上天搬走的，那麼出現雷雨偏偏是上天所作的嗎？」回答說：「上天想讓成王用天子的禮儀來葬周公，因為周公有聖人的德行，因為周公有王者的功績。《尚書》說：『成王才看到了周公自以為比武王多才多藝願替代武王去死的冊書。』現在上天動用了它的威靈，來顯示周公的德行啊。」

難之曰：「伊尹❶相❷湯伐夏❸，為民興利除害，致天下太平。湯死，復相太甲❹。太甲佚豫❺，放❻之桐宮❼，攝政三年，乃退復位❽。周公曰：『伊尹格于皇天❾。』天所宜彰也。伊尹死時，天何以不為雷雨？」應曰：「以《百兩篇》❿曰：『伊尹死，大霧三日。』」大霧三日，亂氣⓫矣，非天怒之變也。東海⓬張霸造《百兩篇》，其言雖未可信，且假⑬以問：「天為雷雨以悟成王，成王未開金匱⑭雷雨止乎？已開金匱雷雨乃止也？」應曰：「未開金匱雷止也。開匱得書，見公之功，覺悟泣過，決以天子禮葬公。出郊⑮觀變⑯，天止雨反風，禾盡起。」由此言之，成王未覺悟，雷雨止矣。難曰：「伊尹死，霧三日。天何不三日雷雨，須⑰成王覺悟乃止乎？太戊⑱之時，桑穀⑲生朝⑳，七日大拱㉑。太戊思政㉒，桑穀消亡㉓。宋景公㉔時，熒惑守心㉕，出三善言㉖，熒惑徙舍㉗。使太戊不思政，景公無三善言，桑穀不消，熒惑不徙。何則？災變所以譴告也，所譴告未覺，災變不除，天之至意㉘也。今天怒為雷雨，以責成王，成王未覺，雨雷之息，何其早也？」

【章旨】此章以伊尹死無雷雨，成王未覺悟時雷雨便停下來，駁斥雷雨為天怒的說法。

【注釋】❶伊尹　商朝初年輔佐商湯王的大臣。❷相　輔佐。❸夏　指夏朝最後一個君主夏桀王。❹太甲　商湯王的孫子。❺佚豫　遊樂。❻放　流放。❼桐宮　桐地的宮室。❽復位　恢復太甲的君位。以上事參見《史記・殷本紀》。❾伊尹格于皇天　見《尚書・君奭》。格，至；通。❿百兩篇　指《尚書》一百零二篇本。為西漢人張霸偽造，後失傳。⓫亂氣　指陰、陽二氣錯亂，不調和。⓬東海　漢郡名。在今山東南部。⓭假　借。⓮金匱　指周公藏禱文所用金屬封固的匣子。⓯郊　祭祀名稱。古代帝王到南郊祭天的儀式。⓰變　災變。⓱須　等待。⓲太戊　商代的一個君主。⓳穀　構樹。又名楮樹。⓴朝　朝廷。㉑拱　兩手合圍。㉒思政　反省治政中的過失。㉓消亡　消失。㉔宋景公　春秋末年宋國君主。㉕熒惑守心　古人認為火星靠近心宿是一種凶兆，象徵地上相應的區域將出現災難。熒惑，火星。守，靠近。心，心宿。二十八宿之一。㉖三善

言　三句好話。㉗徙舍　遷移了星次的位置。指離開了心宿。㉘至意　最深刻的用意。

【語　譯】對此加以責難說：「伊尹輔佐商湯王征伐夏桀王，為百姓興利除害，達到天下太平。商湯王死，伊尹又輔佐太甲做君主。太甲遊樂無度，把他流放到桐宮，自己代理政事三年，才退出以恢復太甲的君位。周公說：『伊尹的道德能感動上天。』上天是應該顯揚的。可是伊尹死時，上天為什麼不發動雷雨呢？」回答說：「根據《百兩篇》說：『伊尹死時，下了三天大霧。』」一連三天大霧，這是陰氣和陽氣的關係錯亂了，並不是上天發怒顯示出的災變。東海郡張霸偽造《百兩篇》，其中說的雖然不可相信，姑且假借它來提出疑問：「上天製造雷雨來使成王覺悟，當成王尚未打開金匱的時候，雷雨停止了嗎？已經打開金匱之後，雷雨才停止嗎？」回答說：「未打開金匱的時候，雷聲便停止了。開匱得到了周公禱告的冊書，看到了周公的功績，覺悟過來而哭泣悔過，決定使用天子的禮儀葬周公。成王外出到南郊祭祀上天，看看災變的情況，發現上天已經停止下雨，風吹向相反的方向，倒下的禾苗完全樹起來了。」從這種情況說來，當成王尚未覺悟的時候，雷雨就停止了。責難說：「伊尹死時，下霧三天。上天為什麼不降下雷雨三天，等待成王覺悟後才停止呢？太戊的時候，在朝廷上長出桑樹和楮樹，只經過七天就長到兩手合圍那樣大。太戊便反省治政的過失，桑樹和楮樹便消失了。宋景公的時候，熒惑星迫近心宿，他說了三句好話，熒惑星便遷移了位置。假使太戊不反省治政的過失，宋景公也不說三句好話，那麼桑樹、楮樹就不會消失，熒惑星也不會遷移。為什麼呢？上天發動災變的目的是為了譴告有過失的君主，當被譴告的人還沒有覺悟的時候，災變就不會消除，這是上天最深刻的用意啊！現在上天既然發怒製造雷雨，用以責備成王，當成王尚未覺悟的時候，雷雨便停息了，怎麼停息得這樣早呢？」

又問曰：「禮❶，諸侯之子稱公子，諸侯之孫稱公孫，皆食采地❷，殊❸之眾庶④。何則？公子公孫，親而又尊，得體⑤公⑥稱，又食采地，名實相副，猶文⑦質⑧相稱也。天彰周公之功，令成王以天子禮葬，何不令成王號周公以周王，副天子之禮乎？」應曰：「王者，名之尊號也，人臣不得名也。」難曰：「人臣猶得名王，禮乎？武王伐紂，下車⑨追王太王⑩、王季⑪、文王⑫。三人者，諸侯，亦人臣也，以王號加之。何為獨可⑬於三王，不可於周公？天意欲彰周公，豈能明⑭乎？豈以王迹⑮起於三人哉？然而王功亦成於周公。江⑯起岷山⑰，流為濤瀨⑱，相⑲濤瀨之流，孰與初起之源⑳？秬鬯㉑之所為到，白雉㉒之所為來，三王乎？周公也？周公功德盛於三王，不加王號，豈天惡人妄稱之哉？周衰，六國㉓稱王，齊秦更為帝㉔，當時天無禁怒㉕之變。周公不以天子禮葬，天為雷雨以責成王。何天之好惡不純一㉖乎？」

【章旨】此章以周武王追尊三王及六國稱王當時並無天怒的史事，駁斥上天責備成王不以天子禮葬周公的說法。

【注釋】①禮 指按照周朝的禮制。②采地 古時卿大夫所封的食邑。只食取其租稅，又稱「采邑」。③殊 不同。④眾庶 百姓。⑤體 私；擁有；享有。⑥公 諸侯。⑦文 文采；外表。⑧質 本質。⑨下車 從兵車上下來。指結束戰爭。⑩太王 指周武王的曾祖父古公亶父。⑪王季 周武王的祖父季歷。⑫文王 周武王的父親。⑬可 肯定。⑭明 顯示。⑮王迹 周武王實現創立周朝的政績。⑯江 長江。⑰岷山 岷山山脈。綿延於四川、甘肅兩省邊界，古人以為長江發源於岷山。

⑱瀨　急流。⑲相　察看。⑳孰與初起之源　指拿形成波濤急流的長江與長江的發源比，誰大。㉑秬鬯　釀造祭祀用酒的原料；酒名。秬，黑黍。鬯，鬯草。指鬱金草。㉒白雉　白色的野雞。傳說周公攝政時，南方的越裳人曾獻白雉，東方倭人曾首貢鬯草。㉓六國　指齊、楚、燕、趙、韓、魏六國。春秋以前只有周天子才可稱王，戰國七雄中，楚國在春秋時便稱王，其餘六國在戰國時期先後稱王。㉔齊秦更為帝　戰國中後期，齊湣王自稱東帝，秦昭王自稱西帝。更，交替。㉕禁怒　為禁止他們稱王稱帝而發怒。㉖純一　純粹專一。

【語　譯】又對此發問說：「按周朝禮制的規定，諸侯的兒子稱公子，諸侯的孫子稱公孫，都享受封地的租稅，與百姓有所不同。為什麼呢？公子公孫，是諸侯的親屬又地位尊貴，既擁有『公』的稱號，又享受封地的租稅，名譽與實際相符合，就好像外表與內質相對稱一樣。上天既然要顯揚周公的功績，讓成王用天子的禮儀來安葬，為什麼不使成王用『周王』的名號來稱周公，更符合天子的禮儀呢？」回答說：「王，是命名當中最尊貴的稱號，做臣子的不能有這種命名。」責難說：「做臣子的也還有稱王的，這符合禮嗎？周武王征伐商紂王後，剛結束戰爭就追尊太王、王季、文王三人的王號。他們三人都是諸侯，對天子來說，也是臣子，卻用王號加到他們頭上。為什麼只肯定他們三人的王號，而不肯定周公的王號呢？如此說來，上天的意圖只是想顯揚周公的功績而不給王的稱號，這種意圖難道能夠表明嗎？難道因為周王的功業是從他們三人開始的嗎？然而，周王的功業是在周公手下完成的。長江發源於岷山，慢慢形成波濤洶湧的長江大河。試看波濤洶湧的長江大河，與發源時的涓涓細流比較，究竟哪個宏大呢？秬鬯之所以貢到，白雉之所以獻來，是由於三王的功德呢？還是由於周公的功德呢？其實周公的功業和德行比三王要深厚，卻不給周公加王號，難道是上天憎恨人們隨意稱王的緣故嗎？周天子衰微，六國諸侯都先後稱王，齊湣王和秦昭王還輪番稱帝，當時上天並沒有顯示出為禁止他們稱王稱帝而發怒的災變。周公不被用天子的禮儀來安葬，上天就發動雷雨以責備成王，上天的好惡為什麼如此不純粹專一呢？」

又問曰：「魯季孫❶賜曾子❷簀❸，曾子病而寢之。童子❹曰：『華❺而睆❻者，大夫之簀❼。』而曾子感慚❽，命元❾易❿簀。蓋⓫禮⓬，大夫之簀，士不得寢也。今周公，人臣也，以天子禮葬，魂而⓭有靈⓮，將安之不⓯也？」應曰：「成王所為，天之所予，何為不安？」難曰：「季孫所賜大夫之簀，豈曾子之所自制乎？何獨⓰不安乎！子⓱疾病，子路遣門人為臣⓲。病間⓳，曰：『久矣哉，由⓴之行詐㉑也！無臣而為㉒有臣。吾誰欺？欺天乎？』孔子罪㉓子路者也。己非人君㉔，子路使門人為臣，非天之心，而妄為之，是欺天也。周公亦非天子也，以孔子之心況㉕周公，周公必不安也。季氏㉖旅㉗於泰山，孔子曰：『曾㉘謂㉙泰山不如林放㉚乎！』以曾子之細㉛，猶卻㉜非禮，周公至聖，豈安天子之葬？曾謂周公不如曾子乎！由此原㉝之，周公不安也。大人㉞與天地合德，周公不安，天亦不安，何故為雷雨以責成王乎？」

【章旨】此章以曾子、孔子不敢超越禮的規定為例，說明周公必不安於天子禮葬，用以駁斥天怒之說。

【注釋】❶季孫　季孫氏。魯國大夫。❷曾子　曾參。孔子弟子。❸簀　竹席。❹童子　小侍僕。❺華　華麗。❻睆　光亮。❼大夫之簀　大夫專門享用的竹席。按禮的規定，器物使用分等次，曾子為士，級別比大夫低，所以侍童提出不可使用。❽感慚　感到慚愧。❾元　即曾元。曾參的兒子。❿易　更換。⓫蓋　發語詞。⓬禮　指按禮的規定。⓭而　如果。⓮靈　靈知。⓯不　同「否」。⓰獨　偏偏。⓱子　孔子。⓲子路句　子路，孔子弟子。遣，派。門人，門下的人。指弟子。臣，家臣。這裡特指治喪的臣。在人臨終時便安排臣作治喪準備，如衣衾手足的安排以及剪鬚諸事都由臣去處理，但是按禮的規定，要諸侯死了才有臣專門治喪，孔子不是諸侯，不應有臣治喪，所以下面批評子路是欺騙行詐。⑲病間　病癒。⑳由　子路。字仲由。㉑行詐　進行欺騙。㉒為　通「偽」。冒充。㉓罪　責備。㉔人君　君主。㉕況　比照；推斷。㉖季氏　指季康子。㉗旅　古稱對山的祭祀。㉘曾　乃；竟然。㉙謂　以為。㉚林放　魯國人。曾向孔子問過禮，得到了孔子的贊賞。根據禮的規定，只有天子、諸侯才有資格祭祀所轄地區的名山大川，季氏只是魯國的大夫，竟然要去祭祀泰山，是一種越禮的行為。所以孔子認為泰山之神是不會接受的，它不至於趕不上林放的知禮。㉛細　指地位卑微。㉜卻　拒絕。㉝原　推論。㉞大人　指聖人。

【語譯】又發問說：「魯國季孫氏送給曾子一床竹席，曾子生病就睡在竹席上。曾子的侍童說：『那華麗而明亮的東西，是大夫專用的竹席。』曾子聽到感覺慚愧，就要曾元撤換了席子。按禮的要求，大夫專用的竹席，士是不能睡的。現在周公是臣子，用天子的禮儀來安葬，他的魂魄假如有知覺，將是安心還是不安心呢？」回答說：「成王所做的事情，是上天贊成的，怎麼會不安呢？」責難說：「季孫氏所賜給大夫用的竹席，難道是曾子自己製造的嗎？為什麼他偏偏感到不安呢！孔子患病，子路派遣自己的弟子去充當料理喪事的臣。孔子的病好轉後說：『子路對我進行欺騙，已有很久的時間了啊！我本來沒有臣，卻冒充我有臣。我欺騙誰呢？欺騙上天嗎？』孔子這話是責備子路的啊！孔子認為自己不是君主，子路派遣弟子充作治喪的臣，這不是上天的意思，而是草率行事，是欺騙上天的行為。周公也不是天子，以孔子的心理來揣測周公，周公也必然是不安的。作為大夫的季氏去祭祀泰山，孔子說：『竟然說泰山還不及林放的知禮嗎？』以曾子這樣地位卑微的人，尚且拒絕不符合禮的做法，周公是德行最高的聖人，難道對用天子的禮儀來安葬感到安心嗎？竟然說周公的知禮還趕不上曾子嗎？從這些道理來推論，周公是不會安心的。聖人的德行與天地的德行是相合的，周公既然不安心，上天也不會安心的，祂為什麼要降下雷雨來責備成王呢？」

又問曰：「『死生有命，富貴在天❶』。武王之命，何可代乎？」應曰：「九齡之夢❷，天奪❸文王年以益❹武王。克殷二年之時❺，九齡之年未盡，武王不豫❻，則請之❼矣。人命不可請，獨武王可。非世常法❽，故藏於金縢。不可復為，故掩而不見。」難曰：「九齡之夢，武王已得文王之年未❾？」應曰：「已得之矣。」難曰：「已得文王之年，命當自延。克殷二年，雖病猶將不死，周公何為請而代之？」應曰：「人君爵人以官❿，議定，未之即與⓫，曹⓬下⓭案目⓮，然後可諾⓯。天雖奪文王年以益武王，猶須周公請，乃能得之。命數⓰精微⓱，非一臥之夢所能得也。」應曰：「九齡之夢能得也⓲。」難曰：「九齡之夢，文王夢與武王九齡，武王夢帝予其九齡，其天已予之矣，武王已得之矣，何須復請？人且得官，先夢得爵⓳，其後莫舉⓴，猶自得官。何則？兆㉑象㉒先見㉓，其驗㉔必至也。古者謂年為齡，已得九齡，猶人夢得爵也。周公因㉕必效之夢㉖，請之於天，功安能大乎？」

【章　旨】此章以武王作夢增壽九年的記載駁斥周公請代武王去死的說法。

【注　釋】❶死生有命二句　見《論語・顏淵》。❷九齡之夢　指周武王夢見上帝給他增加九年壽命。見《禮記・文王世子》。❸奪　取。❹益　增加。❺克殷二年之時　指推翻殷王朝後的第二年。傳說武王病重，周公替死，就在這一年。克，攻克；

消滅。❻不豫　古代指帝生病。豫，悅。❼請之　指周公請求代死。❽常法　定法。❾未　否。❿爵人以官　封賞人以官職的意思。爵，爵位。此用作動詞，封賞。官，官職。⓫未之即與　猶「未即與之」。沒有立即給他。⓬曹　尚書所屬的各部叫「曹」。⓭下　下達。⓮案目　經辦公文的官吏。⓯諾　應允；批准。⓰命數　壽命長短。⓱精微　精細微妙。⓲應曰二句　此九字所包含的內容與前面「應曰」的內容相矛盾，而與下面的「難曰」內容又恰好一致。因而這九字姑且保留原文，譯文中則將它略去。⓳爵　通「雀」。得雀就象徵得到官爵。⓴舉　推薦。㉑兆　預兆。㉒象　形跡。㉓見　同「現」。㉔驗　證驗；實際效果。㉕因　憑藉。㉖必效之夢　一定會變成現實的夢。

【語　譯】又發問說：「『死生是由命運決定的，富貴是由上天決定的』。武王的命運，怎麼能由周公代替呢？」回答說：「武王夢見上帝給他增加了九年壽命，上天取了文王的九年壽命來增加武王的壽命。推翻殷朝的第二年，給武王增加的九年壽命還沒有到期，武王這時生病了，周公就請求代武王去死。一般人的壽命是不可請求上天延長的，只有武王才可以這麼做。但是這不是定法，所以周公把請求的禱文收藏在金屬封固的匣子裡；因為這樣的請求不可讓後人再這樣做，所以把它收藏起來不讓大家見到。」責難說：「武王夢見上天給他增加九年壽命，武王已經得到了文王的年歲沒有呢？」回答說：「已經得到了。」責難說：「已經得到了文王的年歲，壽命自會延長。推翻殷朝的第二年，武王雖然病了，還是不會死的，周公為什麼要向上天請求代替武王去死呢？」回答說：「君主封給別人官爵，但是決定之後，並不立刻給他官爵，要通過主管部門把決定下達到經辦公文的官吏，然後才正式批准給他官爵。上天雖然決定把文王的九年壽命加給武王，還必須周公向上天請求，武王才能得到它。人的壽命長短是非常精深微妙的，不是做一個夢所能得到的。」責難說：「關於延長九年壽命的夢，文王夢見自己給了武王九年壽命，武王夢見上帝給了他九年壽命，這麼說來上天已經給他了，武王已經得到了，為什麼還要周公再向上天請求呢？像人一樣，將要得到官爵的時候，先作夢得到一隻小雀，即使後來沒有人推薦，也還是會得到官爵的。為什麼呢？先出現吉祥的徵兆，它的效驗必然會來到的。古代把『年』稱作『齡』，已經得到九年增壽的夢，就好像人們夢見得到小雀一樣。周公憑藉武王所做的必然會有效驗的夢，向上天請求，他的功勞能算偉大嗎？」

又問曰：「功無大小，德無多少，人須仰恃賴❶之者，則為美矣。使周公不代武王，武王病死，周公與成王而❷致天下太平乎？」應曰：「成事❸，周公輔成王而天下不亂。使武王不見❹代，遂病至死，周公致太平何疑乎？」難曰：「若是，武王之生無益，其死無損，須周公功乃成也。周衰，諸侯背畔❺，管仲❻九合❼諸侯，一匡天下❽。孔子曰：『微❾管仲，吾其❿被髮⓫左衽⓬矣。』使無管仲，不合諸侯，夷狄⓭交侵⓮，中國⓯絕滅，此無管仲有所傷⓰也。程量⓱有益，管仲之功，偶⓲於周公。管仲死，桓公⓳不以諸侯禮葬⓴，以周公況之㉑，天亦宜怒，微雷薄雨㉒不至，何哉？豈以周公聖而管仲不賢乎？夫管仲為反坫㉓，有三歸㉔，孔子譏之，以為不賢。反坫、三歸，諸侯之禮，天子禮葬，王者之制，皆以人臣，俱不得為。大人與天地合德，孔子，大人也，譏管仲之僭禮㉕，皇天欲周公之侵制，非合德之驗。《書》家之說，未可然也。」

【章　旨】此章以上天不為管仲的非諸侯禮葬而發怒的例子，駁斥上天為周公的非天子禮葬而發怒之說。

【注　釋】❶仰恃賴　仰仗；依恃；依賴。三字意義在此沒有什麼區別，是一種同義複合用法。❷而　通「能」。❸成事　已成的事例。❹見　被。❺畔　通「叛」。❻管仲　春秋初期齊桓公的輔佐。❼九合　多次會盟。❽一匡天下　匡正天下諸侯違禮的行為，使之齊一歸順於周天子。一，齊一。匡，匡正。❾微　通「無」。❿其　可能。⓫被髮　指當時少數民族披著頭髮不戴帽子的習俗。被，通「披」。⓬左衽　衣襟向左邊開口。少數民族習俗。⓭夷狄　統指中原地區以外的少數民族。

中原人把東方的少數民族稱為「夷」，把北方的少數民族稱為「狄」。⑭交侵　交相入侵。⑮中國　指中原地區的諸侯國。⑯傷損失。⑰程量　衡量。⑱偶　合；並列。⑲桓公　齊桓公。春秋五霸之一。⑳不以諸侯禮葬　不用諸侯的禮儀來葬。管仲只是大夫，所以不能用國君的禮儀安葬。㉑以周公況之　用不以天子禮儀葬周公引起天發怒的事例來比照管仲的禮葬。況，比照。㉒微雷薄雨　小雷小雨。㉓反坫　古代君主招待別國君主時，獻酒後反置杯子的土臺。㉔三歸　可能是藏錢幣的府庫。以上事見《論語・八佾》。㉕僭禮　超越禮制的規定。僭，一種違背規定的超越。

【語　譯】又發問說：「功績無論大小，德行不管多少，人們都得仰仗依賴他，那麼這就算完美了。假使周公不向上天禱告代替武王去死，武王病死了，周公與成王能夠使天下太平嗎？」回答說：「有已成的事例，周公輔佐成王能夠達到天下不亂。假使武王不被周公代替，就患病到死，周公照樣能招致天下太平，這又有什麼值得懷疑的呢？」責難說：「像這樣說來，武王活著對天下是沒有什麼補益的，他死了對天下也是沒有損害的，必須依賴周公的功績才能成功。周朝衰微，諸侯背叛周天子，管仲多次招集諸侯會盟，匡正諸侯的不禮行為，使之歸順於周天子。孔子說：『假如沒有管仲，我們大概會變成披頭散髮，衣服的衣襟向左邊開口的夷狄了。』假使沒有管仲，沒有誰招集諸侯會盟，夷人狄人就會交相入侵，中原地區的諸侯就有滅亡的危險，這就是說，假如沒有管仲是有所損傷的。凡事衡量一下是有益的，管仲的功績就與周公等同。那麼管仲死，桓公不用諸侯的禮儀安葬，用周公的事例來加以比方，上天也是應該發怒的，然而卻連小雷小雨都沒有出現，這是為什麼呢？難道是因為周公聖明而管仲不賢能嗎？管仲曾經修築過『反坫』，也擁有『三歸』，孔子批評過他，認為他不夠賢能。因為『反坫』、『三歸』，都是諸侯才有資格享受的禮儀，用天子的禮儀安葬只有天子才有資格享受，按照王者的制度，他們都是臣子，都不得使用。聖人的德行是與天地相合的，孔子是聖人，他批評管仲超越禮制的規定，上天因周公未被用天子禮葬而發怒，似乎是要周公違反禮的規定，這不是大人與天地合德的證明。解釋《尚書》的人的說法，不能認為是對的。」

以見鳥跡❶而知為書❷，見蜚蓬❸而知為車。天非以鳥跡命倉頡❹，以蜚蓬使奚仲❺也。奚仲感❻蜚蓬，而倉頡起❼鳥跡也。晉文反國❽，命徹❾麋墨❿，舅犯⓫心感，辭位歸家。夫文公之徹麋墨，非欲去⓬舅犯；舅犯感慚，自同於麋墨也。宋華臣弱其宗⓭，使家賊⓮六人，以鈹⓯殺華吳於宋⓰合⓱左師⓲之後⓳。左師懼曰：「老夫無罪。」其後左師怨咎⓴華臣，華臣備之。國人逐瘈㉑狗，瘈狗入華臣之門。華臣以為左師來攻己也，逾㉒牆而走㉓。夫華臣自殺華吳而左師懼，國人自逐瘈狗而華臣自走，成王之畏懼，猶此類也。心疑於不以天子禮葬公，卒㉔遭㉕雷雨之至，則懼而畏過矣。夫雷雨之至，天未必責成王也。雷雨至，成王懼以自責也。夫則倉頡、奚仲之心，懼則左師、華臣之意也。懷嫌疑之計，遭暴㉖至之氣，以類之驗㉗見㉘，則天怒之效成矣。見類驗於寂寞㉙，猶感動而畏懼，況雷雨揚軒轄㉚之聲，成王庶幾㉛能不怵㉜惕乎！

【章　旨】此章論證天怒之說是由於同類事物的變化引起人們思想上的懷疑所形成的。

【注　釋】❶跡　足跡。❷為書　創造文字。❸蜚蓬　蓬草乾枯，隨風拔起漫天飛轉，故稱。我國北方風沙地帶多有此種情況。蜚，通「飛」。❹倉頡　傳說為黃帝史官，文字的創造者。❺奚仲　傳說是夏禹的車官，車的發明者。❻感　受到啟發。❼起　受到啟發。❽晉文反國　晉文公即位前，晉國內部發生了驪姬之亂，公子重耳被迫在外流亡了十九年，後由秦國護送回國，做了國君，是為晉文公。晉文，晉文公。春秋時晉國君主，為五霸之一。反，同「返」。❾徹　通「撤」。退。❿麋墨黑色。指隨文公長期流亡臉色變黑了的人。黶，通「黴」。⓫舅犯　晉文公的舅舅咎犯。又叫狐偃，是文公流亡中得力的隨從之一，文公當政後得力的輔佐之臣。⓬去　屏棄。⓭宋華臣句　華臣想要殺死他的姪子華皐比，侵奪他的家產。華臣，春秋中期宋國大夫華元的兒子。弱，削弱。宗，同姓宗族。⓮家賊　藏在家裡的刺客。⓯鈹　一種短劍。⓰宋　宋國。⓱合　地名。⓲左師　官名。宋國六卿之一，當時向戌任左師。⓳後　指屋後。⓴怨咎　埋怨歸罪。㉑瘈　瘋狗。㉒逾　越過。㉓走　逃跑。以上事參見《左傳・襄公十七年》。㉔卒　通「猝」。突然。㉕遭　遇。㉖暴　突然。㉗驗　應驗。㉘見　同「現」。㉙寂寞　平靜。㉚軯轞　本為行車聲，這裡形容雷雨聲。㉛庶幾　差不多；可能。㉜怵　怕。

【語　譯】因為看到鳥的足跡而知道創造文字，因為看到飛轉的蓬草就知道製造車子。上天並沒有用鳥的足跡來叫倉頡創造文字，用飛轉的蓬草來叫奚仲製造車子；而是奚仲受到飛蓬的啟發製造出車子，倉頡受到鳥跡的啟發創造出文字的。晉文公返回晉國邊境時，命令那些面色變黑的人排到隊伍的後面去，他的舅舅咎犯心有感觸，便要求辭官回家。晉文公撤去面黑的人，並不是想屏棄咎犯；而是咎犯感到慚愧，把自己同面黑的人列為一類。宋國華臣想削弱他的宗族勢力，派家養的六名刺客，用短劍把華吳刺死在宋國合地左師向戌的屋後。左師畏懼連累其事，說：「我是沒有罪的。」自那以後，左師怨恨華臣，華臣時刻防備著他。有一次宋國國都的人追趕瘋狗，瘋狗逃進華臣家門。華臣以為是左師來進攻自己，於是越牆逃跑。華臣由於殺了華吳而引起左師畏懼，國人因為追趕瘋狗而促使華臣逃跑，看來成王的畏懼，就如同這類事情一樣。成王對於不用天子禮儀葬周公，心中本有些不安，突然遇上雷雨的到來，就畏懼起來，害怕自己有什麼過錯了。其實雷雨的到來，上天未必是為了責備成王。是由於雷雨的到來，成王畏懼而自己責備自己。看見了一種現象而有所感受，這就是倉頡、奚仲的心理；有所畏懼，這就是左師、華臣的心理。抱著懷疑的心理，遇到突然到來的雷雨之氣，認為和自身有關的事物的應驗出現了，於是雷雨是天怒的表現這種說法也就形成了。在平靜的環境中看到與自身有關的事物得到應驗，尚且心有感觸而畏懼，何況雷雨的轟隆之聲四處飛揚，成王怎麼能不驚恐呢？

迅雷風烈，孔子必變❶。禮，君子聞雷，雖夜，衣冠❷而坐，所以敬雷懼激氣❸也。聖人君子於道無嫌❹，然猶順天變動❺，況成王有周公之疑，聞雷雨之變，安能不振❻懼乎？然則雷雨之至也，殆❼且❽自❾天氣❿；成王畏懼，殆且感物類⓫也。

【章旨】此章說明聞雷必懼，符合禮的規定。

【注釋】❶迅雷風烈二句　見《論語・鄉黨》。變，改變常態。❷衣冠　穿好衣服，戴好帽子。❸激氣　指雷。王充以為陰陽二氣衝擊而成雷。❹無嫌　沒有缺點。嫌，疑。❺變動　改變常態。❻振　通「震」。❼殆　大概。❽且　還是。❾自　由。❿天氣　上天的陰陽之氣。⓫感物類　由同類事物引起的感觸。

【語譯】遇上迅雷烈風，孔子必定改變常態。按照禮的規定，君子聽到雷聲，即使在夜裡，也要穿上衣服，戴好帽子恭敬地坐著，這是表示對雷恭敬對陰陽氣激盪表示畏懼的緣故。聖人君子在道德上沒有什麼缺點，然而還是順著上天而改變自己的常態，況且成王還有葬周公問題上的猶豫，聽到雷雨的變化，怎能不震驚害怕呢？那麼雷雨的到來，可能還是由於上天氣的變化造成的；成王感到畏懼，可能還是由於同類事物的變化引起的感受造成的。

夫天道無為❶，如天以雷雨責怒人，則亦能以雷雨殺無道。古無道者多，可以雷雨誅殺其身，必命聖人興師動軍，頓❷兵❸傷士。難以一雷行誅，輕以三軍❹克敵，何天之不憚煩❺也？或曰：「紂父帝乙❻，射天毆地❼，遊涇、渭❽之間，雷電擊而殺之。斯❾天以雷電誅無道也。」帝乙之惡，孰與桀、紂？鄒伯奇❿論桀、紂惡不如亡秦⓫，亡秦不如王莽⓬，然而桀、紂、秦、莽之死，不以雷電。孔子作《春秋》，采⓭毫毛⓮之善，貶纖介⓯之惡，采善不逾其美，貶惡不溢⓰其過。責小以大，夫人⓱無之。成王小疑，天大雷雨。如定以臣葬公，其變何以過此？《洪範》⓲稽⓳疑，不悟災變者，人之才不能盡曉，天不以疑責備於人也。成王心疑未決，天以大雷雨責之，殆非皇天之意。《書》家之說，恐失其實也。

【章　旨】此章辨析上天的活動是無意的，「天怒」之說沒有依據。

【注　釋】❶無為　無意識、無目的地進行活動。❷頓　通「鈍」。❸兵　兵器。❹三軍　按周代的制度，諸侯大國設立三軍，後來泛稱軍隊。❺憚煩　怕麻煩。❻帝乙　商紂王的父親。❼射天毆地　據《史記・殷本紀》記載，武乙無道，作了個木偶人象徵天神，同它搏鬥；還作了個皮袋，盛滿血，作為箭靶來射，叫做「射天」。武乙則為商紂王的祖父，王充把「武乙」錯成「帝乙」。毆，擊。❽涇渭　涇水、渭水。均在陝西境內。❾斯　這。❿鄒伯奇　東漢人。事蹟不詳。⓫亡秦　被滅的秦代。這裡指秦始皇、秦二世。⓬王莽　西漢末人。篡漢建立新朝，十五年而亡。⓭采　取。這裡有表彰的意思。⓮毫毛　形容細微。⓯纖介　形容細微。介，通「芥」。小草。⓰溢　超出；誇大。⓱夫人　那個人。指孔子。⓲洪範　《尚書》中的一篇。⓳稽　考核。

【語　譯】上天的活動是無意的，如果說上天能用雷雨來責怒人，那麼也能用雷雨來誅殺無道的人。古代無道的人很多，天可以用雷雨來誅殺他們，為什麼一定要聖人動用軍隊，弄得兵器鈍折，士兵死亡呢？把用一陣雷就可輕而易舉地消滅對方的事情看得很難，把調動三軍艱難地戰勝敵人的事情反而看得很容易，上天為什麼如此不怕麻煩呢？有人說：「商紂王的父親帝乙，上射天，下撻地，在涇水、渭水遊樂時，被雷電擊中殺死。這就是上天用雷電誅滅無道的證明。」帝乙的作惡，與夏桀王、商紂王比較起來哪一個厲害呢？鄒伯奇評論夏桀王、商紂王的罪惡趕不上秦始皇、秦二世，秦始皇、秦二世的罪惡趕不上王莽，然而夏桀王、商紂王、秦始皇、秦二世、王莽的死，都不是雷電造成的。孔子作《春秋》，評人論事中哪怕一點點好的也加以表彰，哪怕一點點壞的也加以貶斥；表彰好的不超出他本身的美德，貶斥壞的也不誇大他本身的過錯。犯了小錯誤卻重重加以責罰，孔子沒有這樣做過。成王只是在用什麼禮儀葬周公的問題上有點小的猶豫，上天就大降雷雨加以責罰。如果成王決定按照臣子的禮儀葬周公，上天將會降下什麼比這更嚴重的災變呢？〈洪範〉中關於核定疑難，並沒有講要用災變來喚醒有疑難的人，這是因為人的才智不能什麼都通曉，總會遇上猶豫不決的事情，上天不會由於一個人有了猶豫不決的事情，就對他加以責備。成王心裡猶豫不決，上天用大雷雨來責備他，可能不是皇天的意思。解釋《尚書》的人的說法，恐怕沒有實事依據。

齊世篇第五十六

【題解】本篇著重闡述古今社會齊同的道理，表現王充反對頌古非今的觀點。漢儒認為在人的「體、壽」、「質樸」、「重義」、「功德」四個方面都是古人比今人好，王充指出這都是「妄言」。他認為人和物一樣，都是自然之氣所生，「天不變易，氣不改更」，「氣之薄渥，萬世若一」，所以古人今人的體形、壽命、本性都是一樣的，不會有什麼不同。說古代什麼都比後代好，那是一般人「好高古而下今，貴所聞而賤所見」造成的。特別是那些流傳已久的儒家經傳典籍，往往是誇大古代聖王的功業，造成了崇古非今的不良影響。這種看法應該是正確的。當然，王充認為古今社會包括人類自身，在歷史的發展中沒有任何變化，也是不符實際的。

語❶稱上世❷之人，侗長❸佼❹好，堅強老壽，百歲左右；下世❺之人，短小陋醜，夭折❻早死。何則？上世和氣❼純渥❽，婚姻以時❾，人民稟❿善氣⓫而生，生又不傷，骨節堅定，故長大老壽，狀貌美好。下世反此，故短小夭折，形面醜惡。此言妄⓬也。

【章旨】此章引出對立看法之一：人的形體、狀貌、壽夭，都是下世不及上世。

【注釋】❶語　指一般說法。❷上世　古代。❸侗長　高大。侗，大。❹佼　通「姣」。美。❺下世　後代。❻夭折　早死。❼和氣　陰陽調和之氣。❽渥　厚。❾以時　按時。指按照適當的年齡。❿稟　稟受。⓫善氣　和氣。⓬妄　荒謬；不實。

【語　譯】一般說法稱道古代的人，身材高大，容貌美好，健康長壽，能活百歲左右；後代的人，身材矮小，容貌醜陋，壽命不長。為什麼呢？因為古代陰陽調和之氣純厚，按照適當的年齡結婚，人稟受和氣出生，出生以後又不曾受到傷害，骨節長得堅強，所以身材高大，壽命很長，容貌也美好。後代就與這種情況相反，所以身材矮小，壽命不長，容貌也很醜陋。這種說法都是荒謬的啊！

夫上世治者❶，聖人也；下世治者，亦聖人也。聖人之德，前後不殊❷，則其治世，古今不異。上世之天❸，下世之天也，天不變易，氣❹不改更。上世之民，下世之民也，俱稟元氣。元氣純和，古今不異，則稟以為形體者，何故不同？夫稟氣等❺，則懷性❻均；懷性均，則形體同；形體同，則醜好齊；醜好齊，則夭壽適❼。一天一地，並生萬物。萬物之生，俱得一氣。氣之薄渥❽，萬世若一。帝王治世，百代同道❾。人民嫁娶，同時❿共禮⓫，雖言「男三十而娶，女二十而嫁⓬」，法制⓭張設⓮，未必奉行⓯。何以效⓰之？以今不奉行也。禮樂之制，存見於今，今之人民，肯行之乎？今人不肯行，古人亦不肯舉⓱。以今之人民，知古之人民也。

【章　旨】此章從人所稟受的自然條件（氣）和社會條件（德）相同，來論證人的高矮、壽夭、美醜，古今應是相同的。

【注釋】❶治者　治理國家的人。❷殊　異。❸天　王充所說的「天」是自然之天，是一種物質實體。❹氣　王充又稱「元氣」，認為它是構成人和萬物的物質元素，這種氣又分為陰氣和陽氣二種。王充認為它是從天地星宿不斷運動當中產生的。❺等　相同。❻懷性　所持有的本性。❼適　通「敵」。相等。❽薄渥　指氣的厚薄程度。❾道　主張；辦法。社會的變化比自然的變化要迅速，因而「帝王之治，百世同道」的說法不符合實際。❿同時　同樣的年齡。⓫共禮　共同的禮儀。⓬男三十而娶二句　見《周禮．地官．媒氏》。⓭法制　法令禮制。⓮張設　陳設；制定。⓯奉行　遵照執行。⓰效　證明。⓱舉行。

【語譯】古代治理國家的人，是聖人；後代治理國家的人，也是聖人。聖人的道德，前代和後代沒有什麼不同，那麼他們治理社會的辦法，古代和當今也就沒有什麼區別。古代的天，也就是後代的天，天不會變化，氣也不會更改。古代的人，也就是後代的人，都是稟受元氣生出來的。元氣是純粹和諧的，古代和當今沒有什麼不同，那麼稟受元氣構成的形體，為什麼古今不同呢？既然人所稟受的元氣相等，那麼人所持的本性也就相同；所持本性相同，那麼形體也就相同；形體相同，那麼美醜也就一樣；美醜一樣，那麼人壽命的長短也就相等。古今是同樣的天同樣的地，同樣的生出萬物。萬物得以生出，都是承受自然界同樣的氣。氣厚薄的程度，千萬年都是一樣的。帝王治理社會，百代之久都是同樣的方法。人們的男婚女嫁，都在同樣的年齡，舉行同樣的禮儀，雖說古代規定「男子三十歲娶妻，女子二十歲出嫁」，法令禮制是制定了，人們未必遵照執行。用什麼來證明呢？就憑著今天人們並沒有遵照執行的實事。古代的禮樂制度，保存到今天，今天人們願意遵照執行嗎？今天的人不願執行，古人也是不願執行的。按照今天的人對待禮樂制度的情況來推斷，就知道古代人們的情況了。

人，物也；物，亦物也。人生一世，壽至一百歲。生為十歲兒時，所見地上之物，生死改易者多❶。至於百歲，臨且❷死時，所見諸物，與年十歲時所見，無以異也❸。使上世下世民人無有異，則百歲之間足以卜筮❹。六畜❺長短，五穀❻大小，昆蟲草木，金石珠玉，蜎❼蜚❽蠕動❾，跂行❿喙息⓫，無有異者，此形不異也。古之水火，今之水火也。今氣為⓬水火也，使氣有異，則古之水清火熱，而今水濁火寒乎？

【章　旨】此章說明古今之物無異，物由氣生，古今的氣是相同的。

【注　釋】❶生死改易者多　王充可能認為，兒童初見世面，接觸的都是陌生的事物，特別是萬物的生死變化，在主觀上容易形成一種紛繁複雜的印象。❷且　將要。❸無以異也　王充可能認為，老年人已熟悉萬物的生死變化，儘管變化紛繁，仍然是那些東西。❹百歲之間足以卜筮　以人生百年間看到的萬物沒有什麼不同，來推測古代與後代的萬物也應當沒有什麼不同。即以人生百年推測整個歷史進程。卜筮，推測的意思。卜，用龜甲占卜。筮，用蓍草算卦。❺六畜　馬、牛、羊、雞、犬、豕（豬）。這裡泛指牲畜。❻五穀　稻、黍、稷、麥、菽。這裡泛指穀物。❼蜎　動貌。❽蜚　通「飛」。❾蠕動　指蟲一屈一伸緩慢行進。❿跂行　指用腿足行走的動物。跂，足。⓫喙息　指用嘴呼吸的動物。喙，嘴。息，呼吸。⓬為　構成。

【語　譯】人，是物；萬物，也是物。人生一世，長壽的可活到一百歲。從出生到十歲的兒童，所看到的地上各種東西，有的生出，有的死亡，認為變化紛繁。活到一百歲，臨終將死的時候，所看到的各種東西，與十歲時所看到的，並沒有什麼不同。假使古代和後代的人，一生中所看到的東西前後都沒有什麼不同，那麼僅憑藉人生百歲的經驗，就可以推測到古代和後代的萬物都沒什麼不同。牲畜的高矮，五穀的大小，昆蟲草木，金石珠玉，飛行的，蠕動的，用腳行走的，用嘴呼吸的，古今都沒什麼不同。這就是說從外形上看它們古今都是相同的。古代的水火，就像現代的水火。現在我們知道氣是構成水火的元素，假使氣古今有什麼不同，那麼古時的水是清的，火是熱的，而現在的水則是濁的，火則是冷的嗎？

人生長六七尺❶，大三四圍❷，面有五色❸，壽至於百，萬世不異。如以上世人民，侗長佼好，堅強老壽，下世反此，則天地初立，始為人時，長可如防風之君❹，色如宋朝❺，壽如彭祖❻乎？從當今至千歲之後，人可長如莢英❼，色如嫫母❽，壽如朝生❾乎？王莽❿之時，長人生長一丈，名曰霸⓫。建武⓬年中，穎川⓭張仲師⓮長二尺二寸。張蒼⓯八尺有餘，其父不滿五尺。俱在今世，或長或短，儒者之言，竟⓰非誤⓱也。語稱上世使民以宜，傴⓲者抱關⓳，侏儒⓴俳優㉑，如皆侗長佼好，安得傴、侏之人乎？

【章旨】此章以事實證明，無論上古和今世，都存在美、醜、高、矮的人。

【注釋】❶尺　漢代一尺約合今六寸九分。❷圍　兩手的拇、食指相合形成的周長。❸五色　青、赤、黃、白、黑。這裡指人面呈現不同的氣色。❹防風之君　傳說禹時防風氏的君主身材非常高大，一節骨頭就可裝滿一車。見《國語・魯語下》。❺宋朝　春秋時宋國的公子朝。當時被認為美男子。見《論語・雍也》及《左傳・定公十四年》。❻彭祖　古代傳說中的人物。據說他活了八百歲。❼莢英　豆莢花。這裡用來形容人的矮小。❽嫫母　傳說是黃帝的妃子。為古代醜女的代表性人物。❾朝生　一種朝生暮死的昆蟲。❿王莽　西漢末人。他篡漢建立「新」朝，十五年而亡。⓫霸　巨無霸。人名。據說身材高大，「長丈，大十圍」。參見《漢書・匈奴傳下》。⓬建武　漢光武帝劉秀的年號。⓭穎川　郡名。在今河南中部。⓮張仲師　東漢人。⓯張蒼　西漢文帝時的丞相。參見《史記・張丞相列傳》。⓰竟　終究。⓱非誤　錯誤。⓲傴　駝背。⓳抱關　守門。⓴侏儒　身材矮小的人。㉑俳優　古代唱戲或表演曲藝的藝人。

【語譯】一般說來，人生到世上身材有六七尺高，三四圍大，臉面呈現五色，能活上百歲，這種情況經過千秋萬代都是不會不同的。如果認為古代的人，身材高大，容貌美好，健康長壽，後代與此相反，那麼天地初立，剛剛形成人類的時候，都像防風氏的國君那樣高，像宋朝那樣美，像彭祖那樣長壽嗎？從當今推到千代之後，那時的人可能只有豆莢花那樣高，像嫫母那樣醜，像朝生那樣短的壽命嗎？王莽時，巨無霸身高一丈。建武年中，潁川郡張仲師身高只有二尺二寸。西漢丞相張蒼身高八尺多，他的父親卻不滿五尺。他們都是當代的人，身材有的高，有的矮，可見儒者的話，終究還是錯誤的。一般說法認為古代根據人的特點合理地役使百姓，讓駝背的人守門，讓矮人做俳優，如果古代的人都長得高大美好，又哪裡來的駝背和矮人呢？

語稱上世之人，質樸易化❶，下世之人，文❷薄❸難治。故《易》❹曰：「上古之時，結繩❺以治，後世易之以書契❻。」先結繩，易化之故；後書契，難治之驗❼也。故夫宓犧❽之前，人民至質樸，臥者居居❾，坐者于于❿，群居聚處，知其母不識其父⓫。至宓犧時，人民頗文⓬，知⓭欲詐⓮愚，勇欲恐怯⓯，強欲凌⓰弱，眾欲暴⓱寡，故宓犧作八卦⓲以治之。至周⓳之時，人民文薄，八卦難復因襲⓴，故文王衍為六十四首㉑，極㉒其變，使民不倦㉓。至周㉔之時，人民久薄㉕，故孔子作《春秋》㉖，采㉗毫毛㉘之善，貶㉙纖介㉚之惡，稱㉛曰：「周監㉜於二代㉝，郁郁㉞乎文㉟哉！吾從周㊱。」孔子知世浸弊㊲，文薄難治，故加密致㊳之罔㊴，設纖微㊵之禁㊶，檢柙㊷守持㊸，備具㊹悉極㊺。此言妄也。

【章旨】此章引出對立看法之二：古代的人質樸易化，後代的人浮華澆薄難治。

【注釋】❶易化　容易接受教化。❷文　文飾；禮儀。❸薄　澆薄；狡猾。❹易　《周易》。儒家經書之一。❺結繩　上古沒有文字，傳說人們用結繩的辦法記事。❻書契　泛指文字。書，寫。契，刻。❼驗　證明。❽宓犧　即「伏羲」。傳說中的上古帝王。❾居居　悠閒自得的樣子。❿于于　悠閒自得的樣子。《莊子・應帝王》作「其臥徐徐，其覺于于」。⓫知其母不識其父　人類社會經歷過知母不知有父的發展階段，這大概就是母系氏族社會。⓬頗文　略微有點文飾。頗，少；微。⓭知　通「智」。⓮詐　欺騙。⓯恐怯　恐嚇膽小的人。⓰淩　欺侮。⓱暴　侵暴。⓲八卦　即乾、坤、震、巽、坎、離、艮、兌。分別代表天、地、雷、風、水、火、山、澤八種自然現象。伏羲作八卦是一種傳說。⓳周　指西周。⓴因襲　沿用。㉑文王句　傳說周文王把八卦重合，組成六十四卦，所代表的意思更加複雜。六十四卦是否為周文王所推演，今人亦有不同說法。文王，周文王。衍，推演。六十四首，指六十四卦。㉒極　窮盡。㉓倦　懈怠。㉔周　指東周。㉕久薄　澆薄已經很久。㉖春秋　儒家經書之一。孔子根據魯史編寫而成。㉗采　取；表彰。㉘毫毛　形容細小。㉙貶　貶抑；批評。㉚纖介　形容細小。介，通「芥」。小草。㉛稱　贊。㉜監　通「鑑」。借鑑。㉝二代　指夏、商兩代。㉞郁郁　繁盛、豐富的樣子。㉟文　文采。㊱從周　贊成西周的典章制度。㊲浸弊　逐漸出現弊端。㊳密致　周密細緻。㊴罔　指禮法制度。㊵纖微　細微。㊶禁　禁令；法禁。㊷檢柙　矯正。㊸守持　保持；維護。㊹備具　完備。㊺悉極　詳盡。

【語譯】一般說法稱贊古代的人質樸，容易接受教化，後代的人文飾澆薄，很難治理。所以《周易》說：「古代聖王用結繩的辦法就可以治理天下，後代改換用文字來治理天下。」古時用結繩治理，是因為當時的百姓容易接受教化的緣故；後世使用文字治理，這就是當時的人難於治理的證明。所以伏羲氏之前，百姓非常質樸，他們睡覺也好，坐著也好，都是悠閒自得的樣子，大家居住在一塊兒，只認識自己的母親，不知道自己的父親是誰。到了伏羲氏時，百姓略微帶點文飾，聰明的想欺詐愚笨的，勇敢的想恐嚇怯懦的，強大的想欺侮弱小的，人數多的想侵暴人數少的，所以伏羲氏作八卦來治理他們。到了西周時期，百姓善於文飾，變得澆薄，八卦這套簡單的治理辦法很難再使用下去，所以周文王將八卦推演成六十四卦，充分發揮了八卦的各種變化，使百姓不敢懈怠。到了東周時期，百姓的文飾澆薄已經很久了，所以孔子編寫《春秋》，對於人們好的表現，哪怕是一點點，也加以表彰，對於人們壞的行為，哪怕是一點點，也加以批評。孔子稱贊說：「周代是以夏、殷兩代的典章制度作為借鑑，所以豐富多采啊！我贊成周代的典章制度。」孔子知道世風逐漸衰敗，人們文飾澆薄，很難治理，所以施行了周密的制度，設置了細苛的禁令，糾正什麼，維護什麼，規定得極為完備詳盡。這種說法荒謬啊！

上世之人所懷五常❶也，下世之人亦所懷五常也。俱懷五常之道，共稟❷一氣而生，上世何以質樸？下世何以文薄？彼見上世之民，飲血茹毛❸，無五穀之食，後世穿❹地為井，耕土種穀，飲井食粟❺，有水火之調❻；又見上古岩居穴處，衣禽獸之皮，後世易以宮室，有布帛❼之飾❽，則謂上世質樸，下世文薄矣。

【章　旨】此章說明「上世質樸，下世文薄」這種說法形成的原因。

【注　釋】❶五常　指仁、義、禮、智、信五種道德規範。❷稟　受。❸飲血茹毛　喝野獸的血，吃野獸的肉。❹穿　挖。❺粟　指糧食。❻調　指烹調。❼帛　絲織品。❽飾　衣飾；服裝。

【語　譯】古代的人具備仁、義、禮、智、信，後代的人也具備仁、義、禮、智、信。都具備仁、義、禮、智、信，又都是稟受同一種氣而產生出來的，為什麼古代的人就質樸？為什麼後代的人就文薄呢？持這種看法的人，可能是看到了古代的人喝野獸的血，吃野獸的肉，沒有五穀吃；後代的人才知道挖地造井，耕耘土地，種植五穀，這樣人們就可以喝上井水，吃上糧食，懂得用水火來烹調食物。他們又看見古代的人居住的是岩洞，穿的是禽獸的皮，後代的人才改換居住房屋，穿布帛的服裝。那麼這就是所謂「上世質樸，下世文薄」了。

夫器❶業❷變易，性❸行❹不易，然而有質樸文薄之語者，世有盛衰❺，衰極久❻有弊❼也。譬猶衣食之於人也，初成鮮❽完❾，始熟香潔，少❿久穿敗⓫，連日臭茹⓬矣。文⓭質⓮之法，古今所共。一質一文，一衰一盛，古而有之，非獨今也。何以效之？傳⓯曰：「夏后氏之王⓰教以忠⓱。上⓲教以忠，君子忠，其失⓳也，小人⓴野㉑。救㉒野莫如敬㉓。殷之王教以敬。上教用敬，君子敬，其失也，小人鬼㉔。救鬼莫如文㉕，故周之王教以文。上教以文，君子文，其失也，小人薄㉖。救薄莫如忠。」承周而王㉗者，當教以忠。夏所承唐㉘、虞㉙之教薄，故教以忠；唐、虞以文教，則其所承有鬼失㉚矣。世人見當今之文薄也，狎㉛侮㉜非文，則謂上世樸質，下世文薄，猶家人子弟不謹㉝，則謂他家子弟謹良矣。

【章旨】此章引用忠、敬、文三教循環之說，說明古今社會皆有文有質，有盛有衰。

【注釋】❶器　器物。❷業　事業。❸性　本性。❹行　操行。❺世有盛衰　社會有興盛時期，有衰敗時期。王充認為社會的盛而衰、衰而盛的交替，是由一種神秘的自然力量支配的。參見〈治期篇〉。❻極久　太久。❼弊　弊病。❽鮮　鮮明；漂亮。❾完　完整。❿少　稍。⓫穿敗　破舊不堪。⓬茹　腐臭。⓭文　指體現文飾的典章制度。⓮質　體現質樸的治理方法。⓯傳　古稱解釋儒家經書的著作。這裡指經書以外的包括解釋經書的那些書籍。⓰夏后氏之王　指夏朝君主。⓱忠　忠厚。⓲上　君上；君主。⓳失　缺點；弊病。⓴小人　與「君子」對舉。指道德欠缺的人。也指百姓。㉑野　粗野。㉒救　補救；糾正。㉓敬　指敬奉神明和祖先。㉔鬼　迷信鬼神。㉕文　文飾；禮儀。具體指典章制度。鄭玄云：「文，尊卑之差也。」㉖薄　澆薄。鄭玄云：「薄，苟習文法，無悃誠也。」意思是玩弄文法（典章制度），心不專一誠信。鄭玄語見《史記・

高祖本紀》集解。引文見《史記・高祖本紀》。㉗王　統治天下。㉘唐　指堯。㉙虞　指舜。㉚鬼失　迷信鬼神的缺點。王充引用忠、敬、文三教循環的說法，目的雖在於說明古今社會都存在盛、衰、文、質的現象，但這種歷史循環論是不科學的。㉛狎　戲；開玩笑。㉜侮　輕視。㉝謹　慎；善。

【語譯】古今使用的器物和所作的事情有所不同，而人們的本性和操行卻沒有什麼兩樣，然而存在質樸文薄的說法，是由於世風注定有盛衰的變化，衰敗太久就會出現弊病的緣故。譬如人們穿衣吃飯，初穿的衣服感到漂亮完好，剛成熟的食物吃來感到香甜，可是日子稍久，衣服就破舊不堪，食物經過幾天就腐臭了。倡導禮儀與倡導質樸相交替的治理法則，古今是一樣的。有時側重「質」，有時側重「文」，世風有時衰敗，有時興盛，這種情況古代就存在，並不是當今才有的。用什麼來證實呢？古書上說：「夏朝的君主用『忠』作為教化的內容。君主用『忠』來進行教化，結果只有君子『忠』，它的弊端是，小人變得粗野。糾正粗野沒有比用『敬』更好的，殷朝的君主就用『敬』作為教化的內容。君主用『敬』來進行教化，結果只有君子『敬』，它的弊端是，小人變得迷信鬼神。糾正迷信鬼神沒有比用『文』更好的，所以周朝的君主就用『文』作為教化的內容。君主用『文』來進行教化，結果只有君子懂得『文』，它的弊端是，小人變得輕薄。糾正這種輕薄沒有比用『忠』更好的。」繼承周朝來統治天下的君主，應當倡導忠厚。夏朝所繼承前一代教化中產生的輕薄，所以才倡導忠厚；堯、舜時代用禮儀作為教化內容，那麼他們所繼承堯、舜時代教化中產生的迷信鬼神的弊端是無疑了。一般人見到當今存在文飾輕薄的風氣，就戲弄輕視而加以非議，就說上古世風質樸，後代世風文飾輕薄，這好比自家的子弟不規矩，就說別家的子弟如何善良了。

語稱上世之人，重義❶輕身❷，遭❸忠義之事，得己所當赴死之分❹明也，則必赴湯❺趨鋒❻，死不顧❼恨❽。故弘演❾之節，陳不占❿之義，行事⓫比類⓬，書籍所載，亡⑬命捐⑭身，眾多非一⑮。今世趨⑯利苟生⑰，棄義妄得⑱，不相勉⑲以義，不相激⑳以行㉑，義廢身不以為累㉒，行隳㉓事不以相畏。此言妄也。

【章旨】此章引出對立說法之三：古代的人重義輕身，今世的人，趨利苟生。

【注釋】❶義　宜。指行為合宜，符合「禮」的要求。如「道義」、「正義」、「仁義」等堅持一定原則的行為品德都是「義」。❷身　身軀；生命。❸遭　遇。❹分　本分；職分。❺湯　沸騰的水。❻鋒　鋒刃。指兵器的鋒刃。❼顧　惜。❽恨　悔恨。❾弘演　春秋時衛國的大夫。據《呂氏春秋．忠廉》記載，衛懿公時，弘演出使國外。狄人攻衛，殺死懿公，吃盡他的肉，把肝扔在地上。弘演回國，對著懿公的肝報告出使情況後，就剖腹裝進懿公的肝而死。❿陳不占　春秋時齊國人。據《太平御覽．卷四一八》引《韓詩外傳》記載，陳不占聽到齊莊公被崔杼殺死的消息，為了盡忠，不顧車夫勸阻，趕到出事地點，結果被戰鬥的聲音嚇死。⓫行事　以往的事例。⓬比類　類似的。⓭亡　喪。⓮捐　棄。⓯非一　不止一種。⓰趨　奔走；追求。⓱苟生　苟且偷生。⓲妄得　非分之得。⓳勉　勸勉。⓴激　激勵。㉑行　操行。㉒累　害。㉓隳　毀；敗壞。

【語譯】一般說法稱贊古代的人，能重視禮義而輕視生命，遇上應該盡忠守義的事情，清楚地認識到犧牲生命是自己的本分，那麼就是跳進沸水，撲向鋒刃，至死也不顧惜悔恨。所以弘演的節操，陳不占的大義，以往的這些類似的事例，古書所記載的喪失生命拋棄身軀的人，真是眾多，不止一例。當今社會上的人貪求私利，苟且偷生，不顧禮義，追求非分的利益，不用禮義互相勸勉，不用操行互相激勵，禮義被自己廢棄不感到有害，操行被自己毀壞也不感到可怕。以上這些說法都是荒謬的啊！

夫上世之士，今世之士也，俱含❶仁義之性，則其遭事並有奮身❷之節。古有無義之人，今有建節❸之士，善惡雜廁❹，何世無有？述事者❺好高❻古而下❼

今，貴所聞⑧而賤所見⑨。辨士⑩則談其久⑪者，文人則著⑫其遠⑬者，近⑭有奇⑮而辨不稱⑯，今有異而筆不記。若夫琅邪⑰兒子明⑱，歲敗⑲之時，兄為⑳饑人所食，自縛叩頭，代兄為食㉑，饑人美㉒其義，兩舍㉓不食。兄死，收養其孤㉔，愛不異於己之子。歲敗穀盡，不能兩活㉕，餓殺㉖其子，活兄之子，臨淮㉗許君叔㉘亦養兄孤子，歲倉卒㉙之時，餓其親子，活兄之子，與子明同義。會稽㉚孟章㉛父英㉜為郡決曹掾㉝，郡將㉞撾㉟殺非辜㊱，事至復考㊲，英引罪自予㊳，卒㊴代將死。章後復為郡功曹㊵，從役攻賊，兵卒比㊶敗，為賊所射，以身代將，卒死不去。此弘演之節、陳不占之義何以異？當今著文書者，肯引以為比喻乎？比喻之證，上則求虞、夏，下則索㊷殷、周，秦、漢之際，功奇行殊，猶以為後㊸，又況當今在百代下，言事者㊹目親見之乎？

【章旨】此章以實例說明今人亦存重義輕身的節操，只是由於一般人「好高古而下今，貴所聞而賤所見」，所以不被載入文書。

【注釋】❶含 具備。❷奮身 奮不顧身。❸建節 樹立節操。❹雜廁 混雜。❺述事者 記載歷史的人。❻高 推崇。❼下 貶低。❽所聞 指聽到的古代的傳說。❾所見 指看到的當今的事實。❿辨士 善於辯說的人。辨，通「辯」。述說。⓫久 古老。⓬著 記載。⓭遠 久遠。⓮近 當今。⓯奇 突出的事。⓰稱 說。⓱琅邪 郡名。在今山東東南部。⓲兒子明 倪明。西漢末年人。兒，通「倪」。⓳歲敗 年收成不好；荒年。⓴為 被。這裡是「將被」的意思。㉑為食 被吃。

㉒美　贊。㉓兩舍　指兄弟二人都被放掉。㉔孤　喪父的年幼孩子。㉕兩活　養活兩個孩子。㉖餓殺　使餓死。㉗臨淮　郡名。在今江蘇北部及安徽東北部一帶。㉘許君叔　東漢初年人。㉙倉卒　緊迫。指荒年。㉚會稽　郡名。東漢前期該郡包括今江蘇南部、浙江大部和福建全省。㉛孟章　東漢時會稽郡人。㉜英　孟英。㉝決曹掾　官名。郡的屬吏，主管刑事。㉞郡將　泛指郡的長官。㉟撾　拷打。㊱非辜　無罪的人。㊲考　審查。㊳自予　自我。㊴卒　終於。㊵功曹　郡的屬吏。掌管對官吏的考核任免。㊶比　接連。㊷索　求。㊸後　指時間近。㊹言事者　記述歷史的人。

【語　譯】古代的人，如同當今的人一樣，都具有仁義的本性，那麼他們遇到特殊的事故都會表現出重義輕身的節操。古代也有不義的人，當今也有建立節操的人，好人壞人是混雜在一起的，哪個時代沒有呢？記事的人總是喜歡推崇古代貶低當今，重視傳聞的古代歷史，輕視眼見的當今事實。辯說之士只談久遠的歷史，文人只記久遠的事實，近代即使有突出的事，辯說中也不屑於提到，當今即使有特異的事，筆下也不屑於記載。

像那琅邪郡的倪子明，災荒的年頭，哥哥將被飢餓的人吃掉，自己便把自己捆縛起來向飢餓的人叩頭，請代替哥哥去讓他們吃掉。結果那些飢餓的人贊賞他的義氣，兩人都被放掉沒有被吃。後來哥哥去世，他收養哥哥的兒子，憐愛這個孤兒與自己的兒子沒有什麼不同。遇上災荒之年，糧食匱乏的時候，不能養活兩個小孩，就讓自己的兒子餓死，讓哥哥的兒子活下來。臨淮郡許君叔也撫育過哥哥的孤兒，遇上災荒緊迫的年頭，也是讓親生的兒子受餓，讓哥哥的兒子活了命，與倪子明具有同樣的義氣。會稽郡孟章的父親孟英做郡的決曹掾，郡的長官拷打殺害無罪的人，這件案子到朝廷複查的時候，孟英把罪過歸於自己，終於替代長官被處死。

孟章後來又做會稽郡的功曹，隨從長官參加了攻伐賊人的役事，士卒接連打敗仗，自己被賊人射中，還用身軀掩護郡將，一直到死也不離開。以上這些例子與春秋時弘演的節操、陳不占的大義又有什麼不同呢？當今著書記事的人，願意把這些事例拿來作為重義輕身的比喻嗎？他們尋求重義輕身的比喻證據，最早就是尋求虞舜、夏朝的史事，最遲也得尋求殷、周的史事，至於秦、漢時期，即使有突出的功績和操行，尚且認為時代太近，又何況當今是處於百代之後的朝代，記載歷史的人親眼所見的事情呢？

畫工好畫上代之人，秦漢之士，功行譎奇❶，不肯圖❷。不肯圖今世之士者，尊古卑今也。貴鵠❸賤雞，鵠遠而雞近也。使當今說道深於孔、墨❹，名不得與之同❺；立行崇❻於曾、顏❼，聲❽不得與之鈞❾。何則？世俗之性，賤所見貴所聞也。有人於此，立義建節，實核❿其操，古無以過，為文書者，肯載於篇籍，表⓫以為行事乎？作奇論，造新文，不損⓬於前人，好事者肯舍久遠之書，而垂意⓭觀讀之乎？楊子雲⓮作《太玄》，造《法言》，張伯松⓯不肯壹⓰觀，與之並肩⓱，故賤其言。使子雲在伯松前，伯松以為金匱⓲矣！

【章旨】此章說明由於世俗尊古卑今，因而今事不肯載，今文不肯讀。

【注釋】❶譎奇　卓異；特出。❷圖　繪畫。❸鵠　天鵝。❹孔墨　指孔子、墨子。分別為儒家學派和墨家學派的創始人。❺同　相等。❻崇　高。❼曾顏　指曾參、顏回。都是孔子的弟子。❽聲　名聲。❾鈞　通「均」。❿實核　核實；考核。⓫表　表彰。⓬損　減；遜色。⓭垂意　留意。⓮楊子雲　西漢後期文學家、思想家。學術著作有《法言》、《太玄》、《方言》等。楊，亦作「揚」。⓯張伯松　張竦。西漢末年人。⓰壹　同「一」。⓱並肩　同輩；同一時代。⓲金匱　古代用以收藏貴重文書的金屬匣。這裡指珍貴的文獻。

【語譯】畫工愛畫古代的人，秦、漢時的人，即使功績操行卓異，也不肯繪畫。不肯繪畫今世的人，是由於存在尊古卑今的心理。以天鵝為珍貴，以雞為輕賤，是因為天鵝離人很遠，而雞就在眼前。假使當今有人論說道理比孔子、墨子還精深，他的名聲也不能與孔子、墨子等同；建立的操行比曾參、顏回還高，聲譽也不可能跟他們一樣。為什麼呢？一般人的本性，就是以所見的眼前事實為賤，以所聽到的古代事情為貴啊！假如現在有人，在立義建節方面，考核他的操行，古人沒有能超過他的，撰文寫書的人，肯把他的事蹟記載在書籍上，把他視為以往的事例一樣來表彰嗎？如果有人為他發表卓絕的論著，創作新穎的文章，這些論述和文章並不比前人的著述遜色，一些樂於生事的人肯捨棄時代久遠的古書，來留意閱讀它嗎？揚子雲作《太玄》，著《法言》，與他同時代的張伯松不肯一讀，由於同一個時代，所以輕視他的言論。假使揚子雲的時代在張伯松之前，那麼張伯松就把它當作珍貴的文獻了。

語稱上世之時，聖人德優，而功治❶有奇❷，故孔子曰：「大哉，堯之為君也！唯天為大，唯堯則之。蕩蕩乎民無能名焉！巍巍乎其有成功也！煥乎其有文章也❸！」舜承堯，不墮❹洪❺業；禹襲舜，不虧❻大功。其後至湯❼，舉兵伐桀❽，武王❾把❿鉞⓫討紂⓬，無巍巍蕩蕩之文⓭，而有動兵討伐之言。蓋其德劣而兵試⓮，武用⓯而化薄⓰。化薄，不能相逮⓱之明驗⓲也。及至秦漢，兵革⓳雲擾⓴，戰力㉑角勢㉒，秦以得天下。既得天下，無嘉瑞㉓之美，若「協和萬國㉔」、「鳳凰來儀㉕」之類，非德劣㉖不及、功薄㉗不若之徵乎？此言妄也。

【章旨】此章引出對立看法之四：後代「德劣功薄」，不及古代聖人的「德優功奇」。

【注釋】❶功治　治理之功。❷奇　卓越。❸大哉七句　見《論語·泰伯》。則，效法。蕩蕩，形容廣大的樣子。名，形容；稱贊。巍巍，形容高大的樣子。煥，光輝燦爛。文章，指禮儀制度。❹墮　毀壞。❺洪　大。❻虧　損。❼湯　商湯王。商朝的第一個君主。❽桀　夏桀王。夏朝的最後一個君主。❾武王　周武王。❿把　握。⓫鉞　古代的一種兵器。⓬紂　商紂王。⑬文　指文辭。⑭試　使用。⑮武用　使用武力。⑯化薄　道德教化薄弱。⑰逮　及。⑱驗　證。⑲兵革　指戰爭。⑳雲擾　形容戰爭頻繁。㉑戰力　以武力爭戰。㉒角勢　憑勢力較量。角，較量。㉓嘉瑞　吉祥的徵兆。㉔協和萬國　使普遍天下的國家協調和睦相處。這是歌頌堯的話，見《尚書・堯典》。㉕鳳凰來儀　鳳凰來朝。這是歌頌舜的話，語出《尚書・益稷》。鳳凰，古代傳說象徵吉祥的鳥。儀，禮。㉖德劣　道德不好。㉗功薄　功績不多。

【語　譯】一般說法認為古代聖人的道德優良，而治理國家又有卓越的功績，所以孔子說：「堯這個君主，真是偉大啊！只有天最高最大，只有堯能夠效法它。他的恩惠真是廣博啊，百姓簡直不知道怎樣稱讚他。他的功績實在太崇高了，他的禮儀制度也真夠美好了。」舜繼承堯，沒有敗壞堯開創的大業。夏禹繼承舜，也沒有損害舜的功績。自那以後到了商湯，大動干戈攻伐夏桀，周武王舉起大鉞征討商紂，人們對商湯、周武王不再用「巍巍」、「蕩蕩」這種歌頌的文辭，而有的倒是「動兵討伐」的評論。可能因為他們的道德比堯、舜差，所以就使用武力，使用武力對百姓的教化就單薄了。教化單薄，就是商湯、周武王不及堯、舜的明證。到了秦、漢，戰爭頻繁，鬥力爭勢，秦因而能統一天下。秦已經得了天下，沒有出現吉祥美好的徵兆，像「協和萬國」、「鳳凰來儀」一類的記載消失了，這不是道德不好、功績不多趕不上堯、舜的證明嗎？這些話是荒謬的。

夫天地氣和即生聖人❶，聖人之治即立大功。和氣不獨在古先❷，則聖人何故獨優？世俗之性，好褒❸古而毀今，少❹所見而多❺所聞，又見經傳增❻賢聖之美❼，孔子尤大❽堯、舜之功，又聞堯、舜禪❾而相讓，湯、武伐❿而相奪⓫，則謂古聖優於今，功化渥⓬於後矣。夫經有褒增之文，世有空加⓭之言，讀經覽書者所共見也。孔子曰：「紂之不善，不若是⓮之甚⓯也。是以君子惡⓰居下流⓱，天下之惡⓲皆歸焉⓳。」世常以桀、紂與堯、舜相反，稱美則說堯、舜，言惡則舉桀、紂。孔子曰：「紂之不善，不若是之甚也」，則知堯、舜之德，不若是其盛也。堯、舜之禪，湯、武之誅，皆有天命⓴，非優劣所能為，人事所能成也㉑。使湯、武在唐、虞，亦禪而不伐；堯、舜在殷、周，亦誅而不讓。蓋有天命之實，而世空生優劣之語。經言「協和萬國」，時亦有丹水㉒；「鳳凰來儀」，時亦有有苗㉓。兵皆動而並用㉔，則知德亦何優劣而㉕小大也。

【章　旨】此章分析聖人「德優功奇」說法形成的原因，乃在於人們「好褒古而毀今」及「經傳增賢聖之美」。

【注　釋】❶天地氣和即生聖人　王充認為萬物人類都是由氣產生的，這種說法值得肯定。但是給氣賦予道德屬性，並以此來解釋聖人的產生，這就不正確了。❷古先　古代。❸褒　贊美。❹少　輕視。❺多　重視。❻增　誇大。❼美　指美德。❽大　誇大。❾禪　禪讓；把君位讓給別人。❿伐　討伐。⓫奪　爭奪。⓬渥　厚。⓭空加　憑空誇大。⓮是　此。⓯甚　厲害；嚴重。⓰惡　厭惡。⓱下流　下游。指人們不願歸往的卑下境地。⓲惡　指壞事。⓳焉　於此。指處於「下流」地位的人。⓴天命　王充認為，「命」是一種決定人的死生壽夭和貧賤富貴的神秘力量。具體分為壽命和祿命兩種，是人在母體胚胎時承受了天施放的氣形成的，所以又稱「天命」。這裡指「祿命」。參見本書〈命義篇〉。㉑非優劣所能為二句　王充認為，君主的「命」好，就自然會遇上治世，否則就碰上亂世，社會的治亂與君主的道德才能無關。參見〈治期篇〉。㉒丹水　古河名。即今丹江，由陝西流經河南，至湖北入漢水。傳說堯曾在丹水流域與南方部落打過仗。㉓有苗　傳說是舜時南方的苗族部落。舜曾經和它發生過戰爭。㉔並用　並用武力。㉕而　與。

【語　譯】天地運動施放的陰、陽二氣協調和諧就產生聖人，聖人治理國家就能建立大的功績。和氣不只是古代才有，那麼為什麼只有古代的聖人特別好呢？一般人的習性，總喜歡贊美古代而毀謗當今，輕視所見到的，重視所聽到的，又看到儒家經傳往往誇張賢聖的美德，孔子尤其誇大堯、舜的功績，又傳聞堯、舜對待君位是通過禪位而互相推讓，而商湯、周武對待君位卻是通過攻伐而互相爭奪，就說古代的聖人比當今的聖人好，功業教化比後代純厚了。經書有贊美誇張的文詞，世上有憑空誇大的言論，這是閱讀經書的人所共見的實事。孔子說：「商紂王的不善，不像書上記載的這麼嚴重。因此君子最討厭自己置身於下游，因為天下的壞事都會歸到置身於下游的人。」世人常把桀、紂作為堯、舜的對立面，稱頌美德就舉出堯、舜為代表，揭露邪惡就舉出桀、紂為代表。孔子說：「紂的不善，不像書上記載的這樣嚴重」，就知道堯、舜的道德，也不像書上說的那麼完備。堯、舜的禪讓君主，湯、武的征伐桀、紂，都有「天命」起作用，並不是道德的好壞所能決定的，也不是人力所能做到的。假使湯、武處在堯、舜的時代，也會提倡禪讓而不進行征伐；堯、舜處在殷、周的時代，也會進行征伐而不提倡禪讓。大概都有「天命」的實際作用，而世上的人是憑空捏造一些古代優後代劣的話來。經書上說的堯「協和萬國」，當時堯也進行過丹水之戰；說舜在位有「鳳凰來朝」，當時舜也進行過征伐有苗的戰爭。既然古今帝王都動了兵，用了武，那麼就可以知道他們的道德也沒有什麼好壞的差別，而功業也沒有什麼大小的不同。

世論桀、紂之惡❶甚於亡秦❷，實事者❸謂亡秦惡甚於桀、紂。秦、漢善惡相反，猶堯、舜、桀、紂相違也。亡秦與漢皆在後世，亡秦惡甚於桀、紂，則亦知大漢之德不劣於唐、虞也。唐之「萬國❹」，固❺增❻而非實者也。有虞之「鳳凰❼」，宣帝已五致之矣❽。孝明帝❾符瑞❿並至。夫德優故有瑞，瑞鈞⓫則功不相下。宣帝、孝明如劣不及堯、舜，何以能致堯、舜之瑞？光武皇帝⓬龍興鳳舉⓭，取天下若拾遺⓮，何以不及殷湯、周武？世稱周之成、康⓯不虧文王之隆⓰，舜巍巍不虧堯之盛功也。方今聖朝⓱，承光武，襲孝明，有浸⓲酆⓳溢美⓴之化，無細小毫髮之虧㉑，上㉒何以不逮舜、禹！下何以不若成、康！世見五帝㉓、三王㉔事在經傳之上，而漢之記故㉕尚㉖為文書㉗，則謂古聖優而功大，後世劣而化薄矣！

【章　旨】此章說明當今之世聖王的功德可與堯、舜相比。

【注　釋】❶惡　罪惡。❷亡秦　秦王朝。❸實事者　實事求是的人。這裡可能指東漢鄒伯奇。王充曾說他「論桀紂不如亡秦」。參見本書〈感類篇〉。王充自己也曾說「二世之惡，隆盛於紂」。參見本書〈語增篇〉。❹萬國　指上文所說的「協和萬國」。❺固　本來。❻增　誇張。❼鳳凰　指上文所說的「鳳凰來儀」。❽宣帝已五致之矣　漢宣帝時五次招來鳳凰的說法，參見本書〈指瑞篇〉。❾孝明帝　漢明帝。❿符瑞　祥瑞。⓫鈞　均；相等。⓬光武皇帝　漢光武帝。⓭龍興鳳舉　龍、鳳同時出現。形容帝王的興起。⓮拾遺　拾起遺物。這裡形容極其容易。⓯成康　指周成王、周康王。⓰隆　隆盛。指功業興旺。⓱聖朝　王充所處之朝。指漢章帝。⓲浸　逐漸。⓳酆　通「豐」。盛。⓴溢美　更為美好。㉑虧　缺點。㉒上　往上追溯。㉓五帝　傳說中的上古帝王。一般指黃帝、顓頊、帝嚳、堯、舜。㉔三王　指夏禹、商湯、周文王和周武王。㉕故　指過去發生的事情。㉖尚　還。㉗文書　指一般性的檔案文件。尚未成為典籍。

【語　譯】一般人評論桀、紂的罪惡比秦代還要嚴重，核實這件事情的人認為秦代的罪惡超過了桀、紂。秦代和漢代的善惡正相反對，就好像堯、舜與桀、紂的善惡相背離一樣。秦代與漢代都在堯、舜、桀、紂之後，秦代的罪惡既然超過了桀、紂，那麼也可推論漢代聖王的道德就不會比堯、舜差多少。堯時的「協和萬國」，本就是誇張而不符合實際情況的。舜時的「鳳凰來儀」，漢宣帝時已出現過五次這種情況。漢明帝時也有祥瑞同時到來。聖王的道德優厚，所以就出現祥瑞，既然祥瑞的數量相同，那麼功業就應該不相上下。假如漢宣帝、漢明帝的道德差，趕不上堯、舜，怎麼能招來如同堯、舜時出現的祥瑞呢？漢光武皇帝興起時，他取得天下就好像拾起遺物那麼容易，他的道德和功業為什麼趕不上商湯王、周武王呢？一般人稱道西周成王、康王沒有虧損文王傳下的盛大功業，舜的崇高偉大沒有虧損堯傳下的盛大功業。當今的聖明之主，繼承漢光武帝、漢明帝的功業，出現更加興盛、更加美好的教化，連微小的缺點也沒有，往上追溯怎麼會趕不上舜、禹的功業！就晚一點而言，怎麼會不能與成、康的功業相比呢！一般人只是看到五帝、三王的事蹟記載在經傳典籍上，而關於漢代的記載，還只是檔案文書，於是就說古代聖王道德優厚而功業偉大，後世帝王道德不好而教化薄弱了。

卷一九

宣漢篇第五十七

【題解】本篇辨析什麼是太平盛世，反對「褒遠稱古」，大力宣揚漢代帝王的功德，因而以「宣漢」為篇名。

漢儒認為只有古代才有「聖人」以及「鳳凰」、「河圖」這些祥瑞，太平盛世只存在於古代。王充認為「聖人」也是稟氣而生，天的施氣，古今無別，所以古今都有「聖人」存在。至於祥瑞，王充也認為古今都有，只是「今瑞未必同於古，古應未必合於今」，因而用古瑞的模式來套今瑞，是一種「守株待兔」的做法。王充認為太平盛世的標誌應是社會安定，百姓安居樂業。根據這個標準，把漢代與周代對比，他認為漢代「四海混一，天下定寧」，疆域廣大，荒野開墾成良田，各民族文明進步，因此得出「周不如漢」的結論。

儒者稱五帝❶、三王❷致❸天下太平，漢❹興已❺來，未有太平。彼❻謂五帝、三王致太平，漢未有太平者，見五帝、三王聖人也，聖人之德能致太平；謂漢不太平者，漢無聖帝也，賢者❼之化❽，不能太平。又見孔子言「鳳鳥❾不至，河不出圖❿，吾已⓫矣夫」。方今⓬無鳳鳥、河圖，瑞頗⓭未至悉具⓮，故謂未太平。此言妄⓯也。

【章　旨】此章引述儒者關於古代有太平，漢興以來沒有太平之論。

【注　釋】❶五帝　傳說中的五個上古帝王。一般指黃帝、顓頊、帝嚳、堯、舜。❷三王　指夏禹、商湯、周文王和武王。❸致　招致。❹漢　指西漢。❺已　通「以」。❻彼　他們。指儒生。❼賢者　賢人。指賢能的君主。古代以為「賢」不及「聖」。❽化　教化。❾鳳鳥　鳳凰。傳說中的吉祥之鳥。❿河不出圖　古有所謂「河圖」的說法。傳說古帝伏羲氏在位時，黃河出現龍馬，伏羲根據其圖像畫成「八卦」，這就是「河圖」。古人以為黃河出圖是天下太平的象徵。見《尚書・顧命》孔氏傳。河，黃河。圖，圖像。⓫已　停止；完結。⓬方今　當今。指漢代。⓭頗　少；略微。⓮悉具　齊備。⓯妄　荒謬。

【語　譯】儒者說五帝、三王招致了天下太平的局面，而漢朝興起以來，卻沒有太平的局面。他們所說的五帝、三王之所以招來太平，而漢朝沒有太平，是因為看到五帝、三王都是聖人，聖人的道德，能招致太平；說漢興以來之所以不太平，是因為漢朝沒有聖明的帝王，而賢能帝王的教化，是不能招致天下太平的。又看見孔子說的「鳳鳥不飛來，黃河不出現圖畫，我這一輩子算完了」。當今沒有鳳鳥、河圖出現，祥瑞之物略欠齊備，所以說沒有太平。以上這些說法都是荒謬的。

夫太平以治定為效❶，百姓以安樂為符❷。孔子曰：「修己❸以安百姓，堯、舜其❹猶病❺諸❻！」百姓安者，太平之驗❼也。夫治人，以人❽為主。百姓安，而陰陽❾和；陰陽和，則萬物育❿；萬物育，則奇瑞出。視今天下，安乎？危乎？安則平⓫矣，瑞雖未具，無害⓬於平。故夫王道⓭定⓮事⓯以驗⓰，立⓱實⓲以效，效驗不彰⓳，實誠⓴不見㉑。時或實然㉒，證驗㉓不具㉔，是故王道立事以實㉕，不必具驗㉖。聖主治世，期㉗於平安㉘，不須㉙符瑞。

【章　旨】此章說明社會安定、百姓安樂就是太平，不一定具備符瑞。

【注　釋】❶效　效驗；徵兆。❷符　符瑞；吉祥的徵兆。❸修己　指君主修養自身的道德。❹其　表示揣測、不定的語氣。相當於「可能」、「大概」。❺病　感到困難。❻諸　「之乎」的合音。❼驗　證。❽人　指百姓。❾陰陽　陰氣和陽氣。❿育　滋生。⓫平　太平。⓬害　妨害。⓭王道　指古代聖王的治國之道。⓮定　確定；判斷。⓯事　指治國的情況。⓰驗　徵兆。指祥瑞。⓱立　確定；判斷。⓲實　真實。指治國的情況。⓳彰　明。⓴實誠　指真實情況。㉑見　同「現」。㉒實然　確實如此。㉓證驗　指祥瑞。㉔具　具備。㉕實　實際情況。㉖具驗　具備祥瑞。㉗期　盼望。㉘平安　指天下太平、百姓安樂。㉙須　等待。

【語　譯】天下太平是以社會安定作為吉祥徵兆的，百姓是以安居樂業作為吉祥徵兆的。孔子說：「君主修養本身的道德，使百姓安居樂業，就是堯、舜大概也還難於完全做到這一點吧！」百姓安居樂業，就是太平的證驗。君主治理百姓，應以百姓的情況為主。百姓安居樂業，就會陰陽調和；陰陽調和，萬物就會生長發育；萬物生長發育，就會有突出的祥瑞出現。看一看當今的天下，百姓是安居樂業呢？還是危懼動亂呢？百姓安居樂業就是天下太平了，祥瑞雖然不齊備，並不妨害它被稱為太平盛世。因此先王之道用祥瑞作為判斷天下太平的根據，如果祥瑞不顯著，那就是天下太平的事實還沒有出現。但是有時也許天下確實太平了，然而祥瑞卻並不齊備，因此先王之道又是用事實來作為判斷天下太平的根據，不一定要求祥瑞齊備。聖明的君主治理國家，只是盼望天下太平，百姓安樂，不盼望符瑞的出現。

且夫太平之瑞，猶聖主之相❶也。聖王骨法❷未必同，太平之瑞何為當等❸？

彼聞堯、舜之時，鳳凰、景星❹皆見，河圖、洛書❺皆出，以為後王治天下，當復若❻等❼之物，乃為太平。用心❽若此，猶謂堯當復比齒❾，舜當復八眉❿也。夫帝王聖相前後不同，則得瑞古今不等。而⓫今王無鳳鳥、河圖，為未太平，妄矣。孔子言鳳凰、河圖者，假⓬前瑞以為語也，未必謂世當復有鳳凰與河圖也。夫帝王之瑞，眾多非一，或以鳳鳥、麒麟，或以河圖、洛書，或以甘露⓭、醴泉⓮，或以陰陽和調，或以百姓乂⓯安。今瑞未必同於古，古應⓰未必合於今，遭⓱以所得，未必相襲⓲。何以明之？以帝王興起，命祐⓳不同也。周則烏、魚⓴，漢斬大蛇㉑。推論唐、虞㉒，猶周、漢㉓也。初興始起，事㉔效㉕物氣㉖，無相襲者，太平瑞應，何故當鈞㉗？以已至之瑞，效㉘方來之應，猶守株待兔㉙之蹊㉚，藏身破罝㉛之路也。

【章旨】此章說明古今瑞應眾多，「今瑞未必同於古，古應未必合於今」。

【注釋】❶相　骨相。王充認為人的相貌各有特徵，從中可以顯示「命」的好壞。參見本書〈骨相篇〉。❷骨法　骨相特徵。❸等　同。❹景星　星名。指一種出沒無常、形體不定的變星。古人以為它的出現是吉祥的象徵。❺洛書　傳說夏禹時洛水中有書出現，或以為就是《尚書・洪範》中的「九疇」，即九類大法。古人以為「洛出書」是天下太平的象徵。❻若　此。❼等　類。❽用心　想法。❾比齒　即「駢齒」。牙齒形成整片。傳說帝嚳就是「駢齒」。❿八眉　傳說堯的眉毛有八種顏色。參見〈骨相篇〉。⓫而　如果。⓬假　借用。⓭甘露　甜的露水。⓮醴泉　甜的泉水。⓯乂　安定。⓰古應　古代的瑞應。

⑰遭　遇。⑱襲　沿襲；相承。⑲祐　福祐。指祥瑞。⑳烏魚　指「赤烏」、「白魚」。傳說武王伐紂，到盟津渡黃河時，有一條白魚跳入船中，渡河後，有一團火落到武王的屋頂上，變成一隻紅色的烏鴉。見《史記・周本紀》。㉑漢斬大蛇　劉邦早年為亭長時，曾夜行，遇上大蛇擋路，拔劍將蛇斬為兩段，後來有老婦夜哭，說是她的兒子白帝子被赤帝子斬了。這個傳說象徵劉邦將會做皇帝。見《史記・高祖本紀》。㉒唐虞　指堯、舜。㉓周漢　周朝和漢朝。㉔事　指統一天下的事業。㉕效　效應。㉖物氣　指祥瑞。㉗鈞　通「均」。㉘效　效法；比照。㉙守株待兔　傳說宋國有個農夫，在耕地時撿到一隻撞死在樹旁的兔子，於是便放下農具，在樹旁等待，希望再得到撞死的兔子，結果不僅沒有再得到兔子，自己反而成為宋國人譏笑的對象。這是個寓言故事，諷刺那些墨守成規的人。參見《韓非子・五蠹》。㉚蹊　路。這裡指方法。㉛罝　捕兔的網。

【語　譯】至於天下太平的祥瑞，如同聖王的骨相一樣。聖王的骨相特徵未必都相同，天下太平的祥瑞為什麼就應當相同呢？他們聽到堯、舜在位時，鳳凰、景星都曾出現，河圖、洛書也都出現，以為後世帝王治理天下，應當再出現這類祥瑞之物，才算是天下太平。按照這種想法，就好像說堯也應當像帝嚳那樣長駢齒，舜也應當像堯那樣眉毛有八種顏色。既然帝王聖人的骨相前後各不相同，那麼他們所得到的祥瑞自然古今也不相同。如果由於今天的君主缺乏鳳鳥、河圖一類的祥瑞，便認為天下還沒有出現太平，那就錯了。孔子說過鳳凰、河圖，是借用以前出現過的祥瑞來抒發自己的感慨，他未必是說世世代代應當再出現鳳凰與河圖這種祥瑞。本來帝王的祥瑞，多種多樣，有的是以鳳鳥、麒麟為祥瑞，有的是以河圖、洛書為祥瑞，有的是以甘露、醴泉為祥瑞，有的是以陰陽調和為祥瑞，有的是以百姓安定為祥瑞。當今的祥瑞未必與古代相同，古代的瑞應未必與當今相合，遇上什麼祥瑞就得到什麼祥瑞，不一定前後沿襲。用什麼來證明它呢？就用帝王興起時，遇到的祥瑞各不相同來證明。周武王伐紂時，遇上的是赤烏、白魚；劉邦初起時，把擋路的大蛇斬為兩段。推論堯、舜時的祥瑞，也應當如同周代和漢代的祥瑞不相承襲一樣。一個朝代初興起的時候，統一大業的效應往往從祥瑞當中體現出來，祥瑞沒有相承襲的，那麼太平盛世的瑞應，為什麼應當相同呢？用已經出現的祥瑞作為標準去規定將來出現的祥瑞，要求它們必須相同，就好比「守株待兔」、「藏身破罝」的辦法一樣，必然失望的。

天下太平，瑞應各異，猶家人❶富殖，物不同也。或積米穀，或藏布帛，或畜牛馬，或長❷田宅。夫樂米穀不愛布帛，歡❸牛馬不美❹田宅，則謂米穀愈❺布帛，牛馬勝田宅矣。今百姓安矣，符瑞至矣，終❻謂古瑞河圖、鳳凰不至，謂之未安❼，是❽猶食稻之人入飯❾稷❿之鄉，不見稻米，謂稷為非穀也。實者，天下已太平矣。「未有聖人，何以致之？未見鳳凰，何以效實⓫？」問：世儒不知⓬聖，何以知今無聖人也？世人見鳳凰，何以知之？既無以知之，何以知今無鳳凰也？委⓭不能知有聖與無，又不能別鳳凰是鳳與非，則必不能定今太平與未平也。

【章旨】此章說明既然天下太平的瑞應各種各樣，就不應當用古代瑞應的模式來要求當今的瑞應。

【注釋】❶家人　百姓。❷長　增添。❸歡　喜。❹美　贊美；羨慕。❺愈　勝過。❻終　竟然。❼未安　沒有太平。❽是　這。❾飯　吃。❿稷　黍類；穀子。⓫未有聖人四句　可以理解為儒者的質問。效實，證明太平的事實。⓬知　識別。⓭委　確實。

【語譯】象徵天下太平的瑞應各有不同，如同百姓發財致富，物產各不相同一樣。有的積存米穀，有的貯藏布帛，有的畜養牛馬，有的增殖田宅。喜歡米穀的就不愛布帛，喜歡牛馬的就不羨慕田宅，那麼說米穀勝過布帛，牛馬勝過田宅，這就不對了。當今百姓已經安居樂業了，吉祥的符瑞已經來到了，竟然還說古代祥瑞河圖、鳳凰還沒有出現，認為天下還不太平，這就好像吃慣了稻米的人，跑到吃穀子的地區，沒有看到稻米，就認為穀子不是糧食了。當今實際情況，天下已經太平了，但卻有人說：「沒有出現聖人，怎麼能招致太平？沒有看到鳳凰，怎麼能證實太平？」請問：世俗的儒生根本不能識別聖人，怎麼知道當今沒有聖人呢？世俗的人看到鳳凰，又怎麼能識別呢？既然沒有辦法識別鳳凰，又怎麼知道當今沒有出現鳳凰呢？他們確實不能識別有聖人還是沒有聖人，又不能識別鳳凰，它到底是鳳凰或者不是鳳凰，那麼他們必定不能判定當今究竟是天下太平還是不太平了。

孔子曰：「如有王者，必世然後仁❶。」三十年而天下平。漢興，至文帝❷時，二十餘年，賈誼❸創議❹，以為天下洽和❺，當改正朔❻、服色❼、制度，定官名，興禮樂。文帝初即位，謙讓未遑❽。夫如❾賈生之議，文帝時已太平矣。漢興二十餘年，應孔子之言，「必世然後仁」也。漢一世之年數已滿，太平立矣，賈生知之。況至今且❿三百年，謂未太平，誤也。且孔子所謂一世，三十年也。漢家三百歲，十帝⓫耀德⓬，未平如何？夫文帝之時，固已平矣，歷世持平⓭矣。至平帝⓮時，前漢已滅，光武⓯中興⓰，復致太平。

【章　旨】此章說明按照孔子「必世然後仁」之說，漢朝已歷三百年，肯定出現過太平局面。

【注　釋】❶如有王者二句　見《論語・子路》。世，古以三十年為一世。❷文帝　漢文帝。❸賈誼　西漢初政治家、文學家。❹創議　倡議。❺洽和　協和、太平。❻改正朔　古時新王朝的建立，要改變舊王朝的曆法，重新確定每年正月初一應在哪一月哪一天。正朔，夏曆正月初一。❼服色　指車服和馬的顏色。按照陰陽五行說法，改朝換代一定要改變車服、馬色，以表示舊王朝的滅亡和新王朝的興起。如夏崇尚黑色，殷崇尚白色，周崇尚赤色。❽遑　閒暇。❾如　像；依據。❿且　將近。⓫十帝　從西漢高祖，到東漢章帝，實際經歷了十四個皇帝。這裡是以三十年為一世，舉其成數而言。⓬耀德　顯耀功德。⑬持平　保持太平。⑭平帝　漢平帝。西漢最後一個君主。⑮光武　東漢光武帝。⑯中興　衰敗以後的復興。

【語譯】孔子說：「假若有聖王興起，必須經過三十年才能使仁政大行。」就是說要經過三十年天下才能太平。漢朝興起，到漢文帝時已經二十餘年，當時賈誼倡議，認為天下和諧，應當改變「正朔」和「服色」，重新訂立制度，確定官爵名稱，興起禮樂儀式。漢文帝初即位還表示謙讓，來不及顧到這些改革。按照賈誼的倡議，說明文帝時天下已經太平了。同時漢朝興起二十餘年，也符合孔子說的「必須經過三十年才能使仁政大行」。漢文帝時漢朝一世的年數已經達到，天下太平的局面已經形成了，賈誼對此是清楚的。況且到現在將近三百年，還認為沒有太平，這就錯了。況且孔子所說的一世，就是三十年，而漢朝卻經歷了三百年，有十來個帝王功德顯耀，說天下還沒有太平，怎麼行呢？本來漢文帝時已經太平了，歷代帝王都保持了太平。到漢平帝時，雖然前漢已經滅亡，到東漢光武帝時卻又復興了漢朝，又招致了天下太平的局面。

問曰：「文帝有瑞，可名太平，光武無瑞，謂之太平，如何？」曰：夫帝王瑞應，前後不同，雖無物瑞❶，百姓寧集❷，風氣調和❸，是亦瑞也。何以明之？帝王治平❹，升❺封❻太山❼，告安❽也。秦始皇升封太山，遭❾雷雨之變❿，治未平，氣未和。光武皇帝升封，天晏然⓫無雲，太平之應也，治平氣應⓬。光武之時，氣和人安，物瑞等⓭至。人氣⓮已驗⓯，論者⓰猶⓱疑。孝宣皇帝⓲元康⓳二年，鳳凰集於太山，後又集於新平⓴。四年，神雀㉑集於長樂宮㉒，或集於上林㉓，九真㉔獻麟。神雀㉕二年，鳳凰、甘露降集京師㉖。四年，鳳凰下杜陵㉗及上林。五鳳㉘三年，帝祭南郊㉙，神光並見，或興於谷㉚，燭㉛耀齋宮㉜，十有餘刻㉝。明年，祭后土㉞，靈光復至㉟，至如南郊之時。甘露、神雀降集延壽㊱、萬歲宮㊲。其年三月，鸞㊳鳳集長樂宮東門中樹上。甘露㊴元年，黃龍至，見於新豐㊵，醴泉滂流㊶。彼鳳皇雖五、六至，或時㊷一鳥而數來，或時異鳥而各至㊸，麒麟、神雀、黃龍、鸞鳥、甘露、醴泉，祭后土天地之時，神光靈耀，可謂繁盛累積㊹矣。孝明㊺時雖無鳳皇，亦致麟、甘露、醴泉、神雀、白雉㊻、紫芝㊼、嘉禾㊽，金出㊾鼎見㊿，離木復合(51)。五帝、三王，經傳(52)所載瑞應，莫盛(53)孝明。如以瑞應效(54)太平，宣、明之年倍五帝、三王也。夫如是，孝宣、孝明可謂太平矣。

【章　旨】此章以漢宣帝、漢明帝時瑞應群現的事實，說明當時算是天下太平。

【注　釋】❶物瑞　瑞物。❷寧集　安定。❸風氣調和　風調雨順。❹治平　治理達到天下太平。❺升　登。❻封　指封禪。古代君主到泰山修築一個土壇以祭天叫做「封」，到泰山附近的梁父山清除一塊地以祭地叫做「禪」。❼太山　即泰山。❽告安　向上天報告天下太平。❾遭　遇。❿變　災變。以上事見《史記・秦始皇本紀》。⓫晏然　晴朗的樣子。⓬氣應　和氣應合。⓭等　待。⓮人氣　指人安氣和。⓯驗　證明。⓰論者　評論的人。指儒者。⓱猶　還。⓲孝宣皇帝　漢宣帝。⓳元康　漢宣帝的年號。西元前六五～前六二年。⓴新平　古地名。在今陝西彬縣。㉑神雀　傳說中的神鳥。㉒長樂宮　漢宮。在長安故城東南隅。㉓上林　指上林苑。秦及漢專供皇帝遊獵的園林。㉔九真　漢郡名。㉕神雀　即「神爵」。漢宣帝的年號。西元前六一～前五八年。㉖京師　京都。指西漢都城長安。㉗杜陵　古縣名。在今陝西西安東南。㉘五鳳　漢宣帝的年號。西元前五七～前五四年。㉙南郊　古代帝王祭天在都城的南郊。㉚谷　山谷。㉛燭　照。㉜齋宮　帝王在祭祀前舉行齋戒的地方。[33]刻　古代計算時間的單位。一晝夜分為一百刻。[34]后土　大地。[35]至　指靈光到來。[36]延壽　宮名。在今陝西淳化西北甘泉山上。[37]萬歲宮　在今山西萬榮西南。[38]鸞　鸞鳥。傳說是鳳凰中的一種。[39]甘露　漢宣帝的年號。西元前五三～前五〇年。[40]新豐　古縣名。在今陝西臨潼東北。[41]滂流　湧流。[42]或時　或許。[43]各至　分別到來。[44]累積　堆積；層出不窮。[45]孝明　漢明帝。[46]雉　野雞。[47]紫芝　紫色的靈芝草。[48]嘉禾　長得茁壯的禾。[49]金出　指漢明帝時巢湖（在今安徽）發現黃金十餘斤。[50]鼎見　指漢明帝時，在廬江郡挖出了一個銅鼎。見，同「現」。以上事見《後漢書・孝明帝紀》。[51]離木復合　伸展開的樹枝又長回到樹幹上。[52]經傳　此泛指書籍。經，指儒家經書。傳，指解釋經書的書籍。[53]莫盛　沒有超越的。[54]效　驗證。

【語　譯】有人質問說：「漢文帝時出現過祥瑞，可以稱為天下太平。漢光武帝時沒有出現過祥瑞，稱這時為天下太平，怎麼行呢？」我說：歷代帝王的祥瑞應驗，前後都是不相同的，雖然沒有瑞物出現，百姓安定，風調雨順，這也是祥瑞。用什麼來證明呢？帝王治理天下實現太平，就要登上泰山去祭上天，那是為了把太平向上天報告。秦始皇登上泰山祭上天的時候，遇上了雷雨變異，這是由於治理天下沒有達於太平，陰陽也不調和。可是漢光武皇帝登上泰山祭上天的時候，天氣晴朗萬里無雲，這就是天下太平的應驗。天下太平了，和氣就自然會同它相應合。漢光武帝時，陰陽調和，百姓安定，瑞物一定會等到的。本來人安氣和已經是一種應驗，然而論事的人卻還不肯相信。漢宣帝元康二年，鳳凰落到泰山，後來又落到新平。元康四年，神雀落到長樂宮，有的落到上林苑，九真郡還獻來麒麟。神爵二年，鳳凰、甘露降到京城。神爵四年，鳳凰落到杜陵及上林苑。五鳳三年，宣帝到南郊祭天，有神光同時出現，有的從山谷底出現，照亮了齋宮，閃現了十多刻。次年，宣帝到北郊祭地，又出現神光，出現的情況和南郊祭天一樣，還有甘露、神雀降落到延壽宮和萬歲宮。那年三月，鸞鳥鳳凰落到長樂宮東門中間的樹上。甘露元年，黃龍到來，出現在新豐，並有醴泉湧流。那些鳳凰雖然有五、六起飛來，或許是一種鳥數次飛來，或許是不同的鳥分別飛來。還有麒麟、神雀、黃龍、鸞鳥、甘露、醴泉，以及祭天地時的神光閃耀，繁盛的祥瑞可以說層出不窮了。漢明帝時雖然沒有鳳凰出現，也招來了麒麟、甘露、醴泉、神雀、白雉、紫色靈芝、嘉禾，巢湖出現黃金，廬江郡挖出銅鼎，樹枝伸出又與樹幹合攏。五帝、三王時見於經傳上所記載的瑞應，也沒有超過漢明帝的。如果用瑞應來證明天下太平，那麼漢宣帝、漢明帝時的瑞應已加倍勝過五帝、三王時出現的瑞應了。像這樣子，漢宣帝、明帝時，可以說是天下太平了。

能致太平者，聖人也，世儒何以謂世未有聖人？天之稟❶氣，豈為前世者渥❷，後世者泊❸哉？周有三聖，文王、武王、周公❹，並❺時猥❻出。漢亦一代也，何以當少於周？周之聖王，何以當多於漢？漢之高祖、光武❼，周之文、武也。文帝、武帝、宣帝、孝明、今上❽，過❾周之成❿、康⓫、宣王⓬。非以身⓭生漢世，可褒增⓮頌歎⓯，以求媚⓰稱⓱也。核⓲事理之情，定⓳說者之實也。俗好褒遠⓴稱㉑古，講瑞則上世為美，論治則古王為賢，睹奇於今，終不信然㉒。使堯、舜更生㉓，恐無聖名。獵者獲禽㉔，觀者樂獵㉕，不見漁者㉖，之㉗心不顧也。是故觀於齊不虞㉘魯，遊於楚不歡宋。唐、虞、夏、殷，同載在二尺四寸㉙，儒者推讀㉚，朝夕講習，不見漢書㉛，謂漢劣不若㉜。亦觀獵不見漁，遊齊、楚不願㉝宋、魯也。使漢有弘文之人㉞，經傳㉟漢事，則㊱《尚書》、《春秋》㊲也。儒者宗㊳之，學者習之，將襲㊴舊㊵六㊶為七㊷，今上上至高祖㊸皆為聖帝矣。觀杜撫㊹、班固㊺等所上漢頌㊻，頌功德符瑞，汪濊㊼深廣，滂沛無量，逾唐、虞，入皇域㊽，三代隘辟㊾，厥(ㄐㄩㄝˊ)㊿深(ㄕㄣ)洿(ㄨ)(51)沮(ㄐㄩˋ)(52)也(ㄧㄝˇ)。

【章　旨】此章分析世俗之人喜好「褒遠稱古」，實際上漢代聖王已超過了唐、虞及三代。

【注　釋】❶稟　賜予。❷渥　厚。❸泊　通「薄」。少。❹周公　周武王的弟弟姬旦。❺並　同。❻猥　眾；多。❼高祖　光武　指劉邦、劉秀。分別為西漢、東漢的開國君主。高祖，漢高祖劉邦。光武，漢光武帝劉秀。❽今上　當今的皇帝。指漢章帝。❾過　超越。❿成　周成王。⓫康　周康王。⓬宣王　周宣王。⓭身　自身；自己。⓮褒增　誇大。⓯頌歎　贊美。⓰媚　喜愛；寵幸。⓱稱　贊賞。⓲核　考核。⓳定　判定。⓴褒遠　誇大久遠的事情。㉑稱　贊頌。㉒信然　信以為然。㉓更生　再生。㉔禽　泛指禽獸。㉕樂獵　對打獵感興趣。㉖漁者　捕魚的人。㉗之　其。㉘虞　通「娛」。樂。㉙二尺四寸　漢代儒家經書用二尺四寸長的竹簡書寫。一般書籍則只用一尺左右的竹簡。㉚推讀　鑽研。㉛漢書　關於漢代歷史的記載。㉜不若　比不上。㉝願　羨慕。㉞弘文之人　學識淵博、善於著文的人。弘，大。㉟經傳　寫成經傳。㊱則　就是。㊲尚書春秋　儒家的經書。㊳宗　崇尚。㊴襲　承襲；繼承。㊵舊　原有的。㊶六　指《詩》、《書》、《易》、《禮》、《樂》、《春秋》六部儒家經書。㊷七　六經再加上漢代新著的經傳合而為「七」。㊸今上上至高祖　從當今皇帝上推到漢高祖。㊹杜撫　杜叔和。東漢人，以門徒眾多著稱。㊺班固　東漢著名史學家。㊻漢頌　指歌頌漢代功德的著作。㊼汪濊　形容水的深廣。這裡形容帝王功德的深厚。㊽皇域　指三皇的領域。㊾隘辟　狹隘、偏僻。㊿厥　其。指夏、商、周三代。(51)洿　通「汙」。低窪的地方。(52)沮　濕。

【語　譯】能夠招致天下太平的，就是聖人，世上的儒生憑什麼說當代沒有聖人呢？天賜給人們的和氣，難道是前世就厚而後世就薄嗎？周代有三位聖人，這就是周文王、周武王和周公，他們是同時紛紛出現。漢也是一代，憑什麼說漢代的聖人應該比周代少呢？周代的聖王，憑什麼說應該比漢代多呢？漢代的漢高祖、漢光武，就相當於周代的周文王、周武王啊！還有漢文帝、漢武帝、漢宣帝、漢明帝、漢章帝，超過了周代的周成王、周康王、周宣王。並不是因為我自己生活在漢代，就可以對漢代的君主誇大贊美，以博得君主的寵幸和贊賞，而是通過考核事理的真情，來判斷儒者言論的實際內容。世俗的人喜歡誇大久遠的歷史，稱頌古代的事情，談到祥瑞就認為古代的最美好，議論治道就認為古代帝王最賢能，看到了當今突出的事情，終究不會相信。假使讓堯、舜再生，恐怕也不會獲得聖人的美名。打獵的人捕捉禽獸，旁觀的人就對打獵感興趣，由於沒有看見捕魚的人，觀者的心裡也就不嚮往捕魚。因此，在齊國觀光的人，由於沒有看到魯國，也就不喜歡魯國；到楚國遊歷的人，由於沒有看到宋國，也就不喜歡宋國。唐、虞、夏、殷的歷史，都是寫在二尺四寸長的竹簡上，儒者便認真鑽研，朝夕講讀，勤學苦習，由於在這些經書中看不到關於漢代歷史的記載，就說漢代不好，比不上唐、虞、夏、殷。這也就是與愛欣賞打獵，沒有看到捕魚，就不愛欣賞捕魚，遊歷齊國、楚國，沒有遊歷宋國、魯國，就不喜歡宋國、魯國同一個道理。假使漢代有學識淵博、擅長寫文章的人，把漢代的歷史寫成經傳，那麼就會和《尚書》、《春秋》一樣受人重視了。儒者會尊崇它，學者會學習它，將會承襲六經而變成七經，從當今的皇帝上推到漢高祖都會成為聖明的帝王了。看看杜撫、班固等人所獻上的歌頌漢代功德的文字，歌頌象徵功德的符瑞，都表明漢代帝王的功德深厚，浩大無邊，超過了唐、虞，已進入三皇時代的光輝領域，連夏、商、周三代也顯得十分狹隘而鄙陋，它們的深度只不過像低窪水池罷了。

「殷監不遠，在夏后之世❶。」且❷舍❸唐、虞、夏、殷，近與周家❹斷量❺功德。實商❻優劣，周不如漢。何以驗之？周之受命者文、武也，漢則高祖、光武也。文、武受命之降怪❼，不及高祖、光武初起之祐❽；孝宣、孝明之瑞，美於周之成、康、宣王。孝宣、孝明符瑞，唐、虞以來，可謂盛矣。今上即命❾，奉成❿持滿⓫，四海混一⓬，天下定寧⓭。物瑞已極⓮，人應⓯訂⓰隆⓱。唐世黎民⓲雍⓳熙⓴，今亦天下修仁㉑，歲遭㉒運氣㉓，穀頗㉔不登㉕，迥㉖路無絕道㉗之憂，深幽㉘無屯聚㉙之姦㉚。周家越常㉛獻白雉㉜，方今匈奴、鄯善㉝、哀牢㉞貢獻牛馬。周時僅治㉟五千里內，漢氏廓㊱土，牧㊲荒服㊳之外。牛馬珍於白雉，近屬㊴不若遠物㊵。古之戎狄㊶，今為中國；古之裸人㊷，今被㊸朝服㊹；古之露首，今冠㊺章甫㊻；古之跣㊼跗㊽，今履㊾高舄㊿。以盤石(51)為沃田，以桀暴(52)為良民，夷(53)坎坷(54)為平均，化不賓(55)為齊民(56)，非太平而何？夫實(57)德化(58)則周不能過漢，論符瑞則漢盛於周，度(59)土境(60)則周狹於漢，漢何以不如周？獨謂周多聖人，治致太平！儒者稱聖泰(61)隆(62)，使聖卓(63)而無跡(64)；稱治亦泰盛，使太平絕而無續也。

【章　旨】此章將漢朝的功德與周朝相比，周朝還不如漢朝，說明漢朝存在天下太平的局面。

【注　釋】❶殷監不遠二句　見《詩經．大雅．蕩》。監，通「鑑」。借鑑。夏后之世，夏朝末年。❷且　姑且。❸舍　拋開。❹周家　周朝。❺斷量　衡量。❻商　商討；評定。❼降怪　降臨祥瑞。❽祐　助。天之所助，指祥瑞。❾即命　即位。❿奉成　繼承先王成功的事業。⓫持滿　保持完善。⓬混一　統一。⓭定寧　安寧。⓮已極　已經到達極點。⓯人應　表現在人事方面的瑞應。指人民安定。⓰訂　均。⓱隆　旺盛。⓲黎民　百姓。⓳雍　和；和順。⓴熙　樂；融和。㉑修仁　講求仁德。㉒遭　遇。㉓運氣　運行的自然之氣。指災氣、災害。㉔頗　略微。㉕登　成熟。㉖迥　遠。㉗絕道　攔路搶劫。㉘深幽　指偏僻的地方。㉙屯聚　聚結。㉚姦　壞人。㉛越常　一作「越裳」。周朝南方的一個民族。㉜雉　野雞。㉝鄯善　漢代西北方少數民族建立的國家。地處今新疆東南部。㉞哀牢　漢代西南方少數民族建立的國家。地處今雲南西部。㉟治　管轄。㊱廓　擴大；開拓。㊲牧　治理。㊳荒服　五服之一。指離王都最遠的屬地。古代以王都為中心，把王都以外直至邊遠的諸侯國，按其與王都的距離，由近及遠每五百里為一個地帶，分為甸服、侯服、綏服、要服、荒服五個地帶，稱為「五服」。荒服，服從天子的意思。㊴近屬　近處的貢物。屬，付；貢。㊵遠物　遠處的貢物。㊶戎狄　分別指西方北方的少數民族。㊷裸

人 指不穿衣服的少數民族。㊸被 通「披」。穿。㊹朝服 朝見皇帝時穿的禮服。㊺冠 戴帽。㊻章甫 禮帽。㊼跣 赤腳。㊽跗 腳背。㊾履 穿鞋。㊿高舄 厚底鞋。(51)盤石 大石頭。指石頭土地。(52)桀暴 強悍不馴。(53)夷 鏟平。(54)坎坷 高低不平。(55)賓 賓服；臣服。(56)齊民 平民；百姓。(57)實 核實。(58)德化 道德教化。(59)度 估量。(60)土境 疆域。(61)泰 過分。(62)隆 盛。(63)卓 卓絕；高超。(64)無跡 無蹤跡可尋；無法仿效。

【語譯】「殷代這面歷史的鏡子並不遙遠，就在那夏朝的末年。」姑且拋開唐、虞、夏、殷，只就近拿周朝來比較一下功德。實事求是地評定一下優劣，周朝不如漢朝。憑什麼來證明呢？周朝承受天命做天子的是周文王、周武王，漢朝承受天命的是漢高祖、漢光武。周文王、周武王承受天命降下的祥瑞，還趕不上漢高祖、漢光武初起時所獲得的祥瑞；漢宣帝、漢明帝的祥瑞，比周朝的成王、康王、宣王時所出現的祥瑞要完美。漢宣帝、漢明帝時出現的符瑞，從堯、舜以來，可以說是最盛的了。當今的皇帝即位，繼承前代的功業，各方面都得到完善，四海統一，天下安定，瑞物的出現已達到極盛，人事方面的瑞應都非常興隆。堯時百姓和樂，當今天下講究仁德，雖有的年歲遭到自然災害，五穀略有歉收，但是出遠門沒有被攔路搶劫的憂慮，偏僻的地方沒有聚集成夥的壞人。周朝有越裳國貢獻白野雞，當今有匈奴、鄯善、哀牢貢獻牛馬。周朝所統轄的地域，從東到西、從南到北不超過五千里，漢朝開拓疆域，一直管轄到荒服以外的地方。貢獻的牛馬比白野雞要珍貴，近處的貢品趕不上遠方的貢物。古代的戎人、狄人，當今已同化為中國人；古代有的人存在不穿衣服的陋習，當今已穿上了上朝的禮服；古代有的不戴帽子，當今則戴上了禮帽；古代赤腳的人，當今著上了厚底鞋。把石頭荒土變成了肥沃的田地，把強悍不馴的人教化成良民，把高低不平的地方鏟為平地，把不臣服的人教化成歸順的百姓，這一切不是太平景象又是什麼呢？可見，從道德和教化方面判斷，那麼周朝不能超過漢朝；從符瑞方面來評論，漢朝比周朝興盛；從疆域方面來估量，周朝比漢朝要狹小。漢朝憑什麼趕不上周朝呢？偏偏還有人說，周朝多聖人，治理天下招致了太平！儒者們稱頌聖人顯得太過分，使聖人卓越到使人無從效法；歌頌古代的天下太平也太過分，使那種太平斷絕以致沒有辦法繼承下來。

恢國篇第五十八

【題解】本篇論述漢代的功德超過了五帝、三王。題目「恢國」，是弘揚大漢帝國功德之意。王充在本書〈須頌篇〉中說：「〈宣漢〉之篇，論漢已有聖帝，治已太平。〈恢國〉之篇，極論漢德非常，實然乃在百代之上。」這就是說，本篇在〈宣漢篇〉的基礎上，對漢代的功業進一步展開論述，用以駁斥漢儒厚古薄今的觀點。王充認為，漢代的國威和實力超過以往各代，如少數民族的歸順、疆土的不斷擴大，都是以前所未曾有過的。又如對待罪人也能盡力寬宥，施以恩德；即令在遭到重災的情況下，也能「以危為寧，以困為通」，前代所不能比。作者是站在漢代的立場來加以頌揚的，甚至把漢的兩次「受命」和「祥瑞」之多也作為漢強大的依據，就沒有什麼說服力了。

顏淵❶喟❷然歎曰：「仰之彌高，鑽之彌堅❸。」此言顏淵學於孔子，積累歲月，見道彌深也。〈宣漢〉之篇，高漢於周，擬❹漢過周，論者❺未極❻也。恢❼而極之，彌見漢奇❽。夫經熟講❾者，要妙❿乃見；國極論⑪者，恢奇彌出。恢論漢國，在百代之上，審⑫矣。何以驗⑬之？黃帝⑭有涿鹿之戰⑮；堯有丹水之戰⑯；舜時有苗⑰不服；夏啟⑱有扈⑲叛逆；高宗⑳伐鬼方㉑，三年克之；周成王管、蔡悖亂㉒，周公東征。前代皆然，漢不聞此。高祖㉓之時，陳豨㉔反，彭越㉕叛，治始安也。孝景㉖之時，吳、楚興兵㉗，怨鼂錯㉘也。匈奴㉙時㉚擾，正朔㉛不及，天荒㉜之地，王功不加兵㉝，今皆內附㉞，貢獻牛馬。此則漢之威盛，莫敢犯也。

【章　旨】此章說明漢代的國威超過了以往各代。

【注　釋】❶顏淵　即顏回。孔子的得意門生。❷喟　歎氣的樣子。❸仰之彌高二句　見《論語・子罕》。仰，仰慕。之，指代孔子的學問。彌，更加。鑽，鑽研。堅，結實；艱深。❹擬　比。❺論者　論述的人。指王充本人。❻極　盡。❼恢　弘揚；發揮。❽奇　突出。❾熟講　熟讀；反覆鑽研。❿要妙　精要的道理。⓫極論　充分論述。⓬審　明；清楚。⓭驗　證明。⓮黃帝　傳說中的古帝王軒轅氏。⓯涿鹿之戰　傳說黃帝曾與蚩尤在河北涿鹿交戰。見《史記・五帝本紀》。⓰丹水之戰　傳說堯曾在丹水流域與南方一個部族交戰。見《呂氏春秋・召類》。丹水，即今丹江。由陝西東南部流經河南，至湖北入漢水。⓱有苗　古代南方的一個部族。傳說舜曾派兵征伐過有苗族。見《荀子・議兵》。⓲啟　禹的兒子。夏朝君主。⓳有扈　有扈氏。古國名，在今陝西銅川縣至鄠縣一帶。傳說啟即位，有扈不滿，啟興兵攻打有扈。見《史記・夏本紀》。⓴高宗　指商朝君主武丁。㉑鬼方　商代西北方的一個部族。在今陝西西北部、山西北部及內蒙古一帶。㉒管蔡悖亂　周武王死，成王年幼，周公攝政，管叔、蔡叔（成王的兩個叔父）勾結殷紂王的兒子武庚發動叛亂，周公興兵東征，把叛亂平定了。悖，背叛。㉓高祖　漢高祖劉邦。㉔陳豨　即陳豨。西漢初年趙王張敖的相，後起兵反對漢朝中央政權，被劉邦平定。㉕彭越　項羽的部下。在楚漢之爭中歸附劉邦，西漢初封為梁王，因謀反被平定。㉖孝景　漢景帝。㉗吳楚興兵　據《史記・吳王濞列傳》記載，景帝時，吳王劉濞、楚王劉戊勾結其他諸侯王反對中央政權，起兵叛亂，被漢中央迅速平定，這就是有名的「吳、楚七國之亂」。吳楚，西漢初期分封的兩個同姓王國。㉘鼂錯　西漢初期的政治家。主張削弱諸侯王國的勢力，加強中央集權。吳、楚等諸侯國的封地被削，便打出誅鼂錯、「清君側」的旗號起兵叛亂，鼂錯因而被漢景帝處死。㉙匈奴　漢時北方的少數民族。㉚時　經常。㉛正朔　指夏曆正月初一。古代每個新王朝的建立，要改變舊王朝的曆法，重新確定每年的正月初一是在哪一天，何時開始，叫做「改正朔」。因此，是否奉行新曆法，成為是否服從新王朝的重要標誌。㉜天荒　指荒遠之地。㉝不加兵　不使用武力。㉞內附　歸順。

【語　譯】顏淵感歎著說：「夫子的學問，我越仰慕它越覺得崇高，越鑽研它越感到艱深。」這表明顏淵向孔子學習，經過長時間的積累鑽研，對於道的認識更加深刻了。〈宣漢篇〉把漢朝的地位放到周朝之上，把漢朝比擬得超過了周朝，但是我還沒有把話說盡。如果充分加以論述，把話說盡，就更加看到漢朝的傑出。對經書反覆研讀的人，才能發現其中精微的道理；對一個國家越是充分加以論述，它的恢弘傑出便更加顯示出來。對漢朝的優越充分加以論述，它的地位在百代之上就很清楚了。憑什麼來證明這一點呢？傳說黃帝曾在涿鹿與蚩尤交戰；堯在丹水曾與南方一個部族交戰；有苗部族不服，舜曾派兵攻打過它；夏啟即帝位，有扈國背叛；殷高宗攻打過當時北方的鬼方，而且經過三年戰爭才打敗它；周成王時有管叔、蔡叔的叛亂，周公東征才加以平息。前代都是如此，只有漢朝沒有聽說過這些事情的發生。漢高祖時雖有陳豨的反漢、彭越的叛亂，是因為漢朝的統治剛安定下來。漢景帝時，有吳、楚的起兵，那是因為怨恨鼂錯的緣故。過去，北邊的匈奴經常騷擾，新的曆法不能使他們奉行，自古以來荒遠偏僻的地區，為了王事也沒法對他們使用武力，可是當今都歸順了，並且貢獻牛馬。這就是漢朝威力強盛，沒有人敢來侵犯的緣故。

紂為至惡❶，天下叛之。武王舉兵❷，皆願就戰❸，八百諸侯，不期❹俱至。項羽❺惡微❻，號而❼用兵，與高祖俱起，威力輕重，未有所定❽，則項羽力勁❾。折❿鐵難於摧木⓫。高祖誅項羽，折鐵；武王伐紂，摧木。然則漢力勝周多矣。凡克⓬敵，一則易，二則難。湯、武伐桀、紂，一敵也；高祖誅秦殺項，兼勝二家，力倍湯、武。武王為殷西伯⓭，臣事於紂。以臣伐君，夷、齊⓮恥之，扣馬⓯而諫⓰，武王不聽，不食周粟，餓死首陽⓱。高祖不為⓲秦臣，光武⓳不仕王莽⓴，誅惡伐無道㉑，無伯夷之譏㉒，可謂順㉓於周矣。

【章　旨】此章說明漢代的實力超過了周代，取得政權也較具正當性。

【注　釋】❶至惡　最壞。❷舉兵　指發動戰爭。兵，兵器。❸就戰　參戰。❹期　約定。❺項羽　即項籍。秦末與劉邦同為反秦的重要人物。秦二世時項羽隨叔父項梁起兵叛秦，梁死，自領其軍大破秦兵，率諸侯師入關，殺秦王子嬰，焚毀咸陽，分封諸王，以劉邦為漢王，自稱西楚霸王，後來與劉邦爭奪天下，失敗後自殺。❻惡微　罪惡輕微。❼而　通「能」。❽定　判斷。❾勁　強勁。❿折　斷。⓫摧木　斷木。⓬克　戰勝。⓭伯　長；首領。武王承襲文王的爵位，做上了西方諸侯的首領。⓮夷齊　指伯夷、叔齊。殷代末年，他們反對周武王伐紂，殷亡後不食周粟，餓死於首陽山。見《史記．伯夷列傳》。⓯扣馬　止住馬。⓰諫　規勸。⓱首陽　古山名。在今山西境內。⓲為　做。⓳光武　東漢光武帝劉秀。⓴王莽　西漢末人。篡漢建立新朝，十五年而亡。㉑無道　指壞的君主。㉒譏　規勸。㉓順　指名正言順。

【語　譯】殷紂王是個最壞的天子，天下的人都背叛了他。周武王興兵征討，都願意參戰，八百諸侯事先沒有約定，便都到齊了。項羽沒有像紂那樣重的罪過，又號稱善於用兵，他與高祖同時起事，聲威的大小、實力的強弱的對比，雖然暫不能判定誰勝誰敗，但是項羽的力量究竟要比劉邦強勁得多。折斷鐵條要比折斷木頭困難。高祖誅滅項羽，好比折斷鐵條那麼難；而周武王征伐紂王，則好比折斷木頭那麼容易。這樣說來，漢代的威力遠遠超過了周代。一般說來，戰勝一個敵人容易，戰勝兩個敵人困難。商湯王征伐夏桀王，周武王征伐殷紂王，所戰勝的只是一個敵人；而高祖誅滅暴秦，殺死項羽，同時戰勝兩家，說明他的力量超過商湯王、周武王的一倍。周武王本是殷朝西方諸侯的首領，作為臣子侍奉紂王。作為一個臣子去討伐君主，伯夷、叔齊認為這是可恥的事情，牽住武王的馬來規勸，武工不聽，就不吃周朝的糧食，結果餓死在首陽山。高祖不做秦朝的臣子，光武帝也不做王莽朝廷的官，他們誅殺壞人，討伐無道的君主，沒有出現伯夷、叔齊之類的規勸，可以說比周武王伐紂更名正言順了。

丘❶山易以起高，淵❷洿❸易以為深。起於微賤❹，無所因階❺者難；襲爵乘❻

位，尊祖統❼業者易。堯以唐侯❽入嗣帝位，舜以司徒❾因❿堯授禪⓫，禹以司空⓬緣⓭功⓮代舜，湯由七十里⓯，文王百里⓰，武王為西伯，襲文王位。三郊⓱五代⓲之起，皆有因緣⓳，力易為也。高祖從亭長⓴提三尺劍取天下，光武由白水㉑奮㉒威武，帝海內㉓。無尺土所因，一位所乘，直㉔奉㉕天命，推㉖自然。此則起高於淵洿，為深於丘山也。比方㉗五代，孰者為優？

【章　旨】此章說明高祖、光武做上天子並沒有任何憑藉，完全是順乎天命。

【注　釋】❶丘　土堆；山。❷淵　深水潭。❸洿　池塘。❹微賤　指出身卑微。❺因階　憑藉。❻乘　憑藉。❼統　嗣；繼承。❽唐侯　猶唐君。傳說堯做天子之前，曾被封於唐。唐，古地名。在今山西臨汾一帶。❾司徒　古代管理人事的大臣。❿因　憑藉。⓫禪　讓位。⓬司空　古代管理營造的大臣。⓭緣　因；憑藉。⓮功　指治水的功績。⓯七十里　傳說湯初為商部落領袖時，只有七十里寬廣的地域。見《孟子．梁惠王下》及〈公孫丑上〉。⓰百里　傳說文王原有的地域只有一百里。見《孟子．公孫丑上》。⓱三郊　可能是指夏、商、周三代。郊，古代帝王在京都南郊祭天的一種儀式。⓲五代　指唐、虞、夏、商、周。⓳因緣　憑藉。⓴亭長　秦代地方小吏。掌管追捕盜賊等事。㉑白水　地名。劉秀的家鄉，在今湖北棗陽南。㉒奮　發揚。㉓帝海內　統一天下；做天子。㉔直　僅僅。㉕奉　承受。㉖推　因順。㉗比方　比較。

【語　譯】在土山上築土容易增高，在深池中開掘容易加深。出身卑微而沒有一點憑藉的人，要起事取天下就艱難；承襲封爵，憑藉勢位，尊奉繼承祖先功業的人取天下就容易。堯憑藉原有的唐侯地位來繼承帝位，舜憑藉司徒的官職接受堯的禪讓，禹憑藉司空的官職及治水的功績接替舜的帝位，湯做天子是由七十里的地域發展起來的，文王奠定統一天下的基礎是由百里的地域發展起來的，武王做天子，是因為承襲了文王的爵位，當了西方諸侯的首領而成功的。三王五代的成功，都有所憑藉，這是人力容易做到的啊！高祖從亭長這樣的卑位提三尺劍起事而取得天下，光武帝從家鄉白水起事奮發威力而統一海內。他們沒有尺寸封地可以因襲，沒有一官半職可以憑藉，僅僅是接受天命，順任自然而達到成功。這就好比在深池的基礎上築起山丘，在山丘的基礎上開掘深池，和唐、虞、夏、商、周五代相比，究竟誰的條件優越呢？誰的威力強大呢？

傳書❶或❷稱武王伐紂，太公❸《陰謀》❹食❺小兒以丹❻，令身純赤，長大，教言「殷亡」。殷民見兒身赤，以為天神，及言「殷亡」，皆謂商滅。兵❼至牧野❽，晨舉脂燭❾。姦❿謀惑民，權⓫掩⓬不備，周之所諱⓭也，世謂之虛⓮。漢取天下，無此虛言。《武成》⓯之篇，言周伐紂，血流浮杵⓰。以《武成》言之，食兒以丹，晨舉脂燭，殆⓱且然⓲矣。漢伐亡新⓳，光武將⓴五千人，王莽遣二公㉑將三萬人，戰於昆陽㉒，雷雨晦冥㉓，前後不相見。漢兵出昆陽城，擊二公軍，一而當十，二公兵散。天下以雷雨助漢威敵㉔，孰與舉脂燭以人事譎㉕取殷哉？

【章旨】此章說明光武帝討伐王莽得天之助，而武王伐紂則極盡陰謀權詐之能。

【注釋】❶傳書　指一般典籍。傳，指解釋儒家經典的書籍。❷或　有的。❸太公　指姜尚、呂尚、姜子牙。姜是姓，呂是他祖先的封號，字子牙，號太公望。❹陰謀　兵書。即《戰國策‧秦策一》所載「陰符之謀」，該書已佚。❺食　通「飼」。餵。❻丹　朱砂。❼兵　指武王伐紂的部隊。❽牧野　古地名。在今河南淇縣南，是武王誓師決戰的地方。❾脂燭　燃燒油脂的火把。❿姦　邪。⓫權　權術。⓬掩　偷襲。⓭諱　避忌。⓮虛　不實。指謠傳。⓯武成　《尚書》中的一篇。已佚。⓰杵　古代舂米用的木棍。《孟子‧盡心下》亦載有〈武成〉關於「血之流杵」的事情，不過孟子表示懷疑。⓱殆　可能。⓲然如此。⑲亡新　指王莽建立的新朝。⑳將　率領。㉑二公　指大司徒王尋和大司空王邑。㉒昆陽　古地名。在今河南葉縣。㉓晦冥　昏暗。㉔威敵　威逼敵人。以上昆陽之戰事見於《漢書・王莽傳》及《後漢書・光武帝紀》。㉕譎　詭詐；欺詐。

【語譯】有的書上記載了武王伐紂的事情，說姜太公《陰謀》這部兵書上有這樣的記載：給小兒吃朱砂，使他全身變成紅色，長大成人，又教他說「殷亡」二字。殷代的百姓看到小兒遍身紅色，認為是天神下凡，等到他說「殷亡」，都認為商代將要滅亡了。武王的軍隊開到牧野，天還沒有亮明就點燃油脂火把去襲擊敵人。用姦邪的計謀來迷惑百姓，玩弄權術去襲擊毫無準備的敵人，這是周代所不願讓人知道的事情，因而世上的人把這稱為謠傳。漢代取天下，就沒有出現這種謠傳。《尚書・武成》這篇，還說周武王伐紂時，血流成河，把杵都漂浮起來了。根據〈武成〉的記載來判斷，讓小兒吃丹砂，清晨點燃油脂火把去襲擊，可能真的是如此了。漢光武討伐新朝時，他只率領五千精兵，而王莽卻派遣王尋、王邑率領三萬人馬，雙方在昆陽交戰，當時，雷雨大作，天地昏暗，士兵們前前後後都無法看清。於是漢兵突出昆陽城，直接攻打王尋、王邑的部隊，一人抵得上十人，王尋、王邑的部隊大敗逃散。上天降下雷雨來幫助漢軍威逼敵人，這與武王舉著油脂火把襲擊，憑藉人為的譎詐戰勝殷代比較，哪個優越呢？

或云：「武王伐紂，紂赴火死，武王就斬以鉞，懸其首於大白之旌❶。」齊宣王憐釁鐘之牛❷，睹其色之觳觫❸也。楚莊王❹赦鄭伯❺之罪，見其肉袒❻而形❼暴❽也。君子惡惡❾，不惡其身。紂屍赴於火中，所見悽愴❿，非徒⓫色之觳觫，袒之暴形也。就斬以鉞，懸辜⓬其首，何其忍哉？高祖入咸陽⓭，閻樂⓮誅二世⓯，項羽殺子嬰⓰，高祖雍容⓱入秦⓲，不戮二屍⓳。光武入長安，劉聖公⓴已誅王莽，乘㉑兵即㉒害，不刃㉓王莽之死㉔。夫斬赴火之首，與貫㉕被刃者之身，德虐㉖孰大也？豈以羑里㉗之恨哉？以人君拘㉘人臣，其逆孰與秦奪周㉙國、莽酖㉚平帝㉛也？鄒伯奇㉜論桀紂之惡不若亡秦，亡秦不若王莽。然則紂惡微而周誅之痛㉝，秦、莽罪重而漢伐之輕，寬狹誰也？

【章旨】此章言高祖、光武帝沒有戮屍的行為，說明他們的心胸比武王寬宏得多。

【注釋】❶武王伐紂四句　見《史記・周本紀》。就斬，就地斬首。就，即。鉞，形如大斧的兵器。大白之旌，大白旗。❷齊宣王憐釁鐘之牛　齊宣王看到有人牽一頭牛去釁鐘，看到牛發抖的樣子心中有些不忍，便要求用羊來代替。見《孟子・梁惠王上》。齊宣王，戰國時齊國的君主。憐，愛；同情。釁鐘，古代新的鐘、鼓製成後，要把牲畜的血塗在上面，以便彌合縫隙，這種做法叫做「釁鐘」或「釁鼓」，成為一種重要儀式。釁，隙。❸觳觫　發抖的樣子。❹楚莊王　春秋時楚國的君主。春秋五霸之一。❺鄭伯　指鄭襄公。春秋時鄭國的君主，在一次戰爭中，鄭國被楚國打敗，鄭襄公赤膊牽羊，出城迎接，表示臣服，並以說辭打動楚莊王，最後楚莊王許和而罷。❻肉袒　赤膊。表示請罪。❼形　身軀。❽暴　同「曝」。暴露。❾惡　憎恨壞人。❿悽愴　悽慘傷痛。⓫徒　僅。⓬辜　分裂肢體。古代的一種刑罰。⓭咸陽　秦代都城。在今陝西咸陽東北。⓮閻樂　趙高的女婿。⓯二世　秦始皇的幼子胡亥。⓰子嬰　胡亥的姪子。胡亥被殺後，趙高命子嬰繼位，去皇帝號，稱秦王。⓱雍容　有威儀的樣子。⓲入秦　進入咸陽。按劉邦比項羽先入咸陽，劉邦入咸陽，子嬰投降，鴻門宴之後，項羽才入咸陽殺死子嬰。見《史記・秦始皇本紀》、《高祖本紀》。⓳二屍　指二世和子嬰的屍體。⓴劉聖公　劉玄。字聖公，光武帝族兄，王莽被擊敗後立為天子，改號更始，世稱「更始帝」。㉑乘　駕馭；率領。㉒即　到。㉓刃　殺。㉔死　通「屍」。㉕貫　赦免；寬恕。㉖德虐　恩德與暴虐。㉗羑里　古地名。傳說周文王曾被紂王囚禁在這裡。㉘拘　囚禁。紂王是君，文王是臣。㉙周　戰國後期，周王室分裂為「東周」和「西周」，秦昭王滅了「西周」，秦莊襄王滅了「東周」。㉚酖　毒酒。此處當動詞用，毒死。㉛平帝　西漢平帝。㉜鄒伯奇　東漢初年人。㉝痛　重。

【語譯】有人說：「周武王伐紂，紂王赴火而死，武王就地用大斧斬紂王頭，並且把頭懸在大白旗的旗桿上。」齊宣王憐憫將用來釁鐘的牛，是因為看到了牛發抖的神色；楚莊王赦免了鄭襄公的罪行，是因為看到了他赤膊而暴露了身軀。君子憎恨壞人，但不憎恨他的身軀。紂王的屍體已倒在火中，呈現的是一片悽慘情景，不僅僅是發抖的神色和暴露身軀的赤膊。還用大斧就地斬下紂王的頭，並把頭懸掛起來，這是何等的殘忍啊！高祖進入咸陽，閻樂先殺了胡亥，後來項羽又殺了子嬰，高祖雍容大方地進入咸陽，並不殘害胡亥和子嬰的屍體。光武帝進入長安，劉玄已經殺了王莽。光武帝率領士兵來到王莽被殺的地方，並不刺戮王莽的屍體。砍下跳火自殺者的頭，同寬恕被殺者的屍體相比，誰的恩德大，誰更殘暴呢？難道是因為周文王曾被囚禁在姜里而對紂怨恨太深的緣故嗎？紂王是以君主的身分來囚禁臣子周文王，紂王的倒行逆施，比起秦滅周、王莽毒死平帝來，誰的罪輕，誰的罪重呢？鄒伯奇評論夏桀王、商紂王的罪惡還不如秦朝那麼厲害，秦朝的罪惡還趕不上王莽。那麼紂王的罪惡輕微，可是周武王懲罰他反而重，秦朝、王莽的罪惡深重，可是高祖、光武帝討伐反而輕，究竟誰寬宏大量，誰胸襟狹窄呢？

高祖母媪❶之時，蛟龍在上，夢與神遇❷。好酒貰❸飲，酒舍負❹讎❺。及醉留臥，其上常有神怪。夜行斬蛇❻，蛇嫗❼悲哭。與呂后❽俱之❾田廬❿，時自隱匿⓫，光氣暢⓬見⓭，呂后輒⓮知。始皇⓯望見東南⓰有天子氣⓱。及起，五星⓲聚於東井⓳。楚⓴望漢軍㉑，雲氣五色㉒。光武且生，鳳凰集於城㉓，嘉禾㉔滋㉕於屋。皇妣㉖之身㉗，夜半無燭，室中光明。初者，蘇伯阿㉘望舂陵㉙氣，鬱鬱蔥蔥㉚。光武起，過舊廬㉛，見氣憧憧㉜上屬㉝於天。五帝㉞三王㉟初生始起，不聞此怪。

堯母感㊱於赤龍，及起，不聞奇祐㊲。禹母吞薏苡㊳，將王，得玄圭㊴。契㊵母咽燕子㊶。湯起，白狼銜鉤㊷。后稷㊸母履大人之跡。文王起，得赤雀㊹，武王得魚、烏㊺。皆不及漢太平之瑞。

【章旨】此章說明從初生始起時出現怪異的情況看，高祖和光武帝超過了五帝三王。

【注釋】❶姙　懷孕。❷遇　交配。❸貰　賒帳；不交現錢。❹負　加倍。❺讎　售。❻夜行斬蛇　劉邦為亭長時，替縣裡送徒人到驪山服役，夜晚遇到大白蛇擋路，即斬蛇為兩段，道路才得通行，後來的人經過斬蛇處，遇上一婦人痛哭，稱她的兒子白帝子被赤帝子殺死了。見《史記・高祖本紀》。❼嫗　老婦。❽呂后　劉邦的妻子呂雉。後來成為皇后。❾之　往。❿田廬　田舍。⓫隱匿　躲藏。⓬暢　通；透。⓭見　同「現」。⓮輒　往往。⓯始皇　秦始皇。⓰東南　劉邦的家鄉沛縣在秦都咸陽的東南方。⓱天子氣　根據陰陽家的迷信說法，天上的雲氣呈現五彩的顏色、龍虎的形狀便是天子氣。⓲五星　指金、木、水、火、土五顆行星。⓳東井　二十八宿之一。按照迷信說法，天上的星宿位置和地上的政治區域是相照應的，天象的變化也預示該地區政治的變化。據有關記載，劉邦攻入咸陽這年，正好遇上五星聚在東井這一方，而和東井相應的地區便是秦國，因而被看成劉邦將當皇帝的吉兆。⓴楚　指項羽的軍隊。㉑漢軍　指劉邦的軍隊。因為鴻門宴之後，項羽分封劉邦為漢王，項羽自稱西楚霸王。㉒雲氣五色　所謂「天子氣」。㉓城　指劉秀的出生地濟陽城。在今河南蘭考東北。㉔嘉禾　長得特別茁壯的禾。㉕滋　生長。㉖皇妣　指劉秀的母親。死去的母親稱「妣」。㉗身　懷孕。此指分娩。㉘蘇伯阿　西漢末年人。㉙舂陵　即白水鄉。在今湖北棗陽南，是劉秀的家鄉。㉚鬱鬱蔥蔥　茂盛的樣子。㉛廬　屋舍。㉜憧憧　不絕的樣子。㉝屬　連接。㉞五帝　一般指黃帝、顓頊、帝嚳、堯、舜五個傳說中的上古帝王。㉟三王　指夏禹、商湯、周文王和周武王。㊱感　感應。堯的母親與赤龍交配生堯。見《淮南子・修務》。㊲祐　福。指祥瑞。㊳薏苡　草類植物。其果實可食或充作藥用。㊴玄圭　青黑色的玉器。傳說禹治水的大功告成後，堯賜給他玄圭。㊵契　傳說為商代的祖先。㊶燕子　燕卵。傳說契的母親吞了燕卵而生契。㊷白狼銜鉤　傳說湯立為天子時，有天神手牽白狼，狼口銜著金鉤，進入湯的宮廷。見《藝文類聚・卷九九》。㊸后稷　傳說為周人的祖先。他的母親姜嫄踩到了巨人的足跡而懷孕，生下來就是后稷。見《詩經・

大雅·生民》。㊹得赤雀　傳說殷朝末年，周文王將要興起時，有赤雀銜著朱砂寫的天書飛到他的門口，書的內容是周當興，殷當亡。見《太平御覽·卷二四》引《尚書中候》。㊺得魚烏　傳說武王伐紂時，到盟津渡黃河，有白魚跳入船中。渡河後，有一團火落到武王的屋上，變成一隻紅色烏鴉。見《史記·周本紀》。

【語譯】漢高祖劉邦的母親懷孕時，有蛟龍在她身上，夢見與神交配。劉邦喜好飲酒，以至於賒帳買酒，酒舍主人每逢劉邦來飲酒，便加倍售給他。等到喝醉就留他躺下。他的上空經常出現神怪現象。一次夜行斬斷了擋道的大白蛇，白蛇的老母便在那裡痛哭。劉邦和呂后同往鄉下去住，有時獨自躲藏，他的上空有光氣透現，因而呂后往往知道劉邦躲藏的地方。秦始皇望見東南方的上空有天子氣。等到劉邦進入咸陽的時候，五顆行星聚集在秦地上空東井星宿的區域內。項羽軍曾望見劉邦軍的上空，也有五彩雲氣。東漢光武帝劉秀將出生的時候，鳳凰降落到他的家鄉濟陽城，並有嘉禾在室內生長。劉秀的母親分娩，正當夜半，沒有燃燭，可是室中通明透亮。當初，蘇伯阿望見舂陵的氣象，鬱鬱蔥蔥，一片繁茂的景色。光武帝初起，經過自己的舊居，看見雲氣不斷上升與天相連。就是五帝三王出生和起事的時候，也沒有聽說過有如此眾多的怪異現象。堯的母親跟赤龍感應而懷孕，可是當堯做天子的時候，並沒有聽說有什麼奇特的祥瑞出現。夏禹的母親吞食薏苡而懷孕，將做天子的時候，帝堯賜給他玄圭。契的母親吞了燕卵而懷孕，商湯做天子的時候，白狼口銜金鉤，進入他的宮廷。后稷的母親因踩到了巨人的足跡而懷孕，文王興起時，有赤雀銜書送到他的門口，武王伐紂，有白魚跳到他的船中，赤烏落到他的屋上。儘管以上出現了這些怪異現象，都還是不如漢代太平盛世出現的祥瑞繁盛。

黃帝、堯、舜，鳳凰一至。凡諸眾瑞，重至者希。漢文帝黃龍、玉棓❶。武帝黃龍、騏驎、連木❷。宣帝鳳凰五至，騏驎、神雀❸、甘露、醴泉、黃龍、神光❹。平帝白雉、黑雉❺。孝明❻麒麟、神雀、甘露、醴泉、白雉、黑雉、芝草、連木、嘉禾，與宣帝同奇，有神鼎、黃金❼之怪❽。一代之瑞，累仍❾不絕，此則漢德豐茂，故瑞祐多也。孝明天崩❿，今上⓫嗣位，元二⓬之間，嘉⓭德布流⓮。三年，零陵⓯生芝草五本⓰。四年，甘露降五縣。五年，芝⓱復生六本；黃龍見，大小凡八。前世龍見不雙，芝生無二，甘露一降，而今八龍並出，十一芝累生，甘露流五縣，德惠盛熾⓲，故瑞繁夥⓳也。自古帝王，孰能致斯⓴。

【章　旨】此章論述漢代的瑞應超過了五帝三王。

【注　釋】❶黃龍玉棓　據傳漢文帝十五年，有黃龍出現在成紀（今甘肅境），十七年得玉杯，其上刻有「人主延壽」四字。事見《史記・孝文本紀》。棓，通「杯」。❷連木　枝條伸出又折回到主幹的樹。❸神雀　神鳥。❹神光　據《漢書・宣帝紀》，神爵四年春二月詔書稱：「齋戒之暮，神光顯著。薦鬯之夕，神光交錯。或降於天，或登於地，或從四方來集於壇。」❺雉　野雞。❻孝明　漢明帝。❼神鼎黃金　據傳漢明帝時，在廬江郡境內挖出一個銅鼎，在巢湖發現黃金十餘斤。二地均在今安徽境內。見《後漢書・孝明帝紀》。❽怪　怪異現象。❾累仍　連續；接連。❿崩　稱天子死。⓫今上　指漢章帝。⓬元二　指漢章帝建初元年、二年。⓭嘉　美。⓮布流　遍布流行。⓯零陵　郡名。在今湖南境內。⓰五本　五株。⓱芝　芝草。⓲盛熾　興盛。⓳夥　多。⓴致斯　達到這種地步。

【語　譯】黃帝、堯、舜在位的時候，鳳凰只出現一次。一般說來，各種祥瑞再次出現的情況很少。漢文帝時，出現了象徵祥瑞的黃龍，得到了一個玉杯。漢武帝時，出現了黃龍、麒麟、連木。漢宣帝時，鳳凰五次來到，還出現了麒麟、神雀、甘露、醴泉、黃龍、神光。漢平帝時，獻來白雉、黑雉。漢明帝時，出現了麒麟、神雀、甘露、醴泉、白雉、黑雉、芝草、連木、嘉禾，與宣帝時出現的祥瑞同樣奇特，還有神鼎、黃金的怪異出現。一代的祥瑞，接連不斷地出現，這就是因為漢朝的德行豐茂，所以出現的祥瑞繁多啊！漢明帝逝世，當今的皇帝繼位，建初元年、二年之間，美德遍布流行，建初三年，零陵長出五株靈芝草。建初四年，甘露在五縣的範圍內普遍降落。建初五年，又長出六株靈芝草，而且還有黃龍出現，大大小小共計八條。前代黃龍出現沒有成雙的，靈芝草也沒有同時生出兩株的，甘露也只降落一次，可是當代有八龍同時出現，十一株靈芝草不斷生出，甘露在五縣普遍降落，說明皇帝的德行恩惠十分昌盛，所以才出現繁多的祥瑞。從古以來的帝王，又有誰能達到這種地步呢？

儒者論曰：「王者推行道德❶，受命❷於天。」《論衡・初稟》以為王者生稟天命。性命❸難審❹，且兩❺論之。酒食之賜，一❻則為薄，再❼則為厚。如儒者之言，五代❽皆一受命，唯漢獨再❾，此則天命於漢厚也。如審❿《論衡》之言，生稟自然⓫，此亦漢家所稟厚也。絕而復屬⓬，死而復生。世有死而復生之人，人必謂之神。漢統⓭絕而復屬，光武存亡⓮，可謂優矣。

【章　旨】此章說明漢代有兩次受命，比歷代為優。

【注　釋】❶道德　這裡指人的德行和一定的政治主張。❷命　指天命。❸性命　指人的生命和決定人生死壽夭與富貴貧賤的命。❹審　明。❺兩　兩方面。指就儒者和《論衡》兩種不同說法。❻一　一次。❼再　兩次。❽五代　唐、虞、夏、商、周。❾再　兩次。指劉邦和劉秀兩次受命而為天子，開創了西漢和東漢。❿審　確實。⓫生稟自然　指人的性命是承受了氣而自然形成的。⓬屬　連續。⓭統　世代相傳的帝位。⓮存亡　恢復已滅亡的朝代。

【語　譯】儒者評論說：「做天子的因為提倡和奉行道德，所以能承受天命。」《論衡・初稟》認為做天子的從母胎裡生出就稟受了天命。「性」和「命」本也是難得弄清楚的，姑且就儒者和《論衡》的兩種說法來論述它。以賜予酒食為例，賜予一次還顯得微薄，賜予兩次就算是豐厚了。按照儒者的說法，唐、虞、夏、商、周都只有一次受命，唯獨漢朝卻有兩次受命，這就說明天命對於漢朝是優厚的。如果真的像《論衡》所說，人的生命是承受了天地的氣而自然形成的，這也說明漢朝承受的氣是特別優厚的。因為漢朝的帝系斷了又重新接上來，這就如同人死了又重新活過來一樣。如果世上真有死了又復活的人，人們必定把他叫做神。漢朝的帝系斷了又重新接上，光武皇帝恢復了已經滅亡的朝代，這可以稱得上承受天命的優厚了。

武王伐紂，庸①、蜀②之夷③，佐④戰牧野。成王之時，越常⑤獻雉，倭人⑥貢暢⑦。幽、厲⑧衰微，戎狄⑨攻周，平王⑩東走，以避其難。至漢，四夷⑪朝貢。孝平⑫元始⑬元年，越常重譯⑭獻白雉一、黑雉二。夫以成王之賢，輔以周公，越常獻一，平帝得三。後至四年，金城⑮塞⑯外羌豪⑰良願⑱等種⑲獻其魚鹽之地，願內屬漢，遂得西王母⑳石室㉑，因為西海郡㉒。周時戎狄攻王，至漢內屬，獻其寶地。西王母國在絕極之外㉓，而漢屬之。德孰大？壤㉔孰廣？方今哀牢㉕、鄯善㉖、婼羌㉗降附歸德㉘。匈奴時擾，遣將攘討㉙，獲虜生口㉚千萬數。夏禹倮㉛入吳國㉜。太伯㉝采藥，斷髮文身㉞。唐、虞國界，吳為荒服㉟，越㊱在九夷㊲，罽衣㊳關頭㊴，今皆夏服㊵，褒衣㊶履舄㊷。巴㊸、蜀㊹、越嶲㊺、鬱林㊻、日南㊼、遼東㊽、樂浪㊾，周時被㊿髮椎髻(51)，今戴皮弁(52)，周時重譯，今吟《詩》、《書》。

【章　旨】此章依據漢時四方邊遠民族的歸順及疆土的擴大，說明漢代超過了周代。

【注　釋】❶庸　古國名。在今湖北境內。❷蜀　古國名。在今四川境內。❸夷　古代中原對四邊少數民族之稱法。❹佐助。❺越常　即「越裳」。古代南方的一個民族。❻倭人　古代東方的一個民族。❼暢　通「鬯」。鬱金草。古代釀造祭祀用酒的一種香料。❽幽厲　指周幽王、周厲王。❾戎狄　古代中原對西方和北方少數民族的稱法。❿平王　周平王。東周的第一個君主。周幽王被犬戎殺死後，諸侯擁立太子宜臼由鎬京東遷洛邑，是為「東周」。⓫四夷　四方的少數民族。⓬孝平　漢平帝。⓭元始　平帝的年號。⓮重譯　言語不通，經過輾轉翻譯。⓯金城　郡名。在今甘肅西南部、青海東部。⓰塞　邊塞；邊地險要處。⓱羌豪　羌族首領。⓲良願　人名。可能是羌族首領之一。⓳種　種族。⓴西王母　傳說中的西方女神。㉑石室　用石頭築成的宮殿。㉒西海郡　王莽時改金城郡為西海郡，地域有所擴大。㉓絕極之外　指最邊遠的地區。㉔壤　地；疆域。㉕哀牢　漢代西南少數民族建立的國家。在今雲南境內。㉖鄯善　漢代西北少數民族建立的國家。在今新疆境內。㉗婼羌　漢代西北少數民族建立的國家。在今新疆境內。㉘歸德　歸順漢朝。㉙攘討　討伐。㉚生口　俘虜。㉛倮　通「裸」。㉜吳國　古國名。傳說夏禹到了吳國，也不得不適應當地風俗，不穿衣服。王充認為連夏禹對他們也無可如何。㉝太伯　周文王的伯父。據《史記・吳太伯世家》記載，周文王的祖父太王有三個兒子：太伯、仲雍、季歷。太王見文王很賢，於是想把王位傳給文王的父親季歷，以便將來傳給文王，太伯與仲雍得知後，便藉口為父親採藥，逃往吳越地區。㉞斷髮文身　剪短頭髮，身刺花紋。這是當地的習俗。㉟荒服　五服之一。古代把京畿以外直至邊遠地區的土地分為五等，即侯服、甸服、綏服、要服、荒服，合稱「五服」。每服五百里，侯服最近，荒服最遠。服，服事於天子的意思。㊱越　古國名。在今浙江。㊲九夷　指居住在我國東部沿海地區的諸少數民族。㊳罽衣　毛織品製作的衣服。㊴關頭　即「貫頭」。東南地區的一些少數民族穿的衣服，把布挖一圓孔，穿衣時把頭套進就行了。見《後漢書・東夷列傳》。㊵夏服　中原一帶的服裝。㊶褒衣　指寬衣闊袖的服裝。㊷舄　鞋。㊸巴　郡名。在今四川東部。㊹蜀　郡名。在今四川西部。㊺越巂　郡名。在今四川西南部、雲南北部。㊻鬱林　郡名。在今廣西境內。㊼日南　郡名。本為秦時象郡南部地，漢帝平南越後設置。㊽遼東　郡名。在今遼寧南部。㊾樂浪　郡名。漢武帝平朝鮮後設置。㊿被　通「披」。(51)椎髻　結成椎形的髮髻。(52)皮弁　皮帽。

【語　譯】武王伐紂時，庸國、蜀國的夷人也到牧野助戰。成王時，南方的越裳族獻來野雞，東方的倭人獻來鬱金草。厲王、幽王時國勢衰微，戎人、狄人侵犯周地，平王只好東遷，以避開他們的災難。到了漢朝卻大不一樣，四方的少數民族都來朝貢歸順。漢平帝元始元年，越裳族經過輾轉翻譯，獻來白野雞一隻、黑野雞兩隻。以周成王如此的賢能，並有周公作為輔佐，越裳族也只獻野雞一隻，而漢平帝卻得到三隻。往後到元始四年，金城郡邊塞之外的羌族首領良願等種族獻來了魚鹽之地，表示願意內附，歸屬漢朝，於是漢朝得到了西王母的石室，因而設置西海郡。周代戎、狄侵犯王室，到了漢朝，他們都內附歸順，並且獻出自己的寶地。西王母國在最邊遠的地區以外，可是歸順漢朝。周代與漢朝誰的德行博大？誰的地域寬廣呢？當今哀牢、鄯善、婼羌這些邊遠的國家都來降服歸順漢朝的統治。匈奴不降服，時常侵擾大漢，遣將討伐，抓獲的俘虜可用千、萬來統計。夏禹王為適應吳國的陋習，只好裸著身子進入國內。太伯假託到吳、越採藥，為適應當地的習俗也斷髮文身。堯、舜的疆域，吳國算是最遠的地區，越國在九夷族居住的地方，原來穿著「貫頭」的毛織衣服，現在都穿了中原的文明服裝，身上寬袍大袖，腳上穿了鞋子。巴、蜀、越嶲、鬱林、日南、遼東、樂浪諸郡，在周代人們都是披頭散髮，盤著椎髻，現在都戴上了皮帽。在周代人們語言不通，要通過輾轉翻譯才能溝通思想，現在他們卻在吟誦《詩》、《書》，接受教化。

《春秋》之義，君親無將❶，將而必誅。廣陵王荊❷迷於孽❸巫❹，楚王英❺惑於俠客❻，事情列見❼，孝明三宥❽，二王吞藥。周誅管、蔡，違❾斯❿遠矣。

楚外家⓫許氏與⓬楚王謀議，孝明曰：「許氏有屬⓭於王，欲王尊貴，人情也。」聖心原⓮之，不繩⓯於法。隱強⓰侯傅⓱懸書⓲市里，誹謗聖政，今上⓳海恩⓴，免奪爵土。惡其人者，憎其胥餘㉑。立二王之子㉒，安楚、廣陵，強弟員㉓嗣㉔祀陰氏。二王，帝族也，位為王侯，與管、蔡同。管、蔡滅嗣，二王立後，恩已褒㉕矣。隱強，異姓也，尊重父祖，復存其祀。立武庚㉖之義，繼祿父㉗之恩，方㉘斯羸㉙矣。何則？並為帝王，舉兵相征，貪天下之大，絕成湯之統㉚，非聖君之義，失承天之意也。隱強，臣子也，漢統自在，絕滅陰氏，無損於義，而猶存之，惠滂沛㉛也。故夫雨露之施，內則注於骨肉，外則布於他族。唐之晏晏㉜，舜之烝烝㉝，豈能逾此！

【章旨】此章說明漢朝對待有罪的臣屬，顯得非常寬大，遠遠超過了周代。

【注釋】❶將　將要做的事。這裡指犯上作亂的想法。❷廣陵王荊　劉秀的兒子劉荊。封為廣陵王，漢明帝時，企圖謀反，事情暴露後自殺。❸孼　同「孽」。妖邪。❹巫　能通靈而與鬼神打交道者。❺楚王英　劉秀的兒子劉英。封為楚王，漢明帝時，企圖謀反，事情暴露後自殺。❻俠客　古代具俠義精神的人。❼列見　一一呈現。❽宥　寬恕。❾違　離。❿斯　此。⓫楚外家　指楚王劉英的外祖母家。⓬與　參與。⓭屬　親屬關係。⓮原　原諒；寬恕。⓯繩　約；量。⓰隱強　即濦強。古縣名，在今河南境內。⓱傅　姓陰，名傅。漢明帝時封為隱強侯。⓲懸書　張貼文書。⓳今上　指漢章帝。⑳海恩　恩深如海。㉑胥餘　奴婢。㉒立二王之子　指封廣陵王劉荊的兒子劉元壽為廣陵侯，封楚王劉英的兒子劉种為楚侯。㉓員　陰員。隱強侯陰傅的弟弟。㉔嗣　指繼承陰傅的爵位。㉕褒　大。㉖武庚　商紂王的兒子。周武王滅殷後，把殷都故地封給武庚，讓他延續殷宗的祭祀。㉗祿父　商紂王的兒子。一般史籍載武庚字祿父，是為一人。王充據《尚書大傳》的說法，以為祿父另是一人。㉘方　比。㉙羸　瘦弱；差。㉚統　帝系。㉛滂沛　雨下得很大的樣子。這裡指恩深義重。㉜晏晏　寬和貌。㉝烝烝　淳厚貌。

【語　譯】按照《春秋》的道理，對於君主和父母，為人臣、子不能有犯上作亂的企圖。如果有犯上作亂的企圖，就必定遭到誅滅。廣陵王劉荊曾被妖邪的巫師所迷，楚王劉英曾被豪爽的俠客所惑，謀反的事情一件件擺明，而漢明帝則再三寬恕，劉荊和劉英服毒自殺。周朝對於管叔和蔡叔的態度就不同，把管叔殺了，把蔡叔流放了，這與漢明帝的做法相比，差得太遠了。楚王劉英的外家許氏參與了楚王謀反的策劃，漢明帝說：「許氏與楚王有親屬關係，他們希望楚王更加尊貴，這是人之常情啊！」明帝寬恕了他們，不用法律來量刑懲辦。隱強侯陰傅把文書張貼在大街小巷，誹謗朝政，當今的天子賜予深恩厚德，免於剝奪他的爵位和封地。俗話說：討厭那個人，就連同他的奴婢也討厭。可是當今天子封了劉荊、劉英的兒子，讓他們仍然安享楚、廣陵的封地。隱強侯的弟弟陰員，繼承爵位，延續陰氏祖先的祭祀。劉荊、劉英二王，是皇帝的宗族，爵位居於王侯，這與管叔、蔡叔當時的地位是相同的。可是管叔、蔡叔就絕滅了繼嗣，二王的後代卻被封立，可見漢天子的恩德是非常廣大的。隱強侯不是劉姓宗族，為了尊重他的先輩，也繼嗣爵位，保存了他對祖先的祭祀。當年周武王立武庚的道義，讓祿父繼承殷祀的恩德，與漢代比較起來就顯得很不夠了。為什麼呢？周武王與商紂王都是帝王的身分，動用武力征伐，貪圖擴大天下疆土，絕滅商湯的帝系，這不符合聖明君主的大義，違反了承天受命的本意。隱強侯是漢朝的臣子，漢朝的帝系本來就存在，絕滅了陰氏的繼嗣，絲毫不會損害聖君的道義，卻還是保存它，說明漢天子的德惠是何等的廣大啊！因此漢天子的德惠像普施的雨露一樣，對內傾注於自己的親屬，對外遍布到別的宗族，儘管堯是那麼寬和，舜是那麼淳厚，難道能超過漢代的這種德惠嗎？

驩兜❶之行❷，靖❸言庸❹回❺，共工❻私之❼，稱薦❽於堯。三苗❾巧佞❿之人，或言有罪⓫之國。鯀⓬不能治水，知⓭力極盡。罪皆在身，不加於上，唐、虞放流，死於不毛⓮。怨惡謀上，懷挾⓯叛逆，考事⓰失實，誤國殺將，罪惡重於四子⓱。孝明加恩，則論⓲徙邊⓳，今上寬惠，還歸州里。開闢⓴以來，恩莫斯大！

【章　旨】此章論述堯、舜對待有罪臣屬的懲罰，不及漢天子之寬惠。

【注　釋】❶驩兜　傳說為堯的臣子。❷行　操行。❸靖　恭敬。❹庸　用；作事。❺回　邪；邪惡。❻共工　傳說為堯的臣子。❼私之　與他有私交。❽稱薦　稱頌推薦。❾三苗　傳說為堯、舜時的諸侯。❿佞　善說；花言巧語；諂媚奉承。⓫有罪　指對堯、舜有罪。⓬鯀　傳說為禹的父親，堯的臣子。⓭知　通「智」。⓮不毛　不能種植的地區。此指荒涼的邊遠地區。⓯挾　抱。⓰考事　考核；審理。⓱四子　指驩兜、共工、三苗、鯀。⓲論　定罪。⓳徙邊　流放到邊遠地區。⓴開闢　開天闢地。

【語　譯】驩兜的操行不好，嘴裡說得恭敬而行為卻十分邪惡，可是共工對他偏私，在堯面前不斷稱贊推薦。三苗是個巧言善辯的人，又有人說它是一個對堯、舜有罪的國家。鯀沒能把洪水治好，而自己的智慧和力量卻已用盡了。他們的罪過都在他們本人身上，並沒有犯上作亂的行為，但堯、舜卻把他們流放，竟死在不毛的荒遠之地。認為他們心懷怨恨而圖謀犯上，懷抱叛逆的企圖，由於審理案件沒有依據實情，終於貽誤了國家，錯殺了大將，堯、舜的罪惡比這四個人還要重啊！漢明帝對有罪的人施加恩德，卻只判定流放邊地，當今天子更是寬惠，把他們釋放回家鄉。自從開天闢地以來，恩惠沒有比這個更大的了。

晏子❶曰：「鉤星❷在房❸、心❹之間，地其❺動乎？」夫地動，天時❻，非政所致。皇帝振畏❼，猶歸於治，廣徵賢良，訪求過闕❽。高宗之側身❾，周成之開匱❿，勵⓫能逮⓬此。穀登⓭歲平，庸主⓮因緣⓯以建德政；顛沛⓰危殆⓱，聖哲⓲優者乃立功化⓳。是故微病恒醫⓴皆巧，篤劇㉑扁鵲㉒乃良。建初㉓孟年㉔，無妄氣㉕至，歲㉖之疾疫也，比㉗旱不雨，牛死民流㉘，可謂劇矣！皇帝敦㉙德，俊乂㉚在官，第五司空㉛，股肱㉜國維㉝，轉穀振贍㉞，民不乏餓，天下慕德，雖危不亂。民饑於穀，飽於道德，身流在道，心回鄉內㉟，以故道路無盜賊之跡，深幽㊱迥絕㊲無劫奪之姦㊳。以危為寧，以困為通㊴，五帝、三王孰能堪斯哉！

【章旨】此章說明在大的自然災害面前，漢朝能「以危為寧，以困為通」，德義超過了五帝、三王。

【注釋】❶晏子　晏嬰。春秋時齊國著名的政治家。❷鉤星　古指水星。❸房　房宿。二十八宿之一。❹心　心宿。二十八宿之一。❺其　表揣測語氣。可能；大概。❻天時　自然變化的時序。❼振畏　震動畏懼。❽闕　通「缺」。過失。❾高宗之側身　高宗，殷高宗武丁。傳說武丁當政時，宮廷中突然長出桑樹和穀樹，占卜的人認為這是殷代將亡的凶兆，武丁就「側身而行道」表示改悔，樹就消失了。側身行道，指側著身子走路。表示謹慎小心。❿開匱　指打開收藏文書的匣子。傳說周成王曾對周公有所懷疑，上天用大雷雨以示警告，成王畏懼，打開藏文書的金匱，發現周公願為武王替死的禱辭，於是痛哭悔過。見《尚書．金縢》及本書〈感類篇〉。⓫廑　同「僅」。⓬逮　及。⓭穀登　五穀豐收。⓮庸主　平庸的君主。⓯因緣　憑藉。⓰顛沛　動蕩。⓱殆　危。⓲聖哲　指聖明君主。⓳立功化　建立功業，成就教化。⓴恒醫　平常的醫生。㉑篤劇　指重而急的病症。㉒扁鵲　古代名醫。㉓建初　漢章帝年號。㉔孟年　初年。㉕無妄氣　指君主在道德、政治上沒有缺失，卻產生了自然災變。這種自然災變王充稱之為「無妄之氣」。㉖歲　指年成。㉗比　接連。㉘流　流亡。㉙敦　厚。㉚俊乂　賢能的人。㉛第五司空　指第五倫。第五，複姓。司空，官職名稱。㉜股肱　指得力的大臣。股，人的大腿。肱，上臂。㉝國維　國家的綱維。指國家的重要人物。維，粗繩。㉞振贍　救濟。㉟鄉內　嚮往朝廷。鄉，通「嚮」。㊱深幽　指偏僻的地方。㊲迥絕　指邊遠的地方。㊳姦　壞人。㊴通　順利。

【語　譯】晏子說：「鉤星運行到房宿與心宿之間，可能將發生地震吧？」地震是自然變化到一定時候出現的，不是政治造成的。皇帝當地震發生時感到震驚、畏懼，還歸罪於自己的治理，於是廣泛徵求賢良的人，通過訪問了解自己的過失。殷高宗當宮中出現怪異時，謹慎小心，側身行道，結果消除了災害。周成王當天降大雷雨時，打開藏文書的金匱，自知痛哭悔過。他們僅僅能作到這些。五穀豐登的太平年歲，平庸的君主都可以憑藉這種條件建立德政；動蕩不安國家危殆的時期，只有聖明傑出的君主才能建立功業，成就教化。因此，遇上小病，一般的醫生都會成為高手，遇上重病，只有扁鵲才能顯示他的精良。建初初年，自然災變出現，這是影響年成的災害，接連天旱不雨，耕牛死亡，百姓流亡，可以稱得上是病情嚴重了！可是，由於皇帝道德敦厚，賢能的臣子在位，司空第五倫，算得上皇帝的股肱、國家的綱維，他調運糧食救濟災民，百姓沒有遭到困乏和飢餓，天下的人都敬慕皇帝的恩德，即使處於險境也沒有發生動亂。百姓雖然在糧食方面遭到饑荒，可是對皇帝的道德卻很滿意，人雖然在道路上流亡，心卻都嚮往朝廷，因此道路上沒有盜賊的痕跡，偏僻邊遠的地方沒有攔路搶劫的壞人。把危亂變為安寧，把困窘變為順利，五帝、三王誰能比得上這樣的功德呢！

驗符篇第五十九

【題解】本篇主要是通過頌揚漢代的「符瑞」來頌揚漢代的功德。王充列舉了漢明帝、漢章帝兩代出現的「符瑞」，證明「漢德豐雍」，超越了以往各代。這種看法雖然有批判漢儒厚古薄今論的意義，但是主要是頌揚和美化漢代的皇帝，特別是王充當代的皇帝。篇末還指出，漢代祥瑞的出現，不僅由於有聖明的皇帝，而且還賴於有眾多的賢臣，從而表達了作者希望皇帝招拔巖穴之士以為輔佐的願望。

永平❶十一年，廬江❷皖侯國❸際❹有湖。皖民小男曰陳爵、陳挺，年皆十歲以上，相與釣於湖❺涯❻。挺先釣，爵後往。爵問挺曰：「釣寧❼得乎？」挺曰：「得。」爵即歸取竿綸❽，去挺四十步所❾，見湖涯有酒樽❿，色正⓫黃，沒水中。爵以為銅也，涉水取之，滑重不能舉。挺望見，號⓬曰：「何取？」爵曰：「是有銅，不能舉也。」挺往助之，涉水未持，樽頓⓭衍更⓮為盟盤⓯，動行入深淵中，復不見。挺、爵留顧⓰，見如錢等正黃數百千枚，即共掇⓱摝⓲，各得滿手，走⓳歸示⓴其家。爵父國，故㉑免吏㉒，字君賢，驚曰：「安㉓所得此？」爵言其狀㉔，君賢曰：「此黃金也。」即馳與爵俱往，到金處，水中尚多，賢自涉水掇取。爵、挺鄰伍並聞，俱競㉕採之，合得十餘斤。賢自言於相㉖，相言太守㉗，太守遣吏收取，遣門下掾㉘程躬㉙奉獻㉚，具㉛言得金狀。詔書㉜曰：「如章㉝則可；不如章，有正㉞法。」躬奉詔書，歸示太守。太守以下思省㉟詔書，以為疑隱㊱，言之不實，苟㊲飾美也，即復因郤㊳上得黃金實狀如前章，事寢㊴。十二年㊵，賢等上書曰：「賢等得金湖水中，郡牧㊶獻，訖㊷今不得直㊸。」詔書下廬江上不畀㊹賢等金直狀。郡上賢等所採金自官湖水，非賢等私瀆㊺，故不與直。十二年，詔書曰：「視㊻時金價，畀賢等金直。」漢瑞非一，金出奇怪，故獨紀之。

【章　旨】此章介紹漢明帝永平十一年巢湖出現黃金的奇事，說明漢代符瑞突出。

【注　釋】❶永平　漢明帝的年號。❷廬江　郡名。在今安徽境內。❸皖侯國　漢代的封國。在今安徽境內。❹際　邊境。❺湖　指巢湖。❻涯　岸邊。❼寧　豈。❽綸　釣魚用的線。❾所　通「許」。如同「左右」。❿樽　盛酒器。⓫正　純正。⓬號　呼喊。⓭頓　立即。⓮衍更　演變。⓯盟盤　古代舉行結盟儀式用的盤子。⓰留顧　守住看著。⓱掇　拾取。⓲擁　撈取。⓳走　跑。⓴示　讓人看。㉑故　過去。㉒免吏　被免職的吏人。㉓安　何。㉔狀　情況。㉕競　爭著。㉖相　輔佐性的官職。漢代諸侯王國均設相，王國的相，地位相當於太守，侯國的相，相當於縣令或縣長。這裡指的是皖侯國的相。㉗太守　郡的最高行政長官。這裡指廬江太守。㉘門下掾　指太守門下的辦事人員。㉙程躬　人名。㉚奉獻　指獻給皇帝。㉛具　備；詳盡。㉜詔書　皇帝下達的文書。指漢明帝下的詔書。㉝如章　照奏章所說。㉞正　常。㉟省　領悟。㊱疑隱　指皇帝懷疑有所隱瞞。㊲苟　苟且；隨便。㊳因郤　趁機。郤，即「隙」。㊴寢　息；止。㊵十二年　指永平十二年。㊶郡牧　太守。㊷訖　同「迄」。至。㊸直　通「值」。價。㊹畀　給。㊺瀆　溝渠。㊻視　比照。

【語　譯】漢明帝永平十一年，廬江郡皖侯國的邊境有個巢湖。皖民男孩叫陳爵、陳挺，年齡都在十歲以上，共同在湖邊釣魚。陳挺先釣，陳爵後到。陳爵問陳挺說：「釣得魚了嗎？」陳挺說：「釣得了。」陳爵立即歸家拿來釣竿和釣綸，在離陳挺四十步左右的地方釣魚，忽然看到湖邊有個酒樽般的東西，純黃的顏色，沈沒在水中。陳爵以為是銅器，沒入水中去取，可是那東西既溜滑又沈重，搬不起來。陳挺望見，大聲喊著說：「撈到什麼了？」陳爵說：「這裡有銅器，搬不起來。」陳挺前去協助，沒入水中沒有抓住，那酒樽便演變為一個盟盤，慢慢滑行到深水中去，再也見不著。陳挺、陳爵留守注視，發現了數百上千個像錢一樣純黃色的東西，他們立即共同拾取，各人手裡拾得滿滿的，跑回家給家裡人看。陳爵的父親陳國，是個免職閒居的小吏，字君賢，他驚奇地說：「從哪兒得到這些東西的？」陳爵說明了情況，君賢說：「這是黃金啊！」立即與陳爵一道前往，到了拾金處，水中這種東西還很多，君賢沒入水中拾取，陳爵、陳挺的鄰居們聽到了這消息，都爭著採拾，合起來總共拾得了十多斤。君賢將此事告訴皖侯國的相，相又告訴太守，太守便派吏人收取，並派門下掾程躬奉獻給皇帝，詳細陳述了得金的情況。皇帝下詔書說：「如果真像奏章上所說的情況，那就算了。如果實際與奏章不符合，那就要依法懲辦。」程躬拿著詔書回到郡裡給太守看，太守以下的官員仔細思量領悟詔書的含義，認為皇帝懷疑奏章有所隱瞞，說的數字與事實不符，隨便粉飾美化，因而立即又趁機上奏章，說明黃金實況同前章說的一個樣，這件事就擱下了。永平十二年，君賢等向皇帝上書說：「君賢等從湖水中得到的黃金，由太守上獻了，至今還沒有得到報酬。」皇帝下令廬江郡呈報不給陳君賢等人獻金報酬的具體情況。郡裡呈上奏章說明，陳君賢等所採拾的黃金是來自公家的湖水，不是採自他們私人的溝渠，所以不應付給報酬。永平十二年，皇帝又下詔書說：「比照當時黃金的價格，給陳君賢等獻黃金的報酬。」漢代的祥瑞不止一種，由於黃金出現得奇怪，所以獨獨作了詳細記載。

金玉神寶，故出詭異❶。金物色❷先為酒樽，後為盟盤，動行入淵，豈不怪哉！夏之方盛，遠方圖❸物❹，貢金❺九牧❻，禹謂之瑞，鑄以為鼎❼。周之九鼎❽，遠方之金也。人來貢之，自出於淵者，其實一也，皆起盛德，為聖王瑞。金玉之世❾，故有金玉之應❿。文帝⓫之時，玉棓⓬見⓭。金之與玉，瑞之最也。金聲玉色，人之奇也。永昌郡⓮中亦有金焉，纖靡⓯大如黍粟，在水涯沙中，民採得日重五銖⓰之金，一色正黃。土生金，土色黃⓱。漢，土德⓲也，故金化出⓳。金有三品⓴，黃㉑比㉒見者，黃為瑞也。圯橋老父㉓遺張良書，化為黃石，黃石之精，出為符㉔也。夫石，金之類也，質異色鈞㉕，皆土瑞也。

【章　旨】此章說明黃金的出現正是漢朝屬於土德的證明。

【注　釋】❶詭異　怪異。❷色　形色；樣子。❸圖　畫。❹物　此指當地的特產。❺金　此指銅。❻牧　官名。傳說古代分天下為九州，牧為州的長官。❼鼎　古時用以烹食的三足兩耳器物。後成為禮器。傳說夏禹將九牧貢獻的銅鑄成九鼎，以象徵九州。❽周之九鼎　傳說即夏禹所鑄的九鼎。❾金玉之世　形容盛世。❿應　指瑞應。⓫文帝　漢文帝。⓬棓　通「杯」。據傳漢文帝時得到一個玉杯，上刻有「人主延壽」四字。⓭見　同「現」。⓮永昌郡　在今雲南境內。⓯纖靡　細小。⓰銖　古代重量單位。二十四銖為一兩。⓱土生金二句　按照陰陽五行說法，水、火、土、金、木五種物質是相生相剋的，土可以生金，而五行中的「土」，又是和五色中的「黃」相配的。⓲土德　按照陰陽五行說法，朝代的更替是根據五行相剋的道理循環的，秦為水德，土可以剋水，所以漢就是土德。⓳金化出　土既可以生金，漢又屬土德，所以黃金的出現就是土德的瑞應化生的。⓴金有三品　指黃金、白金（銀）、赤金（銅）。品，等。㉑黃　指黃金。㉒比　接連。㉓圯橋老父　見《史記・留侯世家》。傳說張良少時在圯橋遇到一個老人，老人送給張良《太公兵法》，原來這老人是黃石變的，又復原為黃石，又稱「黃石公」。圯橋，土橋。老父，老人。㉔符　符瑞。㉕鈞　通「均」。

【語　譯】金玉是神奇的寶物，所以它們的出現奇怪異常。巢湖的金屬物品，其形色首先變成酒樽，後來又變成盟盤，又滑動沈入深水，難道不奇怪嗎？夏朝正當興盛的時期，邊遠地區把當地的山川產物、神怪之類繪成圖畫獻給朝廷，九州的牧守向夏朝獻來黃銅，夏禹認為屬於祥瑞，把它鑄成了九個大鼎作為傳國之寶。周朝擁有的九鼎，也是遠方貢獻的金屬鑄成的。遠方的人進貢的金屬，和自動從深水中出現的黃金，實質是一樣的，都是由於朝廷具有盛德，因而成為聖王的祥瑞。正是出現了太平盛世，所以才出現金玉的瑞應。漢文帝在位的時期，有刻上「人主延壽」四字的玉杯出現。金與玉，是祥瑞中最神奇的，金屬的聲音和美玉的顏色，是人們最珍視的。永昌郡中也出現了黃金，細小得像粟粒那麼大，存於水邊河沙中，老百姓每天可以採到五銖重的金子，都是純黃的顏色。五行中的土產生金，土在五色中屬於黃色。漢朝，屬於土德，所以作為祥瑞的黃金就不斷化生出來。金共有三品，黃金接連出現，因為黃色是漢朝祥瑞的標誌。圯橋老人贈給張良兵書，接著又變成黃石，這是因為黃石的精靈變成老人出現，成為漢朝的一種祥瑞。那石頭，與黃金是一類的東西，內質雖然不同，而顏色卻是相同的，都是土德的祥瑞。

建初❶三年，零陵❷泉陵❸女子傅寧❹宅，土中忽生芝草❺五本❻，長者尺四五寸，短者七八寸，莖葉紫色，蓋❼紫芝也。太守沈酆❽遣門下掾衍盛❾奉獻，皇帝悅懌❿，賜錢衣食。詔會⓫公卿⓬，郡國⓭上計吏⓮民⓯皆在，以芝告示天下。天下並聞，吏民歡喜，咸⓰知漢德豐雍⓱，瑞應出也。四年，甘露⓲下泉陵、零陵、洮陽、始安、泠道五縣，榆柏梅李，葉皆洽⓳溥⓴，威委㉑流漉㉒，民噉吮㉓之，甘如飴蜜。五年，芝草復生泉陵男子周服㉔宅上六本，色狀如三年芝，并前凡十一本。

【章　旨】此章敘述建初年間靈芝出現的情況。

【注　釋】❶建初　漢章帝的年號。❷零陵　郡名。在今湖南西南部和廣西東北角。❸泉陵　古縣名。在今湖南零陵。❹傅寧　人名。❺芝草　靈芝草。❻本　株。❼蓋　可能。❽沈酆　即沈豐。字聖達，東漢人。❾衍盛　人名。❿懌　喜悅。⓫詔會　下令會集。⓬公卿　三公九卿。朝廷的高級官員。⓭郡國　指各郡和諸侯國。⓮上計吏　指年終代表郡國入京報告戶口、墾田、錢穀等情況的官員。⓯民　指無官職的豪紳。⓰咸　都。⓱豐雍　興隆和順。⓲甘露　以下「泉陵」、「零陵」、「洮陽」、「始安」、「泠道」，皆古縣名。泉陵、泠道，在今湖南境內。零陵、洮陽、始安，在今廣西境內。⓳洽　濕潤。⓴溥　通「普」。㉑葳委　同「葳蕤」。枝葉繁茂下垂的樣子。㉒漉　水慢慢滲下。㉓吮　用口吸吮。㉔周服　人名。

【語　譯】漢章帝建初三年，零陵郡泉陵縣女子傅寧住宅的土中，忽然長出靈芝草五株，高的長到一尺四五寸，矮的也有七八寸，莖葉都呈現紫色，大概是紫靈芝吧。郡太守沈豐派遣門下掾衍盛獻給皇帝，皇帝高興，賜予錢財衣食。皇帝下令召集朝廷公卿高級官員及各郡國在京的上計吏、豪紳等人都到了場，把靈芝草的出現向全國公布，天下人都聽到這一喜訊，無論官吏、百姓都很高興，都知道漢朝道德隆盛，所以祥瑞出現了。建初四年，甘露在泉陵、零陵、洮陽、始安、泠道五縣降下，這些地區榆、柏、梅、李各種樹木的葉子普遍得到滋潤，繁枝茂葉露珠慢慢滲下，老百姓吸飲，感到像飴糖、蜂蜜一樣的甜。建初五年，靈芝又在泉陵縣男子周服的住宅中生出六株，顏色形狀好像建初三年生出的一樣，連同前後生出的靈芝共計十一株。

湘水去泉陵城七里，水上聚石❶曰燕室丘❷，臨水有俠山，其下巖❸唫❹，水深不測。二黃龍見，長出十六丈，身大於馬，舉頭顧望，狀如圖中畫龍，燕室丘民皆觀見之。去❺龍可❻數十步，又見狀如駒馬，小大凡六，出水遨❼戲陵❽上，蓋二龍之子也。並二龍為八，出移❾一時❿乃入。宣帝時，鳳凰下彭城⓫，彭城以聞。宣帝詔侍中⑫宋翁一⑬，翁一曰：「鳳凰當下京師，集於天子之郊，乃遠下彭城，不可收⑭，與無下等⑮。」宣帝曰：「方今天下合為一家，下彭城與京師等耳，何令可與無下等乎？」令左右通經者⑯語難⑰翁一，翁一窮⑱，免冠叩頭謝。宣帝之時，與今無異。鳳凰之集，黃龍之出，鈞也。彭城、零陵，遠近⑲同也。帝宅⑳長遠，四表㉑為界，零陵在內，猶為近矣。魯人公孫臣㉒，孝文時言漢土德，其符黃龍當見。其後，黃龍見於成紀㉓。成紀之遠，猶零陵也。孝武、孝宣時，黃龍皆出。黃龍比出，於茲㉔為四，漢竟土德也。

【章　旨】此章說明黃龍不斷出現是漢為土德的證明。

【注　釋】❶聚石　以石頭堆成的小丘。❷燕室丘　丘名。❸巖　山崖。❹唫　通「崟」。形容山崖高險的樣子。❺去　距。❻可　約。❼遨　遊玩。❽陵　丘陵。❾移　過。❿時　時辰。一個時辰相當二小時。⓫彭城　郡名。在今江蘇徐州一帶。⓬侍中　官名。皇帝身邊的侍從官。⓭宋翁一　宋畸。西漢人。⓮收　取。⓯等　同。⓰通經者　通曉經書的人。⓱難　責難。⓲窮　盡。指理屈辭窮。⓳遠近　指距離京師的遠近。⓴帝宅　指皇帝所轄的領土。㉑四表　四方極遠的地區。㉒公孫臣　西漢初年人。㉓成紀　古縣名。在今甘肅境內。㉔茲　此。

【語　譯】湘水離開泉陵縣城七里的地方，江中有一座石頭堆成的小島，名叫「燕室丘」，江邊有座山叫「俠山」。俠山下面懸崖陡壁，水深莫測。其中出現兩條黃龍，長度超過十六丈，身子比馬還大，仰著頭四面觀望，形狀像圖畫中的龍一樣，燕室丘的老百姓都來觀看牠們。離開這兩條龍大約數十步，又看見形體像小馬的龍，大大小小共有六條，露出水面爬到山丘上遊玩，大概這是兩條黃龍的子女吧。連同兩條老龍共是八條，從水中出來經過一個時辰才進入水中。漢宣帝時，鳳凰降落到彭城，彭城郡把這件事情報告皇帝。漢宣帝下詔詢問侍中宋翁一，宋翁一說：「鳳凰應該降落到京師長安，落到天子的近郊，卻遠遠地落到彭城，不可取，與不落沒有什麼區別。」宣帝說：「當今天下統一，共為一家，鳳凰落到彭城與落到長安是相同的，怎麼能把它看作和沒有落下一樣呢？」於是命令左右通曉經書的學者責難宋翁一，宋翁一理屈辭窮，取下帽子向皇帝叩頭謝罪。漢宣帝時出現的祥瑞應與現在出現的沒有什麼不同。鳳凰的落下和黃龍的出現，是一回事，彭城與零陵兩郡距離京城的遠近也相同。皇帝所轄的疆域廣遠，四方之外作為疆界，零陵在四表之內，還算離京城近的。魯人公孫臣，在漢文帝時說過漢朝屬於土德，漢朝的祥瑞應該出現黃龍。後來，黃龍果然在成紀出現。成紀離京城的遠近，如同零陵離京城的遠近一樣。漢武帝、漢宣帝時，都出現了黃龍。黃龍接連出現，到今為止一共是四次，可見漢朝畢竟是土德啊！

賈誼❶創議於文帝之朝，云：「漢色❷當尚黃，數以五為名❸。」賈誼，智囊之臣，云色黃數五，土德審❹矣。芝生於土，土氣和，故芝生土。土爰稼穡❺，稼穡作❻甘，故甘露集。龍見，往世不雙，唯夏盛時二龍在庭❼，今龍雙出，應夏之數，治諧偶❽也。龍出往世，其子希出，今小龍六頭並出遨戲，象乾坤六子❾，嗣後多也。唐、虞之時，百獸率❿舞，今亦八龍遨戲良久⓫。芝草延年，仙者所食，往世生出不過一二，今並前後凡十一本，多獲壽考⓬之徵，生育松、喬⓭之糧⓮也。甘露之降，往世一所⓯，今流五縣⓰，應土之數，德布濩⓱也。皇⓲瑞比⓳

見，其出不空⑳，必有象為，隨德是應。

【章　旨】此章頌揚漢章帝的功德，章帝時祥瑞不斷出現，與他的功德是相應的。

【注　釋】❶賈誼　西漢初年的政治家、文學家。❷色　指車服馬色。一個王朝所崇尚的顏色主要表現在車服馬色上，如果改朝換代，新王朝的車服馬色也要改變，這叫做「易服色」。漢朝屬土德，所以色尚黃。❸名　標誌；名稱。按照陰陽五行說，五行中的「土」是和數字中的「五」相配屬的，漢朝既是土德，所以以「五」為標準數字。❹審　確實。❺土爰稼穡　見《尚書・洪範》。爰，曰；為。❻作　生出。❼二龍在庭　傳說夏朝末年，有兩條龍出現在宮廷裡。見《史記・周本紀》。❽諧偶　一致；相同。❾乾坤六子　根據《周易・說卦》的解釋，八卦中除乾卦為父，坤卦為母外，其餘震、坎、艮三卦象徵三男，巽、離、兌三卦象徵三女，合稱乾坤六子。❿率　皆。⓫良久　時間很久。⓬壽考　長壽。⓭松喬　傳說中的仙人赤松子和王子喬。⓮糧　糧食。傳說仙人以芝草為糧。⓯所　處。⓰五縣　指泉陵、零陵、洮陽、始安、泠道。⓱布濩　廣泛傳播。⓲皇　美。⓳比　接連不斷。⓴空　虛。

【語　譯】賈誼在漢文帝朝廷就倡議說：「漢朝崇尚的顏色應該是黃色，數字應該以五為標準數。」賈誼是足智多謀的臣子，說崇尚黃色，數字以五為標準，那麼漢朝屬於土德就確實了。靈芝從土中生出，土氣是調和的，所以靈芝生於土中。土的性質是適合種植莊稼的，莊稼長出來味道是甘甜的，所以也就降落甘露。龍的出現，以往的朝代很少成雙成對的，只有夏朝興盛的時期在朝廷上出現兩條龍，當今龍也是成對地出現，符合夏朝出現的數目，說明漢朝的統治與夏朝同樣優越。以往朝代龍的出現，牠們的子女很少出現，當今卻是六條小龍一併出來遊玩，象徵乾坤六子，說明子孫後代繁多。堯、舜時代，百獸一道跳舞，當今也有八條龍出來遊玩，而且經歷了很久的時間。靈芝對人有延年益壽的作用，是仙人所吃的東西，過去靈芝的生出不過一、二株，當今連同前前後後共是十一株，這是很多人將會獲得長壽的徵兆，因為靈芝草是養育赤松子、王子喬一類仙人的糧食啊！至於甘露的降落，過去只限於一個地區，現在卻是遍布五縣，符合土德所崇尚的數目，這是由於漢朝的功德廣泛傳播的緣故。美好的祥瑞接連不斷地出現，它們的出現不是平白無故的，必定是有所象徵才出現的，是應合漢朝功德的。

孔子曰：「知者樂，仁者壽❶。」皇帝❷聖仁，故芝草壽徵生。黃為土色，位在中央❸，故軒轅❹德優，以黃為號。皇帝寬惠❺，德侔❻黃帝，故龍色黃，示德不異。東方曰仁❼，龍，東方之獸❽也，皇帝聖仁，故仁瑞❾見。甘者，養育之味也，皇帝仁惠愛黎民❿，故甘露降。龍，潛藏之物也，陽⓫見於外，皇帝聖明，招拔⓬巖穴⓭也。瑞出必由嘉士⓮，祐⓯至必依吉人⓰也。天道自然，厥應⓱偶合。聖主獲瑞，亦出群賢。君明臣良，庶⓲事以康⓳。文、武受命，力亦周、邵⓴也。

【章旨】此章說明祥瑞的出現，既由於有明君，也由於有良臣，建議皇帝廣招巖穴隱逸之士從政。

【注釋】❶知者樂二句　見《論語・雍也》。❷皇帝　指漢朝皇帝。這裡指漢章帝，因為王充的用意在於向漢章帝提出「招拔巖穴」的建議。❸位在中央　按照陰陽五行的說法，五行中的「土」是與東、南、中、西、北五個方位中的「中」相配合的。❹軒轅　軒轅氏。即黃帝。❺寬惠　仁愛。❻侔　等同。❼東方曰仁　東方這個方位又與仁、義、禮、智、信五德中的「仁」相配合。按照陰陽五行說法，東方屬仁，西方屬義，北方屬禮，南方屬智，中央屬信。見《春秋繁露・五行相生》。❽東方之獸　依據陰陽五行說法，鱗類屬於「東方之獸」，而龍又是鱗類之長，因而也是「東方之獸」。見《呂氏春秋・孟春紀》。❾仁瑞　指龍。因龍與仁都配東方。❿黎民　百姓。⓫陽　明。⓬拔　選用。⓭巖穴　指隱士。⓮嘉士　指賢臣。⓯祐　福；祥瑞。⓰吉人　指賢臣。⓱厥應　其應。指祥瑞與人事相應合。⓲庶　眾。⓳康　安。⓴周邵　指周公姬旦和邵公姬奭。

【語譯】孔子說：「智慧的人快樂，仁愛的人長壽。」漢朝皇帝聖仁，所以靈芝作為長壽的象徵生了出來。

黃色屬於土色，它與五方中的中央相配，所以軒轅氏的道德優厚，以「黃」字作為自己的名號。漢朝皇帝也寬厚仁愛，他的道德與黃帝等同，所以出現的龍也是黃色，表示漢代皇帝的道德與黃帝沒有什麼不同。東方是與仁配合的，龍又是東方的獸類，漢朝皇帝聖仁，所以黃龍就出現了。甘味是滋養萬物的味，由於皇帝仁惠而愛護百姓，所以甘露就降下來了。龍，本是潛藏的動物，卻公開出現，說明皇帝聖明，能夠廣泛收用隱居之士。祥瑞不斷出現，還由於皇帝擁有大量賢臣。天道是自然無為的，祥瑞與人事的應合是偶然的。皇帝獲得的祥瑞，也是出現眾多賢能的徵兆。君主聖明，臣子忠良，萬事都會平安。周文王、周武王所以承受天命而為天子，也還得力於周公和邵公的輔助。

卷二〇

須頌篇第六十

【題解】本篇反覆論述漢朝功德隆盛，須有「鴻筆之臣」來加以頌揚，功德才能昭於天下，名垂千古。王充認為，後代的人知道古代帝王道德高尚，主要由於有臣子的頌揚和記載；漢代的名聲平平，過錯就在於那些儒生不能如實頌揚漢朝的功德。王充指責那些「俗儒」、「拘儒」、「盲暗之儒」，總是「信久遠之偽，忽近今之實」、「好長古而短今」、「渥前而薄後」，他們「涉聖世不知聖主」，或者「知聖主不能頌」，致使漢代處於「百代之下」。王充表白，他寫《論衡》諸篇，就是為了對漢有個公平的評論。但是感到離朝廷太遠，情況不能盡明，因而希望能調到皇帝身邊任職，以便「論功德之實，不失毫釐之微」，「彰漢德於百代，使帝名如日月」。

古之帝王建鴻德❶者，須鴻筆❷之臣褒頌紀載，鴻德乃彰，萬世乃聞。問說《書》者❸：「『欽明文思❹』以下，誰所言也？」曰：「篇家❺也。」「篇家誰也？」「孔子也。」然則孔子鴻筆之人也。「自衛反魯❻，然後樂正❼，〈雅〉、〈頌〉各得其所❽也。」鴻筆之奮❾，蓋❿斯⓫時也。或⓬說⓭《尚書》曰：「尚者，上⓮也；

上所為，下⑮所書也。」「下者誰也？」曰：「臣子⑯也。」然則臣子書上所為矣。問儒者：「禮言『制』，樂言『作』，何也？」曰：「禮者，上所制，故曰制；樂者，下所作，故曰作。天下太平，頌聲⑰作。」方今天下太平矣，頌詩樂聲，可以作未⑱，傳者⑲不知也，故曰「拘儒」⑳。衛孔悝㉑之鼎銘㉒，周臣㉓勸㉔行㉕。孝宣皇帝稱潁川㉖太守黃霸㉗有治狀㉘，賜金百斤，漢臣勉政㉙。夫以人主頌稱臣子，臣子當褒君父，於義較㉚矣。虞氏㉛天下太平，夔㉜歌舜德。宣王㉝惠周㉞，《詩》頌其行㉟。召伯㊱述職㊲，周歌㊳棠㊴樹。是故《周頌》㊵三十一，《殷頌》五，《魯頌》四，凡頌四十篇，詩人所以嘉上㊶也。由此言之，臣子當頌，明矣。

【章　旨】此章總的說明帝王的鴻德要靠臣子的頌揚才能彰明。

【注　釋】❶鴻德　大德。❷鴻筆　大手筆；善於寫作的人。❸說書者　解釋《尚書》的人。❹欽明文思　見《尚書・堯典》。〈堯典〉前的序言作「聰明文思」，舊傳為孔子作。四字分別依據鄭玄、馬融的解釋。欽，恭敬節用。明，明察四方。文，善治天下。思，道德純備。❺篇家　著作者。❻自衛反魯　孔子曾周遊列國，從衛國回到魯國。反，同「返」。❼樂正　音樂純正。孔子精通音樂，曾對古樂章進行過整理。❽各得其所　根據研究，孔子對《詩經》三〇五篇並沒有刪訂，但是《詩經》每篇都是配樂的，可能原來的樂章與詩篇不太相適應，孔子自衛返魯作過一些調整樂章的工作，讓雅樂和頌樂歸到了恰當的部位。至於這些樂章是什麼樣子，不得其傳，今天已無法知道了。❾奮　起；揮動。指寫文章。❿蓋　大概。⓫斯　此。⓬或　有的人。⓭說　解釋。⓮上　這裡指君主。⓯下　指臣下。⓰臣子　本指君之臣和父之子，這裡指臣。⓱頌聲　據下文指頌詩樂聲。⓲未　否。⓳傳者　指解釋經書的人。⓴拘儒　目光短淺的儒生。㉑孔悝　春秋時衛國大夫。㉒銘　古代的一種文體。或鑄於鐘、鼎等器物，或刻於石碑，用以稱頌功德，或表示警戒。孔悝曾輔佐衛莊公恢復君位，莊公為了表彰他的功勞，曾在銅鼎上鑄刻銘文。見《禮記・祭統》。㉓周臣　指東周的臣子。東周天子和各諸侯國君主之間，名義上還是君臣關係，因此這裡的周臣除了王室的大臣之外，還包括各諸侯國的君主在內。㉔勸　勸勉。㉕行　操行。㉖潁川　郡名。在今河南境內。㉗黃霸　西漢名臣。漢宣帝時由潁川太守升為丞相，政績清平，封為「建成侯」。㉘治狀　政績優良。㉙勉政　努力政事。㉚較　明。㉛虞氏　有虞氏。指舜。㉜夔　傳為舜的樂官。㉝宣王　指周宣王。㉞惠周　對西周有德惠。西周後期，國勢衰微，厲王暴虐，被國人放逐。至於宣王有所振興，因而被稱為「中興之主」。㉟詩頌其行　如《詩經・大雅》中的〈江漢〉、〈常武〉就是臣下歌頌宣王的。㊱召伯　周武王的弟弟姬奭。亦稱召公奭，為周武王的得力輔佐。㊲述職　諸侯到天子那兒去報告工作。㊳周歌　指《詩經》。㊴棠　甘棠。俗名棠梨。朱熹注：「甘棠，杜梨也。」傳說召伯為了不誤農時，當農忙之時，親自到甘棠樹下去斷案，《詩經》的作者寫了〈甘棠〉一詩來歌頌他。見《詩經・召南・甘棠》。㊵周頌　大多是西周初年歌頌文王、武王、成王的作品。下面的〈魯頌〉和〈商頌〉據當今研究者的看法，大多認為作於春秋時期，〈魯頌〉是歌頌魯僖公的，〈商頌〉是歌頌宋襄公的。〈殷頌〉即〈商頌〉。㊶嘉上　贊美君主。

【語　譯】古代建立鴻大功德的帝王，必須有大手筆的臣子來贊美頌揚載入史冊，鴻大的功德才能彰明，才能流傳萬世。詢問解釋《尚書》的人：「『欽明文思』四字以下，是誰說的話呢？」回答說：「是著作家的話。」「著作家是誰呢？」「是孔子。」這樣說來那麼孔子就是大手筆的人了。孔子自己說過：「我從衛國回到魯國，從此以後古樂就純正了，〈雅詩〉和〈頌詩〉的樂章就歸到了恰當的地方。」在《尚書》中揮動大手筆，可能就在這個時期。有人解釋《尚書》說：「尚，就是君上的意思；君上所作的事情，在下位的人把它記載下來。」「那麼在下位的人是誰呢？」他說：「就是臣子。」這樣說來，那麼是臣子記載君上的所作所為了。我又問儒者：「為什麼把禮說成是『制』，而把樂說成是『作』呢？」回答說：「禮，是君上所制訂的，所以叫做『制』；樂，則是臣下所創作的，所以叫做『作』。天下太平，歌功頌德的詩歌和音樂就創作出來了。」當今天下太平了，歌頌的詩歌和音樂，可以創作了嗎？解釋經書的人心中無數，所以這些人叫做目光短淺的儒生。衛國孔悝有衛莊公為表彰他而鑄的鼎銘，結果激勵了周代臣子的操行。漢宣帝稱贊潁川太守黃霸有優良的政績，賜給黃金百斤，結果漢代的臣子都盡力做好政事。一般說來，君主稱頌臣子，臣子就應當頌揚君主，這在道理上是清楚不過的了。舜在位的時候，天下太平，樂官夔就歌頌舜的功德。周宣王復興西周，《詩經》的作者就歌頌他的德行。召伯忠於職守，詩人就寫了〈甘棠〉一詩來歌頌。因此〈周頌〉有三十一篇，〈商頌〉有五篇，〈魯頌〉有四篇，頌詩共四十篇，都是詩人為了頌揚君上而創作的。從這方面說來，臣子應當歌頌君上，這是很明顯的道理。

儒者謂漢無聖帝，治化未太平。〈宣漢〉之篇，論漢已有聖帝，治已太平。〈恢國〉之篇，極論漢德非常，實然❶乃在百代之上。表德頌功，宣褒❷主上，《詩》之頌言，古臣之典❸也。舍其家而觀❹他人之室，忽❺其父而稱異人之翁❻，未為德也。漢，今天下之家也；先帝❼、今上❽，民臣之翁也。夫曉主德而頌其美，識國奇而恢❾其功，孰與疑暗❿不能也？孔子稱：「大哉，堯之為君也！唯天為大，唯堯則之。蕩蕩乎民無能名焉⓫。」或年五十擊壤⓬於塗⓭。或曰：「大哉，堯之德也。」擊壤者曰：「吾日出而作⓮，日入而息，鑿井而飲，耕田而食，堯何等力？」孔子乃言「大哉，堯之德」者，乃知堯者也。涉⓯聖世不知聖主，是則盲者不能別青黃也；知聖主不能頌，是則喑者不能言是非也。然則方今盲喑⓰之儒，與唐擊壤之民，同一才矣。夫孔子及唐⓱人言「大哉」者，知堯德，蓋⓲堯盛也；擊壤之民云「堯何等力」，是不知堯德也。

【章　旨】此章說明漢有聖主而不加以頌揚，就好比是「盲者不能別青黃」。

【注　釋】❶實然　實際上。❷宣褒　宣揚贊美。❸典　主持；職守。❹觀　贊賞。❺忽　輕視。❻翁　父。❼先帝　死去的皇帝。指漢明帝。❽今上　當今皇帝。指漢章帝。❾恢　表彰。❿疑暗　愚昧無知。⓫大哉五句　見《論語・泰伯》。則，效法。蕩蕩，形容廣大。⓬擊壤　古代的一種遊戲。用一塊木頭去投擲一定距離的另一塊木頭，擊中為勝。⓭塗　道路。⓮作　起；幹活。下面引文叫做〈擊壤歌〉，諸引文文字略有不同，《古詩源》引《帝王世紀》末句為「帝力於我何有哉！」這首歌不一定出於堯時，它反映了後來道家無為而治的一種理想政治圖景，道家認為，最好的君主是下面的百姓不歌頌他，甚至忘掉他。王充卻作了相反的理解，認為擊壤者是不能辨別青黃的盲者。⓯涉　經歷。⓰喑　啞。⓱唐　唐堯。⓲蓋　表示原因。

【語　譯】儒者說漢代沒有出現聖帝，政治教化也沒有達到天下太平。《論衡》中〈宣漢〉這篇文章，論述了漢代已經出現聖帝，治理已經達到太平。〈恢國〉這篇文章，充分論述了漢朝的功德非同一般，實際超越了過去所有的朝代。頌揚功德，贊美君上，如《詩經》中的頌詩創作，這是古代臣子的職守。放下自己家裡的事不宣揚而宣揚別家的事，輕視自己的父親而稱贊別人的父親，這種做法不能算是美德。漢朝就是當今天下人的家；明帝、章帝就是百姓臣子的父親啊！那種明白君主道德而能歌頌他的美行，看清漢朝的傑出而能表彰它的功績的人，這和那些愚昧無知而不能頌揚的人相比，誰高明呢？孔子贊揚說：「堯這個君主，真的偉大啊！世上只有天最偉大，只有堯能夠效法它。他的功德廣遠無涯，百姓竟不知道該怎樣來稱贊他了。」有年五十的老人在路上作擊壤遊戲。旁邊有人贊揚說：「堯的功德，真夠偉大啊！」可是擊壤的老人說：「我當太陽出來就起身幹活，太陽下山就回家休息，自己掘井飲水，自己耕種吃飯，堯起了什麼作用呢？」孔子卻說「堯的功德，真偉大」，這算是認識堯的人。經歷聖世卻不認識聖主，這就好像盲人不能辨別青、黃顏色一樣；認識聖人卻不能歌頌他的功德，這就好像啞巴不能說清是非一樣。這樣說來，那麼當今盲啞的儒生與堯時擊壤的百姓，才智是一樣低劣了。孔子和堯時的人都贊揚堯偉大，那是能認識堯的德行，因為堯的功德確實盛大；擊壞的人說「堯起了什麼作用」，是不懂得堯的功德啊！

夜舉燈燭，光曜所及，可得度❶也；日照天下，遠近廣狹，難得量也。浮❷於淮❸、濟❹，皆知曲折❺；入東海者，不曉南北。故夫廣大，從❻橫難數；極深，揭❼厲❽難測。漢德酆❾廣，日光海外❿也。知者⓫知之，不知者不知漢盛也。漢家著書，多上及殷、周，諸子⓬并作，皆論他事，無褒頌之言，《論衡》有之。又《詩》頌國⓭名〈周頌〉，與杜撫⓮、班固⓯所上漢頌⓰，相依類⓱也。宣帝之時，畫圖漢列士⓲，或不在於畫上者，子孫恥之。何則？父祖不賢，故不畫圖也。夫頌言，非徒⓳畫，文也。如千世之後，讀經書不見漢美，後世怪之。故夫古之通經之臣，紀⓴主令㉑功，記於竹帛㉒；頌上㉓令德，刻於鼎銘。文人涉世，以此自勉。漢德不及六代㉔，論者不德㉕之故也。

【章　旨】此章說明如果不歌頌大漢，就無法使人知道漢德的豐廣。

【注　釋】❶度　測量。❷浮　指乘船。❸淮　淮河。❹濟　古河名。後來黃河改道，濟水就成了黃河的河道，在今山東境內。❺曲折　指河道的曲折。❻從　通「縱」。❼揭　掀起衣服過水。此指水淺。❽厲　連衣涉水而過。此指水深。❾酆　通「豐」。❿海外　海表；海面。⓫知者　通「智者」。⓬諸子　指漢代的學者。⓭國　指周。⓮杜撫　杜叔和。東漢人。⓯班固　東漢著名的史學家。⓰漢頌　指歌頌漢的辭賦文章。⓱依類　類似。依，比喻。⓲畫圖漢列士　漢宣帝時，把此前為漢代建立過巨大功勳的人物的形貌畫在未央宮內的麒麟閣，共十一人，其中包括霍光、蘇武這些傑出人物。⑲徒　僅僅。⑳紀通「記」。㉑令　美。㉒竹帛　古代書寫用的竹簡和絲帛。㉓上　君主。㉔六代　指唐、虞、夏、商、周、秦。㉕不德　不以為有德。指不頌揚美德。

【語　譯】夜晚點燈燃燭，光亮所照到的地方，可以測量出來；太陽的光輝普照天下，所照距離的遠近、面積的廣狹，就難得測量了。在淮河、濟水乘船漂遊，人人知道河道曲折的情況；漂遊入東海的人，就不知道南北方向了。所以地域廣闊，縱橫距離就難於統計；極深的海洋，深淺程度就難於測定。漢朝的功德豐盛浩大，簡直和太陽的光照、海面的宏闊一樣了。明智的人知道漢朝功德的偉大，不明智的人不知道漢朝功德的隆盛。漢朝儒者著書，大多愛談商、周的事情，漢朝學者著文，總愛論述與漢朝無關的事情。他們的著述，對漢朝沒有頌揚的話，只有《論衡》算是寫了這方面的文章。再看《詩經》，其中歌頌周朝的詩篇叫做〈周頌〉，它與杜撫、班固所呈歌頌漢朝的辭賦文章，是相類似的。漢宣帝時，把當時的功勳之臣的相貌畫在麒麟閣，有的人沒有被畫上，他們的子孫都感到恥辱。為什麼呢？因為他們父祖輩不賢能，所以沒有畫上圖像。關於頌揚的言辭，不僅是圖畫，它是永遠流傳的文字。如果千代以後，讀經書的沒有看到贊揚漢朝功德的文章，後代的子孫會感到奇怪的。所以那些古代通曉經書的臣子，記錄君主傑出的功績，把它寫在竹簡和絲帛上；歌頌君上美好的道德，把它鑄在鐘鼎上。文人經歷世道，可以利用這些頌揚的文字來勉勵自己。漢代的功德被認為趕不上以往的六個朝代，這是由於論述的人不願意頌揚漢代君主美德的緣故。

地有丘❶洿❷，故有高平，或以钁鍤❸平而夷❹之，為平地矣。世見五帝❺、三王❻為❼經書，漢事不載，則謂五、三❽優於漢矣。或以論❾為钁鍤，損三、五，少❿豐滿漢家之下，豈徒並為平哉！漢將為丘，五、三轉為洿矣！湖池非一，廣狹同也，樹竿測之，深淺可度。漢與百代，俱為主也，實而論之，優劣可見。故不樹長竿，不知深淺之度；無《論衡》之論，不知優劣之實。漢在百代之末，上與百代料⑪德。湖池相與比也，無鴻筆之論，不免庸庸⑫之名。論好稱古而毀今，恐漢將在百代之下，豈徒同哉！

【章　旨】此章說明漢朝的功德實際高於五帝、三王，如果沒有《論衡》的頌揚，漢朝的地位可能在百代之下了。

【注　釋】❶丘　山。❷洿　池塘。❸钁鍤　皆為挖土工具。钁，似鋤而大。鍤，似鍬。❹夷　平；均平。❺五帝　傳說中的五個上古帝王。一般指黃帝、顓頊、帝嚳、堯、舜。❻三王　指夏禹、商湯、周文王和周武王。❼為　此為「寫入」的意思。❽五三　指五帝、三王。❾論　議論。❿少　稍微。⓫料　比。⓬庸庸　平庸。

【語　譯】地面上有山丘，有池塘，所以有的地方高，有的地方低。如果用钁鍤鏟平山丘，填平池塘，那麼就都變成平地了。一般人看到五帝、三王的事跡已經寫進經書了，而漢朝的事跡沒有記載，就認為五帝、三王比漢朝優越了。如果有人把議論當作钁鍤，減損一點對三王、五帝的過分頌揚，稍微增添一點到漢朝的名下，難道只是把五帝、三王和漢朝拉平嗎？漢朝反而將是丘山而五帝、三王將是池塘了。湖和池不一樣，儘管面積相同，立起竿子去測量它們，深淺的程度就可以測量出來。漢朝和以往的所有朝代，同樣都是君主，如果用實事加以評論，他們的優劣自然可以看到。所以不立長竿作標準，就不知道湖池深淺的程度；沒有《論衡》的評論，就不知道優劣的實際。漢朝處於百代的最後，拿漢朝與以往各代比較功德，如同湖和池互相對比一樣啊，沒有大手筆的評論，漢朝不能免除平庸的名聲。漢儒評論喜好頌古而非今，恐怕漢朝將會處於以往所有的朝代之下了，難道僅僅是處於同等地位嗎？

諡❶者，行之跡❷也。諡之美❸者，「成❹」、「宣❺」也；惡者，「靈❻」，「厲❼」也。成湯❽遭旱，周宣❾亦然，然而成湯加「成」，宣王言「宣」。無妄之災❿，不能虧⓫政，臣子累⓬諡，不失實也。由斯以論堯，堯亦美諡也。時亦有洪水，百姓不安，猶言「堯」者，得實考也。夫一字之諡，尚猶明⓭主，況千言之論，萬文之頌哉！

【章　旨】此章以諡號的意義來說明文字頌揚的重要性。

【注　釋】❶諡　諡號。古代君主、后妃、大臣或名人死後，根據他的生平事蹟給以褒、貶的稱號，叫做諡號。❷跡　痕跡。❸美　指寓有褒意。❹成　按照周諡法：「安民立政曰成。」❺宣　聖善周聞曰宣。❻靈　不勤成名曰靈。❼厲　殺戮無辜曰厲。❽成湯　商湯王。商代的第一個君主，傳說湯時八年七旱。❾周宣　周宣王。西周後期的君主，傳為中興之主，其時也遭到大旱。❿無妄之災　古人以為，在君主的治政及個人道德無缺失的情況下產生的災害，叫做「無妄之災」。⓫虧　損；貶低。⓬累　指集中他的生平事蹟加以羅列。⓭明　表彰。

【語　譯】諡號，是一個人行事的寫照。美好的諡號，像「成」、「宣」便是；壞的諡號，像「靈」、「厲」便是。商湯王遭到大旱，周宣王也是如此，然而商湯王還是加了「成」的諡號，周宣王的諡號還是稱「宣」。由於他們遇上的大旱是「無妄之災」，不能因此而貶低他們的政績。臣子依據他們的生平事蹟所加的諡號，並沒有違反實際情況。由此來評論堯的諡號，「堯」這個字也是美好的諡號。當時也有洪水，百姓不得安寧，仍然給「堯」這個諡號，是因為對他的政績作了實際考核啊。一個字的諡號，尚且還能起到表彰君主的作用，何況是上千字的評論、上萬字的頌揚呢！

船車載人，孰與其徒❶多❷也？素車樸船❸，孰與加漆采畫也？然則鴻筆之人，國之船車、采畫也。農無強夫，穀粟不登❹；國無強文❺，德暗不彰。漢德不休❻，亂❼在百代之間，強筆之儒不著載也。高祖❽以來，著書非不講論漢。司馬長卿❾為〈封禪書〉，文約❿不具⓫。司馬子長⓬紀黃帝以至孝武。楊子雲⓭錄宣帝以至哀⓮、平⓯。陳平仲⓰紀光武。班孟堅⓱頌孝明⓲。漢家功德，頗⓳可觀見。今上⓴即命㉑，未有褒載，《論衡》之人㉒，為此畢精㉓，故有〈齊世〉、〈宣漢〉、〈恢國〉、〈驗符〉。

【章　旨】此章說明王充在《論衡》中撰寫〈齊世〉、〈宣漢〉、〈恢國〉、〈驗符〉諸篇，是為了歌頌當今皇帝。

【注　釋】❶徒　步行。❷多　優。❸素車樸船　指未加修飾的車船。❹登　成熟。❺強文　具有說服力的文章。❻休　美好。❼亂　夾雜。❽高祖　漢高祖。❾司馬長卿　司馬相如。西漢文學家，他寫過一篇〈封禪書〉，記載了漢武帝到泰山、梁父舉行封禪儀式的情況。❿約　簡約。⓫具　備。⓬司馬子長　司馬遷。西漢史學家、文學家。他撰寫的《史記》上自黃帝，下迄漢武帝。⓭楊子雲　即揚雄。西漢後期文學家、思想家。據《史通・正史篇》記載，他曾續司馬遷的《史記》，其書已佚。⓮哀　漢哀帝。⓯平　漢平帝。⓰陳平仲　陳宗。東漢人。據《史通・覈才篇》記載，他曾和班固等人一起編寫過漢光武帝劉秀的傳記。⓱班孟堅　班固。⓲孝明　漢明帝。⓳頗　略微。⓴今上　指漢章帝。㉑即命　即位。㉒論衡之人　作者自指。㉓畢精　用盡心思。

【語　譯】乘車乘船，與徒步行走哪一種方法好呢？樸素的車船，與加上油漆繪上彩色的圖畫的車船，哪一種美觀呢？那麼大手筆的人，就是國家的船車和彩畫。譬如種田，沒有很強的勞力，五穀就不會成熟；一個國家沒有具有說服力的文章來歌頌，功德就被埋沒而不能顯揚。漢朝的功德之所以顯得不美，混雜在百代之中，是因為擅長寫文章的儒生不記敘的緣故。自漢高祖以來，著書的人並不是完全不講述評論漢代的事情。司馬相如寫了〈封禪書〉，只是文詞簡約表述得不太完備。司馬遷的《史記》從黃帝寫到漢武帝。揚雄記錄了從漢宣帝到哀帝、平帝的史事。陳平仲寫了漢光武的傳記。班超歌頌了漢明帝。以上這些記載，漢朝的功德略微可以看到。當今的皇帝即位，還沒有人頌揚而加以記錄，《論衡》的作者，為此而用盡心力，所以寫出了〈齊世〉、〈宣漢〉、〈恢國〉、〈驗符〉諸篇。

龍無雲雨，不能參❶天，鴻筆之人，國之雲雨也。載國德於傳書之上，宣❷昭❸名於萬世之後，厥❹高非徒參天也。城牆之土，平地之壤❺也，人加築蹈之力，樹立臨池❻。國之功德，崇❼於城牆；文人之筆，勁於築蹈。聖主德盛功立，若不褒頌紀載，奚❽得傳馳❾流去無疆❿乎！人有高行，或譽得其實，或欲稱之不能言，或謂不善不肯陳⓫一。斷⓬此三者，孰者為賢？五、三⓭之際，於斯為盛。孝明之時，眾瑞並至，百官臣子，不為少矣，唯班固之徒稱頌國德，可謂譽得其實矣。頌文譎⓮以奇，彰漢德於百代，使帝名如日月，孰與不能言，言之不美善哉？

【章旨】此章說明文人之筆對宣揚皇帝的盛德十分重要。

【注釋】❶參　入。❷宣　傳播。❸昭　明；顯赫。❹厥　其。❺壤　土。❻池　指護城河。❼崇　高。❽奚　何。❾傳

馳　迅速傳播。⑩無疆　無有止境。⑪陳　陳述。⑫斷　判斷。⑬五三　指五帝、三王。⑭譎　譎詭；多變。

【語譯】龍如果沒有雲雨的掩護，就不能高入霄漢，擅長寫作的人，就好比是國家的雲雨。把國家的功德記載到書籍之上，顯赫的名聲到萬代之後都可得以傳播，它的高度就不只是高入霄漢了。修築城牆的土，本來是平地上的土，經過人力的築蹈，城牆才屹立在護城河邊。可是國家的功德，比城牆要高；文人的筆力，比築蹈還強。聖主具備隆盛的道德，建樹傑出的功績，假如不經記載而加以頌揚，又怎能迅速傳播流傳永久呢？假如一個人有高尚的操行，有的人對他頌揚得符合實際，有的人想稱頌一番卻又無法說出，有的卻認為他不好，不肯說一句頌揚的話。判斷這三種人，究竟誰最好呢？從五帝、三王的時候開始，一直到漢代，只有這時的功德最偉大。漢明帝時，各種祥瑞一道到來，這時朝中的百官臣子不算少，只有班固這般人稱頌漢朝的功德，可以稱得上頌揚符合實際了。他的頌揚文章寫得譎詭而奇偉，在以往的朝代當中彰明了漢朝的功德，使皇帝的名聲光如日月，這和想稱頌又說不出以及認為他根本不好而不稱頌，哪一個好呢？

秦始皇東南遊，升會稽山，李斯刻石，紀頌帝德。至琅邪亦然❶。秦，無道之國，刻石文❷世，觀讀之者，見堯、舜之美❸。由此言之，須頌明矣。當今非無李斯之才也，無從升會稽、歷❹琅邪之階❺也。弦歌為妙異之曲，坐者不曰善，弦歌之人必怠❻不精❼。何則？妙異難為，觀者不知善也。聖國揚❽妙異之政，眾臣不頌，將順❾其美❿，安得所施哉？今方技之書⓫在竹帛，無主名⓬所從生出，見者忽然⓭，不御⓮服也。如題曰某甲某子⓯之方，若⓰言已驗嘗試，人爭刻寫，以為珍秘⑰。上書於國⑱，記⑲奏⑳於郡，譽薦㉑士吏，稱術㉒行㉓能，章下記出㉔，士吏賢妙。何則？章表其行，記明其才也。國德溢熾㉕，莫有宣褒，使聖國大漢有庸庸之名，咎㉖在俗儒不實論也。

【章　旨】此章說明漢朝的功德必須經過頌揚才能發揚光大。

【注　釋】❶秦始皇東南遊五句　事見《史記・秦始皇本紀》。會稽山，在今浙江境內。李斯刻石，秦始皇巡視時，曾有多處刻石，碑文大都是李斯的手筆。此指秦始皇三十七年在會稽的刻石。李斯，秦始皇的丞相。瑯琊，山名。一作琅琊，在今山東海濱。秦始皇二十八年在山上築臺立碑。亦然，也是如此。❷文　文飾。❸美　指好的功德。❹歷　經。❺階　級。指上山的石級。❻怠　懈怠。❼精　精心；集中精力。❽揚　發揚；推行。❾將順　順勢助成。將，扶持；幫助。❿美　指功德。⓫方技之書　指醫書。⓬主名　作者之名。⓭忽然　輕視的樣子。⓮御　使用。⓯某甲某子　猶說「某某人」。⓰若　及。⓱珍秘　珍貴的秘方。⓲國　指朝廷。⓳記　文件。⓴奏　呈送。㉑譽薦　稱譽推薦。㉒術　通「述」。陳述。㉓行　操行。㉔章下記出　指呈送的文件得到批示，公之於眾。㉕溢熾　形容功德隆盛。㉖咎　過錯；罪責。

【語　譯】秦始皇東南巡視，登上會稽山，李斯著文刻石，記載頌揚皇帝的功德。巡視到瑯琊也是如此。秦朝，本來是個無道的國家，卻刻石樹碑粉飾太平，讀過碑文的人，似乎看到了如同堯、舜那樣的功德。從這個例子說來，必須歌頌皇帝的功德是很明白的了。當今漢朝不是沒有如李斯這樣的才能之士，而是沒有像李斯那樣跟隨皇帝登會稽、瑯琊的條件。彈唱的是十分美妙的歌曲，可是聽眾不知道叫好，彈唱的人必然懈怠而不肯花盡精力。為什麼呢？美妙的歌曲是難彈唱的，而聽眾卻不懂得其中的美妙。漢朝推行美好的政治，可是眾臣卻不去頌揚，順勢助成它的美好功德，這種美好的政治又怎能推行呢？現在假如在典籍中有一部醫書，沒有作者的名字和來源，見到醫書的人都是投以輕蔑的眼光，不會服用它的處方。假如書上題明了某某人的藥方，並說明曾經嘗試很有效驗，那麼人人都會爭著傳抄，把它當作珍貴的秘方。向朝廷上書，向郡裡呈文，贊譽和推薦一些士人官吏，稱述他們的操行和才能，等到文件一旦得到批示和公布，士人官吏們就得到了才賢、德高的聲譽。為什麼呢？因為奏章上表彰了他們的操行，公文中宣揚了他們的才能啊！當今漢朝的功德隆盛，可是無人宣揚贊頌，使聖朝大漢屈受平庸的名聲，罪過就在於一般儒生不能根據實際來評論啊！

古今聖王不絕，則其符瑞亦宜累屬❶。符瑞之出，不同於前，或時❷已有，世無以知，故有〈講瑞〉。俗儒好長古而短今❸，言瑞則渥❹前而薄後，〈是應〉實而定之❺，漢不為少。漢有實事，儒者不稱；古有虛美，誠心然之❻。信久遠之偽，忽近今之實，斯蓋「三增❼」、「九虛❽」所以成也，〈能聖〉、〈實聖〉❾所以興❿也。儒者稱聖過實，稽⓫合於漢，漢不能及。非不能及，儒者之說使難及也。實而論之，漢更難及⓬。穀熟歲平⓭，聖王因緣⓮以立功化⓯，故〈治期〉之篇，為漢激發⓰。治有期⓱，亂有時，能以亂為治⓲者優。優者有之。建初⓳孟年⓴，無妄氣㉑至，聖世㉒之期也。皇帝執德㉓，救備其災，故〈順鼓〉、〈明雩〉，為漢應變。是故災變之至，或在聖世，〈時旱〉、〈禍湛〉㉔，為漢論災。是故《春秋》為漢制法㉕，《論衡》為漢平說㉖。

【章　旨】此章說明《論衡》諸篇的撰寫，目的在於公平地評論漢朝的功德。

【注　釋】❶累屬　接連不斷。❷或時　或許。❸長古而短今　頌古非今。❹渥　厚。❺實而定之　核實審定。❻然之　以之為然；認為它是如此。❼三增　指本書的〈語增篇〉、〈儒增篇〉、〈藝增篇〉。❽九虛　指本書的〈書虛篇〉、〈變虛篇〉、〈異虛篇〉、〈感虛篇〉、〈福虛篇〉、〈禍虛篇〉、〈龍虛篇〉、〈雷虛篇〉、〈道虛篇〉。❾能聖實聖　此兩篇已佚，不見於今本《論衡》。❿興　作。⓫稽　考核。⓬漢更難及　漢代是以往的朝代更難趕上的。此句的「漢」應作受事主語理解，意思是漢代。⓭歲平　年歲正常，風調雨順。⓮因緣　憑藉。⓯功化　治功教化。⓰激發　發揚光大。⓱治有期　社會安定有一定的期數。王充認為，社會的治亂是由自然的變化決定的，自然界的變化有一定週期，所以國家的治亂也就有一定的週期，與君主的主觀作為沒有關係。⓲以亂為治　把亂變成治。王充認為治亂的出現是法定於自然的，但是如何對待治亂，卻在於君主自身的作為。⓳建初　漢章帝的年號。⓴孟年　初年。㉑無妄氣　即「無妄之災」。王充指在君主個人道德及政治美好的條件下產生的自然災變。㉒聖世　指章帝在位的時期。王充認為即令是聖世，也會遇上自然週期性的災變。㉓執德　堅持原來的道德和治政措施。㉔時旱禍湛　聯繫下句，可能是本書已佚的篇名，或字有訛誤。劉盼遂以為「禍」當是「偶」字之誤。㉕制法　制訂的治國之法。意思是孔子修訂的《春秋》為後世確定了永恆的法制。㉖平說　公平地評論。

【語　譯】古往今來，聖王的出現接連不斷，那麼他們的祥瑞也應該接連不斷地出現。祥瑞的出現，與以往不同，或許已經出現了，人們還沒有辦法知道，所以本書有〈講瑞篇〉專談漢朝的祥瑞。一般儒生總好頌古非今，談到祥瑞也是厚古薄今，本書寫了〈是應篇〉對此加以核實和審定，證明漢朝的祥瑞並不比以往的朝代少。漢朝的功德有實事存在，儒者們不去贊頌；對於古代那些不實在的贊譽，卻又真心誠意地相信它。相信久遠的虛名，輕視近代和當今的實事，這可能就是「三增」、「九虛」這些篇寫成的原因，也是〈能聖篇〉、〈實聖篇〉寫出的原因。儒者們對於古代的聖人的贊揚，超過了實際情況，拿這個標準來核定漢代的實事，漢代自然趕不上前代。不是趕不上前代，是由於儒者偏頗的論說使漢朝難於趕上的啊！假如從實際出發來評論，漢代更是前代難以趕上的。糧食豐收，年歲太平，聖王可以憑藉這樣的條件來建立功德，施行教化，所以本書寫了〈治期篇〉，企圖擴大一下漢代的影響。其實國家的安定或者動亂，都有一定的時機，凡是能夠把動亂轉變為安定的就是最好的君主。這種最好的君主在漢代是存在的。漢章帝建初初年，無妄之災到來，這是聖世遇上的災期啊！漢章帝堅持一貫的道德和治政方針，作一些救災備荒的事情，所以本書寫了〈順鼓篇〉、〈明雩篇〉，為漢代提出應付災變的辦法。因此，災變的到來，有時也出現在聖世，本書寫了〈時旱篇〉、〈禍湛篇〉，為漢代論述了災變。因此，《春秋》為漢代制訂了治國大法，而《論衡》就為漢代的功德作了公平地評論。

從門應庭❶，聽堂室❷之言，什而失九❸；如升❹堂窺室，百不失一。《論衡》之人，在古荒流❺之地，其遠非徒門庭也。日刺徑❻千里，人不謂之廣者，遠也；望❼夜甚雨，月光不暗，人不睹曜❽者，隱也。聖者垂❾日月之明，處在中州❿，隱於百里⓫，遙聞傳授，不實。形耀⓬不實，難論。得詔書⓭到，計吏⓮至，乃聞聖政。是以褒功失丘山之積，頌德遺膏腴⓯之美。使至臺閣⓰之下，蹈班、賈⓱之跡，論功德之實，不失毫釐之微。武王⓲封⓳比干⓴之墓，孔子顯三累㉑之行㉒。大漢之德，非直㉓比干、三累也。道立國表㉔，路出其下，望國表者昭然知路。漢德明著，莫立邦㉕表之言，故浩廣之德未光於世也。

【章　旨】此章表明，希望得到皇帝的重用，以便盡力歌頌漢朝的功德。

【注　釋】❶從門應庭　指在門庭服役的人。從門，侍從於門。指守門的人。應庭，應對於庭。指聽候使喚的人。❷堂室　指主人居住的地方。堂，堂屋。室，內室。❸什而失九　指十句話有九句聽不清楚。❹升　登。❺荒流　指邊遠地區。這裡指王充的家鄉浙江，在古代屬於邊遠地區。❻刺徑　直徑。❼望　夏曆每月十五日。❽曜　光。指月光。❾垂　下；散布。❿中州　指今河南一帶。⓫百里　形容皇宮之深。⓬形耀　日月的形狀光芒。指皇帝的功德。⓭詔書　皇帝的命令。⓮計吏　即「上計吏」。漢時郡國每年年終派到中央彙報的官員。⓯膏腴　本義為肥肉，一般用來指肥沃的土地。這裡形容功德之美。

⑯臺閣　泛指官府。按《漢官儀》，漢的尚書、御史等均可稱「臺」。另外漢宮藏書處亦稱「臺」或「閣」，如蘭臺、麒麟閣、天祿閣。據下句引班、馬事，此句「臺閣」當指藏書處。⑰班賈　指班固和賈逵。都曾任職蘭臺，都寫過歌頌當代的賦。⑱武王　周武王。⑲封　堆土。此指在墳上加土。⑳比干　商紂王的叔父。堅持向紂規勸，被剖心而死。武王滅殷，為表彰比干，加高他的墳墓。㉑三累　指三個被連累而死的人。即孔父嘉、仇牧、荀息三人。㉒行　指忠君的品德。㉓直　僅。㉔國表　國家建立的路標。㉕邦　國。古大國稱「邦」，小國稱「國」。

【語　譯】在門庭服役的人，聽主人在堂室講話，十句有九句往往聽不清楚；如果登堂入室窺探，就可句句聽得清楚。《論衡》的作者，住在古代被稱為邊遠的地區，它離洛陽遙遠的距離又不僅是門庭與堂室的距離。太陽的直徑上千里，人們不說它大的原因，是因為離人太遠了。每月十五日的夜晚假如下著大雨，其實月光並沒有減弱，而人們看不到它的光亮，是因為大雨遮蓋的緣故。皇帝的功德本像日月一樣放射著光芒，可是因為住在離《論衡》作者極遠的中州地區，又隱蔽在深宮裡，這樣遠遠聽到關於皇帝的傳聞，往往是不真實的。如果掌握的情況不真實，就難以充分歌頌皇帝的功德。只有得到皇帝的命令，或者計吏到朝廷彙報回來，才能知道一些皇帝治政的情況，因此歌頌皇帝就連丘山那麼大的功績也給漏失了，頌揚道德就連膏腴般的美德也被遺忘了。假使讓我有機會到臺閣之下任職，我就會追隨班固、賈逵的足跡，如實地評論皇帝的功德，不會有毫釐的微小失誤。周武王滅殷，為了表彰比干，加高他的墳墓，孔子也表揚了三位受連累而死的忠臣的節操。大漢的功德，又不僅僅是比干、三位受連累而死的忠臣所能比的啊！道路上樹立的國家路標，道路就在國家路標之下，看到國家路標的人就清楚知道道路的方向。漢朝的功德非常明顯，可是沒有人寫出像路標那樣醒目的文章，所以漢朝的功德就沒有能顯耀於普遍天下。

佚文篇第六十一

【題解】本篇以漢武帝獲得古佚書事引入正題，論述了文人及文章的重要社會作用，頌揚了漢朝文采獨盛的景象。王充認為無論「天」還是「人」都是具備文采的，一個國家有文采是這個國家昌盛的標誌。他指出：「文人之休，國之符也」，「鴻文在國，聖世之驗也」，因此漢代的皇帝都十分重視文人和文章，造成了自堯、舜以來文采獨盛的局面。王充認為文人之筆，具有勸善懲惡的作用，他指出「善人顧載，思勉為善；邪人惡載，力自禁裁。」因此文人要用筆公正，「不為財勸」，「不為恩撓」，要重善、惡的實際，從而揭示出《論衡》一書「疾虛妄」的宗旨。王充還具體評論了五種文章，認為只有「論發胸臆，文成手中」的造論著說之文才是有價值的。但又貶低諸子之文，就失之偏頗了。

孝武皇帝封弟為魯恭王❶。恭王壞❷孔子宅以為宮，得佚❸《尚書》百篇、《禮》三百、《春秋》三十篇、《論語》二十一篇，聞弦歌之聲，懼復封塗❹，上言武帝。武帝遣吏發取，古經❺、《論語》，此時皆出。經傳❻也，而有聞弦歌之聲，文❼當興於漢，喜樂得闓❽之祥也。當傳於漢，寢❾藏牆壁之中，恭王闓之，聖王❿感動弦歌之象。此則古文⓫不當掩，漢俟⓬以為符⓭也。

【章旨】此章說明漢武帝時得古佚書，是漢代興盛的一種徵兆。

【注釋】❶魯恭王 漢景帝的兒子。為魯王，恭為諡號，魯恭王受封是景帝時的事。見《史記·五宗世家》。❷壞 拆毀。

❸佚　失傳；散失。❹封塗　封閉塗泥。❺古經　指上文佚書中的《尚書》、《禮》、《春秋》。❻傳　此指失傳的《論語》。❼文　文采。包括禮儀制度、典籍文章。周代是有文采的，秦代焚書坑儒，消滅了文采，所以漢代又要興起文采。❽闓　通「開」。發掘。❾寢　止息。❿聖王　指漢武帝。⓫古文　漢人把六國時的籀文稱為古文。⓬俟　等待。⓭符　符瑞。

【語　譯】漢武帝封他的弟弟為魯恭王。魯恭王拆毀孔子的住宅用來擴大自己的宮室，意外地發現了失傳的《尚書》百篇、《禮》三百篇、《春秋》三十篇、《論語》二十一篇，同時聽到彈奏琴瑟和歌詩的聲音，由於害怕又重新把它封閉塗泥，並呈報漢武帝。漢武帝派遣吏人打開取回，古經及《論語》，就這樣問世了。經傳中卻出現了令人聽得到的彈奏琴瑟及歌詩的聲音，這說明文采當在漢代得到復興，是經傳歡慶自己被開掘出來的吉祥徵兆。這些經傳應當傳給漢代，它們被埋藏在牆壁當中睡大覺，魯恭王把它們打開，出現彈奏琴瑟和歌詩的現象是經傳受到聖王的感動造成的。這就說明古文經傳不應當被掩蓋，而漢朝等待它們出現作為興盛的徵兆。

孝成皇帝❶讀百篇《尚書》❷，博士❸、郎吏❹莫能曉知，徵天下能為❺《尚書》者。東海❻張霸❼通《左氏春秋》❽，案❾百篇序，以《左氏》訓詁❿，造作⓫百二篇，具成奏上。成帝出秘《尚書》⓬以考校⓭之，無一字相應⓮者。成帝下霸於吏⓯，吏當⓰霸辜大不謹敬⓱。成帝奇霸之才，赦其辜，亦不滅其經，故百二《尚書》傳在民間。孔子曰：「才難⓲。」能推⓳精思，作經百篇，才高卓適⓴，希有之人也。成帝赦之，多㉑其文也。雖姦㉒非實，次序㉓篇句，依倚㉔事類，有似真是，故不燒滅之。疏㉕一櫝㉖，相遺㉗以書，書十數札㉘，奏記㉙長吏㉚，文成可觀，讀之滿意，百不能一。張霸推精思至於百篇，漢世寡類，成帝赦之，不亦宜乎！楊子山㉛為郡上計吏㉜，見三府㉝為〈哀牢㉞傳〉不能成，歸郡作上，孝明奇之，徵在蘭臺㉟。夫以三府掾史㊱，叢積成才，不能成一篇。子山成之，上覽其文。子山之傳，豈必審是？傳聞依為㊲之有狀，會三府之士，終不能為，子山為之，斯須㊳不難。成帝赦張霸，豈不有以㊴哉！

【章　旨】此章以漢成帝赦張霸偽造《尚書》罪為例，說明漢朝皇帝珍視文才。

【注　釋】❶孝成皇帝　漢成帝。❷百篇尚書　傳說古代《尚書》有一百篇。❸博士　官名。秦始設置，漢武帝設置五經博士以講授儒家經書。❹郎吏　郎官。郎，帝王侍從之官。❺為　治；研究。❻東海　郡名。在今山東南部、江蘇北部。❼張霸　西漢人。❽左氏春秋　即《左傳》。相傳為春秋末魯國史官左丘明所作。❾案　依據。❿訓詁　文字解釋。以今語解釋古語。⓫造作　編造；偽造。⓬秘尚書　秘藏在宮中的《尚書》。⓭考校　核對。⓮應　合。⓯吏　獄吏；法官。⓰當　判罪。⓱大不謹敬　指欺君之罪。⓲才難　見《論語·泰伯》。⓳推　因；依據。⓴卓遹　傑出奇特。遹，詭奇。㉑多　稱讚。㉒姦　偽；虛假。㉓次序　編排。㉔依倚　依傍。㉕疏　整治。㉖櫝　匣。㉗遺　贈。㉘札　古代書寫用的木簡。㉙奏記　向上呈送的公文。㉚長吏　辦事的主持人。㉛楊子山　楊終。東漢人。㉜上計吏　漢代郡國於每年年終到朝廷彙報的官吏。㉝三府　指太尉府、司徒府、司空府。㉞哀牢　漢代西南方少數民族建立的國家。在今雲南境，東漢明帝在該地設立了哀牢、博南兩縣。㉟蘭臺　東漢藏書處。㊱掾史　漢時中央和地方屬官的通稱。㊲依為　同「依違」。從否兩可。㊳斯須　頃刻。㊴以　因。

【語　譯】漢成帝閱讀百篇《尚書》，博士及侍從的官員都不能通曉，於是徵求天下研究《尚書》的學者。東海郡張霸通曉《左氏春秋》，根據百篇《尚書》序，以《左氏春秋》來解釋詞語，偽造了《尚書》一百零二篇，齊備完成，上呈漢成帝。漢成帝拿出保存在宮廷中的《尚書》加以核對，沒有一個字相合的。漢成帝把張霸交給獄吏治罪，獄吏判定張霸犯了欺君之罪。成帝珍惜張霸的才能，赦免了他的罪過，也不毀掉他編造的經書，所以一百零二篇《尚書》這個本子能在民間流傳。孔子說：「人才難得啊！」張霸能夠發揮精密的思考，造作經書一百零二篇，才智高超卓異，是世上稀有的人才。成帝赦免他，就是珍惜他的文采。雖然是偽造而不真實，篇句的編排，史事的依傍，就像真的一樣，所以成帝不焚毀它。疏理一個書匣，把自己的作品送給別人，寫十多頁公文呈報長官，文章完成值得觀賞，讀了它令人滿意，一百個當中挑選不出一個來。張霸發揮精密的思考寫成一百零二篇，漢代很少有這樣的人，成帝赦免他的罪過，豈不是應該的嗎？楊子山做郡裡的上計吏上朝廷彙報，發現三府官員寫〈哀牢傳〉無法完成，他回到郡裡立即把傳寫成上報，漢明帝以為他是傑出的人才，徵召他在蘭臺任職。憑藉三府屬官集中大批人才的優越條件，不能寫成一篇〈哀牢傳〉，而楊子山一人能夠寫成，皇帝也看中了他的文章。楊子山作的傳，難道一定真正這麼好嗎？關於哀牢的情況當時傳聞紛紜，於是集中三府的文人學士，終於不能寫成，而楊子山一人能夠寫成，並且在短時間內完成，一點都不感到困難。漢成帝赦免張霸，難道不是有原因的嗎？

孝武之時，詔百官對策❶，董仲舒❷策文最善。王莽時，使郎吏上奏，劉子駿❸章❹尤美。美善不空，才高知深之驗也。《易》❺曰：「聖人之情見於辭❻。」文辭美惡，足以觀才。永平❼中，神雀群集，孝明詔上〈神爵❽頌〉。百官頌上，文皆比瓦石，唯班固、賈逵、傅毅、楊終、侯諷❾五頌金玉，孝明覽焉。夫以百官之眾，郎吏非一，唯五人文善，非奇而何？孝武善〈子虛〉❿之賦，徵司馬長卿⓫。孝成玩弄⓬眾書之多，善揚子雲⓭，出入遊獵，子雲乘從。使⓮長卿、桓君山⓯、子雲作吏，書所⓰不能盈牘⓱，文所不能成句，則武帝何貪，成帝何欲！故曰：玩揚子雲之篇，樂於居千石⓲之官；挾桓君山之書，富於積猗頓⓳之財。

【章　旨】此章亦說明漢朝皇帝珍視文才。

【注　釋】❶對策　漢代取士的一種考試。應考者針對皇帝提出的問題，發表自己的政見。❷董仲舒　漢代著名的經學家。❸劉子駿　劉歆。❹章　章表。呈送給皇帝的公文。❺易　《周易》。儒家經書之一。❻聖人之情見於辭　見《周易・繫辭》。見，同「現」。❼永平　漢明帝的年號。❽爵　通「雀」。❾班固賈逵傅毅楊終侯諷　都是當時的文人學士。見《後漢書・賈逵列傳》。❿子虛　司馬相如所作。⓫司馬長卿　司馬相如。⓬玩弄　欣賞。⓭楊子雲　揚雄。西漢後期思想家、文學家。⓮使　假使。⓯桓君山　桓譚。漢代思想家。⓰所　若。⓱牘　古代供書寫用的木板。⓲千石　年俸粟千石。指高官厚祿。⓳猗頓　春秋時魯國大富翁。以魚鹽、畜牧致富。

【語　譯】漢武帝在位時，命令百官對策，發表自己的政見，其中以董仲舒的策文最優秀。王莽時，要朝中侍從官吏們呈上奏章，其中以劉子駿的奏章最完美。說優秀、完美並不是一句空話，而是他們才高智深的反映。《周易》說：「聖人的思想感情從文辭當中表現出來。」文辭的好壞，能夠看出一個人的才能。永平年間，神雀群集，漢明帝命令群臣獻〈神爵頌〉。百官獻的〈神爵頌〉呈上，文辭大都如同瓦石，只有班固、賈逵、傅毅、楊終、侯諷五篇頌的文辭如同金玉般的美，得到漢明帝的欣賞。憑藉朝廷百官如此之多，侍從官員也不在少，只有這五人的文辭美善，還不算傑出又誰傑出呢？漢武帝贊賞〈子虛賦〉，徵召司馬相如到朝廷。漢成帝閱讀了很多書籍，只贊賞揚子雲的文章，出入宮廷及巡遊畋獵，揚子雲都隨車跟從。假使司馬相如、桓君山、揚子雲身在官位，他們寫的書不能成篇，寫的文章不能成句，那麼漢武帝、漢成帝又欣賞他們什麼呢？所以說：玩味揚子雲的文章，比當了千石俸祿的大官還要高興；擁有桓君山的著述，比積累猗頓那麼多的財富還要富裕。

韓非❶之書，傳在秦庭，始皇歎曰：「獨不得與此人同時❷。」陸賈❸《新語》，每奏一篇，高祖左右，稱曰萬歲。夫歎思其人與喜稱萬歲，豈可空為哉？誠見其美，歡氣發於內也。候❹氣變者，於天不於地，天文❺明❻也。衣裳❼在身，文著❽於衣，不在於裳，衣法天地。察掌理❾者左，不觀右，左文❿明也。占⓫在右，不觀左，右文明也。《易》曰：「大人虎變其文炳，君子豹變其文蔚⓬。」又曰：「觀乎天文，觀乎人文⓭。」此言天人以文為觀⓮，大人君子以文為操⓯也。高祖在母身之時，息於澤陂⓰，蛟龍在上，龍鮇炫耀⓱；及起⓲，楚⓳望漢軍，氣⓴成五采；將入咸陽，五星㉑聚東井㉒，星有五色㉓。天或者憎秦滅其文章㉔，欲漢興之，故先受㉕命，以文為瑞也。

【章　旨】此章說明無論天、人（自然、社會），都是以「文」作為表象和特徵的。

【注　釋】❶韓非　先秦法家的集大成者。著有《韓非子》。❷獨不得與此人同時　見《史記・老子韓非列傳》。❸陸賈　漢高祖劉邦的重要謀士。著有《新語》。見《史記・酈生陸賈列傳》。❹候　觀測。❺文　文采。❻明　鮮明。❼衣裳　上身穿的叫「衣」，下身穿的叫「裳」。裳，古時指裙子。❽著　附。❾掌理　手掌的紋理。❿文　指手紋。⓫占　占卜。⓬大人虎變其文炳二句　見《周易・革卦・象辭》。王充引用這兩句話的意思是：大人、君子的德行有差別，那麼享用的禮儀文飾也有差別。當今有學者認為這兩句中的「虎變」、「豹變」沒有什麼差異。大人，聖人、有德者之稱。變，變革。指對禮儀制度進行變革。炳，鮮明。蔚，華美。⑬觀乎天文二句　按《周易・賁卦・彖辭》的原文是：「觀乎天文，以察時變；觀乎人文，以化成天下。」意思是：觀察天的文采，以了解氣候的變化；觀察大人、君子的文采，以成天下的教化。⑭觀　外表。⑮操　儀表。⑯澤陂　指湖池的岸邊。⑰龍觩炫耀　見《史記・高祖本紀》。觩，角。⑱起　起事。⑲楚　指項羽。項羽自封為西楚霸王。⑳氣　指雲氣。㉑五星　金、木、水、火、土五顆行星。㉒東井　二十八宿之一。按陰陽家的說法，和東井這個星宿相應的地區是秦國，劉邦進入咸陽的這一年，恰好五星聚於東井，被認為是劉邦將做皇帝的吉兆。見《史記・張耳陳餘列傳》。㉓星有五色　按陰陽家的說法，金、木、水、火、土五星與金、木、水、火、土五行並白、青、黑、赤、黃五色相配屬。㉔滅其文章　指焚書坑儒。文章，文采。㉕受　通「授」。

【語　譯】韓非的書，傳到秦王朝廷，秦始皇感歎說：「我偏偏不能和此人生活在同一時代。」陸賈寫《新語》，每呈上一篇，漢高祖身旁的官員都稱頌萬歲以示慶賀。感歎思慕那樣的人與高興得稱頌萬歲的心情，難道能憑空產生嗎？確實看到那些文章的優秀，喜悅的情緒才從內心發出來的啊。觀測氣象變化的人，注意觀察天而不觀察地，因為天表現氣象的文采鮮明。衣裳穿在身上，文采附著於上衣，而不附著於下裳，是因為上衣是效法上天的。看手相的人注意看左手，而不看右手，認為左手的手紋鮮明。從事占卜的人，又注意看右手，而不看左手，認為右手的手紋鮮明。《周易》說：「聖人進行的改革，就像老虎的毛色變得十分鮮明；君子追隨聖人進行的改革，就像豹子的毛色變得十分華美。」《周易》又說：「觀察天的文采，觀察聖人君子的文采。」這說明天和人都是以文采作為外觀的，聖人君子都是以文采作為儀表的。漢高祖尚在母腹之時，母在湖池岸邊休息，有蛟龍在她身上，龍角煥發出一片光彩；漢高祖起事以後，楚軍遙望漢軍，發現漢軍上空的雲氣形成五彩；漢高祖將進入咸陽，有五顆行星聚集在東井星宿，五顆行星也是呈現五色。上天可能憎惡秦國毀滅它的文采，想讓漢來恢復，所以先授命於漢，用文采來作為吉祥的徵兆。

惡人操❶意❷，前後乖❸違。始皇前歎韓非之書，後惑李斯❹之議，燔❺五經❻之文，設挾❼書之律。五經之儒，抱經隱匿；伏生❽之徒，竄藏山中。殄❾賢聖之文，厥❿辜⓫深重，嗣⓬不及孫。李斯創議，身伏⓭五刑⓮。漢興，易亡秦之軌⓯，削李斯之跡⓰，高祖始令陸賈造書，未興⓱五經。惠⓲、景⓳以至元⓴、成㉑，經書並修。漢朝郁郁㉒，厥㉓語所聞，孰與亡秦？王莽無道，漢軍雲起，臺閣㉔廢頓，文書棄散。光武㉕中㉖興，修存㉗未詳。孝明㉘世㉙好文人，並徵蘭臺之官，文雄會聚。今上㉚即命㉛，詔求亡失，購募以金，安得不有好文之聲！唐、虞既遠，所在書散；殷、周頗近，諸子存焉。漢興以來，傳文未遠，以所聞見，伍㉜唐、虞而什㉝殷、周，煥炳㉞郁郁，莫盛於斯。天晏㉟暘㊱者，星辰曉爛㊲；人性奇者，掌文㊳藻炳㊴。漢今為盛，故文繁湊㊵也。

【章旨】此章批判秦代燔滅五經，歌頌漢代文彩郁郁。

【注釋】❶操　操行；品格。❷意　思想。❸乖　相背。❹李斯　秦始皇的丞相。曾倡議燔滅《詩》、《書》，反對以古非今。據〈秦始皇本紀〉記載：「史官非秦記皆燒之。非博士官所職，天下敢有藏《詩》、《書》、百家語者，悉詣守、尉雜燒之。有敢偶語《詩》、《書》者棄市。以古非今者族。」❺燔　燒。❻五經　儒家的五種經書。即《詩》、《書》、《禮》、《易》和《春秋》。❼挾　藏。❽伏生　指伏勝。秦末漢初儒生，精通《尚書》，他所傳的《尚書》屬今文經學。❾殄　滅。❿厥　其。⓫辜　罪過。⓬嗣　繼承。⓭伏　服。⓮五刑　古代五種刑罰。即墨、劓、刖、宮和大辟。據《史記・李斯列傳》記載：「二世二年七月，具斯五刑，論腰斬咸陽市。」⑮軌　法度。⑯跡　事蹟。指李斯的行事。⑰興　指復興。⑱惠　漢惠帝。⑲景　漢景帝。⑳元　漢元帝。㉑成　漢成帝。㉒郁郁　文采鮮明的樣子。㉓厥　句首助詞。無義。㉔臺閣　指漢宮藏書處。如蘭臺、麒麟閣、天祿閣。㉕光武　漢光武帝。㉖中　再。㉗修存　指整理和保存圖書。㉘孝明　漢明帝。㉙世　時代。㉚今上　指漢章帝。㉛即命　即位。㉜伍　五倍。㉝什　十倍。㉞煥炳　光明。㉟旻　無雲。㊱暘　晴。㊲曉爛　明亮。㊳掌文　手掌的紋理。㊴藻炳　光彩；鮮明。㊵湊　聚集。

【語譯】壞人的操行和思想，前後總是自相違背。秦始皇過去曾歎賞過韓非的著述，後來又被李斯的倡議蒙蔽，燒毀五經的文章，頒布藏書的禁令。研究五經的儒生，抱著經書藏逃；伏生這類儒生逃跑到山中躲藏。秦始皇滅絕了賢聖的文章，他的罪過深重，因而傳代到不了孫子。李斯倡議燒毀經書，結果也遭受五刑。漢朝建立，改變了秦代的法度，消除了李斯的做法。漢高祖即位，開始要陸賈著書，只是當時還來不及恢復五經的研究。自漢惠帝、漢景帝直到漢元帝、漢成帝，經書修治齊備。漢朝文采郁郁，就已經知道的情況來說，同滅亡了的秦代相比，又哪一個強呢？王莽失去正道，漢軍雲起反對，原來一些藏書的臺閣遭到毀壞，文章和書籍拋棄流散。漢光武復興漢朝，修治和保存圖書的情況不太清楚。漢明帝一代喜歡文人，並徵召他們到蘭臺做官，一時文豪會聚。當今皇帝即位，下令搜求散失的書籍，並且出重金廣泛徵集購買，怎麼能沒有喜好文章的聲譽！堯、舜離現在久遠，當時存在的書籍大都流散；商、周離現在稍近，只保存了諸子文章。漢朝建立以來，文章流傳的時間還不算久，以我們所聽到的、見到的書籍而論，已經相當於堯、舜的五倍，相當於商、周的十倍，文章典籍輝煌繁盛，沒有比這時更繁盛的。天空無雲晴朗，便群星明亮；人性奇特出眾，便掌紋鮮明。漢朝以當今為昌盛，所以文采繁茂啊！

孔子曰：「文王既歿，文不在茲乎❶！」文王之文，傳在孔子。孔子為漢制文❷，傳在漢也。受天之文❸，文人宜遵❹。五經、六藝❺為❻文，諸子❼傳書❽為文，造論著說❾為文，上書奏記為文，文德之操❿為文。立五文在世，皆當賢⓫也。造論著說之文，尤宜勞⓬焉。何則？發胸中之思，論世俗之事，非徒⓭諷⓮古經、續⓯故⓰文也。論發胸臆，文成手中，非說經藝之人所能為也。周、秦之際，諸子並作，皆論他事，不頌主上，無益於國，無補於化⓱。造論之人，頌上⓲恢⓳國，國業傳在千載，主德參⓴貳日月，非適㉑諸子書傳所能並也。上書陳便宜㉒，奏記薦吏士，一則為身，二則為人，繁文麗辭，無為上者。文德之操，治身完行，徇㉓利為私，無為主者。夫如是，五文之中，論者之文多㉔矣，則可尊明矣。

【章　旨】此章評論五種文的內容和作用，認為只有「發胸中之思，論世俗之事」之文才有價值。

【注　釋】❶文王既歿二句　見《論語・子罕》。歿，死亡。茲，此。孔子自指。❷文　指經孔子整理的經書。孔子為漢制文，其意在於證明漢朝的建立，深得聖人之旨。❸文　此指《尚書》、《禮》、《春秋》及《論語》的失而復得。❹遵　遵循。❺六藝　指禮、樂、射、御、書、數。❻為　是。❼諸子　指先秦諸子。❽傳書　著作。❾造論著說　指有獨特見解的著作。❿文德之操　表現在道德操守方面的禮義修飾。操，操守。⓫當賢　當以為賢；應該贊賞。⓬勞　慰勞；肯定。⓭非徒　不僅。⓮諷　誦讀。⓯續　接續。此有寫的意思。⓰故　古。⓱化　教化。⓲上　指君主。⓳恢　弘揚。⓴參　並；齊。㉑適　剛才。㉒便宜　指有利於治國安民的辦法。㉓徇　貪求。㉔多　優。

【語　譯】孔子說：「周文王已經逝世，一切文化遺產不都在我這裡嗎？」看來文王的文化遺產，傳給孔子了。而孔子又為漢代整理文化典籍，已經傳給漢代了。漢代承受從天而降的文化典籍，文人應該遵從。五經、六藝是文，先秦諸子的著作是文，有獨特見解的著作是文，呈給皇帝的書和記是文，表現在道德操守方面的禮義修飾也是文。一個士人在社會上能夠成就五文當中的一種，都應該受到稱贊。這五文中，具獨特見解的著作一類的文，尤其應該嘉獎。為什麼呢？因為這種文，作者抒發了胸中的思想感情，評論了世俗的事情，不僅僅是誦讀一點古經、寫一點古文啊。抒發胸中的見解，親手寫成文章，這不是那些只懂得解釋五經、六藝的人所能作到的。周、秦時期，諸子並起，他們都論述別的事，不願歌頌君主，對於治理國家沒有好處，對於成就教化沒有幫助。能寫出具獨特見解文章的人，歌頌君主，弘揚國家，使國家事業傳到千秋萬代，讓君主的功德與日月齊光，並不是剛才說的諸子著作所能相提並論的。上書陳述便國宜民的辦法，奏記推薦賢能的官吏和士人，他們一方面是為了自身，一方面是為了別人，雖然文辭寫得繁富而華美，可沒有為君主著想的。表現在道德操守方面的禮儀修飾，可以涵養自己，修好品行，卻只貪求一己的好處，可沒有為君主著想的。像這種情況，五文當中，只有論出作者胸臆的文章才有它的優越，那麼這種文章值得尊重就很清楚了。

孔子稱周曰：「唐、虞之際，於斯為盛，周之德，其可謂至德已矣❶！」孔子，周之文人也，設生漢世，亦稱漢之至德矣。趙他❷王南越，倍❸主滅使❹，不從漢制，箕踞❺椎髻❻，沈溺夷俗。陸賈❼說以漢德，懼以帝威，心覺醒悟，蹶然❽起坐。世儒之愚，有趙他之惑，鴻文之人，陳陸賈之說，觀見之者，將有蹶然起坐，趙他之悟。漢氏浩爛，不有殊卓❾之聲！

【章　旨】此章以陸賈說服趙佗為例，說明漢朝文德的巨大威力。

【注　釋】❶唐虞之際四句　見《論語・泰伯》。唐虞，指堯、舜時代。斯，此。指周武王的時代。至德，最高的道德。❷趙他　人名。又作「趙佗」。秦漢之際，割據今廣東、廣西一帶，建立南越國。漢高祖時，派遣陸賈立佗為南越王。呂后時因禁南越關市鐵器，佗侵長沙邊邑，並自尊帝號。漢文帝立，派遣陸賈前去責讓，趙佗又歸附漢朝。❸倍　通「背」。背叛。❹滅使　指不向漢朝派遣使臣。表示不歸附。❺箕踞　席地而坐，兩足張開，形似簸箕。❻椎髻　髮髻如椎形。❼陸賈　漢高祖劉邦的謀士。漢高祖和漢文帝曾派遣陸賈去說服趙佗歸附漢朝。❽蹶然　猛然。❾殊卓　特殊卓越。

【語譯】孔子歌頌周朝說：「自堯、舜時代到現在，只有周武王時期最昌盛，周代的功德，真可說是達到最高境界了。」孔子，是周代的文人，假設他生當漢代，一定也會稱頌漢代的功德達到最高境界。趙佗在南越稱王，背棄自己的君主，斷絕與漢朝的交往，不服從漢朝的制度，箕踞而坐，椎髻其髮，沈溺於邊民的風俗。陸賈以漢朝的功德勸說，以漢帝的威力恐嚇，趙佗這才醒悟，猛然起身端坐。一般儒生的無知，有如趙佗般的糊塗，如果有善寫文章的人，陳述陸賈勸說趙佗的說辭，看到了這種文章的人，也將會產生猛然起身端坐，像趙佗那樣醒悟的效果。漢朝的功德浩大燦爛，怎麼會不享有卓越的名聲呢！

文人之休❶，國之符❷也。望豐屋❸知名家❹，睹喬木❺知舊都。鴻文在國，聖世之驗也。孟子相人以眸子焉，心清則眸子瞭❻。瞭者，目文❼瞭也。夫候❽國占人，同一實也。國君聖而文人聚，人心惠❾而目多采。蹂蹈文錦❿於泥塗之中，聞見之者莫不痛心。知文錦之可惜，不知文人之當尊，不通類也。夫文人文章豈徒調墨弄筆為美麗之觀⓫哉？載人之行，傳人之名也！善人願載，思勉為善；邪人惡載，力自禁裁⓬。然則文人之筆，勸善懲惡也。諡法所以章⓭善，即⓮以著⓯惡也。加一字之諡，人猶勸懲，聞知之者，莫不自勉。況極筆墨之力，定善惡之實，言行畢載，文以千數，傳流於世，成為丹青⑯，故可尊也。

【章旨】此章論述文人寫的文章具有勸善懲惡的作用，所以值得尊重。

【注釋】❶休 美。❷符 符瑞；吉兆。❸豐屋 宏大的住宅。❹名家 有名望的人家。❺喬木 高大的樹。❻孟子相人以眸子焉二句 事見《孟子・離婁上》。相，觀察。眸子，眼中的瞳仁。瞭，明亮。❼目文 眼中的文采。❽候 占候；預測。❾惠 通「慧」。聰慧。❿文錦 有花紋的絲綢。⓫觀 外表。⓬裁 減少；節制。⓭章 顯示。⓮即 或。⓯著 明；顯露。⓰丹青 古代書寫使用的兩種經久不變的顏色。此指不可磨滅的文字。

【語譯】文人優異，是國家興盛的徵兆。看到宏大的住宅，就知道這是一個有名望的人家；看到高大的樹木，就知道這是一個古老的都城。一個國家多鴻篇巨製的文章，是聖世出現的證驗。孟子從眸子中觀察一個人的心理，心理清晰，眸子就明亮。明亮的意思，就是指眼中文采明亮。預測國運和卜問人的未來，實際上是相同的。國君聖明，文人就聚集在他的周圍，人心聰慧，眼睛就充滿文采。把錦繡放在泥巴裡踐踏，聽到和看到的人沒有不痛心的。人們知道可惜錦繡，卻不知道文人應當尊重，簡直是不能觸類旁通了。文人寫文章，難道只是調墨弄筆，追求華麗的外表嗎？他是記載人們的所作所為，傳播人們的名聲啊！好人希望得到記載，是想努力去做好事。壞人討厭記載，是力圖自我克制。這樣看來，文人的筆，的確能起到勸善懲惡的作用。諡法是用來表彰善良，或者是用來暴露邪惡的。加一個字的諡號，人們尚且知道勸善懲惡，聽到和了解諡法的人，沒有不自勉的。況且極力發揮筆墨的作用，判定人們善惡的真實情況，將他們的言行全部記載下來，成千的文字在世上傳播，成為丹青所載的永不磨滅的作品，所以這樣的文章是可貴的。

楊子雲作《法言》❶，蜀❷富人賫❸錢十萬，願載於書。子雲不聽，曰：「夫富賈無仁義之行，猶圈中之鹿，欄中之牛也，安得妄❹載！」班叔皮❺續《太史公書》❻，載鄉里人❼以為惡戒❽。邪人枉道，繩墨❾所彈❿，安得避諱？是故子雲不為財勸⓫，叔皮不為恩撓⓬。文人之筆，獨⓭已⓮公矣。賢聖定意於筆，筆集成文，文具情顯，後人觀之，以見正邪，安宜妄記！足蹈於地，跡有好醜；文集於札⓯，志有善惡。故夫占跡以睹足，觀文以知情。《詩三百》⓰，一言以蔽⓱之曰：思無邪⓲。」《論衡》篇以十數，亦一言也，曰：「疾⓳虛妄⓴。」

【章旨】此章提出寫《論衡》的宗旨——「疾虛妄」。

【注釋】❶法言　書名。揚雄的重要著作之一。❷蜀　郡名。在今四川境內。❸賚　贈送。❹妄　虛妄；隨便。❺班叔皮　班彪。班固的父親，東漢初年人。❻太史公書　即《史記》。班彪曾收集史料，續司馬遷的《史記》作《後傳》六十多篇，班固在《史記》和《後傳》的基礎上寫《漢書》。❼鄉里人　同鄉人。❽惡戒　壞人的警戒。❾繩墨　指法令。❿彈　彈劾。⓫財勸　用財物來鼓勵。⓬恩撓　因有私人恩德而屈從。撓，屈。⓭獨　唯獨。⓮已　甚；最。⓯札　古代供書寫用的木簡。⓰詩三百　即《詩經》。本為三百零五篇，舉其整數而言。⓱蔽　包容；概括。⓲思無邪　見《論語・為政》。思，思想。邪，邪惡。⓳疾　憎；反對。⓴虛妄　虛假不實。

【語譯】揚子雲著《法言》一書，蜀郡富人送錢十萬，希望把他的事蹟寫到書中。揚子雲不聽從，說：「有錢的商人沒有仁義的行為，就如同圈中的鹿、欄中的牛一樣，怎能虛妄記載！」班彪接續《史記》寫《後傳》，記載了同鄉人的壞行用以警戒壞人。邪僻的人不從正道，本就要受到法律的彈劾，怎能對他有所避忌呢？所以揚子雲不受金錢的勸誘，班叔皮不為私恩所屈從。可見，天下最公正的算是文人的筆了。聖賢把自己的意思通過筆端寫成文字，文字聚集起來就形成文章，文章完備，聖賢的感情就從中體現出來，後世的人看到了，以它為標準就可以鑑別出正直還是邪惡，怎能憑空記載呢？一個人的腳踩在地上，留下的腳印有美有醜；文字集中成為篇章，作者勸善懲惡的意思也就從中表現出來。所以研究足跡，就可以發現腳的美醜；閱讀文章，就可以知道作者的思想感情。孔子說過：「《詩經》三百篇，用一句話概括說：思想沒有邪惡。」《論衡》的幾十篇文章，也用一句話概括說：「憎恨虛假不實。」

論死篇第六十二

【題解】本篇集中論述了「人死不為鬼」這樣一個傑出的命題，表現了王充的無神論思想。有神論者宣稱：「死人為鬼，有知，能害人。」王充則提出相反的觀點：「死人不為鬼，無知，不能害人。」王充認為：「人之所以生者，精氣也，死而精氣滅。能為精氣者，血脈也。人死血脈竭，竭而精氣滅，滅而形體朽，朽而成灰土。」因而不能變成鬼。「人未生，在元氣之中；既死，復歸元氣。」「人之死，猶火之滅也。火滅而耀不照，人死而知不惠。」因而是無知的。王充還認為人死不能飲食，沒有強壯勇猛的條件，同時人死精神也隨之消失，因而不能害人。本書〈對作篇〉說明了寫作〈論死篇〉的目的在於「使俗薄喪葬也」，可謂切中時弊。

世謂死人為鬼，有知❶，能害人。試以物類❷驗之，死人不為鬼，無知，不能害人。何以驗之？驗之以物❸。人，物也；物，亦物❹也。物死不為鬼，人死何故獨能為鬼？世能別❺物不能為鬼，則人為鬼不為鬼尚難分明；如不能別，則亦無以知其能為鬼也。

【章旨】此章提出論證的中心：「死人不為鬼，無知，不能害人。」

【注釋】❶知　知覺。❷物類　指人以外的萬物。❸物　指人以外的萬物。❹物　「物也」、「亦物也」的「物」字，指人類萬物而言。❺別　分辨。

【語譯】世上的人說，死人能變成鬼，有知覺，能傷害人。試用人以外的萬物來驗證一下，死人並不變成鬼，沒有知覺，不能傷害人。用什麼來驗證呢？用人以外的萬物來驗證。人是物，人以外的萬物也是物。萬物死了不變成鬼，人死後為什麼偏偏能變成鬼呢？世上的人如果能分辨萬物死後不能變成鬼，那麼對人死後能否變成鬼就難於辨明；如果不能分辨萬物死是否變成鬼，那麼也就更無法知道人死後能變成鬼了。

人之所以生者，精氣❶也，死而精氣滅❷。能為❸精氣者，血脈也。人死血脈竭，竭而精氣滅，滅而形體朽，朽而成灰土，何用❹為鬼？人無耳目則無所知，故聾盲之人，比於草木。夫精氣去❺人，豈徒❻與無耳目同哉！朽則消亡，荒忽❼不見，故謂之鬼神。人見鬼神之形，故❽非死人之精❾也。何則？鬼神，荒忽不見之名也。人死精神❿升天⓫，骸骨歸土，故謂之鬼神。鬼者，歸也；神者，荒忽無形者也。或⓬說：鬼神，陰陽⓭之名也。陰氣逆物而歸⓮，故謂之鬼；陽氣導物而生⓯，故謂之神。神者，伸⓰也，申⓱復⓲無已，終而復始。人用⓳神氣⓴生，其死復歸神氣。陰陽稱鬼神，人死亦稱鬼神。氣之生人，猶水之為冰也。水凝為冰，氣凝為人；冰釋㉑為水，人死復神㉒。其名為神也，猶冰釋更名水也。人見名異㉓，則謂有知，能為形而害人，無據以論之也。

【章　旨】此章說明人的生死是由於精氣的聚散，人死不能變成鬼。

【注　釋】❶精氣　王充認為，氣是構成人和萬物的物質元素，具體分為陰氣和陽氣。本書〈訂鬼篇〉說：「陰氣主為骨肉，陽氣主為精神。」王充有時把陽氣稱為精氣。❷精氣滅　指精氣消失，回到自然界。❸為　保持。❹何用　用何；憑什麼。❺去　離開。❻徒　僅僅。❼荒忽　恍惚。無有形貌不可辨認的樣子。❽故　本來。❾精　指精神。❿精神　指精氣。⓫升天　指回歸自然。⓬或　有人。⓭陰陽　指陰氣和陽氣。⓮陰氣逆物而歸　按照陰陽五行的說法，陰氣主殺，地屬陰，所以說陰氣阻止萬物和人類的生長，使之死後其形體歸於地。逆，違逆；阻止。⓯陽氣導物而生　按照陰陽五行的說法，陽氣主生，天屬陽，所以說陽氣助長萬物和人類生長起來。導，助長。⓰伸　伸展。使萬物和人類出生的意思。⓱申　通「伸」。⓲復還原。指陽氣離開人體回到自然。⓳用　因；憑藉。⓴神氣　指陽氣。㉑釋　融化。㉒神　指神氣。㉓名異　名稱不同。指人活著稱「人」，死後稱「神」。

【語譯】人之所以活著的原因，是由於有精氣存在，人死精氣便消失了。能保持精氣的是血脈。人死血脈枯竭，血脈枯竭精氣就消失，精氣消失形體就腐朽，形體腐朽就變成灰土，憑什麼來變成鬼呢？人假如沒有耳目就不知道外界的一切，所以聾盲的人，如同草木一樣。精氣離開了人，哪裡只是和人沒有耳目一樣呢！人的形體腐朽就精氣消亡，恍惚無形而不能看見，所以稱它叫做鬼神。人們所看見的有形體的鬼神，本來就不是死人的精神變成的。為什麼呢？因為鬼神是恍惚無形而不能看見的一種命名，而看得見的就不是鬼神。人死了精氣升天而回到自然，骸骨留到地面而變成灰土，所以稱它叫鬼神。鬼，是歸的意思；神，是恍惚無形的意思。有人解釋說：鬼神是陰氣和陽氣的名稱。陰氣阻止人類萬物的生長，使之死亡而歸於地下，所以稱它叫鬼；陽氣則是助成人類萬物的生長，使之很好地活著，所以稱它叫神。神，是伸展的意思，伸展和復歸沒有止境，終而復始地循環著。人憑藉精氣出生，他死後精氣又回歸到自然界的精氣中去。陰氣和陽氣稱之為鬼神，人死了也就稱之為鬼神。氣的生人，就好像水變成冰一樣。水凝聚變成冰，氣凝聚變成人；冰融化變成水，人死復歸到精氣。他的名稱叫做神（精氣），就如同冰融化改變名稱叫水一樣。人們看到活時稱「人」，死後稱「神」，名稱不同，就說鬼神有知覺，能夠變出形體害人，這是沒有根據地論述這個問題。

人見鬼若生人❶之形。以其見若生人之形，故知非死人之精❷也。何以效❸之？以囊橐❹盈粟米，米在囊中，若❺粟在橐中，滿盈堅強，立樹❻可見，人瞻望之，則知其為粟米囊橐。何則？囊橐之形若❼其容❽可察也。如囊穿米出，橐敗❾粟棄，則囊橐委辟❿，人瞻望之，弗復見矣。人之精神藏於形體之內，猶粟米在囊橐之中也。死而形體朽，精氣散，猶囊橐穿敗，粟米棄出也。粟米棄出，囊橐無復有形，精氣散亡，何能復有體而人得見之乎？禽獸之死也，其肉盡索⓫，皮毛尚在，制以為裘，人望見之，似禽獸之形。故世有衣狗裘為狗盜者，人不覺知，假⓬狗之皮毛，故人不意疑⓭也。今人死，皮毛朽敗，雖精氣尚在，神安⓮能復假此形而以行⓯見⓰乎？夫死人不能假生人之形以見，猶生人不能假死人之魂以亡矣。六畜⓱能變化象人之形者，其形尚生，精氣尚在也。如死，其形腐朽，雖虎兕⓲勇悍⓳，不能復化。魯公牛哀⓴病化為虎，亦以未死也。世有以生形轉為生類者㉑矣，未有以死身化為生象者也。

【章　旨】此章說明人死形體腐朽，說鬼具有活人的形體是不可信的。

【注　釋】❶生人　活人。❷精　指精氣。❸效　驗證。❹囊橐　口袋。有底的口袋叫囊，無底的叫橐。❺若　或。❻立樹　豎立。❼若　及。❽容　容納。指所裝的東西。❾敗　壞。❿委辟　指口袋萎縮曲折的樣子。委，通「萎」。辟，通「襞」。

曲折。⑪索 盡。⑫假 借。⑬意疑 懷疑。⑭安 怎麼。⑮行 活動。⑯見 同「現」。⑰六畜 馬、牛、羊、雞、犬、豬。王充認為六畜可以變化為人形，但死掉的六畜不能變。參見〈訂鬼篇〉。⑱兕 古指雌性犀牛。⑲悍 兇暴。⑳公牛哀 春秋時魯國人。傳說他得病後變成了老虎。見《淮南子‧俶真》。㉑世有以生形句 王充所說「世有以生形轉為生類者」包括兩種情況：一是他所相信的所謂人化為虎，一是指某些幼蟲轉化為成蟲，如蟬的幼蟲蛻化為蟬等。參見本書〈無形篇〉。

【語譯】人們見到的鬼好像活人的形貌。根據他們所見到的鬼好像活人的形貌這種情況來判斷，所以知道這種鬼就不是死人的精氣變成的。用什麼來驗證呢？用裝滿粟米的囊橐來驗證。米裝在囊中，或者粟盛在橐中，裝得滿滿的、結結實實的，把囊橐立起人們可以看見，人們只要對它望一眼，就知道它是裝滿粟米的囊橐。為什麼呢？因為囊橐的形狀及它所裝的粟米可以清楚看到。假如囊穿孔米漏出，橐破裂粟丟棄，那麼囊橐就會萎縮曲折，人們對它望一下，再也見不到了。人的精氣藏在形體內部，就好像粟米裝在囊橐中一樣。人死形體腐朽，精氣消散，就如同囊橐穿孔破裂，粟米漏出丟棄一樣。粟米漏出丟棄，囊橐再沒有飽滿結實的形體，精氣散失，怎能再有形體而使人們能夠看見它呢？禽獸死了，牠的肉全完了，皮毛還存在，把它製成皮衣，人們見到，好像禽獸的形體。因此世上有穿著狗皮袍裝扮成狗的小偷，人們不能發覺，由於是假借狗的皮毛，所以人們不懷疑。當今人死了，皮毛與形體一道朽壞，即使精氣還存在，精神又怎麼能再假借這個腐朽的形體來活動和現形呢？人死了不能假借活人的形體來現形，就好像活人不能假借死人的靈魂使自己的形體消失一樣了。六畜能變化成像人的形體，是因為牠們的形體還是活著的，精氣還存在。假如六畜死了，牠們的形體腐朽，即使像老虎、犀牛那麼勇敢兇暴，也不能再變成人的形體。魯國公牛哀病了變成老虎，也是因為他沒有死才有可能。世上有由一種活的形體轉化為另一種活的形體的現象，卻從來沒有憑藉死的身軀變成活的形體的情況。

天地開辟，人皇❶以來，隨壽❷而死，若中年夭❸亡，以億萬數，計今人之數，不若死者多。如人死輒❹為鬼，則道路之上，一步一鬼也。人且❺死見鬼，宜見數百千萬，滿堂盈廷❻，填塞巷路，不宜徒見一兩人也。人之兵死❼也，世言其血為磷❽。血者，生時之精氣也。人夜行見磷，不象人形，渾沌❾積聚，若火光之狀。磷，死人之血也，其形不類生人之形也。其形不類生人之形，精氣去人，何故象人之體？人見鬼也皆象死人之形，則可疑死人為鬼，或❿反象生人之形。病者見鬼，云甲⓫來，甲時不死，氣⓬象甲形。如死人為鬼，病者何故見生人之體乎？

【章旨】此章論證所謂鬼不可能有形體，至多也只能是血化為磷火。

【注釋】❶人皇　古代傳說中的「三皇」之一。所謂「三皇」，有一種說法是指天皇、地皇、人皇，是宇宙初始階段的古帝王。❷壽　指自然壽命。王充認為正常的人能活到百歲左右。參見本書〈氣壽篇〉。❸夭　夭折；早死。❹輒　立即；往往。❺且　將。❻廷　通「庭」。庭院。❼兵死　被兵器殺死。❽磷　化學元素之一。能自燃，呈青色火光。人的骨骼中含有磷，所以人腐朽，常現磷光，俗謂「鬼火」。❾渾沌　難於分辨的樣子。❿或　有的。⓫甲　泛指某人。⓬氣　指陽氣。王充認為陽氣構成人的精神，無有形狀，只能偶然幻化，轉瞬即失。

【語譯】從開天闢地人皇氏以來，順著自然壽命而死以及中年早死的人，當用億萬來統計，計算當今的人數，還不如死去的人數那麼多。假如人死就變成鬼，那麼在道路上行走，每走一步，都會遇上一個鬼了。人將死所見到的鬼，應該是數百千萬，充滿堂屋庭院，填塞街巷道路，不應該只是看到一兩個鬼啊。被兵器殺死的人，世上的人說他的血變成了磷。血這東西，是人活著時的精氣。人們夜間走路看到的磷，並不像人的形貌，模模糊糊地聚集在一起，好像火光的形狀。磷，是死人的血變成的，它的形狀不像活人的形狀。既然它的形狀不像活人的形狀，那麼精氣離開了人體後，為什麼會像活人的形狀呢？如果人們看到的鬼，都像死人的樣子，那麼還可疑死人能變成鬼，然而有的人看到的鬼卻像活人的形狀。患病的人看到鬼，說某人來了，可是當時某人並沒有死，所看到的只是陽氣構成的似某人的形象。假如死人變成鬼，病人為什麼會看到活人的形體呢？

天地之性，能更❶生火，不能使滅火復燃；能更生人，不能令❷死人復見❸。能使滅火更為燃火，吾乃❹頗❺疑死人能復為形。案❻火滅不能復燃以況❼之，死人不能復為鬼，明矣。夫為鬼者，人謂死人之精神。如審❽鬼者死人之精神，則人見之，宜徒❾見裸袒❿之形，無為見衣⓫帶被⓬服也。何則？衣服無精神，人死與形體俱朽，何以得貫穿⓭之乎？精神本以血氣為主，血氣常附形體，形體雖朽，精神尚在，能為鬼可也。今衣服，絲絮⓮布帛⓯也，生時血氣不附著，而亦自無血氣，敗朽遂已，與形體等，安⓰能自若⓱為衣服之形？由此言之，見鬼衣服象之⓲，則形體亦象之矣。象之，則知非死人之精神也。

【章旨】此章以火滅不能復燃及衣服無精氣為由，說明人死不能為鬼。

【注釋】❶更　再。❷令　使。❸見　同「現」。指現出活人的樣子。❹乃　才。❺頗　略微。❻案　根據。❼況　比照。

❽審 確實。❾徒 只。❿裸袒 赤身露體。⓫衣 指繫。⓬被 通「披」。穿。⓭貫穿 指繫帶穿衣。⓮絮 絲綿。⓯帛 絲織品。⓰安 何。⓱自若 照舊。⓲象之 指像死時所穿的衣服。

【語譯】自然的本性，能讓火重新產生，卻不能讓已熄滅的火重新燃燒起來；能重新生人，卻不能使死人重現活的樣子。假如能使熄滅的火灰重新燃起火來，我才稍疑死人能再變成活人的樣子。根據火熄滅不能復燃來比況，死人不能再變成鬼，這就很明白了。關於變成鬼的原因，人們說是由於死人的精神。如果鬼確實是死人的精神變成的，那麼人們看見的鬼，應該只是看見赤身袒露的形體，不會看見繫帶穿衣的模樣。為什麼呢？因為衣服本身沒有精神，人死了衣服與形體一道腐朽，人們所見到的鬼怎麼能繫帶穿衣呢？精神本是以血氣為主，血氣經常附在形體上，形體雖然腐朽，精神還存在，從這方面說，精神變成鬼是可以的。但是衣服，是絲絮布帛作成的，人活著的時候，血氣並不附在衣服上，而衣服本身又沒有血氣，腐爛了也就完了，與形體一樣，怎能恢復為衣服的形狀呢？從此說來，看到鬼穿的衣服像死人原來的衣服，那麼形體也就像死人原來的形體了。既然像死人原來的衣服和形體，就知道所見到的鬼並不是死人的精神變成的。

夫死人不能為鬼，則亦無所知矣。何以驗之？以未生之時無所知也。人未生，在元氣之中；既死，復歸元氣。元氣荒忽，人氣❶在其中。人未生無所知，其死歸無知之本❷，何能有知乎？人之所以聰明智惠❸者，以含五常❹之氣也；五常之氣所以在人者，以五藏❺在形中也。五藏不傷則人智惠，五藏有病則人荒忽❻，荒忽則愚痴矣。人死五藏腐朽，腐朽則五常❼無所托矣，所用藏智者已敗矣，所用為智者❽已去矣。形須❾氣而成，氣須形而知。天下無獨燃之火，世間安得有無體獨知之精？

【章　旨】此章從元氣的復歸方面來解釋人死是沒有知覺的，不能變成鬼。

【注　釋】❶人氣　指構成人的元氣。❷本　本原。❸惠　通「慧」。❹五常　指仁、義、禮、智、信五種道德規範。王充繼承孟子的觀點，認為這些道德規範都是出自人的本性。❺五藏　指心、肝、脾、肺、腎。藏，通「臟」。❻荒忽　此指人的神志不清。❼五常　此指五常之氣。❽為智者　指產生智慧的五常之氣。❾須　等待；依靠。

【語　譯】死人不能變成鬼，那麼也就失去任何知覺了。憑什麼來驗證這點呢？用人尚未出生時沒有任何知覺來驗證。人尚未出生時，處在元氣當中；已經死了，又回歸到元氣中去。元氣是恍惚無形的東西，構成人的氣即在其中。人未出生時沒有任何知覺，人死了又回歸到原來沒有知覺的狀態，怎麼能有智慧呢？人之所以聰明而有智慧的原因，是因為存在五常之氣的緣故。五常之氣之所以在人身上存在，是由於五臟在形體中的緣故。五臟不受損傷，那麼人就聰明，五臟有病，那麼人就神志不清，神志不清便成了愚蠢痴呆的人了。人死五臟也跟著腐朽，五臟腐朽，那麼五常之氣便失去寄託的地方了。用來收藏智慧的器官已經腐朽了，用來產生智慧的五常之氣已經離開軀體了。軀體要靠精氣才能形成人，精氣要靠軀體才能產生知覺。天下沒有離開物體而獨自燃燒的火，世上怎能有脫離軀體獨自具有知覺的精氣呢？

人之死也，其猶夢❶也。夢者，殄❷之次❸也；殄者，死之比❹也。人殄不悟❺則死矣。案人殄復悟，死復來❻者，與夢相似，然則夢、殄、死，一實也。人夢不能知覺❼時所作，猶死不能識❽生❾時所為矣。人言談有所作於臥人❿之旁，臥人不能知，猶對死人之棺為善惡之事，死人不能復知也。夫臥，精氣尚在，形體尚全，猶無所知，況死人精神消亡，形體朽敗乎！

【章　旨】此章以人的熟睡及昏迷時無有知覺說明人死無有知覺。

【注　釋】❶夢　指人熟睡。❷殄　昏迷。❸次　差次；差不多。❹比　類似。❺悟　醒。❻來　指「活」。❼覺　醒。❽識知。❾生　活。❿臥人　指睡著了的人。

【語　譯】人死了，大概像睡著了一樣。睡著了的人，與昏迷差不多；昏迷的人，與死人相近似。人如果昏迷不醒就是死了。考察人昏迷了又醒來，死了又復活的情況，與睡著是相似的。這樣看來，那麼睡著、昏迷、死亡是一回事了。人睡著了不能了解醒時所作的事情，就好像死了不能記起活著時所作的事情一樣了。人們在睡著了的人身旁說的話和所作的事情，睡著了的人是不清楚的，就好像對著死人的棺材作好事、作壞事一樣，死人是不能再知道的。人睡著了，精氣還存在，形體還完好，尚且一無所知，何況死人的精神已經消亡，形體已經腐敗了呢！

人為人所毆❶傷，詣❷吏告苦以語人，有知之故也。或為人所殺，則不知何人殺也，或家不知其屍所在。使死人有知，必恚❸人之殺己也，當能言於吏旁，告以賊主名；若能歸語其家，告以屍之所在。今則不能，無知之效也。世間死者，令生人殄而用其言，及巫❹叩❺元弦❻，下❼死人魂，因❽巫口談，皆誇誕❾之言也。如不誇誕，物❿之精神為之象也。或曰：不能言也⓫。夫不能言，則亦不能知矣。知用氣，言亦用氣焉。人之未病也，智惠⓬精神⓭定⓮矣，病則昏亂，精神擾⓯也。

夫死，病之甚者也。病，死之微，猶昏亂，況其甚乎！精神擾，自無所知，況其散⑯也！

【章　旨】此章以人被殺不能告賊及人病昏亂，證明人死無知而不能變成鬼。

【注　釋】❶毆　打。❷詣　到；往。❸恚　怨恨。❹巫　古代以事奉鬼神為職業的人。❺叩　彈奏。❻元弦　可能是一種弦樂器。❼下　降下；招來。❽因　憑藉。❾誇誕　誇張、荒誕。❿物　指老物精。王充認為像牲畜、樹木，活的時間長了，它們的精神便可以變成人形。這種看法當然荒誕。參見本書〈訂鬼篇〉。⓫不能言也　意思是死人是有知覺的，只是不能說話而已。⓬惠　通「慧」。⓭精神　指神志。⓮定　安定。⓯擾　亂。⓰散　指精神消散。

【語　譯】有人被別人打傷，就到官吏那兒告狀訴苦，並把這事向人敘述，這是因為被打傷的人尚有知覺的緣故。有的被人殺死，卻不知是誰殺死的，有的家人還不知道屍體所在的地方。假使死人有知覺，必定會怨恨別人殺死自己，應能在官吏旁訴說，把兇手的名字揭露出來；或者能回去告訴家裡的人，說明屍體所在的地方。現在這一切死人都不能辦到，這就是死人沒有知覺的證明。傳說世上的死人，能使活人昏迷，然後借用他的口說話，以及巫師彈著元弦，招來死人的魂通過巫師的口說話，都是虛誇荒誕的說法。如果不是虛誇荒誕，那就是老物精所造成的虛象，總之不是死人的靈魂再現。有人說：人死了只是不能說話而已，其實是有知覺的。照理說，人死了不能說話，那麼也就不能有所知了。人有知覺憑藉的是精氣，能說話也是憑藉精氣。人當未生病的時候，智慧神志是平靜的，生病了就昏亂，神志不清。關於死，是病發展到了最嚴重的階段，而病，則是死的輕微階段，處於輕微階段的神志尚且昏亂，何況病發展到了嚴重階段呢！神志昏亂尚且一無所知，何況死人精神消散了呢！

人之死，猶火之滅也。火滅而耀不照，人死而知不惠❶，二者宜同一實，論者猶謂死有知，惑❷也。人病且❸死，與火之且滅何以異？火滅光消而燭在，人死精亡而形存。謂人死有知，是謂火滅復有光也。隆冬之月，寒氣用事❹，水凝為冰。逾❺春氣溫，冰釋為水。人生於天地之間，其猶冰也。陰陽之氣，凝而為人，年終壽盡，死還❻為氣。夫春水不能復為冰，死魂安能復為形？妒夫媢❼妻，同室而處，淫亂失行❽，忿怒鬥訟❾。夫死妻更❿嫁，妻死夫更娶，以有知驗之，宜大忿怒。今夫妻死者寂寞無聲，更嫁娶者平忽⓫無禍，無知之驗也。孔子葬母於防⓬，既而⓭雨甚至，防墓崩。孔子聞之，泫然⓮流涕曰：「古者不修墓。」遂不復修。使死有知，必恚人不修也。孔子知之⓯，宜輒⓰修墓，以喜魂神。然而不修，聖人明審⓱，曉其無知也。

【章　旨】此章以火滅光消、春水不復成冰、夫妻死亡再無忿怒、孔子不修母墓四例，說明人死無知，不能成鬼。

【注　釋】❶惠　通「慧」。❷惑　糊塗。❸且　將。❹用事　主事。❺逾　越過。❻還　還原；復歸。❼媢　嫉妒。❽失行　行為不正。❾訟　爭辯。❿更　再。⓫平忽　平靜。⓬防　指防山。在今山東省境內。⓭既而　不久；接著。⓮泫然　落淚貌。⓯之　指死者「必恚人不修」。⓰輒　立即。⓱審　明。

【語　譯】人的死，就如同火熄滅一樣。火熄滅了，光亮不明，人死了，知覺失靈。人死和火熄滅是同一回事，可是，議論的人還是說死人有知覺，太糊塗了。人生病將要死亡，與火光將滅有什麼不同呢？火熄滅光亮消失，僅蠟燭存在，人死了精神消亡，僅形體存在。說人死有知覺，這就是說火滅了還有光亮啊！盛寒的冬天，寒氣起作用，水凝結為冰。經過春天氣溫轉暖，冰又融化為水。人生在天地之間，他好像水結冰一樣，由於陰陽二氣的調和，凝結而成人，活著的歲月過完，壽命到了盡頭而死亡，又還原為陰陽之氣。春天的水不能再轉化為冰，已死的靈魂怎能再變成形體呢？一對嫉妒成性的夫妻，居住在一起，由於夫妻雙方的行為都淫亂失正，經常忿怒地爭辯不休。丈夫死了妻子再嫁，或是妻子死了丈夫再娶，按照死人有知這種說法來推論，死人應該是大大地忿怒不平。可是現在夫妻死的一方都寂寞無聲，活著的一方或者再嫁或者再娶，都平靜而沒有災禍，這就是死人無知的證明。孔子把母親安葬在防山，接著暴雨到來，母親的墓被沖垮。孔子聽到這件事，傷心得涕淚縱橫，可是仍說：「古代沒有修墓的規定。」於是不再修墓。假使死人有知，必定會怨恨人們不去修墓。孔子明知死人怨恨，應該立即修墓，以討好鬼魂神靈，然而孔子不去修墓，說明聖人懂得這個道理，明白死人是無知的啊！

枯骨在野，時嗚呼❶有聲，若夜聞哭聲，謂之死人之音，非也。何以驗之？生人所以言語吁❷呼者，氣括❸口喉之中，動搖其舌，張歙❹其口，故能成言。譬猶吹簫笙，簫笙折破，氣越❺不括，手無所弄❻，則不成音。夫簫笙之管，猶人之口喉也；手弄其孔，猶人之動舌也。人死口喉腐敗，舌不復動，何能成言！然而枯骨時呻❼鳴者，人骨自有能呻鳴者❽焉。或以為秋氣❾也，是與夜鬼哭無以異也。秋氣為呻鳴之變，自有所為。依倚死骨之側，人則謂之骨尚有知，呻鳴於野。

草澤暴❿體以千萬數，呻鳴之聲，宜步屬⓫焉。

【章旨】此章以吹簫笙為例，說明人死不能發聲。

【注釋】❶嗚呼 叫呼。❷吁 歎氣。❸括 封閉。❹歙 收；合。❺越 走散。❻弄 把弄。指手指配合吹奏。❼呻 呻吟；歎息。❽人骨自有能呻鳴者 人骨呻鳴的說法本就難於確立，然而王充似乎沒有否認這種情況，只是認為枯骨本身不能發聲，是環境氣候造成的。❾秋氣 指秋風。❿暴 同「曝」。露。⓫屬 連續。

【語譯】枯骨在荒野，有時發出呼叫的聲音，就好像夜晚聽人的哭聲，稱它叫做死人的聲音，這種說法是不對的。用什麼來驗證呢？活人之所以能夠說話歎氣呼叫，是由於氣封閉在口喉當中，他的舌頭動搖，他的口一開一合，所以就成了語言。好像吹簫笙這種樂器，簫笙被折斷破裂，氣走散而不封閉，手也不配合動作，就不能形成音樂。簫笙的管子，就好像人的口喉；用手指按簫笙的孔穴，就好像人說話時搖動舌頭。人死了口喉腐敗，舌頭不能再搖動，怎能形成語言呢？然而枯骨有時發出呼叫的聲音，這是因為人骨自然有發出呼叫的道理。有人以為是秋風形成的，這與所謂夜鬼哭沒有什麼差異啊！秋風形成哀鳴這種變異，也自有它的道理。秋風吹來緊靠著枯骨的旁邊發出聲音，人們就認為枯骨還有知覺，在荒野哀鳴。如果是這樣，那麼荒野草澤當中沒有埋葬的屍體成千上萬，他們發出的哀鳴的聲音，應該每走一步都會接連不斷的聽到。

夫有能使不言者言，未有言者死能復使之言。言者死，不能復使之言，猶物生❶以青為色，或❷予❸之也，物死青者去，或奪之也。予之物青，奪之青去，去後不能復予之青，物亦不能復自青。聲色俱通，并稟❹於天❺。青青之色，猶梟❻之聲也，死物之色不能復青，獨為❼死人之聲能復自言，惑也。

【章旨】此章以植物死亡青色消失為喻，說明人死不能發聲。

【注釋】❶物生　指植物活著。❷或　有。指自然。❸予　給予；賦予。❹稟　受。❺天　指自然。❻梟梟　呼叫的聲音。❼為　認為。

【語譯】世上只有讓不會說話的人說話這樣的事，卻沒有使會說話的人死後重新說話這樣的事。會說話的人死了，不能重新使他說話，就像植物活著的時候呈現青色，是自然賦予它的。植物死亡，青色消失，是自然取消的。賦予，植物就呈現青色；取消，植物就失去了青色。青色離開後，自然就再沒有機會賦予它青色了，植物也不能依靠自身的機能再呈現青色。聲音和顏色的道理是一樣的，都從自然那裡承受而來的。青青的顏色，就好像梟梟的聲音一樣，植物死了顏色不能重新轉青，唯獨認為死人還能發出聲音，自己重新說話，這就糊塗了。

人之所以能言語者，以有氣力也，氣力之盛，以能飲食也。飲食損減則氣力衰，衰則聲音嘶，困❶不能食，則口不能復言。夫死，困之甚，何能復言？或曰：「死人歆❷肴❸食氣❹，故能言。」夫死人之精❺，生人之精也。使生人不飲食，而徒以口歆肴食之氣，不過三日則餓死矣。或曰：「死人之精，神❻於生人之精，故能歆氣為音❼。」夫生人之精在於身中，死則在於身外。死之與生何以殊？身中身外何以異？取水實❽於大盎❾中，盎破水流地，地水能異於盎中之水乎？地水不異於盎中之水，身外之精何故殊於身中之精！

【章旨】此章以人死不能食則無氣力的道理說明死人不能語言。

【注釋】❶困 疲乏。❷歆 神明享受供品的氣味。❸肴 菜肴；肉。❹氣 指氣味。❺精 精氣。❻神 靈。指有生氣。❼為音 發聲。❽實 裝滿。❾盎 盆。

【語譯】人之所以能說話，是因為有氣力的緣故；而氣力的旺盛，又是因為能飲食的緣故。假如飲食減少就氣力衰退，氣力衰退就聲音嘶啞，身體疲乏，以致吃不下飯，那麼口就不能再說話了。至於人死，是疲困的厲害階段，怎能再說話呢？有人說：「死人只是享受一下菜肴和飯食氣味就夠了，所以能夠說話。」死人的精氣，也就是活人的精氣啊！假使活人不吃飯，而只是以口享受一下菜肴飯食的氣味，不出三天就會餓死了。有人說：「死人的精氣，比活人的精氣更神靈，所以只享受一下氣味就能發出聲音。」活人的精氣藏在身軀之中，人死精氣就散於身軀之外。死人的精氣與活人的精氣有什麼區別呢？精氣聚於身軀之中與散於身軀之外有什麼不同呢？拿水來裝滿盆中，假如盆破水就流到地面，地面的水能與盆中的水不同嗎？地面的水與盆中的水既然沒有什麼不同，身軀之外的精氣為什麼與身軀之中的精氣不同呢！

人死不為鬼，無知，不能語言，則不能害人矣。何以驗之？夫人之怒也用氣，其害人用力，用力須筋骨而強，強則能害人。忿怒之人，呴❶呼於人之旁，口氣喘射人之面，雖勇如賁、育❷，氣不害人。使舒❸手而擊，舉足而蹶❹，則所擊蹶無不破折。夫死，骨朽筋力絕，手足不舉，雖精氣尚在，猶呴吁之時無嗣❺助也，何以能害人也？凡人與物❻所以能害人者，手臂把刃，爪牙堅利之故也。今人死，手臂朽敗，不能復持刃，爪牙隳❼落，不能復齧噬❽，安能害人？兒之始生也，手足具成，手不能搏，足不能蹶者，氣適❾凝成，未能堅強也。由此言之，精氣不能堅強，審❿矣。氣為形體，形體微弱，猶未能害人，況死，氣去精神絕！微弱猶未能害人，寒骨謂能害人者邪？死人之氣不去邪？何能害人！

【章　旨】此章說明死人「骨朽筋力絕，手足不舉」，不能害人。

【注　釋】❶呴　嗥叫；吼叫。❷賁育　孟賁和夏育。古時傳說中的大力士。❸舒　伸。❹蹶　踢。❺嗣　繼續。❻物　指野獸。❼隳　毀。❽噛噬　咬。❾適　才；剛剛。❿審　明。

【語　譯】人死不會變成鬼，沒有知覺，不能說話，那麼也就不能害人了。憑什麼來驗證呢？人的發怒用的是氣，他害人用的是力，用力必須筋骨堅強，筋骨堅強就能害人。發怒的人，在別人身旁大聲呵斥，口中的氣噴射到別人臉上，即使有如孟賁、夏育那樣的勇敢，僅憑口中噴射的氣是對人無妨的。假使伸手出擊，提腳來踢，那麼被打被踢的人沒有不皮破骨折的。可是，人死了，骨朽筋力衰竭，手腳不能抬起，即使精氣還保存著，就像大聲呵斥的時候，沒有拳打腳踢的後援，憑什麼來害人呢？凡屬人與動物之所以能害人，總是手臂舉著刀劍，爪牙十分堅強鋒利的緣故。現在人死了，手臂朽壞，不能再拿刀劍，動物死了，爪牙也毀壞脫落，不能再咬人，怎能害人呢？嬰兒初生時，手腳都長成，手不能打人，腳不能踢人的原因，就在於精氣剛剛凝聚成形體，筋骨還不結實啊！從此說來，精氣本身是不能達到堅強程度的，這是很明白的了。由精氣變成形體，形體處於微弱階段，尚且不能害人，何況人死了，精氣離開了形體，精神也消失了呢！微弱的形體尚且不能害人，死人的枯骨說它能害人嗎？死人的精氣不離開形體嗎？怎麼能害人呢！

雞卵之未孚❶也，澒溶❷於轂❸中，潰而視之，若水之形。良雌傴伏❹，體方就成，就成之後，能啄蹶之。夫人之死，歸澒溶之時，澒溶之氣安能害人？人之所以勇猛能害人者，以飲食也，飲食飽足則強壯勇猛，強壯勇猛則能害人矣。人病不能飲食，則身羸弱❺，羸弱困甚，故至於死。病困之時，仇在其旁，不能咄叱❻，人盜其物，不能禁奪，羸弱困劣之故也。夫死，羸弱困劣之甚者也，何能害人？有雞犬之畜，為人所盜竊，雖怯無勢❼之人，莫不忿怒。忿怒之極，至相賊❽滅。敗亂之時，人相啖❾食者，使其神有知，宜能害人。身貴於雞犬，己死重於見❿盜，忿怒於雞犬，無怨於食己，不能害人之驗也。蟬之未蛻⓫也為復育⓬，已蛻也去復育之體，更為蟬之形。使死人精神去形體若蟬之去復育乎？則夫為蟬者不能害為復育者。夫蟬不能害復育，死人之精神何能害生人之身？

【章旨】此章說明假如人病不能飲食，則會瘦弱以至於死，沒有精力害人。

【注釋】❶孚　孵化。❷澒溶　渾沌不分的樣子。❸鷇　蛋殼。❹傴伏　指孵卵。傴，拱背。❺羸弱　瘦弱。❻咄叱　大聲呵叱。❼勢　力。❽賊　害。❾啖　吃。❿見　被。⓫蛻　脫掉皮殼。⓬復育　蟬的幼蟲。

【語譯】當雞蛋未孵化的時候，在蛋殼中是渾沌一片，假如把蛋殼打碎觀察，其中像水的形態一樣。雞蛋經過好的母雞孵化，軀體才能形成。軀體形成之後，就能用嘴啄人，用腳爪抓人。人死了，則是回到渾沌的氣體狀態，渾沌的氣體怎能害人呢？人之所以勇猛能害人的原因，是由於能吃能喝，吃飽喝足就強壯勇猛，強壯勇猛就能害人了。人生病不能吃喝，身體就瘦弱困乏，瘦弱困乏厲害，所以死亡就到來。生病困乏的時候，即使仇人在他的身旁，也不能大聲呵叱，別人盜走了他的財物，也不能禁止劫奪，是由於瘦弱困乏的緣故。人死，是瘦弱困乏無力到了極點的時候，怎麼能害人呢？人們畜養的雞犬，被人所盜竊，即使膽怯無力的人，沒有不忿怒的。忿怒到了極點，甚至去殺人拼命。遇上荒年亂世，有人吃人的事情發生，假使被吃的人神志有知覺，應能報復害人。人的身軀比雞犬貴重，自己死了比被盜的損失還要嚴重，可是對雞犬被盜產生忿怒，對於自身被吃掉卻沒有怨言，這就是人死了不能害人的證明。蟬當未蛻殼的時候叫做復育，已蛻殼離開復育的身軀就變成蟬的形體。難道死人的精神離開形體就好像蟬離開復育嗎？那麼蟬是不可能傷害復育的。蟬既然不可能傷害復育，死人的精神又怎能傷害生人的身軀呢？

夢者之義❶疑。或言：「夢者，精神自止❷身中為吉凶之象❸。」或言：「精神行，與人物相更❹。」今其審止身中，死之精神亦將復然❺。今其審行，人夢殺傷人，若為人所復殺，明日視彼之身，察己之體，無兵刃創傷之驗❻。夫夢用精神。精神，死之精神也。夢之精神不能害人，死之精神安能為害❼？火熾❽而釜❾沸❿，沸止而氣歇⓫，以火為主也。精神之怒也乃能害人，不怒不能害人。火猛竈中，釜湧氣蒸，精怒胸中，力盛身熱。今人之將死，身體清⓬涼，涼益清甚，遂以死亡。當死之時，精神不怒，身亡之後，猶湯之離釜也，安能害人？

【章旨】此章以夢為喻，夢之精神不能害人，說明死之精神亦不能害人。

【注釋】❶義　道理。❷止　留。❸象　現象。指事情。❹相更　相接觸。❺然　如此。指夢的精神活動留在身中。❻驗證驗；跡象。❼精神安能為害　王充認為作夢時的精神活動與人死的精神活動差不多，都不能害人。❽熾　旺盛。❾釜　鍋。❿沸　沸騰；水燒開。⓫歇　止。⓬清　通「凊」。寒。

【語　譯】作夢的道理是很難說清楚的。有人說：「夢，是人的精神在自己身軀內形成的吉或凶的現象。」有人說：「作夢，是人的精神離開了身軀，和別人別物相接觸產生的。」現在假使作夢時，精神確實留在身中，那麼死人的精神也應該停留在身中而不能害人。現在假設作夢時精神真的離開自身，夢見殺傷了人以及自己又被人殺傷，次日看看別人和自己的身軀，並沒有刀刃創傷的痕跡。作夢，用的是精神，作夢時的精神，也就是死後的精神。作夢的精神不能害人，死後的精神又怎能害人呢？火旺盛，鍋裡的水才沸騰，水停止沸騰，蒸氣也就停止，都是由火決定的。人的精神激怒才能害人，不激怒就不能害人。火在竈中猛烈燃燒，鍋裡的水就騰湧，熱氣蒸發；人的精神在胸中激怒，就氣力旺盛，全身發熱。現在人將死的時候，身體寒涼，寒涼增長厲害，於是人就死亡。當人死的時候，精神並不激怒，身死之後，就好像沸水離開了鍋而變得寒涼，怎能害人呢？

物❶與人通❷，人有痴狂之病，如知其物然❸而理❹之，病則愈矣。夫物未死，精神依倚形體，故能變化，與人交通❺；已死，形體壞爛，精神散亡，無所復依，不能變化。夫人之精神，猶物之精神也。物生❻，精神為病；其死，精神消亡。人與物同，死而精神亦滅，安能為害禍？設謂❼人貴，精神有異，成事❽，物能變化，人則不能，是反人精神不若物，物精神奇❾於人也。

【章　旨】此章說明人與物一樣，死後精神消亡，不能害人。

【注　釋】❶物　指老物精。❷通　發生性關係。王充認為老物精與人發生性關係，人就會生病。參見〈訂鬼篇〉。❸然如此。❹理　治。❺交通　指發生性關係。❻生　活。❼設謂　假如說。❽成事　既成的實事。❾奇　神奇。

【語　譯】老物精與人發生性關係，人得了痴狂的病，假如知道是哪種老物精造成的而加以治理，病就會痊癒。假如老物精沒有死亡，它的精神會依託人的形體，所以能夠變成人形，與人發生性關係；已死的老物精，形體壞爛，精神消散，再沒有什麼依託，就不能變成人形。人的精神，就好像老物精的精神一樣。老物精活的時候，它的精神可以使人生病；老物精死了，精神就消亡了。人與老物精是相同的，人死精神也消亡，怎能給人造成禍害呢？假如認為人比物高貴，精神與物不同，已有實事，物能變化，人卻不能，這樣說來，人的精神反而不如物的精神，物的精神反而比人的精神更神奇啊！

水火燒溺❶，凡能害人者，皆五行❷之物。金傷人，木毆❸人，土壓人，水溺人，火燒人。使人死，精神為五行之物乎，害人；不為乎，不能害人。不為物則為氣矣。氣之害人者，太陽之氣❹為毒者也。使人死，其氣為毒乎，害人；不為乎，不能害人。

【章　旨】此章說明人死，其精神不為五行之物，不能害人。

【注　釋】❶溺　淹死。❷五行　指金、木、水、火、土。❸毆　擊。❹太陽之氣　極盛的陽氣。王充認為極盛的陽氣是有毒的。參見本書〈言毒篇〉。太，大；甚。

【語　譯】水淹死人，火燒死人，凡屬能害人的，都是五行構成的東西。金器可以傷人，木器可以擊人，土可以壓人，水可以淹死人，火可以燒死人。假使人死了，精神能變成五行之物的話，就能害人；不能變成五行之物的話，就不能害人。既然不能變成五行之物，那麼就一定變成氣了。氣所以能害人，是太陽之氣產生的毒造成的。假使人死了，他的氣能產生毒的話，就能害人；不能產生毒的話，就不能害人。

夫論死不為鬼，無知，不能害人，則夫所見鬼者，非死人之精，其害人者，非其精所為，明矣。

【章　旨】此章為全篇的總結：人死了不會變成鬼，沒有知覺，不能害人。

【語　譯】結論是人死了不會變成鬼，沒有知覺，也不能害人，那麼所見到的「鬼」，並不是死人的精神變成的，「鬼」所謂害人，並不是死人的精神所作的，這是很明白的道理。

卷二一

死偽篇第六十三

【題　解】本篇引用古書關於人死變成鬼的一些記載加以辨析，說明死人無知，不能變成鬼的道理。本篇是〈論死篇〉的繼續。在辨析過程中，王充運用許多史事進行類比推論，還從人物心理、物理常識的角度進行解釋，揭露人死變鬼說法的虛偽性。例如：田蚡病中看到被他害死的灌夫、竇嬰，王充認為由於田蚡本就心虧及病中精神昏亂所致，並不是灌夫、竇嬰變成了鬼。又如尹齊死，屍體逃走歸葬，王充認為是他的部下怕冤家燒屍報復，偷偷弄走的，並非屍體能自動逃走。再如改葬傅后，棺中發出臭氣毒死了人，王充認為這是陪葬食物腐爛所致，並非傅后作怪。諸如此類的辨析，對於破除鬼神迷信觀念具有一定說服力。

傳❶曰：周宣王❷殺其臣杜伯❸而不辜❹，宣王將田❺於囿❻，杜伯❼起於道左❽，執彤❾弓而射宣王，宣王伏韔❿而死。燕簡公⓫殺其臣莊子義⓬而不辜，簡公將入於桓門⓭，莊子義起於道左，執彤杖而捶⓮之，斃⓯於車下。二者，死人為鬼之驗，鬼之有知、能害人之效也。無之，奈何？曰⓰：人生萬物之中，物死不能為鬼，人死何故獨能為鬼？如以人貴能為鬼，則死者皆當為鬼，杜伯、莊子義何獨為鬼也？如以被非辜⓱者能為鬼，世間臣子被非辜者多矣，比干⓲、子胥⓳之輩不為鬼。夫杜伯、莊子義無道，忿恨報殺其君，罪莫大於弒⓴君，則夫死為鬼之尊者當復誅之，非杜伯、莊子義所敢為也。凡人相傷，憎其生㉑，惡㉒見其身，故殺而亡之。見㉓殺之家詣㉔吏訟㉕其仇，仇人亦惡見之。生死異路，人鬼殊處，如杜伯、莊子義怨宣王、簡公，不宜殺也，當復為鬼，與己合會㉖。人君之威㉗固㉘嚴㉙人臣，營衛㉚卒使㉛固多眾，兩臣殺二君，二君之死，亦當報之，非有知之深計，憎惡之所為也。如兩臣神㉜，宜知二君死當報己；如不知也，則亦不神。不神，胡能害人？世多似是而非，虛偽類真，故杜伯、莊子義之語，往往而存。

【章　旨】此章辨析杜伯、莊子義死後的鬼魂報復周宣王、燕簡公，乃是「似是而非，虛偽類真」的傳說。

【注　釋】❶傳　指儒家經書以外或解釋經書的書籍。❷周宣王　西周君主。❸杜伯　周宣王時的大夫。❹不辜　無罪。❺田　打獵。❻囿　古代帝王畜養禽獸的園林。❼杜伯　指杜伯的鬼魂。❽道左　道路的左邊。❾彤　紅色。❿韔　套弓的袋子。⓫燕簡公　春秋時燕國國君。⓬莊子義　燕國大夫。⓭桓門　即和門。軍營的門。⓮捶　打。⓯斃　死。⓰曰　以下為王充的反駁，後皆同此。⓱被非辜　指無罪而被殺。⓲比干　商紂王諸父。諫紂王被挖心而死。⓳子胥　伍子胥。春秋末吳國大臣，遭陷害而死。⓴弒　古時臣殺君、子殺父叫「弒」。㉑生　活。㉒惡　憎惡。㉓見　被。㉔詣　到。㉕訟　訴訟；

告狀。㉖合會　相遇。㉗威　威嚴。㉘固　本來。㉙嚴　此處含有超過的意思。㉚營衛　衛士。㉛卒使　差役。㉜神　靈。

【語譯】古書記載說：周宣王殺死他的無罪的臣子杜伯，宣王將到苑囿打獵，杜伯的鬼魂在路旁出現，手執彤弓射殺宣王，宣王倒在弓袋上死了。燕簡公殺死他的無罪的臣子莊子義，簡公將進桓門，莊子義的鬼魂在路旁出現，手執彤杖毆打簡公，簡公死在車下。這兩件事情，是死人變成鬼的證明，也是鬼有知覺、能害人的證明。要說死人不變成鬼，沒有知覺，不能害人，那麼對這兩件事怎麼解釋呢？辨析說：人生在萬物當中，萬物死後不變成鬼，人死後為何偏偏變成鬼呢？如果說人在物中較為尊貴，所以能變成鬼。那麼所有死去的人都能變成鬼，為什麼只有杜伯、莊子義能變成鬼？假如是無罪被害的人能變成鬼，世上臣子無罪被殺害的太多了，如比干、伍子胥這類無罪而死的就不變成鬼。杜伯、莊子義失去大義，心懷怨忿殺害他們的君主，罪過沒有比弒君的罪過再大了。那麼死後作為尊長的那些鬼，就會再次殺死他們，因而這不是杜伯、莊子義所敢做的事情。大凡人們相互傷害，總是憎恨對方活著，厭惡見到對方，所以把他殺死，使他在世上消失。被殺害者的家屬跑到官吏那裡告仇人的狀，仇人也厭惡看到被殺害者的家屬。生和死有著不同的道路，人和鬼有著不同的居處。像杜伯、莊子義的鬼魂雖怨恨周宣王、燕簡公，也是不應該殺死他們的。因為他們也會變成鬼魂，將與自己相遇。人君的威嚴超過人臣，衛士差役本來就眾多，兩個變成了鬼魂的臣子殺死了兩個君主，兩個君主死後變成鬼魂，也一定會進行報復。這種做法不是有智慧的鬼的深謀遠慮，而是因憎惡所產生的行為。如果兩臣的鬼魂有靈，就應該知道兩君死後的鬼魂也會報復自己的；如果不知道，那麼說明兩臣的鬼魂並不神靈。既不神靈，又怎麼能害人呢？世上多有似是而非的傳聞，往往把虛假的東西說成像真的一樣，所以杜伯、莊子義的傳說，往往流傳在世上。

晉惠公❶改葬太子申生❷。秋，其僕狐突❸適❹下國❺，遇太子。太子趨❻登僕車而告之曰：「夷吾無禮❼，余得請於帝❽矣，將以晉畀❾秦，秦將祀余。」狐突對曰：「臣聞之，神不歆❿非類⓫，民不祀非族，君祀無乃殄⓬乎！且民何罪⓭？失刑⓮乏祀⓯，君其圖之！」太子曰：「諾，吾將復請。七日，新城⓰西偏將有巫者，而⓱見我焉。」許之，遂不見。及期，狐突之新城西偏巫者之舍，復與申生相見。申生告之曰：「帝許罰有罪矣，斃⓲之於韓⓳。」其後四年，惠公與秦穆公戰於韓地，為穆公所獲，竟如其言。非神而何？曰：此亦杜伯、莊子義之類。何以明之？夫改葬，私怨也，上帝，公神也，以私怨爭於公神，何肯聽之？帝許以晉畀秦，狐突以為不可，申生從狐突之言，是則上帝許申生非也。神為上帝，不若狐突，必非上帝，明矣。且臣不敢求私於君者，君尊臣卑，不敢以非干⓴也。申生比於上帝㉑，豈徒臣之與君哉？恨惠公之改葬，干上帝之尊命，非所得為也。驪姬㉒譖㉓殺其身，惠公改葬其屍。改葬之惡，微於殺人；惠公之罪，輕於驪姬。請罰惠公，不請殺驪姬，是則申生憎改葬，不怨見殺也。秦始皇用李斯㉔之議，燔㉕燒《詩》、《書》，後又坑儒㉖。博士㉗之怨，不下申生；坑儒之惡，痛於改葬。然則秦之死儒，不請於帝，見形為鬼，會告諸生㉘以始皇無道，李斯無狀㉙。

【章　旨】此章辨析狐突見申生亡靈之說。

【注　釋】❶晉惠公　春秋時晉國君主。名夷吾。❷申生　夷吾之兄。晉獻公原立的太子，被晉獻公的夫人驪姬讒害而死。當時埋葬不符合禮儀，所以惠公即位加以改葬。見《左傳・僖公十年》。❸狐突　申生生前的駕車人。❹適　到。❺下國　指曲沃。原為晉舊都，是晉宗廟的所在地。❻趨　快步走。❼無禮　王充以為改葬不符禮制。❽帝　指上帝。❾畀　給。❿歆　鬼神享受祭品的氣味。⓫非類　不同族類。⓬殄　絕滅。⓭且民何罪　意思是把晉國送給秦國則殃及百姓。⓮失刑　刑罰不當。指因惠公的錯誤而使晉國滅亡。⓯乏祀　國亡則無人祭祀。⓰新城　即曲沃。⓱而　爾；你。⓲斃　《左傳》作「敝」。敗的意思。⓳韓　韓原。晉地。以上事參見《左傳・僖公十年》。⓴干　求。㉑比於上帝　與上帝相比。㉒驪姬　晉獻公夫人。申生的後母。㉓譖　進讒言。㉔李斯　秦始皇的丞相。曾建議焚燒《詩》、《書》。㉕燔　燒。㉖坑儒　秦始皇曾坑殺儒生四百六十餘人。㉗博士　官名。秦始置。㉘諸生　指活著的儒生。㉙無狀　無有品行；不賢。

【語　譯】晉惠公改葬太子申生。當年秋天，太子申生生前的駕車人狐突將往曲沃，路上遇著太子的鬼魂。太子很快登上狐突的車並對狐突說：「夷吾改葬不符禮制，我報復夷吾的請求已得到上帝應允了，將把晉國送給秦國，秦國將會對我舉行祭祀。」狐突回答說：「我聽說過這種情況，神不享受別族的供物，民不祭祀別族的先祖，你享受的祭祀豈不絕滅了嗎？況且老百姓有什麼罪過呢？刑罰不恰當，無人來祭祀，你該要好好考慮這件事啊！」太子說：「好吧！我將再向上帝請求。七天之後，新城西邊將有巫師，你在那兒見我。」狐突應允了太子，於是太子就不見了。到了約定的日期，狐突前往新城西邊巫師的住處，再與申生相見。申生告訴狐突說：「上帝允許只懲罰有罪的人了，夷吾將在韓原打敗仗。」此後四年，惠公在韓原與秦穆公作戰，惠公被穆公擒獲，竟然兌現了申生說的話。這不算神靈又是什麼呢？辨析說：這也是杜伯、莊子義一類的事情。怎麼知道呢？關於改葬，只算是私怨，而上帝，則是公神，在公神面前訴說私怨，上帝怎願聽從呢？上帝允許把晉國送給秦國，狐突以為不可，申生聽從狐突的話，這樣看來，上帝原來答應申生的要求是不對的啊！作為上帝的公神，還不如狐突高明，必定不是上帝，這是很明顯的了。況且做臣子的不敢向國君求私情，因為君主尊貴臣子卑下，不敢以私冤向君主請求啊。申生和上帝比起來，尊卑懸殊，豈只是臣子與君主的差別嗎？怨恨惠公的改葬，請求上帝的尊令，這不是申生所應該做的。本來是驪姬進讒殺申生，惠公只是改葬他的屍體。改葬的罪惡，比殺人的罪惡要輕；惠公的罪過比驪姬要輕。只請求上帝懲罰惠公，不請求殺掉驪姬，這樣看來，申生只憎恨改葬，不怨恨被殺啊。秦始皇用李斯的建議，焚毀《詩》、《書》，後來又坑殺儒生。儒生們的怨恨，不會低於申生；坑殺儒生的罪惡，比改葬更可恨。然而秦代屈死的儒生，並沒有去請求上帝懲罰秦始皇，也沒有變鬼現形，會集告訴活著的儒生，說秦始皇無道，李斯不賢。

周武王有疾不豫❶，周公請命❷，設三壇❸同一墠❹，植❺璧❻秉圭❼，乃告於太王❽、王季❾、文王❿。史⓫乃策⓬祝⓭，辭曰：「予⓮仁若⓯考⓰，多才多藝，能事鬼神。乃⓱元孫⓲某不若旦⓳多才多藝，不能事鬼神。」鬼神者謂三王⓴也。即㉑死人無知，不能為鬼神，周公，聖人也，聖人之言審㉒，則得幽冥㉓之實，得幽冥之實，則三王為鬼神，明矣。曰：實聖人能神乎？不能神也。如神，宜知三王之心，不宜徒㉔審㉕其為鬼也。周公請命，史策告祝，祝畢辭已㉖，不知三王許己與不㉗，乃卜㉘三龜，三龜皆吉，然後乃喜。能知三王有知為鬼，不能知三王許己與不，須卜三龜，乃知其實。定其為鬼，須有所問，然後知之。死人有知無知，與其許人不許人，一實也。能知三王之必許己，則其謂三王為鬼可信也，如不能知，謂三王為鬼，猶世俗之人也，與世俗同知㉙，則死人之實未可定也。且周公之請命，用㉚何得之？以至誠㉛得之乎？以辭正得之也？如以至誠，則其請命之說，精誠㉜致鬼，不顧辭之是非也。董仲舒請雨之法，設土龍㉝以感氣㉞。夫土龍非實，不能致雨，仲舒用之致精誠，不顧物之偽真也。然則周公之請命，猶仲舒之請雨也，三王之非鬼，猶聚土之非龍也。

【章　旨】此章辨析周公向三王請命之說。

【注　釋】❶不豫　天子有疾病稱「不豫」。❷請命　猶言請示。此指祈求上天及先祖的命令。周武王曾得病，周公向上天及祖先請求，讓自己代替武王去死。見《尚書・金縢》。❸壇　祭祀用的土臺。❹墠　為祭祀而平整的土地。❺植　立；陳設。❻璧　玉器。❼圭　玉器。❽太王　古公亶父。周武王的曾祖父。❾王季　武王的祖父。❿文王　武王的父親。⓫史　史官。⓬策　指簡策。其上寫有禱辭。⓭祝　祈禱。⓮予　我。周公自指。⓯若　而。⓰考　通「巧」。聰明。⓱乃　你。⓲元孫　長孫。指武王。⓳旦　周公姬旦。⓴三王　指太王、王季、文王。㉑即　假如。㉒審　實。㉓幽冥　指陰間。迷信說法認為人死歸入陰間。㉔徒　只。㉕審　明。㉖已　止；完結。㉗不　通「否」。㉘卜　用龜占卜。㉙知　同「智」。㉚用　因；憑。㉛至誠　最誠的心意。㉜精誠　純精的誠意。㉝土龍　用土作成的假龍。㉞氣　指雲雨之氣。

【語　譯】周武王有病，周公向先祖請命，在同一塊墠坪上設三個土壇，擺上璧，拿著圭，向太王、王季、文王的靈位禱告。史官於是書面祈禱，禱辭說：「我姬旦仁愛而聰明，多才多藝，能侍奉鬼神。你的長孫某某不如我姬旦多才多藝，不能侍奉鬼神。」所謂鬼神，說的是三王。假如死人無知，不能變成鬼神，周公是個聖人，聖人說的話是可靠的，那麼就反映了陰間的實情，反映了陰間的實情，那麼三王變成鬼神就很清楚了。辨析說：真的聖人能如此神通廣大嗎？是不可能如此神通的。假如神通，就應該知道三王的心理，不應該只知道三王變成了鬼神。周公向先祖請命，史官書面禱告，祝禱完畢，周公仍然不知三王對於自己的祈求答應還是不答應。於是用龜占卜三次，三次都吉利，然後周公才高興。周公能夠知道三王有知覺而變成鬼，卻不能知道三王是否答應自己的要求，必須用龜占卜三次，才知道三王的實際心理。肯定他們變成了鬼，必須再問一下，然後才知道他們的心意。死人有知覺還是無知覺，和他們答應或者不答應人的要求是一回事。周公能夠知道三王必定答應自己，那麼他說三王變成了鬼，是可信的。假如不知道三王是否答應自己，說三王變成了鬼，也就如同世俗的人一樣，與世俗的人一般見識，那麼死人的實際情況仍然不能確定啊！況且周公的請命，是根據什麼達到目的的呢？是憑著希望武王病癒的最大誠意而達到目的的呢？還是憑著祝辭的正確達到目的的呢？假如是憑著至誠達到目的的，那麼周公請命的說法，只不過是向三王變成的鬼來表達自己的純真誠意，就不會考慮到祝辭所提到的鬼是真的還是假的。董仲舒求雨的方法，是設置一條土龍來感動雲雨之氣。那土龍不是真龍，本不能招來雨水，可是董仲舒只是用來表達自己的最誠之意，就不會考慮到龍的真偽了。這樣看來，周公的請命，就好像董仲舒的求雨一樣；三王沒有變成鬼，就如同土龍不是真龍一樣啊。

晉荀偃❶伐齊，不卒事❷而還。癉疽❸生瘍❹於頭，及著雍❺之地，病，目出，卒而視，不可含❻。范宣子❼浣❽而撫❾之曰：「事吳❿敢不如事主⓫。」猶視。宣子睹其不瞑⓬，以為恨⓭其子吳也，人情所恨，莫不恨子，故言吳⓮以撫之。猶視者，不得所恨也。欒懷子⓯曰：「其為未卒事於齊故也乎？」乃復撫之曰：「主苟⓰死，所⓱不嗣⓲事於齊者，有如河⓳。」乃瞑受含。伐齊不卒，荀偃所恨也，懷子得之，故目瞑受含，宣子失之，目張口噤⓴。曰：荀偃之病卒，苦㉑目出，目出則口噤，口噤則不可含。新死氣盛，本病苦目出，宣子撫之早，故目不瞑，口不闓㉒。少久氣衰，懷子撫之，故目瞑口受含。此自荀偃之病，非死精神見㉓恨於口目也。凡人之死，皆有所恨。志士則恨義事未立，學士則恨問㉔多不及，農夫則恨耕未畜㉕穀，商人則恨貨財未殖㉖，仕者則恨官位未極，勇者則恨材㉗未優。天下各有所欲乎，然而各有所恨，必以目不瞑者為有所恨，夫天下之人死皆不瞑也。且死者精魂消索㉘，不復聞人之言。不能聞人之言，是謂死也。離形更自為鬼，立於人傍，雖聞人之言，已與形絕，安能復入身中瞑目闓口乎？能入身中以屍示恨，則能不免㉙，與形相守㉚。案世人論死，謂其精神有若能更㉛以精魂立形見面㉜，使屍若生人者，誤矣。

【章旨】此章辨析荀偃死不瞑目、口噤不開的情況。

【注釋】❶荀偃　春秋時晉國大夫。❷卒事　指完成戰事。❸癉疽　一種毒瘡。可能是對口疽。❹瘍　潰爛。❺著雍　地名。晉地。❻含　古時人死，將珠玉米貝之類置於死者口中叫做「含」。❼范宣子　即士匄。春秋時晉國大夫。❽涚　洗手。❾撫　撫摩。❿吳　荀偃的兒子。荀偃死前囑咐立他為繼承人。⓫主　指荀偃。時荀偃為中軍，乃晉的最高軍事長官，所以下屬稱之為主。⓬瞑　閉目。⓭恨　遺恨；惦念。⓮言吳　指所說的「事吳敢不如事主」這句話。⓯欒懷子　欒盈。春秋時晉國大夫。以上荀偃、范宣子、欒懷子三人都是晉悼公、晉平公朝廷的人。⓰苟　假設。⓱所　假如。見楊樹達《詞詮》。⓲嗣　繼。⓳河　指黃河。「所不……，有如……」是古時誓詞的一種定格。以上事見《左傳・襄公十九年》。⓴噤　閉口。㉑苦　患。㉒闓　通「開」。㉓見　同「現」。㉔問　指學問。㉕畜　通「蓄」。積儲。㉖殖　增多。㉗材　指本身練就的武功。㉘索　盡。㉙免　脫離。㉚與形相守　形與神相守。指軀體、精神二者不分離，這是活人的特徵。㉛更　再；重新。㉜立形見面樹立形體，露出面容。

【語譯】晉國荀偃領兵征伐齊國，戰事沒有結束便回來了。他的頭上長了毒瘡，並產生潰瘍，到了著雍，病情加重，眼珠凸出，死了眼睛還睜著，嘴緊閉不能含進珠玉等物。范宣子洗手後撫摩他說：「我侍奉您的兒子荀吳，一定像侍奉您一樣。」眼睛仍然睜著。范宣子看他不閉眼，以為是惦念他的兒子荀吳，因為按人之常情，有所惦念，沒有不惦念兒子的，所以就說侍奉荀吳用以安撫他。可是眼睛仍然睜著，說明沒有說中荀偃所惦念的事情啊。欒懷子說：「可能是因為沒有結束對齊國的作戰才不閉眼吧！」於是再撫摩他說：「您假如死了，我們假如不繼續對齊國作戰，可用黃河作見證。」於是荀偃的眼睛合上了，而且口也張開接受含物。因為攻伐齊國的戰事沒有結束，這是荀偃所遺恨的事情，欒懷子猜對了，所以他合上了眼接受含物，而范宣子則沒有猜對，所以眼睛睜著而口緊閉著。辨析說：荀偃的病死，患的是眼睛凸出的病，眼睛凸出那麼口自然緊閉，口緊閉就不能接受含物。剛死的人體內氣還很盛，本來又是患的眼睛凸出的病，范宣子撫摩他太早，所以眼睛不閉而口也不開。過了一會兒氣減弱了，欒懷子撫摩他，所以眼睛閉上而口接受含物。這原是荀偃的病症，並不是死後精神通過口目表現出遺恨來。大凡人們的死，都有所遺恨。有抱負的人就為他正義的事業沒有取得成就而感到遺恨，讀書人就為他的學問多方面造詣不高而感到遺恨，農夫就為他的耕作沒有蓄積更多的糧食而感到遺恨，商人就為他的財貨沒有更多增殖而感到遺恨，做官的人就為他的官位沒有晉升到頂點而感到遺恨，勇士就為他練就的武功不夠精良而有所遺恨。天下人各有各自的追求，然而也各有各自的遺恨，必定把死時眼睛不閉作為有所遺恨的表現，那麼天下的人死了眼睛都會不閉啊。況且人死了精神消失，不能再聽到人們說話。不能聽到人們說話，這就叫死了。如果精神離開形體另變成鬼，站在活人的旁邊，即使能聽到人們說話，可是精神已經與形體脫離，怎麼能再進入身軀中讓屍體閉眼開口呢？能進入身軀用屍體表示遺恨，那麼也就可以不再脫離身軀，精神與形體永遠相守不離而變成活人。考察世人對死的看法，說死人的精神有好像能重新用靈魂來立形見面，有讓屍體復活的功能，那就大錯了。

楚成王❶廢太子商臣❷，欲立王子職❸。商臣聞之，以宮甲❹圍王。王請食熊蹯❺而死，弗聽。王縊❻而死。謚❼之曰「靈❽」，不瞑；曰「成❾」，乃瞑❿。夫為「靈」不瞑，為「成」乃瞑，成王有知之效也。謚之曰「靈」，心恨故目不瞑；更謚曰「成」，心喜乃瞑。精神聞人之議，見人變易其謚，故喜目瞑。本不病目，人不撫慰，目自翕⓫張，非神而何？曰：此復荀偃類也。雖不病目，亦不空⓬張。成王於時⓭縊死，氣尚盛，新絕，目尚開，因謚曰「靈」。少久氣衰，目適欲瞑，連⓮更曰「成」。目之視瞑，與謚之為「靈」、「成」，偶應也。時人見其應「成」乃瞑，則謂成王之魂有所知。有所知，則宜終不瞑也。何則？太子殺己，大惡也；加謚為「靈」，小過也。不為大惡懷忿，反為小過有恨，非有神之效，見示⓯告人之驗也。夫惡謚非「靈」則「厲」也，紀於竹帛⓰為「靈」、「厲⓱」者多矣，其屍未斂⓲之時，未皆不瞑也。豈世之死君不惡⓳，而獨成王憎之哉？何其為「靈」者眾，不瞑者寡也！

【章旨】此章辨析楚成王死不瞑目的情況。

【注釋】❶楚成王　春秋時楚國君主。❷商臣　楚穆王。弒其父自立。❸職　商臣的異母弟。❹宮甲　宮中的衛兵。甲，指披甲的武士。❺熊蹯　熊掌。❻縊　上吊。❼謚　古代君主死後，根據其生平表現加給的褒貶稱號。❽靈　作為謚號，其含義均不太好，譬如「不勤成名曰靈」。見《史記》附《史記正義》。❾成　作為諡號，《史記正義》的解釋是「安民立政曰成」。❿乃瞑　以上事參見《左傳・文公元年》。⓫翕　合。⓬空　憑空；無故。⓭於時　在此時。⓮連　接著。⓯見示　顯示。⓰竹帛　古代書寫用的竹簡和絲織品。指歷史記載。⓱厲　《史記正義》的解釋是「殺戮無辜曰厲」。⓲斂　同「殮」。將屍體入棺。⓳惡　憎惡。

【語　譯】楚成王將廢太子商臣，想立王子職做太子。商臣聽到消息，率領宮中的衛士包圍成王。成王請求吃一頓熊掌再死，商臣不聽。於是成王自縊而死。給成王定諡號叫做「靈」，成王不瞑目；又給成王定諡號叫做「成」，他才瞑目了。看來定諡號為「靈」就不瞑目，改定為「成」就瞑目，這就是成王死後有知的證明。給他定諡號叫「靈」，心裡怨恨所以目不瞑；改諡號叫做「成」，他心裡高興就瞑目了。死人的精神聽到人們的議論，看到人們改變了他的諡號，所以高興就瞑目了。本來眼睛無病，也沒有人撫慰他，死後眼睛自己能張能閉，這不是神靈又是什麼呢？辨析說：這也是荀偃一類的事情。成王雖然眼睛無病，也不是無緣無故地張開。成王在當時剛剛吊死，體內元氣尚盛，剛斷氣，眼睛還睜著，接著就定「諡號」叫做「靈」。過一會兒，體內氣減弱，眼睛恰好要閉，接著就更改諡號叫做「成」。眼睛的開閉，與定諡為「靈」、「成」，都是偶然巧合的。當時人們看到他應合「成」的諡號才閉上眼睛，就說成王的魂有所知。既然有所知，那麼就應該不閉眼睛了。為什麼呢？太子殺死了自己，應該是罪大惡極；加上「靈」的諡號，只算小的過錯。成王不為罪大惡極懷有忿怒，反而為小的過錯懷恨在心，不是人死有靈的證明和顯示出告人的徵驗。關於壞的諡號，不是「靈」就是「厲」，記載在竹帛上的「靈」、「厲」的諡號太多了，他們的屍體在未裝進棺材的時候，不是都睜著眼的。難道世上那些死了的君主不憎恨壞的諡號，只有成王憎惡壞的諡號嗎？為什麼定為「靈」的諡號，而不閉眼的死君卻那麼少呢？

鄭伯有❶貪愎❷而多欲❸，子晳❹好❺在人上，二子不相得。子晳攻伯有，伯有出奔。駟帶[6]率國人以伐之，伯有死。其後九年，鄭人相驚以伯有，曰「伯有至矣」，則皆走，不知所往。後歲，人或夢見伯有介[7]而行，曰：「壬子[8]，余將殺帶也。明年壬寅[9]，余又將殺段[10]也。」及壬子之日，駟帶卒，國人益懼。後至壬寅日，公孫段又卒，國人愈懼。子產[11]為之立後[12]以撫之，乃止矣。其後子產適晉，趙景子[13]問曰：「伯有猶能為鬼乎？」子產曰：「能。人生始化曰魄，既生魄[14]，陽曰魂[15]。用物[16]精多[17]則魂魄強，是以有精爽[18]至於神明。匹夫匹婦[19]強死[20]，其魂魄猶能憑依人以為淫厲[21]，況伯有我先君穆公[22]之胄[23]，子良[24]之孫，子耳[25]之子，弊邑[26]之卿[27]，從政三世矣。鄭雖無腆[28]，抑諺曰：『蕞爾[29]小國』，而三世執其政柄，其用物弘[30]矣，取精多矣。其族又大，所憑厚矣。而強死，能為鬼，不亦宜乎？」伯有殺駟帶、公孫段不失日期，神審之驗也。子產立其後而止，知鬼神之操也。知其操，則知其實矣。實有不空，故對問不疑。子產，智人也，知物審矣。如死者無知，何以能殺帶與段？如不能為鬼，子產何以不疑？

曰：與伯有為怨者，子皙也。子皙攻之，伯有奔，駟帶乃率國人遂伐伯有。公孫段隨駟帶，不造本辯[31]，其惡微小。殺駟帶不報子皙，公孫段惡微，與帶俱死，是則伯有之魂無知，為鬼報仇輕重失宜也。且子產言曰：「強死者能為鬼。」

何謂強死？謂伯有命未當死而人殺之邪？將謂伯有無罪而人冤之也？如謂命未當死而人殺之，未當死而死者多。如謂無罪人冤之，被冤者亦非一。伯有強死能為鬼，比干、子胥不為鬼。春秋之時，弒君三十六㉜。君為所弒，可謂強死矣。典㉝長㉞一國，用物之精可謂多矣。繼體㉟有土㊱，非直㊲三世也。貴為人君，非與卿位㊳同也。始封之祖，必有穆公、子良之類也。以至尊之國君，受亂臣之弒禍，其魂魄為鬼，必明於伯有，報仇殺仇，禍繁於帶、段。三十六君無為鬼者，三十六臣無見報者。如以伯有無道，其神有知，世間無道莫如桀、紂，桀、紂誅死，魄不能為鬼。然則子產之說，因成事㊴者也。見伯有強死，則謂強死之人能為鬼。如有不強死為鬼者，則將云不強死之人能為鬼。子皙在鄭，與伯有何異？死㊵與伯有何殊？俱以無道為國所殺，伯有能為鬼，子皙不能，強死之說通㊶於伯有，塞㊷於子皙。然則伯有之說，杜伯之語也。杜伯未可然，伯有亦未可是也。

【章旨】此章辨析鄭國伯有死後的報復及子產對此事的解釋。

【注釋】❶伯有　春秋時鄭國大夫。❷愎　暴。❸多欲　貪得無厭。❹子皙　春秋時鄭國大夫。❺好　愛好；喜歡。❻駟帶　春秋時鄭國大夫。子皙同族的宗主。❼介　甲。❽壬子　古人以天干與地支相配紀日，壬子這一天據推算，是魯昭公六年周曆三月二日。❾壬寅　魯昭公七年周曆正月二十七日。❿段　公孫段。子皙同母兄弟。⓫子產　春秋時鄭國執政大夫。⓬立後　立伯有的後代為官。⓭趙景子　趙成。春秋時晉國大夫。⓮魄　古人理解為人初生下來所具備的生理功能。如耳能聽、目能視、心能識等等。魄為陰氣構成，附於形體。⑮魂　古人理解為精神活動的功能。如精神、本性、意識等等。魂是陽氣構成，附於氣。「魄」、「魂」的解釋參見《左傳正義》。⑯物　指養生之物。如衣食住等。⑰精多　精美且多。⑱精爽猶神明。不過，「精爽」不及「神明」昭著，只可算是精神的低級階段。⑲匹夫匹婦　普通老百姓。⑳強死　不得善終。㉑淫厲　邪惡。㉒穆公　春秋時鄭國君主。㉓胄　後裔。㉔子良　鄭穆公的兒子。㉕子耳　鄭穆公的孫子。㉖弊邑　本國。弊，通「敝」。表謙敬。㉗卿　春秋時官名。相當後來的「相」。子良、子耳、伯有三世為鄭卿。㉘腆　豐厚。㉙蕞爾　形容小的樣子。㉚弘　大；普遍。㉛本辯　根本的爭論。㉜弒君三十六　據史書記載，春秋時期有三十六個君主被弒。《淮南子・主術》說：「春秋二百四十二年，亡國五十二，弒君三十六。」㉝典　主管。㉞長　掌握；主持。㉟繼體　繼位之君。㊱有土　擁有國土。㊲直　只；僅。㊳位　地位。㊴成事　已成的實事。㊵死　指子晳的死。據《左傳・昭公二年》載，子晳謀反未遂，子產清理子晳有三大死罪，於是被迫自縊。㊶通　通行；適用。㊷塞　不適用。

【語　譯】鄭國伯有貪暴而又多欲，子晳本性好壓倒別人，兩人不能相容。子晳帶人攻伐伯有，伯有出逃。駟帶又率領國人攻伐，伯有死。死後九年，鄭人用伯有的名字相互恐嚇，說「伯有的鬼魂來了」，大家就趕快逃跑，慌張得不知往哪裡跑才好。又過一年，有人夢見伯有披甲走來，說：「壬子這天，我將殺死駟帶。明年壬寅這天，我又將殺死公孫段。」到了壬子那天，駟帶果然死了，國人更加恐懼。後來到了壬寅日，公孫段又死了，國人愈加恐懼。子產任命伯有的後代做官，用以安撫伯有，鬼魂作怪的事就停止了。過後，子產到晉國，晉國大夫趙景子問子產說：「伯有還能變成鬼嗎？」子產說：「能變成鬼。人剛生下具備的本能叫做『魄』，已由陰氣構成『魄』，再由陽氣構成的精神叫做『魂』。生活享用精美充裕的人死後，魂魄的作用就強烈，因此他的精神可以達到神明的境界。普通老百姓不得善終的，他的魂魄尚且能夠依憑活人來興邪作惡，何況伯有是我們先君鄭穆公的後裔，子良的孫子，子耳的兒子，我們國家的貴卿，他們已經掌權三代了。鄭國雖然不豐厚，可能是俗語說的『蕞爾小國』，然而也有三代掌握鄭國的政權，他們的享用算是普遍、精美而充裕了。他們的宗族又龐大，所依憑的權勢也就厚實了。然而伯有不得善終，他能變成鬼，不是應該的嗎？」伯有的鬼魂殺死駟帶、公孫段不誤原定的日期，這就是神靈的確存在的證明啊。子產任命了伯有的後代做官，這種鬼魂作怪的事就停止了，說明鬼神也具備節操啊！知道鬼神具備節操，那麼也就知道鬼神的實際存在了。實際存在並不是憑空說的，所以子產回答趙景子的話深信不疑鬼神的存在。子產，是個聰明人，了解事物清清楚楚。如果死人無知，怎麼能殺死駟帶和公孫段？如果死人不能變成鬼，子產為什麼深信不疑呢？

辨析說：與伯有結成仇怨的人，是子皙。子皙攻他，伯有出逃，駟帶才率領國人攻伐伯有。公孫段只是追隨駟帶，不是造成根本糾紛的人，他的罪惡微小。伯有的鬼魂殺死駟帶，卻不報復子皙，而公孫段的罪惡微小，讓他與駟帶同死，這樣看來，就說明伯有的鬼魂無知，變成鬼魂報仇的輕重不當啊。況且子產說：「不得善終的人能變成鬼。」什麼叫不得善終呢？是說伯有的命不應該死而人們把他殺死了嗎？或是說伯有沒有罪過而人們冤屈了他嗎？如果說命不當死而人們殺死他，世上不當死而死了的人是很多的；如果說無罪過的人們受冤屈而死，那麼被冤屈致死的人也不是一人。伯有不得善終能變成鬼，比干、子胥卻沒有變成鬼。春秋時代，被弒的君主有三十六人。君主被臣子所弒，可以稱作不得善終了。君主掌管主持一個國家，享受奉養的精美可以稱得上充裕了。他們繼位擁有國土，也不僅三代啊。作為國君的尊貴，不是卿位的尊貴可比的。他們最初受封的祖先，也必定有像鄭穆公、子良這樣一類的人啊。作為地位最高的國君，受到亂臣賊子的篡弒之禍，他們的魂魄變成鬼，一定比伯有更神靈，這些鬼魂報仇殺仇造成的禍亂，一定比伯有殺駟帶、公孫段更多。可是三十六個君主死後並沒有變成鬼的，三十六個亂臣也沒有被鬼魂報復而遭殺的。如果用伯有無道為理由來說明他的精神有知覺，那麼世上無道的人沒有超過桀、紂的，桀、紂被誅殺而死，他們的魂魄並不能變成鬼。這麼看來，子產的說法是根據既成的事實來說的。他看見伯有不得善終，就說不得善終的人能變成鬼。如果有善終的人變成鬼的傳聞，那麼他將會說善終的人能變成鬼。子皙在鄭國的為人，與伯有有什麼不同呢？他的死與伯有又有什麼區別呢？都是因為本人無道被國人所殺的。說伯有能變成鬼，而子皙就不能變成鬼，可見不得善終可以變成鬼的說法只適合於伯有，卻不適合於子皙。這樣看來，那麼伯有死後變成鬼的說法，和杜伯死後變成鬼的說法是同樣性質的。關於杜伯的說法既然不能認為是對的，那麼有關伯有的說法也就不能認為是正確的啊！

秦桓公❶伐晉，次❷於輔氏❸。晉侯❹治兵於稷❺，以略❻翟❼土，立黎侯❽而還。及雒❾，魏顆❿敗秦師於輔氏，獲杜回⓫。杜回，秦之力人也。初，魏武子⓬有嬖妾⓭無子。武子疾，命顆曰：「必嫁是妾。」病困⓮，則更曰：「必以是為殉⓯。」及武子卒，顆不殉妾。人或難之，顆曰：「疾病則亂，吾從其治⓰也。」及輔氏之役，魏顆見老人結草⓱以亢⓲杜回，杜回躓⓳而顛⓴，故獲之。夜夢見老父曰：「余，是所嫁婦人之父也。爾用先人㉑之治命，是以報㉒汝。」夫嬖妾之父知魏顆之德，故見體為鬼，結草助戰，神曉有知之效驗也。曰：夫婦人之父能知魏顆之德，為鬼見形以助其戰，必能報其生時所善，殺其生時所惡矣。凡人交遊，必有厚薄，厚薄當報，猶嫁婦人之當謝。今不能報其生時所厚，獨能報其死後所善，非有知之驗，能為鬼之效也。張良㉓行泗水㉔上，老父授書㉕；光武㉖困厄河北㉗，老人教誨㉘。命㉙貴時㉚吉，當遇福喜之應驗也。魏顆當獲杜回，戰當有功，故老人妖象㉛結草於路者也。

【章　旨】此章辨析老人結草報恩之事。

【注　釋】❶秦桓公　春秋時秦國君主。❷次　駐紮。❸輔氏　地名。屬於晉地。❹晉侯　指晉景公。❺稷　地名。屬於晉地。❻略　侵奪。❼翟　通「狄」。古代北方的少數民族。❽黎侯　黎國君主。因國土被翟侵佔而失位，晉景公出兵到黎國，黎侯才得以復位。黎，古國名。地處今山西。❾雒 同「洛」。古地名，當時其地屬晉。❿魏顆 春秋時晉國的將領。⓫杜回 春秋時秦國將領。⓬魏武子 魏犨。魏顆的父親。⓭嬖妾 愛妾。⓮病困 病重。⓯殉 殉葬。⓰治 此指頭腦清醒。⓱結草 把草編結起來，起到絆倒腳的作用。⓲亢 通「抗」。⓳躓 絆倒。⓴顛 倒下。㉑先人 指魏顆已死的父親。㉒報 報答。㉓張良 劉邦的重要謀士。㉔泗水 河名。由山東境流入淮河。㉕老父授書 傳說張良年輕時散步，在土橋上遇到一位老人，賜給張良《太公兵法》，張良憑此運籌帷幄，幫助劉邦統一了天下。見《史記·留侯世家》。㉖光武 漢光武帝劉秀。㉗河北 指黃河以北。㉘老人教誨 劉秀曾為王郎勢力所迫，逃過滹沱河，惶惑中不知所往，道旁有一白衣老人指點了去向。見《後漢書·光武帝紀》。㉙命 命運。㉚時 時運。㉛老人妖象 指老人是一種「氣」構成的妖象。王充認為，將要發生吉事或凶事，就有一種由「氣」構成的妖象作為徵兆在事先表現出來。這種看法當然沒有科學依據。

【語譯】秦桓公攻打晉國，部隊駐紮在輔氏。晉景公在稷地發兵，奪取翟人的土地，恢復了黎侯的君位，從黎國撤兵回來。晉軍到達洛地，魏顆在輔氏打敗了秦軍，並且俘獲了杜回。杜回，是秦國的大力士。當初，魏武子有寵妾不生兒子。武子生病，告訴魏顆說：「我死後，一定把這個妾嫁出去。」武子病重了，卻又更改說：「一定把這個妾隨我殉葬。」等到武子死，魏顆不將妾殉葬。有人責難他，他說：「病重了思想紊亂，我按他頭腦清醒時說的話去作。」等到輔氏的這場戰爭，魏顆看見一個老人把草聯接起來，用以對抗杜回，杜回被草絆倒，所以魏顆俘獲了他。夜晚那老人報夢給魏顆說：「我，就是你所嫁婦人的父親。你按武子頭腦清醒時說的話執行，因此我結草助戰來報答你。」那婦人的父親知道魏顆的恩德，所以現形為鬼，結草助戰，這就是死人精神明白而有知覺的證明。辨析說：那婦人的父親知道魏顆的恩德，變成鬼現形來幫助魏顆作戰，也一定能報答他生前所相好的人，能殺死他生前所憎恨的人。大凡人們的交遊，朋友之間的關係一定有深有淺，無論深淺都應當報答，就好像嫁婦人應當謝恩一樣。可現在這婦人的父親不能報答他生前交遊深的人，偏偏報答他死後所相好的人。這不是死人有知的證明，也不是死人能變成鬼的證明。張良在泗水上散步，有老人賜給他兵書；光武帝在河北遭到困厄的時候，有老人指點方向。當人們命運顯貴、時運吉祥時，應當遇到福喜的徵兆。魏顆應當俘獲杜回，作戰應當有功，所以老人妖象就在路旁結草助戰啊！

王季葬於滑山❶之尾❷，欒水❸擊其墓，見棺之前和❹。文王曰：「嘻！先君必欲一見群臣百姓也夫！故使欒水見之。」於是出而為之張朝❺，而百姓皆見之，三日而後更葬。文王，聖人也，知道事之實。見王季棺見，知其精神欲見百姓，故出而見之。曰：古今帝王死，葬諸❻地中，有以千萬數，無欲復出見百姓者，王季何為獨然？河、泗之濱，丘冢❼非一，水湍❽崩壞❾，棺椁❿露見，不可勝⓫數，皆欲復見百姓者乎？欒水擊滑山之尾，猶河泗之流湍濱圻⓬也。文王見棺和露，惻然⓭悲恨，當⓮先君欲復出乎，慈孝者之心，幸冀⓯之意，賢聖惻怛⓰，不暇⓱思論，推生況⓲死，故復改葬。世俗信賢聖之言，則謂王季欲見百姓者也。

【章　旨】此章辨析王季棺材現出之事。

【注　釋】❶滑山　山名。❷尾　指山腳下。❸欒水　河名。❹和　棺材兩頭的木板。❺張朝　設朝；召集百官朝見。❻諸　之於。❼丘冢　墳墓。❽湍　水流很急；沖擊。❾壞　土。❿椁　外棺。⓫勝　盡。⓬圻　界；岸。⓭惻然　悲痛的樣子。⓮當　通「倘」。可能。⓯冀　希望。⓰惻怛　悲痛。⓱不暇　無空時；顧不上。⓲況　比。

【語　譯】王季安葬在滑山的山腳下，欒水沖擊到他的墳墓，現出棺材前面的木板。文王說：「唉！先君一定要見一下群臣百姓吧！所以讓欒水沖擊使棺材現出。」於是文王離開朝廷，在棺材旁為王季設朝，百姓都來朝見他，三天之後才改葬。文王，是個聖人，他懂得事情的實際，看見王季的棺材露出，就知道他的精神想見見百姓，所以棺材露出與百姓見面。辨析說：古今的帝王死了，都埋在地中，簡直成千上萬，可並沒有想再露出地面見百姓的，王季為什麼偏偏如此呢？黃河、泗水的岸邊，墳墓不是一座，由於水的沖擊，河岸土壞倒塌，棺材露出的不可盡數，難道都是想見見百姓嗎？欒水沖擊滑山山腳，就好像黃河、泗水的急流沖擊河岸一樣啊。文王看到王季棺材前頭的木板露出，傷痛悲恨，心想可能是先君想再出來見見百姓吧！當時，文王懷著慈孝者的心腸、希望的意願、賢聖的悲痛，顧不上思考和判斷，用活人的心理去類推死人，所以改葬了王季。一般人深信賢聖的言論，就說王季想見百姓了。

齊景公❶將伐宋❷，師過太山❸，公夢二丈人❹立而怒甚盛。公告晏子❺，晏子曰：「是宋之先❻，湯❼與伊尹❽也。」公疑以為泰山神。晏子曰：「公疑之，則嬰請言湯、伊尹之狀。湯皙❾以長，頤❿以髯⓫，銳⓬上而豐⓭下，倨身⓮而揚聲。」公曰：「然，是已。」「伊尹黑而短，蓬⓯而髯，豐上而銳下，僂⓰身而下⓱聲。」公曰：「然，是已。今奈何？」晏子曰：「夫湯、太甲、武丁、祖乙⓲，天下之盛君也，不宜無後。今唯宋⓳耳，而公伐之，故湯、伊尹怒。請散師和於宋。」公不用，終伐宋，軍果⓴敗。夫湯、伊尹有知，惡景公之伐宋，故見夢盛怒以禁止之。景公不止，軍果不吉。曰：夫景公亦曾夢見彗星㉑，其時彗星不出，然而夢見之者，見彗星其實非。夢見湯、伊尹，實亦非也。或時㉒景公軍敗不吉之象㉓也。晏子信夢，明言湯、伊尹之形，景公順晏子之言，然㉔而是之㉕。秦并天下，絕伊尹之後，遂至於今，湯、伊尹不祀㉖，何以不怒乎？

【章　旨】此章辨析齊景公的夢及晏子對夢的解釋。

【注　釋】❶齊景公　春秋時齊國君主。❷宋　西周初年，紂王庶兄微子受封於宋，其地在今河南商丘一帶，因而宋國是商的後代。❸太山　即泰山。❹丈人　老年人。❺晏子　晏嬰。春秋時齊國大夫。❻先　祖先。❼湯　成湯。商朝的第一個君主。❽伊尹　商代初年的賢相。❾皙　白。❿頤　下頷；下巴。⓫髯　鬍鬚。⓬銳　尖。⓭豐　飽滿。⓮倨身　仰頭挺胸的樣子。倨，傲慢。⓯蓬　指頭髮像蓬草般的散亂。⓰僂　曲背。⓱下　低。⓲太甲武丁祖乙　都是商代的君主。⓳唯宋　只剩下宋國。⓴果　果然。㉑彗星　俗名掃帚星。古人以為彗星出現是不祥之兆。見《晏子春秋・外篇》。㉒或時　可能。㉓象　指不祥的徵象。㉔然　以為對。㉕是之　以晏子說的為是。㉖不祀　無人祭祀。

【語　譯】齊景公將攻打宋國，部隊經過太山，景公夢見兩個老人站在面前，表現出怒氣沖沖的樣子。景公把這事告訴晏子，晏子說：「這是宋國的祖先，湯與伊尹啊。」景公懷疑以為這是泰山神。晏子說：「您懷疑是否是湯和伊尹，那麼請允許我說說湯和伊尹的形貌。湯的膚色白，身材高，下頷有鬍鬚，頭上尖而下闊，仰首挺胸而聲音洪亮。」景公說：「對，是這樣的。」「伊尹膚色黑而身材矮，頭髮蓬亂而留有鬍鬚，頭上寬而下窄，彎腰曲背而低聲下氣。」景公說：「對，是這樣的。那麼現在該怎麼辦呢？」晏子曰：「成湯、太甲、武丁、祖乙，都是商代頗負盛名的君主，不應該沒有繼承的人。現在只剩下宋國了，可是您攻伐它，所以引起湯和伊尹發怒。請退兵同宋國講和。」景公不採納晏子的意見，還是攻伐宋國，軍隊果然打了敗仗。可見，湯、伊尹死後有知覺，憎恨景公的伐宋，所以在景公的夢中出現怒氣沖沖的樣子來制止景公的行動。景公不停止攻伐，軍隊果然不吉利。辨析說：齊景公也曾夢見彗星的出現，可是那時彗星沒有出現。可見夢中出現的事物，如夢見彗星出現，實際上彗星並沒出現；夢中出現湯和伊尹，實際上也並非如此。當然，也可能是景公的軍隊打敗仗的一種不祥之兆。不過，晏子是相信夢的，明白說出湯、伊尹的形貌，景公就順著晏子的話，同意並肯定晏子所說的湯、伊尹的樣子和夢中出現的一樣。秦兼併天下，絕滅了伊尹的後代，一直到今天，湯、伊尹沒有人祭祀，為什麼他們不發怒呢？

鄭子產聘❶於晉。晉侯❷有疾，韓宣子❸逆❹客，私❺焉，曰：「寡君❻寢疾，於今三月矣，并走群望❼，有加而無瘳❽。今夢黃熊入於寢❾門，其何厲鬼❿也？」對曰：「以君⓫之明，子為⓬大政，其何厲之有！昔堯殛⓭鯀⓮於羽山⓯，其神為黃熊，以入於羽淵⓰，實為夏郊⓱，三代⓲祀之。晉為盟主⓳，其或者未之⓴祀乎？」韓子祀夏郊㉑，晉侯有間㉒。黃熊，鯀之精神，晉侯不祀，故入寢門。晉知而祀之，故疾有間。非死人有知之驗乎？

曰：夫鯀殛於羽山，人知也。神為黃熊，入於羽淵，人何以得知之？使若魯公牛哀㉓病化為虎，在，故可實也。今鯀遠殛於羽山，人不與之處，何能知之！且文曰「其神為熊。」是死也。死而魂神為黃熊，非人所得知也。人死世謂鬼，鬼象生人之形，見之與人無異，然猶非死人之神，況熊非人之形，不與人相似乎！審鯀死其神為黃熊，則熊之死，其神亦或時為人，人夢見之，何以知非死禽獸之神也？信黃熊謂之鯀神，又信所見之鬼以為死人精也，此人、物之精未可定，黃熊為鯀之神未可審也。且夢，象㉔也，吉凶且至，神明示象，熊羆㉕之占㉖，自有所為㉗。使鯀死其神審為黃熊，夢見黃熊，必鯀之神乎？諸侯祭山川，設晉侯夢見山川，可復以不祀山川，山川自見㉘乎？人病，多或夢見先祖死人來立其側，可復謂先祖死人求食，故來見形乎？人夢所見，更為他占，未必以所見為實也。何以驗之？夢見生人，明日問所夢見之人，不與己相見。夫所夢見之人不與己相見，則知鯀之黃熊不入寢門。不入，則鯀不求食。不求食，則晉侯之疾非廢夏郊之禍。非廢夏郊之禍，則晉侯有間非祀夏郊之福也。無福之實，則無有知之驗矣。亦猶淮南王劉安㉙坐㉚謀反而死，世傳以為仙而升天。本傳之虛，子產聞之，亦不能實。偶㉛晉侯之疾適㉜當自衰，子產遭㉝言黃熊之占，則信黃熊鯀之神矣。

【章旨】此章辨析晉侯夢黃熊及子產關於夢的解釋。

【注釋】❶聘　訪問。❷晉侯　指晉平公。春秋時晉國君主。❸韓宣子　韓起。春秋時晉國大夫。❹逆　迎接。❺私　指私下交談。以避開晉平公。❻寡君　臣子在別國人面前稱呼本國的君主。帶謙敬意。❼望　祭祀的名稱。指祭祀山川。❽瘳　病好轉。❾寢　臥室。❿厲鬼　惡鬼。⓫君　指晉君。⓬為　主持。⓭殛　殺死。⓮鯀　傳說為夏禹的父親。⓯羽山　古山名。傳說在今山東境。⓰羽淵　羽山附近的深淵。鯀化為黃熊，入於羽淵，是較原始的神話傳說。⓱郊　祭祀名。指祭天。⓲三代　夏、商、周。⓳盟主　諸侯的首領。春秋時期，晉國逐漸強大起來，從晉文公到晉悼公，除了邲之戰被楚打敗外，晉國都保持了中原的盟主地位。⓴之　指鯀。㉑祀夏郊　祭祀夏朝所祭祀的鯀。㉒間　指病好轉。以上事參見《左傳・昭公七年》。㉓公牛哀　春秋時魯國人。據《淮南子・俶真》記載，公牛哀病了七天之後變成老虎，他的哥哥被他「搏而殺之」。㉔象　虛象。指預兆。㉕羆　熊的一種。㉖占　預兆。㉗所為　指預示的事情。㉘見　指在夢中出現。㉙劉安　西漢皇族。

襲封為淮南王，因謀反被殺。㉚坐　因。㉛偶　遇。㉜適　恰好。㉝遭　遇。

【語　譯】鄭國子產出訪到晉國。晉平公有病，由韓宣子迎接。宣子私下對子產說：「我們的國君臥病不起，到現在已有三月了，遍處奔跑祭祀了晉國所有的山川，可是病愈來愈重不見好轉。他現在夢見黃熊闖進臥室門，那是什麼惡鬼呢？」子產回答說：「憑著晉君的英明，你又主持重大的政事，會有什麼惡鬼呢？昔日帝堯曾將鯀殺死在羽山，鯀的精神變成黃熊，跳進羽山附近的深淵裡，實際成了夏代郊祭的對象，三代都祭祀它。晉作為中原諸侯的首領，晉君可能沒有祭祀鯀吧！」於是韓宣子按照夏代郊祭的儀式來祭祀鯀，晉侯的病有了好轉。黃熊，是鯀的精神，晉侯沒有祭祀它，所以闖進臥室門。晉侯知道原因而且祭祀它，所以病就有了好轉。這不是死人有知覺的證明嗎？

辨析說：鯀被帝堯殺死在羽山，這是人們知道的。他的精神變成黃熊，跳進羽山附近的深淵，人們憑什麼知道這件事的呢？假如像魯國公牛哀病中變成老虎，有老虎在那兒，所以人們能夠證實。現在傳聞鯀在遼遠的羽山被殺死，人們沒有與他相處一起，怎麼能知道呢？況且子產說的「他的精神變成了熊」，這說明鯀死了。鯀死了魂魄變成黃熊，這也不是人們所能知道的。人死了世人稱之為鬼，鬼像活人的樣子，看到它與活人沒有什麼不同，然而這還不是死人的精神變成的。況且熊並不是人的樣子，不與人的相貌相同嘛！假如真的鯀死精神變成黃熊，那麼熊死了，牠的精神也可能會變成人，人們在夢中見到的人，怎麼知道不可能是死去的禽獸的精神變成的呢？相信黃熊是鯀的精神變的，又相信夢見的人是死人的精神變的，這就是說，夢見的黃熊是人的精神變的，還是熊的精神變的，都不能肯定，那麼黃熊是鯀的精神的說法也就不能確定啊。況且夢是一種預兆，吉事或凶事將要到來，神明預示徵兆，因而熊羆一類的徵兆，自然有所預告的事情。假使鯀死精神真的變成黃熊，那麼夢見黃熊，就一定是鯀的精神嗎？譬如諸侯祭祀山川，假使晉侯夢見山川，難道還能認為晉侯不祭祀山川，山川會自己現於夢中嗎？人們生病，多有夢見他的死了的祖先站在身旁，難道還可以說死了的祖先來討祭品，所以才在夢中現出形貌嗎？人們在夢中所見到的，可能另是別的事情的徵兆，不一定真是夢見的那件事情的徵兆，用什麼來證明呢？譬如夢見的活人，明天問所夢見的人，他並沒有與自己相見。可見所夢見的人並沒有與自己相見，就知道鯀變的黃熊並沒有入臥室門。既然沒有入臥室門，那麼鯀就不是來討祭祀之食的。既然不是來討祭祀之食，那麼晉侯的病也就不是停止夏代郊祭招來的災禍。既然不是停止夏代郊祭所招來的災禍，那麼晉侯病的好轉，也就不是舉行夏代郊祭得到的福祐。既然舉行夏代郊祭沒有得到福祐，那麼也就說明鯀死後是沒有知覺的了。也就如同淮南王劉安因謀反而死，世人傳說以為他變成神仙升天了。這本來是虛妄的傳說，即使子產聽到了，也是不能證實的。遇上晉侯的病恰好應當減輕，子產恰巧說到黃熊的預兆，世人便相信黃熊是鯀的精神了。

高皇帝❶以趙王如意❷為似我而欲立之，呂后❸恚恨❹，後鴆❺殺趙王。其後，呂后出，見蒼❻犬，噬❼其左腋❽。怪而卜❾之，趙王如意為祟❿，遂病腋傷，不愈而死。蓋以如意精神為蒼犬，見變⓫以報其仇也。曰：勇士忿怒，交刃而戰，負⓬者被創⓭，仆地而死。目見彼之中⓮己，死後其神尚不能報。呂后鴆如意時，身不自往，使人飲之，不知其為鴆毒，憒不知殺己者為誰，安能為祟以報呂后？使死人有知，恨者莫過高祖。高祖愛如意而呂后殺之，高祖魂怒宜如雷霆，呂后之死宜不旋⓯日。豈高祖之精，不若如意之神？將⓰死後憎如意，善⓱呂后之殺也？

【章　旨】此章辨析趙王如意變為蒼犬復仇之事。

【注　釋】❶高皇帝　漢高祖劉邦。❷如意　漢高祖戚夫人所生的兒子。封為趙王。❸呂后　即呂雉。漢高祖的皇后。❹恚恨　怨忿。❺鴆　鴆毒。鴆鳥的羽毛浸的酒，有劇毒。此處當動詞用。❻蒼　灰白色。❼噬　咬。❽腋　胳肢窩。❾卜　用龜甲占卜吉凶。❿祟　怪；災禍。⓫見變　現出變異。⓬負　輸；敗。⓭創　傷。⓮中　擊中。⓯旋　逾；超越。⓰將　抑或；還是。⓱善　贊賞。

【語　譯】漢高祖以為趙王如意的相貌像自己，想立他做太子，呂后怨恨，就毒死了趙王如意。過後，呂后外出，遇到一條灰白色的狗咬傷了她的左腋。呂后感到奇怪，進行占卜，是趙王如意作怪，於是呂后因腋傷而病倒，病未能好轉就死了。可能是因為趙王如意的精神變成灰白色的狗，現出變異來向呂后報仇啊。辨析說：勇士產生忿怒，雙方刀刃相交進行戰鬥，打敗的一方受傷，仆倒在地死去。明明看到對方擊中自己，死後他的精神尚且不能報仇。呂后毒死如意時，呂后沒有親自前往，而是派人要如意喝下毒酒的，如意並不知道它就是鴆毒，即使憤怒也不知道毒殺自己的人是誰，怎能作禍來報復呂后呢？假使死人有知覺，沒有比高祖更痛恨殺死如意的人。高祖喜歡如意，而呂后卻殺了他，高祖魂魄的憤怒應該像雷霆爆發一樣，呂后的死應該不超過一天。難道高祖的精神，還不如如意的精神？或者高祖死後變成憎恨如意，贊賞呂后毒殺如意嗎？

丞相武安侯田蚡❶與故大將軍灌夫❷杯酒之恨，事至上聞❸。灌夫繫獄❹，竇嬰❺救之，勢不能免，灌夫坐法，竇嬰亦死。其後田蚡病甚，號❻曰「諾諾❼」，使人視之，見灌夫、竇嬰俱坐其側，蚡病不衰❽，遂至死。曰：相殺不一人也，殺者後病，不見所殺，田蚡見所殺。田蚡獨然者，心負❾憤恨，病亂妄見也。或時見他鬼，而占鬼之人聞其往時與夫、嬰爭，欲見神審之名，見其狂「諾諾」，則言夫、嬰坐其側矣。

【章　旨】此章辨析田蚡病中見灌夫、竇嬰鬼魂之事。

【注　釋】❶田蚡　漢景帝王皇后的同母弟。漢武帝時為丞相，封武安侯。❷灌夫　漢景帝、武帝時的大臣。以軍功顯貴，武帝時為太僕，後來因罪失官，後在「使酒罵座」中得罪了田蚡，與竇嬰同被田蚡害死。❸上聞　皇帝知道。❹繫獄　被捕入獄。❺竇嬰　漢文帝竇皇后的堂姪。漢武帝時任丞相。❻號　喊叫。❼諾諾　是是。表示認罪。❽衰　減輕。以上事參見《史記・魏其武安侯列傳》。❾心負　心虧。做了虧心事，心裡感到不自在。

【語　譯】丞相武安侯田蚡與原來的大將軍灌夫因酒席上的糾紛成仇，事情弄得皇帝知道，灌夫被捕入獄，竇嬰援救灌夫，憑著他的力量，也沒能免掉灌夫的罪過，終於灌夫按法被誅，竇嬰也被處死。後來田蚡患病甚重，叫喊著「是是」認罪，派占卜的去看看，發現灌夫、竇嬰的鬼魂坐在田蚡身旁，因而田蚡的病有增無減，終至於死亡。辨析說：殺人的人不只是田蚡一個，殺人的人後來在病中，一般都沒有看到被他殺害的人，而田蚡則看到了。田蚡為什麼獨獨能看到被他殺害的人呢？這是由於田蚡心虧而煩悶悔恨，病中精神昏亂、思想糊塗看到的啊。也可能看到的是另外的妖象，而占卜的人曾聽到過以往田蚡與灌夫、竇嬰的爭論，想顯示自己占卜鬼神真正靈驗的名聲，又看到田蚡喊叫「是是」認罪，就說成灌夫、竇嬰坐在田蚡身旁了。

淮陽❶都尉❷尹齊❸為吏酷虐，及死，怨家❹欲燒其屍，屍亡去歸葬。夫有知，故知人且燒之也。神，故能亡去。曰：尹齊亡，神也，有所應❺，秦時三山亡❻，周末九鼎❼淪❽，必以亡者為神，三山、九鼎有知也。或時吏知怨家之謀，竊舉持亡，懼怨家怨己，云自去。凡人能亡，足能步行也。今死，血脈斷絕，足不能復動，何用亡去？吳烹❾伍子胥，漢菹❿彭越⓫。燒、菹，一僇⓬也；胥、越，一勇也。子胥、彭越不能避烹亡⓭菹，獨謂尹齊能歸葬，失實之言，不驗之語也。

【章旨】此章辨析尹齊的屍體亡去歸葬之事。

【注釋】❶淮陽 郡名。在今河南境。❷都尉 官名。郡的武官。❸尹齊 漢武帝時人。❹怨家 指怨恨尹齊的人。❺應 感應。❻三山亡 三座山不見了。❼九鼎 傳說夏禹曾鑄九鼎以象徵九州，後代視之為傳國之寶。❽淪 亡。❾烹 一種刑罰。❿菹 剁成肉醬。⓫彭越 劉邦手下的將領。曾封梁王，因謀反被殺。⓬僇 通「戮」。殺。⓭亡 逃。

【語譯】淮陽都尉尹齊為官殘暴，等到他死，怨恨他的人想燒掉他的屍體，可是屍體逃到家鄉安葬了。看來死人有知覺，他知道別人將燒掉他的屍體；很神靈，所以能夠逃走。辨析說：如果說尹齊死了很神靈，能夠有所感應，那麼秦時三座山不見了，周末九鼎也亡失了，一定認為能逃走就是有神靈，三山和九鼎也都有知覺了。尹齊的屍體不見了，可能是他的部下得知了怨家的計謀，偷偷把屍體運走，害怕怨家埋怨自己，就說成屍體自己離開了。凡屬人們能逃走，總得要腳走路啊。現在人死了，血脈斷絕，腳不能再動，依靠什麼逃走呢？吳國把伍子胥煮了，漢代也把彭越剁成肉醬。燒掉屍體和剁成肉醬，同樣是殺戮；伍子胥、彭越，同樣勇敢。伍子胥、彭越不能避免被烹煮、剁成肉醬，屍體不能逃走，偏說尹齊的屍體能夠自己歸葬，這是沒有實際依據的說法，不能驗證的傳聞。

亡新❶改葬元帝傅后❷，發❸其棺，取玉柙❹印璽❺，送定陶❻，以民禮葬之。

發棺時，臭憧❼於天，洛陽丞❽臨棺，聞臭而死。又改葬定陶共王丁后❾，火從藏❿

中出，燒殺吏士數百人⑪。夫改葬禮卑，又損奪珍物，二⑫恨怨，故為臭出火，以中傷人。曰：臭聞於天，多藏食物，腐朽猥⑬發，人不能堪毒憤⑭，而未為怪也。火出於藏中者，怪也，非丁后之神也。何以驗之？改葬之恨，孰與掘墓盜財物也？歲凶⑮之時，掘丘墓取衣物者以千萬數，死人必有知，人奪其衣物，倮⑯其屍骸，時不能禁，後亦不能報。此尚微賤⑰，未足以言。秦始皇葬於驪山⑱，二世⑲末，天下盜賊其墓，不能出臭為火以殺一人。貴為天子，不能為神，丁、傅婦人，安能為怪？變神⑳非一，發起殊處，見火聞臭，則謂丁、傅之神，誤矣。

【章　旨】此章辨析傅后、丁后改葬中發生為臭出火之事。

【注　釋】❶新　新朝。西漢末年，王莽篡漢，改漢為新，維持十五年便滅亡了。❷元帝傅后　漢元帝的妃子。漢哀帝的祖母。漢平帝元始五年，王莽掌權，貶傅太后號為「定陶共王母」，貶丁太后號為「丁姬」，以薄禮改葬。❸發　打開。❹玉柙　殮屍用的玉衣。❺印璽　大印。此指傅后的印。❻定陶　古縣名。在今山東境。漢成帝徙封其異母兄劉康為定陶共王。劉康為傅太后所生，傅太后隨劉康住在定陶，因成帝無子，劉康的兒子劉欣被選為帝，是為哀帝，傅太后也隨之遷入京城。傅太后死，與元帝合葬。王莽掌權，挖開她的墓，毀掉隨葬的玉柙印璽，把棺材送回定陶埋葬。❼憧　通「沖」。❽丞　指縣丞。縣令的助手。據《漢書・外戚傳》載，挖傅太后墓時，「崩壓殺數百人」，未載洛陽丞臨棺聞臭而死事。❾丁后　定陶共王的妻子，哀帝的母親。哀帝繼位後封為皇太后，死後按太后禮儀送葬定陶，當時「貴震山東」。❿藏　指墓穴。⓫燒殺吏士數百人　事見《漢書・外戚傳》。⓬二　指死去的傅后和丁后二人。⓭猥　盛。⓮憤　悶；窒息。⓯歲凶　災荒之年。⓰倮　通「裸」。⓱微賤　指死人的身分低下。⓲驪山　山名。在陝西境。⓳二世　秦二世胡亥。⓴變神　變異及神怪的事情。

【語　譯】新朝王莽改葬漢元帝的傅后，打開棺材，取出玉柙印璽，把棺材送到定陶，以普通老百姓的禮儀埋葬了她。當打開棺材時，臭氣沖天，洛陽丞靠近棺材，聞到臭氣被毒死了。又改葬定陶共王丁后時，火從墓穴中噴出，燒殺吏士數百人。用卑下的禮儀改葬，又損壞奪取墓中的珍貴物品，傅后和丁后怨恨，所以發出臭氣、噴出火焰，用以傷害改葬的人。辨析說：臭氣沖天，是由於墓中多藏食物，腐爛後臭氣強烈，人不能忍受毒氣的窒息，這是不足為怪的。火從墓穴中噴射出來，這是奇怪的，但是不是丁后靈驗的表現啊。用什麼來證明呢？改葬與掘墓盜財相比，哪一個更令人痛恨呢？災荒之年，掘墓盜取死人衣物的，可用千萬統計，如果死人確實有知覺，別人奪走他的衣物，裸露他的屍骨，當時卻不能禁止，事後也不能報復。也許是死人的身分低下，不足以說明問題。秦始皇葬在驪山，秦二世末年，天下盜賊就挖了他的墳墓，秦始皇不能夠散發出臭氣和噴出火焰來殺一人。以天子這樣的尊貴，都不能顯示他的靈驗，丁后、傅后是婦人，怎能作怪呢？神怪現象的出現不只一次，又發生在不同的地方，看到了火焰、聞到臭氣，就說成是丁后、傅后的靈驗，那就錯了。

卷二二

紀妖篇第六十四

【題解】本篇對古籍記載的「師延鼓琴」、「趙簡子夢上天」、「趙襄子遇霍大山之神」、「星墜刻石」、「高祖斬白蛇」、「張良遇黃石老人」等迷信傳說進行辨析，說明人死了不變成鬼。例如關於殷紂王的琴師師延死後仍在彈琴的傳說，王充指出：師延「自投濮水，形體腐於水中，精氣消於泥塗」，根本不能再彈琴，正像屈原自沈於江，手已腐朽，不能再寫文章一樣。但是王充不能根本否定鬼神的存在，他提出了一個「妖象」的說法來強加解釋，認為各種神怪現象都是由陽氣構成的妖象。這些妖象與現實中真實的事物十分相似，它的出現是國家或者個人未來吉凶的徵兆。這樣一來，王充實際上替「有鬼論」找到了理論根據。

衛靈公❶將之晉，至濮水❷之上，夜聞鼓新聲❸者，說❹之，使人問之，左右皆報弗聞。召師涓❺而告之曰：「有鼓新聲者，使人問，左右盡報弗聞，其狀似鬼，子為我聽而寫之。」師涓曰：「諾。」因靜坐撫琴❻而寫之。明日報曰：「臣得之矣，然而未習❼，請更宿❽而習之。」靈公曰：「諾。」因復宿。明日已習，遂去之晉。晉平公❾觴❿之施夷⓫之臺，酒酣⓬，靈公起曰：「有新聲，願請奏以示公。」公曰：「善。」乃召師涓，令坐師曠⓭之旁，援琴鼓之。未終，曠撫而止之，曰：「此亡國之聲，不可遂⓮也。」平公曰：「此何道出？」師曠曰：「此師延⓯所作淫聲⓰，與紂為靡靡⓱之樂也。武王誅紂，懸之⓲白旄⓳，師延東走，至濮水而自投，故聞此聲者必於濮水之上。先聞此聲者其國削，不可遂也。」平公曰：「寡人所好者音也，子其使遂之。」師涓鼓究⓴之。

【章　旨】此章介紹衛靈公至濮水聞新聲及晉師曠對新聲的解釋。

【注　釋】❶衛靈公　春秋時衛國君主。❷濮水　古河名。今已淤塞，故道在今河南東北部和山東西南部。❸新聲　新曲。❹說　同「悅」。❺師涓　人名。衛靈公的樂師。❻撫琴　彈琴。❼習　熟練。❽更宿　再住一夜。❾晉平公　春秋時晉國君主。❿觴　盛酒器。酒杯之類，此作動詞用，請人喝酒的意思。⓫施夷　古地名。或為臺榭名。⓬酒酣　喝酒暢快。⓭師曠　人名。晉國有名的琴師。⓮遂　終。⓯師延　人名。商紂王的樂師。⓰淫聲　放蕩邪僻的音樂。⓱靡靡　頹廢。⓲之　指紂王的頭。⓳旄　古時旗桿上端用氂牛尾作的裝飾。⓴究　竟；終。

【語　譯】衛靈公將去晉國，經過濮水岸邊，夜晚聽到有人彈奏新的樂曲，非常高興，派人去詢問，身邊的人回答說沒有聽到。靈公叫樂師師涓前來告訴他這件事說：「有人彈奏新的樂曲，派人去詢問，身邊的人都回答沒有聽到，這情況似乎是鬼在奏樂，你為我聽聽把它摹寫下來。」師涓說：「好吧！」師涓於是坐下彈琴摹寫這種新的樂曲。第二天師涓回報說：「我已經掌握了這種新樂，然而還不太熟練，請允許再留住一夜以便熟練它。」靈公說：「好。」於是再住一夜。次日已經熟練了，於是就離開濮水前往晉國。晉平公在施夷臺上招待靈公飲酒，酒飲到暢快時，靈公起身說：「我有新樂，請允許奏給您聽。」平公說：「好。」就叫師涓前來，讓他坐在師曠的身旁，抱琴演奏新樂。新樂還沒有奏完時，師曠按住琴阻止彈奏，說：「這是亡國的音樂，不可以聽完。」平公說：「這曲子是從哪裡來的？」師曠說：「彈奏的曲子是師延所作的淫樂，是奏給紂王聽的靡靡之音。武王誅戮紂王，把紂王的頭懸在用白色犛牛尾作裝飾的旗桿上。師延向東逃走，到達濮水投水自殺，所以聽到這種新樂的人必定是在濮水岸邊。先聽到這種樂曲的人，他的國家將會衰弱下去，因此不可把這支曲子奏完。」平公說：「我所愛好的就是音樂，你應該讓他奏完這支曲子。」於是師涓奏完了這支曲子。

平公曰：「此所謂何聲也？」師曠曰：「此所謂清商❶。」公曰：「清商固最悲乎？」師曠曰：「不如清徵❷。」公曰：「清徵可得聞乎？」師曠曰：「不可！古之得聽清徵者，皆有德義之君也。今吾君德薄，不足以聽之。」公曰：「寡人所好者音也，願試聽之。」師曠不得已，援琴鼓之。一奏，有玄❸鶴二八從南方來，集於郎❹門之上危❺，再奏而列❻，三奏延❼頸而鳴，舒❽翼而舞。音❾中❿宮商之聲，聲徹⓫於天。平公大悅，坐者皆喜。

平公提觴而起，為師曠壽⓬，反坐而問曰：「樂莫悲於清徵乎？」師曠曰：「不如清角⓭。」平公曰：「清角可得聞乎？」師曠曰：「不可！昔者黃帝⓮合⓯鬼神於西大山⓰之上，駕象輿，六玄龍，畢方⓱并轄⓲，蚩尤⓳居前，風伯⓴進掃，雨師㉑灑道，虎狼在前，鬼神在後，蟲蛇伏地，白雲覆上，大合鬼神，乃作為清角。今主君德薄，不足以聽之。聽之，將恐有敗。」平公曰：「寡人老矣，所好者音也，願遂聽之。」師曠不得已而鼓之。一奏之，有雲從西北起，再奏之，風至，大雨隨之，裂帷㉒幕，破俎、豆㉓，墮㉔廊瓦，坐者散走。平公恐懼，伏於廊室。晉國大旱，赤地㉕三年。平公之身遂癃病㉖。何謂也㉗？

【章旨】此章介紹師曠為晉平公奏清徵、清角兩種樂曲的情況。

【注釋】❶清商 古樂調名。五音之一。古代以宮、商、角、徵、羽為五音。❷清徵 古樂調名。❸玄 黑色。❹郎 通「廊」。❺危 指屋脊。❻列 排列隊形。❼延 伸。❽舒 張開。❾音 指玄鶴的叫聲。❿中 合。⓫徹 通。⓬壽 祝賀。⓭清角 古樂調名稱。⓮黃帝 傳說中的古帝王。⓯合 召集。⓰西大山 山名。傳說中的山。⓱畢方 傳說中的神名。⓲轄 車轄。車軸兩端阻止車輪滑出的鍵。這裡指車的兩邊。⓳蚩尤 古代傳說中的九黎族的首領。⓴風伯 古代傳說中的風神。㉑雨師 古代傳說中的雨神。㉒帷 帷帳。㉓俎豆 皆為古代祭祀時用以盛祭品的器皿。㉔墮 落。㉕赤地 指大旱之年草木盡死，只剩下一片黃土。㉖癃病 四肢麻痹的病症。以上事見《韓非子・十過》、《史記・樂書》。㉗何謂也 這是王充的設問。

【語譯】晉平公說：「這是什麼樂曲呢？」師曠說：「這就是所說的清商樂曲。」平公說：「清商樂曲本就是樂曲中最悲哀動人的嗎？」師曠說：「清商不如清徵樂曲悲哀動人。」平公說：「清徵樂曲能演奏給我聽聽嗎？」師曠說：「不可！古代能聽清徵樂曲的，都是有德義的君主。現在您的道德不厚，不能聽這樣的樂曲。」平公說：「我所喜好的就是音樂，想聽聽試一試。」師曠沒有辦法，便抱琴演奏起來。當演奏頭一遍時，便有玄鶴十六隻從南方飛來，落在走廊門頂的屋脊上；當演奏第二遍時，玄鶴便排成跳舞的隊形；當演奏第三遍時，玄鶴伸長頸子鳴叫，並且張開雙翼跳起舞來。玄鶴的聲音符合宮、商的樂曲，響徹雲霄。平公聽了大為高興，在座的人也都非常歡喜。

平公舉杯起身，向師曠敬酒祝賀。回到座上問師曠說：「樂曲沒有比清徵更悲哀動人的了嗎？」師曠說：「清徵趕不上清角這種樂曲。」平公說：「清角這種樂曲能演奏給我聽聽嗎？」師曠說：「不可！往昔黃帝在西大山上會合鬼神時，他駕著象牙裝飾的車，由六條黑龍拖著，畢方神站在車旁，蚩尤居於前列，風神掃地開路，雨神滌除塵埃，前有虎狼保衛，後有鬼神跟隨，蟲蛇拜伏在地，白雲覆蓋在上。會合鬼神的宏大場面，才演奏清角這種樂曲。現在您的道德不厚，不能聽這種樂曲。假如聽了，將會遭到凶禍。」平公說：「我已經年老了，我所喜好的就是音樂，就讓我聽完它吧！」師曠沒有辦法，便演奏起來。當演奏頭一遍時，就有雲氣從西北方升起；當演奏第二遍時，就有大風吹來，大雨也跟隨而來，撕裂了帷幕，損壞了俎、豆，吹落了廊瓦，在座的人跑散了，平公恐懼，躲進廊下的小房。從此晉國遭到大旱，連續三年把晉國變成一片黃土，平公也患上了四肢麻痺的病症。以上這些情況該怎麼解釋呢？

曰：是非衛靈公國且削，則晉平公且病若❶國且旱之妖❷也。師曠曰「先聞此聲者國削」，二國❸先聞之矣。何知新聲非師延所鼓也❹？曰：師延自投濮水，形體腐於水中，精氣❺消於泥塗，安能復鼓琴？屈原❻自沈於江，屈原善著文，師延善鼓琴，如師延能鼓琴，則屈原能復書矣。楊子雲❼弔屈原，屈原何不報？屈原生時，文無不作，不能報子雲者，死為泥塗，手既朽，無用書也。屈原手朽無用書，則師延指敗❽無用鼓琴矣。孔子當❾泗水❿而葬，泗水卻⓫流，世謂孔子神⑫而能卻泗水。孔子好教授⑬，猶師延之好鼓琴也。師延能鼓琴於濮水之中，孔子何為不能教授於泗水之側乎？

【章　旨】此章辨析濮水新聲。

【注　釋】❶若　或者。❷妖　指凶兆。王充認為將發生災禍，事先就有凶兆表現出來。❸二國　指衛靈公和晉平公。衛、晉兩國的國君已經聽到了新聲，可這兩國並沒有削弱，可見並不是什麼「國削」的凶兆。❹何知新聲非師延所鼓也　王充再假設對方提出疑問。❺精氣　精神之氣。王充認為陰氣構成人的軀體，陽氣構成人的精神，所以稱「精氣」。❻屈原　戰國時期楚國的著名詩人。被讒流放，投汨羅江而死。❼揚子雲　揚雄。西漢後期著名思想家、文學家，曾作〈反離騷〉投於長江以弔屈原。❽敗　腐朽。❾當　臨；面對。❿泗水　河名。在今山東境，古泗水流經蘇北入淮。⓫卻　倒退。⓬神　神靈。⓭教授　聚徒講學。

【語　譯】辨析說：這不是衛靈公的國家將要衰落，晉平公將要得病或者是晉國將遭大旱的妖象。師曠說「先聽到這種新聲的國家就要削弱」，那麼這兩國的國君已經聽到了新聲，為什麼國家當時沒有削弱呢？怎麼知道新聲不是師延所彈奏的呢？辨析說：師延自己投濮水而死，形體在水中腐爛了，精氣也在泥土中消散了，怎麼能再彈琴呢？屈原投汨羅江而死，屈原長於寫文章，師延長於彈琴，如果師延能在水中彈琴，那麼屈原也應該能在江底寫文章了。揚子雲曾經寫文章投入江中悼念屈原，屈原為什麼不回報呢？屈原活著的時候，什麼文章都能寫，不能回報揚子雲的原因，是由於他死了變成泥土，手已經腐朽，沒有手用來書寫了。屈原的手腐朽沒有辦法書寫，那麼師延的指頭腐敗也就沒有辦法彈琴了。孔子死，靠近泗水安葬，泗水倒流，人們認為孔子神靈，能使泗水倒流。孔子愛好教學，如同師延喜好彈琴一樣。師延能在濮水中彈琴，孔子為什麼不能在泗水旁教學呢？

趙簡子❶病，五日不知人❷，大夫皆懼，於是召進扁鵲❸。扁鵲入視病，出，董安于❹問扁鵲，扁鵲曰：「血脈治❺也，而❻何怪？昔秦繆公❼嘗如此矣，七日悟❽。悟之日，告公孫支❾與子輿曰：『我之帝所，甚樂。吾所以久者，適❿有學也。帝告我晉國且大亂，五世⓫不安，其後⓬將霸，未老而死⓭，霸者之子⓮且令而⓯國男女無別⓰。』公孫支書而藏之，秦讖⓱於是出。晉獻公之亂⓲，文公之霸，襄公敗秦師於殽⓳而歸縱淫⓴，此子之所聞。今主君㉑之病與之同，不出三日，病必間㉒，間必有言也。」

居二日半，簡子悟，告大夫曰：「我之帝所，甚樂，與百神遊於鈞天㉓，廣樂九㉔奏萬舞㉕，不類三代㉖之樂，其聲動人心。有一熊欲援我，帝命我射之，中熊，熊死。有羆㉗來，我又射之，中羆，羆死。帝甚喜，賜我二笥㉘，皆有副㉙。吾見兒在帝側，帝屬我一翟㉚犬，曰：『及而子之長也，以賜之。』帝告我：『晉國且衰，七世㉛而亡，嬴姓㉜將大敗周人㉝於范魁㉞之西，而亦不能有也。今余將思虞舜之勳，適㉟余將以其胄㊱女孟姚㊲配而七世之孫。』」董安于受言而書藏之，以扁鵲言告簡子。簡子賜扁鵲田四萬畝。

【章旨】此章述趙簡子夢遊鈞天之事。

【注釋】❶趙簡子　趙鞅。春秋末年晉國大夫。❷不知人　不省人事；昏迷不醒。❸扁鵲　傳為黃帝時良醫名。此指春秋末鄭人。姓秦，名越人。因其醫術高明，故亦稱之為「扁鵲」。❹董安于　趙簡子的下屬。❺治　正常。❻而　你。❼秦繆公　即秦穆公。春秋時秦國君主。❽悟　醒。❾公孫支　春秋時秦國大夫。又作「公孫枝」。❿適　恰好。⓫五世　指驪姬之亂引起的晉室不寧。晉獻公惑於驪姬逼死太子申生，隨後奚齊、卓子、惠公、懷公又相繼爭奪君位。⓬後　後代。指公子重耳，即晉文公，他晚期成為中原霸主。⓭未老而死　指晉文公壽命不長。重耳六十二歲回國，即位九年，實際上死時已年逾七十歲，不為「未老」。⓮霸者之子　指晉文公的兒子晉襄公。⓯而　你。指秦穆公。⓰男女無別　指縱欲淫亂。為什麼晉襄公會使秦國男女無別，史無明載。唯《穀梁傳‧僖公三十三年》載：「秦越千里之險，入虛國（指滅滑），進不能守，退敗其師徒，亂人子女之教，無男女之別，秦之為狄，自殽之戰始也。」⓱讖　讖言；預言吉凶的記載。⓲晉獻公之亂　即驪姬之亂。晉獻公寵幸驪姬，驪姬想立自己的兒子奚齊為太子，便讒害太子申生，導致晉室內部較長時間的動亂。晉獻公，春秋時晉國君主。⓳殽　殽山。在今河南西北部，襄公元年，晉國在此打敗秦國。⓴縱淫　縱欲淫亂。㉑主君　指趙簡子。㉒間　此指病癒。㉓鈞天　天的中央。㉔九　表多數。㉕萬舞　大舞。㉖三代　指夏、商、周。㉗羆　熊的一種。㉘笥　盛物的竹器。㉙副　補充備用的笥。㉚翟　通「狄」。古代北方的少數民族。㉛七世　七代。指晉定公、出公、哀公、幽公、烈公、考公、靜公。㉜嬴姓　即趙氏。趙氏的祖先姓嬴。㉝大敗周人　指後來趙成侯伐衛，侵佔衛國七十三邑。周人，指衛人。衛國的祖先康叔為周武王的同母弟，封於衛。㉞范魁　古地名。㉟適　恰好。㊱冑　後裔。㊲孟姚　人名。姚為舜的姓。

【語譯】趙簡子患病，五天不省人事，大夫們都害怕，於是請來良醫扁鵲。扁鵲入室看病出來，董安于問扁鵲關於趙簡子的病情，扁鵲說：「病人的血脈很好，你驚惶什麼呢？當初秦穆公也曾出現這種情況，過了七天才醒來。醒來的當天，他對公孫支和子輿說：『我到了上帝住的地方，非常高興。我所以在那兒停留很久，是因為正好遇上了求教的機會。上帝告訴我，晉國將要發生大亂，五代不得安寧，往後將出現霸主，但是壽命不長，他的兒子將會使秦國發生淫亂的事情。』公孫支記下了這件事，而且把它收藏起來，秦國的讖言就從這裡出現了。晉獻公的驪姬之亂，晉文公的成就霸業，晉襄公在殽山打敗了秦軍，回來以後縱欲淫亂，這些都是你所知道的事情。現在主君的病與秦穆公相同，不超過三日，病必定會有好轉，病好轉以後，一定會有話要說的。」

過了兩天半，趙簡子醒過來，告訴大夫說：「我到了上帝住的地方，非常高興，同眾多神靈在天的中央巡遊，宏壯的音樂配合大舞多次演奏，不像三代的音樂，聲音至為動人。有一隻熊前來抓我，上帝要我射熊，射中了熊，熊死了。又有羆出現，我又射羆，射中了羆，羆死了。上帝很高興，賜給我兩口竹箱，還附有備用的竹箱。我看見一個小孩在上帝身邊，上帝託付我一隻翟犬，說：『等到你的兒子長大以後，就把這隻翟犬送給他。』上帝還告訴我：『晉國將要衰敗，經過七代就要滅亡，姓嬴的將在范魁西邊大敗周人，但也不能佔有它。我現在思念舜的功德，正要將他的後代女兒孟姚配給你的七世孫。』」董安于聽了趙簡子的話，把它記下收藏起來，並把扁鵲的話告訴趙簡子。趙簡子賜給扁鵲田四萬畝。

他日，簡子出，有人當道，辟❶之不去，從者將拘❷之。當道者曰：「吾欲有謁於主君。」從者以聞，簡子召之，曰：「嘻！吾有所見子晰❸也。」當道者曰：「屏❹左右，願有謁。」簡子屏人。當道者曰：「日者❺主君之病，臣在帝側。」簡子曰：「然，有之。子見我何為？」當道者曰：「帝令主君射熊與羆，皆死。」簡子曰：「是何也？」當道者曰：「晉國且有大難，主君首之❻。帝令主君滅二卿❼，夫❽熊羆皆其祖也。」簡子曰：「帝賜我二笥，皆有副，何也？」當道者曰：「主君之子❾將克二國❿於翟，皆子姓也。」簡子曰：「吾見兒在帝側，帝屬我一翟犬，曰『及而子之長以賜之』。夫兒何說以賜翟犬？」當道者曰：「兒，主君之子也。翟犬，代之先⓫也。主君之子，且必有代。及主君之後嗣⓬，且有革政⓭而胡服⓮，併二國⓯於翟。」簡子問其姓而延⓰之以官。當道者曰：「臣野人，致⓱帝命。」遂不見。是何謂也？

【章　旨】此章為當道人解釋趙簡子神遊鈞天的內容。

【注　釋】❶辟　除；驅逐。❷拘　捕。❸子晰　人名。❹屏　退避。❺日者　前些時候。❻首之　指首遭其亂。❼二卿　指晉國的中行文子和范昭子。這兩家後來被趙簡子打敗。❽夫　彼；那。❾主君之子　指趙無恤。即趙襄子。❿二國　指代國和知氏領地。後來趙襄子聯合韓、魏共同滅了知伯，並瓜分其地。⓫先　祖先。⓬後嗣　後代的繼承人。指趙武靈王。⓭革政　改革政治。⓮胡服　此指穿胡人服裝，以便於騎射。⓯二國　指「中山」和「胡地」。⓰延　請。⓱致　傳達。

【語　譯】有一天，趙簡子外出，有人擋著道路，驅趕也不走開，跟隨的人將逮捕他。擋道的人說：「我有事想要拜見君主。」跟隨的人把這事告訴趙簡子，簡子召見，說：「嘻！這是我在夢中見到過的子晰啊。」擋道的人說：「您請左右的人避開，我有事想拜見。」簡子要左右的人避開。擋道的人說：「前些時候您在病中神遊鈞天，我在上帝的身旁。」簡子說：「是這樣，有這麼回事。您要見我有何事呢？」擋道的人說：「上帝命令您射熊與羆都射死了。」簡子說：「這意味著什麼呢？」擋道的人說：「晉國將會發生大難，您首當其衝。上帝命令您消滅晉國的二卿，那熊和羆都是他們的祖先啊。」簡子說：「上帝賜給我兩口竹箱，都有備用的，這是什麼意思呢？」擋道的人說：「您的兒子將在翟地攻克兩個國家，它們都是姓子的。」簡子說：「我看到一個小孩在上帝身邊，上帝託付我一隻翟犬，說『等你的小孩長大成人把翟犬交給他』。把翟犬交給孩子是什麼意思？」擋道的人說：「那個小孩，就是您的兒子。翟犬，就是代國的祖先。您的兒子，將來必然擁有代國。等到您後代的某個繼承人在位時，將有改革政治和穿著胡服的重大措施，在翟地兼併這兩個國家。」簡子詢問擋道人的姓名並想賜給他官位。擋道的人說：「我是個鄉下人，是為傳達上帝的命令而來的。」說完就不見了。以上的這些情況當作何解釋呢？

曰：是皆妖也。其占❶皆如當道者言所見於帝前之事。所見當道之人，妖人也。其後晉二卿范氏、中行氏作亂，簡子攻之，中行昭子、范文子❷敗，出奔齊。始，簡子使姑布子卿❸相❹諸子，莫吉，至翟婦之子無恤，以為貴。簡子與語，賢之。簡子募❺諸子曰：「吾藏寶符於常山❻之上，先得者賞。」諸子皆上山，無所得。無恤還曰：「已得符矣。」簡子問之，無恤曰：「從常山上臨代❼，代可取也。」簡子以為賢，乃廢太子❽而立之。簡子死，無恤代，是為襄子。襄子既立，誘殺代王❾而併其地。又併知氏之地。後取空同戎❿。自簡子後，七世至武靈王⓫，吳廣⓬入其女娃嬴⓭，孟姚⓮也。其後，武靈王遂取中山⓯，併胡地⓰。武靈王之十九年，更為胡服，國人化之。皆如其言，無不然者。蓋妖祥⓱見於兆⓲，審矣，皆非實事。吉凶之漸⓳，若天告之。何以知天不實告之也？以當道之人在帝側也。夫在天帝之側，皆貴神也，致帝之命，是天使者也。人君之使，車騎備具，天帝之使，單身當道，非其狀也。天官百二十⓴，與地之王者無以異也。地之王者，官屬備具，法象天官，稟取制度。天地之官同，則其使者亦宜鈞㉑。官同人異者，未可然也。

【章　旨】此章為王充解釋趙簡子神遊的內容。

【注　釋】❶占　預言。❷中行昭子范文子　據《左傳・定公十三年》應作「中行文子」、「范昭子」。❸姑布子卿　姓姑布，字子卿。看相的人。❹相　看相。❺募　召集。❻常山　即恆山。在今河北境。❼代　即代國。在常山之北。❽太子　指原立的太子伯魯。❾誘殺代王　趙襄子一次宴請代王，當場把代王打死，隨後佔領代地。❿空同戎　古代少數民族。即居於崆峒山的戎族。「後取空同戎」一句，《史記・趙世家》作「其後娶空同氏，生五子」。⓫武靈王　趙武靈王。戰國時趙國君主。⓬吳廣　人名。傳為舜的後裔。⓭娃嬴　人名。吳廣的女兒，被獻給武靈王做夫人。⓮孟姚　即娃嬴。⓯中山　中山國。在今河北境。⓰胡地　在今山西北部、內蒙古一帶。⓱妖祥　指吉凶。⓲兆　徵兆。指趙簡子夢遊一事。⓳漸　苗頭。⓴天官百二十　漢代有學者認為天上有一百二十種官，古代天子置三公、九卿、二十七大夫、八十一元士，共一百二十官，就是模仿天官的。㉑鈞　同「均」。

【語　譯】辨析說：這些都屬於妖象啊。那些妖象預示的內容，完全和擋道者所說的在上帝面前看到的事情一樣。趙簡子所見到的擋道的人，就是妖人。後來晉國二卿范氏、中行氏作亂，簡子攻打他們，中行文子、范昭子失敗，出逃到齊國。當初，趙簡子要姑布子卿為他的幾個兒子看相，前面看的幾個沒有一個吉利的，看到翟夫人生的趙無恤，才認為他的面相富貴。趙簡子和無恤談話，了解他有才幹，於是很器重他。趙簡子召集他的兒子們說：「我在常山上收藏了寶符，你們誰先得到它有獎賞。」兒子們都上山搜尋，一無所獲。趙無恤回報說：「我已經得到符了。」簡子問他，無恤說：「從常山的高處臨視代國，代國可以拿到手。」簡子以趙無恤賢能，就廢掉了原立的太子，立他為太子。趙簡子死，無恤接替君位，這就是趙襄子。襄子已立為國君，在一次宴會上誘殺了代王，兼併了他的領地。接著又兼併了知氏的領地。後來娶了空同戎族的女兒做夫人。從趙簡子之後算起，經過七代傳到武靈王，吳廣把他的女兒娃嬴獻給武靈王做夫人，這就是上帝說過的孟姚。後來趙武靈王就攻取了中山國，兼併了胡地。武靈王在位的第十九年，更換胡人服裝，國內的人也習慣了這種服裝。所有這些史事都如同趙簡子神遊中上帝對他說的一樣，沒有不相符合的情況。大概這是吉凶通過一些徵兆表現出來，是很明顯的了，神遊中遇上的都不是真實的情況。吉凶的苗頭，好像是上天在預告簡子，實際並不是如此。根據什麼知道上天不是用實事預告簡子呢？根據擋道的人在上帝身旁這點就可以判斷出來。那在上帝身旁的，都應該是些尊貴的神靈，傳達上帝命令的，這是上帝的使者啊。作為國君的使者外出，車馬都很完備，作為上帝的使者，單獨一人擋著道路，這不像上帝使者的樣子。天上有一百二十個官，與地上君主設的官應沒有什麼不同。地上的國君，各級官吏都設得齊備，效法天官的數目，承受天的制度。天上、地上的設官既然相同，那麼使者也應該一樣。天地官制相同而使者又不同，不能認為是正確的啊！

何以知簡子所見帝非實帝也？以夢占❶知之。樓臺山陵，官位之象❷也。人夢上樓臺、升山陵，輒❸得官位。實樓臺山陵非官位也，則知簡子所夢見帝者非天帝也。人臣夢見人君，人君必不見，又必不賜。以人臣夢占之，知帝賜二笥、翟犬者，非天帝也。非天帝，則其言與百鬼遊於鈞天，非天也。魯叔孫穆子❹夢天壓己者，審然，是天下至地也。至地，則有樓臺之抗❺，不得及己。及己，則樓臺宜壞。樓臺不壞，是天不至地。不至地，則不得壓己。不得壓己，則壓己者，非天也，則天之象也。叔孫穆子所夢壓己之天非天，則知趙簡子所遊之天非天也。

或曰：人亦有直夢[6]，見甲，明日則見甲矣；夢見君，明日則見君矣。曰：然。人有直夢，直夢皆象[7]也，其象直耳。何以明之？直夢者，夢見甲，夢見君，明日見甲與君，此直也。如問甲與君，甲與君則不見也。甲與君不見，所夢見甲與君者，象類之也。乃甲與君象類之，則知簡子所見帝者象類帝也。且人之夢也，占者謂之魂行。夢見帝，是魂之上天也。上天猶上山也。夢上山，足登山，手引木，然後能升。升天無所緣[8]，何能得上？天之去人以萬里數，人之行日百里，魂與體形俱，尚不能疾，況魂獨行，安能速乎？使魂行與形體等，則簡子之上下天，宜數歲乃悟，七日輒覺，期何疾也！

夫魂者，精氣也。精氣之行與雲煙等，案雲煙之行不能疾。使魂行若蜚[9]鳥乎？行不能疾。人或夢蜚者，用魂蜚也，其蜚不能疾於鳥。天地之氣尤疾速者，飄風[10]也。飄風之發，不能終一日。使魂行若飄風乎？則其速不過一日之行，亦不能至天。人夢上天，一臥之頃也，其覺，或尚在天上，未終下也。若人夢行至雒陽[11]，覺，因從雒陽悟矣。魂神[12]蜚馳何疾也！疾則必非其狀，必非其狀則其上天非實事也，非實事則為妖祥矣。夫當道之人，簡子病見於帝側，後見當道象人而言，與相見帝側之時，無以異也。由此言之，臥夢為陰候[13]，覺為陽占[14]，審矣。

【章旨】此章進一步辨析趙簡子的夢境神遊，認為夢中見帝不是真帝，夢中上天不可能靈魂上天，夢中所遇一切都是虛象。

【注釋】❶占 預測。❷象 象徵。❸輒 往往。❹叔孫穆子 即叔孫豹。春秋時魯國大夫。事見《左傳・昭公四年》。❺抗 頂住。❻直夢 在現實中有直接應驗的夢。❼象 虛象。❽緣 攀。❾蜚 通「飛」。❿飄風 狂疾大風。⓫雒陽 同「洛陽」。⓬魂神 精神。⓭陰候 夢中出現的徵兆。⓮陽占 醒時遇上的徵兆。

【語譯】根據什麼知道趙簡子所見到的天帝不是真實的天帝呢？根據夢中的預測就能判斷這點。樓臺山陵，只是官位的一種象徵。人們夢見走上樓臺、升上山陵，往往能得到官位。實際上樓臺、山陵並不是官位本身，那麼也就知道趙簡子所夢見的天帝不是真實的天帝。臣子在夢中見到君主，可君主肯定沒有在夢中見到臣子，也肯定沒有給臣子以賞賜。根據臣子的夢來判斷趙簡子夢中的事，就知道所謂天帝賜給簡子兩口竹箱和翟犬，並不是真實的天帝。既然不是真實的天帝，那麼他說的與百鬼在天上巡遊，也就不是真正的天了。魯國叔孫穆子夢見天塌下來壓到自己，假使真的這樣，是天塌到地上了。塌到地上，那麼有樓臺頂住，也壓不到自己。假如壓到自己，那麼樓臺應該壓壞。既然樓臺未壞，說明天並沒有塌到地上。天沒有塌到地上，那麼也就不能壓到自己。不能壓到自己，那麼所謂壓自己的，也就不是天，而是天的虛象。叔孫穆子所夢的壓自己的天並不是天，那麼可知趙簡子所巡遊的天，也就不是天啊。

有人說：人們作夢也有直接應驗現實的夢，譬如夢見某人，明日果就見到某人了；夢見國主，明日果就見到君主了。辨析說：是這樣。人們的夢有直接應驗的，就是直接應驗的夢，也都是虛象啊，這種虛象不過是直接應驗的罷了。用什麼來證明它呢？直接應驗的夢，夢見某人，夢見國君，明天果見到某人與君主，這就是所謂直接應驗啊。但是如果問一問某人與君主是否也在夢中見到了自己，某人與君主卻沒有夢見。既然某人與君主沒有夢見，那麼所夢見的某人與君主，也就只是虛象類似他們啊。既然只是某人與君主的虛象類似，那麼就可以判斷趙簡子所見到的天帝也只是虛象類似天帝啊。況且人們的作夢，占卜的人認為是靈魂在行走。夢見天帝，是靈魂上了天。上天如同上山一樣啊。夢見上山，腳要登山，手要攀著樹木，然後才能上升。可是升天並沒有什麼可供攀緣的東西，怎麼能上呢？況且天與人相距以萬里統計，而人的行走，每天只能走上百里，靈魂和形體在一起，行走尚且不能太快，何況靈魂單獨行走，怎麼能走得很快呢？即使靈魂單獨行走的速度和人的形體行走的速度相等，那麼趙簡子夢中的上天和下地，也應該幾年以後才能醒悟，而現在卻只花七天就醒來了，往返的時間如此之短，他怎麼跑得這麼快呢？

靈魂這東西，其實就是精氣構成的。精氣運行的速度與雲煙流動的速度相等。考察雲煙的流動，說明靈魂的行走也是不能快的。即使靈魂的行走有像飛鳥那樣飛得快，靈魂的行走也不能算快。人有時夢見自己在飛行，是用靈魂飛行的，它飛行的速度不能比鳥快。天地之間的氣流行得最快的，算是飄風。可飄風一旦颳起，也不能颳一整天。即使靈魂的行走有如飄風那麼迅速，那麼它走得再快也不過走一天就結束，也不能到達天上。人夢上天，不過睡一覺那樣很短的時間，當夢醒時，可能還感到留在天上，沒有最終下到地面來啊。好像有人作夢走到洛陽，醒來的時候，因而感到是從洛陽醒來的了。趙簡子的靈魂飛馳怎麼如此迅速呢！迅速就肯定不符合上天的情況，肯定不符合上天的情況，那麼他的上天就不是實事啊，既然不是實事，那麼所謂上天就是妖象徵兆了。那個擋道的人，趙簡子病中看到他在天帝的身旁，後來又看到他擋道，像人的模樣而且說話，與在天帝身旁見到他的時候，沒有什麼不同啊。從這些情況說來，睡夢出現的徵兆算是「陰候」，醒時遇上的徵兆算是「陽占」了。是非常明確的。

趙襄子既立，知伯❶益驕，請地韓、魏，韓、魏予之。請地於趙，趙不予。知伯益怒，遂率韓、魏攻趙襄子。襄子懼，乃奔保晉陽❷。原過❸從，後，呈於王澤❹，見三人，自帶❺以上可見，自帶以下不可見。予原過竹二節，莫通，曰：「為我以是遺❻趙無恤。」既至，以告襄子。襄子齊❼三日，親自剖竹，有赤書曰：「趙無恤，余霍太山山陽侯，天使也。三月丙戌，余將使汝滅知氏，汝亦祀我百邑❽，余將賜汝林胡❾之地。」襄子再拜，受神之命。是何謂也？

曰：是蓋襄子且勝之祥也。三國❿攻晉陽歲餘，引汾水⓫灌其城，城不浸者三板⓬。襄子懼，使相⓭張孟談⓮私於韓、魏，韓、魏與合謀，竟以三月丙戌之日，反滅知氏，共分其地。蓋妖祥之氣象人之形，稱霍太山之神，猶夏庭之妖象龍，稱褒之二君⓯，趙簡子之祥象人，稱帝之使也。何以知非霍太山之神也？曰：大山，地之體，猶人有骨節，骨節安得神？如大山有神，宜象大山之形。何則？人謂鬼者死人之精，其象如生人之形。今大山廣長不與人同，而其精神不異於人。不異於人，則鬼⓰之類人。鬼之類人，則妖祥之氣⓱也。

【章旨】此章辨析趙襄子得到的吉祥徵兆。

【注釋】❶知伯　指荀瑤。趙鞅死，繼為晉國的執政大夫。❷晉陽　古地名。在今山西境。❸原過　人名。趙襄子的下屬。❹王澤　古地名。在今山西境。❺帶　腰帶。❻遺　贈送。❼齊　通「齋」。齋戒。❽百邑　古地名。在今山西境。❾林胡　古代胡族的一支。地處今山西、內蒙古境。❿三國　指韓、魏、知氏。⓫汾水　今山西汾河。⓬板　用以築牆封土的板。⓭相　官名。⓮張孟談　人名。⓯褒之二君　傳說夏朝將亡，宮庭中出現兩條龍相鬥，自稱是褒國的兩個君主。見《史記・周本紀》。

⑯鬼 王充本不相信人死變鬼，但他相信有所謂陽氣變成的妖象，此處可能指妖象。⑰妖祥之氣 指形成吉祥徵兆的陽氣。

【語譯】趙襄子已立為卿，知伯更加驕橫，向韓、魏兩卿索取土地，韓、魏給了土地，向趙索取土地，趙襄子不給。知伯更是發怒，於是率領韓、魏攻打趙襄子。趙襄子畏懼，就出奔保守晉陽。原過跟隨趙襄子，落在襄子的後面，走到王澤時，看見三人，這三人腰帶以上的部分看得清楚，而腰帶以下的部分卻不能看見。他們給了原過兩節長的竹子，竹節不通，他們說：「替我把竹子贈送給趙無恤。」原過趕上了趙襄子，把這事情告訴他。襄子齋戒三天，親自剖開竹節，其中有赤色書信，說：「趙無恤，我是霍太山山陽侯，充作天帝的使者來向你通報。三月丙戌這天，我將使你滅掉知氏，你要用百邑之地來祭祀我，我將賜給你林胡族的領地。」襄子拜了兩拜，接受了神的命令。這是什麼意思呢？

辨析說：這大概是趙襄子將取得勝利的吉祥徵兆啊。三國共攻晉陽一年多，導引汾水灌城，城只差三板的高度就要淹沒。襄子畏懼，派相張孟談與韓、魏暗中溝通，韓、魏與趙共同謀劃，終於在三月丙戌這天，反而滅掉了知氏，共同瓜分了他的領地。大概妖祥一類的氣可以構成像人的形貌，自稱是霍太山的神靈，就好像夏朝末年宮庭中出現兩條龍，自稱是褒國的兩個君主一樣，趙簡子的吉祥之兆像人的形貌，自稱是天帝的使者。憑什麼知道那不是霍太山的神靈呢？我說：大山，是大地的一體，就好像人有骨節，骨節怎麼會變成神靈呢？假如大山有神靈，應該像大山的形貌。為什麼呢？人們說鬼是死人的精神變成的，它的相貌如同活人的形貌。現在大山寬長，不與人的形貌相同，然而它的精神卻和人沒有一點不同。既然與人沒有什麼不同，那麼就不是山神，而應是鬼類似人的樣子。既然是鬼類似人的樣子，那就是構成妖祥的陽氣啊！

秦始皇帝三十六年，熒惑❶守❷心❸，有星墜下，至地為石。民或刻其石曰：「始皇死而地分。」始皇聞之，令御史❹逐問，莫服，盡取石旁家人誅之，因燔❺

其石。秋，使者從關東⑥夜過華陰⑦平舒⑧，或有人持璧遮使者，曰：「為我遺鎬池君⑨。」因言曰：「今年祖龍⑩死。」使者問之，因忽不見，置其璧去。使者奉璧具以言聞，始皇帝默然良久，曰：「山鬼不過知一歲事。」乃言曰：『祖龍』者，人之先也。」使御府⑪視璧，乃二十八年行⑫渡江所沈璧也。明⑬三十七年，夢與海神戰，如人狀⑭。是何謂也？

曰：皆始皇且死之妖也。始皇夢與海神戰，恚⑮怒，入海，候神，射大魚，自琅邪⑯至勞⑰、成山⑱不見。至之罘山⑲，還見巨魚，射殺一魚，遂旁海西至平原津⑳而病，到沙丘㉑而崩㉒。當星墜之時，熒惑為妖，故石旁家人刻書其石，若或為之㉓，文曰「始皇死」，或教之也。猶世間童謠，非童所為，氣㉔導之也。

【章旨】此章辨析秦始皇死前的種種徵兆，實皆妖氣所構成。

【注釋】①熒惑　即火星。②守　靠近。有侵犯之意。③心　星宿名稱，二十八宿之一。古人以為熒惑星侵犯心星宿是不吉利的徵兆。④御史　官名。主管糾察。⑤燔　燒。⑥關東　指函谷關以東。⑦華陰　古地名。今陝西華陰。⑧平舒　古地名。⑨鎬池君　指鎬池水神。鎬池，古地名。在今陝西西安附近。⑩祖龍　指秦始皇。⑪御府　掌管製造和供應宮廷服飾的機構。⑫行　巡遊。⑬明　指明年、次年。⑭如人狀　以上事見《史記・秦始皇本紀》。⑮恚　恨。⑯琅邪　山名。⑰勞　即今嶗山。⑱成山　又名「榮成山」。與上琅邪、勞二山皆在今山東境。⑲之罘山　在今山東境。⑳平原津　古黃河渡口名。在今山東境。㉑沙丘　古地名。在今河北境。㉒崩　古稱天子死。以上事見《史記・秦始皇本紀》。㉓若或為之　指似有人指使作的，不是出於刻者的有意為之。㉔氣　指陽氣。王充以為童謠也不是出於兒童的有意為之，是陽氣所構成的妖象誘導而成。

【語譯】秦始皇三十六年，熒惑星侵犯心星宿，有流星落下，落到地面變成石頭。當地百姓有人在石頭上刻字說：「始皇死而地分。」秦始皇聽到，要御史追查，沒有人承認，於是把石頭旁邊居住的百姓全部誅滅，接著焚毀了石頭。那年秋天，朝廷使者從關東來，晚上經過華陰平舒，有人拿著璧攔住使者，說：「替我送給鎬池君。」接著說：「今年祖龍死。」使者想問個明白，於是忽然不見，只是留下璧而離開。使者獻上璧，並把事情經過詳細地報告秦始皇，始皇帝沈默好久，說：「山鬼只不過預知一年的事。」於是說：「所謂『祖龍』，是人類的祖先啊。」派御府的人考察這塊璧，卻是秦始皇二十八年南行渡江所沈的一塊璧啊。次年為秦始皇三十七年，又夢見與海神作戰，海神像人的樣子。這是什麼意思呢？

辨析說：都是秦始皇將死的妖象啊。秦始皇夢見自己與海神作戰，十分惱怒，巡遊到大海邊，等候象徵海神的大魚出現以便射殺。從琅邪到勞山、成山，都沒有見到大魚。到達之罘山，回頭見到大魚，射殺一條。於是沿著海邊往西走到達平原津，始皇就生病了，到達沙丘就死了。當流星墜落的時候，熒惑星造成的妖氣作怪，所以在石頭旁居住的人在那石頭上刻寫，好像有什麼力量推動人這麼刻的，刻文是「始皇死」，好像有什麼東西教人這麼寫的。如同世間出現童謠，並不是兒童有意這麼唱出來的，是由妖氣誘導他們唱的。

凡妖之發，或象人為鬼❶，或為人象鬼而使❷，其實一也。晉公子重耳失國❸，乏食於道，從耕者乞飯。耕者奉塊土以賜公子，公子怒。咎犯❹曰：「此吉祥，天賜土地也。」其後公子得國復土，如咎犯之言。齊田單❺保即墨❻之城，欲詐❼燕軍，云天神下助我。有一人前曰：「我可以為神乎？」田單卻走再拜事之，竟以神下之言聞於燕軍。燕軍信其有神，又見牛若五彩❽之文，遂信畏懼，軍破兵北❾。田單卒勝，復獲侵地。此人象鬼之妖也。使者過華陰，人持璧遮道，委❿璧而去。妖鬼象人之形也。夫沈璧於江，欲求福也。今還璧，示不受物，福不可得也。璧者，象前所沈之璧，其實非也。何以明之？以鬼象人而見，非實人也。人見鬼象生存之人，定問生存之人，不與己相見，妖氣象類人也。妖氣象人之形，則其所賫⓫持之物，非真物矣。祖龍死，謂始皇也。祖，人之本；龍，人君之象也。人物類，則其言禍亦放⓬矣。

【章　旨】此章辨析像人形的鬼與人作鬼之事，這兩種現象都是妖氣所成。

【注　釋】❶凡妖之發二句　意思是本為妖，卻以人的面貌出現。❷或為人象鬼而使　意思是本為人，卻從事妖的活動。❸晉公子重耳失國　晉公子重耳因驪姬之亂逃亡到國外。❹咎犯　重耳的舅舅狐偃。❺田單　戰國時齊國的軍事將領。❻即墨　古地名。在今山東境，當時屬於齊國領地。燕軍進攻齊國，田單保守即墨，出奇兵打敗燕軍，恢復了失地。❼詐　欺騙。❽五彩　青、赤、黃、白、黑五色。據《史記・田單列傳》載：「田單乃收城中得千餘牛，為絳繒衣，畫以五彩龍文，束兵刃於其角，而灌脂束葦於尾，燒其端。鑿城數十穴，夜縱牛，壯士五千人隨其後。牛尾熱，怒而奔燕軍，燕軍大驚。牛尾炬火光明炫耀，燕軍視之皆龍文，所觸盡死傷。五千人因銜枚擊之，而城中鼓譟從之，老弱皆擊銅器為聲，聲動天地。燕軍大駭，敗走。」田單可謂出奇制勝。❾北　敗。❿委　棄；放置。⓫賫　攜帶。⓬放　通「仿」。相似。

【語　譯】大凡妖象的出現，有的是像人形的鬼，有的是人，卻從事鬼的活動，它們實際上是相同的。晉公子重耳出國流亡，在路途絕糧，向農民討飯，農民便抱一塊土給公子，公子很生氣。咎犯說：「這是吉祥徵兆，是天賜給土地啊。」後來公子重耳回到晉國擁有了國土，像咎犯說的一樣。齊國田單與燕作戰，保守即墨城，想欺騙燕軍，說天神下來助我。有一士卒走上前說：「我可以作神嗎？」田單退走拜了兩拜恭敬侍奉，終於把神從天上下來幫助齊國的話傳到了燕軍耳裡。燕軍相信齊軍有神靈幫助，又看到牛好像披上了五彩花紋，於是真的害怕起來，燕軍被攻破，士兵逃走。田單終於取得勝利，恢復了被燕軍侵佔的土地。這是人從事鬼妖的活動。使者經過華陰，有人拿著璧擋道，放下璧離開了，這是像人形狀的妖鬼啊！原來把璧拋到江裡，是想向水神求福。現在把璧歸還給秦始皇，表示水神不接受禮物，說明秦始皇得不到福啊。那塊璧，只是像過去所沈的璧，其實並不是那塊璧。用什麼證明它呢？根據鬼像人的樣子出現，並不是真實的人一樣。有人看見鬼好像活著的某個人，一定會去問這個活著的人，可是這個活著的人並沒有與自己相見，這就是妖氣變成的虛象像人啊。妖氣的虛象像人的樣子，那麼他所攜帶的東西，自然不是真實的東西了。「祖龍死」，說的是秦始皇啊。「祖」，是人的根本（始）；「龍」，是君主的象徵（皇）。所謂持璧的人和璧，都是一種類似人和璧的虛象，那麼所預言的「祖龍死」這樣的災禍，也就是比方秦始皇要死了。

漢高皇帝以秦始皇崩之歲，為泗上亭長❶，送徒❷至驪山❸。徒多道亡，因縱❹所將❺徒，遂行不還。被酒，夜經澤中，令一人居前。前者還報曰：「前有大蛇當道，願還。」高祖醉，曰：「壯士行，何畏！」乃前，拔劍擊斬蛇，蛇遂分兩。徑❻開，行數里，醉因臥。高祖後人至蛇所，有一老嫗❼夜哭之。人曰：「嫗何為哭？」嫗曰：「人殺吾子。」人曰：「嫗子為何見殺？」嫗曰：「吾子，白帝❽子，化為蛇當徑。今者，赤帝子斬之，故哭。」人以嫗為妖言，因欲笞❾之，嫗因忽不見。何謂也？

曰：是高祖初起威勝之祥⑩也。何以明之？以嫗忽然不見也。不見，非人，非人則鬼妖矣。夫以嫗非人，則知所斬之蛇非蛇也。云白帝子，何故為蛇夜而當道？謂蛇白帝子，高祖赤帝子，白帝子為蛇，赤帝子為人。五帝皆天之神也，子或為蛇，或為人。人與蛇異物，而其為帝同神，非天道也。且蛇為白帝子，則嫗為白帝后乎？帝者之后，前後宜備⑪，帝者之子，官屬宜盛。今一蛇死於徑，一嫗哭於道，云白帝子，非實，明矣。夫非實則象，象則妖也，妖則所見之物皆非物也，非物則氣也。高祖所殺之蛇非蛇也，則夫鄭厲公⑫將入鄭之時，邑⑬中之蛇與邑外之蛇鬥者非蛇也，厲公將入鄭，妖氣象蛇而鬥也。鄭國鬥蛇非蛇，則知夏庭二龍為龍象⑭，為龍象，則知鄭子產⑮之時龍戰⑯非龍也。天道難知，使非，妖也；使是，亦妖也。

【章　旨】此章辨析高祖斬蛇之事，認為這是妖氣形成的吉祥徵兆。

【注　釋】❶亭長　官名。掌追捕盜賊。亭，秦漢時地方行政單位。十里一亭，亭有亭長。❷徒　指服役的人。❸驪山　在今陝西西境。❹縱　放走。❺將　領。❻徑　小路；路。❼嫗　老婦之稱。❽白帝　古代陰陽五行中的五天帝之一。東方蒼帝，西方白帝，南方赤帝，北方黑帝，中央黃帝。❾笞　鞭打。❿祥　吉兆。⓫備　指具備護衛的人。⓬鄭厲公　春秋時鄭國君主。鄭厲公與其兄鄭昭公爭位，厲公敗逃，後又率兵打回都城新鄭，殺了昭公。傳說在進城之前，城南門的門裡與門外有蛇相鬥，門內蛇死，被看作是厲公將勝的徵兆。見《左傳・莊公十四年》。⓭邑　指都城。⓮龍象　龍的虛象，非真龍。⓯子產　春秋時鄭國的執政大夫。⓰龍戰　子產執政時，傳言城南門外洧水中有龍相鬥，被認為是鄭國的不祥之兆，國人主張用祭祀消災，子產不同意，結果並無應驗。見《左傳・昭公十九年》、《漢書・五行志》。

【語　譯】漢高祖劉邦在秦始皇死的那一年，作為泗水亭長，押送服勞役的人前往驪山，許多役人半路逃走，因而全部放走所押送的役人，於是繼續前行而不回頭。劉邦飲酒醉，晚上經過沼澤地，派一人作前哨。前面的人回來報告說：「前面有大蛇擋著道路，請往回走吧！」劉邦帶著醉意說：「壯士往前走，怕什麼！」於是往前走，拔劍斬蛇，蛇就分成兩段。道路通了，又往前走了數里，因酒醉躺了下來。跟隨劉邦而落在後面的人趕到斬蛇的地方，發現有一老婦夜晚哭泣。有人問：「老婦為什麼哭呢？」老婦說：「別人殺了我的兒子。」人又問：「你的兒子為什麼被殺呢？」老婦說：「我的兒子，就是白帝的兒子，變成蛇擋著道路。現在，被赤帝的兒子斬殺了，所以哭。」人們以為老婦是妖言惑眾，因而想鞭打她，接著老婦忽然不見了。這是什麼意思呢？

辨析說：這是高祖初起時威力勝人的吉祥徵兆啊。憑什麼證明呢？憑著老婦忽然不見了來證明啊！忽然不見，就不是人，不是人便是鬼妖了。根據老婦不是人，就可知道所斬的蛇也就不是真蛇啊。說是白帝的兒子，為什麼要變成蛇夜晚擋道呢？說蛇是白帝的兒子，高祖是赤帝的兒子；白帝的兒子是蛇，赤帝的兒子是人。五帝都是天神，祂們的兒子，有的是蛇，有的是人。人與蛇是不同的東西，而它們的父親作為天帝又同樣是神，這不符合自然的道理。況且蛇是白帝的兒子，那麼老婦豈不是白帝的皇后嗎？作為天帝的皇后，前後應該具備護衛的人，天帝的兒子，手下的官吏也應該很多。現在卻一條蛇死在路上，一個老婦在路上哭，並說是白帝的兒子，顯然不是真實的情況。那些不真實的東西就是虛象，虛象就是陽氣構成的妖象，既是妖象那麼所看到的物就都不是物，既然不是物那就是陽氣啊。漢高祖所殺的蛇並不是蛇啊，那麼鄭厲公將進新鄭時，城中的蛇與城外的蛇相鬥的也並不是蛇啊，厲公將進都城時蛇相鬥，是妖氣變成蛇的樣子而鬥啊。既然鄭國的蛇相鬥並不是蛇，那麼就知道夏朝宮庭兩條龍只是龍的虛象，既是龍的虛象，那麼也就知道鄭子產時的龍相鬥也就不是龍啊。天道是難得弄清楚的，如果不是龍、蛇，那就是妖象；如果是龍、蛇，那也還是妖象啊。

留侯❶張良椎秦始皇，誤中副車❷。始皇大怒，索求張良。張良變姓名，亡匿下邳❸。常閑從容步遊下邳圯❹上，有一老父❺衣褐❻至良所，直墮其履❼圯下，顧謂張良：「孺子❽下取履！」良愕然，欲毆之，以其老，為強忍下取履，因跪進履。父以足受履，笑去。良大驚。父去里所❾復還，曰：「孺子可教矣。後五日平明❿，與我期⓫此。」良怪之，因跪曰：「諾。」五日平明，良往，父已先在，怒曰：「與老人期，後，何也？去，後五日早會。」五日雞鳴復往，父又已先在，復怒曰：「後，何也？去，後五日復早來。」五日，良夜未半往，有頃，父來，喜曰：「當如是矣。」出一篇書，曰：「讀是則為帝者師。後十三年，子見我濟北⓬，穀城山⓭下黃石即我也。」遂去，無他言，弗復見。旦日視其書，乃《太公兵法》⓮也。良因異之，習讀之⓯。是何謂也？

曰：是高祖將起，張良為輔之祥也。良居下邳，任俠⓰，十年陳涉⓱等起，沛公⓲略地下邳，良從，遂為師、將，封為留侯。後十三年，從高祖過濟北界，得穀城山下黃石，取而葆⑲祠⑳之。及留侯死，并葬黃石。蓋吉凶之象神矣，天地之化巧矣，使老父象黃石，黃石象老父，何其神邪！

【章旨】此章辨析張良得《太公兵法》，是高祖興起時張良作輔佐的吉祥徵兆。

【注釋】❶留侯　張良的封號。張良為劉邦的重要謀士，原為韓國貴族的後代，曾募刺客身藏一百二十斤重的鐵椎，暗中擊殺秦始皇未遂。留，地名。在今江蘇境。❷副車　隨從的車。❸下邳　古縣名。在今江蘇境。❹圯　土橋。❺老父　老年人。❻褐　粗布衣。❼履　鞋。❽孺子　小兒；年輕人。❾所　左右。❿平明　天剛亮。⓫期　約。⓬濟北　郡名。在今山東境。⓭穀城山　山名。在今山東境。⓮太公兵法　傳為姜太公所著的一部兵書，後失傳。太公，即姜太公呂尚。⓯習讀之　以上事參見《史記‧留侯世家》。⓰任俠　任使自己的氣力來輔佐別人。具有抑強扶弱、打抱不平的意思。⓱陳涉　即陳勝。秦末起義抗秦的領袖。⓲沛公　劉邦。劉邦初起兵時，沛人立為沛公。⓳葆　通「寶」。⓴祠　祭祀。

【語譯】留侯張良用鐵椎擊殺秦始皇，誤中了跟隨的車。秦始皇大怒，搜捕張良。張良改變姓名，逃到下邳隱藏。他曾經利用閑暇從容散步來到下邳的土橋上。橋上有個穿粗布衣的老年人走到張良跟前，故意讓鞋掉到土橋下，回頭對張良說：「年輕人，為我到橋下把鞋拾起來。」張良感到驚訝，想毆打他，因為他老年，強忍怒氣為他拾起了鞋，接著恭敬地獻上。老年人伸腳穿上了鞋，笑著去了。張良大驚。老年人離開一里多路又回頭走來，說：「年輕人可受教了。五日以後的黎明，與我在這裡約會。」張良感到奇怪，於是恭敬地說：「是！」五日以後的黎明，張良前往，老年人已先到橋上，生氣地說：「與老年人約定的時間，為什麼遲到了？走，再推後五天的早晨來會我。」又五日之後，雞鳴便前往，老年人又已先到橋上，又生氣地說：「遲到，為什麼呢？走，後推五日再早一點來。」五日以後，張良還不到半夜便前往，過了一會兒，老年人來了，高興地說：「應當這樣啊。」他拿出一本書來，說：「讀這本書就可以做帝王的老師。十三年以後，你在濟北見我，穀城山下的一塊黃石就是我啊！」說完就走了，沒有別的話，再也見不到。第二天天明，張良細看那部書，卻是《太公兵法》啊。張良於是感到不平常，反覆研讀它。以上這件事有何意義呢？

辨析說：這是漢高祖劉邦將興起，張良將作他的輔佐的吉祥徵兆啊。張良隱居在下邳，富有抑強扶弱的任俠精神，十年以後，陳涉等人起義，沛公攻取下邳，張良從此跟隨，於是做了劉邦的老師和將領，被封為留侯。十三年以後，張良跟隨高祖經過濟北之地，在穀城山下得到了一塊黃石，張良拿來珍藏而加以祭祀。等到留侯逝世，與黃石合併安葬。大概由於吉凶徵兆的虛象靈驗，天地的變化巧妙，讓老年人變得像黃石，黃石變得像老年人，多神奇啊！

問曰：黃石審❶老父，老父審黃石耶？曰：黃石不能為老父，老父不能為黃石。妖祥之氣，見吉驗也。何以明之？晉平公之時，石言魏榆❷。平公問於師曠曰：「石何故言？」對曰：「石不能言，或憑依也。不然，民聽偏❸也。」夫石不能人言，則亦不能人形矣。石言，與始皇時石墜東郡❹，民刻之，無異也。刻為文，言為辭。辭之與文，一實也。民刻文，氣發言，民之與氣，一性也。夫石不能自刻，則亦不能言。不能言，則亦不能為人矣。《太公兵法》，氣象之也。何以知非實也？以老父非人，知書亦非太公之書也。氣象生人之形，則亦能象太公之書。

問曰：氣無刀筆，何以為文？曰：魯惠公❺夫人仲子❻生而有文❼在其掌，曰

「為魯夫人」。晉唐叔虞❽文在其手，曰「虞」。魯成季友❾文在其手，曰「友」。三文之書，性自然；老父之書，氣自成也。性自然，氣自成，與夫童謠口自言，無以異也。當童之謠也，不知所受❿，口自言之。口自言文自成，或為之也。推此以省⓫太公⓬釣得巨魚，刳⓭魚得書，云「呂尚封齊」，及武王得白魚，喉下文曰「以予發⓮」，蓋不虛矣。因此復原⓯河圖、洛書⓰言興衰存亡、帝王際會⓱，審有其文矣。皆妖祥之氣、吉凶之端⓲也。

【章　旨】此章論述各種虛象都是妖祥之氣所成。

【注　釋】❶審　果真；真確。❷魏榆　古地名。在今山西境。❸偏　失實；差錯。❹東郡　郡名。在今河南東北部、山東西南部。❺魯惠公　春秋時魯國君主。❻仲子　人名。❼文　字。❽唐叔虞　周武王子。名虞，封於唐，晉國的始祖。❾魯成季友　名友，字成季。魯桓公的兒子。❿受　傳授。⓫省　知道。⓬太公　姜太公。⓭刳　剖開。⓮發　指周武王姬發。⓯原　推究；考察。⓰河圖洛書　《易．繫辭》載：「河出圖，洛出書，聖人則之。」據孔安國的解釋，「河圖」就是「八卦」，「洛書」就是「九疇」。⓱際會　遇合。⓲端　徵兆。

【語　譯】有人問道：黃石真是老父，老父真是黃石嗎？我說：黃石不能變成老父，老父也不能變成黃石。這都是妖祥之氣顯現出的吉祥徵兆啊。用什麼證明呢？晉平公時，魏榆有石頭說話。平公問師曠說：「石頭為什麼能說話呢？」回答說：「石頭本不能說話，可能是有什麼東西憑藉石頭說話啊。如果不是這樣，便是百姓聽錯了。」石頭既然不能像人說話，那麼也就知道黃石不能變成人的形貌了。所謂石頭說話，與秦始皇時石頭落在東郡，百姓在石頭上刻上文字，沒有什麼不同。只不過刻的是文字，說的是言辭。言辭與文字，實質是一樣的。由百姓刻上文字，由氣形成言辭，百姓與氣，性質是相同的。石頭不能自己刻文字，那麼也不能自己說話。不能說話，那麼也就不能算是人了。《太公兵法》，是妖氣構成像書的樣子啊！怎麼知道不是真實的書呢？依據老父不是真人，就可以知道書不是太公的書啊！妖氣可以構成像活人的樣子，那麼也就能構成像《太公兵法》那樣的書。

有人問道：妖氣沒有刀和筆，怎麼能刻寫出文字呢？我說：魯惠公的夫人名叫仲子，她出生時手掌上就有文字，文字是「為魯夫人」。晉國唐叔虞的手上也有文字，叫做「虞」。魯國成季友的手上也有文字，叫做「友」。他們三人手上的文字是生下來就有的。那麼老父所賜的書，也是妖氣自然而成的。本性自然成文，妖氣自然成書，與那些童謠是兒童口中自然說出，沒有什麼不同啊！當兒童唱歌謠的時候，他們也不知道是誰傳授的，是他們口中自然說出來的。口中自然說出，文字自然形成，好像有什麼東西指使他們形成的。根據這些推測，就可以明白，姜太公釣得大魚，剖開魚腹得書，說「呂尚封齊」，周武王得到白魚，喉下的文字是「以予發」（把天下賜給周武王姬發），大概都不是虛傳的了。由此再考察河圖、洛書裡所說的國家的興衰存亡和帝王的遇合興起，真正有它的文飾預兆了。以上都是由妖祥的氣構成的吉凶徵兆啊。

訂鬼篇第六十五

【題解】本篇考訂社會上流傳的關於「鬼」的各種說法，故題為「訂鬼」。王充指出：「凡天地之間有鬼，非人死精神為之也，皆人思念存想之所致也。」他認為人生病就「畏懼鬼至，畏懼則存想，存想則目虛見」。就是說人們所謂看到「鬼」，只是一種精神作用。同時還指出：人死不是「鬼」起作用，是疾病的原因，正像國家滅亡是戰爭造成的一樣。但是王充在本篇中對大多數關於「鬼」的說法都是加以肯定的，例如：「鬼」是不調和的氣模擬人的樣子出現的；「老物精」可以變成「鬼」；嬰兒不成人便成「鬼」；「鬼」是「甲乙之神」；「鬼」是吉凶徵兆等等。他認為這一切「鬼」的根源都在於「太陽之氣」，認為太盛的陽氣能形成「鬼」的妖象，並能施放妖毒以害人。這種把本不存在的「鬼」給予物質性的解釋，自然是不科學的。

凡天地之間有鬼，非人死精神為之也，皆人思念存❶想之所致也。致之何由？由於疾病。人病則憂懼，憂懼則鬼出。凡人不病則不畏懼。故得病寢衽❷，畏懼鬼至，畏懼則存想，存想則目虛見❸。何以效❹之？傳曰：「伯樂❺學相❻馬，顧❼玩❽所見，無非馬者。宋之庖丁❾學解❿牛，三年不見生牛⓫，所見皆死牛也。」二者用精至矣，思念存想，虛見其物也。人病見鬼，猶伯樂之見馬、庖丁之見牛也。伯樂、庖丁所見非馬與牛，則亦知夫病者所見非鬼也。病者困劇⓬身體痛，則謂鬼持箠⓭杖⓮毆擊之，若見鬼把椎鎖⓯繩纆⓰立守其旁，病痛恐懼，妄⓱見之也。初疾畏驚，見鬼之來；疾困恐死，見鬼之怒；身自疾痛，見鬼之擊。皆存想虛致，未必有其實也。夫精念⑱存想，或洩⑲於目，或洩於口，或洩於耳。洩於目，目見其形；洩於耳，耳聞其聲；洩於口，口言其事。晝日則鬼見，暮臥則夢聞。獨臥空室之中，若有所畏懼，則夢見夫人⑳據案㉑其身矣。夫覺見臥聞，俱用㉒精神；畏懼存想，同一實也。

【章旨】此章總言所謂「鬼」都是人的「思想存念」造成的。

【注釋】❶存　想。❷寢衽　躺在床上。衽，席子。❸虛見　虛幻地看見。❹效　證明。❺伯樂　古代一位善於鑑別馬的人。❻相　看；鑑別。❼顧　看。❽玩　習。指經常去接近馬。❾庖丁　廚師。❿解　解剖。⓫生牛　活牛。⓬困劇　指病厲害。⓭箠　鞭子。⓮杖　棍棒。⓯鎖　指鎖鍊。⓰繩纆　繩索。⓱妄　虛妄；糊塗。⓲精念　精心思索。⓳洩　發洩；外露；表現。⓴夫人　那人。㉑據案　按壓。㉒用　由。

【語譯】天地之間所謂有鬼，並不是人死了他的精神變成的，都是人們的思念想像招致的。由什麼途徑招致鬼的呢？由於疾病。人生病就憂愁害怕，憂愁害怕就出現鬼。人們不生病就不害怕。所以病倒在床上，就害怕鬼的到來，害怕就想像，想像就眼睛虛幻似乎看到了鬼。用什麼來證明呢？古書上說：「伯樂學鑑別馬，對於所看到的馬加以觀察熟悉，從而感到周圍沒有不是馬的。宋人庖丁學解剖牛，三年之後就沒有看到活牛，所看到的都是死牛啊。」這是因為他們兩人的精力集中到了極點，時時刻刻思念想像，所以虛幻地看到了許多馬和牛。人生病看到鬼，就如同伯樂看到馬、庖丁看到牛一樣啊。既然伯樂、庖丁所看到的不是馬不是牛，那麼也就知道那些病人所看到的也就不是鬼啊。病人困頓厲害身上疼痛，就說是鬼拿著鞭子棍棒毆打他，好像看到鬼拿著槌子、鎖鍊、繩索站在他的身旁守著，這是由於病痛恐懼，虛妄地看到鬼啊。當病初起時，由於畏懼驚慌，便看到鬼的到來；當病困頓難癒時，由於怕死，便看到鬼在發怒；當病體感到疼痛時，便看到是鬼在毆打。這些感覺都是由於虛幻地想像招致的，未必有實際的鬼的出現啊！由於對鬼的精心思索想像，有時通過眼表現，有時通過口表現，有時通過耳表現。通過眼表現，眼看到鬼的形狀；通過耳表現，耳聽到鬼的聲音；通過口表現，口裡說關於鬼的事情。白天就看到有鬼出現，晚上睡覺就在夢中聽到鬼的聲音。獨自睡在空房中，如果有所畏懼，就會夢見什麼人按住自己的身軀了。人們醒時看見鬼，睡時夢見鬼，都是由於精神在起作用。這與病人畏懼想像而看見鬼，是同一種情況。

一曰❶：人之見鬼，目光與❷臥亂也。人之晝也，氣倦精盡，夜則欲臥，臥而目光反❸，反而精神見人物之象❹矣。人病亦氣倦精盡，目雖不臥❺，光已亂於臥也，故亦見人物象。病者之見也，若臥若否，與夢相似。當其見也，其人不自知覺與夢，故其見物不能知其鬼與人，精盡氣倦之效也。何以驗之？以狂者❻見鬼也。狂痴❼獨語，不與善人❽相得者，病困精亂也。夫病且死之時，亦與狂等。臥、病及狂，三者皆精衰倦，目光反照，故皆獨見人物之象焉。

【章旨】此章解釋人們見到鬼是由於精疲力盡造成的。

【注釋】❶一曰 有一種說法。本篇共有七個「一曰」，介紹當時關於鬼神的一些說法，同時王充也就此作了一些解釋。❷與 以；因為。❸反 反照。指目光向內。❹象 指虛象。❺臥 指睡著了眼閉著。❻狂者 精神病人。❼痴 呆傻。❽善人 健康的人。

【語　譯】有一種說法認為：人們見到鬼，是由於目光因睡覺的緣故而昏亂了。人們在白天累得精疲力盡，晚上就想睡覺，睡覺閉上眼睛，目光向內反射。目光向內反射，精神恍惚，就可以見到白天所經歷的人物的虛象了。人病了也是精疲力盡，眼睛雖然沒有閉上。可是目光已經比正常人睡覺還要昏亂啊，所以也能見到人物的虛象。病人看到的虛象，似睡似醒，與夢中見到的虛象情況一樣。當他看到虛象的時候，他自己並不知道是醒著呢，還是在做夢，所以他看到的物，不知道那是鬼還是人，這就是精疲力盡的效驗。用什麼來證明呢？根據精神病患者見到鬼的情況可以證明。精神病人痴呆，自言自語，不與健康的人相同，原因就在於病痛折磨精神紊亂了啊。當病人將死的時候，也與精神病人一樣。睡覺、患病及精神病，三種情況都是人精力盡時，目光反照，所以都獨自見到人物的虛象啊！

一曰：鬼者，人所見得病之氣❶也。氣不和❷者中❸人，中人為鬼❹，其氣象人形而見❺。故病篤❻者氣盛，氣盛則象人而至，至則病者見其象矣。假令得病山林之中，其見鬼則見山林之精❼。人或病越地者，則見越人坐其側。由此言之，灌夫、竇嬰❽之徒，或時❾氣之形象也。凡天地之間，氣皆統❿於天，天文⓫垂⓬象於上，其氣降而生物。氣和者養生⓭，不和者傷害。本有象於天，則其降下，有形於地矣。故鬼之見也，象⓮氣為之也。眾星之體為人與鳥獸⓯，故其⓰病人⓱則見人與鳥獸之形。

【章　旨】此章解釋鬼是由一種不調和的氣構成的。

【注釋】❶得病之氣　令人生病的氣。❷和　調和。❸中　傷害。❹中人為鬼　傷害人的氣就是鬼。❺見　同「現」。❻病篤　病情嚴重。❼精　精靈；怪物。❽灌夫竇嬰　漢武帝時的兩個大臣，被丞相田蚡害死。傳說田蚡病重時，看見已死的灌夫、竇嬰出現在他的身旁，不久田蚡就死了。❾或時　或是；可能是。❿統　統屬；歸總。王充認為天地的運動施放出氣，由氣構成人類和萬物，當然也構成鬼神。⓫天文　指日、月、星辰等天體。⓬垂　向下顯示。⓭生　生物。⓮象　指星象。⓯眾星之體句　天上恆星群的散布，呈現各種形狀，古天文學家為便於識別天體，給這些星群以各種命名，有的是鳥獸名，有的是神話人物名。⓰其　指氣構成的鬼。⓱病人　使人生病。

【語譯】有一種說法認為：鬼是人們見到的使人得病的一種氣。氣不調和的就傷害人，傷害人的這種氣被稱為鬼。這種不調和的氣，構成如人的形貌而出現。所以病情嚴重的人不和之氣盛，氣盛就會構成如人的形貌而到來，一旦到來病人就見到鬼的虛象了。假如有人在山林中得病，他見到的鬼就是山林中的精怪。有人在越地得病，就看見越人坐在他的身旁。根據這些情況說來，灌夫、竇嬰這些人死後出現虛象，可能是使人得病的氣所構成的虛象啊。凡天地所充滿的氣，都是統屬於天的，日月星辰在天空向下顯示各自的形象，它們施放的氣落到地上就產生了萬物和人類。陰陽調和的氣就能生養萬物和人類，不調和的氣就起到傷害作用。這些氣本來有各自的星象在天上，那麼它們落到地上就產生出各種形象了。所以鬼的出現，是星象的氣構成的。由於各種星象的形體是人和鳥獸的樣子，所以當鬼使人生病的時候，就現出人和鳥獸的形象。

一曰：鬼者，老物精也。夫物之老者，其精❶為人，亦有未老，性能變化，象人之形。人之受氣，有與物同精者，則其物與之交❷。及病，精氣衰劣也，則來犯陵❸之矣。何以效之？成事❹：俗間與物交者，見鬼之來也。夫病者所見之鬼，與彼病物❺何以異？人病見鬼來，象其墓中死人來迎呼之者，宅中之六畜❻

也。及見他鬼非是所素知者，他家若草野之中物為之也。

【章　旨】此章解釋鬼是由老物精變成的。

【注　釋】❶精　精氣。王充根據當時的一些迷信說法，認為禽獸、樹木老了，它們的精氣可以變成人的樣子。❷交　交接。也可理解為交媾。❸陵　欺陵；欺侮。❹成事　已有的事例。❺病物　指人生病時來交接的物。❻六畜　馬、牛、羊、雞、犬、豕。

【語　譯】有一種說法認為：鬼是老物的精氣變成的。物老了，它的精氣可以離開形體而變成人的樣子，然而也有的物並沒有老，它的本性就能變成像人的樣子。人從天稟受的氣，如果有與某種物相同的精氣，那麼這種物就會與人交接。等到人生病，精氣衰弱的時候，那種物的精氣就會來侵犯他了。用什麼來證明呢？根據已有的事例：民間凡是得病時與物交接的人，都看見有鬼到來。病人所看見的鬼，與前所說的那些趁人病時來交接的物有什麼不同呢？人在病中看見鬼來，這鬼好像是墳墓中的死人來迎接呼喚自己的，那麼它就是自己家中六畜的精氣變成的。如果見到的鬼不像平常熟悉的人，那麼它就是別人家或草野之物的精氣變成的。

一曰：鬼者，本生於人，時❶不成人，變化而去。天地之性，本有此化❷，非道術之家❸所能論辯。與人相觸犯者病，病人命❹當死，死者不離人。何以明之？《禮》❺曰：「顓項❻氏有三子，生而亡❼去為疫鬼❽。一居江❾水，是為虐❿鬼；一居若水⓫，是為魍魎⓬鬼；一居人宮室區隅⓭漚庫⓮，善驚人小兒。」前顓項之世，生子必多，若顓項之鬼神以百數也。諸鬼神有形體法⓯，能立樹⓰與人相見者，皆生於善人⑰，得善人之氣，故能似類善人之形，能與善人相害。陰陽浮游⑱之類，若⑲雲煙之氣，不能為也。

【章　旨】此章解釋鬼是由人生出的，沒有成長為人的，便變成了鬼。

【注　釋】❶時　有時。❷本有此化　王充依據自然界某些生物形體變化的現象，如蟬的幼蟲可變為蟬，以及相信一些荒唐的傳說，如魯公牛哀病後變為虎等，因而認為初生嬰兒若不成人形，是可以變成鬼的。❸道術之家　指從事於煉丹、求仙的人。❹命　天命。王充認為它是一種決定人的死生壽命和貧賤富貴的一種神秘力量，是人的胚胎在母體中承受不同的氣而形成的。這裡指「壽命」。參見本書〈命義篇〉。❺禮　此指漢代關於《禮》的緯書。❻顓頊　傳說中的古帝王。❼亡　逃；變化。❽疫鬼　使人生病的鬼。❾江　古指長江。❿虐　暴。⓫若水　古河名。⓬魍魎　山川中的精怪。⓭區隅　隱蔽的角落。⓮漚庫　潮濕的庫房。⓯形體法　變換形體的法術。⓰立樹　站立。⓱善人　指正常的人。⓲浮游　即「蜉蝣」。一種生命短暫的昆蟲。⓳若　及。

【語　譯】有一種說法認為：鬼，本是由人生育出來的，有時生下來沒有成為人，就變成別的東西離開了。天地間一些有生命的東西的自然之性，本來存在著這樣的變化，這不是「道術之家」所能談論清楚的。鬼之所以觸犯人，是由於人自身有病，得病的人命裡注定要死，死的原因離不開人本身。用什麼來證明呢？《禮》說：「顓頊氏有三個兒子，生下來就變化成疫鬼。一個生活在長江水中，這是個暴虐的鬼；一個生活在若水中，這就是魍魎鬼；一個生活在房屋隱蔽的角落和潮濕的庫房裡，愛恐嚇別人的小孩。」在顓頊氏以前的時代，出生的孩子一定很多，像顓頊氏的兒子那樣生下來變成鬼神的應該成百計算。這些鬼神都具有變化形體的本事，能夠站著與活人見面，這都是正常的人生育出來的，並且獲得了正常人的精氣，所以能夠模仿正常人的形體，來傷害正常的人。一般的陰氣和陽氣以及生命短暫的蜉蝣之類，以及雲煙一類的氣，是不能變成這種有形體的鬼的。

一曰：鬼者，甲乙之神❶也。甲乙者，天之別氣❷也，其形象人。人病且死，甲乙之神至矣。假令甲乙之日病❸，則死見庚辛之神矣。何則？甲乙鬼，庚辛報❹甲乙，故病人且死，殺鬼❺之至者，庚辛之神也。何以效之？以甲乙日病者，其死生之期❻，常在庚辛之日。此非論者❼所以為實❽也。天道難知，鬼神暗昧，故具❾載列，令世察之也。

【章旨】此章解釋所謂甲、乙、丙、丁值日神是天產生的另外一種不正常的氣構成的。

【注釋】❶甲乙之神　古代用甲、乙、丙、丁、戊、己、庚、辛、壬、癸十天干紀日，根據本書〈詰術篇〉，甲乙之神即所謂值日神，每天都有一個神值日主事。❷別氣　另外的氣。指不正常的氣。❸病　指有人生病。❹報　剋；勝。根據陰陽五行說法，庚、辛屬金，甲、乙屬木，金剋木，庚辛之神要比甲乙之神更厲害。❺殺鬼　凶惡的鬼。殺，通「煞」。❻死生之期　指死期。❼論者　王充自指。❽為實　證實。❾具　備。

【語譯】有一種說法認為：鬼當中有一種是甲乙值日神。所謂甲乙之神，是天產生的另外一種不正常的氣構成的，它的形貌與人相像。人生病將死時，甲乙之神就來到了。假使一個人逢甲或者乙這天生病，那麼他死的時候就看到庚辛之神了。為什麼呢？因為他在甲乙之日生病見到甲乙之神，屬金的庚辛之神卻勝過屬木的甲乙之神，所以病人將死，到來的惡鬼，就是庚辛之神啊。用什麼來證明呢？因為逢甲、乙日生病的人，他的死期，常在庚、辛的日子。這些不是我所能說清楚的啊。天道很難弄明白，鬼神的事也很難搞清楚，所以詳備地記載和羅列出來，讓世人對它考察清楚。

一曰：鬼者，物也，與人無異。天地之間，有鬼之物，常在四邊之外❶，時往來中國❷，與人雜廁❸，凶惡之類也，故人病且死者乃見之。天地生物也，有人如鳥獸，及其生凶物，亦有似人象鳥獸者。故凶禍之家，或見蜚❹屍，或見走凶❺，或見人形，三者皆鬼也。或謂之鬼，或謂之凶，或謂之魅❻，或謂之魑❼，皆生存實有，非虛無象類之也。何以明之？成事：俗間家人且凶，見流光集其室，或見其形若鳥之狀，時流入堂室，察其形謂若鳥獸矣。夫物有形則能食，能食則便利❽。便利有驗，則形體有實矣。《左氏春秋》❾曰：「投之❿四裔⓫，以禦⓬魑魅。」《山海經》⓭曰：「北方有鬼國⓮。」說螭⓯者謂之龍物也，而魅與龍相連⓰，魅則龍之類矣。又言「國⓱」，人物之黨⓲也。《山海經》又曰：「滄海之中，有度朔⓳之山，上有大桃木，其屈蟠⓴三千里，其枝間東北曰鬼門，萬鬼所出入也。上有二神人，一曰神荼㉑，一曰鬱壘㉒，主閱領萬鬼。惡害之鬼，執以葦索㉓，而以食㉔虎。於是黃帝㉕乃作禮以時㉖驅之，立大桃人，門戶畫神荼、鬱壘與虎，懸葦索以禦。」凶魅有形，故執以食虎。案可食之物，無空虛者。其物也，性與人殊，時見時匿，與龍不常見，無以異也。

【章　旨】此章解釋鬼是天生的一種怪物。

【注　釋】❶四邊之外　指極遠的地區。❷中國　指中原地區。❸雜廁　混雜。❹蜚　通「飛」。❺凶　指凶物。❻魅　老物變成的精怪。❼魑　山林中的怪物。❽便利　指大小便。❾左氏春秋　即《左傳》。❿之　指傳說中的渾敦、窮奇、檮杌、饕餮四個凶惡的人。舜時被流放。⓫四裔　四方邊遠的地區。⓬禦　抵擋。⓭山海經　我國古代的一部地理著作。其中搜集了大量神話傳說。⓮北方有鬼國　見《山海經‧海內北經》。⓯螭　通「魑」。⓰連　謂「魑」與「魅」連稱。⓱國　指鬼國。⓲黨　類。⓳度朔　傳說中的山名。⓴屈蟠　盤繞。㉑神荼　古迷信說法中的門神。㉒鬱壘　門神。與神荼為兄弟。㉓葦索　蘆葦搓的繩子。㉔食　通「飼」。餵。㉕黃帝　傳說中的上古帝王。㉖以時　按時。

【語　譯】有一種說法認為：鬼，是一種物，與人沒有什麼不同。天地之間的鬼物，常居住在四方之外邊遠的地區，時常往來於中原地區，與人混雜在一起，是一種凶惡的東西，所以將死的病人就能看見它。天地生育萬物，有的人像鳥獸，至於生出凶惡的東西，也有像人像鳥獸樣子的。所以遭凶禍的人家，有的看到能飛行的屍體，有的看到會奔跑的凶物，有的看到人的形貌，這三種現象都是鬼啊。只不過有的稱它為「鬼」，有的稱它為「凶」，有的稱它為「魅」，有的稱它為「魑」，都是活著的、實存的東西，而不是空虛無物的虛象啊！用什麼證明呢？曾有過的事例：百姓家將要發生不吉利的事，就會看到一種流動的光亮聚集在他的室內，有的看見光的形狀好像鳥，有時流傳到堂屋，觀察它的形狀就像鳥獸了。凡物類有形體的就能吃東西，能吃東西的就要大小便。有大小便存在便是證明，那麼說有形體就算有了實在的根據了。《左氏春秋》說：「把這些凶惡的人流放到四方邊遠的地區，用他們來抵禦魑魅這種怪物。」《山海經》說：「北方有鬼國。」談論螭的人說螭是龍一類的東西，而魅又與龍相連稱呼，那麼魅也就是龍一類的了。《山海經》又說「國」，這鬼國的「鬼」就應該和普通的人、物是一類的東西啊。《山海經》又說：「大海當中，有一座度朔山，山上有大桃樹，樹的枝幹盤繞周圍達三千里，它的樹枝中間，東北方的叫做『鬼門』，這是所有的鬼怪進出的地方。門上有兩個神人，一個叫『神荼』，一個叫『鬱壘』，主管檢閱和統領所有的鬼怪。凶惡害人的鬼，用蘆葦繩索捆著，把它們拿來餵老虎。於是，黃帝就制作禮儀，按時來驅趕它們，並樹立一個巨大的桃木人，門上畫著神荼、鬱壘與老虎，還懸掛著蘆葦繩，用這些辦法來抵禦這些惡鬼。」這個記載說明凶鬼是有形體的，所以拿來餵老虎。考察凡能供食用的東西，沒有一樣是空虛的，都是有形體的。魑魅這類東西，本性與人不同，時現時隱，與龍的不經常出現，沒有什麼不同啊！

一曰：人且吉凶，妖祥❶先見。人之且死見百怪，鬼在百怪之中。故妖怪之動，象人之形，或象人之聲為應，故其妖動不離人形。天地之間，妖怪非一，言有妖，聲有妖，文有妖。或妖氣象人之形，或人含氣❷為妖。象人之形，諸所見鬼是也；人含氣為妖，巫❸之類是也。是以實❹巫之辭，無所因據，其吉凶自從口出，若童之謠矣。童謠口自言，巫辭意自出。口自言，意自出，則其為人，與聲氣自立❺，音聲自發，同一實❻也。

【章旨】此章解釋鬼是由妖氣變成的。

【注釋】❶妖祥　指吉凶徵兆。❷氣　指妖氣。❸巫　以侍奉鬼神替人求福消災為業的人。❹實　核實。❺立　成。❻實　實事。

【語譯】有一種說法認為：人們如果將有吉或凶的事情發生，吉凶的徵兆就會預先出現。人將死的時候會見到各種怪異現象，鬼是這些怪異中的一種。所以妖怪活動的時候，像人的形貌，有的模仿人的聲音應和，所以那些妖怪一旦行動就離不開人的形貌。天地之間，妖怪不止一種，有表現為說話的妖怪，有表現為聲音的妖怪，有表現為文字的妖怪。有的妖氣化為人的形貌，有的是人含有妖氣而作怪。像人形貌的妖怪，大家所見到的鬼就是這種情況；人含有妖氣作怪的，巫師一類的人就是這種情況。因此，核實巫師的言辭，他是沒有根據的，那些吉凶徵兆都是自然而然地從口中說出，就像兒童唱的歌謠一樣。童謠是口中自然而然地說出，巫師話語的意思也是自然而然流露出來的。口中自然說出，意思自然流露，那麼鬼的成為人形，也就同聲音是妖氣自然形成的、自然發出的，是同一回事了。

世稱紂之時，夜郊鬼哭，及倉頡❶作書❷，鬼夜哭。氣能象人聲而哭，則亦能象人形而見，則人以為鬼矣。鬼之見也，人之妖也。天地之間，禍福之至，皆有兆象，有漸❸不卒❹然，有象不猥❺來。天地之道，人將亡，凶亦出；國將亡，妖亦見。猶人且吉，吉祥至；國且昌，昌瑞到矣。故夫瑞應妖祥，其實一也。而世獨謂鬼者不在妖祥之中，謂鬼猶神❻而能害人，不通妖祥之道，不睹物氣❼之變也。國將亡，妖見，其亡非妖也。人將死，鬼來，其死非鬼也。亡國者，兵❽也；殺人者，病也。何以明之？齊襄公❾將為賊所殺，遊於姑棼❿，遂田⓫於貝丘⓬，見大豕⓭。從者曰：「公子彭生⓮也。」公怒曰：「彭生敢見！」引弓射之，豕人立而啼。公懼，墜於車，傷足喪履⓯，而為賊殺之。夫殺襄公者，賊也。先見大豕於路，則襄公且死之妖也。人謂之彭生者，有似彭生之狀也。世人皆知殺襄公者非豕，而獨謂鬼能殺人，一惑也。

【章旨】此章論述妖氣形成的鬼，它的出現是一種吉凶的徵兆。

【注釋】❶倉頡　傳說是古代文字的創造者。❷作書　創造文字。❸漸　漸漸；逐步。❹卒　通「猝」。突然。❺猥　盛猛；突然。❻神　神靈。❼物氣　物質性的妖氣。❽兵　武器。此指戰爭。❾齊襄公　春秋時齊國君主。❿姑棼　古地名。在今山東省。⓫田　通「畋」。打獵。⓬貝丘　古地名。在今山東省。⓭豕　豬。⓮彭生　齊襄公的堂弟。被襄公害死。⓯履　鞋。以上事見《左傳・莊公八年》。

【語譯】世間傳說商紂王時，夜晚郊野有鬼哭，到倉頡創造文字時，夜晚也有鬼哭。妖氣既然能模仿人聲而哭，那麼也能模仿人的形貌而出現，人就認為這是鬼了。鬼的出現，是一種像人的妖氣構成的啊。天地之間，禍福將要到來，預先就有徵兆跡象，是有苗頭的而不是突然到來的，是有跡象的而不是猛然出現的。天地的普遍規律是，人將死時，凶兆就會出現；國家將亡時，妖象也就會出現。如同人將有吉事，吉兆就會到來；國家將昌盛，昌盛的祥瑞就到了。所以祥瑞凶兆，它們的實質都是一樣的。可是世間偏偏說鬼並不在吉凶徵兆之列，說鬼如同神靈一樣，而且能害人，這是不懂得吉兆凶兆出現的道理，看不到物質性的妖氣可以變成鬼啊。國家將亡，妖象就會出現，然而它的滅亡並不是由於妖象造成的。人將死，鬼就到來，然而他的死並不是由於鬼的到來造成的。亡國的原因，在於戰爭；死人的原因，在於疾病。用什麼來證明呢？齊襄公將被賊人所殺的時候，他在姑棼巡遊，接著在貝丘打獵，他看見一頭大豬，跟隨的人說：「那是公子彭生啊。」襄公發怒說：「彭生敢於出現！」就拉弓射牠，那豬像人一樣站起來吼叫。襄公懼怕，嚇得從車上掉了下來，摔傷了腳，丟失了鞋，結果被賊人殺了。殺襄公的是賊人，事先在路上看到大豬，就是襄公將死的妖象啊。人們說牠是彭生，是因有像彭生的樣子。世人都知道殺襄公的並不是豬，卻偏說鬼能殺人，都是糊塗啊。

天地之氣為妖者，太陽之氣❶也。妖與毒同，氣中傷人者謂之毒，氣變化者謂之妖。世謂童謠，熒惑❷使之，彼言有所見也。熒惑火星，火有毒熒❸，故當熒惑守❹宿❺，國有禍敗。火氣恍惚，故妖象存亡❻。龍，陽物也，故時變化；鬼，陽氣也，時藏時見。陽氣赤，故世人盡見鬼，其色純朱。蜚凶，陽也，陽，火也，故蜚凶之類為火光。火熱焦物，故止集❼樹木，枝葉枯死。〈鴻範〉❽，五行❾二曰火；五事❿二曰言。言、火同氣⓫，故童謠、詩歌為妖言。言出文成，故世有文書之怪。世謂童子為陽，故妖言出於小童。童、巫含陽，故大雩⓬之祭，舞童暴⓭巫。雩祭之禮，倍⓮陰合⓯陽。故猶日食陰勝⓰，攻⓱社⓲之陰也。日食陰勝，故攻陰之類；天旱陽勝，故愁⓳陽之黨。巫為陽黨，故魯僖⓴遭旱，議欲焚巫㉑。巫含陽氣，以故陽地㉒之民多為巫。巫黨如鬼，故巫者為鬼巫。鬼巫比㉓於童謠，故巫之審㉔者，能處㉕吉凶。吉凶能處，吉凶之徒㉖也。故申生㉗之妖見於巫，巫含陽，能見為妖㉘也。申生為妖，則知杜伯㉙、莊子義㉚、厲鬼㉛之徒皆妖也。杜伯之屬為妖，則其弓、矢、杖、楫㉜皆妖毒也。妖象人之形，其毒象人之兵。鬼、毒同色，故杜伯弓矢皆朱彤㉝也。毒象人之兵，則其中人，人輒死也。中人微者即為腓㉞，病者不即時死。何則？腓者，毒氣所加也。妖或施其毒，不見其體；或見其形，不施其毒；或出其聲，不成其言；或明其言，不知其音。若夫申生，見其體、成其言者也；杜伯之屬，見其體、施其毒者也；詩妖、童謠、石言㉟之屬，明其言者也；濮水㊱琴聲、紂郊鬼哭，出其聲者也。

【章　旨】此章論述妖之所成在於「太陽之氣」，極盛的陽氣，會構成妖的虛象。

【注　釋】❶太陽之氣　極盛的陽氣。❷熒惑　星名。即火星。❸熒　光。❹守　指迫近、侵犯。❺宿　古代天文學家把某些星群叫做「宿」。這裡指二十八宿中的心宿。❻存亡　指時隱時現。❼止集　停聚。❽鴻範　即〈洪範〉。《尚書》中的一篇。❾五行　按〈洪範〉記載，五行為水、火、木、金、土。「火」排在第二位。❿五事　按〈洪範〉記載，五事為貌、言、視、聽、思。「言」排在第二位。⓫同氣　指同屬陽氣。⓬雩　古代一種求雨的祭祀。⓭暴　同「曝」。曬。⓮倍　指增加。⓯合　調和。⓰日食陰勝　按照陰陽五行說法，太陽屬陽，月亮屬陰，日蝕是陰勝陽的結果。⓱攻　伐。⓲社　指土地神。古人以為，社是陰氣之主，所以用擊鼓等辦法來對社表示攻伐，用以解救日蝕。⓳愁　使之愁。此為使動用法。⓴魯僖　指魯僖公。春秋時魯國君主。㉑焚巫　燒死巫。以上事參見《左傳・僖公二十一年》。㉒陽地　南方。㉓比　同；齊等。㉔審　高明。㉕處　判定。㉖徒　類。㉗申生　晉獻公的太子。傳說他死後通過巫現出原形以預言吉凶。參見本書〈死偽篇〉。㉘妖　指申生的妖象。㉙杜伯　周宣王的大夫。傳說他無辜而被宣王殺死，死後變成鬼射殺宣王。㉚莊子義　戰國時燕國大夫。傳說他無辜而被燕簡公殺死，死後變成鬼持杖將簡公打死。㉛厲鬼　惡鬼。傳說春秋時宋文公病重，夜姑主持祭祀敬奉厲鬼以除病，因祭物不豐盛，夜姑被厲鬼用船槳打死。參見本書〈祀義篇〉。㉜楫　槳。㉝彤　紅色。㉞腓　通「痱」。一種半身不遂的病。㉟石言　石頭說話。傳說春秋時晉國魏榆之地曾發生石頭說話的事。參見本書〈紀妖篇〉。㊱濮水　古河名。傳說春秋時衛靈公將到晉國去，經過濮水，聽到水中有彈琴的聲音。參見本書〈紀妖篇〉。

【語　譯】天地間的氣能變成妖的，是極盛的陽氣啊。妖與毒同是氣，氣能傷害人的叫做「毒」，氣能變化成各種形狀的叫做「妖」。世上的人說，童謠是熒惑星的精氣導引兒童唱出的，這種說法是有一定見解的。熒惑是火星，火是有毒有光的，所以當熒惑星侵犯心宿時，國家就會發生災禍。由於熒惑的火氣是恍恍惚惚的，所以它產生的妖象就時現時隱。龍是一種隨著陽氣而出沒的動物，所以經常變化；鬼也是陽氣形成的，時隱時現。陽氣是紅色，所以世人所見到的鬼，它們的顏色都是純紅的。能飛的凶物，是陽氣構成的，陽氣能燃燒成火，所以飛行的凶物之類的東西都有火光。火能把東西燒焦，所以它停聚在樹上，枝葉就枯死。〈洪範〉所載「五行」，第二位就是「火」，〈洪範〉所載「五事」，第二位就是「言」。「言」、「火」都屬於陽氣，所以童謠、詩歌都可以成為妖言。說出為話，寫成為文，所以世間就有了妖造文書的奇聞。世間認為兒童屬陽氣，所以作為妖言的童謠出自兒童之口。兒童和巫師都含有陽氣，所以舉行雩祭時，要兒童跳舞，要巫師曝曬，以減少陽氣的氣勢。雩祭這種禮儀，就是為了增強陰氣以調和陽氣。所以如同發生日蝕就是由於陰氣太盛，就得攻伐土地神的陰氣啊。日蝕是由於陰氣太盛，所以就要攻伐陰氣的同類；天旱是由於陽氣太盛，所以就要懲罰陽氣的同類。巫師屬於陽氣一類，所以魯僖公時遭旱災，商議想焚燒巫師。巫師含有陽氣，因此南方的人多以巫師為業。巫和鬼是同類，所以巫師也就是鬼巫。鬼巫與童謠之妖等同，所以巫中高明的，能夠判斷未來的吉凶。巫既然能判斷吉凶，那麼他本身也就和預示吉凶的妖象同類了。所以申生的妖象由巫顯現，巫含有陽氣，所以能夠把申生的妖象表現出來。申生的出現是妖象，那麼也就知道杜伯、莊子義、厲鬼一類的都是妖象啊。杜伯之類為妖象，那麼他們的弓、矢、杖、船槳就都是妖毒啊。妖能模仿人的形貌，妖毒能模仿人的武器。鬼與毒顏色相同，所以杜伯及其弓矢都是朱紅的顏色。妖毒模仿人的兵器，那麼它中傷了人，人往往就會死去啊。傷害輕微的也會變成半身不遂，病人不會立即死去。為什麼呢？因為半身不遂，只是受了毒氣的影響啊。妖象中有的施放毒氣，不現出形體；有的現出形體，不施放毒氣；有的能發出叫喊的聲音，卻不能形成語言；有的能明白說出話來，卻不知發出叫喊的聲音。像申生的妖象，既能現出形體，又能形成語言；杜伯一類的妖象，既能現出形體，又能施放毒物；詩歌、童謠、石言一類的妖象，能明白地說出話來；濮水的琴聲、紂王時郊野的鬼哭，是能發出聲音的妖象。

妖之見出也，或且凶而豫❶見，或凶至而因❷出。因出，則妖與毒俱行；豫見，妖出不能毒。申生之見，豫見之妖也；杜伯、莊子義、厲鬼至，因出之妖也。周宣王、燕簡公、宋夜姑❸時當死，故妖見毒因擊。晉惠公❹身當獲，命未死，故妖直❺見而毒不射。然則杜伯、莊子義、厲鬼之見，周宣王、燕簡、夜姑且死之妖也。申生之出，晉惠公且見❻獲之妖也。伯有❼之夢，騶帶、公孫段且卒❽之妖也。老父結草❾，魏顆且勝之祥，亦或時杜回見獲之妖也。蒼❿犬噬⓫呂后⓬，呂后且死，妖象犬形也。武安⓭且卒，妖象竇嬰、灌夫之面也。

【章　旨】此章以傳聞故事說明妖與毒的表現不同。

【注　釋】❶豫　通「預」。預先。❷因　接著。❸夜姑　春秋宋文公時主持祭祀的人。❹晉惠公　春秋時晉國君主。傳說他改葬申生不合禮制，申生便變成鬼加以報復，使他在韓原之戰中被秦國所俘。參見本書〈死偽篇〉。❺直　僅僅。❻見　被。❼伯有　春秋時鄭國大夫。傳說他被騶帶和公孫段殺死後，人們在夢中見到他，他說在某日要殺死騶帶，在某日殺死公孫段，後來兩人果然在那兩天死去。見〈死偽篇〉。❽卒　死。❾老父結草　春秋時有一老人，為感謝晉國將軍魏顆的救女之恩，當魏顆與秦將杜回作戰時，他的鬼魂就把草連結起來將杜回絆倒。見〈死偽篇〉。❿蒼　灰白色。⓫噬　咬。⓬呂后　漢高祖劉邦的皇后。傳說劉邦的庶子趙王如意被呂后害死後，變成一條灰白色的狗來咬呂后，呂后因此得病而死。見〈死偽篇〉。⓭武安　指漢武帝時的丞相武安侯田蚡。見〈死偽篇〉。

【語　譯】妖象的出現，有的是將發生凶事而預先出現，有的凶事到來之後接著出現。接著凶事而出現的妖象，往往是妖象與妖毒一起發生；預先出現的妖象，只是出現妖象而不能毒害人。申生的出現，是預先出現的妖象；杜伯、莊子義、厲鬼的到來，是事後接著出現的妖象。周宣王、燕簡公、宋夜姑當時命中注定應該死亡，所以妖象出現，妖毒也就接著擊中了他們。晉惠公自己應當被俘，而命中注定還沒有到死的時候，所以妖象只是出現而不施放妖毒。這樣看來，杜伯、莊子義、厲鬼的出現，就是周宣王、燕簡公、夜姑將死時的妖象啊。申生的出現，就是晉惠公將被俘獲的妖象啊。伯有在夢中出現，就是駟帶、公孫段將死的妖象啊。那位老年人結草報恩，是魏顆將取得勝利的吉兆，也可能是杜回被俘獲的妖象啊。蒼犬咬呂后，表明呂后將死，是妖氣模仿狗的形狀啊。武安侯將死，看到竇嬰、灌夫坐在身旁，是妖氣模仿竇嬰、灌夫的面貌啊。

故凡世間所謂妖祥，所謂鬼神者，皆太陽之氣為之也。太陽之氣，天氣也。天能生人之體，故能象人之容。夫人所以生者，陰、陽氣也。陰氣主為骨肉，陽氣主為精神。人之生也，陰、陽氣具❶，故骨肉堅，精氣盛。精氣為知❷，骨肉為強❸，故精神言談，形體固守❹。骨肉精神，合錯❺相持，故能常見❻而不滅亡也。太陽之氣，盛而無陰，故徒能為象，不能為形。無骨肉，有精氣，故一見恍惚，輒復滅亡也。

【章　旨】此章總論妖鬼之成在於太陽之氣。

【注　釋】❶具　齊備。❷知　通「智」。❸強　強勁有力。❹固守　指牢固保守精神。❺合錯　交錯結合。❻常見　猶老子所謂「長生久視」。永遠活著。

【語　譯】所以大凡世人所說的吉凶徵兆和鬼神，都是太盛的陽氣造成的。太盛的陽氣，也是天施放的氣。天能生出人的軀體，所以太盛的陽氣能夠模仿人的樣子。人之所以生出，是陰、陽氣調和的結果。陰氣主要造成骨肉，陽氣主要造成精神。人的生出，陰、陽二氣都齊備，所以骨肉堅強，精氣旺盛。精氣產生智慧，骨肉產生力量，所以精神主持言談，形體固守精神。骨肉和精神，兩方面結合在一起互相依賴，所以能長生久視而不滅亡啊。太盛的陽氣，雖盛卻沒有陰氣，所以僅僅能形成虛象，不能形成軀體。由於沒有骨肉，只有精氣，所以它的虛象恍恍惚惚出現一下，立即又消失了。

卷二十三

言毒篇第六十六

【題解】此篇集中論述「毒」的根源和危害。王充列舉了世間存在的和傳說的各種有毒的事物，諸如草木、蟲魚、禽鳥乃至巫祝、漂亮的女人、小人的口舌讒言，認為這些都是有毒的，而且認為一切毒性都是來源於「太陽之熱氣」：「天下萬物，含太陽氣而生者，皆有毒螫。」這些毒「或藏於首尾，故螫蠚有毒；或藏於體膚，故食之輒懣；或附於脣吻，故舌鼓為禍。」王充特別強調小人口舌含毒最烈，為害最大：「人中諸毒，一身死之；中於口舌，一國潰亂。」說明王充對小人讒言特別痛恨。但是本篇的論述，大多是通過表面現象類比和附會，因而無論探求毒的來源，還是揭示毒的危害，都帶有形而上學的觀點。

或問曰：「天地之間，萬物之性❶：含血之蟲❷，有蝮蛇、蜂、蠆❸，咸❹懷毒螫❺，犯中人身，渭濩❻疾痛，當時不救，流遍一身；草木之中，有巴豆❼、野葛❽，食之湊懣❾，頗多殺人。不知此物，稟❿何氣於天？萬物之生，皆稟元氣，元氣之中，有毒螫乎？」

【章旨】此章引述別人責問之辭：元氣中為什麼有「毒螫」？

【注釋】❶性 特性。❷蟲 泛指動物。❸蠆 蠍子之類的毒蟲。❹咸 都。❺毒螫 猶言毒素。螫，蜂、蠍子等用尾部毒針刺人。❻涓濩 漫延。❼巴豆 一種常綠喬木。其籽有毒。❽野葛 即冶葛。有毒植物。❾湊懣 積聚不化而感到煩悶。❿稟 承受。

【語譯】有人問道：「天地之間，萬物有的具有這樣的特性：含血氣的動物，如蝮蛇、蜂類、蠆蠍，都含有毒素，螫了人體，毒素漫延使人生病，不及時醫治，就會流遍全身；草木當中，有巴豆、野葛，吃了它會使人積聚不化而感到煩悶，很多人被它毒死。我不知道這些毒物從上天承受了什麼氣？萬物的生出，都是承受元氣，元氣當中，難道也有毒素嗎？」

曰：夫毒，太陽❶之熱氣也，中人人毒。人食湊懣者，其不堪任❷也。不堪任則謂之毒矣。太陽火氣❸，常為毒螫，氣熱也。太陽之地❹，人民促急❺，促急之人，口舌為毒。故楚、越❻之人促急捷疾，與人談言，口唾射人，則人脤脹❼，腫而為創❽。南郡❾極熱之地，其人祝❿樹樹枯，唾鳥鳥墜。巫咸⓫能以祝延人之疾、愈⓬人之禍者，生於江南，含烈氣⓭也。夫毒，陽氣也，故其中人，若火灼⓮人。或為蝮所中，割肉置地焦沸，火氣之驗也。四方極⓯皆為維⓰邊，唯東南隅⓱有溫烈氣。溫烈氣發，常以春夏。春夏陽起，東南隅，陽位⓲也。他物之氣，入人鼻目，不能疾痛。火煙入鼻，鼻疾，入目，目痛，火氣有烈⓳也。物為靡屑⓴

者多，唯一火最烈，火氣所燥㉑也。食甘旨之食，無傷於人。食蜜少㉒多，則令人毒。蜜為蜂液，蜂則陽物也。人行無所觸犯，體無故痛，痛處若箠杖之跡。人腓㉓，腓謂鬼毆㉔之。鬼者，太陽之妖㉕也。微者，疾謂之邊㉖，其治用蜜與丹㉗。蜜、丹陽物，以類治之也。夫治風用風，治熱用熱，治邊用蜜、丹，則知邊者陽氣所為，流毒所加也。

【章旨】此章說明毒物之源在於「太陽之熱氣」。

【注釋】❶太陽　極盛的陽氣。❷不堪任　不能忍受。❸太陽火氣　古人以為「太陽」和「五行」中的「火」是相配屬的，所以「太陽」之氣就是「火」氣。❹太陽之地　古人以為「太陽」和南方是相配屬的，所以「太陽」之地指南方，其地溫熱。❺促急　急躁。❻楚越　古代的國家。泛指南方。❼脤脹　腫脹。❽創　通「瘡」。❾南郡　郡名。今湖北江陵一帶。❿祝　通「咒」。詛咒；咒罵。此為求神降禍於人的一種迷信法術。⓫咸　都。⓬愈　增加。⓭烈氣　猶火氣。⓮灼　燒。⓯極　指極遠的地方。⓰維　地維。指地的四角。⓱隅　角落。⓲陽位　陽氣的正常位置。古人以為春天陽氣始發自東北，逐步向南轉移，夏天至於正南方，所以天氣最熱。⓳烈　指熾熱的特性。⓴靡屑　粉末。㉑燥　烤焦。㉒少　稍。㉓腓　通「痱」。一種半身不遂的病。㉔毆　擊。㉕太陽之妖　極盛的陽氣形成的妖象。王充認為這種陽氣可以模擬人或物的形貌而出現。㉖邊　病症名。指輕微麻痺。㉗丹　丹砂；朱砂。

【語譯】回答道：關於毒，是極盛陽氣的溫熱造成的，它碰上人，人就要中毒。人們吃了毒物積聚不化而感到煩悶，可能忍受不了啊。忍受不了那麼就叫做中毒了。極盛陽氣的火氣，經常產生毒素刺人，這就是陽氣的熱力啊。極盛陽氣的地域上，人們性格急躁，急躁的人，口舌都產生毒素。所以楚、越的人性格急躁，說話急促，同人談話，口吐唾液噴人，被噴的人就全身腫脹，以至腫脹得成為毒瘡。南郡最熱的地方，那裡的人詛咒樹，樹就枯死，詛咒飛鳥，鳥就落下。巫都能用詛咒來延長人的疾病、加劇人的災禍，因為他們生在江南，含有火氣啊。關於毒，由於是極盛的陽氣，所以它中傷了人，人就有像火燒一樣的感覺。有的人被蝮蛇咬中，把傷處的肉割下來扔到地下，肉就變得沸騰而枯焦，這就是毒為火氣的證明。大地四方最遠的地方是地四角的邊緣，只有東南角才有溫熱的氣。溫熱的氣發揮出來，經常是在春天和夏天。春天和夏天陽氣出現，東南角又是陽氣的正常位置。別的東西的氣，侵入人的鼻眼，不能使人生病。火煙侵入鼻內，鼻就生病，侵入眼中，眼就發痛，這是由於火氣有熾熱的特性。東西中成為粉末的居多，只要一把火就能燒得極猛烈，這是由於火氣烤焦它們的緣故啊。人們吃美味的食物，對人沒有傷害。可是吃稍多一點的蜂蜜，就會使人中毒。蜂蜜是蜂吐出的毒液，蜜蜂是屬於陽類的動物啊。人們走路並沒有碰撞到什麼東西，身上無故感到疼痛，疼痛的地方好像有鞭打過的痕跡。人們有時半身不遂，就說這是鬼打的。鬼，是極盛陽氣形成的妖象。輕微麻痺的症狀，人們把這病叫做「邊」，醫治的辦法就是用蜂蜜和丹砂。蜂蜜和丹砂都是屬於陽類的東西，這就是用同類的毒物來醫治同類造成的創傷啊。治風病用吹風的辦法，治熱病用發熱的辦法，治邊症就用蜂蜜和丹砂，那麼就知道「邊」這種症狀是陽氣所造成的，是陽氣流行的毒物加害於人的啊。

天地之間，毒氣流行，人當其衝❶，則面腫疾，世人謂之火流所刺也。人見鬼者，言其色赤，太陽妖氣，自如其色❷也。鬼為烈毒❸，犯人輒❹死，故杜伯❺射，周宣立崩❻。鬼所賷❼物，陽火之類，杜伯弓矢，其色皆赤。南道❽名毒曰短弧❾，杜伯之象，執弓而射。陽氣困❿而激⓫，激而射，故其中人象弓矢之形。火困而氣熱，血毒盛，故食走⓬馬之肝殺人，氣困為熱也。盛夏暴⓭行，暑暍⓮而死，熱極為毒也。人疾行汗出，對爐汗出，向日亦汗出，疾溫病⑮者亦汗出，四者異事而皆汗出，困同熱等，火日之變也。

【章　旨】此章承前述，說明毒由熱氣產生。

【注　釋】❶衝　衝擊。❷自如其色　古人以為與「太陽」相配的顏色是紅色，所以王充說由「太陽之氣」造成的妖象，自然也就像「太陽之氣」的本色。❸烈毒　劇毒。❹輒　立即。❺杜伯　周宣王的大夫。無辜而被周宣王殺死，傳說他死後變成鬼射死宣王。王充認為這個鬼是妖氣變的。參見本書〈死偽篇〉。❻崩　古稱天子死。❼賫　攜帶。❽南道　指南方。❾短弧　即「蜮」。又名「射工」，傳說牠是一種能含沙射影的水怪。❿困　被圍住。⓫激　爆發。⓬走　跑。⓭暴　同「曝」。曬。⓮暍　受熱。⓯疾溫病　患熱病。

【語　譯】天地之間，毒氣流行，人遇到毒氣衝擊，就患臉腫的病，世人說這種病是熱氣流行所刺傷的。看到鬼的人，說鬼的顏色是紅色，由極盛陽氣變成的妖象，自然像陽氣一樣的本色。由陽氣變成的鬼是一種劇毒，它侵犯到人，人就立即死亡。所以杜伯變成鬼射周宣王，宣王就立即死亡。鬼所帶的物件，也是陽氣火氣一類的，所以杜伯的弓箭，它們的顏色都是紅色。南方人把「毒」叫做「短弧」。杜伯的虛象拿著弓箭射人，是由於陽氣被困阻爆發，爆發就噴射，所以它擊中了人就像用弓箭射中的一樣，留有弓箭的形跡。含火而氣熱的動物，它的血液毒性很厲害，所以吃了跑馬的肝是會被毒死的，這就是馬的陽氣被困阻而產生熱力的緣故。炎熱的夏季，頂著烈日走路，中暑而死亡，就是由於熱到極點產生毒物的緣故。人快走會出汗，在火爐旁烤火會出汗，曬太陽會出汗，患熱病的人也會出汗，這四種情況雖然事情不同，卻都產生出汗的結果，說明都是由於陽氣被困阻而產生同樣的熱力，這都是火與太陽的毒氣產生的變化啊。

天下萬物，含太陽氣而生者，皆有毒螫。毒螫渥❶者，在蟲則為蝮蛇、蜂、蠆，在草則為巴豆、冶葛，在魚則為鮭❷與鮧、鮛，故人食鮭肝而死，為❸鮧、鮛螫有毒。魚與鳥同類，故鳥蜚魚亦蜚，鳥卵魚亦卵，蝮蛇、蜂、蠆皆卵，同性類也。其在人也為小人，故小人之口，為禍天下。小人皆懷毒氣，陽地小人毒尤酷烈，故南越❹之人，祝禁❺輒效。諺❻曰：「眾口爍金❼。」口者，火也❽。五行❾二曰「火」，五事❿二曰「言」。言與火直⓫，故云「爍金」。道口舌之爍，不言「拔⓬木焰⓭火」，必云「爍金」，金制⓮於火，火、口同類也。

【章　旨】此章說明「太陽之氣」生毒對萬物及人類的影響。

【注　釋】❶渥　厚。❷鮭　鮭科魚類。常見的如大馬哈魚。這裡可能指河豚，肉味鮮美，其肝有毒。❸為　被。❹南越　泛指南方地區。❺祝禁　猶「咒禁」。指加禍於人與為人除害的一種迷信法術。❻諺　俗語。❼眾口爍金　比喻眾口一詞，可以顛倒黑白，混淆是非。爍金，熔化金屬。❽口者二句　陰陽五行家認為口屬火。❾五行　按《尚書・洪範》記載：五行為水、火、木、金、土。「火」居第二位。❿五事　按《尚書・洪範》記載：五事為貌、言、視、聽、思。「言」居第二位。⓫直　通「值」。相當。「言」、「火」都居第二位，性質相當。⓬拔　取。⓭焰　燒。⓮制　剋。陰陽五行家認為「火剋金」，金被火熔化。

【語　譯】天下萬物，含有極盛陽氣出生的，都有毒素。毒素厚的，在蟲的類別中就是蝮蛇、蜂、蠆，在草的類別中就是巴豆、冶葛，在魚的類別中就是鮭魚、鮧魚與鮛魚，所以人們吃了鮭魚的肝就被毒死，被鮧魚、鮛魚刺了也會中毒。魚與鳥是同類的，所以鳥能飛，魚也能躍出水面，鳥產卵，魚也產卵，蝮蛇、蜂、蠆都產卵，屬於同本性的物類啊。毒素厚的，體現在人類的就是小人，所以小人的口造成的禍害，可以遍及天下。小人的出生都含有毒氣，地處南方的小人毒素尤其厲害，所以南方的巫祝，他們的咒禁往往有效驗。俗語說：「眾口爍金。」口，屬於「火」，在「五行」中居第二位，在「五事」中居第二位的是「言」。可見「言」與「火」的性質相當，所以說「爍金」。說口舌能夠熔化東西，不說口舌的厲害有如取木燒火一樣，而一定要說它能熔化金屬，這是因為火能剋金，火和口是同類的緣故。

藥生非一地，太伯❶辭之吳❷。鑄❸多非一工❹，世稱❺楚棠溪❻。溫氣天下有，路❼畏入南海❽。鴆鳥❾生於南，人飲鴆❿死。辰為龍，巳為蛇⓫，辰、巳之位在東南⓬。龍有毒，蛇有螫，故蝮有利牙，龍有逆鱗⓭。木生火⓮，火為毒，故蒼龍之獸⓯含火星⓰。冶葛、巴豆，皆有毒螫，故冶⓱在東南，巴⓲在西南。土地有燥濕，故毒物有多少，生出有處地，故毒有烈不烈。蝮蛇與魚比⓳，故生於草澤。蜂、蠆與鳥同，故產於屋、樹。江北地燥，故多蜂、蠆。江南地濕，故多蝮蛇。生高燥比⓴陽，陽物懸垂，故蜂、蠆以尾刺。生下濕比陰，陰物柔伸，故蝮蛇以口齰㉑。毒或藏於首尾，故螫齰有毒；或藏於體膚，故食之輒懣；或附於唇吻，故舌鼓㉒為禍。

【章旨】此章說明南方多毒，亦由於其地溫熱。

【注　釋】❶太伯　周文王的伯父。❷吳　古吳地。在今江蘇南部。傳說太伯因知道父親古公亶父想將王位傳給季歷（太伯的弟弟）的兒子姬昌（即周文王），所以就離開周，跑到吳地採藥去了。❸鑄　指鑄劍。❹工　善。❺稱　贊美。❻棠溪　古地名。在今河南境，據說此地出利劍。❼路　行路。❽南海　泛指南方靠海的地方。❾鴆鳥　傳說為毒鳥。牠的羽毛浸酒，這種酒就能毒死人。❿鴆　指鴆酒。⓫辰為龍二句　陰陽五行家把子、丑、寅、卯等十二地支和十二種動物相配屬，辰屬龍，巳屬蛇。⓬辰巳之位在東南　陰陽五行家又把十二地支和四方相配屬，卯在正東，午在正南，辰、巳在卯、午之間（按子、丑、寅、卯、辰、巳、午、未的順序），位在東南。⓭逆鱗　傳說龍的頷（下巴）下倒長著鱗，觸犯就會死人。參見《韓非子・說難》。⓮木生火　陰陽五行家認為「五行相生」，「木」是生「火」的。⓯蒼龍之獸　指東方的一組像龍的七個星宿。又稱為「青龍」。⓰火星　指蒼龍七宿中的「心」宿。古代天文學家又稱它為「大火」。「蒼龍」在東方，東方又屬「五行」當中的「木」，「蒼龍」又包括「火星」，因此王充用以說明「木生火」的道理。⓱冶　古地名。在今福建境。⓲巴　古地名。在今四川境。⓳比　近似。⓴比　接近。㉑齰　咬。㉒鼓　搖動。

【語　譯】藥並不是生在一個地方，而太伯離開周，卻偏要到吳地去採藥。鑄劍的地方很多，並不是只有一個地方善於鑄劍，可是世人只稱贊楚國棠溪的劍好。溫熱的氣天下遍處都存在，可是走路就怕走到南方靠海的地方去。鴆鳥出產在南方，人如果喝了鴆酒就會毒死。辰屬龍，巳屬蛇，辰、巳的方位是東南方。由於東南方是接近陽位產生毒的地方，所以龍有毒，蛇有毒，蝮蛇有鋒利的牙，龍的頷下還有逆鱗。木生火，火有毒，所以蒼龍星座中包含有火星。冶葛、巴豆，都有毒素，所以冶地處在東南，巴地處在西南，這都是有毒的方位啊。土地有的乾燥有的潮濕，所以毒物有的地方多有的地方少，毒的產生有一定的地方，所以毒性有的強有的不強。蝮蛇與魚相近似，所以產生在多水的草澤當中。蜂、蠆與鳥相同，所以產生在乾燥的屋中和樹上。長江以北土地乾燥，所以多蜂、蠆。長江以南土地潮濕，所以多蝮蛇。生長在高而乾燥的地方接近陽氣，生長在這地方的陽類生物都是懸空的、向下垂的，所以蜂、蠆就用尾端的毒針刺人。生長在低濕的地方接近陰氣，生長在這地方的陰類生物都是柔軟延伸前進的，所以蝮蛇就用口咬人。毒素有的藏在頭和尾，所以被它們刺咬就會中毒；有的將毒素藏在體內和皮膚中，所以吃了它們就立即感到煩悶；有的將毒素附在嘴唇上，所以搖唇鼓舌就能產生禍害。

毒螫之生，皆同一氣，發動❶雖異，內❷為一類。故人夢見火，占❸為口舌❹；夢見蝮蛇，亦口舌。火為口舌之象❺，口舌見於蝮蛇，同類共本❻，所稟一氣❼也。故火為言，言為小人，小人為妖❽，由口舌。口舌之徵，由人感天❾。故「五事」二曰「言」，言之咎徵❿，「僭恆暘若⓫」。僭者奢麗，故蝮蛇多文。文起於陽，故若致⓬文。暘若則言從⓭，故時有詩妖⓮。

【章旨】此章說明小人的口舌之毒亦由火氣所生。

【注釋】❶發動 指或咬或螫。❷內 通「納」。歸納。❸占 占卜；預測。❹口舌 指口舌糾紛、撥弄是非。❺象 徵兆。❻本 本源；基礎。❼一氣 指「太陽之氣」。❽妖 怪。❾由人感天 指「小人」與「天」相感應。因為小人含有「太陽之氣」。❿咎徵 凶兆。⓫僭恆暘若 見《尚書·洪範》。僭，僭越；超越本分。此指君主驕橫。恆，常。暘，晴。此指久晴天旱。若，順；隨。⓬致 招致。⓭言從 指不滿的話接著產生。⓮詩妖 指預示吉凶存亡的童謠、詩歌之類。

【語譯】毒素的產生，都來源於同樣的陽氣，毒害的方式雖不相同，但都可歸納為一類。所以人們夢見火，占卜認為將有口舌糾紛出現。人們夢見蝮蛇，也是口舌糾紛的預兆。火是口舌糾紛的徵兆，口舌糾紛的徵兆也從蝮蛇得到表現。這是因為口舌糾紛與火、蝮蛇是同類的東西，共一個本源，它們所承受的是同一種「太陽之氣」啊。所以「火」與「言」相配，「言」與「小人」相配，小人興妖作怪，都是通過口舌糾紛表現出來的。由口舌糾紛構成的徵兆，是由含「太陽之氣」的小人與天相互感應造成的。所以〈洪範〉「五事」的第二位就是「言」，「言」的凶兆，體現國君身上，便是由於國君驕傲的超越本分，往往使旱災接踵而來。超越本分的人講究奢侈華麗，所以同類性質的蝮蛇也多文彩。文彩是由陽氣構成的，所以好像是與生俱來。天旱伴隨著國君的超越本分而出現，那麼民間也就接著出現一些不滿的言論，所以有時就出現「詩妖」。

妖氣生美好❶，故美好之人多邪惡。叔虎❷之母美，叔向❸之母知之❹，不使視寢❺。叔向諫，其母曰：「深山大澤，實生龍、蛇。彼美，吾懼其生龍、蛇❻以禍汝。汝弊❼族也，國多大寵❽，不仁之人間❾之，不亦難乎？余何愛❿焉！」使往視寢，生叔虎，美有勇力，嬖⓫於欒懷子⓬。及范宣子⓭逐懷子，殺叔虎，禍及叔向。夫深山大澤，龍、蛇所生也，比之叔虎之母者，美色之人懷毒螫也。生子叔虎，美有勇力。勇力所生，生於美色；禍難所發，由於勇力。火有光耀，木有容貌。龍、蛇、東方、木，含火精⓮，故美色貌麗。膽附於肝⓯，故生勇力。火氣猛，故多勇；木剛強，故多力也。生妖怪者，常由好色；為禍難者，常發勇力；為毒害者，皆在好色。

【章旨】此章說明美貌的人多邪惡也由火氣所生。

【注釋】❶美好　指容貌漂亮。❷叔虎　羊舌虎。春秋時晉國大夫，叔向的異母弟。❸叔向　叔肸。即羊舌肸，春秋時晉國大夫。❹知之　懂得「美好之人多邪惡」的道理。❺視寢　指妻妾服侍丈夫就寢。❻龍蛇　指所生子女。❼弊　弱小。❽大寵　受寵幸的大族。❾間　挑撥離間。❿愛　惜。⓫嬖　寵幸。⓬欒懷子　欒盈。春秋時晉國大夫。⓭范宣子　士匄。春秋時晉國大夫。他同欒懷子有矛盾，曾驅逐欒懷子，並殺死叔虎，囚禁叔向。見《左傳・襄公二十一年》。⑭火精 火的精氣。⑮膽附於肝 膽與肝為一體。舊說膽是產生勇氣的，肝與木相配，而木又是剛強多力的。

【語譯】妖氣生出美麗的容貌，所以美貌的人大多附有邪惡的妖氣。叔虎的母親生得很美，叔向的母親懂得美貌的人多邪惡，不要她服侍丈夫睡覺。叔向向母親勸諫，他的母親說：「深山大澤，這是產生龍、蛇一類有毒之物的地方。她長得很美，我恐怕她將來生下子女會讓你遭禍。你生在勢力弱小的家族，而晉國又有許多特別受到寵幸的大族，假如有不仁的人挑撥你和大族之間的關係，那不就遭難了嗎？我有什麼捨不得的呢？」於是讓她去服侍丈夫睡覺，生下叔虎，叔虎長得漂亮而且有勇力，被欒懷子所寵。後來范宣子驅逐欒懷子，殺掉叔虎，災禍也牽連到叔向。那深山大澤本是生龍、蛇的地方，叔向的母親用它比喻叔虎的母親，是因為容貌美麗的人都含有毒螫啊。她生的兒子叔虎，既漂亮又多勇力。勇力之所以產生，就是由於美貌；禍亂之所以發生，就是由於勇力。火有光耀，樹有容貌。龍、蛇，與東方和木相配，含有火的精氣，所以與龍、蛇相配的都長得很漂亮。膽附在肝上，所以產生勇力。火氣猛烈，所以多勇；木性剛強，所以多力啊。生出妖怪的人，都是由於有美色；造成禍難的人，都是來源於勇力；具有毒螫的人，都是由於有美色。

美酒為毒，酒難多飲。蜂液為蜜，蜜難益食。勇夫強國，勇夫難近。好女說❶心，好女難畜❷。辯士快意❸，辯士難信。故美味腐腹，好色惑心，勇夫招禍，辯口致殃。四者，世之毒也。辯口之毒，為害尤酷❹。何以明之？孔子見陽虎❺，卻❻行，白❼汗交流。陽虎辯，有口舌。口舌之毒，中人病也。人中諸毒，一身死之；中於口舌，一國潰亂。《詩》曰：「讒言罔極，交亂四國❽。」四國猶亂，況一人乎！故君子不畏虎，獨畏讒夫之口。讒夫之口，為毒大矣。

【章旨】此章說明諸毒中間以小人讒言之毒最厲害。

【注釋】❶說　同「悅」。❷畜　養。❸快意　指令人痛快。❹酷　烈；厲害。❺陽虎　春秋時魯國季孫氏的家臣。❻卻　退。❼白　指嚇得面色蒼白。❽讒言罔極二句　見《詩經・小雅・青蠅》。罔極，無邊。交，兼。四國，四方。

【語譯】美酒是有毒的，因而不宜多飲。蜂蜜是甜的，但不宜多吃。勇士能使國家強盛，但不宜多接近。美女討人喜悅，但難於畜養。善辯者使人感到痛快，但他說的話令人難於信從。所以美味傷害腸胃，美色使人迷惑，勇士招來禍害，善辯招來災殃。以上四種人都是社會的毒物啊。善辯的毒性所造成的禍殃尤其厲害，用什麼證明呢？孔子見到陽虎，便向後退走，嚇得面色蒼白，大汗交流。因為陽虎善辯，有善於進讒言的口舌。口舌的毒素，中傷了人就使人生病啊。一個人中了各種毒素，就會使自己死亡；國君聽信了讒言，一國就會衰敗。《詩經》說：「讒言的禍害是無邊無際的，使四方遍處遭亂。」四方尚且遭亂，何況是一個人呢！所以君子不怕老虎，偏怕進讒言的人的口。進讒言的人的口，造成的毒害太大了。

薄葬篇第六十七

【題解】本篇旨在反對厚葬、提倡薄葬。王充指出社會厚葬的風習嚴重，許多人「竭財以事神，空家以送終」，弄得「用索物喪，民貧耗之至」，必然會使國家走上危亡的道路。王充認為厚葬風習愈演愈烈，根源在於儒、墨兩家對死人有知無知的問題都沒有論述清楚。墨家認為「人死輒為神鬼而有知，能形而害人」，他們雖然提倡薄葬，可這種死人有知論卻為厚葬提供了理論依據。儒家雖然認為「死人無知，不能為鬼」，然而為了維護孝道，免於後人「倍死亡先」，也有意不講明死人有知無知的問題，這樣也助長了厚葬風習的發展。王充認為，認識事物，不僅要靠耳目，而且「必開心意」，只有讓大家明白「死人無知，厚葬無益」的道理，才能改變厚葬，實行薄葬。

聖賢之業，皆以薄葬省用為務❶。然而世尚厚葬，有奢泰❷之失者，儒家論不明，墨家議之非故也。墨家之議右❸鬼，以為人死輒❹為神鬼而有知❺，能形❻而害人，故引杜伯❼之類以為效驗。儒家不從，以為死人無知，不能為鬼，然而賻❽祭備物者，示不負死以觀生❾也。陸賈❿依儒家而說，故其立語，不肯明處⓫。劉子政⓬舉薄葬之奏，務欲省用，不能極論⓭。是以世俗內持狐疑⓮之議，外聞杜伯之類，又見病且終者，墓中死人來與相見，故遂信是，謂死如生⓯。閔⓰死獨葬，魂孤無副⓱，丘墓⓲閉藏，穀物乏匱⓳，故作偶人⓴以侍尸柩，多藏食物以歆㉑

精魂。積浸㉒流至，或破家盡業，以充死棺，殺人以殉㉓葬，以快㉔生意。非知其內㉕無益而奢侈之心外相慕也，以為死人有知，與生人無以異。孔子非㉖之，而亦無以定實然㉗。而陸賈之論，兩㉘無所處。劉子政奏，亦不能明儒家無知之驗，墨家有知之故。事莫明於有效，論莫定於有證。空言虛語，雖得道心㉙，人猶不信。是以世俗輕愚㉚信禍福者，畏死不懼義，重死不顧生，竭財以事神，空家以送終。辯士㉛文人有效驗，若墨家之以杜伯為據，則死無知之實可明，薄葬省財之教可立也。

【章旨】此章說明社會厚葬成為風氣，是由於儒家和墨家沒有把人死無知的問題論述清楚。

【注釋】❶務　專力作的事情。❷泰　過分。❸右　崇尚。❹輒　就。❺知　知覺。❻形　現形；變成活人。❼杜伯　周宣王的大夫。無辜而被宣王殺死，傳說他死後變成鬼射殺宣王。參見本書〈死偽篇〉。❽賻　以財助人辦喪事。❾觀生　示生；做給活人看。❿陸賈　漢高祖劉邦的謀臣。⓫明處　明確判斷。⓬劉子政　劉向。西漢後期學者，漢成帝時，他曾上書勸阻修建奢侈的陵墓，主張薄葬。⓭極論　透徹說理。⓮狐疑　懷疑。⓯生　活。⓰閔　同「憫」。哀憐；同情。⓱副　指陪伴。⓲丘墓　墳墓。⓳乏匱　缺乏。⓴偶人　用陶或木製的假人。㉑歆　指鬼神享受供品。㉒積浸　逐漸發展。㉓殉　把活人隨同死者埋葬。㉔快　滿足。㉕內　通「納」。指將殉葬物放進棺材。㉖非　反對。㉗實然　真實的情況。㉘兩　指死人無知還是有知。㉙道心　指道理。㉚輕愚　鄙陋無知。㉛辯士　善於辯說的人。

【語譯】聖賢的事業，都把薄葬省用作為宗旨。然而社會上崇尚厚葬，存在鋪張浪費的惡習，其原因在於儒家論述不夠明確、墨家的論述又是錯誤的緣故。墨家的主張是崇尚鬼神，認為人死了就變成鬼神而且有知覺，能現出形體害人，所以引用杜伯一類的傳說作為證明。儒家不相信墨家的說法，認為人死了沒有知覺，不能變成鬼神，然而還是資助祭祀籌備祭品，這就是為了表示不背棄死去的人，借以勸勉活著的人啊。陸賈依據儒家的主張談論葬禮的事，所以他闡述自己的主張時，不肯明確地判定人死後是否變成鬼的問題。劉子政向皇帝呈送薄葬的奏章，目的在於倡導省用，但也沒有透徹地說明人死後是否變成鬼的問題。因此世上的人內心存有懷疑的看法，外面又不斷聽到杜伯一類人死變成鬼的傳聞，加上患病將死的人，發現墳墓中的死人來與自己相見，所以就信以為真，認為死人像活人一樣。同情死人單獨安葬，魂魄孤單，沒有陪伴，加上墳墓封閉，穀物缺乏，所以作成偶人來侍奉棺內的屍體，多多儲藏食物來讓靈魂享受。這種風習逐漸發展流傳開來，有的人傾家蕩產，用殉葬品裝滿死人的棺材，有的還殺人來殉葬，以滿足活人的心意。他們不知道把殉葬品放進棺內對死人無益，又受著奢侈心的支配在外表上互相炫耀，以為死人有知覺，與活人沒有什麼不同。孔子雖反對死人有知覺，卻也無法判定事情的真象。陸賈所說的，關於死人的有知或者無知兩方面都沒有作出肯定的判斷。劉子政上呈的主張薄葬的公文，也沒有能夠闡明儒家關於鬼無知的效驗以及墨家關於鬼有知的理由。事情沒有比有效驗更令人明白的，言論沒有比具真憑實據更能得到肯定的。一番空空洞洞的言論，雖也說得符合道理，人們還是不會相信。因此世上那些淺陋愚昧相信鬼神能給予禍福報應的人，怕得罪死人而不怕違背道理，只看重死人而不顧全活人，耗盡財物侍奉鬼神，傾家蕩產辦理喪事。善說善寫的文士如果能舉出死人無知的效驗，像墨家舉出杜伯作為死人有知的證據一樣，那麼死人無知的事實就可以大白，薄葬省財的教化也就可以成功了。

今墨家非儒，儒家非墨，各有所持，故乖❶不合。業❷難齊同，故二家爭論。

世無祭祀復生之人，故死生之義未有所定。實者❸死人暗昧❹，與人殊途，其實荒忽❺，難得深知。有知無知之情不可定，為鬼之實不可是。通人❻知❼士，雖博覽古今，窺涉❽百家❾，條入葉貫❿，不能審知。唯聖心賢意，方比物類，為能實之。夫論不留精⓫澄意⓬，苟⓭以外效⓮立事是非，信聞見於外，不詮訂⓯於內，是用耳目論，不以心意議也。夫以耳目論，則以虛象為言；虛象效，則以實事為非。是故是非者不徒耳目，必開心意。墨議不以心而原⓰物，苟信聞見，則雖效驗章⓱明，猶為失實。失實之議難以教⓲，雖得愚民之欲，不合知者之心，喪物索⓳用，無益於世，此蓋⓴墨術㉑所以不傳也。

【章　旨】此章說明儒、墨關於厚葬、薄葬之爭，必須排除世俗的耳目傳聞，保持清醒的頭腦，用各種事物對比進行深入思考，才能確定是非。

【注　釋】❶乖　背離；相反。❷業　事業。指實行厚葬或薄葬。❸實者　實際上。❹暗昧　不明。❺荒忽　同「恍惚」。難於捉摸。❻通人　通曉事理、知識淵博的人。❼知　通「智」。❽窺涉　閱讀。❾百家　指諸子百家的著作。❿條入葉貫　意思是對書中細微末節的內容都能融會貫通。條，指枝條。葉，樹葉。⓫留精　集中精力。⓬澄意　頭腦清醒。⓭苟　假如。⓮外效　指耳聞目見的表面現象。⓯詮訂　考訂；判斷。⓰原　推究；考察。⓱章　通「彰」。顯著。⓲教　施行教化。⓳索　盡。⓴蓋　大概。㉑墨術　墨家學說。在漢代就沒有什麼人研究墨家學說了。

【語　譯】現在墨家反對儒家，儒家反對墨家，各有各的主張，所以互相背離不能吻合。厚葬薄葬的主張不能一致，所以儒、墨兩家爭論不休。世上沒有因祭祀而復活的人，所以人死後究竟是有知還是無知的道理不能確定。實際上，人們對死人的情況不明，它與活人不同道，情況不可捉摸，難得深入了解。既然死人有知覺還是無知覺都不能確定，那麼死人變成鬼的情況也就不能肯定。通達事理學識淵博的人，即使能博覽古今的史事，遍讀諸子百家的著作，了解得深入細緻，融會貫通，也不能弄清這個問題。只有那些具備聖賢心意的人，將各類事物加以對比，才能肯定哪一種說法是正確的。判斷事情的是非，如果不能集中精力，保持清醒的頭腦，以表面現象為依據確定事情的是非，只相信從外界得來的見聞，不通過內心進行考訂分析，這就是用耳目來判斷，不是用思想來考察啊。只憑耳聞目見的表面現象來判斷，那麼就會憑所得到的虛假現象論事。虛假的現象被人信以為真，那麼反而會把事情的真實情況當作錯誤的了。因此，辨析事情的是非，不能只依靠耳目，必須通過內心的思考才能得出正確的結論。墨家的論事不是用思想考察事物的實質，而只是觀察事物的表面現象，如果只相信事物的表面現象，那麼即使引用的證據十分明顯，也還是違背死人無知不變成鬼的實際的。違背實際的議論，是很難用來教化別人的。墨家信鬼的議論雖然符合無知之民的心意，但是墨家薄葬的主張卻又不符合哀悼死人勉勵活人的智者的想法，因而世上無論愚民還是智者，都耗盡財物，對死人進行厚葬，對社會沒有幫助，這大概就是墨家學說不能流傳的原因吧！

魯人將以璵璠❶斂❷，孔子聞之，徑庭❸麗級❹而諫❺。夫徑庭麗級，非禮也，孔子為救患❻也。患之所由，常由有所貪。璵璠，寶物也，魯人用斂，姦人僩❼之，欲心生矣。姦人欲生，不畏罪法。不畏罪法，則丘墓抇❽矣。孔子睹微見著，故徑庭麗級，以救患直諫。夫不明死人無知之義，而著丘墓必抇之諫，雖盡比干❾之執❿，人必不聽。何則？諸侯⓫財多不憂貧，威強不懼抇。死人之議，狐疑未定，孝子之計，從其重者。如明死人無知，厚葬無益，論定議立，較著⓬可聞，則璵璠之禮不行，徑庭之諫不發矣。今不明其說⑬而強其諫，此蓋孔子所以不能立其教。孔子非不明死生之實，其意不分別⑭者，亦陸賈之語⑮指⑯也。夫言死無知，則臣子倍⑰其君父。故曰：「喪祭禮廢，則臣子恩泊。臣子恩泊，則倍死亡先。倍死亡先，則不孝獄多⑱。」聖人懼開不孝之源，故不明死無知之實。異道⑲不相連，事生厚，化⑳自生，雖事死泊，何損於化？使死者有知，倍之非也；如無所知，倍之何損？明其無知，未必有倍死之害；不明無知，成事㉑已有賊㉒生之費。

【章　旨】此章說明厚葬之所以成為風習，是由於人們不懂得人死無知的道理和為免於背死忘先的不孝罪名的後果。

【注　釋】❶璵璠　美玉名。❷斂　同「殮」。把死者裝進棺材。春秋後期魯國大夫季平子趕走了魯昭公，自己代行執政，並把君主所佩的璵璠佩在自己身上。季平子死，他的家臣陽虎要把璵璠作為陪葬品，季氏的另一家臣仲梁懷認為違反君臣之禮，拒不交出璵璠。參見《左傳・定公五年》。❸徑庭　直穿庭院。按古禮，客人入門後應靠左邊繞道，此則急速直穿庭院，不符合禮的規定。徑，徑直。❹麗級　指越過上殿堂的階級。《呂氏春秋・安死》作「歷級」。麗、歷，都有越過的意思。按古禮，上殿階每跨出一步，應併齊雙腳後跨出下一步，此則不併齊腳而急速跨越殿階，不符合禮的規定。❺諫　諫阻。❻救患　解救禍患。❼僩　通「瞯」。窺探。❽扣　掘。❾比干　商紂王的叔父。強諫紂王，被殺害。❿執　通「摯」。忠誠。⓫諸侯　國君。⓬較著　明顯。⓭說　指死人無知、厚葬無益的看法。⓮不分別　不講清楚。⓯陸賈之語　指前所述陸賈對死人有知還是無知不肯作明確判斷。⓰指　通「旨」。意旨。⓱倍　通「背」。背叛。⓲喪祭禮廢六句　見《禮記・經解》。泊，通「薄」。淡薄。先，先人；祖先。獄，案件。⓳異道　指活人與死人所走道路不同。⓴化　指教化。㉑成事　已有的事實。

㉒賊害。

【語譯】魯國人將用璵璠裝殮季平子，孔子聽到這事，徑直穿過庭院、跨越臺階向主持喪事的人勸諫。徑直穿過庭院、跨越階級，不符合禮的規定啊，孔子是為了防止禍患的產生啊。禍患的根源，往往是由於人的貪欲引起的。璵璠，是寶貴的東西，魯人用來裝殮死人，壞人發現，貪欲就產生了。壞人產生貪欲，就不怕犯法。不怕犯法，那麼盜墓的事就將發生了。孔子從事情的隱微階段預見到發展明顯的必然趨勢，所以徑直穿過庭院、跨越臺階，來防止禍患而直言強諫。孔子不講清楚死人無知的道理，卻明白提出墳墓必然被盜的勸諫，即使盡到比干那樣的忠誠，人們也必然不會聽從。為什麼呢？國君財多，不耽心被厚葬弄得貧困；威勢強大，不害怕別人掘墓。由於對死人有知還是無知，尚持狐疑不決的議論，那麼孝子的想法，總是傾向於厚葬。如果講明死人無知、厚葬無益的道理，讓這種看法成為定論，並明確宣布讓大家知道，那麼用璵璠裝殮的禮儀就不會施行，直穿庭院的強諫就不會出現了。現在不講明死人無知、厚葬無益的道理，卻只是極力勸諫，這大概就是孔子在薄葬上不能起教化作用的原因吧！孔子並不是不懂得死生的實際情況，他之所以有意不講清楚人死無知，也就是陸賈關於人死是有知還是無知的問題不肯明說的用意。如果說人死了無知，做臣子的會背棄君主，做兒子的會背棄父親。所以說：「假如喪祭的禮儀廢除，那麼臣、子就會恩情淡薄。臣、子恩情淡薄，那麼就會背棄死人、忘記祖先。背棄死人、忘記祖先，那麼不孝的案件就會大量出現。」聖人害怕鑿開一個不孝的源頭，所以就不講明死人無知的實際情況。死人、活人各自的道路不同，對活著的人奉養優厚，良好的風俗會自然產生，雖然侍奉死人淡薄，對於良好的風俗有什麼損害呢？假使死人有知，背棄它是不對的；假如死人一無所知，背棄它又有什麼損害呢？講明了死人無知的道理，未必就產生背棄死人的惡俗；不講明死人無知的道理，事實上已經存在損害活人財物的現象了。

孝子之養親❶病也，未死之時，求卜❷迎醫，冀❸禍消，藥有益也。既死之後，雖審❹如巫咸❺，良如扁鵲❻，終不復使。何則？知死氣絕，終無補益。治死無益，厚葬何差❼乎？倍死恐傷化，絕卜拒醫，獨不傷義乎？親之生也，坐之高堂之上；其死也，葬之黃泉❽之下。黃泉之下，非人所居，然而葬之不疑者，以死絕異處，不可同也。如當亦如生存，恐人倍之，宜葬於宅，與生❾同也。不明無知，為❿人倍其親，獨⓫明葬黃泉，不為離其先乎？親在獄中，罪疑未定，孝子馳走以救其難。如罪定法立，終無門戶，雖曾子、子騫⓬，坐泣而已。何則？計動無益，空為煩也。今死親之魂定無所知，與拘⓭親之罪決⓮不可救何以異？不明無知，恐人倍其先，獨明罪定，不為忽⓯其親乎！聖人立義，有益於化，雖小弗除；無補於政，雖大弗與⓰。今厚⓱死人，何益於恩？倍之弗事，何損於義？

【章　旨】此章論述人死了進行厚葬，亦無補於孝道。

【注　釋】❶親　指父母。❷卜　指占卜的人。❸冀　希望。❹審　明。❺巫咸　古代神巫。❻扁鵲　古代名醫。或謂戰國時鄭國人，姓秦，名越人。❼差　區別。❽黃泉　猶地下深處。❾生　指活人。❿為　通「畏」。⓫獨　偏偏。⓬曾子子騫　曾參、閔子騫。孔子的兩個弟子，以行孝道出名。⓭拘　指被關押。⓮決　判決。⓯忽　輕視。⓰與　贊許。⓱厚　指厚葬。

【語　譯】孝子侍候父母親的疾病，當父母親未死的時候，求人占卜算卦和請醫生治療，希望災禍能夠消除，醫藥能夠產生良好的效果。可是已經病死以後，即使像巫咸那樣精明，像扁鵲那樣優異，也不會再求他們。為什麼呢？因為知道人死血氣斷絕，再求他們也不會有什麼補益。既然治療已死的人是毫無補益的，那麼厚葬與治療死人又有什麼區別呢？如果認為背棄死人恐怕有損教化，那麼不求占卜拒絕治療，難道就不傷道義嗎？當父母親活著的時候，讓他們坐在高堂之上；當他們死了的時候，就把他們葬在黃泉之下。黃泉之下，並不是人居住的地方，然而把他們安葬在這裡，人們並沒有懷疑這種做法不對，是因為人們懂得人死之後就應當安葬在另外的地方，不能與活人同居一起啊。假如對待死人也應當像對待活人一樣，恐怕活著的親屬背棄他，就應當安葬在住宅中，與活人同居一起啊。不肯講明人死無知的道理，因為害怕人們會背棄父母，卻偏偏要講明人死後應該葬在黃泉，就不怕人們遺棄他們的祖先嗎？假如父母被關在獄中，當罪行不清尚未判定的時候，孝子會到處奔走以解救父母的患難。假如罪行已經判定按法令治罪，就再也赴訴無門了，即使是曾參、閔子騫這樣的孝子，也只能坐著哭泣罷了。為什麼呢？考慮到再去活動是沒有什麼補益的，只不過是白費心機啊。現在死去父母的魂魄肯定是沒有什麼知覺的，這與被關押的父母的罪行被判決再不去援救有什麼不同呢？不講明死人無知的道理，恐怕人們會背棄他們的祖先，偏偏講明父母的罪行已經判定不必再去援救，豈不是輕視死去的父母嗎？聖人確立一種道義，是為了有益於教化，即使微小的意義也絕不取消；假如對於政教沒有什麼補益，即使再大的意義也不會贊許。現在厚葬死人，對於報答親人的恩德又有什麼幫助呢？背棄死人，不厚葬，對於報答親人的恩德又有什麼損害呢？

孔子又謂：為明器不成，示意有明❶。俑❷則偶人❸，象類生人，故魯用偶人葬，孔子歎。睹用人殉❹之兆❺也，故歎以痛之。即❻如❼生當備物，不示如生，意悉❽其教，用偶人葬，恐後用生殉，用明器，獨不為❾後用善器❿葬乎？絕用人之源，不防⓫喪物⓬之路，重人不愛用，痛人不憂國，傳議⓭之所失也。救漏防⓮者，悉塞其穴，則水洩絕⓯。穴不悉塞，水有所漏，漏則水為患害。論死不悉則奢禮⓰不絕，不絕則喪物索用⓱。用索物喪，民貧耗之至⓲，危亡之道也。蘇秦⓳為燕，使齊國之民高大丘冢⓴，多藏財物，蘇秦身弗㉑以勸勉之。財盡民貧，國空兵弱，燕軍卒㉒至，無以自衛，國破城亡，主㉓出民散。今不明死之無知，使民自竭以厚葬親，與蘇秦姦計㉔同一敗㉕。

【章旨】此章辨析孔子只杜絕人殉的根源而不堵塞厚葬的漏洞的主張，乃是一種危亡之道。

【注釋】❶為明器不成二句　見《禮記・檀弓》。明器，伴葬的器物。古用陶或木製成，後來用紙製成。不成，不好。猶言粗糙。明，神明。❷俑　古代殉葬用的假人。用陶或木製成。❸偶人　用陶或木製成的人。即陶偶或木偶。❹殉　以活人隨從死人而葬。❺兆　徵兆。按人殉與俑殉，應是人殉在前，早在商代就有大量的奴隸被用來殉葬了。❻即　如果。❼如　像。❽悉　盡；盡量；充分。❾為　通「畏」。❿善器　精美的器物。⓫防　堵塞。⓬喪物　指浪費財物。⓭傳議　指儒家的議論。傳，指解釋儒家經書的書籍。⓮防　指堤壩。⓯絕　絕止。⓰奢禮　奢侈的禮儀。指厚葬。⓱索用　耗盡財用。⓲至　極點。⓳蘇秦　戰國時縱橫家。他為了幫助燕國，勸說齊湣王厚葬，擴大宮室苑囿，用以消耗齊國的財物，削弱齊國。事見《史記・蘇秦列傳》。⓴丘冢　墳墓。㉑弗　通「紼」。送葬引棺的繩索。㉒卒　通「猝」。突然。㉓主　君主。㉔姦計　邪計。㉕敗　禍。

【語譯】孔子又說：製作隨葬的器物不必精美，只是表示人們相信人死後還有神明的心意。殉葬的俑則是偶人，形狀像活人，所以魯國用偶人殉葬，引起孔子的感歎。因為他看到了用活人殉葬的苗頭，所以為此事痛心而感歎。如果孔子的意思只是像對待活人一樣備辦器物，並不是表示死人真像活人，用意只在於充分按孝道的要求辦事，用偶人殉葬，恐怕後代發展到用活人殉葬，那麼提倡用明器，難道就不怕後代發展到用精美的器物殉葬嗎？斷絕用人殉葬的根源，不堵塞浪費財物的道路，重視人而不愛惜財物，愛惜人而不耽心國家的貧弱，這就是儒家議論的失誤啊。堵塞有漏洞的堤壩，就要全部堵塞它的洞穴，這樣水就停止洩漏。如果洞穴不全部堵塞，水還有洩漏的，有水洩漏就是禍害。議論死人如果不周詳，那麼奢侈的厚葬就不會停止，厚葬不停止就會弄得傾家蕩產。傾家蕩產，致使百姓貧困到了極點，這就將使國家走向危亡的道路啊。蘇秦為了幫助燕國，要齊國的百姓把墳墓修得高大，其中多多儲藏財物，蘇秦親自引棺送葬，以鼓勵齊人厚葬，結果弄得財用耗盡，百姓貧困，國庫空虛，兵備削弱，燕國的軍隊突然到來，齊國沒有辦法自衛，以致國家被攻破，城邑被佔領，國君奔逃，百姓離散。現在不講明人死是無知的，使百姓自己耗盡財物以厚葬父母，這與蘇秦的奸邪計謀一樣，同樣是國家的一種禍害。

墨家之議，自違其術❶，其薄葬而又右❷鬼，右鬼引效❸，以杜伯為驗。杜伯死人，如謂杜伯為鬼，則夫死者審❹有知。如有知而薄葬之，是怒死人也。人情欲厚而惡❺薄，以薄受死者之責，雖右鬼，其何益哉？如以鬼非死人，則其信杜伯非也；如以鬼是死人，則其薄葬非也。術用乖錯，首尾相違，故以為非❻。非與是不明，皆不可行。

【章旨】此章指出墨家既主張薄葬，又主張崇鬼的矛盾。

【注釋】❶術　道。❷右　崇尚。❸引效　引用實例證明。❹審　確實。❺惡　憎惡；討厭。❻術用乖錯三句　墨家的「薄葬」與「明鬼」都是理論主張，二者之間本是不調和的，王充看到了這點所以反駁有力。術，道術；理論主張。用，實際的應用。乖錯，相背；相反。

【語　譯】墨家的議論，自己違背自己的主張，他們主張薄葬，卻又尊崇鬼神，尊崇鬼神還引用事實，把杜伯死後變成鬼魂作為證據。杜伯是死人，如果說杜伯死後變為鬼，那麼死人確實有知。如果有知卻又薄葬它，這是激怒死人啊。人們的心情一般是希望厚葬而討厭薄葬，因薄葬受到死人的責罰，即使再如何崇尚鬼神，那又有什麼作用呢？如果認為鬼不是死人變成的，那麼相信杜伯死後變成鬼就錯了；如果認為鬼是死人變成的，那麼對死人進行薄葬也就錯了。墨家的主張與實際應用相違背，前後產生矛盾，所以是錯誤的。墨家對待死人的態度，錯誤與正確兩方面都沒有把道理說清楚，因而都是不可得到施行的。

夫如是，世俗之人，可一詳覽❶。詳覽如斯❷，可一薄葬矣。

【章　旨】全文結尾，王充認為此文章說清楚了薄葬的道理，可以推動薄葬。

【注　釋】❶覽　閱讀；鑑別。❷斯　此。指本文所分析的道理。

【語　譯】既然如此，世上的人，可以詳細鑑別一下這篇文章。詳細鑑別這篇文章所說的道理，就可以推動世上的人進行薄葬了。

四諱篇第六十八

【題解】本篇旨在批駁漢代風行全社會的四大忌諱：一是「諱西益宅」，以在住宅西邊建房為不祥；二是「徒不得上丘墳」，認為刑徒上墳有辱先祖；三是忌諱婦人乳子，以為不吉；四是忌諱撫養正月、五月出生之子，以為其尅殺父母也。

王充批駁「四諱」，主要抓住兩個方面：一是重義理：諱西益宅，義為尊長在西，尊無二上，故不宜；刑徒不能上墳，義在維護祖宗神靈；忌婦人乳子，在於保常人自清自潔之理。二是重事實：他以六畜產仔與婦人乳子類比，人不諱六畜而諱婦人，又以孟嘗君田文生於五月為例，說明這些迷信禁忌是荒謬的。王充指出，世俗之諱，目的應該是「教人重慎，勉人為善」而已。

俗❶有大諱❷四：一曰諱西❸益❹宅。西益宅謂之不祥，不祥必有死亡，相懼❺以此，故世莫敢西益宅。防禁❻所從來者，遠矣。傳曰：「魯哀公欲西益宅，史❼爭❽以為不祥。哀公作色❾而怒，左右數諫而弗聽，以問其傅❿宰質睢⓫曰：『吾欲西益宅，史以為不祥，何如？』宰質睢曰：『天下有三不祥，西益宅不與⓬焉。』哀公大說⓭。有頃，復問曰：『何謂三不祥？』對曰：『不行禮義，一不祥也；嗜⓮欲⓯無止⓰，二不祥也；不聽規諫，三不祥也。』哀公繆然⓱深惟⓲，慨然自反⓳，遂⓴不益宅。」令㉑史與宰質睢止㉒其益宅，徒㉓為煩擾，則西益宅祥與不祥未可知也。今史、質睢以為㉔西益宅審㉕不祥，則史與質睢與今俗人等㉖也。

【章旨】此章提出問題，說明西益宅之諱由來已久矣。

【注釋】❶俗 世俗。❷諱 忌諱；禁忌。❸西 向西邊。❹益 增益；增添。此指擴建而言。❺懼 恐嚇。❻防禁 禁忌。❼史 記事的史官。❽爭 通「諍」。真言規勸。❾作色 變了臉色。❿傅 太傅。古代官名。⓫宰質睢 人名。生平事蹟不詳。⓬不與 即不在其中。與，參與。⓭說 同「悅」。高興。⓮嗜 嗜好。⓯欲 欲望。⓰無止 沒有止境。⓱繆然 默默地。繆，通「穆」。肅靜。⓲惟 思考。⓳自反 自我反省。⓴遂 於是；就。㉑令 使；假使；如果。㉒止 制止。㉓徒 徒然；僅僅。㉔以為 認為。㉕審 果真；確實。㉖等 相同。

【語譯】世俗有四大忌諱：一是忌諱向西邊擴建住宅。向西邊擴建住宅，認為它不吉祥，不吉祥一定有人死亡。人們以此互相恐嚇，所以世人沒有敢向西邊擴建住宅的。這種禁忌由來已經很久遠了。一般解釋經書的書籍記載：「魯哀公想在自己住宅的西邊擴建新房，史官直言規勸，認為這樣作不吉祥。哀公聽了變了臉色，發怒了，左右大臣多次相勸，哀公不聽，又將這個問題去問他的太傅宰質睢說：『我想向西邊擴建新宅，史官認為不吉祥，您以為如何？』宰質睢回答道：『天下有三種不吉祥的事，向西邊擴建新房不在其中啊。』哀公聽了非常高興。過了一會兒，又問道：『什麼是三不祥？』太傅回答道：『不施行禮義，這是一不祥；嗜好、欲望沒有止境，這是二不祥；君主不聽大臣規勸，這是三不祥。』哀公聽罷，默默地思索著，頗為感慨地進行了自我反省，於是就不再擴建新宅。」假如史官與宰質睢阻止了哀公擴建新宅，僅僅因為怕煩擾多事而已，那麼向西邊擴建新宅到底是吉祥還是不吉祥也就不可能知道了。如果史官、宰質睢認為向西邊擴建新的住宅果真不吉祥，那麼史官與宰質睢就與當今的世俗之人完全相同了。

夫宅之四面皆地也，三面不謂之凶，益西面獨謂不祥，何哉？西益宅，何傷於地體？何害於宅神？西益不祥，損❶之能善乎？西益不祥，東益能吉乎？夫不祥必有祥者，猶不吉必有吉矣。宅有形體，神有吉凶，動德❷致❸福，犯刑❹起❺禍，今言西益宅謂之不祥，何益而祥者？且❻惡❼人西益宅者，誰也？如地惡之，益東家之西，損西家之東，何傷於地？如以❽宅神❾不欲西益，神猶人也，人之處宅❿欲得廣大⓫，何故惡之？而⓬以⓭宅神惡煩擾，則四面益宅，皆當不祥。諸工技之家⓮，說⓯吉凶之占⓰，皆有事狀。宅家⓱言治宅⓲犯凶神，移徙⓳言忌歲月，祭祀言觸血忌⓴，喪葬言犯剛柔㉑，皆有鬼神凶惡之禁。人不忌避，有病死之禍。至於西益宅，何害而謂之不祥？不祥之禍，何以為敗㉒？

【章　旨】此章從地體、宅神不擇四面之角度，以駁斥西益宅之不祥。

【注　釋】❶損　減少；拆除。❷動德　行動符合道德規範。動，行動。❸致　招致。❹犯刑　觸犯刑法。❺起　引起。❻且　況且。❼惡　憎惡。❽以　認為。❾宅神　住宅之神。❿處宅　住房子。⓫廣大　寬敞。⓬而　如果。⓭以　認為。⓮工技之家　此指以迷信替人占卜吉凶的人。工技，各種手工技藝。⓯說　解釋。⓰占　徵兆。⓱宅家　推測住宅吉凶的人。⓲治宅　修建房屋。⓳移徙　搬遷。⓴血忌　忌血之日。逢血忌之日忌諱見血，不宜殺牲和針灸，否則不吉利。㉑剛柔　古人以天干、地支相配來紀日，如甲子、乙丑、丙寅、丁卯等，而以甲、丙、戊、庚、壬日為剛日，以乙、丁、己、辛、癸日為柔日。按迷信說法，人死在剛日，就應選擇柔日下葬，而柔日死者，宜選剛日下葬，否則就是「犯剛柔」，會招致禍害。參見本書〈譏日篇〉。㉒敗　災害。

【語　譯】房屋的四周都是土地，其他三面擴建新房不說有凶險，而向西面擴建新房惟獨說是不吉祥，這是為什麼呢？向西面擴建新房，對地體有什麼損傷，對住宅之神有什麼傷害？向西擴建新房不吉祥，拆掉西邊的房屋就能得到好處嗎？向西面擴建新房不吉祥，那麼向東面擴建新房就能獲得吉祥嗎？不吉祥就一定有吉祥的，如同不吉利的一定會有吉利的一樣。房屋有形體結構，神靈有吉凶之分，行動符合道德規範就招來福佑，觸犯刑法就會引起禍害，現在說向西面擴建新房叫做不吉祥，那麼向哪個方向擴建新房才叫做吉祥呢？況且憎惡人們向西面擴建新房的又是誰呢？如果是土地憎惡人們向西面擴建新房，那麼在東家的西面擴建，拆掉西家的東牆，對於土地來說又有什麼傷害呢？如果認為住宅之神不想向西面擴建，神如同人一樣，人們住房總希望能夠寬敞一些，為什麼會憎惡向西面擴建新房？如果認為宅神怕煩擾多事，那麼向住宅的四周擴建新房，都應當說是不吉祥的。各種替人占卜算卦的人，解釋吉凶的徵兆，都有自己的一套說法。推測住宅吉凶的人說修建房屋觸犯了凶神，搬遷又要講究不要觸犯年月方面的禁忌，祭祀祖宗又說不要觸犯血忌之日，治喪下葬又說不要觸犯剛柔，都有鬼神凶惡的禁忌。人們如果不忌諱迴避這些禁忌，就有病死的禍害降臨。至於向西面擴建新房，又損害了什麼鬼神而稱作不吉利？不吉利的災禍，又會帶來什麼樣的災難呢？

實❶說其義❷，不祥者，義理之禁，非吉凶之忌也。夫西方，長老❸之地，尊者❹之位也。尊長在西❺，卑幼❻在東。尊長，主也；卑幼，助❼也。主少而助多，尊無二上❽，卑❾有百下也。西益宅，益主不增助，二上不百下也，於義不善❿，故謂不祥。不祥者，不宜也。於義不宜，未有凶也。何以明之？夫墓，死人所藏⓫；田，人所飲食；宅，人所居處。三者於人，吉凶宜等。西益宅不祥，西益墓與田，不言不祥。夫墓，死人所居，因⓬忽不慎⓭。田，非人所處，不設尊卑。宅者，長幼所共，加慎致意者，何可不之諱？義⓮詳⓯於宅，略於墓與田也。

【章 旨】此章揭示諱西益宅的義理性。

【注 釋】❶實 如實；根據事實。❷義 道理。❸長老 年長的老人。❹尊者 長輩；輩分很高的人。❺尊長在西 古人以西席為尊。《稱謂錄・卷八》：「漢明帝尊桓榮以師禮，上幸太常府，令榮坐東面，設几，故師曰西席。」東面，謂面向東坐。❻卑幼 指晚輩和年幼的人。❼助 輔助；從屬。❽二上 二個尊者。❾卑 晚輩。❿善 妥善。⓫藏 埋葬。⓬因 因此。⓭慎 慎重；重視。⓮義 理義。⓯詳 周到。

【語 譯】根據事實來說明它的道理，向西擴建新房之所以認為不吉祥，主要是從禮義方面來考慮的一種禁忌，而不是從吉凶的角度來考慮的一種忌諱。西方，是年長的老人坐的地方，是地位尊貴的人坐的位置。尊者長者在西邊就坐，晚輩和年幼的人在東邊就坐。尊者長輩是主，晚輩和年幼的人是從屬的。主宜少而從屬的人多，一家的尊長只能一個，而晚輩可以有很多。向西面擴建新房，意味著增加尊長而不增加晚輩，尊長出現了兩個而晚輩卻很少，這從禮義方面來說是很不妥善的，所以說是不吉祥的。不吉祥，就是不應當、不適宜。從禮義上來講不應當，但並沒有凶險。怎麼來證明它呢？墳墓，是埋葬死人的地方；田地，是人獲得飲食的地方；住宅，是人所居住的地方。這三種地方對於人們來說，吉凶應當相同。向西面擴建新房是不吉祥，向西面擴建墳墓和田地，並沒有說是不吉利。墳墓，是死人居住的地方，因而忽略而不予重視。田地，不是人所居住的地方，並沒有設置尊長和晚輩的席位。住宅，是長幼共同居住的地方，是應該格外謹慎和特別留意的，為什麼可以不講究忌諱呢？這樣看來，禮義之禁對於住宅規定得特別周到，而對於墳墓與田地卻忽略了。

二曰諱被刑為徒❶，不上丘墓❷。但知不可，不能知其不可之意。問其禁之者，不能知其諱；受禁行者，亦不曉其忌。連相放❸效，至或❹子被刑，父母死，不送葬，若❺至墓側，不敢臨❻葬。其失至於不行弔傷❼，見佗❽人之柩❾。

【章　旨】此章言「被刑為徒，不上丘墓」之諱之嚴。

【注　釋】❶被刑為徒　指曾經遭受肉刑而服勞役的人。被刑，遭受肉刑。徒，罰作苦役的囚犯。❷丘墓　墳墓。❸放　通「仿」。❹或　有人。❺若　或。❻臨　面對。❼弔傷　祭奠死者，慰問生者。❽佗　同「他」。❾柩　棺材。

【語　譯】二是忌諱遭受肉刑而罰作苦役的人，不准他們上墳墓。只知道刑徒不能上墳，不能知道他們不可以上墳的真正含意。詢問那些禁止刑徒上墳的人，沒有能夠知道這種忌諱的由來；被禁行上墳的人，也不曉得這種禁忌的含義。於是一個接一個相仿效，甚至有的兒子受了刑罰，父母死了，不能送葬，或送到墳墓的一旁，不敢面對著墓葬。這種錯誤甚至發展到不去弔喪，不看別人的棺材。

夫徒，善人❶也，被刑謂之「徒」。丘墓之上，二親❷也，死亡謂之先❸。宅與墓何別？親與先何異？如以❹徒被刑，先人責之，則不宜入宅與親相見；如以徒不得與死人相見，則親死在堂，不得哭柩；如以徒不得升❺丘墓，則徒不得上山陵❻。世俗禁之，執❼據何義❽？

【章　旨】此章駁斥刑徒不得上丘墓之禁。

【注　釋】❶善人　此指身體完整無缺的人。❷二親　指父母。《公羊傳・莊公三十二年》：「君親無將。」何休注：「親，父母。」❸先　對已去世者的尊稱。如先父、先母、先烈等。❹以　因為。❺升　上。❻上山陵　指替帝王修築陵墓。山陵，舊稱帝王的墳墓。《水經注・渭水》：「秦名天子冢曰山，漢曰陵，故通曰山陵矣。」❼執　掌握。❽義　道理。

【語　譯】服苦役的囚犯，也是身體完整無缺的人，遭受肉刑以後方才稱為「徒」。墳墓之中，埋葬的人是自己的父母，死亡之後被尊稱為先父、先母。住宅與墳墓有什麼區別？二親與先父、先母有什麼不同？如果因為刑徒遭受了肉刑，先父母會責怪他，那麼他就不應當進入住宅與父母相見；如果因為刑徒不能與死人相見，那麼父母死在堂屋時，就不能哭靈柩；如果刑徒不能上墳墓，那麼刑徒就不能去替帝王修築陵墓。世俗禁止他們上墳墓，是根據什麼道理呢？

實說其意，徒不上丘墓有二義，義理之諱，非凶惡之忌也。徒之用心，以為先祖全❶而生之，子孫亦當全而歸之。故曾子❷有疾，召門弟子❸曰：「開予足，啟予手，而今而後，吾知免夫。小子❹！」曾子重慎，臨絕❺效❻全，喜免毀傷之禍也。孔子曰：「身體、髮、膚，受之父母，弗敢毀傷❼。」孝者怕❽入❾刑辟❿，刻畫身體，毀傷髮膚⓫，少德泊⓬行，不戒慎之所致也。愧負⓭刑辱，深自刻⓮責，故不升墓祀於先。古禮廟祭⓯，今俗墓祀，故不升墓，慚負先人⓰，一義也。墓者，鬼神所在，祭祀之處。祭祀之禮，齊戒⓱潔清⓲，重⓳之至也。今已被刑，刑殘之人，不宜與祭供侍⓴先人，卑謙謹敬，退讓自賤㉑之意也。緣㉒先祖之意，見子孫被刑，惻怛㉓憯傷㉔，恐其臨㉕祀㉖，不忍歆㉗享，故不上墓，二義也。

【章　旨】此章剖析刑徒不上墳墓之義理所在。

【注　釋】❶全　完好；完整無缺。❷曾子　曾參。孔子弟子。❸門弟子　門生。❹開予足五句　見《論語・泰伯》。開，原文作「啟」，漢人因避漢景帝劉啟之諱而改為「開」。啟，《說文》「晵」云：「視也。」王念孫《廣雅疏證・釋詁》說，《論語》的這個「啟」就是《說文》的「晵」。而今而後，從今以後。免，指免於遭受刑罰之災。小子，老師對學生的呼喚。❺絕氣絕；死亡。❻效　檢驗。❼身體髮膚三句　見《孝經・開宗明義》。❽怕　通「迫」。❾入　遭受。❿刑辟　刑罰。⓫刻畫身體二句　指受髡刑而被剃去頭髮，受黥刑而在臉上刻字。⓬泊　通「薄」。⓭負　遭受。⓮刻　苛嚴。⓯廟祭　在祖廟中祭祀。⓰負先人　辜負先輩的期望。⓱齊戒　即「齋戒」。齊，通「齋」。⓲清　指沐浴潔身。⓳重　鄭重。⓴供侍　供奉伺候。㉑自賤　自以為卑賤。㉒緣　推究；推想。㉓惻怛　悲傷到極點。㉔憯傷　慘痛。憯，通「慘」。㉕臨　來到。㉖祀指祭祀的地方。㉗歆　歆享。指鬼神享受祭品、香火。

【語　譯】如實解釋這一禁忌的用意，刑徒不上墳墓有二個方面的原由。這是義理上的忌諱，而不是凶惡方面的忌諱。刑徒這樣做的用意，認為祖先本來完好無缺地生下子孫，子孫也應當完好無缺地回到祖先的身邊去。因此曾子有疾病時，召呼門生說：「看看我的腳，看看我的手，從今以後，我才知道自己可以免於刑罰之害了。門生們！」曾子注重行為謹慎，臨死時還要檢驗自己的身體是否完好無缺，為自己免於遭受刑戮之禍而損傷自己的身體而感到欣喜。孔子說：「身體、頭髮、皮膚，受之父母，不敢有任何毀壞損傷。」孝順父母的人如果被迫遭受刑罰，身體遭受黥刑而被刻字，毀壞而損傷了頭髮和皮膚，這是品德差，行為惡劣，不注意謹慎所造成的。他們因遭受刑罰、屈辱而感到慚愧，內心深深地責備自己，因此不願上墳墓去給先祖們祭祀。古代禮俗中的廟祭，當今習俗中的墓祀，因此不去上墓，以辜負先輩的期望而深感慚愧，這是第一個道理。墳墓，是鬼神居住的地方，是後代子孫祭祀的場所。祭祀的禮儀，首先要齋戒，沐浴潔身，這是最重要的。現在已經遭受肉刑，被刑罰損傷身體的人，不宜參與祭祀和供奉伺候祖先，因為他們卑謙謹敬，退讓而有自我卑賤的心理。推究祖先的意願，如果看見子孫遭受肉刑，一定會悲傷已極，恐怕祖先來到祭祀的地方，不忍心享受那些供品和香火，所以刑徒不願上墳墓，這是第二個道理。

昔太伯見王季有聖子❶文王，知太王❷意欲立之，入吳採葯，斷髮文身❸，以隨吳俗。太王薨❹，太伯還，王季辟❺主❻。太伯再讓，王季不聽。三讓，曰：「吾之❼吳越，吳越之俗，斷髮文身，吾刑餘之人❽，不可為宗廟❾社稷❿之主。」王季知不可，權⓫而受之。夫徒不上丘墓，太伯不為主之義也。是謂祭祀不可，非謂柩當葬身不送也。葬死人，先祖痛；見刑人，先祖哀。權可哀之身⓬送可痛之屍，使⓭先祖有知，痛屍哀形⓮，何愧之有？如使無知，丘墓，田野也，何慚之有？慚愧先者，謂身體形殘，與人異也。古者肉刑⓯，形毀⓰不全，乃⓱不可耳。方今象刑⓲，象刑重者，髡⓳鉗⓴之法也。若完城旦㉑以下，施㉒刑，彩衣㉓繫躬㉔，冠㉕、帶㉖與人殊㉗，何為不可？世俗信而謂之皆凶，其失至於不弔鄉黨㉘屍，不升佗人之丘，惑㉙也。

【章　旨】此章以事例反證刑徒不能送葬之惑。

【注　釋】❶聖子　聖明之子。❷太王　古公亶父。事已見本書〈譴告篇〉。❸斷髮文身　古代吳越風俗。剪掉頭髮，身刺花紋。❹薨　古稱王、侯死。❺辟　通「避」。迴避；躲避。❻主　君主。主祭宗廟社稷的人。❼之　到；往。❽刑餘之人　受過肉刑而肢體被殘害的人。此指自己。❾宗廟　君主祭祀祖先之所。❿社稷　君主祭祀土地、穀物之神的地方。⓫權　權且；通變。⓬可哀之身　受過刑罰的人。⓭使　假使；如果。⓮形　指因受刑而殘缺不全的身軀。⓯肉刑　摧殘受審判者肉體的一種刑罰。中國古代的肉刑主要有四種：墨刑（在額上刺字），劓刑（割去鼻子），刖刑（斷足），宮刑（割掉男子的生殖器）。⑯形毀　肢體殘缺。⑰乃　方。⑱方今象刑　史載，從漢文帝起，廢除墨、劓、剕三刑，改為杖刑後身穿特殊顏色的囚衣服勞役，有的還被剃去頭髮，頸上束一鐵箍。象刑，古代讓犯人身穿特殊顏色的衣服或特殊式樣的鞋以示恥辱的一種刑罰。⑲髡　剃去頭髮的刑罰。⑳鉗　頸上束一鐵箍的刑罰。㉑完城旦　對罪犯不殘害其肢體，而是強迫他們白天守城禦敵，晚上築城修建工事。㉒施　通「弛」。免除。㉓彩衣　囚犯身穿的特殊顏色的衣服。㉔繫躬　穿在身上。㉕冠　帽子。㉖帶　腰帶。㉗殊　不同。㉘鄉黨　鄉親；族人；鄉里。周制以五百家為黨，一萬二千五百家為鄉。㉙惑　糊塗。

【語　譯】從前太伯看到季歷有聖明的兒子周文王，知道太王想立王季為繼承人，因此自己便到吳地去採藥，剪斷頭髮，身刺花紋，以隨同吳地的風俗。太王死，太伯回到朝廷，王季迴避不做君主。太伯再次讓位給王季，王季不聽。太伯第三次讓位，說：「我到吳越，按吳越一帶的風俗，剪斷頭髮，身刺花紋，我自己是個已經斷髮紋身而損傷了頭髮和皮膚的人，不可以做主祭宗廟社稷的人啊。」王季知道自己不可能再推辭了，就權且根據這種特殊情況而接受了王位。刑徒不能上墳墓，就如同太伯不能當一國之主的道理一樣。這只是說不能主持宗廟社稷祭祀，並沒有說把棺材入土舉行殯葬的時候，受過刑的子孫不能夠去送葬啊。埋葬死人，祖先感到痛心；看見遭受刑罰的人，祖先感到哀傷。暫且讓受過刑罰的人去為那具使祖先感到悲痛的死屍送葬，假使祖先有知，為死去的人和受過肉刑而至於身體殘缺不全的人而哀痛，那麼受過刑的人又有什麼可慚愧的呢？如果祖先無知，墳墓只是田野的一個土堆而已，又有什麼值得慚愧的呢？對不起先父先母的，據說是身體受刑後而變得殘缺不全，與一般的健康人不同。古代遭受肉刑的人，只有那種肢體殘缺不全的人，才不可以去送葬而已。當今有一種讓犯人身穿特殊顏色的衣服或特殊式樣的鞋以示恥辱的刑法，並不殘害受刑者的肢體，象刑中最重的，也只是一種剃去頭髮的髡刑與頸上束上鐵箍的鉗刑。假如是不殘害犯人肢體而強迫犯人白天禦敵晚上築城的「完城旦」以下的刑罰，免除刑罰的，身穿特殊顏色囚服的，帽子、腰帶與一般人不同的，又有什麼不可以送葬？世俗相信刑徒不上墳墓的禁忌而都把它稱作凶險的說法，它的錯誤甚至發展到不讓受過刑的人去弔唁同鄉、族人、親戚的屍體，不准許他們去上別人的墳墓，真糊塗啊。

三曰諱婦人乳子❶，以為不吉。將舉❷吉事，入山林，遠行，度❸川澤者，皆不與之交通❹。乳子之家，亦忌惡之，舍❺丘墓廬道畔❻，逾月❼乃入❽，惡之甚也。暫卒❾見若❿為不吉，極⓫原⓬其事，何以為惡？

【章旨】此章言忌諱之三：「諱婦人乳子」。

【注釋】❶乳子 生育孩子。❷舉 辦。❸度 通「渡」。❹交通 交往；接觸。❺舍 房屋。此用作動詞，居住。❻畔 旁邊。❼逾月 過了一個月。即滿月。❽入 回家。❾暫卒 突然。卒，通「猝」。❿若 好像；彷彿。⓫極 窮；盡；徹底。⓬原 根源。

【語譯】三是忌諱婦女生育孩子，認為不吉利。凡是將要辦喜事，入山林，遠行，渡江河湖澤的人，都不想與生孩子的婦女來往。生孩子的家庭，也忌諱厭惡生孩子的婦女，讓產婦居住在墓側或路旁的茅舍裡去，滿月才能回家，這種厭惡之心太厲害了。突然見到生孩子的婦女好像是不吉利，徹底追究這種忌諱產生的根源，為什麼世人這樣厭惡見到婦女生孩子？

夫婦人之乳子也，子含元氣而出。元氣，天地之精微也，何凶而惡之？人，物也；子，亦物也。子生與萬物之生何以異？諱人之生謂之惡，萬物之生又惡之乎？生與胞❶俱出，如以胞為不吉，人之有胞，猶木實之有扶❷也。包裹兒身，因與俱出，若鳥卵之有殼，何妨謂之惡？如惡以為不吉，則諸生物有扶殼者，宜皆惡之。萬物廣多，難以驗事。人生❸何以異於六畜❹，皆含血氣懷子，子生與人無異。獨惡人而不憎畜，豈以人體大、氣血盛乎？則夫牛馬體大於人。凡可惡之事，無與鈞❺等，獨有一物，不見比類❻，乃可疑也。今六畜與人無異，其乳皆同一狀。六畜與人無異，諱人不諱六畜，不曉❼其故❽也。世能別❾人之產與六畜之乳❿，吾將聽其諱；如不能別，則吾謂世俗所諱妄矣。

【章　旨】此章以萬物之生、六畜之乳與人比類，以斥世俗諱人之乳之妄。

【注　釋】❶胞　胞衣。❷枎　通「柎」。花萼。此指保留在果實上的花萼。❸人生　指人生孩子。❹六畜　牛、馬、羊、豬、雞、狗等家禽。❺鈞　通「均」。❻比類　猶類比。❼曉　通曉。❽故　緣故。❾別　區別。❿乳　生子。《史記・扁鵲倉公列傳》：「懷子而不乳。」司馬貞索隱云：「乳，生也。」

【語　譯】婦女生孩子的時候，孩子蘊含著天地星宿在不斷運動中自然施放出來的「元氣」而出生。元氣，是天地間最精微的東西，有什麼凶險而要厭惡它呢？人，是動物；孩子，也是一種動物。孩子的出生與萬物的生長有什麼不同？忌諱人的出生稱之為惡，那麼萬物的生長又感到厭惡嗎？嬰兒出生時胞衣也隨之而出，如果認為胞衣是不吉利的，那麼人出生時有胞衣，好比樹木的果實上有花萼一樣。包裹著嬰兒的身子，因而與嬰兒一起出來，如同鳥蛋有蛋殼，有什麼妨害而說它惡呢？如果惡就認為是不吉利，那麼各種活著的動植物凡是有花萼殼皮的，就應該都使人感到厭惡。萬物眾多，很難一一列舉出來驗證一件事情。人生子與牛、馬、羊、豬、雞、狗有什麼不同？都是蘊含著血氣懷孕幼子的，六畜的幼子出生與人的嬰兒沒有差別。惟獨憎惡人生子而不憎惡六畜生子，難道是因為人的體魄大、氣血旺盛嗎？但是那些牛、馬的軀體比人更大。大凡可憎惡的事物，沒有相等的，獨有一種事物有這種情況，沒有見到可以類比的東西，這才是可以懷疑的。現在六畜既然與人沒有不同，他們生子就都屬於同一種狀況了。六畜生子與人沒有不同，人們忌諱人生子而不忌諱六畜生子，就不明白其中的緣故了。如果世人能區別人生子與六畜生子，我將相信世人的忌諱；如果不能區別，那麼我就認為世俗忌諱婦人生子是無知妄說而已。

且凡人所惡，莫有❶腐臭。腐臭之氣，敗傷❷人心，故鼻聞臭，口食腐，心損口惡，霍亂❸嘔吐。夫更衣之室❹，可謂臭矣；鮑魚❺之肉，可謂腐矣。然而，有❻甘❼之❽更衣之室，不以為忌；肴❾食腐魚之肉，不以為諱。意不存以為惡，故不計❿其可與不⓫也。凡可憎惡者，若濺墨漆，附著⓬人身。今日見鼻聞，一過則已⓭，忽⓮亡輒⓯去，何故惡之？出見負⓰豕⓱於塗，腐澌⓲於溝，不以為凶者，洿⓳辱自在彼人⓴，不著己之身也。今婦人乳子，自在其身，齋戒之人，何故忌之？

【章　旨】此章以日常生活所見駁婦女乳子之諱。

【注　釋】❶有　通「為」。如；似。❷敗傷　損害。❸霍亂　中醫學病名。泛指劇烈吐瀉、腹痛等症狀的腸胃疾病。❹更衣之室　指廁所。更衣，古時大小便的婉辭。❺鮑魚　腌魚。❻有　通「又」。❼甘　自願。❽之　到；往。❾肴　葷菜；好菜。此指以食腐魚之肉為肴。❿計　計較。⓫不　通「否」。⓬著　沾；依附。⓭已　止；完結。⓮忽　倏忽；迅速。⓯輒　立即。⓰負　背；扛。⓱豕　豬。⓲澌　死。《方言・三》：「澌，盡也。」⓳洿　通「汙」。⓴彼人　別人。

【語　譯】況且一般人所厭惡的東西，沒有像腐臭的東西那樣可憎惡的。腐臭的氣味，損害人的身心健康，所以當鼻子聞到臭味，嘴吃到腐臭食物時，身心受到損害，嘴裡感到厭惡，人就會像得了霍亂病一樣嘔吐不止。廁所，可以說很臭了；腌魚的肉，可以說很腐爛了。然而，又自願到廁所中去，人們並不認為禁忌；人們把腐臭的魚肉當好菜吃，並不以為忌諱。心裡不認為是壞東西，所以並不計較它可不可憎惡。凡是可憎惡的東西，就像濺出的墨水油漆那樣，沾附在人的身上。現在目見鼻聞，一過就完結，倏忽之間就消失了，是什麼緣故憎惡它呢？出門在路上碰見人背著一條豬，死屍腐爛在溝裡，人們不認為凶惡，是因為汙辱自然在別人，並沒有沾附在自己的身上。現在婦人生孩子，汙穢自然沾附在婦人身上，齋戒的人，為什麼要忌諱它呢？

江北乳子，不出房室，知其無惡也。至於犬乳，置之宅外，此復惑也。江北諱犬不諱人，江南諱人不諱犬，謠俗❶防❷惡，各不同也。夫人與犬何以異？房室、宅外何以殊？或惡或不惡，或諱或不諱，世俗防禁，竟❸無經❹也。

【章旨】此章言世俗防禁，並無固定標準，隨俗而已矣。

【注釋】❶謠俗　風俗。❷防　禁。❸竟　畢竟；終究。❹經　常；固定標準。

【語譯】長江以北生孩子，婦女不出房間，這是知道婦女生子並不是壞事。至於母狗產子，把母狗棄之住房之外，這又糊塗了。江北忌諱母狗產子而不忌諱人生子，江南忌諱人生子而不忌諱母狗產子，這正是風俗禁忌各不相同的表現。人與犬有什麼不同？房屋內、房屋外又有什麼區別？有的憎惡有的不憎惡，有的忌諱有的不忌諱，看來世俗社會中的禁忌，畢竟沒有一個固定的標準。

月之晦❶也，日月合宿❷，紀❸為一月。猶八日，月中分❹謂之弦；十五日，日月相望謂之望❺；三十日，日月合宿謂之晦。晦與弦、望，一實也，非月晦日月光氣與月朔❻異也。何故逾月謂之吉乎？如實凶，逾月未可謂吉；如實吉，雖未逾月，猶為可也。

【章　旨】此章批駁產婦生子滿月才能回家之俗。

【注　釋】❶晦　夏曆月終。地球上看不見月亮之光。❷日月合宿　指夏曆月初一前後，月亮行至太陽與地球之間，地球上看不見月亮。合宿，古人以二十八宿為觀測日月五星運行所經位置的標誌，有時日月五星中有兩個或幾個正好交會於同一位置，稱為「合宿」。❸紀　通「記」。❹中分　指月亮呈半圓形。夏曆初七、八為上弦月，二十二、二十三為下弦月。❺望　夏曆每月十五日前後。地球運行到太陽與月亮之間，太陽與月亮黃經相差一八〇度的時候，太陽西下，月亮正好從東方升起，地球上看到的是滿月。❻朔　夏曆每月初一。月亮運行到地球和太陽之間，與太陽同時出現。

【語　譯】夏曆每月的最後一天，月亮運行到太陽與地球之間，地球上看不到月亮，記為一個月。如同初八日，月亮呈半圓形稱作「弦」；十五日，太陽與月亮東西相看稱作「望」；三十日，太陽與月亮合宿稱作「晦」。晦與弦、望，都是相同的實際道理，並不是月底那一天的太陽與月亮的光氣與初一有什麼不同。為什麼說產婦滿月才算吉利呢？如果婦人生子實際上是凶，即使滿了月也不可以說就吉利；如果實際上就是吉祥的，即使沒有滿月，仍可以說是吉利的啊。

實❶說，諱忌產子、乳犬者，欲使人常自潔清，不欲使人被汙辱也。夫自潔清則意❷精❸，意精則行清❹，行清而❺貞廉❻之節❼立矣。

【章　旨】此章指出世人諱婦人乳子，意在使人常自潔清，以立貞廉之節。

【注　釋】❶實　如實；根據實際。❷意　意念；思想。❸精　純一；純潔。❹行清　行為高尚。❺而　則；就。❻貞廉　忠貞廉潔。❼節　情操；節操。

【語　譯】據實而論，忌諱婦人生子、母狗產子，是想使人們經常保持自身的潔淨清白，不希望使人遭受到世俗的汙染和恥辱。人能經常保持自身的潔淨清白，思想意識就會純潔，思想意識純潔，行為就會高尚，行為高尚，就能保持忠貞廉潔的節操。

四曰諱舉❶正月、五月子，以為正月、五月子殺父與母，不得舉也。已舉之，父母偶❷死，則信而謂之真矣。夫正月、五月子何故殺父與母？人之含氣，在腹腸之內，其生，十月而產，共一元氣也。正與二月何殊，五與六月何異，而謂之凶也？世傳此言久，拘❸數❹之人，莫敢犯之。弘❺識大材，實核事理，深睹❻吉凶之分❼者，然後見❽之。

【章　旨】此章言撫養正月、五月所生孩子之諱。

【注　釋】❶舉　撫養。❷偶　偶然。❸拘　拘泥。❹數　術數。指推算吉凶的各種法術。❺弘　大。❻深睹　看透。❼分　區別。❽見　看清。

【語　譯】四是忌諱撫養正月、五月出生的孩子。認為正月、五月出生的孩子剋殺父親與母親，不能撫養。已經撫養他們，父母偶然死去，人們就信以為真了。正月、五月出生的孩子為什麼會剋殺父親與母親？人蘊含的天地之氣，是在母親的肚子裡面承受的，他的出生，經過十月懷胎而產，承受的始終是共同的一種元氣。正月與二月有什麼不同，五月與六月有什麼區別，而一定要說正月、五月出生的孩子為凶呢？世俗間流傳這種說法已經很久了，拘泥各種用術數來推算吉凶的人，沒有敢於違犯這種說法的。見識廣、才智高的人才，根據考核清楚的事理，看透了吉凶的區別的，然後才能看清它。

昔齊相田嬰❶賤妾有子，名之曰「文❷」。文以❸五月生，嬰告其母勿舉也，其母竊❹舉生之❺。及長❻，其母因兄弟而見❼其子文於嬰。嬰怒曰：「吾令女❽去❾此子，而❿敢生之，何也？」文頓首⓫，因⓬曰：「君所以不舉五月子者，何故？」嬰曰：「五月子者，長至戶⓭，將⓮不利其父母。」文曰：「人生受命於天乎？將受命於戶邪⓯？」嬰嘿⓰然。文曰：「必受命於天，君何憂焉？如受命於戶，即⓱高其戶，誰能至⓲者？」嬰善其言⓳，曰：「子休矣！」其後使文主⓴家，待賓客，賓客日進㉑，名聞諸侯。文長過戶，而嬰不死。以田文之說言之，以田嬰不死效之，世俗㉒所諱，虛妄之言也。夫田嬰俗父，而田文雅㉓子也。嬰信忌不實之義，文信命不辟㉔諱。雅俗異材，舉措殊操㉕，故嬰名暗㉖而不明，文聲㉗馳㉘而不滅。

【章旨】此章以田文為例，斥世俗諱五月子為虛妄之言。

【注釋】❶田嬰　戰國時齊人。齊宣王之弟，曾任齊相。❷文　即田文。封號孟嘗君。❸以　在；於。❹竊　私下；偷偷地。❺生之　使之生；使他活下來。❻及長　等到他長大了。❼見　引見。❽女　通「汝」。你。❾去　捨棄；拋棄。❿而　卻。⓫頓首　磕頭。⓬因　順便；趁機。⓭長至戶　長到和門一樣高大。⓮將　還是。表選擇。⓯邪　同「耶」。表疑問語氣。⓰嘿　通「默」。⓱即　則；那就。⓲至　達到。⓳善其言　以其言為善；認為他的話說得好。善，好；贊賞。⓴主　主持。㉑日進　一天比一天多起來。以上事見《史記．孟嘗君列傳》。㉒俗　庸俗。㉓雅　高雅；與眾不同。㉔辟　通「避」。㉕舉措殊操　舉止、操行不同。㉖名暗　沒有名望。㉗聲　名聲。㉘馳　遠揚。

【語譯】從前齊相田嬰的賤妾生有一個兒子，名叫「文」。田文在五月出生，田嬰告訴他的母親不要撫養這個孩子，田文的母親偷偷地撫養他，使他活下來了。等到田文長大了，他的母親通過兄弟而把田文引見到田嬰面前。田嬰憤怒地說：「我要你拋棄這個孩子，你卻還敢使他活下來，這是為什麼？」田文向父親田嬰磕頭，順便說：「父君之所以不撫養五月出生的孩子，是什麼原因？」田嬰說：「五月出生的孩子，長得和門一樣高大，將不利於他的父母親。」田文說：「人出生是受命於天呢？還是受命於門呢？」田嬰默默不語。田文說：「必定是受命於天的，父君有什麼憂慮呢？如果是受命於門，那就增加門的高度，這樣誰都不能長得比門還高。」田嬰認為他的話說得好，就說：「你不用說了！」此後就讓田文主持家業，接待賓客，賓客一天比一天多起來，在諸侯中頗有名聲。田文長過了門，田嬰卻沒有死。以田文的說法來說，以田嬰沒有死來驗證，世俗忌諱五月出生的孩子，是一虛妄之言而已。田嬰是庸俗的父親，而田文卻是與眾不同的高雅之子。田嬰迷信忌諱而不去考究道理，田文相信天命而不避忌諱。高雅與庸俗不同材，舉止和操行也不同，所以田嬰沒有名望，而田文卻聲名遠揚，永世不會磨滅。

實說，世俗諱之，亦有緣❶也。夫正月歲始，五月陽盛❷，子以此月生，精熾❸熱烈，厭❹勝❺父母，父母不堪❻，將受其患。傳相放效，莫謂不然。有空諱之言，無實凶之效，世俗惑❼之，誤非之甚也。

【章　旨】此章言諱正月、五月子的原因在「精熾熱烈，厭勝父母」。

【注　釋】❶緣　原因；根據；緣故。❷陽盛　陽氣太旺盛。按陰陽五行之說，一年中以五月為陽氣最旺盛。❸精熾　精氣旺盛。❹厭　通「壓」。壓倒。❺勝　克。❻不堪　經受不起。❼惑　迷信；糊塗。

【語　譯】按照實際情況來說，世俗忌諱正月、五月出生的孩子，也有一定的原因。正月是一年的開始，五月陽氣最旺盛，孩子在這兩個月出生，所承受的精氣旺盛熱烈，壓倒了父母親，父母經受不起，就將受到孩子的禍害。這種說法互相流傳仿效，就沒有說不是這樣的結果了。其實是徒有忌諱的空言，沒有災凶驗證的實際情況，世俗迷信這種忌諱，謬傳得太過分了。

夫忌諱非一❶，必托之神怪，若❷設❸以死亡，然後世人信用畏避。忌諱之語，四方不同，略舉通語❹，今世觀覽。若❺夫曲俗❻微小之諱，眾多非一，咸❼勸人為善，使人重慎，無鬼神之害，凶醜❽之禍。世諱作豆醬惡聞雷，一人不食，欲使人急作，不欲積家❾逾❿至春也。諱厲⓫刀井上，恐刀墮井中也；或⓬說以為「刑」之字，井與刀⓭也，厲刀井上，井刀相見，恐被刑也。毋⓮承⓯屋檐而坐，恐瓦墮擊人首也。毋反懸冠，為似死人服；或說惡其反而承⓰塵溜⓱也。毋偃寢⓲，為其像屍也。毋以箸⓳相受⓴，為其不固㉑也。毋相代掃㉒，為修冢之人㉓冀㉔人來代己也。諸言「毋」者，教人重慎，勉人為善。《禮》曰：「毋摶飯，毋流歠㉕。」禮義之禁，未必吉凶之言也。

【章　旨】此章作結，指明忌諱之目的在於「教人重慎，勉人為善」。

【注　釋】❶非一　不止一種。❷若　或者。❸設　陳設；擺設出來。❹通語　流行的說法。❺若　假如。❻曲俗　地區性的小風俗。曲，局部。《禮記・中庸》：「其次致曲。」鄭玄注：「曲，猶小小之事也。」❼咸　都。❽醜　怪異的事。❾積家　此指把黃豆積存於家中。❿逾　超過。⓫厲　通「礪」。磨。⓬或　有的人。⓭井與刀　以為「刑」字由「井」、「刀」(刂)二字組成。⓮毋　不要。⓯承　頂著。⓰承　接受；承接。⓱塵溜　指房屋掉落的灰塵和水滴。⓲偃寢　仰臥。⓳箸　筷子。⑳受　通「授」。㉑固　牢靠。㉒掃　指掃墓。㉓修冢之人　指被官府強迫修建帝王陵墓的人。㉔冀　希望。㉕毋摶飯二句　見《禮記・曲禮上》。摶，把零碎的東西搓成團。歠，喝；啜。《禮記・曲禮上》孔穎達疏云：「謂開口大歠，汁入口如水流。」

【語　譯】忌諱不止一種，一定要假託神怪之名，或者擺出死人的亡靈，然後世間的人才會相信忌諱，畏懼地迴避它。忌諱的說法，四方各不同，這裡略舉一些共同流行的說法，讓世人來觀看。至於鄉曲習俗，微小的禁忌，也很多不止一種，都是為了規勸人們多作好事，讓人注重行動的謹慎小心，並沒有鬼神禍害和凶惡怪異的東西來為害。世俗忌諱作豆醬時最討厭聽到雷聲，說聞了雷聲作的豆醬人人都不吃，這是想督促人快點做好，不希望把黃豆積存在家中而超過到春天啊。忌諱在井臺上磨刀子，是生怕刀子掉進井中去；有的說是認為「刑」字，是由「井」字、「刀」字組成的，在井臺上磨刀，井刀相見，是恐怕遭受刑罰啊。不要在屋檐底下坐，是恐怕瓦片掉下來擊在人的頭上。不要把帽子倒掛起來，是因為像死人的衣帽；有的說討厭把帽子倒掛起來，是怕帽子承受房屋上落下的灰塵和水滴。不要仰臥，是因為它的形態像死屍一樣。不要用筷子互相遞送食物，是因為筷子不牢靠。不要互相替代掃墓，是因為被官府強迫去修建帝王陵墓的人，希望有人來代替自己服勞役啊。大凡說「不要」的，都在於教育人要注重謹慎，勉勵人多作好事。《禮記・曲禮上》說：「不要成塊地盛飯，不要大口大口不停地喝湯。」禮義上的禁忌，不一定是代表吉凶的言辭啊。

調時篇第六十九

【題　解】調，即「譋」，是誣妄之說，胡說八道。本篇名之曰「調時」，旨在駁斥漢儒關於時間方面的譋言。關於歲、月食之諱，漢人信以為真。所謂某年、某月、某地興工蓋房，另一地人家就會遭歲神、月神之害。甚至被「食」而死。於是西家懸金，東家懸炭，以避歲、月食之禍。王充逐一駁之，指斥歲、月食之家那一套迷信手段，乃是虛妄之術。

世俗信起土興功❶，歲、月❷有所食❸，所食之地，必有死者。假令太歲在子❹，歲食於酉❺，正月建寅❻，月食於巳❼，子、寅地興功，則酉、巳之家見❽食矣。見食之家，作起厭勝❾，以五行之物懸金木水火❿。假令歲、月食西家，西家懸金；歲、月食東家，東家懸炭。設祭祀以除其凶，或空亡⓫徙⓬以辟⓭其殃。連相仿效，皆謂然之⓮。如考⓯實⓰之，虛妄迷⓱也。

【章　旨】此章開宗明義，斥歲、月食之忌為「虛妄之術」。

【注　釋】❶起土興功　指建築房屋。❷歲月　此指歲神和月神。❸食　吃；吞食；侵吞。❹太歲在子　古人把一周天以及地面依十二地支分別劃分成十二等分，按順時針方向排列，太歲每年運行一等分，十二年一循環。太歲運行到正北方，稱之「太歲在子」，運行到正東方，稱之「太歲在卯」，依次類推之。太歲，古代天文學家用自西向東運行的木星紀年，稱之為「歲星」。後為運用之便，又虛構一個與歲星相背運行的假歲星來紀年，叫做「太歲」。❺歲食於酉　指太歲在正西方。太歲被奉為歲神，簡稱為「歲」，在正北方要吞食正西方，故言。❻正月建寅　指北斗星斗柄指向東方偏北的寅方位。正月，指夏曆年的第一個月。建，北斗星斗柄旋轉所指的十二辰地面方位。又稱之「月建」。夏曆以建寅之月為正月，殷曆以建丑之月為正月，周曆以建子之月為正月。❼月食於巳　月神在東方寅位，要吞食東南方巳位。巳，指巳所示的方位。在東南方。❽見　被。表被動。❾厭勝　古代一種巫術。謂能以詛咒制服人或物。❿以五行之物懸金木水火　意指利用水、火、木、金、土五行相剋之理，根據歲、月之神所在的方位，被吞食的人家就在門口懸掛上能厭勝對方的五行之物。⓫空亡　全家出走。⓬徙　搬遷。⓭辟　通「避」。躲避。⓮然之　以之為然。然，對的。⓯考　考訂。⓰實　核實。⓱述　通「術」。主張。

【語譯】世俗社會迷信建築房屋，歲、月之神就會吞食另外一個地方，所吞食的地方，一定有人死亡。如果太歲在正北方的子位，就要吞食酉所標示的正西方，正月北斗星斗柄指向東方偏北的寅方位，月神就要吞食巳所標示的東南方，子、寅所在的地方如果興建土木，那麼酉、巳所指示方位下的人家就要被吞食了。因此，將要被吞食的人家，就作起厭勝，用五行之物在自己的家門口懸掛起能厭勝對方的金木水火。假使歲、月之神要吞食西方的人家，西方的人家就懸掛金；歲、月之神要吞食東邊的人家，東邊的人家就懸掛炭。設置祭祀來免除這種凶險，有的人家全家出走搬遷來躲避這種禍殃。一家一家互相仿效，都認為這樣做是對的。如果考訂核實，卻是一種虛假荒謬的主張啊。

何以明之？夫天地之神，用心等❶也。人民無狀❷，加罪行罰❸，非有二心兩意，前後相反也。移徙不避歲月，歲月惡❹其不避己之沖位❺，怒之也。今起功之家，亦動地體，無狀之過，與移徙等。起功之家，當為歲月所食，何故反令巳、酉之地受其咎❻乎？豈歲月之神怪移徙而不咎❼起功哉？用心措❽意，何其不平也！鬼神罪過❾人，猶縣官❿謫⓫罰民也。民犯刑罰，眾多非一，小過宥⓬罪，大惡犯辟⑬，未有以⑭無過受罪。無過而受罪，世謂之冤。今巳、酉之家，無過於月歲，子、寅起宅，空⑮為見食⑯，此則月歲冤無罪也。且夫太歲在子，子宅直符⑰，午⑱宅為破，不須興功起事⑲，空居無為，猶被⑳其害。今歲月所食，待子、寅有為，巳、酉㉑乃凶。歲月之神，用罰為害，動㉒靜㉓殊致㉔，非天從歲月神意之道也。

【章　旨】此章總批所謂歲月之神為害之說。

【注　釋】❶用心等　居心相同。❷無狀　不懂禮節；行為惡劣。❸行罰　實行懲罰。❹惡　憎惡。❺沖位　指與歲月之神所在的方位相對的位置。如子午相沖，酉卯相沖。❻咎　禍害；災殃。❼不咎　不憎恨。❽措　施；用。❾罪過　歸罪；懲罰。❿縣官　指天子。古代稱天子居住的都城及其周圍地區為「縣」。《史記·絳侯周勃世家》：「庸知其盜買縣官器。」司馬貞索隱：「縣官，謂天子也。所以謂國家為縣官者，〈夏官〉王畿內縣，即國都也。王者官天下，故曰縣官也。」⓫譴　責。⓬宥　寬赦。⓭辟　泛指刑法。⓮以　因為。⓯空　平白無故。⓰見食　被吞食。⓱直符　直接相符。指與太歲所在的方位正好符合。⓲午　地支的第七位。指向正南方。⓳起事　辦事。⓴被　遭受。㉑巳酉　指巳、酉之地。巳處東南方位，酉處正西方位。㉒動　指「興功起事」。㉓靜　指「空居無為」。㉔殊致　加給的禍害不同。

【語　譯】怎麼證明它是虛妄之術？天地之神，居心是相同的。老百姓不懂禮貌，行為惡劣，加以罪名予以懲罰，不能有二心兩意，前後相反。如果搬家不避開歲月之神，歲月之神憎惡他不避開自己所在方位正相對的位置，就會對他發怒的。現在興建房屋的人，也震動了地體，這種不懂禮貌、行為惡劣的過錯，與搬家不避開歲月之神相同。那麼修建房屋的人家，應當被歲月之神吞食，為什麼反而讓巳、酉所在的東南方、正西方的地方的人遭受這種災殃呢？難道歲月之神只責怪搬家不避開歲月的人而不憎恨修建房屋的人家嗎？這種居心用意，多麼不公平啊！鬼神懲罰人，如同天子譴責懲罰老百姓一樣。老百姓觸犯刑法予以懲罪，方法很多，不止一種，犯小過錯的，就寬赦他的罪過，犯大罪的就按刑法懲處，從來沒有因為沒有罪過而受到懲罰的。沒有罪過而遭受懲罰，世人叫做「冤枉」。現在巳、酉所在地方的人家，並沒有得罪歲月之神，子、寅所在的正北方、東北方的人修建房屋，而讓巳、酉所在的東南方、正西方的人平白無故地被吞食，這就是歲月之神冤枉無辜的人了。況且太歲運行到子位時，子宅正好與太歲所在的方位相符，午宅被破，不須興建房屋辦事，空居無為，如同遭受歲月之神的侵害一樣了。而今歲月之神要吞食的地方，一定要等待子、寅所在的正北方、東北方動土興工，巳、酉所在東南方、正西方才有災凶。歲月之神，給予懲罰，造成災害，而興工辦事與空居房屋不興建木工所加給的災殃不一樣，這就不符合上天採納歲月之神的意見進行懲罰的道理。

審❶論歲月之神，歲則太歲也，在天邊際，立於子位。起室❷者在中國一州之內，假令揚州，在東南。使如鄒衍之言，天下❸為一州，又在東南，歲食於酉，食西羌❹之地，東南之地安得凶禍？假令歲在人民之間❺，西宅❻為❼酉地，則起功之家，宅中亦有酉地，何以不近食其宅中之酉地，而反食佗❽家乎？且食之者審❾誰也？如審歲、月，歲、月，天之從❿神，飲食與天同。天食不食人，故郊祭⓫不以為牲⓬。如非天神，亦不食人。天地之間，百神所食，聖人謂當與人等。推生事死，推人事鬼，故百神之祀皆用眾物，無用人者。物食人者，虎與狼也。歲、月之神，豈虎狼之精哉？倉卒之世⓭，穀食乏匱⓮，人民饑餓，自相啖⓯食。

豈其啖食死者，其精為歲、月之神哉？歲、月有神，日亦有神，歲食、月食，日何不食？積日為月，積月為時⑯，積時為歲，千五百三十九歲為一統⑰，四千六百一十七歲為一元⑱，增積相倍之數，分餘終竟之名⑲耳，安得鬼神之怪、禍福之驗乎？如歲、月終竟者宜有神，則四時有神，統、元有神。月三日魄⑳，八日弦，十五日望，與歲、月終竟何異？歲、月有神，魄與弦、望復有神也？一日之中，分為十二時㉑，平旦㉒寅㉓，日出卯也。十二月建寅、卯㉔，則十二時所加㉕寅、卯也。日加十二辰不食，月建十二辰獨食，豈日加無神，月建獨有哉？何故月建獨食，日加不食乎！如日加無神，用時決事非也；如加時有神，獨不食非也。

【章　旨】此章批駁歲月之神食人之說，指出歲、月僅是記時之名，「積日為月，積月為時，積時為歲」，「安得鬼神之怪、禍福之驗乎？」

【注　釋】❶審　認真；仔細。❷起室　修建房屋。❸天下　指中國。鄒衍把世界分為九州（大九州），中國是其中一州（赤縣神州），在大九州之東南方。參見本書〈談天篇〉。❹西羌　漢代之少數民族。名羌，居住在西部地區，故稱「西羌」。❺人民之間　即民間。❻西宅　西部的房屋。❼為　當作。❽佗　同「他」。❾審　究竟；果真。❿從　從屬的；附庸式的。⓫郊祭　古代帝王每年於冬至一天在南郊祭祀天地，名為「郊祭」或「郊祀」。⓬牲　即犧牲。祭祀用的牛、羊、豬等供品。⓭倉卒之世　指戰亂災荒的年代。卒，同「猝」。⓮匱　缺乏財產。⓯啖　吃。⓰時　四季。即春、夏、秋、冬。⓱一統　西漢末年劉歆修訂的《三統曆》中所用的術語。指一個記時週期。規定以夜半是冬至、朔旦的甲子日為起點，經一千五百三十九年，某一天的夜半又是冬至、朔旦，這一週期就是「一統」。⓲一元　三統為一元。即經過四千六百十七年，某一天的夜半又是冬至、朔旦的甲子日，這一週期叫做「一元」。⑲分餘終竟之名　是說月、時、歲、統、元，是把逐月逐年的分餘化零為整，取一定的整數作為週期而制定的名稱。分餘，指其中不足一天的分數。漢代《三統曆》把一晝夜分為八十一等分，按實際觀測月亮的運行週期，每月合二十九又八十一分之四十三日，一年十二個月，合計為三百五十四又八十一分之三十日。終竟，完畢。⑳魄　通「霸」。月始生或將滅時露出的微光。《逸周書・世俘》有「維一月丙午，旁生魄」，「二月，既死魄」。《法言・五百》：「月未望則載魄於西，既望則終魄於東。」李軌注：「魄，光也。」㉑時　時辰。古人把一晝夜分為十二時辰，每個時辰相當於今之兩小時。㉒平旦　天剛亮；拂曉時分。㉓寅　寅時。指凌晨三點至五點。㉔卯　卯時。早晨五點至七點。㉕加　施；用。

【語譯】認真討論歲月之神，歲就是太歲，在天的邊際上，立在子位。修建房屋的人在中國的一州之內，假如是揚州，在東南方。假如按鄒衍的說法，中國為一州，又處在東南方，如果歲神吞食酉所在的正西方，遭殃的就應該是西羌之地，東南之地怎能遭到凶禍？假使歲神在民間，凡是西部的房屋都被認為是酉之地，那麼修建房屋的人家，住宅中也有酉地，為什麼不就近吞食他們住宅中的酉地，而反過來吞食別的人家呢？況且吞食酉地的究竟是誰呢？如果果真是歲、月之神，那麼歲、月之神只是上天的從屬的神，飲食與天神相同。天神飲食時不吃人，因此帝王每年冬至在南郊祭祀天地時不用人做祭品。如果歲、月之神不是天神，那也不會吃人的。天地之間，各種鬼神吃的食物，聖人認為應當與人吃的食物相同。根據侍奉活人的道理去侍奉死人，根據侍奉人的道理去侍奉鬼神，因此祭祀各種各樣的鬼神，都用眾多的祭品，沒有用人作祭品的。動物吃人的，是老虎與豺狼。歲、月之神，難道是虎狼的精氣嗎？戰亂災荒的年代，穀物糧食缺乏，人民處於飢餓之中，自相以人為食，難道那些吃餓死者屍體的人，他們的精氣變為歲、月之神了嗎？歲、月有神，日子也有神吧，歲神要吃，月神要吃，日神為什麼不吃食？日子一天天積聚起來成為一月，月份一月月積聚起來成為四季，四季積聚起來成為一年，一千五百三十九年為一統，四千六百一十七年為一元，不斷積聚相倍的時數，月、時、歲、統、元，就是把逐月逐年不足一天的分數化零為整，取一定的整數作為週期而制定的名稱而已，怎麼能有鬼神之怪和禍福之驗呢？如果歲、月完畢的時候應當有神，那麼四季有神，統、元也有神。

每月初三日有新月，初八日有弦月，十五日有望月，與歲、月完畢時有什麼不同？歲、月有神，新月與弦月、望月時也有神嗎？一日之中，分為十二個時辰，天亮時屬於寅時，日出時屬於卯時。十二個月建月所用的寅、卯等十二辰，也就是十二個時辰所用的寅、卯等十二辰。日用十二辰不吞食別的地方，惟獨月建用十二辰就要侵害別的地方，難道日用時沒有神，月建用時惟獨就有神嗎？為什麼惟獨月建用十二辰就吞食，而日施用十二辰就不會去吞食別的地方呢？如果日用無神，那麼用時決事就是錯誤的；如果用時有神，那麼日用惟獨不侵害別的地方的人家就是錯誤的結論。

神之口腹，與人等❶也。人饑則食，飽則止，不為起功乃❷一食也。歲、月之神，起功乃食，一歲之中，興功者希❸，歲、月之神饑乎？倉卒之世，人民亡❹，室宅荒廢，興功者絕，歲、月之神餓乎？且田與宅俱人所治❺，興功用力，勞佚❻鈞❼等。宅掘土而立木❽，田鑿溝而起堤，堤與木俱立，掘與鑿俱為。起宅，歲、月食，治田，獨不食，豈起宅時歲、月饑，治田時飽乎？何事鈞作同，飲食不等也？

【章　旨】此章以治田為例，駁斥起宅而歲、月之神食之論。

【注　釋】❶等　相同。❷乃　才；僅。❸希　通「稀」。少。❹亡　逃亡。❺治　整修；耕種。❻佚　通「逸」。休息。❼鈞　通「均」。❽立木　樹立房架。

【語　譯】鬼神的口腹，與人的口腹相同吧。人肚子餓了就要吃食物，吃飽了就不吃了，並不是因為有人蓋房屋才吃一頓食物的。歲、月之神，當人家修建房屋才吃東西，一年之中，如果修建房屋的人家稀少，歲、月之神感到飢餓嗎？況且田地與住宅都是人整修的，興建土木要用氣力，勞逸相同。修建房屋時，要挖土而樹立房架，耕種田地時，要開溝排水，修築堤埂，堤埂與房架都要人立起，挖土與開溝都是人幹的。修建房屋時，歲、月之神要吞食另一地人家，而耕種田地時，惟獨不去吞食，難道修建房屋時歲、月之神肚子感到飢餓，而耕種田地時卻肚子飽了嗎？為什麼事情相等，勞逸相同，而歲、月之神要吞食修建房屋的人家而不吃耕種田地的人家呢？

說❶歲、月食人家，必銓❷功之小大，立遠近之步數。假令起三尺之功❸，食一步❹之內；起十丈之役❺，食一里之外。功有小大，禍有近遠。蒙恬為秦築長城，極❻天下❼之半，則其為禍宜以萬數❽。案❾長城之造，秦民不多死。周公作❿雒⓫，興功至⓬大，當時歲、月宜多食。聖人⓭知其審⓮食，宜徙所食地，置於吉祥之位。如不知避，人民多凶，經傳之文，賢聖宜有刺譏。今聞築雒之民，四方和會⓯，功成事畢，不聞多死。說歲、月食之家，殆⓰虛非實也。

【章　旨】此章以築長城、洛邑之事，駁斥說歲、月食之家。

【注　釋】❶說　解釋。指用歲神、月神能給人帶來災禍的迷信來推測吉凶的人。❷銓　衡量。《漢書・王莽傳中》：「考量以銓。」顏師古注引應劭曰：「銓，權衡也。」❸功　通「工」。❹步　長度單位。秦漢時以六尺為一步。❺役　事。❻極　達到。❼天下　指中國。❽數　計算。❾案　考察。❿作　營建。⓫雒　指洛邑。古都名，在今洛陽市東北。⓬至　最；極。

⑬聖人　指周公。⑭審　果真。⑮和會　和睦相處。⑯殆　恐怕。

【語譯】說歲、月之神能禍害人而替人推測吉凶的人，必定要根據工程的大小，來確定歲、月之神吞食人家的遠近範圍。假如是興建三尺高的建築工程，歲、月之神要吃一步之內的人家；興建十丈高的建築工事，就要吃一里之外的人家。建築工程有小大之分，災禍降臨的地域也有遠近之別。蒙恬替秦始皇修築長城，工程達到中國的一半，那麼它的為害範圍之寬就應該以萬里為計算單位了。考察萬里長城的建造，當時秦朝的老百姓並未死得很多。周公營建洛邑，動員的人力物力極大，當時的歲神、月神應該多吃很多人家。周公如果知道歲神、月神真能吃人，就應該把歲神、月神所食之地的老百姓遷走，安置到吉祥的地方去。如果周公當時不知道避開凶險之地，讓百姓被歲、月之神吃掉很多，那麼各種經典傳記文獻，聖賢就應該會有譏刺文章流傳下來。現在聽說修築洛邑的老百姓，雖來自四面八方卻和睦相處，功成事畢，沒有聽到死了很多人。那些用歲神、月神能禍害人的迷信來替人推測吉凶的人，他們所說的那一套恐怕是虛假的，不符合客觀事實的。

且歲、月審食，猶人口腹之饑必食也，且為❶巳、酉地有厭勝之故❷，畏一金刃❸，懼一死炭❹，豈閉口不敢食哉！如實畏懼，宜如❺其數❻。五行相勝❼，物氣鈞適❽。如泰山失火，沃❾以一杯之水，河❿決⓫千里，塞以一掊⓬之土，能勝之乎？非失五行之道，小大多少不能相當也。天地之性，人物之力，少不勝多，小不厭⓭大。使三軍⓮持木杖，匹夫⓯持一刃，伸⓰力角⓱氣，匹夫必死。金性勝木，然而木勝金負者，木多而金寡也。積金如山，燃一炭火以燔⓲爍⓳之，金必不銷，非失五行之道，金多火少，少多小大不鈞也。五尺⑳童子與孟賁爭，童子不勝，非童子怯㉑，力少之故也。狼眾食人，人眾食狼。敵㉒力角氣，能以小勝大者希㉓；爭強量㉔功㉕，能以寡勝眾者鮮㉖。天道㉗人物㉘，不能以小勝大者，少不能服多。以一刃之金、一炭之火，厭除凶咎㉙，卻㉚歲、月之殃，如何也？

【章　旨】此章批駁「歲、月食西家，西家懸金；歲、月食東家，東家懸炭」之迷信。

【注　釋】❶為　因為。❷故　緣故。❸金刃　指刀、劍。❹死炭　沒有點燃的木炭。❺如　同；相當。❻數　數量。❼相勝　相剋。❽適　通「敵」。相等。❾沃　澆。❿河　指黃河。⓫決　決口。⓬掊　用手捧土。⓭厭　勝。⓮三軍　此泛指人數眾多的軍隊。⓯匹夫　一個人。⓰伸　施展。⓱角　鬥。⓲燔　燒。⓳爍　通「鑠」。熔化。⓴五尺　此形容身材矮小。秦漢時，五尺相當於今之三市尺多。㉑怯　膽小。㉒敵　鬥。㉓希　通「稀」。少。㉔量　較量。㉕功　能力；功力。㉖鮮　少。㉗天道　自然之道。㉘人物　人事。㉙咎　禍害。㉚卻　除掉。

【語　譯】況且歲神、月神真能吃人，也如同人肚子很餓時一定要吃食物一樣，難道因為巳、酉所在的東南方、正西方之地掛有能制服鬼神的東西的緣故，而害怕一把刀，畏懼一死炭，就閉口不敢吃人了嗎？如果真要使歲神、月神害怕，就應當用與建築工程的數量相當的五行之物來壓制祂們。五行之物相剋，物和物、氣和氣之間的數量多少要相當。如果泰山失火，你用一杯水去澆它，黃河決口千里，你用一掊土去堵塞，能制服它們嗎？並不是沒有把握住五行之物相剋的道理，而是小大多少沒有能夠相當啊。天地萬物的特性，人事的力量，都是少不能勝多，小不能勝大。讓人數眾多的軍隊人人手持木杖，讓一個人手持一把刀，施展力氣，拼命同軍隊爭鬥，匹夫必定戰死。金的屬性剋木，但是木勝金負的原因，就在於木多而金少啊。積金如山，點燃一筐炭火來燒金山，金山一定不會消熔，這不是沒有把握五行相剋的道理，而是因為金太多而火太少，少多小大不相當啊。五尺童子同大力士孟賁爭鬥，童子不可能取勝，不是因為童子膽小，而是童子力氣太少的緣故。豺狼多就吃掉人，人多就吃掉豺狼。力氣爭鬥，能以小勝大的極少；爭強量力，能以少勝多的也不多見。自然界的道理和人事一樣，不能以小勝大的原因，是少不能制服多的。憑著一把刀、一塊炭火，要制服並排除凶災，除掉歲、月之神帶來的禍殃，怎麼可能呢？

卷二四

譏日篇第七十

【題解】東漢時代，「日禁之書」盛行，宣揚迷信禁忌，認為人死下葬入棺、祭祀、出行都要避凶日擇吉時，連洗頭、裁衣、寫字都不要觸犯禁忌。這類迷信禁忌，是戰國時代陰陽五行學說轉向兩漢神學以後生發出來的。王充從無神論之高度，力破其說，是對兩漢神學的挑戰之一。本篇題為〈譏日〉，旨在譏刺當時流行於世俗的日禁之書，以「明其是非，使信天時之人，將一疑而倍之」。

本篇所述迷信禁忌，今日民間尚未絕跡。王充此篇所譏者，至今仍有一定教育意義。

世俗既信歲時❶，而又信日❷。舉事❸若❹病、死、災、患❺，大則謂之犯觸歲月，小則謂之不避日禁❻。歲月之傳❼既用❽，日禁之書亦行。世俗之人，委心❾信之❿；辯論之士，亦不能定。是以世人舉事，不考⓫於心而合於日，不參⓬於義⓭而致⓮於時。時日之書，眾多非一，略舉較著⓯，明其是非，使信天時⓰之人，將一疑而倍⑰之。夫禍福隨盛衰⑱而至，代謝⑲而然⑳。舉事曰凶㉑，人畏凶有效；曰吉，人冀㉒吉有驗。禍福自至，則述前之吉凶以相戒㉓懼㉔。此日禁所以累世㉕不疑，惑者㉖所以連年不悟也。

【章　旨】此章開篇點明題旨，說明本篇之譏刺對象及其寫作目的。

【注　釋】❶歲時　此指關於歲月時日的迷信禁忌。❷信日　迷信日子之吉凶。❸舉事　辦事情。❹若　如果。❺患　禍患。❻日禁　關於某日不宜做某事之禁忌。❼傳　記載。❽用　流傳。❾委心　一心一意。委，託。❿之　指歲、月、日之禁忌。⓫考　考查；判斷。⓬參　檢驗。⓭義　道理。⓮致　求。⓯較著　比較明顯、突出。⓰天時　此指有關歲月時日之禁忌。⓱倍　通「背」。背棄；拋棄。⓲盛衰　指祿命之好壞。⓳代謝　更迭；交替。⓴然　如此。㉑曰凶　指曆書上所規定的某個時辰不吉利。㉒冀　希望。㉓戒　告誡；警告。㉔懼　恫嚇。㉕累世　世世代代。㉖惑者　糊塗之人。

【語　譯】社會習俗既迷信歲、月有禁忌，又迷信日子有吉凶。辦事情如果碰上病、死、災害、禍患，嚴重的就認為是觸犯了有關歲月方面的禁忌，輕的就認為是沒有迴避某日不宜做某事的禁忌。關於歲月方面的迷信禁忌已經流傳，關於某日不宜做某事的禁忌的書也在流行。社會上一般的人，一心一意地迷信這些歲、月、日的禁忌；善於論辯的人士，也不能確定這些禁忌到底對不對。因此世人辦事，不是通過思考來判斷事情本身該不該辦，而只講求符合於吉日，不從道理上去檢查事情本身應不應做，而只要求符合吉時。有關時日吉凶方面的書籍，有眾多種，並不是相同的，略微列舉幾個比較突出的例子，明辨它們的是非，使那些迷信歲、月、日有禁忌的人，都能對它們產生懷疑，並且背棄它們。人的禍福本來是隨著祿命的好壞而到來的，交替出現而已。辦一事情，曆書上說將會遇上凶禍，人們就害怕凶禍果真會發生；曆書上說將會遇到吉祥，人們就希望吉祥真能出現。等到事後禍福自然到來的時候，人們就談論事前曆書上所說的吉凶如何靈驗，以此互相告誡和恫嚇，作為今後應當遵守曆書的教訓。這就是有關某日不宜做某事的迷信禁忌世世代代不為人們所懷疑，糊塗的人之所以長期不能覺悟的原因。

葬曆[1]曰：「葬避九空、地臽[2]，及日之剛柔[3]，月之奇耦[4]。日吉無害，剛柔相得[5]，奇耦相應，乃為吉良。不合此曆，轉為凶惡。」夫葬，藏棺[6]也；斂[7]，藏尸也。初死藏尸於棺，少久[8]藏棺於墓。墓與棺何別？斂與葬何異？斂於棺不避凶，葬於墓獨求吉？如以墓為重，夫墓，土也，棺，木也，五行之性，木、土鈞[9]也。治木[10]以贏[11]尸，穿土[12]以埋棺，治與穿同事，尸與棺一實[13]也。如以穿土賊[14]地之體，鑿溝耕園，亦宜擇日。世人能異[15]其事，吾將聽[16]其禁；不能異其事，吾不從其諱。日之不害[17]，又求日之剛柔，剛柔既合，又索[18]月之奇耦。夫日之剛柔，月之奇耦，合於葬曆，驗之於古，無[19]不相得[20]。何以明之？春秋之時，天子、諸侯、卿、大夫，死以千百數，案[21]其葬日，未必合於曆。又曰：「雨不克葬，庚寅日中乃葬[22]。」假令魯小君[23]以剛日死，至葬日己丑，剛柔等[24]矣。剛柔合，善日[25]也。不克葬者，避雨也。如善日，不當以雨之故[26]，廢而不用也。何則？雨不便事[27]耳[28]，不用剛柔，重凶不吉。欲便事而犯凶，非魯人之意，臣子重慎之義也。今廢剛柔，待庚寅日中，以暘[29]為吉也。《禮》：「天子七月而葬，諸侯五月，卿、大夫、士三月㉚。」假令天子正月崩，七月葬；二月崩，八月葬。諸侯、卿、大夫、士皆然㉛。如驗之葬曆，則天子、諸侯葬月㉜常㉝奇常耦也。衰㉞世好信禁，不肖㉟君好㊱求福。春秋之時，可謂衰矣，隱㊲、哀㊳之間，不肖甚㊴矣，然而葬埋之日，不見所諱，無忌之故也。周文㊵之世，法度㊶備具，孔子意密㊷，《春秋》義纖㊸，如廢吉得凶，妄舉觸禍，宜有微文㊹小義㊺，貶譏㊻之辭。今不見其義，無葬曆法㊼也。

【章旨】此章批駁葬曆所說的謊言。

【注釋】❶葬曆　選擇葬日的曆書。❷九空地臽　葬曆上規定之禁忌日子的名稱。❸日之剛柔　古人以天干和地支相配紀日，如甲子、乙丑、丙寅、丁卯等。後以單日為剛日，如甲、丙、戊、庚、壬等，以雙日為柔日，如乙、丁、己、辛、癸等。《禮記・曲禮上》云：「外事以剛日，內事以柔日。」孔穎達疏：「十日有五奇五偶，甲、丙、戊、庚、壬五奇為剛也，乙、丁、己、辛、癸五偶為柔也。」奇，奇數。偶，偶數。朱彬訓纂引崔靈恩曰：「外事，指用兵之事；內事，指宗廟之祭。」❹月之奇耦　葬曆說人死在奇月，應選在偶月下葬，偶月死，則應選在奇月下葬。奇月、偶月要配合好。耦，通「偶」。奇月，單月。偶月，雙月。❺得　得當；適合。❻藏棺　埋棺材。❼斂　同「殮」。把死人裝入棺材。❽少久　稍短之時；不久。❾鈞　通「均」。一樣。❿治木　此指把木料製作成為棺材。⓫贏　裹；裝。⓬穿土　破土。⓭一實　同屬一回事。⓮賊　損害。⓯異　區別。⓰聽　聽從；相信。⓱不害　不凶；吉利。⓲索　求。⓳無　句首助詞。沒有意義。⓴得　符合。㉑案　考察。㉒雨不克葬二句　見《春秋・宣公八年》。魯宣公之母嬴氏死於六月戊子日（剛日），原定於十月己丑日（柔日）下葬，因下雨未葬成，故改至庚寅日（剛日）下葬。克，能。日中，中午。㉓魯小君　即嬴氏。魯文公夫人。小君，古代諸侯的妻子之稱。《穀梁傳・莊公二十二年》：「小君，非君也。其曰君何也？以其為公配，可以言小君也。」㉔等　相合。㉕善日吉祥之日。㉖故　緣故。㉗事　指下葬。㉘耳　而已；罷了。㉙暘　出太陽；天晴。㉚天子七月而葬三句　見《禮記・王制》。七月，指七個月。即死後七個月（含死亡當月在內）才下葬。㉛皆然　都是如此。指都各自按照《禮》的規定辦理。㉜葬月　下葬的月份。㉝常　經常；總是。㉞衰　沒落。㉟不肖　不賢。㊱好　喜歡；愛好。㊲隱　指魯隱公。㊳哀　指魯哀公。㊴甚　非常；十分。㊵周文　周文王。㊶法度　制度。㊷意密　用意周詳細密。㊸義纖　義理細緻。㊹微文　隱晦的文字。指含蓄的批評。㊺小義　輕微渺小的議論。義，通「議」。㊻貶識　指責譏諷。㊼法　規定。

【語　譯】選擇葬日的曆書說：「下葬應避九空和地臽，以及日子的剛日、柔日，月份的單月、雙月。日子吉利沒有禍害，剛日柔日互相配合得當，單月雙月互相符合，這才算作下葬的吉日良辰。如果不符合這種曆書的規定，就會轉化為凶惡。」所謂下葬，就是把棺材埋藏在地下；所謂入殮，就是把屍體裝入棺材之中。人剛死時，一般把屍體裝進到棺材之中，不久後再把棺材埋藏到墳墓中。墳墓與棺材有什麼區別？入殮與下葬有什麼不同？把屍體裝進棺材可以不迴避凶險，把棺材埋葬到墳墓之中難道要尋求吉利日子？如果把墳墓看得很重要，其實，墳墓是土，棺材是木，從同屬五行這一特性來看，木和土是同樣的。把木料製作成棺材而用來裝人的屍體，破土為穴而用來埋葬棺材，看來，製作棺材與破土為墓穴是同一回事，屍體與棺材也是同一回事啊。如果認為破土為墓穴是損害了土地的肌體，那麼開鑿溝渠耕種田園，也應該選擇日子了。如果世上的人們能夠區別這些事情，我將相信這些禁忌；如果不能區別這些事情，我不可能聽從這些忌諱。日子吉利沒有凶惡，又要尋求日子的剛、柔，剛日柔日已經配合好了，又要尋求月份的單、雙。下葬時，講求剛日和柔日相配合，單月和雙月相適應，雖然合乎葬曆的規定，但是用古代的事例來驗證，卻又不相符合。憑什麼來證明這一點呢？春秋時代，天子、諸侯、卿、大夫死的人數以千百，考察他們的下葬日子，未必同葬曆所規定的日子相符合。《春秋》又說：「下雨天不能下葬，庚寅（剛日）中午才下葬。」假使魯文公夫人在剛日死，到下葬日己丑，剛日柔日正好相合了。剛日與柔日相合，就是吉祥的日子。不能下葬，是為了避雨。如果是吉祥的日子，就不應當因為下雨的緣故，而廢棄不下葬。為什麼？下雨只不過對下葬有些不方便而已，廢棄剛柔相合的吉祥日子不下葬，是會遭到大凶，不吉利的。為了下葬的方便而故意去冒犯凶日，這既不符合魯國人的本意，也不符合臣子對葬禮應該特別慎重的道理。如今廢棄了剛柔相合的吉祥日子下葬，而等到庚寅中午才下葬，顯然是把晴天當作吉日，而不是把剛柔相合當作吉日啊。《禮記》說：「天子死後七個月才下葬，諸侯為五個月，卿、大夫、士為三個月。」假使天子正月死，那麼就在七月下葬；二月死，就在八月份下葬。諸侯、卿、大夫、士也都各自按照《禮》的有關規定辦理。如果以葬曆來檢驗，那麼天子、諸侯下葬的月份同死的月份對照，總是奇月碰上奇月，偶月碰上偶月了。沒落的時世，人們喜好迷信禁忌；不賢明的君主，總是愛好求神靈降福。春秋時代，可以說是衰敗沒落得很了，魯隱公、魯哀公時代，不成材的君主可以說很多了，但是死後葬埋的日子，並沒有看見有所避諱的，這是因為沒有禁忌的緣故吧。周文王時代，制度健全完備，孔子用意周密，《春秋》一書道理很細緻，如果因為魯小君下葬時廢棄了吉日而遭到凶禍，因為胡亂的舉動而觸犯禍害，就應該有含蓄的批評，輕蔑的議論，以及指責譏刺的言辭。現在從《春秋》上看不到這方面的內容，可見當時是沒有葬曆上面那套規定的。

祭祀❶之曆，亦有吉凶。假令血忌、月殺❷之日固❸凶，以殺牲設祭❹，必有患禍。夫祭者，供食鬼也；鬼者，死人之精❺也。若非死人之精，人未嘗見鬼之飲食也。推生❻事死，推人事鬼，見生人有飲食，死為鬼，當能復❼飲食，感❽物思親，故祭祀也。及❾他神百鬼之祠❿，雖非死人，其事之禮，亦與死人同。蓋以不見其形，但⓫以生人之禮準況⓬之也。生人飲食無日⓭，鬼神何故有日？如鬼神審⓮有知，與人無異，則祭不宜擇日。如無知也，不能飲食，雖擇日避忌，其何補益⓯？實者⓰，百祀⓱無鬼，死人無知。百祀報功，示不忘德。死如事生，示不背亡。祭之無福，不祭無禍。祭與不祭，尚無禍福，況日之吉凶，何能損益⑱？如以殺牲見血，避血忌、月殺，則生人食六畜⑲，亦宜辟⑳之。海內屠肆㉑，六畜死者日數千頭，不擇吉凶，早死者，未必屠工也。天下死罪，各月斷囚㉒亦數千人，其刑於市，不擇吉日，受禍者，未必獄吏㉓也。肉盡殺牲，獄具斷囚。囚斷牲殺，創㉔血之實，何以異於祭祀之牲？獨為祭祀設㉕曆，不為屠工、獄吏立日㉖，世俗用意不實類㉗也。祭非其鬼，又信非其諱，持㉘二非㉙往求一福，不能得也。

【章旨】此章批駁祭祀之曆。

【注釋】❶祭祀 祭神和祀祖的一種活動。❷血忌月殺 曆書上的兩個忌日名。逢血忌、月殺日，忌諱見血，不宜殺牲。❸固 本來；確實。❹設祭 擺上祭祀供品。❺精 精神；靈魂。❻生 活人。❼復 仍。❽感 觸。❾及 至於。❿祠 祭祀。⓫但 僅；只。⓬準況 比擬；類比。⓭無日 不擇日；沒有禁日。⓮審 果真。⓯補益 好處。⓰實者 實際情況。⓱百祀 各種祭祀。⓲損益 此指給人帶來禍福。⓳六畜 指馬、牛、羊、雞、狗、豬六種牲畜。⓴辟 通「避」。㉑屠肆 屠宰鋪。肆，商店。㉒斷囚 處決罪犯。㉓獄吏 管理監獄、處死犯人的小吏。㉔創 創傷。㉕設 制定。㉖立日 規定吉日、凶日。㉗不實類 不充實其類；不完備。實，充實。㉘持 抱。㉙非 錯誤。

【語譯】關於祭神祀祖日子的選擇，也有吉日和凶日。假使是血忌、月殺兩個確實凶惡的忌日，如果殺牲畜來擺設供品祭祀，必定有禍患。所謂祭祀，就是供上食品給鬼神吃；所謂鬼神，就是死人的靈魂。如果不是死人的靈魂，那麼人們就不會供上食品，因為人們從來沒有見過鬼神吃食品啊。把供食活人的做法類推到供奉死人上，把供養人的做法類推到供奉鬼神上，見活人有飲食，就以為人死了變為鬼，應當仍能飲食，觸及與死者有關的事物而引起對親人的思念，因此供上食品來進行祭祀活動。至於對其他各種鬼神的祭祀，雖然不是死人，但祭祀的禮節，也與祭祀死人相同。這大概是因為人們看不見鬼神的形態，因此只能以對待活人的禮節進行類比用來對待鬼神啊。活人飲食沒有禁忌的日子，鬼神飲食為什麼又有禁忌之日？如果鬼神果真有知，與活人沒有差異，那麼祭祀也就不應該擇日。如果鬼神無知，不能飲食，即使擇日避禁忌，那又有什麼好處？實際上，各種祭祀都沒有鬼神，死人也沒有知覺。各種祭祀都是為了報答被祭祀者的功德，以表示生者沒有忘記他們的恩德。對待死者如侍奉活著的人一樣，正在於表示生者不背棄死去的人。祭祀鬼神不會帶來幸福，不祭祀也不會招致災禍。祭祀與不祭祀，尚且沒有禍福，更何況祭祀日子的吉凶，又怎麼可能帶給人禍福？如果認為殺牲畜會見到鮮血，要迴避血忌和月殺兩個忌日，那麼活著的人吃馬、牛、羊、雞、狗、豬六畜的肉，也應當迴避忌日。海內的屠宰鋪，每天宰殺的六畜為數千頭，並不選擇吉日凶日，但早死的人，不一定都是屠工。天下的死罪，每個月被處決的罪犯也有數千人，在市上把犯人處死時，並沒有選擇吉日，但是遭受禍害的人，不一定都是管理監獄、處決犯人的小吏啊。肉賣完了就要再殺牲口，定案手續完備了就要處決犯人。罪犯的處決、牲口的宰殺，流血的情況，與被宰殺後用來祭神祀祖的牲畜又有什麼區別呢？只為祭祀而制定曆書，不為屠工和獄吏規定忌日，世俗的用意實在考慮不完備周全啊。祭祀那些不該祭祀的根本不存在的鬼神，又相信那種不應當相信的毫無道理的忌諱，抱著這兩個錯誤去追求一種福祐，這是不可能得到的。

《沐書》❶曰：「子日沐，令人愛之；卯日沐，令人白頭。」夫人之所愛憎，在容貌之好❷醜；頭髮白黑，在年歲之稚❸老。使❹醜如嫫母❺，以子日沐，能得愛乎？使十五女子，以卯日沐，能白髮乎？且沐者，去首❻垢❼也；洗❽，去足垢；盥❾，去手垢；浴❿，去身垢，皆去一形⓫之垢，其實等也。洗、盥、浴不擇日，而沐獨有日？如以首為最尊⑫，則浴亦治面，面亦首也。如以髮為最尊，則櫛⑬亦宜擇日。櫛用木，沐用水，水與木，俱五行也。用木不避忌，用水獨擇日？如以水尊於木，則諸⑭用水者，宜皆擇日。且水不若火尊⑮，如必以⑯尊卑，則用火者，宜皆擇日。且使子沐人愛之，卯沐其首白者，誰也？夫子之性，水也⑰；卯，木也。水不可愛，木色不白。子之禽鼠⑱，卯之禽兔也。鼠不可愛，兔毛不白。以子日沐，誰使可愛？卯日沐，誰使凝⑲白者？夫如是，沐之日無吉凶，為沐立日曆者，不可用也。

【章　旨】此章批駁《沐書》之忌。

【注　釋】❶沐書　選擇洗頭日子的曆書。沐，洗頭髮。❷好　美。❸稚　幼小。❹使　假使。❺嫫母　古代傳說中的醜婦。亦傳為黃帝之妻，以賢能著稱。《荀子・賦篇》：「嫫母、力父，是之喜也。」注云：「嫫母，醜女，黃帝時人。」《路史後紀・卷五》：「(黃帝)次妃嫫母，皃(貌)惡德充。」❻首　頭。❼垢　髒東西。❽洗　洗足。❾盥　洗手。❿浴　洗身。⓫一形　一身。⓬尊　尊貴。⓭櫛　梳頭。⓮諸　凡；所有。⓯水不若火尊　按陰陽五行之說，火是陽，水是陰，陽尊陰卑，故火尊水卑。見《白虎通・五行》。若，如。⓰以　根據。⓱子之性二句　按陰陽五行之說，十二地支分別配屬五行，子屬水，卯屬木，故言。⓲子之禽鼠　按陰陽五行之說，十二地支分別配屬十二種動物，子屬鼠，卯屬兔，故言。⓳凝　成。

【語　譯】《沐書》說：「子日洗頭髮，令人可愛；卯日洗頭髮，使人的頭髮變白。」人所愛憎的，在於人的容貌的美醜；頭髮的白與黑，取決於人的年齡的老少。如果人的容貌醜如嫫母，在子日洗頭髮，能博得別人的喜愛嗎？假如是十五歲的女子，在卯日洗頭髮，也能使頭髮變白嗎？況且洗頭髮，是為了洗去頭上的髒東西；洗足，是為了洗去腳上的髒東西；洗手，是為了洗去手上的髒東西；洗身，是為了洗去身上的髒東西，都是洗去整個身體上的髒東西，它們的情況都是一樣的。洗足、洗手、洗澡可以不選擇日子，而洗頭惟獨有忌日？如果認為人的頭是最尊貴的，那麼洗身時也要洗臉，臉也是頭部的一部分啊。如果認為人的頭髮是最尊貴的，那麼梳頭也應該選擇日子。梳頭要用木梳，洗頭用水，水與木，都屬於五行啊。用木梳梳頭可以不避忌日，用水洗頭難道要選擇日子嗎？如果認為水比木要尊貴，那麼其他凡是要用水的，都應該選擇日子。況且水在五行中不如火尊貴，如果一定要根據尊卑來選擇日子，那麼凡是用火的，都應該選擇日子。何況如果子日洗頭人人都愛他，卯日洗頭，他的頭髮就會變白，這是指什麼人呢？子屬水，卯屬木。水並不可愛，木的顏色也不是白的。子屬鼠，卯屬兔。老鼠並不可愛，兔毛的顏色也不是全白的。在子日洗頭，誰使他變得可愛？在卯日洗頭，誰又使他的頭髮變成白色的呢？照這樣說來，洗頭的日子既然沒有吉凶之分，替洗頭訂立日曆的做法，是不可以相信的。

裁衣有書，書有吉凶。凶日裁衣則有禍，吉日則有福。夫衣與食俱輔❶人體，食輔其內，衣衛其外。飲食不擇日，製衣避忌日，豈以衣為於其身重哉？人道所重，莫如食急❷，故八政❸一曰食，二曰貨。衣服，貨也。如以加之於形❹為尊重，在身之物，莫大❺於冠❻。造冠無禁，裁衣有忌，是於尊者略❼，卑者詳❽也。且夫沐去頭垢，冠為首飾，浴除身垢，衣衛體寒。沐有忌，冠無諱，浴無吉凶，衣有利害。俱為一體，共為一身，或善或惡❾，所諱不均，俗人淺知，不能實❿也。且衣服不如車馬。九錫⓫之禮，一曰車馬，二曰衣服。作車不求良辰，裁衣獨求吉日，俗人所重，失⑫輕重之實⑬也。

【章旨】此章批駁裁衣之有吉凶日。

【注釋】❶輔　助。❷急　緊急；重要。❸八政　古代八種政事。即食、貨、祀、司空、司徒、司寇、賓、師。見《尚書·洪範》。❹形　身體。❺大　重要。❻冠　帽子。❼略　輕視。❽詳　重視。❾或善或惡　作者認為沒有忌諱者曰善，有忌諱者曰惡。或，有的。❿實　證實；判斷。⓫九錫　古代帝王賞賜給功臣或諸侯大臣的九種禮品。《公羊傳·莊公元年》「加我服也」何休注：「禮有九錫：一曰車馬，二曰衣服，三曰樂則，四曰朱戶，五曰納陛，六曰虎賁，七曰弓矢，八曰鈇鉞，九曰秬鬯。」錫，通「賜」。⓬失　違背。⓭實　實際情況。

【語譯】裁剪衣服也有選擇日子的書，書上規定裁衣日子有吉凶。凶日縫製衣服就有災禍，吉日就有福運。衣服與食物都是輔助人的身體的，食物輔助人體的內部，衣服護衛人體的外部。人們飲食不選擇日子，縫製衣服要避忌日，難道認為衣服比飲食對人的身體更為重要嗎？人生所注重的，沒有比飲食更重要了，所以古代的八種政事一是食物，二是貨物。衣服，是貨物之一。如果認為穿戴在身上的就是尊貴的、重要的，那麼穿戴在身上的物品，沒有比帽子更為重要了。製造帽子沒有什麼禁忌，裁剪衣服反而有禁忌，這是對尊貴的反而輕視，對卑賤的反而重視啊。況且洗去頭上的髒東西，帽子是頭的裝飾品，洗去身上的髒東西，衣服可保護身體，抵禦寒冷。洗頭有忌日，戴帽子沒有忌諱，洗澡沒有吉凶，衣服對人卻有利害關係。都為一體，共為一身，有的沒有忌諱，有的有忌諱，所忌諱的並不均衡，世俗之人淺薄的知識，是不可能判斷正確的。況且衣服不如車馬。古代帝王九賜的禮品，一是車馬，二是衣服。製造車子不必尋求吉日良辰，裁剪衣服惟獨要求吉祥之日，世俗之人所重視的，違背了事物輕重的實際情況了。

工伎之書❶，起宅蓋屋必擇日。夫屋覆❷人形，宅居人體，何害於歲月而必擇之?如以障蔽❸人身者神惡❹之,則夫裝❺車、治❻船、著蓋❼、施❽帽亦當擇日。如以動地穿土神惡之,則夫鑿溝耕園亦宜擇日。夫動土擾地神❾,地神能原❿人無有惡意,但欲居身自安,則神之聖心⓫必不忿怒。不忿怒,雖不擇日,猶無禍也。如土地之神不能原人之意,苟⓬惡人動擾之,則雖擇日何益哉?王法禁殺傷人,殺傷人皆伏其罪⓭,雖擇日犯法,終不免罪。如不禁也,雖妄⓮殺傷,終不入法⓯。縣官⓰之法,猶鬼神之制⓱也;穿鑿之過,猶殺傷之罪也。人殺傷,不在擇日;繕治⓲室宅,何故有忌?

【章　旨】此章批駁起宅蓋屋擇日的工伎之書。

【注　釋】❶工伎之書　此指選擇修屋蓋房日子的書。伎,通「技」。❷覆　遮蓋。❸障蔽　遮蓋。❹惡　厭惡。❺裝　裝配。❻治　造。❼著蓋　打傘。❽施　戴。❾地神　土地神。亦稱「社神」。《公羊傳・莊公二十五年》何休注云:「社者,土地之主也。」《通俗編・神鬼》:「今凡社神,俱呼土地。」❿原　考察;弄清楚。⓫聖心　聖潔善良之心。⓬苟　果真。⓭伏其罪　根據其罪給予制裁。伏,通「服」。⓮妄　胡亂。⓯入法　受到法律的制裁。⓰縣官　古代指天子。《史記・絳侯周勃世家》「庸知其盜縣官器」司馬貞索隱:「縣官,謂天子也。所以謂國家為縣官者,〈夏官〉王畿內縣,即國都也。王者官天下,故曰縣官也。」⓱制　法。⓲繕治　修建。

【語　譯】選擇蓋房日子的書,說建房蓋屋必須選擇吉日。房屋遮蓋人的形體,住宅給人居住,對歲月有什麼妨害而必須選擇建房日子?如果因為宅院房屋是遮蓋人體的東西,所以鬼神厭惡它,那麼裝配車輛、製造船隻、打傘、戴帽也應當選擇日子。如果因為動地破土,所以鬼神厭惡它,那麼開鑿溝渠、耕種田園也應該選擇日子。動土打擾了土地神，土地神能夠弄清楚人沒有惡意，只不過想求得安身之處，那麼神的聖潔善良之心一定不會感到忿怒的。神不忿怒，即使不選擇日子，還是沒有禍患的。如果土地神不能弄清楚人的用意，果真是惡人動土騷擾祂，那麼即使選擇吉祥日子又有什麼益處呢？王法禁止殺傷人，殺傷人的都要按照罪行給予應有的制裁，即使選擇吉祥日子犯法，也終究不能赦免罪惡。如果王法不禁止，即使是胡亂地殺傷人，也終究不會受到法律的制裁。帝王的法令，如同鬼神的法令一樣；破土開溝的過錯，猶如殺傷人的罪惡一樣。人被殺傷，不在於選擇日子；修建房屋，為什麼緣故有忌日？

又[1]學書[2]諱丙日，云[3]倉頡[4]以丙日死也。禮不以[5]子、卯舉樂[6]，殷、夏以子、卯日亡也[7]。如以丙日書，子、卯日舉樂，未必有禍，重[8]先王之亡日，淒愴感動，不忍以舉事[9]也。忌日之法[10]，蓋丙與子、卯之類也，殆[11]有所諱，未必有凶禍也。堪輿[12]曆，曆上諸神非一，聖人不言，諸子[13]不傳，殆無其實。天道難知，假令有之，諸神用事[14]之日也，忌之何福？不諱何禍？王者以甲子之日舉事[15]，民亦用之，王者聞之，不刑法也。夫王者不怒[16]，民不與己相避[17]，天神何為獨當責之？王法舉事，以人事之可否，不問日之吉凶。孔子曰：「卜其宅兆而安厝之[18]。」《春秋》祭祀不言卜日。《禮》曰：「內事以柔日，外事以剛日[19]。」剛柔以慎內外，不論吉凶以為禍福。

【章　旨】此章批駁寫字、奏樂之諱，指出《禮記》區分剛日柔日，旨在「慎內外」，而不在於「論吉凶以為禍福」。

【注　釋】❶又　此外。❷書　寫字。❸云　說。❹倉頡　亦作「蒼頡」。相傳為漢字始創者。❺以　在。❻舉樂　奏樂。❼殷夏以子卯日亡也　相傳殷朝末帝紂王死於甲子，夏朝末君桀死於乙卯。❽重　尊重。❾不忍以舉事　一般釋為周朝規定夏桀、商紂之死日不奏樂，以警惕自己不重蹈亡國的覆轍，與王充說法有異。以，而。❿法　規定。⓫殆　大概；可能。⓬堪輿　本指天地。《文選・揚雄・甘泉賦》李善注引《淮南子》許慎注：「堪，天道也；輿，地道也。」《漢書・揚雄傳》顏師古注引張晏曰：「堪輿，天地總名也。」後世專指「風水」，即指住宅基地，墳地的形勢，也指相宅、相墓之法。「堪」為高處，「輿」為下處。堪輿曆，指相宅、相墓時選擇日子的曆書。⓭諸子　指先秦至漢初的各派學者或其著作。⓮用事　當權；管事；主宰。⓯舉事　辦事。⓰怒　責怪。⓱避　迴避。⓲卜其宅兆句　見《孝經・喪親》。卜，占卜。宅，墓穴。兆，墓域。《左傳・哀公二年》：「素車樸馬，無入於兆。」杜預注：「兆，葬域。」安厝，安葬。⓳內事以柔日二句　見《禮記・曲禮上》。內事，指祭祖、婚喪之事。外事，指戰爭、朝聘之事。

【語　譯】此外，學寫字忌諱丙日，原因是說倉頡在丙日死的。周禮規定在子日、卯日不奏樂，據說是因為商紂王死在甲子日，夏桀死在乙卯日的緣故。如果在丙日寫字，在子、卯日奏樂，不一定有什麼禍害，只是尊重先王的死亡日子，悲痛感慨，不忍心辦事啊。禁忌日子的規定，大概屬於丙日、子日、卯日之類情況，可能有什麼忌諱，未必有凶險禍害吧。為看風水選擇吉祥之日的曆書，曆上各種鬼神不只一個，聖人沒有說，先秦至漢初各派著作沒有傳授，恐怕並沒有那種事實。天道難知，假如有這種事實，也是各種神主宰的日子，忌諱它會帶來什麼幸福？不忌諱它又會招致什麼禍害呢？君王在甲子這一天辦事，老百姓也在這一天辦事，君王聽到這個消息，並不用刑法懲治老百姓。既然君王不責怪老百姓不迴避自己辦事的日子，那麼天神為什麼偏要責怪老百姓呢？按照王法，辦事要以人事之可否為依據，而不考慮日子的吉凶。孔子說：「人死了，要對他的墓地進行占卜，而後才能安葬他。」《春秋》有關祭禮的記載，並沒有說要選擇吉日。《禮記》說：

「凡祭祖、婚喪之事在柔日進行，戰爭、朝聘之事在剛日舉行。」區別剛日、柔日，是為了慎重地對待用兵之事和宗廟之祭，並不是認為剛日、柔日本身有什麼吉凶，會造成什麼禍福。

卜筮篇第七十一

【題　解】古時占卜，以龜甲稱「卜」，以蓍草稱「筮」，合稱之曰「卜筮」。東漢時代，卜筮之風盛行，所謂「卜者問天，筮者問地」的言論，充斥整個社會。

本篇針對這種風靡一時的占卜算卦活動，論述了「天道自然無為」學說，揭露了「天地審告報，蓍龜真神靈」的奇談怪論，對卜筮，給予了有力的駁斥和否定。

俗❶信卜❷筮❸，謂卜者問天，筮者問地，蓍❹神龜靈，兆數❺報應，故舍人議而就卜筮，違可否而信吉凶。其意謂天地審❻告報❼，蓍龜真神靈也。如實❽論之，卜筮不問天地，蓍龜未必神靈。有神靈，問天地，俗儒所言也。

【章　旨】此章提出本篇命題：卜筮。

【注　釋】❶俗　世俗；一般人。❷卜　以龜甲占卜吉凶。❸筮　用蓍草算卦。❹蓍　蓍草。古代以蓍草莖為筮。❺兆數　龜兆和蓍數。古人灼龜甲以占吉凶，其裂痕謂之龜兆，用五十根蓍草莖算卦，所構成的卦象的數目謂之蓍數，以此推測吉凶。❻審　確實。❼告報　指示；答覆。❽如實　按照實際情況。

【語　譯】世俗相信占卜算卦，認為用龜甲占卜是問天，用蓍草算卦在於問地，蓍草和龜甲是神靈之物，龜兆和蓍數就是天地對占卜的人所提出問題的答覆，因此遇事便不與人們商議而去占卜算卦，寧肯違反事情是否可行的道理而去相信占卜算卦人推測的吉凶。他們的意圖是認為天地確實答覆了人們的提問，蓍草和龜甲果真很神靈。按照實際情況來說，用龜甲占卜，以蓍草算卦，都不可能是向天地提問，蓍草和龜甲也不一定是神靈之物。蓍龜有神靈，占卜算卦是問天地，這是俗儒所說的謊話。

何以明之？子路問孔子曰：「豬肩羊膊❶可以得兆，雚❷葦藁芼❸可以得數，何必以❹蓍龜？」孔子曰：「不然，蓋取其名也。夫蓍之為言耆❺也；龜之為言舊❻也。明❼狐疑❽之事，當問耆舊❾也。」由此言之。蓍不神，龜不靈，蓋取其名，未必有實也。無其實，則知其無神靈；無神靈，則知不問天地❿也。

【章旨】此章破題，指出龜蓍之不神靈。

【注釋】❶豬肩羊膊　豬羊的肩胛骨。原始占卜多用此物，後改用龜蓍。❷雚　即「萑」。蘆荻。❸芼　通「茅」。草名。❹以　用。❺耆　老。❻舊　久；年代久遠。《詩·大雅·抑》：「於乎小子，告爾舊止。」鄭玄箋：「舊，久也。」「舊」與「龜」，古音相近。❼明　辨明。❽狐疑　疑惑不定。❾耆舊　年高而有聲望的人。❿不問天地　指不是向天地詢問吉凶。

【語譯】怎麼證明呢？子路問孔子道：「豬羊的肩胛骨可以用來占卜，蘆葦藁茅可以用來算卦，為什麼一定要用蓍草和龜甲？」孔子說：「不能這樣說，這大概是取蓍和龜這兩個字的含義吧。『蓍』這個字，就是『耆』的意思；『龜』這個字，就是『舊』的意思。要辨別清楚那些疑惑不定的事物，就應當請教年高而有聲望的人。」由此看來，蓍草並不神秘，龜甲並不靈驗，大概是取蓍和龜這兩個字的含義而已，不一定有什麼實際意義。既然沒有實際意義，就知道它們並不神靈；既然不是神靈之物，就可以知道用蓍草和龜甲占卜問卦，並不是向天地詢問吉凶啊。

且天地口耳何在，而得❶問之？天與人同道，欲知天，以❷人事❸。相問，不自對見其人，親問其意，意不可知。欲問天，天高，耳與人相遠。如天無耳，非形體也。非形體，則氣也。氣若雲霧，何能告人？著以問地，地有形體，與人無異。問人，不近耳，則人不聞；人不聞，則口不告人。夫言問天，則天為氣，不能為兆❹；問地，則地耳遠，不聞人言。信❺謂❻天地告報人者，何據見❼哉？

人在天地之間，猶❽蟣❾虱之著❿人身也。如蟣虱欲知人意，鳴人耳傍，人猶不聞。何則？小大不均⓫，音語不通也。今以微小之人，問巨大天地，安能通其聲音？天地安⓬能知其旨意？或⓭曰：「人懷天地之氣。天地之氣在形體之中，神明⓮是⓯矣。人將卜筮，告令蓍龜，則神以耳聞口言。若⓰己思念，神明從胸腹之中聞知其旨。故鑽龜揲⓱蓍，兆見⓲數著。」夫人用神思慮，思慮不決，故問蓍龜。蓍龜兆數，與意相應，則是可謂神明告之矣。時或意以為可，兆數不吉；或兆數則吉，意以為凶。夫思慮者，己之神也；為兆數者，亦己之神也。一身之神，在胸中為思慮，在胸外為兆數，猶人入戶而坐，出門而行也。行坐不異意，出入不易⓳情⓴。如神明為兆數，不宜與思慮異。

【章旨】此章批駁卜筮問天地之論。

【注釋】❶得　能夠。❷以　根據。❸人事　人世間的事情。❹兆　兆象。❺信　確實；真正。❻謂　認為。❼見　同「現」。體現。❽猶　如同。❾蟣　虱子的卵。❿著　依附。⓫均　相同。⓬安　怎麼。⓭或　有人。⓮神明　指神祇。⓯是　這就是。⓰若　如。⓱揲　古代用蓍草算卦時，按規定數目和程序用手抽點蓍草。《易・繫辭上》：「揲之以四，以象四時。」孔穎達疏：「分揲其蓍，皆以四四為數，以象四時。」⓲見　同「現」。出現。⓳易　改變；違背。⓴情　意。

【語譯】況且天地的口耳在哪裡，而能夠向它提出問題？自然與人事屬於同一道理，要想了解自然，就要根據人事。相問，如不親自當面看見對方，親自問對方的意見，那麼對方的意見就不可能了解。要想問天，天那麼高，耳朵與人相距很遠。如果天沒有耳朵的話，就沒有固定的形體。沒有形體，就是氣。氣像雲霧，怎麼能夠告訴人？蓍用來問地，地有形體，與人沒有差別。問人，如果不接近耳朵，人也就聽不清；人如果聽不清，那麼口就不能告訴人。說問天，那麼天是氣，不能使龜甲產生兆象；問地，地的耳朵又很遠，聽不到人的說話。真正認為天地可以回答人的問題的，又有什麼根據呢？

人生活在天地之間，如同蟣虱依附在人身上一樣。如果蟣虱要想了解人的思想，即使在人的耳朵旁邊鳴叫，人還是聽不到。為什麼？這是因為大小不同，聲音語言不通的緣故。現在以微小的人，去問巨大的天地，怎麼能通曉它的聲音？天地又怎麼能夠了解人的意思？有人說：「人胸中懷有天地之氣；天地之氣在形體之中，就是神啊。人將占卜算卦，用蓍草龜甲告訴天地，就等於神用耳朵聽，用口講話。如自己的思想一樣，神可以從胸懷之中聽到知道人的意思。所以燒灼龜甲、用手抽點蓍草，龜兆就出現、蓍數就明顯了。」人們專心致志地思考問題，百思不解了，因而去占卜問卦。如果蓍數龜兆與人的意圖相吻合，這就可以認為是神回報他的了。有時自己的心意認為可行，兆數反而不吉利；有時兆數就是吉祥的，而人的心意卻認為是凶險的。思索考慮，就是自己的神；作為龜兆蓍數的，也是自己的神啊。一個人的神，在心胸之中就變成人的思想意念，在心胸之外就表現為龜兆蓍數，好像一個人進屋而坐，出門而行走一樣。或行或坐不會與人的思想不一致，或出或入不會違背自己的情意。如果神變成了龜兆蓍數，就不應該和人的思想有不同。

天地有體，故能搖動❶。搖動者，生之數也。生，則與人同矣。問生人者須以生人❷，乃能相報。如使死人問生人，則必不能相答。今天地生而蓍龜死，以死問生，安能得報？枯龜之骨，死蓍之莖，問生之天地，世人謂之天地報應，誤矣。

【章旨】此章承上文，言以死問生之誤。

【注釋】❶搖動　運動。❷生人　活人。

【語譯】天地有形體，所以能夠運動。凡能運動的，都是活的東西。既然是活的，就與人相同了。問活人的人必須依靠活人，才能得到回答。如果是死人問活人，那就一定得不到回答。現在天地是活的，而蓍莖和龜甲是死的，通過死的龜甲、蓍莖去問活的天地，怎麼能得到回答？乾枯的龜甲，已死的蓍莖，去詢問活的天地，世人認為這是天地的回答，顯然是錯誤的。

如著龜為若❶版牘❷，兆數為若書字❸，象類❹人君出教令❺乎，則天地口耳何在，而有教令？孔子曰：「天何言哉？四時行焉，百物生焉❻。」天不言，則亦不聽人之言。天道稱❼自然無為❽，今人問天地，天地報應，是自然之有為以應人也。案❾《易》❿之文，觀揲蓍之法，二分以象天地⓫，四揲以象四時⓬，歸奇於扐⓭，以象閏月⓮。以⓯象類⓰相法⓱，以立卦⓲數耳⓳，豈云天地告報人哉？

【章旨】此章從自然無為立論，破天地告報人之謬說。

【注釋】❶為若　有如。❷版牘　古代書寫用的木片。《管子・宙合》：「修業不息版。」尹知章注：「版，牘也。」❸書字　文字。❹象類　類似。❺教令　教誡命令。❻天何言哉三句　見《論語・陽貨》。❼稱　崇尚。❽無為　道家指順應自然，不求有所作為。《淮南子・原道》：「所謂無為者，不先物為也；所謂無不為者，因物之所為。」此指無意識、無目的地從事某種活動，聽其自然而已。❾案　考察。❿易　指《周易》。⓫二分以象天地　據《周易・繫辭》，算卦多用五十根蓍莖，先提出一根放在一邊，而後把餘下的四十九根任意分為兩組，分別象徵天地，故言。⓬四揲以象四時　指把分成的兩組中的其中一組先抽出一根，再分別以四根為單位往下數，「四」則象徵春、夏、秋、冬四時。⓭歸奇於扐　指把兩組蓍莖分別以四為單位數到最後所剩的餘數（或一，或二，或三，或四）夾在手指縫當中，象徵閏月。奇，餘數；零頭。扐，手指之間。⓮閏月　稱每逢閏年加的一個月。夏曆一年與回歸年相差約十天零二十一小時，所以需要設置閏日或閏月加以調整，一般為每三年閏一個月，五年閏兩個月，十九年閏七個月。⓯以　用。⓰象類　類似。⓱法　仿效。⓲立卦　確定構成卦象。⓳耳　而已；罷了。

【語譯】如果說蓍龜有如版牘，兆數有如文字，就像君主發布的教誡和命令一樣的話，那麼天地的嘴巴耳朵在哪裡，而有教誡命令呢？孔子說：「天何曾說話呢？但四季照樣地運行，萬物照樣地生長啊。」天不會說話，那麼也就不能聽人的話。天道崇尚自然無為，現在人問天地，天地如果回答，這就成了自然有意識地答覆那些占卜問吉凶的人了。考察《周易》上的文字，觀看它所記載的用蓍莖算卦的方法，先把一根放在一邊，再把餘下的四十九根任意分成兩組，用以分別象徵天地，然後將其中一組先抽出一根，分別以四策為單位往下數，這四策便象徵春、夏、秋、冬四季，餘數就夾在手指縫當中，以象徵閏月。這是用類似的事物相互仿效，以此確定構成卦象的數目字而已，豈能說是天地真會答覆占卜的人呢？

人道❶，相問則對❷，不問不應。無求，空❸扣❹人之門，無問❺，虛❻辨❼人之前，則主人笑而不應，或怒而不對。試使卜筮之人空鑽龜❽而卜，虛揲蓍而筮，戲弄❾天地，亦得兆數，天地妄應乎？又試使人罵天而卜，毆❿地而筮，無道至⓫甚，亦得兆數。苟⓬謂兆數天地之神，何不滅其火，灼其手，振⓭其指而亂其數，使之身體疾痛，血氣湊湧⓮？而猶為之見兆出數⓯，何天地之不憚⓰勞，用心不惡⓱也？由此言之，卜筮不問天地，兆數非天地之報，明矣。

【章旨】此章從人事之常理立論，反證兆數並非天地之報。

【注釋】❶人道　人事的道理。❷對　回答。❸空　無緣無故地。❹扣　敲。❺無問　沒有提出問題。❻虛　憑空；無目的動機。❼辨　通「辯」。❽鑽龜　鑽薄龜甲以便灼龜甲占卜。❾戲弄　玩弄。❿毆　敲打。⓫至　最；極。⓬苟　如果。⓭振　使……發抖。⓮血氣湊湧　指人由於劇烈的病痛，血氣上升，使面部充血，青筋暴露。湊，積聚。湧，水向上噴出。⓯見兆出數　使兆和數顯現出來。見，同「現」。⓰憚　怕。⓱不惡　善良。

【語譯】人事的常理，是相問就回答，不問就不回答。如果無所求，平白無故地去敲人家的門，沒有問題，卻毫無目的地在人家面前爭辯，那麼主人就會笑而不應，或是怒而不答。試讓占卜算卦的人平白無故地去鑽薄龜甲來占卜，毫無目的地去擺弄蓍草來算卦，玩弄天地，也能得到龜兆和蓍數，難道是天地在胡亂應答嗎？又試讓人罵天而占卜，敲打著地而算卦，無理已極，也能得到龜兆和蓍數。如果說出現的龜兆和蓍數是天地神靈的表現，那麼為何不滅掉灼龜甲的火，使占卜人的手燒灼，使算卦人的手指發抖，而使拈出的數目變得混亂，使占卜算卦人的身體劇烈的疼痛，血氣湧上面部、青筋暴露？反而還要為占卜算卦的人顯示龜兆和蓍數，為什麼天地這樣不怕勞苦，用心這樣善良呢？由此看來，占卜算卦並不是詢問天地，龜兆和蓍數並不是天地的回答，這是很明白的。

然則卜筮亦必有吉凶。論者或謂隨人善惡之行也，猶瑞應[1]應[2]善而至，災異隨惡而到。治[3]之善惡[4]，善惡所致也，疑非天地故[5]應之也。吉人鑽龜，輒從善兆；凶人揲蓍，輒[6]得逆數[7]。何以明之？紂，至惡之君也，當時災異繁多，七十卜[8]而皆凶。故祖伊[9]曰：「格人元龜，罔敢知吉[10]。」賢者不舉[11]，大龜不兆[12]，災變亟至，周武[13]受命[14]。高祖龍興[15]，天人並佑[16]，奇怪既多，豐、沛子弟，卜之又吉[17]。故吉人之體[18]，所致無不良；凶人之起[19]，所招無不醜。衛石駘[20]卒[21]，無適[22]子，有庶子[23]六人，卜所以為後[24]者，曰[25]：「沐浴佩玉則兆[26]。」五人皆沐浴佩玉。石祁子[27]曰：「焉有執親之喪[28]而沐浴佩玉！」不沐浴佩玉，石祁子兆[29]。衛人卜，以龜為有知也。龜非有知，石祁子自知也。祁子行善政，有嘉言[30]，言嘉政善，故有明瑞[31]。使[32]時[33]不卜，謀[34]之於眾，亦猶稱善。何則？人心神意同吉凶也。此言[35]若然，然非卜筮之實也。

【章　旨】此章從自然命定論出發，認為卜筮亦必有吉凶，「吉人鑽龜，輒從善兆；凶人揲著，輒得逆數」。

【注　釋】❶瑞應　祥瑞；吉祥的徵兆。❷應　應和；隨應。❸治　治國。❹善惡　好壞。❺故　有意；故意。❻輒　往往。❼逆數　不吉利的筮數；凶卦。❽七十卜　七十次占卜。❾祖伊　人名。商紂王大臣。❿格人元龜二句　見《尚書・西伯戡黎》。格人，賢人。元龜，大龜版。罔，無。⓫舉　贊成；稱道。⓬不兆　不出現吉祥之兆。⓭周武　周武王。⓮受命　接受天命。即當君主。⓯龍興　指創建新王朝。⓰佑　保佑。⓱卜之又吉　據《史記・高祖本紀》，劉邦起兵之前，沛地百姓曾占卜而得吉兆。⓲體　占卜時的卦兆。此指占卜。⓳起　起卦；占卜。⓴石駘　人名。春秋時衛國大夫。㉑卒　死。㉒適通「嫡」。嫡子。㉓庶子　古代指妾所生的兒子。㉔後　繼承人。㉕曰　指占卜人說。㉖兆　得到吉祥之兆。㉗石祁子　石駘的庶子之一。「祁」為諡號。㉘執親之喪　守父親的喪。執，持；守。㉙不沐浴佩玉二句　見《禮記・檀弓下》。㉚嘉言　善言；好話。㉛明瑞　明顯的吉祥之兆。㉜使　假使。㉝時　當時。㉞謀　商議。㉟此言　指以上「論者」的全部論述。

【語　譯】然而，占卜算卦也一定有吉凶。有些論者說卜筮是隨著人們行為的善惡而相應出現的，如同吉祥的徵兆應和著善行而至，災凶之兆隨著惡行而到一樣。治理國家的好壞，是由治理國家好壞相應招致的瑞應或災異造成的，可能不是天地有意應和它的。善人鑽龜占卜，吉兆往往隨著出現；凶人揲著算卦，往往會得到不吉利的筮數。怎麼來證明它呢？紂王，是最兇惡的君主，當他統治的時期，災變和反常現象頻繁出現，占卜了七十次之多，都是凶卦。因此祖伊說：「賢人和大龜版顯現的兆數，沒有一個敢表示吉利的。」賢人不贊成，大龜版不出現吉祥的徵兆，災變屢次降臨，周武王於是接受天命而當了君主。漢高祖劉邦建立新王朝之初，天和人全都保佑他。雖然當時怪異現象已經出現很多，但豐、沛一帶百姓，曾替他占卜，得到的又是吉兆。所以好人占卜，所招致的兆象沒有一個不是好的；兇惡的人占卜，所招致的兆象沒有一個不是壞的。衛國大夫石駘死了，沒有嫡子，只有庶子六人，於是用占卜來決定誰當繼承人。占卜的人說：「要沐浴淨身，佩帶玉珮，就能得到吉兆。」其他五個兄弟都沐浴時佩玉，而石祁子說：「哪有給父親守喪時而沐浴佩玉的呢？」沐浴時不佩玉，石祁子卻得到了繼承父位的吉祥之兆。衛人占卜，以為大龜版會有靈驗的。大龜版並沒有靈驗，是石祁子自己招致吉兆。石祁子推行善政，有好話，說話說得好，施政施得好，因而才有明顯的吉祥之兆出現。假使當時不占卜，把誰當繼承人的問題交給大家去商量，人們也會稱贊石祁子好。為什麼？人的心思與神的旨意，在對吉凶的看法上往往是相同的。以上「論者」所說的這些話好像是對的，但是並不符合占卜算卦的實際情況。

夫鑽龜揲著，自有兆數，兆數之見，自有吉凶，而吉凶之人，適❶與相逢。吉人與善兆合，凶人與惡數遇，猶吉人行道❷逢吉事，顧睨❸見祥物，非吉事、祥物為吉人瑞應也。凶人遭遇兇惡於道亦如之。夫見善惡，非天應答，適與善惡相逢遇也。鑽龜揲著有吉凶之兆者，逢吉遭凶之類也。何以明之？周武王不豫，周公卜三龜，公曰：「乃逢是吉。」❹魯卿莊叔❺生子穆叔❻，以《周易》筮之，遇明夷之謙❼。夫卜曰「逢」，筮曰「遇」，實遭遇所得，非善惡所致也。善則逢吉，惡則遇凶，天道自然，非為人也。推此而論，人君治有吉凶之應，亦猶此也。君德❽遭❾賢❿，時⓫適當平⓬，嘉物奇瑞偶至。不肖⓭之君，亦反⓮此焉。

【章　旨】此章言占卜之有吉凶，猶逢吉遭凶之類也。

【注　釋】❶適　碰巧。❷道　路。❸顧睨　隨便看一眼。顧，回頭看。睨，斜視。❹周武王不豫四句　事見《尚書·金縢》。不豫，君主生病之謂。卜三龜，傳說周武王生病時，周公為之祈福問卦，一問太王，二問王季，三問文王，三位先王，三次龜兆，都是吉兆。乃，你。❺莊叔　即叔孫得臣。魯國大夫，諡號「莊」。❻穆叔　叔孫豹。諡號「穆」。❼明夷之謙　即由明夷卦變為謙卦。據《左傳·昭公五年》載，占卜人根據此卦解釋說，這個孩子的命運是，先逃難，而後回國做卿，最終信讒言而被餓死。明夷，《周易》六十四卦之一。謙，《周易》六十四卦之一。之，到；至。❽德　品德。❾遭　碰巧；正好。❿賢　賢明；高尚。⓫時　時運；時勢。⓬當平　應當太平。⓭不肖　不賢。⓮反　相反。

【語譯】占卜算卦，自然有兆數，兆數的出現，自然有吉凶，而好人和壞人，碰巧與吉卦和凶卦相逢了。好人與吉祥之兆相合，壞人與凶卦相遇。如同善人行在路上碰到吉祥的事情，隨便看一下就見到吉祥之物，並不是吉祥的事物變為好人的吉祥之兆一樣。凶人在路上碰到兇惡的事物也是如此。人見到善事惡事，並不是上天的報應回答，而是人碰巧與善惡的事物相遇啊。占卜算卦有吉凶的徵兆，正屬於人碰巧遇到吉凶的事物一類。怎麼證明這種說法是對的呢？周武王生病時，周公向三位先王占卜問吉凶，三次都是吉兆。周公說：「你所遇到的都是吉兆。」魯卿莊叔生了一個兒子叫穆叔，根據《周易》來給這個孩子占卜算卦，碰到的正是由明夷卦變為謙卦。據《左傳・昭公五年》記載，占卜人說這個孩子將來的命，先是逃難，後回國當卿，最後是信讒言而被餓死。占卜說「逢」，算卦說「遇」，其實是恰好碰到，而不是善惡所招致而來的。善就逢吉，惡就遇凶，這是天道自然的緣故，並不是因為人的善惡所招致的。以此推論，君主治國有吉凶之兆出現，也如同這一道理。君主的德操正好高尚賢明，時勢恰好應當太平了，美好的事物、吉祥的徵兆就正好到來了。而不賢的君主，也就與這種情況正好相反了。

世人言卜筮者多，得❶實誠❷者寡。論者或謂蓍龜可以參事❸，不可純用❹。夫鑽龜揲蓍，非數輒見❺，見無常占，占者❻生意❼。吉兆而占❽謂之凶，凶數之占謂之吉，吉凶不效❾，則謂卜筮不可信。周武王伐紂，卜筮之，逆❿，占曰：「大凶。」太公⓫推蓍蹈龜⓬而曰：「枯骨死草，何知而凶！」夫卜筮兆數，非吉凶誤也，占之不審⑬吉凶，吉凶變亂⑭，變亂，故太公黜⑮之。夫蓍筮龜卜，猶聖王治世⑯；卜筮兆數，猶王治瑞應。瑞應無常，兆數詭異⑰。詭異則占者惑⑱，無常則議者疑。疑則謂平未治，惑則謂吉不良。何以明之？夫吉兆數，吉人可遭也；治遇符瑞，聖德之驗也。周王伐紂，遇烏、魚之瑞⑲，其卜曷為⑳逢不吉之兆？使㉑武王不當起㉒，出㉓不宜逢瑞；使武王命當興，卜不宜得凶。由此言之，武王之卜，不得㉔凶占㉕，謂之凶者，失其實也。魯將伐越，筮之，得「鼎折足㉖」，子貢占之以為凶。何則？鼎而折足，行用足，故謂之凶。孔子占之以為吉，曰：「越人水居㉗，行用舟，不用足，故謂之吉。」魯伐越，果㉘克㉙之。夫子貢占「鼎折足」以為凶，猶周之占卜者謂之逆矣。逆中必有吉，猶折鼎足之占宜以伐越矣。周多子貢直占㉚之知㉛，寡若孔子詭㉜論之材，故睹非常㉝之兆，不能審也。世因武王卜，無非㉞而得凶，故謂卜筮不可純用，略㉟以㊱助政㊲，示有鬼神，明己不得專㊳。

【章旨】此章解說「卜筮不可純用」之論。

【注釋】❶得　懂得。❷實誠　真實道理。❸參事　辦事的參考。❹純用　完全信賴。❺見　同「現」。出現。❻占者　占卜的人。占，預測；解釋。❼生意　產生於主觀臆斷。❽占　占卜的人。❾效　靈驗。❿逆　不吉利。⓫太公　指姜太公。

⑫推蓍蹈龜　推開蓍草，踐踏龜甲。⑬不審　辨別不清楚。⑭變亂　顛倒。⑮黜　排斥；不聽。⑯聖王治世　聖君治理天下。⑰詭異　變化多端。⑱惑　疑惑。⑲烏魚之瑞　見本書〈初稟篇〉注釋。瑞，吉祥的徵兆。⑳曷為　為何。曷，什麼。㉑使　假使。㉒起　興起。㉓出　指出兵伐紂王。㉔得　得到。㉕凶占　凶兆。㉖鼎折足　據《太平御覽・卷七二八》記載，孔子曾派子貢外出辦事，久而未歸，孔子占得一鼎卦。弟子們都說，鼎卦上說「鼎折足」，鼎的一隻足折斷了，子貢回不來了。顏回暗笑，孔子問其為什麼發笑，他說：「子貢必歸。鼎折足，以表示子貢非走路歸來，而是坐船。」不久，子貢果然坐船回來了。王充此處引述的事，可能有誤。越國在吳國之南，魯國是時越過吳國而伐越者，史無記載。《周易》中的鼎卦，為六十四卦之一。其中「爻辭」曰：「鼎折足，覆公餗，其形渥，凶。」意思是，鼎斷了腳，把大臣們要吃的食物打翻了，潑在地上濕漉漉、水汪汪的，所以是凶兆。見《周易・鼎卦・九四》。㉗水居　住在江湖、海濱。㉘果　果然。㉙克　戰勝。㉚直占　死板地解說兆數。㉛知　同「智」。智慧；能力。㉜詭　異；與眾不同。㉝非常　異乎尋常。㉞非　過錯。㉟略　稍微。㊱以　用來。㊲助政　輔助政務。㊳專　專斷。

【語譯】世上的人說占卜算卦的人多，而懂得卜筮的真實道理的人很少。有的論者說，蓍龜卜筮的結果可以作為辦事的參考，但不能完全信賴它。鑽龜揲蓍，兆數總是會出現的，它的出現並沒有固定不變的解釋，而是由占卜的人根據兆數主觀臆斷地加以說明的。吉祥之兆而占卜的人占卜後說是凶兆，凶惡的兆數而占卜的人占卜後說是吉兆，如果吉凶不靈驗，就說占卜算卦的結果不可相信。周武王伐紂，占卜問卦，結果是不吉利，占卜的人說：「非常凶險。」姜太公推開蓍草，踐踏龜甲，說：「這些枯骨死草，怎麼知道就不吉利呢！」占卜算卦，不是兆數所顯示的吉凶有錯誤，而是占卜的人辨別不清楚吉兆和凶兆，吉凶顛倒了。既然吉凶顛倒了，所以姜太公不聽占卜人的結論。以蓍算卦，以龜甲占卜，好比聖君治理天下一樣；而占卜算卦的兆數，就好比聖君治理天下時出現的吉祥之兆一樣。祥瑞沒有固定不變的，兆數也是變化多端。兆數變化多端，就容易使占卜的人受到迷惑；祥端沒有固定不變，就容易使議論的人感到疑惑。因為疑惑，拿不定把握，就把太平說成不安定；由於疑惑不定，就把吉祥的徵兆說成凶兆了。怎麼來證明它呢？吉祥的兆數，善人可以碰到；太平之世碰到的祥瑞，就是聖君推行德政的證明。周武王伐紂，碰到白魚躍上船頭、一團火球變成紅色烏鴉的吉祥之兆，然而當時占卜為什麼碰上不吉利的徵兆？假使周武王不應當崛起，出兵伐紂時就不應當碰到吉祥的徵兆；假使周武王命中注定應當興起，占卜時就不應當得到凶兆。由此說來，周武王出兵討伐紂王時占卜算卦，不可能得一凶卦，說他得一凶卦，是不符合實際的。魯國將要出兵討伐越國時，算卦問吉凶，得一「鼎」卦，說是「鼎折斷了足」，子貢解釋說是凶兆。為什麼？鼎被折斷了腳，行路用足，所以說它是凶兆。孔子推測它卻認為是吉祥的徵兆，說：「越國的人居住在江、湖、海濱，走路靠乘船，不用腳，所以說它是吉兆。」魯國攻打越國，果然戰勝了越國。子貢占卜，認為「鼎折足」是凶兆，就好像周武王伐紂時的占卜人說它不吉利一樣。不吉利之中必定有吉利，如同折斷鼎足的占卜應當因此去攻打越國一樣。周武王時像子貢那樣只有死板地解釋兆數吉凶的能力的太多了，而缺少像孔子那樣與眾不同的論辯之材，所以看見異乎尋常的兆數，就不能辨明清楚了。世人因為周武王占卜，沒有什麼過錯而得到凶兆，所以就認為占卜算卦不可以完全信賴，只能稍微用來輔助自己處理政務，表示有鬼神在支配，說明自己不可能獨斷專行。

著書記者，採掇❶行事❷，若韓非〈飾邪〉❸之篇，明已效❹之驗❺，毀❻卜訾❼筮，非❽世信用。夫卜筮非不可用，卜筮之人占之誤也。〈洪範〉稽❾疑❿，卜筮之變⓫，必問天子卿士，或時⓬審⓭是⓮。夫不能審占，兆數不驗，則謂卜筮不可信用。晉文公與楚子⓯戰，夢與成王搏，成王在上而盬⓰其腦，占曰：「凶。」咎犯曰：「吉！君得天，楚伏其罪。盬君之腦者，柔之也⓱。」以戰果勝，如咎犯占。夫占夢與占龜同。晉占夢者不見象⓲指⓳，猶周占龜者不見兆者為也。象無不然⓴，兆無不審㉑，人之知㉒暗，論之失實也。傳或言：武王伐紂，卜之而龜糣㉓。占者曰：「凶。」太公曰：「龜糣，以祭則凶，以戰則勝。」武王從之，卒㉔克紂焉。審若此傳，亦復孔子論卦，咎犯占夢之類也。蓋兆數無不然，而吉凶失實者，占不巧㉕工㉖也。

【章　旨】此章說明卜筮而吉凶失實，在於占不巧工之誤。王充引經據典，對風靡全社會的卜筮之風予以批判，其精神不可謂不佳，其揭露不可謂不力，然而其結論卻是如此：「夫卜筮非不可用，卜筮之人占之誤也。」說明王充批判卜筮之風的不徹底性。當然，王充也不可能徹底。

【注　釋】❶採掇　收集。❷行事　已有的事例。❸飾邪　《韓非子》中的一篇。批駁卜筮之說。❹已效　已經發生的事實。❺驗　證明。❻毀　抨擊。❼訾　指責。❽非　批評。❾稽　考察；商討。❿疑　疑難問題。⓫卜筮之變　此指對卜筮兆數的不同解釋。⓬或時　或許。⓭審　確實；果真。⓮是　對；正確。⓯楚子　指楚成王。⓰盬　吮吸。⓱吉五句　見《左傳・僖公二十八年》。⓲象　夢象。⓳指　通「旨」。⓴然　對。㉑審　明；清楚。㉒知　通「智」。㉓龜糣　《說苑・權謀》作「龜熸」。龜兆不清楚。㉔卒　終於。㉕巧　高明。㉖工　細緻；巧妙。

【語　譯】著書立說的人，收集已有的事例，像韓非〈飾邪〉之篇，用已經發生的事實作證明，來抨擊和指責占卜算卦的人，也批評世人迷信卜筮。占卜算卦不是不可信用，而是占卜算卦的人推測、判斷兆數有錯誤啊。《尚書・洪範》說，商討疑難問題，考察卜筮的卦象所出現的不同解釋，一定要請問天子和貴族大臣，或許果真是正確的。不能正確地解釋兆數，或者兆數得不到驗證，就說明占卜算卦不可以信賴。晉文公與楚成王在濮城打仗時，夢見同楚成王搏鬥，楚成王趴在自己身上吸飲自己的腦汁，占卜的人說：「這是凶兆。」而晉文公的舅父咎犯說：「是吉祥之兆！君主的臉朝上，面對著天，得到上天的保佑，而楚成王背著天，臉朝下，是低頭認罪。楚成王吮吸君王的腦汁，是軟弱無力的表現。」隨即與楚成王的軍隊一戰，果然獲得全勝，如同咎犯所推算的那樣。推測夢，與推算龜兆相同。晉國占夢的人不明夢兆的意思，如同周朝占卜的人不明白龜兆的意思一樣。夢兆沒有不對的，龜兆沒有不明的，人們的智力太差，論說它就不符合實際了。有的傳書說：周武王出兵討伐紂王，占卜時龜兆並不清楚。占卜的人說：「這是凶兆。」姜太公說：「龜兆不清楚，如果根據這個兆象舉行祭祀就不會吉利，根據這個兆象而進行戰鬥就很吉利。」周武王順從了太公的意見，終於戰勝了紂王。果真如同這傳書所說的那樣，也還是孔子論說子貢的卦，咎犯占卜晉文王之夢一樣。大概兆數沒有不對的，然而占卜所說的吉凶不符合事實的情況，主要是因為占卜算卦的人觀察兆數不高明細緻啊。

辨祟篇第七十二

【題解】本篇旨在辨駁「禍祟」之說。祟者，《說文》云：「神禍也。」言神怪鬼魅出而禍人之意。漢代民間迷信成風，以為凶神惡鬼能禍害人，人們認為，一切災禍，都因違反禁忌、觸鬼逢神而生，是鬼神精怪給予犯忌者的一種懲罰。王充用科學態度和勇於批判的精神，對這種迷信予以辨駁，故名之曰：「辨祟」。今日讀之，還有一定教育意義。

世俗信禍祟❶，以為人之疾病死亡，及更患❷被罪❸，戮辱❹歡笑❺，皆有所犯❻。起功❼、移徙❽、祭祀、喪葬、行作❾、入官❿、嫁娶，不擇吉日，不避歲月⓫，觸鬼逢神，忌時⓬相害⓭。故發病生禍，絓法⓮入罪⓯，至於死亡，殫⓰家滅門，皆不重慎⓱，犯觸忌諱之所致⓲也。如實論之，乃妄言也。

【章旨】此章提出批駁對象，指出世俗信禍祟，乃「妄言」。

【注釋】❶禍祟　指以祟為禍。把鬼神當作災禍。❷更患　遭受苦難。更，經歷；遭受。❸被罪　遭受刑罰。❹戮辱　侮辱。戮，辱。❺歡笑　取笑；嘲笑。❻犯　觸犯。❼起功　動土蓋房。❽移徙　搬遷。❾行作　出門辦事。❿入官　上任做官。⓫歲月　指歲神和月神。⓬忌時　以時為忌。即把歲月時日作為禁忌。⓭相害　相加害。⓮絓法　觸犯刑法。絓，絆。⓯入罪　被判罪。⓰殫　竭盡。⓱重慎　謹慎。此指慎重地選擇吉日良辰。⓲致　招致；造成。

【語譯】社會上的一般人都迷信鬼神給人帶來災禍，以為人的疾病死亡，以及遭苦難受刑罰，被侮辱嘲笑，都是因為觸犯了鬼神。動土蓋房、搬遷、祭祀、喪葬、出門辦事、上任做官、出嫁娶妻，如果不選擇吉日良辰，不迴避歲月之神，就會碰到鬼神，被歲月之神相加害。因此發生疾病和災禍，觸犯刑法被判罪，以至於死亡，全家被滿門抄斬，都是不謹慎，觸犯了忌諱所造成的。按實際情況來分析，這是一種謊言而已。

凡人在世，不能不作事，作事之後，不能不有吉凶。見❶吉，則指以為前時擇日之福；見凶，則刺❷以為往者❸觸忌之禍。多或❹擇日而得禍，觸忌而獲福。工伎射事者❺欲遂❻其術❼，見禍忌❽而不言❾，聞福匿❿而不達⓫，積⓬禍以驚⓭不慎，列⓮福以勉⓯畏⓰時⓱。故世人無⓲愚智、賢不肖⓳、人君⓴布衣㉑，皆畏懼信向㉒，不敢抵犯。歸㉓之久遠，莫能分明，以為天地之書，賢聖之術也。人君惜㉔其官㉕，人民愛其身，相隨信之，不復㉖狐疑㉗。故人君興事，工伎㉘滿閣㉙；人民有為㉚，觸㉛傷㉜問時。姦書偽文，由此滋生。巧㉝惠㉞生意，作知㉟求利，驚惑愚暗㊱，漁富㊲偷㊳貧，愈㊴非古法度聖人之至意也。

【章旨】此章斥責工伎射事者的方術之騙。

【注釋】❶見　遇到。❷刺　責怪。❸往者　先前；過去。❹多或　往往。❺工伎射事者　以算命占卜為業的人。射，猜測。❻遂　成就。❼術　方術。此指算命占卜者的一套方法。❽忌　諱；避。❾言　宣揚。❿匿　隱瞞。⓫達　表露；公開。⓬積　積累。⓭驚　恫嚇。⓮列　列舉。⓯勉　勉勵。⓰畏　懼怕。⓱時　指歲月時日之禁忌。⓲無　無論；不論。⓳不肖　不賢。⓴人君　此指長官而言。㉑布衣　平民百姓。《鹽鐵論・散不足》云：「古者庶人耄老而後衣絲，其餘則麻枲而已，故命曰『布衣』。」㉒信向　信仰；信奉。㉓歸　歸附；信服。㉔惜　珍惜。㉕官　官職；官位。㉖復　再。㉗狐疑　懷疑。《漢書・文帝紀》顏師古注：「狐之為獸，其性多疑，每渡冰河，且聽且渡；故言疑者，而稱狐疑。」㉘工伎　指工伎射事的人。㉙閤　同「閣」。官署。㉚有為　有所行動。㉛觸　觸動。此指打聽、了解。㉜傷　指禁忌帶來的傷害。㉝巧　姦巧。㉞惠　通「慧」。此指狡猾。㉟作知　指耍小聰明。知，通「智」。㊱愚暗　指愚昧無知的人。㊲漁富　敲詐富人。㊳偷　騙取錢財。㊴愈　更加。

【語　譯】大凡人生在世，不可能不作事，作事之後，不可能沒有吉凶。遇到吉利，就指著這件吉事認為是由於先前選擇了吉日良辰而得到的福分；碰到凶險，就責怪是因為過去觸犯了禁忌而造成的災禍。往往擇日後得到災禍，觸犯禁忌後仍得到福分。那些以宣揚迷信禁忌、替人算命占卜為業的人想成就自己的騙術，遇到擇日後得到的災禍就不宣揚，聽到觸犯禁忌之後仍得到的福佑就隱瞞著不公開，卻積累許多觸犯禁忌而遭受禍害的事例，用來恫嚇那些不重視禁忌的人們，列舉許多擇日而得到福佑的事例去鼓勵那些畏懼歲月禁忌的人們。因此，世上的人無論愚蠢與聰明、賢明與不賢、長官與平民百姓，都因害怕禁忌而信奉他們那套騙術，不敢抵觸違犯它。社會上的一般人信服這套騙術已經相當久遠了，沒有人能夠分辨它的真假，以為這是天地的書丹，聖賢的法術。長官珍惜自己的官位，百姓愛惜自己的身體，於是就互相追隨著而信奉占卜算卦的人那套把戲，沒有再去懷疑它。所以當官的辦事時，那些占卜算卦的人往往充斥在官署之中，替長官推算吉凶；老百姓要辦事，也要詢問有沒有禁忌之害。於是姦邪之書、偽善之文，便由此而產生。姦猾的人就生出壞主意，耍小聰明謀求私利，恫嚇迷惑那些愚昧無知的人，敲詐那些有錢的人，更加違背古代的法度和聖賢的真正意思了。

聖人舉事，先定於義❶。義已定立，決❷以卜筮，示不專❸己，明與鬼神同意共指❹，欲令眾下❺信用不疑。故《書》列七卜❻，《易》載八卦，從❼之未必有福，違❽之未必有禍。然而禍福之至，時❾也；死生之到，命也。人命懸於❿天，吉凶存於⓫時。命窮⓬，操行善，天不能續⓭；命長，操行惡，天不能奪。天，百神主⓮也。道德仁義，天之道也；戰栗恐懼⓯，天之心也。廢道滅德，賤⓰天之道；嶮隘⓱恣睢⓲，悖⓳天之意。世間不行道德，莫過桀、紂；妄行⓴不軌㉑，莫過㉒幽、厲㉓。桀、紂不早死，幽、厲不夭折㉔。由此言之，逢福獲喜，不在擇日避時；涉㉕患麗㉖禍，不在觸歲犯月，明矣。

【章旨】此章正面立論，言逢福獲喜、涉患麗禍，不在於擇日避時、觸歲犯月。

【注釋】❶義　宜；道理。❷決　決斷。❸專　專斷。❹指　通「旨」。意旨。❺眾下　臣民。❻七卜　指雨、霽、蒙、驛、克五種龜兆和貞（下卦）、悔（上卦）兩種卦象的總稱。見《尚書・洪範》。❼從　順從。❽違　違抗。❾時　時勢；時運。❿懸於　決定於。⓫存於　存在於。⓬窮　盡；完結。⓭續　延續；延長。⓮主　主宰。⓯戰栗恐懼　戰戰兢兢。此指人有此畏懼，不敢恣意妄為。戰栗，發抖。⓰賤　鄙視；輕視。⓱嶮隘　心胸狹隘姦險。嶮，同「險」。⓲恣睢　放肆；隨心所欲。⓳悖　違背。⓴妄行　胡作非為。㉑不軌　違反正道。㉒過　超過。㉓幽厲　指西周王朝的周幽王、周厲王。㉔夭折　短命而死。㉕涉　經歷。㉖麗　通「罹」。遭遇；蒙受。

【語譯】聖人辦事，先要確定這件事該不該辦。已經確定這件應該辦，再用卜筮來加以判斷，以表示不是個人專斷，證明與鬼神的意旨是一致的，希望讓廣大臣民堅信不疑。因此《尚書》列出七卜，《周易》記載有八卦，順從它們不一定有福，違背它們不一定有禍。但是災禍福佑的到來，這是時運；一個人死生的到來，這是他的壽命所決定的。人的命決定於天，吉凶在於時運。壽命完結時，即使品德高尚的人，上天也不能延長他的壽命；壽命長的人，即使操行惡劣，上天也不可能奪去他的生命。天，是百神的主宰。道德仁義，這是天賦予的道德本性；戰戰兢兢，謹慎小心，這是天授予的心靈。廢掉甚至滅絕人的道德本性，就是鄙視天道；心胸狹隘，姦險狡詐，就是違背了天意。世間不奉行道德規範的君主，沒有超過夏桀、商紂的；胡作非為，違反正道的，莫過於周幽王、周厲王。然而，夏桀、商紂沒有早死，周幽王、周厲王也未曾短命而死。由此說來，一個人碰到福佑，獲得喜事，不在於選擇吉日、迴避時忌；遇到災禍、遭受禍害，不在於觸犯歲月之神，這是很明白的了。

孔子曰：「死生有命，富貴在天❶。」苟❷有時日，誠❸有禍祟，聖人何惜不言？何畏不說？案古圖籍，仕者安危，千君萬臣，其得失吉凶，官位高下，位❹祿❺降升，各有差品❻。家人❼治產❽，貧富息耗❾，壽命長短，各有遠近❿。非高大尊貴舉事以吉日，下小卑賤以⓫凶時也。以此論之，則亦知禍福死生，不在遭逢吉祥、觸犯凶忌也。然則人之生也，精氣⓬育⓭也；人之死者，命窮絕也。人之生，未必得吉逢喜；其死，獨何為謂之犯凶觸忌？以孔子證之，以死生論之，則亦知夫⓮百禍千凶，非動作之所致也。孔子聖人，知府⓯也；死生，大事也；大事，道效⓰也。孔子云：「死生有命，富貴在天。」眾文⓱微言⓲不能奪⓳，俗人愚夫不能易⓴，明矣。人之於世，禍福有命；人之操行㉑，亦自致之。其安居無為，禍福自至，命也。其作事起功，吉凶至身，人也。人之疾病，希㉒有不由風濕與飲食者。當㉓風臥濕，搖錢問祟；飽飯饜食，齋精㉔解禍。而㉕病不治，謂祟不得，命自絕，謂筮不審㉖，俗人之知㉗也。

【章旨】此章以孔子之言論死生貧富與遭逢吉祥、觸犯凶忌無關。

【注釋】❶死生有命二句 見《論語・顏淵》。❷苟 假如。❸誠 果真。❹位 官位。❺祿 俸祿。❻差品 等級。❼家人 百姓。❽治產 經營產業。❾息耗 盈虧。息，生長；增加。耗，損耗；減少。❿遠近 差距；差別。⓫以 在。⓬精氣 精神之氣。⓭育 生存；存在。⓮夫 那些。⓯知府 猶言智慧非常豐富。知，通「智」。智慧。府，庫。《禮記・曲禮下》：「在官言官，在府言府。」鄭玄注：「府，謂寶藏貨賄之處。」《說文》：「府，文書藏也。」⓰效 徵驗；實現。⓱眾文 文章眾多。⓲微言 語言微妙。⓳奪 改變；駁倒。⓴易 改變。㉑操行 指人的行動。㉒希 少。㉓當 面對；對著。㉔齋精 指誠心誠意地齋戒祭祀。精，精誠。㉕而 如果。表假設。㉖審 清楚；正確。㉗知 見識。

【語譯】孔子說：「死生有命，富貴在天。」如果有時日的忌諱，果真有鬼神禍及人，聖人有什麼需要保留而不肯說？又有什麼值得害怕而不願講呢？考察古籍圖書資料，做官的人的安危，千千萬萬的君主大臣，他們的得失吉凶，官職高低，官位和俸祿的升降，都各有等級差別。百姓經營產業，貧富盈虧，壽命長短，也都各有差別。並不是那些得到高官厚祿的人都在吉日辦事，也不是那些地位低賤的人都在凶時辦事。以此來說，也就知道人的禍福死生，不在於遇到吉祥之日、碰到凶忌之時啊。這樣，那麼人的生存，正是精神之氣的存在；人之所以死亡，是因為他的壽命已經窮盡了。人的生存，未必得到吉日碰到喜時；他們的死亡，為什麼偏偏說是因為觸犯了凶神忌諱呢？用孔子的話來論證，用人的死生來說明，那也知道那些千百種凶禍，不是人的動作所造成的。孔子是聖人，是人類智慧之庫；死生，是人的大事；大事，是道的具體表現。孔子說：「死生有命，富貴在天。」眾多的文章，微妙的語言，都駁不倒這兩句話，世俗社會中的一般平庸之輩，都不能改變這個結論所揭示的命運，這是明白不過的了。人在世上，禍福有命；人的行動本身，也會招致禍福。人安居無為，禍福自己降臨，這是命中注定的。他們做事或動土修建房屋，吉凶福禍降臨到身上，是人本身的行動所造成的。人的疾病，很少有不是由於風濕與飲食所引起的。對著風睡在潮濕的地方因而得病，卻用銅錢去占卜問是不是鬼神作祟；吃飯食過量而得病，卻虔誠地齋戒祭祀來消除自身的災禍。如果疾病不能治療好，就認為是由於沒有弄清楚是什麼鬼神在作怪；壽命自己滅絕了，就認為是由於卜筮的結果不正確。顯然這是一般平庸凡俗的人的見解而已。

夫倮蟲[1]三百六十，人為之長[2]。人，物也，萬事之中有智慧者也。其受命於天，稟[3]氣於元[4]，與物無異。鳥有巢棲[5]，獸有窟穴，蟲魚介[6]鱗，各有區處[7]，猶人之有室宅樓臺也。能行之物，死傷病困，小大相害。或人捕取以給[8]口腹，非作窠[9]穿[10]穴有所觸[11]，東西行徙有所犯也。人有死生，物亦有終始；人有起居，物亦有動作。血脈、首足、耳目、鼻口與人不別，惟[12]好惡[13]與人不同，故人不能曉[14]其音，不見[15]其指[16]耳。及其游[17]於黨類[18]，接[19]於同品[20]，其知去[21]就[22]，與人無異。共天同地，並[23]仰[24]日月，而鬼神之禍獨加於人，不加於物，未曉其故也。天地之性[25]，人為貴，豈天禍為貴者作[26]，不為賤者[27]設[28]哉？何其性類同而禍患別也！「刑不上大夫[29]」，聖王於貴者闊[30]也。聖王刑賤[31]不罰貴[32]，鬼神禍貴不殃[33]賤，非[34]《易》所謂「大人與鬼神合其吉凶[35]」也。

【章　旨】此章以人與動物相比較，以駁斥漢代禍祟迷信之說。

【注　釋】❶倮蟲　泛指沒有羽、毛、鱗、甲一類的動物。倮，通「裸」。❷長　首領。❸稟　承受；稟承。❹元　此指「元氣」而言。❺巢棲　鳥窩。❻介　甲殼。❼區處　居住的地方。❽給　供給；滿足。❾窠　鳥窩。❿穿　鑿洞。⓫觸　觸犯；冒犯。⓬惟　只是。⓭好惡　愛憎。⓮曉　通曉；懂得。⓯見　了解。⓰指　通「旨」。意圖。⓱游　往來。⓲黨類　同類。⓳接　接觸。⓴同品　指同類之物。㉑去　離開。㉒就　靠攏；接近。㉓並　都；一同。㉔仰　抬頭觀看。㉕性　生命。㉖作　製造。㉗賤者　指除人以外的其他低級動物。㉘設　設置；安排。㉙刑不上大夫　見《禮記・曲禮上》。上，達到；上達。大夫，古代官名。㉚闊　寬厚；寬大。㉛賤　卑賤的人。㉜貴　尊貴的人。㉝殃　禍害。㉞非　不符合。㉟大人與鬼神合其吉凶　見《周易・乾・文言》。大人，此指「聖王」。

【語　譯】沒有羽、毛、鱗、甲的動物有三百六十種之多，以人為牠們的首領。人，雖然是動物，但卻是萬千動物之中有智慧的一種。他受命於天，從天地間的元氣那裡承受氣，與其他動物沒有什麼差別。鳥類有窩巢，獸類有窟穴，蟲魚有甲殼鱗片，各有居住的地方，如同人有房室樓臺一樣。能夠行走的動物，死傷病亡，大大小小總是互相侵害。有的被人捕獲以滿足人的口腹之欲，並不是因為作窩鑿洞時觸犯了什麼鬼神，也不是因為東西遷居時冒犯了什麼鬼神。人有死生，動物也有終始；人有起居，動物也有行動。血脈、首足、耳目、鼻口與人沒有什麼區別，只有愛憎與人不同，所以人不可能懂得其他動物的聲音，不了解牠們的意圖罷了。當牠們往來於同類之間，與同類相互接觸的時候，牠們知道躲避什麼，接近什麼，與人的本能並沒有什麼兩樣。人和動物共同生活在一個天地，抬頭看到的是同樣的日、月，然而鬼神的禍害惟獨加到人的頭上，而不加到動物身上，不曉得這是什麼緣故。天地之間有生命的東西，人是最為寶貴的，難道上天的災禍僅僅是為寶貴的人而製造的，不是為比人低賤的動物安排的嗎？為什麼同樣都是有生命的動物，而遭受的災禍卻如此不一樣呢？「刑不上大夫」，這是聖王對於地位尊貴的人的一種寬厚。聖王只懲罰地位低賤的人，不懲罰地位高貴的人，鬼神卻只禍害尊貴的人而不禍及低賤的動物，這是不符合《周易》所說的「聖王與鬼神合其吉凶」啊。

或有所犯，抵觸縣官❶，羅❷麗❸刑法，不曰過❹所致，而曰家有負❺。居處不慎，飲食過節❻，不曰失調和❼，而曰徙❽觸時❾。死者累屬❿，葬棺至十，不曰氣相污⓫，而曰葬日凶。有事歸之有犯，無為歸之所居。居衰宅耗⓬，蜚凶流尸⓭，集人室居，又禱⓮先祖，寢⓯禍遺殃。疾病不請醫，更患不修行，動⓰歸於禍，名曰犯觸。用知淺略⓱，原⓲事不實，俗人之材也。

【章　旨】此章羅列世俗間的不實之論。

【注　釋】❶縣官　指天子。詳見本書〈調時篇〉注釋。❷羅　通「罹」。遭受。❸麗　通「罹」。蒙受；遭遇。❹過　過錯；過失。❺負　違背。此指觸犯禁忌。❻過節　過度。❼調和　和諧。❽徙　搬遷。❾時　指時日的禁忌。❿累屬　連續；接連不斷。⓫氣相污　指使人生病的汙濁之氣相互傳染。污，感染。⓬居衰宅耗　指家室衰敗。⓭蜚凶流尸　指奔走飛行的屍首和怪物。蜚，通「飛」。⓮禱　禱告；祈求。⓯寢　止；息。《漢書・禮樂志》：「漢典寢而不著。」顏師古注：「寢，息也。」⓰動　動輒。⓱淺略　膚淺。⓲原　追究；分析；探討。

【語　譯】或許有所觸犯，抵觸了天子，蒙受刑法，不說是由於自己的過失造成的，而說是家裡有觸犯禁忌的事情。居住不小心謹慎，飲食過度，不說居處和飲食不當，而說搬家時觸犯了時日的禁忌。死人接連不斷，埋葬棺材多至十數，不說是使人生病的汙濁的氣相互傳染的結果，而說是埋葬人的日子不吉利。做了事，遇到了凶禍就認為是辦事觸犯了禁忌；沒做事，遇到凶禍就認為是居住的地方不吉利。家室衰敗，屍首和怪物奔走飛行，聚集到這個人的屋子之中，卻又去祈求先祖保佑，使災禍得到制止和解除。有了疾病，不去請醫生看病，遭受禍害，不去很好地修養自己的操行，動不動就歸之於鬼神的禍害，名之曰觸犯了禁忌。考慮問題如此膚淺粗略，探討問題如此不符合實際，這是俗人之材啊。

猶繫❶罪司空❷作徒❸，未必到吏日惡，繫役時凶也。使❹殺人者求吉日出詣❺吏，劾罪❻，推❼善時入獄繫，寧❽能令❾事解、赦令❿至哉？人不觸禍⓫不被⓬罪，不被罪不入獄。一日令至，解械⓭徑⓮出，未必有解除⓯其凶者也。天下千獄，獄中萬囚，其舉事未必觸忌諱也。居位⓰食祿，專城長邑⓱，以千萬計，其遷徙未必逢吉時也。歷陽之都⓲，一夕沈而為湖，其民未必皆犯歲、月也。高祖始起，豐、沛俱復⓳，其民未必皆慎時日也。項羽攻襄安⓴，襄安無噍類㉑，未必不禱賽㉒也。趙軍為秦所坑於長平之下，四十萬眾同時俱死，其出家時，未必不擇時也。辰㉓日不哭，哭有重喪㉔。戊㉕、己㉖死者，復㉗尸有隨㉘。一家滅門，先死之日，未必辰與戊、己也。血忌不殺牲，屠肆㉙不多禍；上朔㉚不會眾，沽舍㉛不觸殃。塗㉜上之暴㉝尸，未必出以往亡㉞；室中之殯柩㉟，未必還以歸忌㊱。由此言之，諸占射禍祟者，皆不可信用；信用㊲之者，皆不可是㊳。

【章旨】此章辨析上述禍祟之論，指出各色各樣的占射禍祟皆不可信用。

【注釋】❶繫　囚禁；監禁。❷司空　牢獄名。《禮記．月令》：「『仲春之月』命有司空囹圄。」孔穎達疏：「囹圄，何代之獄？焦氏答曰：〈月令〉秦書，則秦獄名也。漢曰若盧，魏曰司空是也。」❸徒　服勞役的犯人。❹使　假如。❺詣　到。❻劾罪　判罪。❼推　推算。❽寧　難道。表反問。❾令　使。❿赦令　赦免罪犯的命令。⓫觸禍　遇到災禍。⓬被　遭受。⓭械　刑具。⓮徑　即；就。⓯解除　漢代陰陽家稱禳除凶惡為「解除」。⓰居位　當官。⓱專城長邑　指當地方長官。專，統治；專有。長，主管。⑱都　城。⑲復　免除賦稅徭役。據《史記．高祖本紀》載，高祖十二年（西元前一九五年），免除了豐沛地區的賦稅。⑳襄安　據《漢書．高帝紀》載，項羽「嘗攻襄城，襄城無噍類」。故此「襄安」當為「襄城」之誤。㉑噍類　指能吃食的一類動物。此指活著的人。噍，咬；嚼。㉒賽　祭祀酬神。㉓辰　地支的第五位。占卜算卦的人認為辰日下葬時人不能哭。㉔重喪　還要死人。㉕戊　天干的第五位。㉖己　天干的第六位。㉗復　又；再。㉘隨　接著。㉙屠肆　屠宰鋪。㉚上朔　禁忌日名。㉛沽舍　酒店。㉜塗　通「途」。道路。㉝暴　同「曝」。曬。㉞往亡　禁忌日名。㉟殯柩　指停放在靈堂的死人。㊱歸忌　禁忌日名。㊲信用　信任使用。㊳是　對；正確。

【語　譯】猶如犯了罪被監禁在牢獄裡罰作勞役的人，未必被抓到官府去的那一天是凶日，被判監禁罰作勞役的那個時辰是凶時。假如殺人犯選擇吉祥日子到官府去自首，判罪，推算好時辰入獄被監禁，難道能使事情消解，赦免罪過的命令到來嗎？人不遇禍不犯罪，不犯罪不入獄。一旦赦罪的命令到來，解掉刑具立刻出獄，不一定有人替罪犯祭祀驅除了凶神惡煞啊。天下有千座監獄，獄中有成千上萬名囚犯，他們起事犯罪不一定是觸犯了忌諱。當官吃俸祿，主管一城一地區的地方長官，數以千萬計，他們搬遷的日子未必都碰上吉日良辰。歷陽城，一個晚上就沈沒了而變成為一個湖泊，它的老百姓未必都觸犯了歲神、月神。高祖劉邦開始興起的時候，豐邑、沛縣一帶都免除了賦稅徭役，那裡的老百姓未必都謹慎小心地避開時日的禁忌。項羽攻打襄安，襄安沒有一個活著的人，那裡的百姓未必沒有一個祭祀酬神的。趙軍被秦軍活埋在長平之下，四十萬人同時死去，他們出家時，未必都沒有選擇好時辰。據說辰日埋葬死人不能哭，一哭還有人要死。如果戊、己兩個忌日死了人，這一家接著還要死人。如果一家人都死光了，第一個人死的那一天，未必就是戊、己兩個忌日。血忌的日子不宜屠宰牲口，那麼屠宰鋪並沒有引來很多災禍；上朔不宜會見眾客，那麼酒店並沒有因觸犯忌諱而遭殃。道路上曝曬的死屍，未必是在往亡這一天忌日出的門；室中停放在靈柩中的死人，未必是在歸忌這一天忌日回的家。由此看來，這許多占卜算卦來推算鬼神禍害的把戲，都是不可以相信和使用的；信任和使用這一套騙術，都不能認為是對的。

夫使食口❶十人，居一宅之中，不動钁鍤，不更❷居處，祠祀❸嫁娶，皆擇吉日，從春至冬，不犯忌諱，則夫十人比至❹百年，能不死乎？占射事者必將復曰：「宅有盛衰，若❺歲破❻、直符❼，不知避也。」夫如是，令數❽問工伎之家，宅盛即留，衰則避之，及歲破、直符，輒❾舉家❿移，比至百年，能不死乎？占射事者必將復曰：「移徙觸時，往來不吉。」夫如是，復令輒問工伎之家，可徙則往，可還則來，比至百年，能不死乎？占射事者必將復曰：「洎⓫命壽極⓬。」夫如是，人之死生，竟自有命，非觸歲月之所致，無負凶忌之所為也。

【章　旨】此章以避忌設問，層層批駁占射事者，說明人之死生與歲月之忌無關。

【注　釋】❶食口　人口。❷更　改變；改換。❸祠祀　祭祀。❹比至　等到。❺若　或。❻歲破　指太歲所衝的方位。❼直符　禁忌之名。指和太歲所在的方位正好相符合。❽數　再三；屢次。❾輒　就。❿舉家　全家。⓫洎　通「薄」。⓬極　終。

【語　譯】讓十口人之家，住居在一個宅院之中，不動钁鍤挖土傷神，不遷移住處而犯歲月神靈，祭祀、出嫁、娶親，都選擇吉日良辰，從春天到冬天，一年四季都不犯忌諱，那麼那十口人等到一百年，能不死嗎？占卜算卦的人一定將又說：「住宅有盛衰，或碰上太歲所沖的方位，或和太歲所在的方位正好相符合，人不知道迴避啊。」如果是這樣的話，就讓你再三去問替人占卜算卦為職業的人，住宅興盛時就留下來居住，衰落時就避開這棟住宅，等到太歲沖到這個方位或與太歲所在的方位正好相符合時，就全家搬移到別的地方，等到一百年以後，能不死去嗎？替人推算日子吉凶的人一定還會說：「遷移就觸犯了時辰，來來往往不吉利。」

如果是這樣的話，又要讓你去問工伎射事的人，如果禁忌規定可以搬遷就搬遷，可以搬回來就搬回來。等到一百年以後，人能不死去嗎？占卜算卦的人一定還會說：「人死，或是薄命，或是壽終啊。」如果是這樣的話，人的死生，最終來自於人的壽命，不是人觸犯了歲月之神造成的，也不是因為觸犯了凶日凶時的忌諱所造成的結果。

難❶歲篇第七十三

【題解】本篇繼〈調時篇〉，專門針對著宣揚迷信禁忌的《移徙法》而發，進一步批駁搬遷要忌諱太歲的謊言。

《移徙法》是漢代一種宣揚搬遷禁忌的小冊子，風行一時，雅俗共信，以致「吉凶之書，伐經典之義；工伎之說，凌儒雅之論」。對神學泛濫的嚴重局面，王充為之痛心疾首，因而要「總核是非，使世一悟」，表現出王充的批判精神和學術勇氣。

俗人險心❷，好信禁忌，知❸者亦疑，莫能實❹定❺。是以❻儒雅❼服從，工伎得勝❽。吉凶之書，伐❾經典❿之義⓫；工伎之說，凌⓬儒雅之論。今略實論，令⓭世觀覽，總核⓮是非，使世一悟⓯。

【章旨】此章開宗明義，總論漢代神學「伐經典之義」、「凌儒雅之論」的嚴重局面，表明作者自己「總核是非，使世一悟」的決心。

【注釋】❶難　責難；非難。❷險心　僥倖免禍之心。❸知　通「智」。❹實　核實。❺定　判斷。❻是以　因此。❼儒雅　博學之儒。❽得勝　得勢；佔上風。❾伐　戰勝。❿經典　指儒家經書。⓫義　道理。⓬凌　凌駕；壓倒。⓭令　讓。⓮核　考核。⓯悟　醒悟；覺悟。

【語譯】世俗社會中的一般人都存有僥倖免禍的心理，喜歡相信迷信禁忌，連有些聰明人也感到疑惑，不能核實判斷清楚。因此那些博學的儒生也都信服聽從迷信禁忌，工伎之家於是得勢於一時。宣揚迷信禁忌的書，戰勝了儒家經書的道理；而替人占卜算卦、以宣揚迷信禁忌為職業的人散布的一套騙人的謊言，反而壓倒了博學的儒生的正確說法。現在我根據事實略微評論一下，讓世人觀看，總的考核一下是非，使世人從此醒悟。

《移徙法》曰：「徙抵❶太歲凶，負❷太歲亦凶。」抵太歲名曰「歲下❸」，負太歲名曰「歲破」，故皆凶也。假令❹太歲在子❺，天下之人皆不得南北徙❻，起宅❼嫁娶亦皆避之。其移東西，若❽徙四維❾，相之如❿者，皆吉。何者？不與太歲相觸，亦不抵太歲之衝⓫也。實問：避太歲者，何意也？令⓬太歲惡人徙⓭乎？則徙者皆有禍。令太歲不禁人徙，惡人抵觸之乎？則道上之人南北行者皆有殃。太歲之意，猶長吏⓮之心也。長吏在塗⓯，人行觸車馬，干⓰其吏從⓱，長吏怒之，豈獨抱器載物、去宅徙居觸犯之者而乃責之哉？昔文帝出，過霸陵橋⓲，有一人行逢車駕⓳，逃於橋下，以為文帝之車已過，疾走⓴而出，驚乘輿㉑馬。文帝怒，以屬㉒廷尉㉓張釋之㉔，釋之當㉕論㉖。使㉗太歲之神行若㉘文帝出乎？則人犯之者，必有如橋下走出㉙之人矣。方今行道路者，暴病㉚仆死㉛，何以知非觸遇太歲之出也？為㉜移徙者又不能處。不能處，則犯與不犯未可知。未可知，則其行與不行未可審㉝也。

【章　旨】此章以漢文帝過霸陵橋事為喻，以批駁《移徙法》之論。

【注　釋】❶抵　抵擋；面對。❷負　背著。❸歲下　指太歲所在的方位之下。❹假令　假使；如果。❺子　指子位。即正北方。❻徙　搬遷。❼起宅　修建房屋。❽若　或者。❾四維　指東南、西南、西北、東北四隅。《小學紺珠・卷二》：「四維：東南，巽；東北，艮；西南，坤；西北，乾。」❿之如　往來；來回。之，往。如，來。⓫衝　對著。指與太歲相對的方位。⓬令　假令。⓭惡人徙　厭惡人們搬遷。⓮長吏　長官。⓯塗　通「途」。路。⓰干　觸犯。⓱吏從　官吏的隨從人員。⓲霸陵橋　古地名。即霸橋，故址在今西安市之東。⓳車駕　皇帝乘坐的車子。此指漢文帝的車隊。⓴疾走　飛快地跑出來。㉑乘輿　古代君王所乘的車子。㉒屬　託付；交給。㉓廷尉　官名。九卿之一，主管司法。㉔張釋之　人名。㉕當　判罪。㉖論　定罪。據《史記・張釋之馮唐列傳》載：張釋之曾判這個人罰金。㉗使　假使；如果。㉘若　像。㉙走出　跑出來。㉚暴病　突然發病。㉛仆死　倒斃。㉜為　通「謂」。說。㉝審　確知。

【語　譯】《移徙法》說：「搬遷對著太歲所在的方位是凶，背著太歲所在的方位也是不吉利的。」對著太歲所在的方位搬家叫做「歲下」，背著太歲所在的方位搬家叫做「歲破」，所以都不吉利。假如太歲在正北方的子位，天下的人都不能朝南方、朝北方搬遷，修築房屋、嫁女娶親也都要迴避它。如果他們向東西兩個方向搬遷，或向東南、東北、西南、西北四角搬遷，相互往來的話，都是吉祥的。為什麼？這是因為沒有與太歲所在的方位接觸，也沒有向著與太歲相對的方位。據實請問：迴避太歲，是什麼用意呢？要說是太歲最厭惡人們搬家嗎？那麼不應該只是朝南北方向搬遷的人有禍，而所有搬遷的人都應該有禍。要說是太歲不禁止人們搬家、只是厭惡人們抵觸它嗎？那麼不應該只是朝南北方向搬遷的人們遭殃，而在道路上朝南北方向行走的人都應該遭殃。太歲的用意，好像長官的心意一樣。長官在路上，行路的人碰上長官的車馬，觸犯了長官的隨從，長官發怒了，難道只是對拿著用具、載著什物、離開原來住宅搬家而觸犯了他的人才加以責罰的嗎？先前漢文帝外出，經過霸陵橋，有一個人行路時正碰上皇帝的車隊來了，趕緊逃到橋下去，一會兒，他以為文帝的車隊已經過去了，就飛快地跑了出來，使文帝的車馬受驚。漢文帝發怒了，把這個人交給廷尉張釋之處理，張釋之判處這個人罰金。如果說太歲之神出行就像漢文帝出行一樣嗎？那麼人們觸犯太歲之神的情況，一定有點像躲在霸陵橋下跑出來的人一樣。現在行走在道路上的人，如果突然生病，倒在路上死了，怎麼知道他們不是觸犯了正在出行的太歲呢？又有什麼根據能證明只有搬家才觸犯了太歲之神呢？宣揚搬遷有禁忌的人又不能加以說明。既然他們自己不能加以說明，那麼觸犯與沒有觸犯太歲之神就不可能知道。既然觸犯與沒有觸犯都不可知道，那麼太歲出行或不出行也是不可能確知的了。

且太歲之神審❶行乎？則宜❷有曲折，不宜直南北也。長吏出舍❸，宜有曲折。如天神直道不曲折乎？則從東西、四維徙者，猶❹干❺之也。若長吏之南北行，人從東如❻西，四維相之如，猶抵觸之。如不正南北，南北之徙又何犯？如太歲不動行乎？則宜有宮室營堡❼，不與人相見，人安得而觸之？如太歲無體❽，與長吏異，若煙雲虹蜺❾直經❿天地，極⓫子午⓬南北陳⓭乎？則東西徙四維徙者亦干之。譬若今時人行觸繁霧⓮蜮氣⓯，無⓰從⓱橫⓲負鄉⓳皆中傷焉。如審如氣，人當見之，雖不移徙，亦皆中傷。

【章　旨】此章以子午線立論，駁南北直行犯太歲之說。

【注　釋】❶審　果真；真的。❷宜　應該。❸舍　官舍。❹猶　仍然；還是。❺干　犯；冒犯；沖犯。❻如　往；去。❼營堡　指宮室的外圍建築。❽體　形體。❾虹蜺　泛指彩虹。蜺，通「霓」。❿經　貫穿。⓫極　盡。⓬子午　指正北、正南的兩個點。古人以「子」為北，以「午」為南。⓭陳　分布。⓮繁霧　濃霧。⓯蜮氣　指毒氣。⓰無　無論。⓱從　通「縱」。⓲橫　指東西。⓳鄉　同「向」。面對；面向。

【語　譯】要說太歲之神真的出行嗎？那麼太歲之神所走的道路應該有曲折，不應該是南北筆直的。就像長官從官舍出行一樣，行走的道路總是有曲折的。要說天神走的是直道而不是曲折的道路嗎？那麼從東西、四角搬遷的人，還是會觸犯太歲之神的。好像長官向南北出行，人從東往西走，向東南、東北、西南、西北四角相互往來，仍然會抵觸太歲的。如果太歲之神出行不是走正南、正北的道路，那麼向南向北搬遷又有什麼觸犯？要說太歲是安居不動的嗎？那麼太歲就應該有宮室和外圍建築，不與人相見，人怎麼能夠與它相接觸而冒犯呢？要說太歲沒有形體，同長官不同，好像煙雲彩虹一樣徑直貫穿天地，從極北一直分布到極南嗎？那麼朝東西方向搬遷或向東南、東北、西南、西北四角搬遷的人也同樣觸犯了它。好像現在的人出行時碰到濃霧毒氣一樣，無論南北東西、背著或面對行走，都會被中傷的。如果太歲真的像氣一樣，人對面碰上它，即使不搬遷，也都會被中傷的。

且太歲，天別❶神也，與青龍❷無異。龍之體不過數千丈，如令❸神者宜長大，饒❹之數萬丈，令❺體掩❻北方，當言太歲在北方，不當言在子。其東有丑，其西有亥，明不專掩北方，極東西之廣，明矣。今正言在子位，觸土之中❼直❽子午者，不得南北徙耳。東邊直丑、巳之地，西邊直亥、未之民，何為不得南北徙？丑與亥地之民，使❾太歲左右❿通⓫，不得南北徙及東西徙。何則？丑在子東，亥在子西，丑、亥之民東西徙，觸歲之位⓬；巳、未之民東西徙，忌歲所破⓭。

【章　旨】此章續以子午線立論，左右開弓，以子之矛攻子之盾，破「歲下」、「歲破」之說。

【注釋】❶別　從屬。王充於本書〈調時篇〉說：「歲月，天之從神。」故言。❷青龍　東方之神。與白虎、朱雀、玄武合稱為四方四神。《禮記・曲禮上》：「行前朱鳥而後玄武，左青龍而右白虎。」孔穎達疏：「朱鳥、玄武、青龍、白虎，四方宿名也。」❸如令　假使；假定。❹饒　益；增加。❺令　讓。❻掩　遮蓋。❼土之中　指大地的中心地帶。❽直　正當。❾使　假使。❿左右　指東西方。⓫通　往來；移動。⓬觸歲之位　指太歲所在的方位。即犯「歲下」的忌諱。⓭忌歲所破　指太歲所沖的方位。即犯「歲破」的忌諱。

【語譯】何況太歲，是從屬於天的神，與青龍沒有區別。龍的軀體不過數千丈，假定神應該更長更大，增加到數萬丈，讓祂的軀體遮蓋住整個北方，那麼就應當說太歲在北方，不應當說在子位。現在說太歲的東邊有丑，太歲的西邊有亥，說明太歲並沒將整個北方都遮蓋住，並沒有將東西兩邊的廣大地區全都佔了，這是很明白的。如果確定說太歲是在子位，那麼只有在大地的中心地帶正當子午線上的人不能向南北方向搬遷罷了，東邊正當丑、巳位置的地方，西邊正當亥、未位置的人家，為什麼不能向南北方向搬遷呢？對於丑、亥之地的人來說，假使太歲在子位的同時還向東西移動的話，那麼他們按說應該不但不能向南北方向搬家，而且也不能向東西方向搬家了。為什麼呢？丑在子的東面，亥在子的西面，丑、亥位置的人向東西方向搬遷，這就犯了「歲下」的忌諱；而巳、未位置的人向東西方向搬家，也就犯了「歲破」的禁忌了。

儒者論天下九州❶，以為東西南北，盡地廣長❷，九州之內五千里，竟❸三河❹土中❺。周公卜宅❻，經曰：「王來紹上帝，自服於土中❼。」雒❽，則土之中也。鄒衍論之，以為九州之內五千里，竟❾合為一州，在東南位❿，名曰「赤縣神州」。自有九州者，九焉，九九八十一，凡八十一州。此言殆⓫虛⓬。地形難審⓭，假令⓮有之，亦一難⓯也。使天下九州，如儒者之議，直⓰雒邑以南，對⓱三河以北，豫州、荊州、冀州之部有太歲耳。雍、梁之間，青、兗、徐、揚之地，安得有太歲？使如鄒衍之論，則天下九州在東南位，不直子午，安得有太歲？如太歲不在天地極，分散在民間，則一家之宅，輒有太歲，雖不南北徙，猶抵觸之。假令從東里徙西里⑱，西里有太歲；從東宅徙西宅，西宅有太歲。或在人之東西，或在人之南北，猶行途上，東西南北皆逢觸人。太歲位⑲數千萬億⑳，天下之民徙者皆凶，為移徙者何以審之㉑？如審立於天地之際，猶王者之位在土中也。東方之民，張弓西射，人不謂之射王者，以㉒不能至王者之都㉓，自止射其處也。今徙豈能北至太歲位哉！自止徙百步之內，何為謂之傷太歲乎？且移徙之家禁南北徙者，以為歲㉔在子位，子者破午，南北徙者抵觸其衝，故謂之凶。夫破者，須有以㉕椎破㉖之也。如審㉗有所用，則不徙之民皆被㉘破㉙害：如無所用，何能破之？

【章旨】此章以鄒衍九州之論之矛攻儒者「歲破」之盾。

【注釋】❶儒者論天下九州　指《尚書・禹貢》所載九州。〈禹貢〉係戰國時代之作，西漢時代已增至十三州。九州，相傳夏禹把全國領土劃分為冀、兗、青、徐、揚、荊、豫、梁、雍九州。❷廣長　廣度和長度。❸竟　通「境」。❹三河　漢人稱河東（今山西西南部）、河內（今河南西北部）、河南（今河南洛陽至鄭州、中牟一帶）三郡為「三河」，與「三輔弘農」同視為畿輔之地。❺土中　中土。❻卜宅　卜建都邑。❼王來紹上帝二句　見《尚書・召誥》。王，指周成王。紹，繼承。服，治理。❽雒　指洛邑。❾竟　通「境」。❿位　方位。⓫殆　也許；可能。⓬虛　假；不真實。⓭難審　難以確知。⓮假

令 假如。⑮難 非難。⑯直 正當。⑰對 正對。⑱里 閭里；街巷。⑲位 位置。⑳億 古指十萬。㉑審之 確定太歲的位置。㉒以 因為。㉓都 都城。㉔歲 指太歲。㉕以 用。㉖椎破 用槌子打破。椎，同「槌」。㉗審 果真；真的。㉘被 遭受。㉙破 毀。

【語譯】儒家論及天下有九州，認為從東到西，從南到北，全境的廣度和長度，縱橫各五千里，境內以三河地區為大地的中心。周公用占卜來判斷修建洛邑的位置，《尚書》說：「周成王奉上帝之命而來，親自在全國的中心施行教化。」由此可見，洛邑就是大地的中心。鄒衍論及這個問題，認為九州之內五千里，全境合為一個大州，在天下的東南部位，名叫「赤縣神州」。天下各自分為九州的大州共有九個，九九八十一，共計八十一個州。這種說法恐怕是不真實的。大地的情形很難確知，假使大地確有八十一個州，那麼也可以作為對搬遷禁忌之說的一種非難。假如天下有九州，根據儒家的說法，正當洛邑以南，正對三河以北，豫州、荊州、冀州的部位上有太歲而已，雍州、梁州之間，青州、兗州、徐州、揚州一帶地區，怎麼能有太歲？假使按鄒衍的觀點，那麼天下九州在天下的東南部位，沒有正當著子午線，怎麼能有太歲？如果太歲不在天地的兩端，而是分散在民間，那麼一戶人家的房屋之中，就有太歲，即使不向南北方面搬遷，還是會抵觸太歲的。假使從東邊里巷搬遷到西邊里巷，那西邊里巷也有太歲；從東邊房子搬遷到西邊的房子，西邊的房子也有太歲。太歲或在人的東西，或在人的南北，如同行走在道路上，東西南北都碰到人。太歲所在的位置的數目，要以千、萬、十萬來計算，天下的老百姓搬家的人都會因觸犯太歲而遭凶險，要搬家的人為什麼要去確定太歲的位置？如果太歲真的立在天地之間，那就好比君主的寶座設在大地的中心一樣。東方的老百姓，拉開弓箭向西方射去，人們並不認為是射向君主，是因為箭本身不能射到君主的都城，只能落到它的射程之內。現在，人的搬遷怎麼能向北到達太歲所在的方位啊！人自己搬遷的距離不過百步之內，為什麼說人的搬遷會傷害太歲之神呢？況且宣揚搬遷禁忌的人之所以禁止人們朝南北兩個方向搬遷，是認為太歲在子位，太歲在子位，午位就是「歲破」，朝南、朝北搬遷的人，不是抵觸太歲，就是背負太歲，所以說他們有凶禍。破，必須有用來打破對方的東西。如果太歲真有用來打破的東西，那麼不搬遷的老百姓就都會遭到被太歲打破的禍害；如果太歲沒有用來打破的東西，那麼又怎麼能夠擊毀那些搬家的人家呢？

夫雷，天氣❶也，盛夏擊折，折木破山，時❷暴❸殺人。使太歲所破若迅雷也，則聲音宜疾❹，死者宜暴；如不若雷，亦無能破。如謂衝抵為破，衝抵安能相破？東西相與❺為衝，而南北相與為抵。如必以衝抵為凶，則東西常凶而南北常惡也。如以❻太歲神，其衝獨❼凶，神莫過於天地，天地相與為衝，則天地之間無生人❽也。式❾上十二神❿登明、從魁之輩，工伎家謂之皆天神也，常立子丑之位⓫，俱⓬有衝抵之氣，神⓭雖不若太歲，宜有微敗⓮。移徙者雖避太歲之凶，猶觸十二神之害，為移徙者，何以不禁？

【章旨】此章以雷電擊人為喻，駁太歲禁忌之說。

【注釋】❶天氣　指天地間碰撞、衝擊著的陰、陽之氣。❷時　有時。❸暴　突然。❹疾　迅猛。❺相與　相互；共同。❻以　因為。❼獨　特別。❽生人　活人。❾式　通「栻」。古代一種占卜用具，後世又叫「星盤」，上圓（象天）下方（象地），可以轉動。上面有十二神、天干、地支、八卦、二十八宿等名目。❿十二神　神后（子）、大吉（丑）、功曹（寅）、太衝（卯）、天罡（辰）、太乙（巳）、勝光（午）、小吉（未）、傳送（申）、從魁（酉）、河魁（戌）、明（亥）。⓫子丑之位　泛指十二地支所標示的方位。⓬俱　都。⓭神　神明。⓮微敗　微小的禍害。

【語譯】雷電，是天地之間碰撞、衝擊著的陰氣、陽氣，在盛夏時節互相撞擊，折斷樹木，擊破山崖，有時突然殺傷人命。如果說太歲擊破東西時像迅猛的雷電一樣，那麼聲音應當迅猛，死的人應當很突然；如果不像雷電，也就不可能擊破東西。如果說沖抵為破，那麼沖抵怎麼能相互擊破？東西相互為沖，而南北相互為抵。如果一定要把沖抵當作凶險的標誌，那麼東西方就經常不吉利，而南北方也經常險惡了。如果說因為太歲是神，與太歲相沖特別不吉利的話，那麼世上的神當中沒有能超過天神、地神的，天地之神相互沖擊，那麼天地之間就沒有活人了。星盤上的十二神登明、從魁之輩，占卜算卦的人說祂們都是天神，常立於十二地支所標示的方位，都有沖抵之氣，十二神的神明雖然不如太歲，如果觸犯了祂們，也應造成一些微小的禍害。搬遷的人即使躲避了太歲帶來的凶災，還有觸犯十二神所造成的禍害，作為搬遷的人來說，為什麼又沒有禁忌呢？

冬氣❶寒，水也，水位❷在北方。夏氣熱，火也，火位在南方。案秋冬寒、春夏熱者，天下普然❸，非獨❹南北之方水火衝也。今太歲位在子耳，天下皆為❺太歲，非獨子午衝也。審❻以所立者❼為主，則午可為大夏❽，子可為大冬❾。冬夏南北徙者，可復凶乎？立春❿，艮王⓫、震相、巽胎、離沒、坤死、兌囚、乾廢、坎休。王之衝死，相之衝囚，王相衝位，有死囚之氣。乾坤六子⓬，天下正道，伏羲、文王象⓭以治世⓮。文⓯為經⓰所載，道為聖所信，明審於⓱太歲矣。人或⓲以⓳立春東北⓴徙，抵㉑艮之下㉒，不被㉓凶害。太歲立於子，彼東北徙，坤卦近於午，猶㉔艮以㉕坤，徙觸子位，何故獨凶？正月建㉖於寅㉗，破於申㉘，從寅申徙，相之如者，無有凶害。太歲不指㉙午，而空㉚曰「歲破」，午實無凶禍，而虛㉛禁南北㉜，豈不妄哉！

【章　旨】此章以水火之位和八卦休王之象，駁太歲之忌。

【注　釋】❶冬氣　冬天的氣候。陰陽五行家把天氣與五行相配屬，冬天屬水，故寒，夏天屬火，故炎熱。❷水位　水的方位。陰陽五行家以五行與五方（東、南、中、西、北）相配屬，水在北方，火在南方。❸普然　普遍是這樣。❹非獨　不只是；不僅是。❺為　是。❻審　果真；真的。❼所立者　所在的方位。❽大夏　炎熱的夏天。❾大冬　嚴寒的冬天。❿立春　二十四節氣之一。習慣作為春季開始的節氣。⓫艮王　按「八卦休王」之說，八卦分屬八方與八個節氣相配，艮（東北）配立春，震（東）配春分，巽（東南）配立夏，離（南）配夏至，坤（西南）配立秋，兌（西）配秋分，乾（西北）配立冬，坎（北）配冬至，每卦依節氣主事四十五日，並用王、相、胎、沒、死、囚、廢、休，分別表示它們之間的變化情況。立春時「艮王」表示旺盛，「震相」表示強壯，「巽胎」表示孕育新生，「離沒」表示沒落，「坤死」表示死亡，「兌囚」表示禁錮不出，「乾廢」表示廢棄不用，「坎休」表示退位休息，春分時則變為「震王」、「巽相」、「離胎」、「坤沒」、「兌死」、「乾囚」、「坎廢」、「艮休」。其餘依次類推之。艮，八卦之一。八卦：乾、坤、震、巽、坎、離、艮、兌，分別象徵著天、地、雷、風、水、火、山、澤八種自然現象。⓬乾坤六子　據《周易・說卦》，八卦中乾坤為父母，震、坎、艮三卦為三男，巽、離、兌三卦為三女，故稱「乾坤六子」。這裡泛指八卦。⓭象　效法。⓮治世　治理天下。⓯文　文字。⓰經　指《周易》。⓱於　比。⓲或　有的。⓳以　在；於。⓴東北　朝東北方向。㉑抵　到達。㉒艮之下　東北方位。㉓被　遭受。㉔猶　由；從。㉕以　與。㉖建　北斗星的斗柄所指。㉗寅　地支的第三位。指東北方。㉘破於申　指北斗星的斗柄指向寅時。申處於沖位。申，地支的第九位。和寅相對，指西南方。㉙指　正對；沖。㉚空　憑空。㉛虛　無緣無故。㉜南北　向南北方向搬遷。

【語　譯】冬天的氣候寒冷，是因為冬天屬水，水位在北方。夏天的氣候炎熱，是因為夏天屬火，火位在南方。考察秋冬氣候寒冷、春夏氣候炎熱，天下普遍是這樣，不只是南北兩個方位水、火所沖的地方才這樣寒冷和炎熱。如今太歲只是位置在子上而已，天下都是太歲，不只是子午線所沖的地方才有太歲。真的以所在的方位為主，那麼午位可算是炎夏，子位可算是寒冬了。冬天往南遷或夏天往北遷居的人，可算更不吉利嗎？立春時，艮王（表示旺盛）、震相（表示強壯）、巽胎（表示孕育新生）、離沒（表示沒落）、坤死（表示死亡）、兌囚（表示錮禁不出）、乾廢（表示廢棄無用）、坎休（表示退位休息）。「王」所沖的位置是「死」，「相」所沖的位置是「囚」，與「王」、「相」相沖的位置，有死亡囚禁的凶氣。八卦，反映了天下事物發展的正常道理，伏羲、周文王所以取法八卦來治理天下。八卦的文字被《周易》這部經書所記載，八卦的道理被聖人所信用，比抵觸太歲遭受禍害的說法要清楚多了。有的人在立春時往東北方向搬遷，到達艮（東北）的方位下，就不會遭到凶害。太歲立在子位（正北方），他們往東北方搬遷，坤卦（西南）接近到午（正南方），由艮和坤位，搬遷而抵觸到子位，為什麼一定會遭到凶害？夏曆正月，北斗星的斗柄正好指向東北的寅，而申處在被沖的方位，從寅、申搬遷，相互往來的人，就沒有什麼凶害。太歲實際上並不破午，卻憑空說什麼「歲破」，午位實際上沒有凶禍，卻無緣無故地製造南北搬遷的禁忌，難道不是無知妄說嗎！

十二月為一歲，四時❶節❷竟❸，陰陽氣終❹，復為一歲，日、月積聚之名耳，何故有神而謂之立於子位乎？積分為日，累日為月，連月為時，結時❺為歲。歲，則日、月、時之類也。歲而❻有神❼，日、月、時亦復有神乎？千五百三十九歲為一統❽，四千六百一十七歲為一元。歲，猶統、元也。歲有神，統、元復有神乎？論之以為無。假令有之，何故害人？神莫過於天地，天地不害人。人謂百神❾，百神不害人。太歲之氣，天地之氣也，何憎於人，觸而為害？且文❿曰：「甲子不徙。」言甲與子殊位⓫，太歲立子不居甲，為移徙者，運⓬之而復居甲。為⓭之而復居甲，為移徙者，亦宜復禁東西徙。甲與子鈞⓮，其凶宜同。不禁甲而獨忌子，為移徙者，竟⓯妄不可用⓰也。

【章　旨】此章以時間之無神論，駁移徙禁忌之說。

【注　釋】❶四時　四季。❷節　節氣。❸竟　盡。❹陰陽氣終　指一年結束。陰陽五行家說，春天出現少陽之氣，發展到夏天為太陽之氣，到秋天出現少陰之氣，發展到冬天而為太陰之氣。故言陰陽氣終為一年。終，了結。❺結時　合計四季。❻而　如果。❼神　指太歲之神。❽一統　與下「一元」，參見本書〈調時篇〉注釋。❾百神　眾神；一般的神。❿文　指《移徙法》之類文字。⓫殊位　不同方位。天干之「甲」指示東方，地支之「子」指示北方，故言其方位不同。⓬運　運轉。指占卜人運轉「栻」（星盤）以使天干和地支相配。⓭為　運轉。⓮鈞　通「均」。相同。「甲」是天干第一位，「子」為地支第一位，故言其地位相同。⓯竟　畢竟。⓰用　信用。

【語　譯】十二個月為一年，四季節氣盡了，就是一年結束，又開始新的一年，「歲」不過是若干天、若干月積聚起來的名稱而已，為什麼會有太歲之神而說祂立在正北方的子位呢？積累若干分就是一天、積累若干天就是一月，連續三個月就是一季，合計四季就是一年。「歲」就是日、月、季之類。歲如果有太歲神，那麼日、月、季也有神嗎？一千五百三十九年為一統，四千六百一十七年為一元。歲，如同統、元一樣。歲有太歲神，統、元又有神嗎？我論證它則認為沒有神。假使有神，為什麼禍害人？神當中沒有超過天地之神的，天神、地神就不會去害人。人可以說是一般的神，一般神也不會害人。太歲之氣，就是天地施放出來的氣，為什麼對人如此憎恨，一觸犯它就會被它禍害？況且文章中說：「太歲在甲子，就不能向南北搬遷。」說明甲與子不同方位，太歲立在子位就不能又居於甲位，而是由於宣揚搬遷禁忌的人通過運轉星盤方使太歲又處於甲位的。運轉星盤而使太歲又處於甲位，這是宣揚搬遷禁忌的人所為，既然子位在北，太歲在子位就禁止南北搬遷，那麼，甲位在東，太歲在甲，也就應該同時禁止向東西搬遷。甲與子地位相同，向南北、向東西搬遷所遭受的凶險也應該相同。不禁止朝甲位（東）搬遷而只忌諱朝子位（北）搬遷，宣揚搬遷禁忌的人，畢竟是無知妄說而已，不可信用。

人居不能移徙，移徙不能不觸歲，觸歲不能不時死。工伎之人，見今人之死，則歸禍於往時❶之徙❷。俗心險危，死者不絕❸，故太歲之言❹，傳世不滅。

【章旨】此章小結，言搬遷禁忌之說「傳世不滅」之因。

【注釋】❶往時　先前；過去。❷徙　搬遷。❸絕　斷絕。❹言　迷信說法。

【語譯】人居住的地方不可能不搬遷，一搬遷就不可能不觸犯太歲，一觸犯所謂太歲就不可能時常沒有人死去。占卜算卦、替人推算吉凶的人，見到現在有人死去，就把災禍歸結到先前的搬遷觸犯了太歲之神上面。世俗社會中的一般人都存在著僥倖免禍消災的心理，死人的事又不斷發生，所以關於搬遷觸犯太歲的說法，一代傳一代，就不會消失。

卷二五

詰術篇第七十四

【題解】詰，《說文》：「問也。」《廣雅》：「讓也，責也。」就是質問、責問的意思。術，方術。此指本篇所說的「圖宅術」而言。這是漢代流行於社會的一種推算住宅吉凶的方法。本篇的主旨，在於駁斥漢代推算住宅吉凶的圖宅術，直至今日仍具有一定的教育意義。

圖宅術❶曰：「宅有八術❷，以六甲❸之名數❹而第❺之，第定名立，宮、商❻殊別❼。宅有五音❽，姓有五聲❾。宅不宜❿其姓，姓與宅相賊⓫，則疾病死亡，犯罪遇禍。」

【章旨】此章引圖宅術之語，提出本篇之批駁對象。

【注釋】❶圖宅術　專言推算住宅吉凶的一類迷信書籍。❷八術　一種推算住宅吉凶的法術。具體是指什麼不得而知，也許與住宅的東、南、西、北、東南、西南、西北、東北八個方位有關係。❸六甲　指甲子、甲寅、甲辰、甲午、甲申、甲戌。此泛指「六十甲子」。古人把十天干和十二地支順序相配而得六十組，名之為「六十甲子」，以紀日符號。❹數　推算。❺第排列次第。❻宮商　古代五音中的兩個音。此泛指五音。❼殊別　區別。❽五音　中國古代五聲音階中的宮、商、角、徵、羽五個音級。亦稱「五聲」。❾姓有五聲　推算住宅吉凶的人，常以人的姓氏與五聲相配，如錢姓屬商，田姓屬徵，馮姓屬羽，孔姓屬角，洪姓屬宮。❿宜　適合。⓫賊　殘害；傷害。

【語譯】那些推算住宅吉凶的書籍說：「住宅有八術，按六十甲子的名稱來推算而排列住宅次第，住宅次第一排定，它的甲子名稱也隨之確定，各個住宅所適合的五音也就區別開了。住宅有五音，姓氏也有五聲。如果住宅不適宜戶主的姓氏，姓氏與住宅相剋，那麼戶主就會發生疾病以至死亡，或者犯罪遭受禍害。」

詰曰：夫人之在天地之間也，萬物之貴者耳。其有宅也，猶鳥之有巢，獸之有穴也。謂❶宅有甲乙，巢穴復有甲乙乎？甲乙之神❷，獨在民家，不在鳥獸何？夫人之有宅，猶有田也，以田飲食，以宅居處。人民所重，莫食最急❸，先田後宅，田重於宅也。田間阡陌❹，可以制八術，比❺土為田，可以數甲乙。甲乙之術，獨施❻於宅，不設於田，何也？府廷❼之內，吏舍❽比屬❾，吏舍之形制❿，何殊於宅？吏之居處，何異於民？不以甲乙第舍，獨以甲乙數宅，何也？民間之宅，與鄉、亭⓫比屋⓬相屬，接界相連。不並數鄉、亭，獨第民家。甲乙之神，何以獨立於民家也？數宅之術，不行市亭⓭，數巷街以第甲乙。入市門曲折，亦有巷街。人晝夜居家，朝夕坐市，其實一也，市肆戶⓮何以不第甲乙？州、郡列居，縣、邑雜處，與街巷民家何以異？州郡縣邑，何以不數甲乙也？

【章旨】此章批駁「以六甲之名數而第之」說。

【注釋】❶謂 說；認為。❷甲乙之神 指按天干地支的方位或時日主事的神。❸急 急切；迫切。❹阡陌 田間小路。《史記・秦本紀》「為田開阡陌」司馬貞索隱引《風俗通》：「南北曰阡，東西曰陌；河東以東西為阡，南北為陌。」❺比 相連。❻施 施行。下「設」字意同。❼府廷 官府；衙門。❽吏舍 官邸。❾比屬 相連接。❿形制 形狀；結構。⓫鄉亭 漢代鄉村的地方行政單位。一百戶為一里，十里為一亭，十亭為一鄉。⓬比屋 房屋相連接。⓭市亭 又叫「旗亭」。管理市內商業區的官吏辦事之地。此泛指商業區。⓮市肆 在商業區作買賣的生意人。市肆，市中店舖。

【語譯】我責問道：人在天地之間，是萬物之中最為寶貴的罷了。人有住宅，如同鳥有巢，獸有穴一樣。認為人的住宅有甲乙次第，那麼鳥獸的巢穴也有甲乙次第嗎？甲乙之神，難道只在於民宅，而不存在於鳥獸的巢穴嗎？人有住宅，好像人有田地一樣，靠耕種田地獲取飲食資料，靠住宅求得安居的場所。人民所注重的，沒有比飲食更迫切需要的了，把田地放在先，把住宅放在後，田地比住宅更為重要。田間小路，縱橫交錯，方位很清楚，照理說也可以根據它來制定「八術」，耕地相連成片就變成田園，可以用來推算甲乙。甲乙之術，只施行於住宅，不施行於田園，這是為什麼？官府之內，官邸相接，官邸的形狀結構，與民宅有什麼不同？官吏的住處，與老百姓又有什麼差別？不用甲乙排列官邸次第，僅用甲乙推算住宅吉凶，這是為什麼？民間的住宅，與鄉、亭地方行政部門的房屋一座挨著一座，地界互相連接。不把鄉、亭也按甲乙順序排列，偏偏只按甲乙把老百姓的家排列次第。甲乙之神，為什麼只存在於老百姓家裡呢？推算住宅吉凶的方術，不施行於商業區，用甲乙順序推算巷街次第。進入商業區的門，道路雖然曲折，但也有街巷。人們白天夜晚住在家裡，早晨傍晚在市場上做生意買賣，它的實際情況是一樣的，做買賣的人家為什麼不要排列甲乙次第？州、郡一級官府，縣、邑一級官府，到處都有，雜然相處，與街巷民宅有什麼不同？州郡縣邑一級官府，為什麼不按甲乙順序推算呢？

天地開闢有甲乙邪？後王❶乃❷有甲乙？如天地開闢本有甲乙，則上古之時，巢居穴處，無屋宅之居、街巷之制，甲乙之神皆何在？數宅既以甲乙，五行之家數日亦當以甲乙。甲乙有支干，支干有加時。支干加時，專比者吉❸，相賊者凶。當其不舉❹也，未必加憂辱❺也。事理有曲直❻，罪法❼有輕重，上官❽平心原❾其獄狀，未有支干吉凶之驗❿，而⓫有事理曲直之效，為支干者何以對此？武王以甲子日戰勝，紂以甲子日戰負⓬，二家俱期，兩軍相當⓭，旗幟相望，俱用⓮一日，或⓯存或亡。且甲與子專比，昧爽⓰時加寅⓱，寅與甲子不相賊⓲，武王終以破紂，何也？

【章旨】此章歷數甲乙之神非天地所立，非事理所效。

【注釋】❶後王　後世之王。此指後世。❷乃　才。❸專比者吉　被人認為是吉祥之日。專比，指天干與地支上下相生。如「甲午」，甲屬木，午屬火，木生火，是上生下之日。如「壬申」，壬屬水，申屬金，金生水，是下生上之日。❹舉　行動；辦事情。❺憂辱　憂患；災難。❻曲直　是非。❼罪法　罪名和刑罰。❽上官　長官。❾原　追究；審核。❿驗　效驗。⓫而　但是；卻。⓬武王以甲子日戰勝二句　據《尚書・牧誓》記載，周武王率兵伐紂，在甲子日天剛亮時到達殷都朝歌近郊。以，在。負，失敗。⓭相當　相遇。指兩軍對壘。⓮用　以；在。⓯或　有的。⓰昧爽　天將亮。⓱寅　寅時。即凌晨三點至五點。⓲寅與甲子不相賊　根據五行之說，寅屬木，故寅時與甲子日是不相剋的。賊，害；剋。

【語譯】天地開闢時有甲乙之神嗎？還是後世才有甲乙之神？如果天地開闢之時本來就有甲乙之神，那麼上古時代，我們的祖先築巢而居或靠洞穴而居住，沒有房屋住宅居住，也沒有街巷之制，甲乙之神都在哪裡呢？推算住宅吉凶已經用甲乙，那麼五行之家推算日子吉凶也應該用天干地支來確定甲乙。在推算日子的甲乙時是用天干地支相配的，天干地支又用在時辰上。天干地支用在時辰上，天干和地支上下相生的日子就是吉日，上下相剋的日子就是凶日。如果正當人們沒有辦事情，那麼未必會給人們帶來災難。事理有是非，罪名和刑罰有輕重，長官本著公正的態度審核罪狀，沒有天干地支相配來推算吉凶的效驗，卻有事理曲直是非的證明，利用天干地支推斷吉凶的人面對這種情況做何解釋呢？周武王在甲子日戰勝了商紂王，商紂王在甲子日戰敗，二家都在同一個日期，兩軍對壘，旗幟相望，都在同一天，有的生存，有的滅亡。況且按迷信說法，甲屬木，子屬水，水生木，甲子日是專比的吉日，天將亮時是寅時，寅屬木，寅時與甲子日不相剋，但周武王終於在寅時打敗商紂王，這又是為什麼呢？

日，火也，在天為日，在地為火。何以驗之？陽燧❶鄉❷日，火從天來。由此言之，火，日氣也。日❸有甲乙，火無甲乙何❹？日十❺而辰十二❻，日辰相配，故甲與子連。所謂日十者，何等也？端❼端之日有十邪❽？而將❾一有十名也？如端端之日有十，甲乙❿是其名，何以不從⓫言甲乙，必言子丑⓬何？日廷圖⓭甲乙有位，子丑亦有處⓮，各有部署，列布五方⓯，若⓰王者營衛⓱，常居不動。今端端之日中行⓲，旦⓳出東方，夕入西方，行而不已⓴，與日廷異，何謂甲乙為日之名乎？術家㉑更㉒說：「日甲乙者，自㉓天地神也，日更㉔用事㉕，自用甲乙勝負㉖

為吉凶，非端端之日名也。」夫如是，則五行之家徒當用甲乙決吉凶而已，何為㉗言加㉘時乎？案㉙加時者，端端之日加也㉚。端端之日安得㉛勝負？

【章　旨】此章以「端端之日」立論，駁斥「日有甲乙」之說。

【注　釋】❶陽燧　又名「夫遂」。古人就日下取火的工具。《淮南子・天文》：「故陽燧見日，則燃而為火。」高誘注：「陽燧，金也。取金杯無緣者，熟摩令熱；日中時，以當日下，以艾承之，則燃得火也。」又，崔豹《古今注・雜注》：「陽燧，以銅為之，形如鏡。照物則影倒，向日則火生，以艾炷之則得火。」❷鄉　同「向」。對著。❸日　此指日子而言。❹火無甲乙何　王充利用「日」字的詞義分析，指出作為「太陽」的日就是火，故又以形式邏輯推理質問：既然作為「日子」的日有甲乙的名稱，為什麼作火（太陽）沒有甲乙的名稱呢。❺日十　指以天干地支相配以紀日。天干從甲到癸，每一輪迴正好十日。❻辰十二　指以地支來紀時辰。從子到亥時，一晝夜正好十二個時辰。辰，時辰。❼端　通「團」。圓。❽邪　通「耶」。語氣詞。❾而將　表揣測語氣。還是。❿甲乙　泛指天干。⓫從　隨著。⓬子丑　泛指地支。⓭日廷圖　一種類似「栻」以占卜時日吉凶的圖形。上面分方位列有干支、五行及二十八宿等名目。⓮處　位置。⓯五方　東、南、西、北、中五個方位。⓰若　就像。⓱營衛　護衛。⓲中行　指在中天運行。⓳旦　天亮時分。⓴已　停止。㉑術家　指占卜推算住宅吉凶的人。㉒更　又。㉓自　本身。㉔更　更番；輪流。㉕用事　主事；當權。㉖勝負　相生相剋。㉗何為　為什麼。㉘加　用於。㉙案　考察；審查。㉚端端之日加也　其意是，時辰是根據圓圓的太陽從早到晚在天空中運行的不同方位確定的，所以加時，就不能不與「端端之日」發生聯繫。㉛安得　怎麼能。

【語　譯】太陽，是一團燃燒的火，在天上是太陽，在地上就是火。憑什麼驗證它是一團火呢？把陽燧對著太陽，火就從天上而來。由此說來，火，是太陽之氣。日子有甲乙的名稱，為什麼火沒有甲乙的名稱呢？以天干地支相配來紀日，從甲到癸，每一輪迴有十日，從子到亥，每一晝夜有十二個時辰，日子與時辰相配，所以甲與子相連。所謂日十，是指的什麼呢？是指圓圓的太陽有十個呢？還是說一個太陽有十個名稱呢？如果是指圓圓的太陽有十個，那麼天干就是它的名稱，為什麼不隨著就稱為甲日、乙日，而必須說到子、丑呢？

日廷圖上天干有位置，地支也有位置，各有部署，分別排列分布在東、南、西、北、中五個方位上，就像人間的君主四周的護衛一樣，常居不動。現在圓圓的太陽在天上運行，天亮時從東方出來，傍晚時落入西方，運行不止，與日廷圖上所畫的固定不動的太陽不一樣，為什麼說甲乙是太陽的名稱呢？靠占卜推算住宅吉凶的人又說：「稱呼日子用甲乙，本身就是天地之神，每天輪流當權，自身按照天干與五行相配而相生相剋的道理來顯示吉凶，不是圓圓的太陽的名稱。」假如是這樣，那麼五行之家只須用甲、乙來決定吉凶就可以了，為什麼要說那些把天干地支用在時辰上的話呢？考察把天干地支用在時辰上的情況，時辰是根據圓圓的太陽從早到晚在天空中運行的不同方位確定的，所以加時就不能不與「端端之日」發生聯繫了。既然如此，圓圓的太陽本身怎麼可能相生相剋呢？

五音之家❶，用口調❷姓名及字❸，用姓定❹其名，用名正❺其字。口有張歙❻，聲有外內❼，以❽定五音宮商❾之實。

【章　旨】此章提出以五音定姓氏來宣揚禁忌之說作為駁斥對象。

【注　釋】❶五音之家　利用宮、商、角、徵、羽五音宣揚姓氏禁忌的人。❷調　協調。❸字　別名。❹定　制定。❺正　訂正；考訂。❻張歙　開合。指發音時，人的嘴唇一開一合。❼外內　古代音韻學根據人發音時口舌的動作，把音區分為外音和內音。如「而」屬外音，「乃」屬內音。發內音比發外音較難。❽以　用以。❾宮商　泛指五音中的某一音。

【語　譯】利用宮、商、角、徵、羽五音宣揚姓氏禁忌的人，根據口發音來使人的姓、名、字互相協調而不出現相剋不吉利的情況，以姓制定自己的名，以名制定自己的字。發音時，人的嘴唇一張一合，根據發音時口舌的動作來區分外音和內音，又根據嘴唇的「張歙」和發聲的「外內」來確定某個字屬於五音中的某個音。

夫人之有姓者，用❶稟❷於天❸。人得❹五行之氣為姓邪❺？以口張歙聲外內為姓也？如以本所稟於天者為姓，若五穀萬物稟氣矣，何故用口張歙、聲內外定正之乎？古者因❻生以賜姓，因其所生賜之姓也。若夏❼吞薏苡而生，則姓苡氏；商❽吞燕子❾而生，則姓為子氏；周❿履⓫大人⓬之跡⓭，則姬氏。其立名⓮也，以⓯信⓰、以義⓱、以像⓲、以假⓳、以類⓴。以生為信，若魯公子友㉑生，文㉒在其手曰「友」也。以德名為義，若文王為昌㉓、武王為發㉔也。以類名為像，若子名丘㉕也。取於物為假，若宋公㉖名杵臼㉗也。取於父為類，有似類於父也。其立字也，展㉘名取同義，名賜㉙字子貢，名予㉚字子我。其立姓則以本所生，置㉛名則以信、義、像、假、類，字則展名取同義，不用口張歙、聲外內。調宮商之義為五音術㉜，何據見而用？

【章　旨】此章以姓氏源流之論，批駁五音之家以五音定姓之說。

【注　釋】❶用　以；由於。❷稟　承受；稟承。❸天　自然。❹得　取得；獲得。❺邪　通「耶」。呢。❻因　根據。❼夏　指夏朝開國君主禹。❽商　指商的始祖契。❾燕子　燕卵。❿周　指周的始祖棄。⓫履　踐；踩。⓬大人　巨人。⓭跡　腳印。⓮立名　取名。⓯以　用；根據。⓰信　表記；特徵。⓱義　意義。⓲像　形象。⓳假　借用。⓴類　類似。㉑公子友　人名。魯桓公之子成季友。㉒文　同「紋」。紋理。㉓昌　昌盛。㉔發　發達。㉕丘　山丘；丘陵。相傳孔子頭部中間低，四邊高，像丘陵。㉖宋公　指宋昭公。㉗杵臼　舂米的木杵和石臼。㉘展　轉。㉙賜　端木賜。字子貢。㉚予　宰予。字子我。㉛置　立；取。㉜五音術　指以五音定姓名的一套方法。

【語譯】人有姓，是由於承受自然之氣的緣故。人是根據五行之氣來確定姓氏呢？還是根據嘴巴的一張一合和發聲的內外來確定姓氏呢？如果是根據原來從自然稟承的氣來確定姓氏，像五穀萬物稟受自然之氣一樣，為什麼要根據口的張歙、聲的內外來確定人的姓氏呢？古時候是根據一個人的出生來賜予姓氏的，是根據他出生於什麼來給他們賜姓的。例如夏禹是因為他母親吞食了薏苡仁懷孕而出生的，就姓苡氏；契是因為他的母親吞吃了燕卵懷孕而出生的，就賜姓為子氏；棄是因為他的母親踏了巨人的腳印懷孕而出生的，就賜姓為姬氏。人的取名，根據他的特徵，根據他的德行，根據他的形象，根據其借用之物，根據其類似於父親之處。根據人出生時的特徵來命名的這叫做「信」，如魯桓公子成季友出生時，手紋上有個「友」字，所以取名叫「友」。根據人的德行來命名的這叫做「義」，如周文王姬昌取名為「昌」是昌盛的意義，周武王姬發取名為「發」是事業發達的意義。根據類似的東西來命名這叫做「像」，如孔子取名為「丘」是因為孔子的頭部中間低而四邊高，好像丘陵一樣。借用器物的名稱來命名這叫做「假」，如宋昭公取名為「杵臼」就是一例。根據一個人同他的父親相類似之處來取名這叫做「類」，就是因為兒子有類似於他的父親啊。人的取字，往往是把他的名轉成它的同義詞。端木賜字子貢，正是因為「賜」與「貢」是同義詞，所以取字為「子貢」；宰予取字為子我，是因為「予」與「我」是同義詞，所以取字為「子我」。人定姓就是根據他原來出生的根源，立名就是根據他的特徵、意義、形象、借用、類似之處，取字就是把名轉成它的同義詞，並不是根據嘴巴的張歙、發聲的外內。根據協調宮、商等五音的道理而產生的利用五音宣揚姓氏禁忌的一套騙術，有什麼根據而值得採用呢？

古者有本姓❶，有氏姓❷。陶❸氏、田❹氏，事❺之氏姓也；上官❻氏、司馬❼氏，吏❽之氏姓也；孟氏、仲氏，王父❾字之氏姓也。氏姓有三：事乎，吏乎，王父字乎。以本姓則用所生，以氏姓則用事、吏、王父字，用口張歙調姓之義何居⑩？匈奴之俗，有名無姓、字，無與相調諧，自以壽命終，禍福何在？《禮》：「買妾不知其姓則卜⑪之。」不知者，不知本姓也。夫妾必有父母家姓，然而必卜之者，父母姓轉易失實⑫，《禮》重取同姓⑬，故必卜之。如徒用口調諧姓族，則《禮》買妾何故卜之？

【章旨】此章指出氏姓之三個來源，說明姓名與禍福無關。

【注釋】❶本姓　指因生以賜姓者。最早的「姓」，反映母系氏族社會的特點，同一始祖母生下的子女及其後代就是一姓。同姓不能通婚。隨著時代的推移，子孫繁衍，為區別同姓之貴族，則又以封地、官職、爵號立「氏」。「氏」實際上是同一姓下的支系而已。❷氏姓　指族姓。即宗族名稱。來源有三：以事、以吏、以祖父名字。❸陶　製陶。❹田　管理大田。❺事　行業。❻上官　春秋時楚國上官邑的大夫。❼司馬　官名。西周始置，春秋、戰國時沿用之，掌管軍政和軍賦。❽吏　官吏之職。❾王父　祖父。《爾雅・釋親》：「父之考為王父。」❿何居　根據什麼。⓫卜　占卜問卦。⓬失實　不確實。⓭重取同姓　即以娶同姓為重。重，嚴重。取，通「娶」。

【語譯】古時候的人有本姓，有氏姓。陶氏、田氏，是根據其先祖從事的行業而制定的「氏姓」；上官氏、司馬氏，是根據官吏的職務而制定的氏姓；孟氏、仲氏，是根據他的祖父的字而制定的氏姓。氏姓有三個來源：行業、官職、祖父的字。按照本姓就根據他出生的根源，按照氏姓就根據他的行業、官職、祖父的字，根據一個人的嘴巴的一張一歙來協調姓的意義又有什麼依據呢？匈奴人的風俗，有名無姓、字，沒有什麼互相協調一致的，卻照樣活到老才死，禍福在哪裡？《禮記》說：「買妾而不知道她的姓，就必須占卜以確定她是否與自己同姓。」不知道的，是指不知道她的本姓而言。妾一定有父母的家姓，但是之所以一定要占卜，是因為妾的本姓可能由於她被輾轉販賣而不確實了，《禮記》把娶同姓女子為妻妾看得很嚴重，所以要求一定要通過占卜知道她的本姓。如果只要根據人的口舌協調一致他的姓氏宗族名稱，那麼《禮記》何必規定買妾一定要知道了解她的本姓呢？

圖宅術曰：「商家❶門不宜南向，徵家❷門不宜北向。」則商金，南方火也；徵火，北方水也。水勝火，火賊金，五行之氣不相得❸，故五姓❹之宅，門有宜向❺。向得其宜，富貴吉昌；向失其宜，貧賤衰耗❻。夫門之與堂❼何以異？五姓之門，各有五姓之堂，所向無宜何？門之掩❽地，不如堂廡❾，朝夕所處，於堂不於門。圖吉凶者，宜皆以堂。如門人所出入，則戶❿亦宜然⓫。孔子曰：「誰能出不由戶⓬？」言戶不言門。五祀⓭之祭，門與戶均⓮。如當以門正所向，則戶何以不當與門相應乎？且今府廷之內，吏舍連屬，門向有南北；長吏舍傳⓯，閭⓰居⓱有東西。長吏之姓，必有宮、商；諸吏之舍，必有徵、羽。安官⓲遷徙⓳，未必徵姓門南向也；失位貶黜⓴，未必商姓門南出也。或㉑安官遷徙，或失位貶黜何？

【章旨】此章批駁「五音之姓」與「五姓之宅」相宜相賊之論。

【注釋】❶商家　指姓屬商音之家。❷徵家　指姓屬徵音之家。❸得　適當；適合。❹五姓　指按照宮、商、角、徵、羽五音來分類的姓。❺宜向　合適的方向。❻衰耗　衰敗。耗，減損。❼堂　正堂；廳堂。❽掩　遮蓋。❾廡　廊廡；堂屋外的走廊。❿戶　單扇門。除堂屋正門以外的單扇房門。⓫宜然　應該這樣。⓬誰能出不由戶　見《論語・雍也》。⓭五祀　古代祭祀的五種神祇。說法不一。《禮記・曲禮下》：「祭五祀。」鄭玄注：「五祀，戶、竈、中霤、門、行也。」《禮記・祭法》：「諸侯為國立五祀：曰司命、曰中霤、曰國門、曰國行、曰公厲。」又〈王制〉之注與〈祭法〉同。《白虎通・五祀》：「五祀者，何謂也?謂門、戶、井、竈、中霤也。」中霤，宅神。參見本書之〈祭意篇〉。⓮均　平等。⓯舍傳　泛指長官的宿舍。⓰閭　里巷的大門。此指官邸之門。⓱居　所在。⓲安官　官職安定。⓳遷徙　此指升官。⓴貶黜　降職或罷官。㉑或　有的人。

【語　譯】圖宅術說：「姓屬於商音的人家，大門不宜朝南面開；姓屬於徵音的人家，大門不宜朝北面開。」這是因為「商」屬「金」，南方屬「火」，而火是剋金的；「徵」屬「火」，北方屬「水」，而水是剋火的。水剋火，火剋金，五行之氣不相適合，所以按照宮、商、角、徵、羽五音分類的姓的人的住宅，大門都有各自適宜的方向。如果大門的方向適合它本身合適的方向，這戶人家就會富貴吉祥昌盛；如果大門的方向不適合它本身合適的方向，這戶人家就會貧賤衰敗。大門與正堂有什麼區別?姓屬於宮、商、角、徵、羽五音的人家的大門，各自有屬於五種姓氏的正堂，正堂為什麼沒有方向適合、不適合的問題呢?門佔的地方，不如堂屋走廊佔的面積大，人們朝夕居住的地方，在堂屋而不在門。以圖宅術推測住宅吉凶的人，應該都根據正堂的方向來推算。如果說門是人所出入的地方，所以應該規定方向，那麼戶也應該如此。孔子說：「誰能夠出入不由戶?」孔子說戶而不說門。門神、戶神、井神、竈神、宅神的祭祀，門神與戶神是平等的。如果應該用門來確定住宅的方向，那麼戶為什麼不當與門相應也用以確定住房的方向呢?況且現在官府衙門之內，官吏的住房相連接，門的方向有南有北；長官的宿舍，門有朝東有朝西。長官的姓，一定有屬宮、商音的；一般官吏的住房，也一定有屬徵、羽音的。官職安穩，步步高升的，未必他姓屬徵音而門的方向是朝南的；而被降職罷官的人，未必他的姓屬商音而門是朝南出進的。有的人官職穩定，步步高升，有的人為什麼會被降職罷官呢?

姓有五音，人之質性❶亦有五行❷。五音之家，商家不宜南向門，則人稟金之性者，可復不宜南向坐、南行步乎？一曰：五音之門，有五行之人，假令❸商姓食口❹五人，五人中各有五色❺，木人青，火人赤，水人黑，金人白，土人黃。五色之人，俱出南向之門，或凶或吉，壽命或短或長，凶而短者未必色白❻，吉而長者未必色黃❼也，五行之家何以為決❽？南向之門，賊商姓家，其實如何？南方火也，使火氣之禍，若火延燔❾徑❿從南方來乎？則雖為北向門，猶之凶也。火氣之禍，若夏日之熱四方洽浹⓫乎？則天地之間皆得其氣，南向門家何以獨凶？南方火者，火位南方。一曰：其氣布在四方，非必南方獨有火，四方無有也，猶水位在北方，四方猶有水也。火滿天下，水辨⓬四方，火或在人之南，或在人之北。謂火常在南方，是則東方可無金，西方可無木乎？

【章　旨】此章以「火滿天下，水辨四方」之事，批駁五行之家之說。

【注　釋】❶質性　指人所稟受的本質特性。❷有五行　指具有五行中的某一特性。❸假令　假使；如果。❹食口　指人口。❺五色　青、赤、黑、白、黃五種顏色。此指面部的氣色而言。❻色白　據陰陽五行說，白色屬金，南方屬火，火剋金，故為凶。❼色黃　據五行說法，黃色屬土，火生土，所以是吉。❽決　判定。❾燔　燒。❿徑　直接；徑直。⓫洽浹　周遍；遍及。⓬辨　通「遍」。

【語　譯】姓有宮、商、角、徵、羽五音相配，人的本質特徵也有金、木、水、火、土五行相屬。按照五音之家的說法，屬商音的人家不應向南方開門，那麼稟賦屬金的人，是不是不能朝南面坐、向南邊行走呢？我認為，其一是：姓屬五音的人家，都有本性歸屬五行中某一行的人，假如一位姓氏屬商音的人家有五口人，這五人中各自就具有一種氣色，全家共有五種氣色：本性屬木的人面部呈青色，屬火的人呈赤色，屬水的人呈黑色，屬金的人呈白色，屬土的人呈黃色。這面部呈現五種顏色的人，都出入向南面開的同一道門，有的吉利有的不吉利，壽命有的長有的短，那些不吉利而又壽命短的人不一定面色呈白色，吉利而又壽命長的人不一定面色呈黃色，五行之家憑什麼來判定？要說向南開的門，剋姓屬商音的人家，其實又怎麼樣呢？南方屬火，要說火氣造成的災禍，就像蔓延燃燒一樣徑直從南方而來嗎？那麼即使是向北面開門的人家，也還是要遭到凶禍的。要說火氣造成的災禍，就像夏天的熱氣一樣遍及四方嗎？那麼天地之間都曾受到夏天的熱氣的侵害，向南面開門的人家為什麼惟獨遭凶？南方屬火，是說火位在南方。其二是：天地之間的火氣分布在四方，未必僅僅是南方有火，四方沒有啊，如同水位在北方，四方還有水一樣。火布滿天下，水遍及四方，火有的在人的南面，有的在人的北面。如果說火常在南方，那麼按照這種邏輯，東方可以說沒有金，西方可以說沒有木嗎？

解除篇第七十五

【題解】本篇旨在批駁設祭驅除凶神惡鬼的世俗迷信，故篇名「解除」。

作為一個無神論者，王充在本篇中針對世俗信奉的所謂「祭祀必有福」、「解除必去凶」之說，從禮義、鬼神、解除、祭祀、世俗等角度，批駁解除去凶的迷信觀念，指出「衰世好信鬼，愚人好求福」，認為「論解除，解除無益；論祭祀，祭祀無補；論巫祝，巫祝無力」，表現出一種破除迷信的明智與勇氣。

世信祭祀，謂祭祀必有福；又然❶解除❷，謂解除必去凶。解除初禮，先設祭祀。比夫❸祭祀，若生人❹相❺賓客矣。先為賓客設膳❻，食已❼，驅以刃杖。鬼神如有知，必恚❽止戰❾，不肯徑❿去，若⓫懷恨，反而為禍；如無所知，不能為凶，解之無益，不解無損。且人謂鬼神何如狀哉？如謂鬼有形象，形象生人⓬，生人懷恨，必將害人；如無形象，與煙雲同，驅逐雲煙，亦不能除。形既不可知，心亦不可圖⓭。鬼神集止⓮人宅，欲何求乎？如勢⓯欲殺人，當驅逐之時，避人隱匿⓰，驅逐之止，則復還立故處；如不欲殺人，寄托⓱人家，雖不驅逐，亦不為害。

【章　旨】此章開篇點題，徑批解除之說。

【注　釋】❶然　以……為然，對的。引申為相信。❷解除　古代為消除災禍而舉行祭祀、驅除凶神惡鬼的一種迷信活動。❸比夫　比方。❹生人　活人。❺相　交接；招待。❻膳　飯食。❼已　完畢。❽恚　發怒。❾止戰　停止搏鬥。❿徑　即；就；徑直。⓫若　或。⓬形象生人　形狀像活人一樣。⓭圖　推測。⓮集止　停留。⓯勢　勢必；一定。⓰隱匿　躲藏。⓱寄托　寄居；暫住。

【語　譯】世俗迷信祭祀，認為祭祀一定有福佑；又相信解除，認為解除一定能夠去凶禍。「解除」的第一項儀式，是先舉行祭祀。比方祭祀，好像活人招待賓客一樣。先替賓客擺上飯食，吃完飯，就用刀子、棍棒驅逐鬼神。鬼神如有知，一定會發怒而停留下來同主人搏鬥，不肯立即離去，或懷恨，反而造成災禍；如不知什麼，不可能製造凶害，解除它並沒有益處，不解除也沒有損害。況且人們所說的鬼神像什麼樣子呢？如果說鬼有形象，形狀像活人一樣，那麼活人懷恨在心，是一定會傷害人的；如果沒有形象，與煙雲相同，那麼就是驅逐了雲煙，也不可能解除。鬼的形狀既然不可能知道，它的心也是不可推測的。鬼神停留在人的家裡，想要幹什麼呢？如果一定想傷害人，當驅逐它們的時候，就應該避開人而躲藏起來，驅逐這種活動一停止，就又返回到原來的地方；如果鬼神並不想殺害人，只是寄居在人的家裡，那麼你即使不驅逐它，也不會對人造成禍害。

貴人之出也，萬民並觀，填街滿巷，爭進在前。士卒驅之，則走❶而卻❷；士卒還去，即復其處；士卒立守，終日不離，僅能禁止。何則❸？欲❹在於觀，不為壹❺驅還❻也。使鬼神與生人同，有欲於宅中，猶萬民有欲於觀也，士卒驅逐，不久立守，則觀者不卻也。然則❼驅逐鬼者，不極❽一歲，鬼神不去。今驅逐之，終食之間，則舍❾之矣。舍之，鬼神還來，何以禁之！暴❿穀於庭，雞雀啄之，主人驅彈⓫則走，縱⓬之則來，不終日立守，雞雀不禁。使鬼神乎？不為驅逐去止。使鬼不神乎？與雞雀等⓭，不常驅逐，不能禁也。

【章　旨】此章以民觀貴人、雞雀啄穀為喻，指出驅逐鬼神之不能禁也。

【注　釋】❶走　跑。❷卻　退避。❸何則　為什麼。❹欲　欲望；企圖；目的。❺壹　一。❻還　返回來。❼然則　這樣看來；那麼。❽極　終；盡。❾舍　拋開。❿暴　曬。⓫彈　用彈弓射擊。⓬縱　放任。⓭等　相同。

【語　譯】地位顯貴的人外出時，萬民一齊觀看，填滿街頭巷尾，爭著擠到前面來看。士兵驅趕他們，就跑著退避；士兵一返回去，就又擠到原先的地方；士兵守護著，整天不離開，才能禁止。這是為什麼？他們的目的在於觀看貴人，不會因為一驅趕就返回去了。假如鬼神與活人相同，有目的地留在人的家中，如同萬民有要觀看貴人的目的一樣，士兵驅逐他們，如果不長久地站在那裡守護著，那麼觀看的人就不會退避的。這樣看來，那麼驅逐鬼的人，如果不是一年到頭地趕鬼，鬼神就不會離去。現在驅逐鬼神，僅僅吃完一餐飯的時間，就拋開鬼神不管了。一拋開它們不管，鬼神還會返回來的，怎麼能禁止它！曬穀子在庭院中，雞和麻雀來啄吃穀物，主人驅趕牠們，用彈弓射擊牠們時，牠們就逃跑了，一旦放任不管，牠們立即就返回來，如果不是整天站在那裡守看，雞和麻雀就不可能禁止。要說是鬼很神靈嗎？那麼它的去留就不決定於人的驅趕。要說鬼不神靈嗎？那就與雞、麻雀之類相同，不經常驅逐它，就不可能禁止。

虎狼入都❶，弓弩❷巡❸之，雖殺虎狼，不能除❹虎狼所為來之患❺。盜賊攻城，官軍擊之，雖卻盜賊，不能滅❻盜賊所為至之禍。虎狼之來，應政失也❼；盜賊之至，起世亂也。然則鬼神之集，為命絕❽也。殺虎狼，卻盜賊，不能使政得❾世治❿。然則盛解除，驅鬼神，不能使凶去而命延。

【章旨】此章以虎狼、盜賊為喻，說明「解除」之術之徒勞無益。

【注釋】❶都 城市。❷弓弩 弓箭。此指弓箭手。❸巡 巡邏察看。❹除 剷除；根除。❺患 禍患的根源。❻滅 消除；滅絕。❼虎狼之來二句 王充認為，虎狼本應在山林中活動，如果跑到城裡來，這是一種怪異現象，是當地官吏失政的徵兆，將大禍臨頭了。參見本書〈遭虎篇〉。應，應和。失，過失；錯誤。❽命絕 指死亡。❾政得 指國家治理得很好。❿世治 社會安定。

【語譯】虎狼進入城市，指派弓箭手巡邏查看，即使殺死了虎狼，也不能剷除虎狼所帶來的禍根。盜賊攻城，官軍迎頭痛擊盜賊，即使打退了盜賊，也不能消除盜賊所帶來的禍根。虎狼跑到城裡來，這是應和著當地官吏政治上的失誤而產生的一種怪異現象；盜賊的到來，是由於社會動亂所引起的。這樣看來，那麼鬼神的出現，正是人將死亡的凶兆。殺死虎狼，打退盜賊，並不能使國家治理得好，使社會安定。既然如此，那麼解除之風盛行，大家都來驅逐鬼神，也不可能去掉凶禍，延長人的壽命。

病人困篤❶，見鬼之至，性猛剛者，挺❷劍操❸杖，與鬼戰鬥，戰鬥壹再，錯指❹受服，知不服必不終也。夫解除所驅逐鬼，與病人所見鬼無以殊❺也。其驅逐之，與戰鬥無以異也。病人戰鬥，鬼猶❻不去❼，宅主解除，鬼神必不離。由此言之，解除宅者，何益於事？信其凶去，不可用❽也。且夫所除，宅中客鬼❾也。宅中主神❿有十二焉，青龍、白虎列十二位。龍虎猛神，天之正鬼也，飛尸⓫流凶⓬安敢妄集，猶主人猛勇，姦客不敢窺⓭也。有十二神舍⓮之⓯，宅主驅逐，名為去十二神之客，恨⓰十二神之意，安能得吉？如無十二神，則亦無飛尸流凶。無神無凶，解除何補⓱？驅逐何去？

【章　旨】此章藉鬼神駁「解除」之論。

【注　釋】❶困篤　病重。❷挺　舉。❸操　拿。❹錯指　此指停下手，不再戰鬥。錯，通「措」。停止。指，手指。❺殊　不同。❻猶　尚且。❼去　離開。❽用　信用。❾客鬼　外來的鬼。❿主神　指戶主之神。對「客鬼」而言。當時人認為，宅中有十二位「主神」，子是「司命」，丑是「勾陳」，寅是「青龍」，卯是「明堂」，辰是「天刑」，巳是「朱雀」，午是「金匱」，未是「天德」，申是「白虎」，酉是「玉堂」，戌是「天牢」，亥是「玄武」。⓫飛尸　能飛的屍體。⓬流凶　流竄的怪物。⓭窺　窺視。此指侵犯。⓮舍　留宿。⓯之　指代客鬼。⓰恨　違背。⓱補　補益；好處。

【語　譯】病情嚴重的病人，看見鬼到來時，性格勇猛剛烈的，就會拔劍拿杖，同鬼戰鬥，戰鬥一二回合，病人就會停下手，表示屈服，因為他知道如果不屈服，這場戰鬥就不會結束。用祭祀的方法所驅逐的鬼，同病人所見到的鬼沒有什麼不同吧。這種驅逐鬼神的方法，與戰鬥也沒有什麼差別啊。病人同鬼戰鬥，鬼尚且不肯離去，房主用祭祀的方法驅逐鬼神，鬼神一定不會離去的。由此說來，用祭祀來驅逐宅中鬼神的活動，對消除災禍有什麼好處？相信這種活動可以解除宅中凶禍，這是不可信用的。況且所驅除的，是宅中的外來鬼啊。家中的主神有十二位，青龍、白虎列在十二神的位置之中。龍虎猛神，是天地的正鬼，飛屍流凶怎麼敢隨便聚集到宅中來，如同主人猛勇，壞人不敢來侵犯一樣。有十二神留宿外來鬼，房主如果要驅逐它，這叫做驅逐十二神的客人，違反十二神的意志，怎麼能求得吉祥呢？如果沒有十二神，也就沒有飛屍流凶。既然沒有神也沒有流凶，祭祀以驅除鬼神的活動又有什麼好處？驅逐什麼鬼神呢？

解逐之法，緣❶古逐疫❷之禮也。昔顓頊氏有子三人，生而皆亡：一居江水❸為虐鬼❹，一居若水❺為魍魎❻，一居區隅❼之間主疫病人❽。故歲終事畢，驅逐疫鬼，因以❾送陳❿、迎新、內⓫吉也。世相仿效，故有解除。夫逐疫之法，亦禮之失也。行堯、舜之德，天下太平，百災消滅，雖不逐疫，疫鬼不往；行桀、紂之行，海內擾亂，百禍並起，雖日逐疫，疫鬼猶來。

【章　旨】此章追根溯源，以解逐之法的歷史淵源來批駁其不合禮制。

【注　釋】❶緣　因襲。❷疫　指疫鬼。❸江水　指長江。❹虐鬼　使人易生瘟疫之類重病的惡鬼。❺若水　古指河南汝水。後世指四川西部之雅礱江。❻魍魎　深山大澤之鬼。❼區隅　小屋角落。❽主疫病人　專門以疫病害人。❾因以　藉以。❿陳　舊。⓫內　通「納」。

【語　譯】用祭祀驅逐鬼神的方法，因襲了古代驅逐疫鬼的一種禮儀。從前顓頊氏有兒子三人，出生下來後就都死亡了。一個居於長江而成為虐鬼，一個居於若水而成為深山大澤之鬼，一個居於狹小屋角之間專門用疫病去害人。所以每逢年終事情辦完之際，驅逐疫鬼，藉以送舊、迎新、納吉。後世互相仿效，所以有祭祀驅逐鬼神的「解除」之法。其實，驅逐疫鬼的方法，也是禮儀敗壞的結果。奉行堯、舜的德政，天下太平，各種災害都消滅了，即使不驅逐疫鬼，疫鬼也不會來；推行夏桀、商紂的暴虐行徑，海內擾亂，各種災禍一起降臨，即使每天驅逐疫鬼，疫鬼還是要來的。

衰世❶好❷信鬼，愚人❸好求福。周之季世❹，信鬼修祀，以求福助。愚主心惑，不顧❺自行❻，功猶❼不立，治猶不定，故在人不在鬼，在德不在祀。國期❽有遠近❾，人命有長短。如祭祀可以得福，解除可以去凶，則王者可竭❿天下之財，以興延期之祀，富家翁嫗可求解除之福，以取逾世⓫之壽。案天下人民，夭⓬壽⓭貴賤，皆有祿命⓮，操行⓯吉凶，皆有衰盛⓰。祭祀不為福，福不由祭祀。世信鬼神，故好祭祀。祭祀無鬼神，故通人⓱不務⓲焉。祭祀，厚事⓳鬼神之道也，猶無吉福之驗⓴，況盛力用威，驅逐鬼神，其何利哉？

【章　旨】此章論祭祀解除之風盛行的社會根源：一是世衰，二是人愚。

【注　釋】❶衰世　沒落、衰敗的時代。❷好　喜好。❸愚人　愚昧無知的人們。❹季世　末世；末期；衰微的時世。❺不顧　不顧忌禮儀。❻自行　自行祭祀。❼猶　還是。❽國期　指一個國家或朝代存在的時間。期，期數；時間。❾遠近　指時間的長短。❿竭　盡。⓫逾世　超過世上一般人。⓬夭　短命。⓭壽　長命。⓮祿命　此分別指「祿命」和「壽命」。⓯操行　思想行為。⓰衰盛　指祿命的好壞。⓱通人　通達事理、博通古今的人。⓲務　從事。⓳事　侍奉。⓴驗　效驗；效果。

【語　譯】沒落衰敗的時代喜好相信鬼神，愚昧無知的人們喜好向鬼神乞求福佑。周王朝的末期，世人相信鬼神，研習祭祀，來乞求鬼神的福佑和幫助。昏庸的君主心思迷亂，不顧忌禮儀而自行祭祀，功業還是不成，統治還是不穩定，所以說，福佑的求得在人不在鬼，國勢的強盛在於君主的德政而不在於祭祀鬼神。一個國家或朝代存在的時間有長短，人的壽命也有長短。如果祭祀可以得福，解除可以去凶，那麼當君王的人可以花盡天下的全部財產，用來興辦延長國家或朝代的壽命的祭祀，富貴人家的老翁老婦可以通過解除的方法乞求鬼神的福佑，以取得超過世上一般人的壽命。考察天下的人民，他們的壽命的長短與地位的高低，都是有祿命和壽命決定的，思想行為的吉凶，也都有祿命的好壞決定的。祭祀不可能求得福佑，福佑不由祭祀來決定。世俗相信鬼神，所以喜好祭祀。祭祀既然沒有鬼神，因此那些通達事理、博通古今的人是不從事這項工作的。祭祀，是厚事鬼神的一種方法，尚且沒有吉福的效驗，更何況拚命使用武力驅逐鬼神，又會有什麼好處呢？

祭祀之禮，解除之法，眾多非一，且❶以一事效其非也。夫小祀足以況❷大祭，一鬼足以卜❸百神。世間繕治❹宅舍，鑿地掘土，功❺成作❻畢，解❼謝❽土神，名曰「解土」。為土偶人，以象鬼神，令巫祝延❾，以解土神。已祭之後，心快意喜，謂鬼神解謝，殃禍除去。如討論之，乃虛妄也。何以驗之？夫土地猶人之體也，普天之下，皆為一體，頭足相去❿，以萬里數⓫。人民居土上，猶蚤虱著人身也。蚤虱食人，賊⓬人肌膚，猶人鑿地，賊地之體也。蚤虱內⓭知，有欲解人之心，相與聚會，解謝於所食之肉旁，人能知之乎？夫人不能知蚤虱之音，猶地不能曉人民之言也。胡、越之人⓮，耳口相類，心意相似，對口交耳而談，尚不相解，況人不與地相似，地之耳口與人相遠乎！今所解者地乎？則地之耳遠，不能聞也。所解一宅之土，則一宅之土猶人一分之肉也，安能曉之！如所解宅神乎？則此名曰「解宅」，不名曰「解土」。禮，入宗廟，無所主⓯意，斬⓰尺二寸之木，名之曰主⓱，主心事之，不為人像。今解土之祭，為土偶人，像鬼之形，何能解乎？神，荒忽⓲無形，出入無門，故謂之神。今作形象，與禮相違，失神之實，故知其非。像似布⓳藉⓴，不設鬼形。解土之禮，立土偶人。如祭山可為石人，祭門戶可作木人乎？

【章旨】此章以「解土」為例，論證祭祀之禮、解除之法之非。

【注釋】❶且　姑且。❷況　比喻。❸卜　占卜；推斷。❹繕治　修建。❺功　通「工」。事。❻作　興建。❼解　禳解。❽謝　認錯。表示抱歉。❾祝延　禱告；祝禱。❿相去　相距；相離。⓫數　計算。⓬賊　傷害。⓭內　內心。⓮胡越之人　泛指北方和南方少數民族。⓯主　通「注」。傾心。⓰斬　砍。⓱主　神主。指宗廟裡所立的祖先牌位。⓲荒忽　恍惚。⓳布　鋪。⓴藉　墊子。席子之類的東西。

【語譯】祭祀的禮儀，解除的方法，是很多的，不止一種，姑且用一個事例來證明它的錯誤吧。以小的祭祀足以比喻大的祭祀，以一鬼的情況足以推斷眾神的情況。世間修建房屋，要鑿地挖土，工程興建成功以後，就要禳解土地神，以表示抱歉，這叫做「解土」。首先製作一個土偶像，來象徵鬼神，然後讓巫師禱告，以禳解土地神。祭祀以後，心中感到歡快，認為自己向鬼神禳解，表示歉意，災禍就會除去。如果深入討論這種做法，就是虛妄之舉。怎麼來驗證它呢？土地好像人的身體一樣，普天之下，都成為一體，頭足相距，用萬里計算。人民居住在土地之上，好比蚤虱附著在人身上一樣。蚤虱吸人血，傷害人的肌膚，好比人鑿地，傷害土地的體魄一樣。如果蚤虱內心有知，有一種想要禳解，向被咬的人表示抱歉的心理，那麼當牠們相互聚會，在牠們所咬過的肌膚旁邊進行禳解，表示抱歉時，人能知道嗎？人不可能知曉蚤虱的聲音，就如同土地神不可能通曉人民的語言一樣。北方、南方少數民族地區的人，耳朵、口相同，心思相似，但即使對著耳朵交談，尚且不能互相了解，更何況人不與土地神相似，土地神的耳朵、口與人相距很遠呢！要說現在所禳解致歉的是土地神嗎？那麼土地神的耳朵相距很遠，不可能聽到。所禳解的是一宅的土地神，那麼一宅的土地神就好比人身上的一分肉，怎麼可能知道它！如果說所禳解的是住宅之神嗎？那麼這種祭祀活動就名叫「解宅」，而不能叫做「解土」。根據禮的規定，人們到宗廟裡去祭祀祖先，由於沒有一個集中表達心意之處，就砍一段一尺二寸長的木板，名叫神主，傾心侍奉它，並不設人的形象。現在「解土」的祭祀，違反禮的規定，製作泥人，像鬼的形態，怎麼能禳解呢？神，恍恍惚惚沒有固定的形體，出入無門，所以叫做神。現在卻製作形象，與禮的規定相違背，失去了作為神的真實性，因此知道這種祭祀是錯誤的。按禮的規定，祭祀鬼神只是象徵性地設立一個座位，並不設置鬼的形象。解謝土地神的禮儀，卻設立了一個泥人，那麼如果祭祀山神可以做一個石頭人，祭祀門戶之神可以製作一個木頭人嗎？

晉中行寅❶將亡❷，召其太祝❸，欲加罪焉。曰：「子❹為我祝，犧牲❺不肥澤❻也？且❼齊❽戒不敬也？使吾國亡，何也？」祝簡❾對曰：「昔日，吾先君❿中行密子⓫有車十乘，不憂其薄⓬也，憂德義之不足也。今主君⓭有革車⓮百乘，不憂德義之薄也，唯患車之不足也。夫船車飭⓯則賦斂⓰厚⓱，賦斂厚則民謗⓲詛⓳。君苟⓴以祝為有益於國乎？詛亦將為亡矣。一人祝之，一國詛之，一祝不勝㉑萬詛，國亡，不亦宜乎？祝其何罪！」中行子乃慚。今世信祭祀，中行子之類也。不修㉒其行而豐㉓其祝，不敬其上而畏其鬼；身死禍至，歸之於祟㉔，謂祟未得；得㉕祟修祀，禍繁㉖不止，歸之於祭，謂祭未敬。夫論解除，解除無益；論祭祀，祭祀無補；論巫祝，巫祝無力㉗。竟㉘在人不在鬼，在德不在祀，明矣哉！

【章　旨】此章以中行氏之滅亡作比，得出全篇之結論：「夫論解除，解除無益；論祭祀，祭祀無補；論巫祝，巫祝無力。」

【注　釋】❶中行寅　春秋末晉國大夫。姓荀，名寅，氏中行。後被趙簡子打敗，逃亡齊國。❷亡　逃走。❸太祝　古代掌管祭祀的官吏。❹子　您。尊稱。❺犧牲　祭祀用的牲畜。如牛、羊、豬等，色純為「犧」，體全為「牲」。❻澤　毛色光潤。❼且　還是。❽齊　通「齋」。❾簡　太祝的名字。❿先君　已故的君主。⓫中行密子　中行寅的父親。《新序》作「中行穆子」。⓬薄　少。⓭主君　指中行寅。⓮革車　用皮革包車廂的車子。⓯飭　通「飾」。裝飾。⓰賦斂　稅收。⓱厚　重。⓲謗　指責。⓳詛　詛咒。⓴苟　如果。㉑勝　超過。㉒修　修養。㉓豐　厚。㉔祟　凶神鬼怪。㉕得　知道。㉖繁　頻繁；多次發生。㉗無力　無能為力。㉘竟　畢竟；歸根到底。

【語　譯】晉國大夫中行寅將要逃亡之際，召來掌管祭祀的太祝官，想追究太祝的罪過，說：「您替我祭祀祈禱，是祭祀用的牲畜不肥胖光潤呢？還是齋戒時不嚴肅認真呢？致使我的國家滅亡，究竟是什麼原因呢？」太祝簡回答說：「從前我們的先君中行密子有車十乘，不為車少而感到愁苦，卻為自己的德義不足而感到憂慮。現在您有用皮革裝飾的華麗車子百乘，不為自己德義太少而感到憂慮，只愁車子不足。船和車裝飾得越好，向百姓徵收的稅收就越重，稅收越重，老百姓就越是對您進行怨謗詛咒。您認為祭祀對國家有好處嗎？那麼老百姓的詛咒也會使國家滅亡的。一個人替您祭祀祈禱，而全國人詛咒您，一個人的祝福顯然抵不過一萬個人的詛咒，國家的滅亡，不也是理所當然的嗎？當太祝的有什麼罪過！」中行子聽了才感到慚愧。當今世人迷信祭祀，正屬於中行子之類啊。一個人不注重修養自己的操行而看重自己的祭祀，不敬仰自己的父母祖輩而害怕那些鬼神；身死禍至，就歸罪於凶神作怪，認為是沒有搞清什麼凶神作怪的緣故；等到知道中了什麼凶邪，去虔誠地祭祀它，禍害仍然多次發生，不能制止，於是就歸罪於祭祀，認為太祝在祭祀時不恭敬而造成的。總而言之，論解除，解除無益；論祭祀，祭祀無補；論巫祝，巫祝無能為力。歸根到底在於人而不在於鬼神，在於人的德義而不在於對鬼神的祭祀，這是明明白白的啊！

祀義篇第七十六

【題　解】本篇主旨，在於批評祭神求福之俗論。祀者，祭祀也；義者，意義、用意也。漢人信祭祀，以為「祭祀者必有福，不祭祀者必有禍」。王充認為：祭祀的真正目的在於「主人自盡恩懃而已，鬼神未必歆享之」。作者通過對祭神求福論之批判，揭示祭祀之真正目的、用意，故篇名為「祀義」。

世信祭祀，以為祭祀者必有福，不祭祀者必有禍。是以❶病作❷卜❸祟❹，祟得修祀❺，祀畢意❻解❼，意解病已❽，執意❾以為祭祀之助，勉❿奉⓫不絕。謂死人有知，鬼神飲食，猶相⓬賓客，賓客悅喜，報⓭主人恩矣。其修祭祀，是⓮也；信其享⓯之，非⓰也。

【章　旨】此章開篇，提出批判對象，認為「修祀」是對的，而信鬼享之供物就錯了。說明王充並不反對祭祀，僅僅反對相信鬼神。

【注　釋】❶是以　因此。❷病作　發病。❸卜　占卜算卦。❹祟　凶神作怪。❺修祀　從事祭祀；舉行祭祀。❻意　心中的疑慮。❼解　消除。❽病已　病癒。已，止。❾執意　固執地。❿勉　努力。⓫奉　供奉。⓬相　交接；招待。⓭報　報答。⓮是　對的。⓯享　享用。⓰非　錯誤的。

【語　譯】世人相信祭祀，以為祭祀的人一定有福佑，不祭祀的人一定有禍害。因此人一發病就去占卜，詢問凶神惡鬼作怪的情況，知道是哪位凶神作怪，就去祭祀它，祭祀完畢，疑慮就消除了，疑慮一消除病就好了，於是執意認為這是祭祀的作用，努力祭祀，供奉不斷。說死人有知，鬼神可以飲食，好像招待賓客，賓客高興，報答主人的恩惠了。他從事祭祀，是對的；要相信鬼神能歆享供品，那就錯了。

實者，祭祀之意❶，主人自盡恩❷懃❸而已，鬼神未必歆享❹之也。何以明之？今所祭者報功❺，則緣❻生人❼為恩義耳，何歆享之有！今所祭死人，死人無知，不能飲食，何以審❽其不能歆享飲食也？夫天者，體也，與地同。天有列宿❾，地有宅舍。宅舍附地之體，列宿著❿天之形。形體具⓫，則有口，乃⓬能食⓭。使⓮天地有口能食，祭食⓯宜⓰食⓱盡。如無口，則無體，無體則氣也，若雲霧耳，亦無能食。如天地之精神，若人之有精神矣，以人之精神，何宜飲食？中人⓲之體七八尺，身大四五圍，食斗食，歠⓳斗羹⓴，乃能飽足，多者三四斗。天地之廣大，以萬里數㉑。圜丘㉒之上，一繭栗牛㉓，粢㉔飴㉕大羹㉖，不過數斛㉗，以此食天地㉘，天地安能飽？天地用心，猶人用意也，人食不飽足，則怨主人，不報以德矣。必謂天地審㉙能飽食，則夫古之郊㉚者負天地。

【章旨】此章點明祭祀之真實目的，在於「主人自盡恩懃而已，鬼神未必歆享之」。

【注釋】❶意 意義；目的。❷恩 恩義；情義。❸懃 殷勤。❹歆享 指鬼神享受供品、香火。❺報功 報答功德。❻緣 遵循。❼生人 活人。❽審 確知。❾列宿 眾星宿。❿著 依附；附著。⓫具 具備。⓬乃 才；方。⓭食 吃食物。⓮使假使。⑮祭食　上供的食物。⑯宜　應該。⑰食　吃。⑱中人　中等身材的人。⑲歠　飲；喝。《禮記・曲禮上》：「毋流歠。」孔穎達疏：「謂開口大歠，汁入口如水流。」⑳羹　湯。㉑數　計算。㉒圜丘　古代祭天的壇。《周禮・春官・大司樂》：「冬日至，於地上之圜丘奏之。」賈公彥疏：「土之高者曰丘，取自然之丘圜者，像天圜也。」㉓繭栗牛　像繭和栗子大小的牛犢角。此指祭祀天地用的牛犢。按古代禮制規定，祭祀天地只能用牛犢，這種牛犢的角剛長出一點點，像蠶繭與栗子般大小。㉔粢　泛指古代祭祀時用的穀物。《周禮・春官・小宗伯》「辨六齍之名物」鄭玄注：「齍，讀為粢。六粢，謂六穀：黍、稷、稻、粱、麥、苽。」㉕飴　麥芽糖。㉖大羹　即太羹。不和五味的肉汁，古代用於祭祀。《禮記・樂記》：「大羹不和。」鄭玄注：「大羹，肉湆，不調以鹽菜。」《左傳・桓公二年》：「大羹不致。」杜預注：「大羹，肉汁，不致五味。」㉗斛　古代容量單位。漢代以十斗為一斛。㉘食天地　給天地之神吃。食，通「飼」。餵。㉙審　真正；確實。㉚郊　在南郊祭天。

【語　譯】事實上，祭祀的目的，只是主人自己盡到殷勤地報答鬼神的恩情的心意而已，鬼神不一定能享受到上供的祭品。怎麼來證明它？如今祭祀的目的是為了報答被祭者的功德，就是遵循活人報答恩義的方法而已，被祭者哪裡能享受到上供的祭品呢！如今祭祀死人，死人沒有知覺，是不可能吃東西的。怎麼確知祭祀的對象不能享用祭品、不能吃東西呢？天，是有形體的，與地相同。天上有眾星宿，地上有房屋村舍。房屋附著地的形體，眾星宿附著天的形體。形體具備，就有口，才能吃東西。假使天地有口能夠吃東西，那麼上供的食物應該被吃盡了。如果天地沒有口，那也就沒有形體，沒有形體就是氣了，如同雲霧而已，也是不能夠吃東西的。如果說天地的精神，好像人有精神一樣，但是憑人的精神，又怎麼能吃喝東西呢？中等身材的人的身體七八尺高，身大為四五圍，可以吃斗食，喝斗湯，才能吃飽喝足，吃喝得多的要三四斗飲食。天地的廣大，以萬里計算。天壇之上，供上一頭角只有蠶繭和栗子大小的牛犢、小米飯、麥芽糖、不加五味的肉湯，不超過數斛，用這一點點供品給天地之神吃喝，天地之神怎麼能夠吃飽喝足？如果天地有精神，那麼天地的用心，也如同人的想法一樣，人吃不飽喝不足，就怨恨主人，不以恩德報答。一定要說人所供的這一點點祭品天地之神真的能吃飽喝足的話，那麼古代在南郊祭祀天地的帝王就對不起天地神明了，怎麼還能得到天地之神的好報呢？

山，猶人之有骨節也；水，猶人之有血脈也。故人食腸滿，則骨節與血脈因以盛矣。今祭天地，則山川隨天地而飽。今別❶祭山川，以為異神，是人食已❷，更❸食骨節與血脈也。

【章旨】此章以人為喻，言山川之祭。

【注釋】❶別　另外。❷是人食已　這好比人吃飽了。❸更　再。

【語譯】山，如同人有筋骨一樣；水，如同人有血脈一樣。所以人吃飽了，筋骨和血脈就會強壯旺盛起來。現在祭祀天地，那麼山脈、河流也會隨著天地之神而吃飽的。如今又另外祭祀山川，以為是不同於天地的鬼神，這就好比人吃飽了，還要再給自己的筋骨與血脈吃一樣。

社稷❶，報生穀物之功。萬物生於天地，猶毫毛生於體也。祭天地，則社稷設其中矣，人君❷重❸之❹，故復❺別❻祭。必以為有神，是人之膚肉當復食也。五祀❼初本在地，門、戶用木與土，土木生於地，井、竈、室中霤❽皆屬於地，祭地，五祀設其中矣，人君重之，故復別祭。必以為有神，是食已，當復食形體也。風伯、雨師、雷公，是群神也。風，猶人之有吹煦❾也；雨，猶人之有精液也；雷，猶人之有腹鳴⑩也。三者附於天地，祭天地，三者在矣，人君重之，故復別祭。必以為有神，則人吹煦、精液、腹鳴當復食也。日、月，猶人之有目；星辰，猶人之有髮。三光⑪附天，祭天，三光在矣，人君重之，故復別祭。必以為有神，則人之食已，復食目與髮也。

【章旨】此章言社稷之祭、五祀之祭、風、雨、雷神及日、月之祭。

【注釋】❶社稷　古代帝王所祭的土地神和穀神。《白虎通．社稷》：「王者所以有社稷何？為天下求福報功。人非土不立，非穀不食。土地廣博，不可遍敬也；五穀眾多，不可一一祭也。故封土立社示有土尊；稷，五穀之長，故立稷而祭之也。」❷人君　君主。❸重　尊重。❹之　指社稷。❺復　又。❻別　另外。❼五祀　五種祭祀。見本書〈詰術篇〉注釋。❽室中霤　住宅中的土地神。❾煦　吹氣。《漢書．中山靖王傳》：「眾煦漂山。」顏師古注引應劭曰：「煦，吹煦也。」❿腹鳴　肚子裡面發出的鳴叫聲。⓫三光　指日、月、星。《白虎通．封公侯》：「天有三光，日、月、星。」

【語譯】人們祭祀社稷之神，是為了報答祂們生育穀物的功績。萬物生長在天地之中，好比毫毛生在身體上一樣。祭祀天地，社稷就在其中了，但因為君主尊重它，所以又另外去祭祀。一定要認為社稷神靈，這就等於說人吃飽了飯，人的皮膚和肌肉還應當再吃東西。五種祭祀的對象最初本來就起源於土地，門、戶是用土和木造成的，土、木生於土地，井神、竈神、家中的土地神，都隸屬於土地，祭祀土地，其他五種祭祀的對象就在其中了，因為君主尊重它們，所以又另外去祭祀。一定要認為它們有神靈，這就等於說人吃飽了，還要再給身體上的其他部分吃東西。風伯、雨師、雷公，這是群神。風，如同人有吹氣一樣；雨，如同人有精液一樣；雷，如同人的肚子裡有鳴叫聲一樣。風、雨、雷這三種祭祀的對象，都附屬於天地，祭祀天地時，這三種對象都在其中了，由於君主尊重它們，所以又另外祭祀。一定要認為風伯、雨師、雷公有神靈，就等於說人吃飽了，而人的呼氣、精液、肚子裡面發出的鳴叫聲都應當再吃東西。日、月，好比人有眼睛；星辰，好比人有頭髮。日、月、星辰附著天，祭祀天時，日、月、星辰都包括在其中了，由於君主尊重它們，所以又另外去祭祀。一定要認為日、月、星辰有神靈，這就等於說人吃飽了，還要再給人的眼睛與頭髮吃東西啊。

宗廟❶，己之先❷也。生存之時，謹敬❸供養，死不敢不信❹，故修❺祭祀，緣生❻事❼死，示❽不忘先❾。五帝❿三王⓫郊宗⓬黃帝、帝嚳之屬⓭，報功⓮重力⓯，不敢忘德，未必有鬼神審能歆享之也。夫不能歆享，則不能神；不能神，則不能為福，亦不能為禍。禍福之起，由於喜怒；喜怒之發，由於腹腸。有腹腸者輒⓰能飲食，不能飲食則無腹腸，無腹腸則無用⓱喜怒，無用喜怒則無用為⓲禍福矣。

【章　旨】此章言宗廟之祭。

【注　釋】❶宗廟　古代帝王、諸侯或大夫、士祭祀祖宗的處所。《禮記・中庸》：「宗廟之禮，所以祀乎其先也。」《孝經・喪親》：「為之宗廟，以鬼享之。」唐明皇李隆基注：「立廟祔祖之後，則以鬼禮享之。」邢昺疏：「立廟者，即《禮記・祭法》：『天子至士，皆有宗廟。』……舊解云：『宗，尊也；廟，貌也。言祭宗廟，見先祖之尊貌也。』」❷先　祖先。❸謹敬　鄭重恭敬。❹信　虔誠。❺修　從事；舉行。❻緣生　遵循活人。❼事　侍奉。❽示　表示。❾先　祖先。❿五帝　指傳說中的黃帝、顓頊、帝嚳、唐堯、虞舜。⓫三王　指夏禹、商湯、周文王。一說：夏禹，商湯，周代的文王、武王。⓬郊宗　此指祭天時以祖先配祭。⓭屬　類。⓮報功　報答功績。⓯重力　尊重辛勞。⓰輒　就。⓱無用　無從；不能。⓲為　製造；成為。

【語　譯】宗廟，象徵自己的祖先。祖先生存在世的時候，鄭重恭敬地供養他們，死了以後，對祖先不敢不虔誠地祭祀，因此舉行祭祀，遵循侍奉活人的原則去侍奉死人，以表示不忘祖先的功德。五帝三王祭祀天地時常配祭黃帝、帝嚳之類祖先，報答功績，尊重辛勞，不敢忘記祖先的恩德，不一定有鬼神真能享用上供的祭品。既然不能享用上供的祭品，就說明不能成為神；不能成為神，就不可能為人造福，也不可能給人帶來災禍。禍福的產生，是由於人的喜怒；喜怒的發生，是出自於人的腹腸。有腹腸的人就能吃東西，不能吃東西就沒有腹腸，沒有腹腸就不能產生喜怒的感情，不能產生喜怒感情也就不能給人帶來禍福了。

或曰：「歆氣❶，不能食也。」夫歆之與飲食，一實❷也。用口食之，用口歆之。無腹腸則無口，無口，無用❸食，則亦無用歆矣。何以驗❹其不能歆也？以❺人祭祀有過❻，不能即時❼犯❽也。夫歆不用口則用鼻矣，口鼻能歆之則目能見之，目能見之則手能擊之。今手不能擊，則知口鼻不能歆之也。

【章旨】此章駁所謂鬼神歆氣之論。

【注釋】❶歆氣　指鬼神能吸取祭品香味。❷一實　同一回事。❸無用　無以；不能。❹驗　驗證；證明。❺以　根據。❻過　過失；差錯。❼即時　立即。❽犯　侵犯。此指處罰。

【語譯】有人說：「鬼神只是吸取祭品的香味，不能吃上供的祭品。」享受祭品的香味與吃供物，這是同一回事啊。用口吃東西，就是用口享受食物。沒有腹腸就沒有口，沒有口，就無法吃東西，也就不可能享受上供的祭品了。怎麼證明它不能享受供物呢？根據人們祭祀的時候出了差錯，而鬼神卻不能立即處罰他們就可以證明這一點。享用上供的祭品，不用口就用鼻子，口和鼻子能享用祭品，眼睛就能看見祭品，眼睛能看見祭品，手就能接取到祭品。而今既然鬼神的手不能接取到祭品，就知道它的口和鼻子不可能享用到上供的祭品。

或❶難❷曰：「宋公鮑❸之身有疾。祝曰夜姑❹，掌❺將事❻於厲者❼。厲鬼杖❽楫❾而與之言，曰：『何而❿粢盛⓫之不膏⓬也？何而芻犧⓭之不肥碩⓮也？何而珪、璧之不中⓯度量⓰也？而罪歟？其鮑之罪歟？』夜姑順色⓱而對曰：『鮑身⓲尚幼，在襁褓⓳，不預知⓴焉。審是掌之。』厲鬼舉楫而掊㉑之，斃於壇㉒下。此非能言用手之驗乎？」

曰：夫夜姑之死，未必厲鬼擊之也，時命當死也。妖㉓像厲鬼，像鬼之形則像鬼之言，像鬼之言則像鬼而擊矣。何以明之？夫鬼者，神㉔也，神則先知。先知則宜自見粢盛之不膏，珪璧之失度，犧牲之臞㉕小，則因以責讓㉖夜姑，以楫擊之而已，無為㉗先問。先問，不知之效也；不知，不神之驗也。不知不神，則不能見體㉘出言，以楫擊人也。夜姑，義㉙臣也，引罪自予已㉚，故鬼擊之。如無義而歸之鮑身，則厲鬼將復以楫掊鮑之身矣。且祭祀不備㉛，神怒見體，以殺掌祀。如禮備神喜，肯見體以食賜主祭乎？人有喜怒，鬼亦有喜怒。人不為怒者身存，不為喜者身亡㉜，厲鬼之怒，見體而罰。宋國之祀，必時中禮㉝，夫神何不見體以賞之乎？夫怒喜不與人同，則其賞罰不與人等㉞；賞罰不與人等，則其掊夜姑，不可信也。

【章　旨】此章駁夜姑被厲鬼擊斃之說。

【注　釋】❶或　有人。❷難　責難；反駁。❸宋公鮑　指春秋時代宋國君主宋文公。名鮑，西元前六一〇至前五八九年在位。❹夜姑　人名。時為宋文公太祝，主管祭祀。❺掌　掌管。❻將事　執事；行事。❼厲者　惡鬼。❽杖　拄。❾楫　船槳。❿而　你。⓫粢盛　裝在祭器中用來祭祀的穀物。⓬膏　肥美；豐富。⓭犓犧　指祭祀用的牛羊。犓，同「芻」。餵牲口的草。⓮碩　大。⓯中　符合。⓰度量　標準尺寸。⓱順色　和顏悅色。⓲身　自身；自己。⓳襁褓　小孩的包被。此形容年紀幼小。⓴預知　過問。㉑掊　打。㉒壇　祭壇。㉓妖　妖象。㉔神　神靈。㉕臞　瘦。㉖責讓　責備。㉗無為　用不著。㉘見體　現形。見，同「現」。㉙義　正直。㉚已　通「矣」。㉛不備　不周全；不完善。㉜身亡　身體消失。㉝中禮　符合禮節。㉞等　相同。

【語　譯】有人反駁說：「宋文公鮑的身體有病。主持祭祀的官名叫夜姑，掌管祭祀惡鬼的事宜。惡鬼手拄著船槳同夜姑講話，說：『為什麼你上供的穀物不豐富呢？為什麼你上供的牛羊不肥大呢？為什麼你上供的兩種玉器不符合標準尺寸呢？是你的罪過呢？還是宋公鮑的罪過呢？』夜姑和顏悅色地回答道：『鮑自身還年幼，是個小孩子，沒有過問這件事。確實是我主管的。』惡鬼舉起船槳打夜姑，把夜姑打死在祭壇之下。這不是鬼能說話，能用手打人的證明嗎？」

我說：夜姑的死，未必是惡鬼打他的緣故，而是當時命中注定該死啊。妖像惡鬼，既然像鬼的形狀就會像鬼一樣說話，既然像鬼一樣說話就會像鬼一樣打人。怎麼來證明它？鬼，人們都以為很神靈，既然很神靈就會有先知先覺。有先知先覺就應當自己能看見上供的穀物不豐富，珪璧兩種玉器不符合標準，祭祀用的牛羊太瘦小，於是就用這些理由去責備夜姑，用船槳打他而已，用不著事先去追問。既然事先要追問，就證明惡鬼沒有先知先覺，沒有先知先覺，就證明鬼神並不神靈。既然沒有先知也不神靈，就不可能現形說話，用船槳打人。夜姑，是一位正直的臣子，把罪過歸到自己身上，所以惡鬼打死了他。如果夜姑不正直忠實，而把罪過歸到宋公鮑身上，那麼惡鬼就又會用船槳去打宋公鮑了。況且祭祀不周全，鬼神發怒而現形，因而殺死掌管祭祀的人。如果祭祀的禮節周到，鬼神感到欣喜，它能顯露形體而把祭品賜給主祭的人吃嗎？人有喜怒，鬼神也有喜怒。人不會因為有發怒的事情才使自己的身體存在，也不會因為有值得高興的事情而使自己的身體消失，惡鬼發怒，就要顯露形體而懲罰別人。宋國的祭祀，一定有符合禮節的時候，那麼鬼神為什麼不顯露形體而賞賜他們呢？既然鬼神的怒喜不與人的喜怒相同，那麼鬼神的賞罰也就不與人相同了；鬼神的賞罰不與人相同，那麼，關於惡鬼因為祭祀不周到而發怒打死夜姑的說法，就是不可信的。

且夫歆者，內氣❶也；言者，出氣也。能歆則能言，猶能吸則能呼矣。如鬼神能歆，則宜言於祭祀之上。今不能言，知不能歆，一也。凡能歆者，口鼻通也。使鼻鼽❷不通，口鉗❸不開，則不能歆矣。人之死也，口鼻腐朽，安能復歆？二也。《禮》曰：「人死也，斯惡之矣❹。」與人異類，故惡之也。為屍不動，朽敗滅亡，其身不與生人同，則知❺不與生人❻通矣。身不同，知不通，其飲食不與人鈞❼矣。胡、越❽異類❾，飲食殊味❿。死之與生，非直⓫胡之與越也。由此言之，死人不歆，三也。當人之臥⓬也，置食物其傍，不能知也，覺⓭乃知之，知乃⓮能食之。夫死，長臥不覺者也，安能知食？不能歆之，四也。

【章旨】此章進一步論述鬼神之不能歆之道理。

【注釋】❶內氣　吸氣。內，通「納」。吸進。❷齂　鼻塞。❸鉗　閉住。❹人死也二句　見《禮記．檀弓下》。斯，即；就。惡，厭惡；討厭。❺知　知覺。❻生人　活人。❼鈞　通「均」。相同；一樣。❽胡越　泛指北方、南方的少數民族。❾類　族別；族類。❿殊味　口味不同。⓫直　通「特」。只；僅僅。⓬臥　睡眠。⓭覺　睡醒。⓮乃　才。

【語譯】況且所謂「歆」，就是吸氣；所謂「言」，就是出氣。能夠享受祭品就能夠說話，如同人能夠吸氣也就能夠呼氣一樣。如果鬼神能夠享受祭品，那就應當在祭壇上說話。如今既然不能說話，也就知道鬼神不能享受祭品，這是第一點。凡是能夠享受祭品的，口鼻一定是相通的。假使鼻子堵塞不通，口閉住不開，就不能享受祭品了。人死了以後，口鼻都腐爛了，又怎麼能享受祭品呢？這是第二點。《禮記．檀弓下》說：「人死了，就會被人厭惡了。」死人與活人不同類，所以人厭惡它。人死之後變成僵屍而不動，就會腐朽滅亡，它的身體不與活人相同，知覺就不能與活人相通了。身體不同，知覺不通，它的飲食也就不與人相同了。北方的胡人、南方的越人不同族類，飲食不同口味。死人之與活人，不僅僅是胡人和越人的區別啊。由此說來，死人不能享受上供的祭品，這是第三點。當人睡眠的時候，把食物放在他旁邊，他就不可能知道。只有等到他睡醒時才知道身旁放的食物，也只有知道以後才能吃食物。人死，就等於長期睡眠不醒的人一樣，怎麼能夠知道吃食物？可見人死了以後是不可能享受上供的祭品的，這是第四點。

或難❶曰：「『祭則鬼享之❷』，何謂也？」曰：言其修具❸謹潔❹，粢牲肥香，人臨❺見之，意❻飲食之。推己意以❼況❽鬼神，鬼神有知❾，必享此祭，故曰「鬼享之」也。

【章　旨】此章以人之欲食解答《孝經》中有關「鬼享之」之論。

【注　釋】❶難　非難；反駁。❷祭則鬼享之　見《孝經．孝治章》。❸修具　指準備上供的祭品。❹謹潔　慎重而整潔。❺臨　面對著。❻意　想。❼以　用。❽況　比方。❾知　知覺。

【語　譯】有人反駁說：「『祭祀時，鬼神就來享受上供的祭品』，這是什麼意思呢？」我說：這是說人準備祭品既慎重又整潔，穀米芳香，牛羊肥大，人面對著這些祭品，就很想吃了。人推己之意來比喻鬼神之心，以為鬼神如果有知覺，一定會來品嘗這些祭品的，所以說「鬼神就來享受上供的祭品」啊。

難曰：「《易》曰：『東鄰殺牛，不如西鄰之禴祭❶。』夫言東鄰不若西鄰，言東鄰牲大福少，西鄰祭少福多也。今言鬼不享，何以知其福有多少也？」曰：此亦謂修具謹潔與不謹潔也。紂殺牛祭，不致❷其禮；文王禴祭，竭盡其敬。夫禮不至❸則人非之，禮敬盡則人是❹之。是之則舉事多助，非之則言行見畔❺。見畔，若祭不見享之禍；多助，若祭見歆之福，非鬼為祭祀之故有喜怒也。何以明之？苟❻鬼神，不當須❼人而食，須人而食，是不能神也。信❽鬼神歆祭祀，祭祀為禍福，謂鬼神居處❾何如狀哉？自有儲偫❿邪⓫？將⓬以人食為饑飽也？如自有儲偫，儲偫必與人異，不當食人之物。如無儲偫，則人朝夕祭乃可耳。壹祭壹否，則神壹饑壹飽，壹饑壹飽，則神壹怒壹喜矣。

【章　旨】此章就《易》所言東鄰西鄰之說批駁「鬼享」之論。

【注　釋】❶東鄰殺牛二句　見《周易・既濟》。意謂東鄰殺牛厚祭不如西鄰用飯菜薄祭為美善。東鄰、西鄰，《禮記・坊記》引《易・既濟》鄭玄注：「東鄰，謂（商）紂國中也。西鄰，謂（周）文王國中也。」殺牛，指殺牛祭祀，用太牢之禮。禴，一種薄祭的名稱。只用飯菜，不用大牲。紂是君，用厚祭；文王是臣，用薄祭。❷致　盡到。❸至　周到。❹是　肯定；贊成。❺見畔　被反對。畔，通「叛」。❻苟　如果。❼須　等待。❽信　真。❾居處　此指日常生活。❿儲偫　儲備器物以待用。亦作「儲跱」。《漢書・孫寶傳》：「更為除舍，設儲偫。」顏師古注：「謂豫備器物也。」⓫邪　通「耶」。表疑問語氣。⓬將　還是。表選擇。

【語　譯】有人反駁說：「《周易・既濟》說：『東鄰紂王殺牛的厚祭，還不如西鄰周文王用飯菜的薄祭之美善。』這裡說東鄰不如西鄰，是說紂王上供的牲口大而鬼神不享受所以得到的福祐少，而周文王上祭少卻得到的福祐多。如今說鬼神不能享受祭品，又怎麼知道他們得到的福祐有多有少呢？」我說：這也是說他們準備上供的祭品是既慎重又整潔還是不慎重不整潔啊。紂王殺牛祭祀，卻不盡到自己應盡的禮節；周文王以飯菜薄祭，卻竭誠地盡到自己對鬼神的敬仰態度。禮節不周到就會遭到人們的非議，禮節恭敬周到就能得到人們的肯定。肯定他的話辦事就會得到很多人的贊助，非議他的話那麼他的言論行動就會遭到人們的反對。一遭到人的反對，就好像祭品不被鬼神享受而造成的禍害；一得到很多人的贊助，就好像是祭品被鬼神享受而帶來的福祐，其實並不是鬼神因為祭祀好壞的緣故而有喜怒啊。怎麼來證明它呢？假如鬼很神靈，就不應當等待人上供祭品而吃東西，等待人上供祭品而吃東西，這就不能算是神靈。如果鬼神真的能享受祭祀的供品，祭祀的好壞能帶來禍福，那麼你說鬼神的日常生活是怎樣的狀況呢？是自己有生活資料儲備積蓄呢？還是以人們上供的食物作為自己飢飽的條件呢？如果鬼神自己有儲備積蓄，那麼鬼神的儲備積蓄一定與人的儲備積蓄不同，就不應當吃人上供的食物。如果鬼神自己沒有儲備積蓄，那麼就需要人們每天早晚都要祭祀才可以生存下去。一時祭祀一時不祭，鬼神就會有時飢有時飽，一飢一飽，鬼神就會有時怒有時喜，喜怒無常了。

且病人見鬼，及臥夢❶與死人相見，如人之形，故其祭祀如人之食。緣有飲食，則宜有衣服，故復以繒❷製衣，以象生儀❸。其祭如生人之食，人欲食之，冀❹鬼饗❺之。其製衣也，廣縱❻不過一尺若❼五、六寸。以所見長大之神貫❽一尺之衣，其肯喜而加福於人乎？以所見之鬼為審❾死人乎？則其製衣宜若生人之服。如以所製之衣審鬼衣之❿乎？則所見之鬼宜如偶人⓫之狀。夫如是⓬也，世所見鬼非死人之神，或所衣之神非所見之鬼也。鬼神未定⓭，厚禮事⓮之，安得福祐而堅信之乎？

【章旨】此章以繒製衣為例，指出「鬼神未定」，祭祀何福！

【注釋】❶臥夢　睡夢之中。❷繒　絲織品之總稱。❸儀　儀表；外表。❹冀　希望。❺饗　享受供品。❻廣縱　指衣服的長短肥瘦。❼若　或。❽貫　穿。❾審　果真。❿衣之　穿上衣服。⓫偶人　指用泥木製作的假人。⓬如是　像這樣；這樣說來。⓭鬼神未定　鬼神是什麼樣子尚且不能肯定。⓮事　侍奉。

【語譯】況且病人看見的鬼，以及睡夢中與死人相見，好像人的樣子，因此人們祭祀時上供的祭品也同人吃的食物一樣。根據鬼神有飲食之需來推論，鬼神就應該有衣服，因此人們又用絲綢給它製作衣服，以仿效他活著時的儀表。祭祀鬼神的供品如同活人吃的食物，人想吃它，就希望鬼神享受它。就人們給鬼神製作的衣服來說，衣服的長短肥瘦不過一尺或五、六寸。讓人們在睡夢之中所見到的像人一樣高大的鬼神穿一尺長短的衣服，鬼神難道會感到高興而肯給人帶來福祐嗎？認為在睡夢之中見到的鬼果真是死去的人嗎？那麼人們製作的衣服就應該像活人的衣服一樣。如果把自己所製作的衣服真的給鬼神穿上嗎？那麼人們在睡夢中所見到的鬼就應該像泥木製作的假人的形狀。這樣說來，世人所見到的鬼並不是死去的人的神靈，或者說人們給它製作衣服穿上的神並不是人們所見到的像人一樣的鬼。鬼神是什麼樣子尚且不能肯定，用豐厚的禮品來祭祀它，怎麼能夠得到鬼神所帶來的福祐，而對它堅信不疑呢？

祭意篇第七十七

【題解】本篇論祭祀之意，與〈祀義篇〉同旨。作者引經據典，補充與發揮前篇旨意，進而把王充哲學體系中的無神論昇華到一定高度。

與前篇比較，本篇有所不同者有三：一是重祖先，二是重溯源，三是重典籍。王充明確指出：「凡祭祀之義有二：一曰報功，二曰修先。」這就是說，祭祀的真正意義，在於「重恩尊功」。這是頗有見地的。

《禮》：王者祭天地，諸侯祭山川，卿、大夫祭五祀，士、庶人[1]祭其先[2]。宗廟、社稷之祀，自天子達[3]於庶人。《尚書》曰：「肆[4]類[5]于上帝，禋[6]于六宗，望[7]于山川，遍于群神。」《禮》[8]曰：「有虞氏[9]禘[10]黃帝而郊[11]嚳，祖[12]顓頊而宗[13]堯；夏后氏[14]亦禘黃帝而郊鯀，祖顓頊而宗禹；殷[15]人禘嚳而郊冥[16]，祖契[17]而宗湯[18]；周人禘嚳而郊稷，祖文王而宗武王。燔柴[19]於大壇[20]，祭天也；瘞埋[21]於大折[22]，祭地也，用騂犢[23]。埋少牢[24]於大昭[25]，祭時[26]也；相近[27]於坎壇[28]，祭寒暑也；王宮[29]，祭日也；夜明[30]，祭月也；幽禜[31]，祭星也；雩禜[32]，祭水旱也；四坎壇[33]，祭四方也。山林、川谷、丘陵，能出雲，為風雨，見[34]怪物，皆曰神。有天下者[35]祭百神[36]，諸侯在[37]其地則祭，亡[38]其地[39]則不祭。」此皆法度[40]

之祀，禮之常制也。

【章旨】此章歷數各種法度之祀。

【注釋】❶庶人　平民；百姓。❷先　祖先。❸達　到。❹肆　遂；於是。❺類　通「禷」。《說文・示部》：「以事類祭天神也。」古書通作「類」，是古代以特別事故臨時祭天或天神的名稱，與定時的郊祭不同。❻禋　即禋祀。古代祭天與天神的一種禮儀，先燒柴升煙，再加牲體及玉帛於柴上焚燒。《通典・禮四・禋六宗》引鄭玄注：「禋，煙也，取其氣達升報於陽也。」六宗，孔安國傳以為是四時、寒暑、日、月、星、水旱六種神，各家說法不一，據下文，王充指的是六合之遊神。❼望　古代祭祀山川之名。望而祭之，故稱。❽禮　指《禮記・祭法》。❾有虞氏　指虞舜時代。❿禘　古代祭典之名。這是大禘之祭。《禮記・大傳》孫希旦集解引趙匡曰：「禘者，帝王既立始祖之廟，猶謂未盡其追遠尊先之意，故又推尋始祖所自出之帝而追祀之。」⓫郊　古代君主在南郊祭天配以祖先叫「郊」。此泛指配祭。⓬祖　始祖廟。此指把顓頊當始祖來祭祀。⓭宗　宗廟。地位次於始祖廟。此指把堯作為宗廟之主來配祭。⓮夏后氏　指夏朝。⓯殷　商朝。以其商王盤庚自奄（今山東曲阜）遷都於殷（今河南安陽）而得名。⓰冥　傳說是商朝的祖先，契之後代。⓱契　傳說是商朝的始祖。⓲湯　商朝開國之君。⓳燔柴　祭天時舉行的一種儀式。燔，燒。⓴大壇　即「太壇」。君主祭天之壇，故又叫「天壇」。㉑瘞埋　指把祭品埋入地下。瘞，埋；埋葬。《詩・大雅・雲漢》：「上下奠瘞。」孔穎達疏：「奠，謂置之於地；瘞，謂埋之於土。」㉒大折　同「太折」。祭地之處。㉓騂犢　毛色純赤的牛犢。㉔少牢　古代祭祀用的豬、羊。《禮記・少牢饋食禮》鄭玄注：「羊、豕曰少牢，諸侯之卿大夫祭宗廟之牲。」㉕大昭　同「太昭」。祭時之地。㉖時　四時。即春、夏、秋、冬。㉗相近　據《禮記・祭法》鄭玄注，當為「禳祈」之誤。禳祈，祭禱消災。㉘坎壇　於壇旁挖坑穴置祭品，用於祭祀。㉙王宮　日壇。㉚夜明　月壇。㉛幽禜　星壇。禜，古代禳災之祭。《左傳・昭公元年》：「山川之神，則水旱癘疫之災，於是乎禜之；日月星辰之神，則雪霜風雨之不時，於是乎禜之。」㉜雩禜　祭水旱之壇。雩，古人求雨之祭。㉝四坎壇　東、南、西、北四方各設一坎一壇，合稱「四坎壇」。㉞見　同「現」。出現；產生。㉟有天下者　指帝王。㊱百神　眾神。㊲在　擁有；佔有。㊳亡　喪失。㊴地　指封地。㊵法度　法制。

【語譯】按照《禮》的規定：君主祭祀天地，諸侯祭祀山川，卿、大夫祭祀門、戶、井、竈、宅五種神，士、平民祭祀自己的祖先。對祖先、土地、穀神的祭祀，是從天子一直到平民百姓都要從事的。《尚書·舜典》說：「於是對上帝進行類祭，對六宗進行禋祭，對山川進行望祭，對群神普遍進行祭祀。」《禮記·祭法》說：「虞舜時代把黃帝當作始祖之帝來祭祀而以帝嚳配祭，把顓頊當作始祖來祭祀而以堯為宗廟之主配祭；夏朝也把黃帝當始祖之帝來祭祀而以鯀配祭，把顓頊當作始祖來祭祀而以禹配祭；商朝人把帝嚳當作始祖之帝來祭祀而以冥配祭，把契當作始祖來祭祀而以湯配祭；周朝人把帝嚳當作始祖之帝來祭祀而以稷為宗廟之主配祭，把周文王當作始祖來祭祀而以周武王配祭。在太壇上燒柴，這是祭天，把祭品埋在太折邊，這是祭地，上供的祭品是毛色純赤的牛犢。把祭祀用的豬、羊埋在太昭，這是祭時；挖地為坑穴，求神消災，這是祭祀寒暑；在日壇王宮祭祀，這是祭太陽神；在月壇祭祀，這是祭月亮之神；在星壇幽禜祭祀，這是祭星辰；在雩禜壇祭祀，這是祭水旱之神；在四坎壇祭祀，這是祭祀東、南、西、北四方之神。山林、河谷、丘陵能生出雲霧，變成風雨，出現怪物，都叫做神。帝王祭祀眾神，諸侯擁有封地就要祭祀，喪失這一封地就不需要祭祀了。」這些都合乎法定的祭祀，是禮所規定的常規制度啊。

王者父事❶天，母事❷地，推❸人事父母之事，故亦有祭天地之祀。山川❹以下，報功之義❺也。緣❻生人❼有功得賞，鬼神有功亦祀之。山出雲雨潤萬物，六宗居六合❽之間，助天地變化，王者尊而祭之，故曰六宗。社稷，報生萬物之功，社報萬物，稷報五穀。五祀，報門、戶、井、竈、室中霤之功，門、戶人所出入，井、竈人所飲食，中霤人所托處❾，五者功鈞❿，故俱⓫祀⓬之。

【章旨】此章解釋上述祭典的意義之所在。

【注　釋】❶父事　像對待自己的父親一樣侍奉。事，侍奉。❷母事　像對待自己的母親一樣侍奉。❸推　根據……類推。❹山川　指山林、河谷、丘陵之類山川之神。❺義　用意；目的。❻緣　根據。❼生人　活人。❽六合　指天地四方。《莊子・齊物論》成玄英疏：「六合，天地四方。」❾托處　依託之處；居住之地。❿鈞　通「均」。等同。⓫俱　都。⓬祀　祭祀。

【語　譯】君主像對待自己的父親一樣侍奉天，像對待自己的母親一樣侍奉地，根據人們侍奉父母的事例來類推，所以也有祭祀天地的活動。祭祀山林、川谷、丘陵諸神，用意在於報答山川諸神的功勞。根據活人有功勞就得到獎賞來類推，鬼神有功勞也應該通過祭祀來報答它。山川湧現出雲雨來滋潤萬物，上下四方的遊神生活在上下東南西北之間，幫助天地變化，君主尊重祂們而祭祀祂們，所以稱作「六宗」。祭祀土地神和穀神，是為了報答祂們生長萬物的功勞，其中祭土地神在於報答土地生長萬物，祭穀神在於報答它給人類提供五穀之恩。五種祭祀，在於報答門、戶、井、竈、宅神的功勞，門、戶是人出入的地方，井、竈是給人提供飲食的地方，中霤是人依託和居住的地方，五種神功勞相同，所以都要祭祀祂們。

傳❶或❷曰：「少昊❸有四叔❹：曰重❺，曰該❻，曰修❼，曰熙❽，實能金木及水。使重為句芒❾，該為蓐收❿，修及熙為玄冥⓫，世⓬不失職，遂濟⓭窮桑⓮，此其三祀⓯也。顓頊氏有子曰犁⓰，為祝融⓱，共工氏⓲有子曰句龍⓳，為后土⓴，此其二祀也。后土為社，稷，田正㉑也。有烈山氏㉒之子曰柱㉓，為稷，自夏以上祀之。周棄㉔亦為稷，自商以來祀之。」《禮》曰：「烈山氏之有天下也，其子曰柱，能殖㉕百穀。夏之衰也，周棄繼之，故祀以為稷。共工氏之霸㉖九州㉗也，其子曰后土，能平九土㉘，故祀以為社㉙。」傳或曰：「炎帝作火，死而為竈。禹勞力天下水，死而為社㉚。」《禮》曰：「王為群姓㉛立七祀：曰司命㉜，曰中霤㉝，曰國門㉞，曰國行㉟，曰泰厲㊱，曰戶，曰竈。諸侯為國立五祀：曰司命，曰中霤，曰國門，曰國行，曰公厲㊲。大夫立三祀：曰族厲㊳，曰門，曰行。適士㊴立二祀：曰門，曰行。庶人立一祀：或立戶，或立竈。」社稷、五祀之祭，未有所定，皆為思其德，不忘其功也。中心愛㊵之，故飲食㊶之。愛鬼神者祭祀之。自禹興㊷修社㊸，稷祀后稷㊹，其後絕廢㊺。

【章旨】此章引經據典以論社稷、五祀之祭皆為「思其德，不忘其功」之意。

【注釋】❶傳　指解釋經書及儒家經書以外的一般書籍。❷或　有的；有些。❸少昊　傳說中的上古帝王。黃帝之子。❹四叔　指子孫四人。❺重　人名。傳說任木官（木正）。❻該　人名。傳說任金官（金正）。❼修　人名。傳說任水官（水正）。❽熙　人名。傳說承襲修位而任水官。❾句芒　即「木正」。主木之官。又為木神之名。《左傳・昭公二十九年》：「木正曰句芒。」《禮記・月令》鄭玄注：「句芒，少皞氏之子曰重，為木官。」❿蓐收　即「金正」。主金之官。⓫玄冥　即「水正」。主水之官。又為水神或雨神名。《左傳・昭公二十九年》：「水正曰玄冥。」《風俗通・卷八》：「鄭大夫子產禳於玄冥，雨師也。」⓬世　世世代代。⓭濟　成。⓮窮桑　古地名。在今山東曲阜之北，少昊在此登位。此指少昊而言。⓯三祀　指報答木正、金正、水正之功的祭禮。⓰犁　人名。⓱祝融　即「火正」。主火之官。又為火神。《史記・楚世家》：「重黎為帝嚳高辛居火正，甚有功，能光融天下，帝嚳命曰祝融。」⓲共工氏　指水神共工。《左傳・昭公十七年》：「共工氏以水紀，故為水師而水名。」又《管子・揆度》有記載。⓳句龍　人名。《春秋傳》曰：「共工之子句龍為社神。」⓴后土　即「土正」。土官之名。又為土地神。《左傳・昭公二十九年》：「土正曰后土。」杜預注：「土為群物主，故稱后也。」《禮記・檀弓上》

鄭玄注：「后土，社也。」即土地神。㉑田正　即田官。主管田地的官。㉒烈山氏　即傳說中的神農氏。㉓柱　人名。㉔棄　后稷名。㉕殖　種植。㉖霸　稱霸；統治。㉗九州　泛指中國。《管子・揆度》：「共工之王，水處什之七，陸處什之三，乘天勢以隘制天下。」㉘九土　九州的土地。㉙社　社神。即土地神。《說文》：「社，地主也，從示土。」引文見《禮記・祭法》。㉚炎帝作火四句　見《淮南子・氾論》。炎帝，傳說即神農氏。竈，指竈神。㉛群姓　百姓。㉜司命　掌管生死的神。㉝中霤　宅神。㉞國門　城門神。國，都城。㉟國行　大路神。㊱泰厲　沒有後嗣的帝王之鬼魂。㊲公厲　沒有後嗣的諸侯之鬼魂。㊳族厲　沒有後嗣的卿大夫之鬼魂。㊴適士　通「嫡士」。士的嫡長子一支世代之稱。㊵愛　思慕。㊶飲食　供給飲食。㊷興　指治水有功。㊸修社　被當作社神祭祀。㊹稷祀后稷　立后稷為穀神加以祭祀。㊺絕廢　廢除。指所祭者不一定是禹和后稷而言。

【語譯】有些傳書說：「少昊有子孫四人：名叫重，名叫該，名叫修，名叫熙，他們確實能主管金、木及水。指派重為木正，該為金正，修及熙為水正，世世代代不失職，於是完成了少昊留傳下來的功業，這就有報答木正、金正、水正的祭祀。顓頊氏有兒子名叫犁，為火正，共工氏有兒子名叫句龍，為土正，這就有報答火正、土正功勞的祭祀。后土是社神。稷是田正。烈山氏的兒子名叫柱，為田正，因此自遠古時代至夏朝都祭祀他。周朝的始祖棄也當過田正，自商朝以來都祭祀他。」《禮記・祭法》說：「烈山氏有天下，他的兒子名叫柱，能種植各種穀物。夏朝衰落的時候，周朝的始祖棄繼續夏朝的王業，所以把棄當作穀神來祭祀。共工氏稱霸九州時，他的兒子名叫后土，能安定九州的土地，所以把他當作土地神來祭祀。」有些傳書說：「炎帝替人類製作火，死後而被人們奉為竈神來祭祀。大禹為治理天下的洪水災害而歷盡辛勞，死後就被人們奉為社神來祭祀。」《禮記・祭法》說：「帝王替百姓設立七個祭祀對象：一是司命（主生死之神），二是中霤（宅神），三是國門（城門神），四是國行（大路神），五是泰厲（絕後的帝王鬼魂），六是戶神，七是竈神。諸侯為國人設立了五種祭祀對象：一是主生死之神，二是宅神，三是城門神，四是大路神，五是絕後的諸侯的鬼魂。大夫設立有三種祭祀對象：一是絕後的大夫的鬼魂，二是城門神，三是大路神。嫡士設立有兩種祭祀對象：一是城門神，二是大路神。平民百姓設立的祭祀對象有一個：有的立戶神為祭，有的立竈神為祭。」

關於社神、穀神和其他五種鬼神的祭祀，具體對象究竟是什麼還不能肯定，但其目的意義都是為了思念他們的恩德，不忘記他們的功勞。人們心中思慕他們，所以供給他們飲食吃喝。思慕鬼神的人去祭祀鬼神。自禹因治水有功被祀為土地神，立后稷為穀神加以祭祀，這以後關於社稷之神的祭祀對象，就廢除了禹和后稷而改為別的人了。

高皇帝❶四年❷，詔天下祭靈星❸；七年，使天下祭社稷。靈星之祭，祭水旱也，於禮舊名曰雩。雩之禮，為民祈穀雨，祈穀實也。春求雨，秋求實，一歲再祀❹禮，蓋重穀❺也。春以❻二月，秋以八月。故《論語》曰：「暮春者，春服既❼成，冠者❽五、六人，童子六、七人，浴乎❾沂❿，風乎舞雩⓫，詠⓬而歸。」暮春，四月也。周之四月，正歲⓭二月也。二月之時，龍星始出⓮，故傳⓯曰：「龍見而雩⓰。」龍星見時，歲已啟蟄⓱，故又曰：「啟蟄而雩。」春雩之禮廢，秋雩之禮存，故世常修靈星之祀，到今不絕。名變於舊，故世人不識；禮廢不具，故儒者不知。世儒案⓲禮，不知靈星何祀，其難曉亦不識說⓳，縣官⓴名曰明星，緣㉑明星之名，說曰歲星㉒。歲星，東方㉓也。東方主春㉔，春主生物，故祭歲星，求春之福也。四時㉕皆有力於物㉖，獨求春者，重本尊始㉗也。審㉘如儒者之說，求春之福，反以秋祭，非求春也。〈月令〉祭戶以春，祭門以㉙秋，各宜㉚其時。

如或祭門以秋，謂之祭戶，論者肯然之㉛乎？不然，則明星非歲星也，乃龍星也。龍星二月見，則春雩祈穀雨；龍星八月將入，則秋雩祈穀實。儒者或見其義，語不空生。春雩廢，秋雩興，故秋雩之名，自若為明星也，實曰靈星。靈星者，神也；神者，謂龍星也。群神謂風伯、雨師、雷公之屬㉜。風以搖之，雨以潤之，雷以動之，四時生成㉝，寒暑變化。日月星辰，人所瞻仰。水旱，人所忌惡㉞。四方，氣所由來。山林川谷，民所取材用㉟。此鬼神㊱之功也。

【章　旨】此章論靈星之祭，贊歎自然造化之功。

【注　釋】❶高皇帝　漢高祖。❷四年　指西元前二〇三年。❸靈星　王充以為是主管農業的龍星（大火星）。❹一歲再祀　一年祭祀兩次。❺重穀　以穀物為重。❻以　在；於。❼既　已經。❽冠者　指成年人。冠，古代男子二十歲行加冠禮，表示成年。❾乎　於。❿沂　沂水。⓫舞雩　即舞雩臺。古代祭天求雨的場所。⓬詠　唱歌。王充之解，詳見本書〈明雩篇〉。⓭正歲　指夏曆。周朝以夏曆十一月為正月，所以周曆四月即夏曆二月。⓮龍星始出　古人以此作為農事季節的標誌。⓯傳　此指《左傳》。⓰龍見而雩　見《左傳・桓公五年》。龍見，龍星出現。⓱啟蟄　即驚蟄。二十四節氣之一。《月令七十二候集解》：「二月節……萬物出乎震，震為雷，故曰驚蟄，是蟄蟲驚而出走矣。」⓲案　考察。⓳說　解說。⓴縣官　指天子。㉑緣　根據。㉒歲星　木星。㉓東方　按陰陽五行說，木星配屬於東方。㉔東方主春　按陰陽五行說，東方與春天相配屬。主，主管。㉕四時　四季。㉖有力於物　對萬物生長有貢獻。㉗重本尊始　以本為重，以始為尊。㉘審　果真。㉙以　在；於。㉚宜　適宜；合適。㉛然之　以之為然。然，對；這樣。㉜屬　類。㉝生成　生長成熟。㉞忌惡　忌恨、憎惡。㉟材用　指物資。生活資料。㊱鬼神　鬼斧神工。即自然造化。

【語　譯】漢高祖四年，皇帝詔示全國祭祀靈星以祈求豐收年成；七年，又命令全國祭祀社神、穀神。祭祀靈星，是由於乾旱，祭祀以求雨，在禮儀上舊名叫做「雩」。雩的祭禮，是為了替老百姓求神降下滋潤穀物的雨水，祈求穀物有好收成。春天求雨水，秋天求穀物豐收，一年祭祀兩次，大概是重視糧食的緣故。春天在二月祭祀，秋天在八月祭祀。所以《論語・先進》說：「暮春四月，春天的衣服已經做好穿上了。我同五、六位成年人，六、七個兒童，在沂水中洗澡，在舞雩臺上吹風，唱著歌兒回家。」暮春，是四月了。周朝的四月，是夏曆二月。二月的時候，龍星剛剛出現，所以《左傳・桓公五年》說：「龍星出現而求神降雨。」龍星出現時，一年的節氣已經到了驚蟄，因此又說：「到了驚蟄，就求神降雨。」後來春天求雨的祭禮廢除了，而秋天求雨的祭禮仍然保存著，所以世人常舉行祭祀靈星的活動，至今沒有斷絕。但是祭禮的名稱不同於以前了，所以一般人不知道；而春天求雨的祭禮早已廢除不存在了，所以儒生不知道。一般儒生考察祭祀的禮儀，不知道為什麼祭祀靈星，因為它難懂也不知道怎麼解說，天子稱它為「明星」，根據明星這個名稱，就把它解說為「歲星」。歲星（木星），按照陰陽五行說，是配屬東方的。東方又與春天相配屬，春天主管生長萬物，所以祭祀歲星，是祈求春天之神的福祐。四季都對萬物的生長有貢獻，唯獨祈求春天之神降福，是因為重視農業這個根本，珍重一年開始的時光啊。果真像儒生的解說，祈求春天之神的福祐，反而在秋天祭祀，這就不是祈求春天之神的福祐了。《禮記・月令》中規定在春天祭祀戶神，在秋天祭祀門神，各自適合自己的時節。如果有人在秋天祭祀門神，卻說是祭祀戶神，議論的人能認為這樣是對的嗎？不然的話，那麼說靈星是明星，又說成歲星，顯然是不對的，而是龍星啊。龍星二月出現，那麼春天祭祀是祈求滋潤穀物的雨水；龍星八月將隱沒，那麼秋天祭祀是祈求穀物豐收的雨水。有些儒生也許明白其中的意思，他們的話也許不是憑空生造的。春天求神降雨的祭祀廢除了，秋天求神降雨的祭祀卻興盛了，因此秋天求雨的祭祀之名，自然就像是明星之祭了，實際上稱為靈星之祭。靈星，就是雨神；雨神，就叫做龍星。百神稱作風伯、雨師、雷公之類，風用來搖動萬物，雨用來滋潤萬物，雷用來震動萬物，四季使萬物生長成熟，寒暑使萬物發生變化。日月星辰，是人人所瞻仰的。水災旱災，是人人所憎恨的。四面八方，是自然之氣由來的地方。山林河谷，是老百姓獲取物資的地方。這一切，都是自然造化之功啊。

凡祭祀之義有二：一曰報功，二曰修先❶。報功以勉力，修先以崇恩。力勉恩崇，功立❷化通❸，聖王之務❹也。是故「聖王制祭祀也，法施於民則祀之，以死勤事則祀之，以勞❺定國❻則祀之，能禦❼大災則祀之，能捍❽大患則祀之」。「帝嚳能序❾星辰以著眾❿；堯能賞均刑法以義終⓫；舜勤民事而野死⓬；鯀勤洪水而殛⓭死；禹能修⓮鯀之功⓯；黃帝正名百物⓰，以明⓱民共財；顓頊能修之；契為司徒⓲而民成；冥勤其官而水死；湯以寬治民而除其虐⓳；文王以文治，武王以武功，去民之災⓴」。凡此功烈㉑，施布㉒於民，民賴㉓其力，故祭報之。宗廟先祖，己之親也，生時有養親之道，死亡義不可背，故修祭祀，示如生存。推㉔人事鬼神，緣㉕生㉖事㉗死。人有賞功供養之道，故有報恩祀祖之義。

【章旨】此章點明本篇主旨，指出：「凡祭祀之義有二：一曰報功，二曰修先。」

【注釋】❶修先　敬奉祖先。❷功立　功業建立。❸化通　教化普及。❹務　任務；職責。❺勞　功勞。此指戰功。❻定國　使國家安定。❼禦　抵禦；防禦。❽捍　保衛；抵禦。❾序　指星宿的排列次序及出沒規律。❿著眾　著於眾；在眾人中著名。⓫義終　即善終。指堯讓位於舜，安享晚年之福。義，善。⓬野死　在荒野裡死去。相傳舜王南巡死於邊遠的蒼梧。⓭殛　誅戮；處死。《書・舜典》：「殛鯀於羽山。」⓮修　修飾；整理而使之完善。⓯功　功業。⓰正名百物　替百物正名。⓱明　啟發；開導。⓲司徒　官名。主管教化。⓳除其虐　指湯放逐暴君桀之事。⓴去民之災　指周文王、周武王滅亡紂王，為民除害。引文見《禮記・祭法》。㉑功烈　功業。《漢書・王莽傳上》：「修文、武之烈。」顏師古注：「烈，業也。」㉒施布　賜給。㉓賴　依靠。㉔推　根據。㉕緣　根據。㉖生　活人。㉗事　侍奉。

【語譯】大凡祭祀的目的意義有二：一是報功，二是敬奉祖先。報功是為了勉勵盡心竭力的人，修先是為了尊崇有恩德的人。盡心竭力的人給予勉勵，有恩德的人受到尊崇，使功業建立，讓教化普及，這是聖王的職責。因此「聖王制定了祭祀的標準，凡是為民眾立法的人就為他祭祀，凡是為國事辛勤工作死而後已的人就為他祭祀，凡是以赫赫戰功使國家安定的人就為他祭祀，凡是能抵禦特大災荒的人就為他祭祀，凡是能保衛百姓生命財產免受災難的人就為他祭祀」。「帝嚳能了解星辰的排列次序及其出沒規律而在眾人中著名；堯能賞罰公平而把帝位讓給舜，自己安享晚年之樂；舜辛勤地為百姓辦事而死於荒野之中；鯀辛辛苦苦地治理洪水卻被處死；禹能繼承鯀的事業並使它更加完善；黃帝為百物正名，並以此來啟發老百姓共同享受這些財富，不能據為己有；顓頊能使黃帝的功業更加輝煌；契為司徒，教化百姓很有成效；冥在水官職位上盡職盡責而死在治水崗位上；湯以寬厚治理百姓而放逐了暴君桀；周文王以文治國，周武王以武功治國，為民除害。」所有這些功業，賜福給廣大老百姓，老百姓普遍地得到了他們的好處，所以祭祀來報答他們的功德。宗廟先祖，是自己的父母親，他們在生時有贍養他們的義務，死後情義上更不可背棄他們，因此舉行祭祀，表示子孫像他們健在的時候一樣敬奉。這是由人的道理，類推到侍奉鬼神上；是根據活人的辦法，來侍奉死者。人們有賞賜功臣、供養父母的責任，就應該有報答恩德、祭祀祖先的義務。

孔子之畜狗❶死，使❷子贛❸埋之，曰：「吾聞之也，弊帷❹不棄❺，為埋馬也；弊蓋❻不棄，為埋狗也。丘也貧，無蓋，於其封❼也，亦與之席，毋❽使其首❾陷焉。」延陵❿季子⓫過徐，徐君⓬好⓭其劍，季子以當使⓮於上國⓯，未之許與⓰。季子使還⓱，徐君已死，季子解劍帶⓲其冢樹。御者⓳曰：「徐君已死，尚⓴誰為乎？」季子曰：「前已心許之矣，可以㉑徐君死故負㉒吾心乎？」遂㉓帶劍於冢樹而去㉔。祀為報功者，其用意猶孔子之埋畜狗也；祭為不背先者，其恩猶季子帶劍於冢樹也。

【章旨】此章以孔子之埋家犬、季子帶劍於冢樹為例，推論祭祀之義。

【注釋】❶畜狗　豢養的家犬。❷使　讓。❸贛　通「貢」。即子貢。❹弊帷　破舊的帳幕。❺棄　扔掉。❻弊蓋　破舊的車蓋。❼封　聚土為墳。此指埋葬。❽毋　不要。❾首　頭部。❿延陵　古地名。在今江蘇常州。⓫季子　即季札。⓬徐君　徐國君主。⓭好　喜愛。⓮使　出使。⓯上國　中原各國。⓰未之許與　即「未許與之」。沒有答應贈給他。⓱使還　出使歸回。⓲帶　掛。⓳御者　趕車人。⓴尚　還。㉑以　因為。㉒負　違背。㉓遂　於是。㉔去　離開。

【語譯】孔子豢養的家犬死了，讓子貢去埋葬牠，說：「我聽說，破舊的帳幕不要扔掉，用作埋葬死馬；破舊的傘形車蓋不要扔掉，用作埋葬死狗。我家貧窮，沒有車蓋，在家犬的埋葬上，也要給牠用蓆子，不要使牠的頭陷入泥土啊。」延陵季札經過徐國，徐國的君主喜愛他佩帶的劍，季札雖然想送給徐君，但是因為正要出使中原各國，不佩帶劍不符合禮儀，所以沒有答應贈給他。季札出使中原各國返回時，徐君已經死了，季札就把劍解下來掛在徐君墳墓邊的樹上。趕車的人說：「徐君已死，還給誰呢？」季札說：「先前我已經在心裡答應送給徐君了，難道可以因為徐君死了的緣故而違背我自己的本意嗎？」於是季札把寶劍掛在墳墓邊的樹上就離去了。祭祀為了報答有功的人，他的用意就如同孔子埋葬自家豢養的家犬一樣；祭祀為了不違背祖先的人，他的愛就好像季札把自己佩帶的寶劍掛在徐君的墳墓邊的樹上一樣。

聖人知其若此，祭猶❶齋戒畏敬，若❷有鬼神，修興❸弗❹絕，若有禍福。重恩尊功❺，殷勤厚恩❻，未必有鬼而享之者。何以明之？以飲食祭地也。人將飲食，謙退❼，示當有所先。孔子曰：「雖疏食菜羹，必祭，必齊如也❽。」《禮》曰：「侍食於君，君使之祭，然後飲食之❾。」祭，猶禮之諸祀❿也。飲食亦可毋祭，禮之諸神，亦可毋祀也。祭、祀之實一也，用物⓫之費⓬同也。知祭地無神，猶謂諸祀有鬼，不知類⓭也。

【章旨】此章繼上文推論祭祀之義，強調「重恩尊功」，未必有鬼享之。

【注釋】❶猶 還。❷若 像。❸修興 舉行祭祀。❹弗 不。❺重恩尊功 尊重祖先的恩德和人、物的功績。❻厚恩 厚禮。❼謙退 謙虛退讓。❽雖疏食菜羹三句 見《論語·鄉黨》。疏食，粗飯。菜羹，菜湯。必齊如也，一定要像齋戒了一樣。❾侍食於君三句 見《禮記·玉藻》。侍食，侍奉吃食。❿祀 指祭祀天、地、山川等神。⓫用物 指使用祭品。⓬費 耗費。⓭類 事類。

【語譯】聖人明知祭祀的意義是如此，然而祭祀之前還要齋戒，祭祀時還要恭敬虔誠，好像真有鬼神似的，還要連續不斷地舉行祭祀，好像鬼神真能消災降福似的。實際上這是尊崇祖先的恩德，重視有功之人和有益之物的功勞，向他們的英靈殷勤地呈上一份厚禮，未必有鬼神來享受這些祭品的。怎麼來證明它呢？可以把吃的食物祭祀土地來證明。人們將要吃飯的時候，表示謙讓，不立即入席，表示先祭祀出產五穀的土地，以報答土地的恩德。孔子說：「即使只有粗飯菜湯，也一定要祭祀，一定要像齋戒一樣鄭重恭敬。」《禮記·玉藻》說：「伺候君主吃飯的時候，君主也要讓人先祭祀，然後才入席吃飯。」吃飯之前祭祀土地，就像禮所規定的各種祭祀一樣。飲食之前也可以不祭祀，禮所規定的各種鬼神，也可以不祭祀。飲食之祭與諸神之祀，實際是一樣的，使用的祭品的耗費也是相同的。知道祭祀土地時並沒有鬼神享受祭品，還要說其他各種祭祀有鬼神，這是不知事類啊。

經傳所載，賢者所紀❶，尚無鬼神，況❷不著❸篇籍❹！世間淫❺祀非鬼之祭，信其有神為❻禍福矣。好道❼學仙者，絕穀不食，與人異食，欲為清潔也。鬼神清潔於❽仙人，如何與人同食乎？論❾之以為人死無知，其精❿不能為鬼。假使有之，與人異食。異食則不肯食人之食，不肯食人之食則無求於人，無求於人則不能為人禍福矣。人之有喜怒也，有求得與不得⓫。得則喜，不得則怒。喜則施恩而為福，怒則發怒而為禍。鬼神無喜怒，則雖常祭而不絕，久廢而不修，其何禍福於人哉？

【章　旨】此章作結，說明鬼神無喜怒，祭不祭祀，於人均無禍福。

【注　釋】❶紀　記載。❷況　何況。❸著　著錄；記載。❹籍　書。❺淫　多而濫。❻為　造成。❼道　求仙的法術。❽於　比較。❾論　評論。❿精　精神。⓫得　得到。

【語　譯】經傳所記載，賢人所記載，尚且沒有鬼神，何況沒有寫在書籍上呢？社會上濫祭不該祭祀的鬼，相信它有神靈給人造成禍福。那些好道學仙的人，不吃五穀，與人不同食物，想要變成清潔的人。鬼神比仙人更清潔，怎麼會跟人吃一樣的食物呢？評論鬼神的人認為人死了就沒有知覺，他的精神不可能變成鬼。假如有鬼，它跟人不同飲食。不同飲食就不肯吃人所吃的食物，不肯吃人的食物就對人沒有求助，不求於人就不可能給人帶來禍福了。大凡人有喜怒，在於對所追求的東西得到還是得不到。得到就歡喜，得不到就發怒。

喜時就施恩惠而造福，怒時就大發脾氣而帶來災禍。鬼神沒有喜怒的感情，即使經常祭祀而不間斷，或者很久很久不舉行祭祀，它對人又有什麼禍福呢？

卷二十六

實知篇第七十八

【題解】本篇旨在知識來源之考察。

漢儒認為聖賢有「先知先覺」，謂其「前知千歲，後知萬世，有獨見之明，獨聽之聰，事來則名，不學自知，不問自曉，故稱聖則神矣」。這種先知之論，當然是錯誤的。王充駁斥了這種觀點，指出一切知識來源於實踐，來源於學習。大凡「可知之事者，思慮所能見也；不可知之事，不學不問不能知也。不學自知，不問自曉，古今行事，未之有也」。但文章結尾，作者陷入不可知論，則不可取。

儒者論聖人，以為前知千歲，後知萬世，有獨見之明❶，獨聽之聰❷，事來則名❸，不學自知，不問自曉，故稱聖則神矣。若蓍龜之知吉凶，蓍草稱神，龜稱靈矣。賢者才下不能及，智劣❹不能料❺，故謂之賢。夫名異而實殊，質同則稱鈞❻，以聖名論之，知聖人卓絕，與賢殊也。

【章　旨】此章總提漢儒之論。

【注　釋】❶明　視力。此指人的洞察能力。❷聰　聽力。此指人的辨別能力。❸名　名目。❹劣　差。❺料　意料；預知。❻鈞　通「均」。相等。

【語　譯】儒生論聖人，認為聖人前知千年，後知萬代之事，有獨到的洞察能力，有獨到的辨別能力，事物一出現就能說出它的名目，不學自知，不問自曉，所以稱聖人就是神一樣。好比用蓍草、龜甲占卜算卦就能預知吉凶，以為蓍草、龜甲就是神靈一樣了。賢人才能低下，不能與聖人相比，智能差，不能預知未來之事，所以說他為賢人。名稱不同就是實質不同，實質相同就是名稱相等，就聖人這個名稱來說，就知道聖人超群出眾，無與倫比，與賢人不同。

孔子將死，遺讖書曰：「不知何一男子，自謂『秦始皇』，上我之堂，踞❶我之床，顛倒❷我衣裳，至沙丘而亡。」其後，秦王兼并天下，號「始皇」，巡狩至魯，觀孔子宅，乃至沙丘，道病而崩。又曰：「董仲舒，亂❸我書。」其後，江都相董仲舒論思❹《春秋》，造著❺傳記❻。又書曰：「亡秦者，胡也❼。」其後，二世胡亥竟❽亡天下。用三者論之，聖人後知萬世之效也。孔子生不知其父，若❾母匿❿之，吹律⓫自知殷宋⓬大夫子氏⓭之世⓮也。不案⓯圖書⓰，不聞人言，吹律精思⓱，自知其世，聖人前知千歲之驗⓲也。

【章　旨】此章引述漢儒自證聖人前知千歲而後知萬世之效驗。

【注釋】❶踞 蹲或坐。❷顛倒 弄亂。❸亂 治理；整理。《爾雅・釋詁》：「亂，治也。」《書・顧命》：「其能而亂四方。」蔡沈集傳：「而，如；亂，治也。」❹論思 研究。❺造著 編寫。❻傳記 此指董仲舒所著《春秋繁露》。❼亡秦者二句 見《史記・秦始皇本紀》。❽竟 果真。❾若 其；他的。❿匿 隱瞞。⓫律 律管。古人用以定音的竹製樂器。⓬殷宋 周滅殷商後，封殷王後裔於宋，故稱。⓭子氏 殷人屬子姓，故殷宋宗室稱之為子氏。⓮世 世系；後代。⓯案 根據；參考。⓰圖書 指河圖洛書而言。⓱精思 精心思考。⓲驗 效驗；證明。

【語譯】孔子將死的時候，遺留下讖書說：「不知什麼樣的一個男子，自稱是『秦始皇』，走上我的殿堂，蹲在我的床上，翻亂我的衣裳，行走到沙丘就死去了。」這以後，秦王政吞併天下，自號「始皇」，巡視至魯，參觀孔子住宅，才到沙丘，半路上生病而死。又說：「董仲舒整理發揮我的書籍。」這以後，江都相董仲舒研究《春秋》，編寫《春秋繁露》。又寫道：「使秦國滅亡的，是胡。」這以後，秦二世胡亥果真使秦王朝的天下喪失了。根據以上三個方面來論述，這就是聖人後知萬代之事的證明。孔子出生以後不知道自己的父親是誰，他的母親隱瞞了他父親是誰，孔子用吹律管之法，得知自己是宋國大夫子氏的後代。孔子不參考河圖洛書，不聽別人傳言，依靠自己吹律管，精心思考，就知道自己的身世，這就是聖人前知千年的證明啊。

曰：此皆虛也。

案神怪之言，皆在讖記❶，所表❷皆效圖書。「亡秦者胡」，河圖之文也。孔子條暢❸增益❹，以表神怪；或後人詐記❺，以明效驗。高皇帝封吳王，送之，拊❻其背曰：「漢後五十年，東南有反者，豈汝邪？」到景帝時，濞與七國通謀反漢❼。建此言者，或時❽觀氣❾見象，處❿其⓫有反，不知主⓬名，高祖見⓭濞之勇，則謂之是。原此以論，孔子見始皇、仲舒，或時但[14]言「將有觀我之宅」、「亂我之書」者，後人見始皇入其宅，仲舒讀其書，則增益其辭，著[15]其主名。如孔子神而空[16]見始皇、仲舒，則其自為殷後子氏之世，亦當默而知之，無為[17]吹律以自定也。孔子不吹律，不能立[18]其姓，及其見始皇，睹仲舒，亦復[19]以[20]吹律之類矣。案始皇本事，始皇不至魯，安得上孔子之堂，踞孔子之床，顛倒孔子之衣裳乎？始皇三十七年十月癸丑出遊，至雲夢，望[21]祀虞舜於九嶷。浮江[22]下[23]，觀藉柯[24]，度[25]梅渚[26]，過丹陽，至錢唐[27]，臨浙江[28]，濤惡，乃西[29]百二十里，從陜[30]中度[31]，上會稽[32]，祭大禹[33]，立石刊[34]頌，望於南海。還[35]過吳[36]，從江乘[37]渡，旁[38]海上，北至琅邪[39]。自琅邪北至勞[40]、成山[41]，因[42]至之罘[43]，遂[44]并[45]海西，至平原津而病，崩於沙丘平臺。既不至魯，讖記何見而云始皇至魯？至魯未可知，其言孔子曰「不知何一男子」之言，亦未可用[46]。「不知何一男子」之言不可用，則言「董仲舒亂我書」亦復不可信也。行事[47]，文記[48]譎[49]常，人言耳。非[50]天地之書，則皆緣[51]前因[52]古，有所據狀[53]；如無聞見，則無所狀。凡聖人見禍福也，亦揆[54]端[55]推類，原[56]始見終，從閭[57]巷論朝堂，由昭昭[58]察冥冥[59]。讖書秘文[60]，遠見未然[61]，空虛[62]暗昧[63]，豫[64]睹[65]未有，達[66]聞暫見，卓[67]譎怪神，若非庸口[68]所能言。

【章　旨】此章以史實批駁所謂孔子遺讖書之言。

【注　釋】❶讖記　即讖書。❷表　表述；記載。❸條暢　條達暢通。對文字進行加工以使之條理暢通。❹增益　增添；潤色。❺詐記　偽造。❻拊　拍。❼七國通謀反漢　指吳楚七國之亂。事見《史記‧吳王濞列傳》。❽或時　或許。❾氣象；天象。❿處　歸結；判斷。⓫其　指東南地區。⓬主　當事人。⓭見　預見；知道。⓮但　僅僅。⓯著　標明。⓰空憑空。⓱無為　用不著。⓲立　確定。⓳亦復　也還是。⓴以　用。㉑望　古稱君主祭祀山川。㉒江　長江。㉓下　順流而下。㉔藉柯　古地名。不詳。㉕度　通「渡」。㉖梅渚　古地名。今安徽當塗西。《史記‧秦始皇本紀》作「籍柯」。㉗錢唐即錢塘。古縣名。㉘浙江　即錢塘江。上游指新安江。㉙西　向西行。㉚陝　同「狹」。狹窄。㉛度　通「渡」。㉜會稽　山名。在今浙江紹興東南。㉝大禹　夏禹。㉞刊　刻。㉟還　回過頭；返回來。㊱吳　古縣名。今蘇州。㊲江乘　古縣名。今南京東北面。㊳旁　同「傍」。靠；沿著。㊴琅邪　山名。今山東膠南海濱。㊵勞　今嶗山。㊶成山　今榮成山。㊷因　由；從此。㊸之罘　山名。在今山東煙臺北。㊹遂　於是。㊺并　通「傍」。依傍；沿著。㊻用　信用；相信。㊼行事　已有的事實。㊽文記　文字記載。泛指書籍。㊾譎　詭異。㊿非　除非；只要不是。(51)緣　遵循。(52)因　因襲。(53)狀　描述。(54)揆估量。(55)端　開端；苗頭。(56)原　考察。(57)閭　門里。(58)昭昭　指顯而易見之事。(59)冥冥　指昏暗不明之事。(60)秘文　神秘的記載。(61)未然　指尚未發生之事。(62)空虛　空洞。(63)暗昧　曖昧。(64)豫　通「預」。預先。(65)睹　看見。(66)達　初生；突然。(67)卓　高超。(68)庸口　一般人的口。

【語　譯】我說：這些都是虛妄之言啊。

考察神靈鬼怪的說法，都在讖書之中，它所記載的都是從河圖洛書那裡仿效而來的。「使秦朝滅亡的是胡」，就是仿效河圖上的話。孔子對文字進行加工潤色，使之條理清楚暢通，用以記載神靈鬼怪的話；或許後人偽造，用以證明某種效應。漢高祖封劉濞為吳王，送吳王上任時，高祖拍著吳王的背說：「漢朝建國五十年以後，東南地區有反叛朝廷的人出現，恐怕你就是這個人嗎？」到漢景帝時，劉濞與楚、趙等七國通謀反叛漢朝中央政府。向漢高祖提出「五十年後東南地區有人謀反」的人，或許通過觀察天象看到社會上將要發生的事情的徵兆，判斷東南地區有人謀反，但不知道當事人的姓名，漢高祖看到劉濞性格勇猛兇暴，就認為他是當事人。根據這個來推論，孔子預見到秦始皇、董仲舒所做的事，或許只是說「將來有參觀我的住宅」、「整理發揮我的書籍」的人，後人看到秦始皇進入孔子住宅參觀，看到董仲舒讀孔子的書，就增添篡改孔子的言辭，便把當事人名字標明出來了。如果孔子真的很神明，能夠憑空預見秦始皇、董仲舒所做的事，那麼孔子自己作為殷宋王室子氏的後代，也應當默默地知道自己的身世，用不著用吹律管的辦法來為自己確定。孔子不吹律管，就不能確定自己的姓氏，等到他預見秦始皇、董仲舒所做的事，也還是用了吹律管以定姓氏這類辦法了。考察秦始皇的真實歷史事實，始皇並沒有到過魯地曲阜，怎麼能登上孔子的殿堂，蹲在孔子的床上，弄亂孔子的衣裳呢？始皇三十七年十月癸丑那一天，秦始皇開始出遊全國，到達雲夢，在九嶷山祭祀虞舜，然後順流長江而下，觀藉柯，渡梅渚，過丹陽，到達錢塘，蒞臨錢塘江，因江濤險惡，於是向西行一百二十里，從江面狹窄處渡過錢塘江，登上會稽山，祭祀大禹，立石碑刻頌辭，對南海進行望祭。再返回來經過吳縣，從江乘渡長江，沿海北上，北至琅邪。又自琅邪向北到達嶗山、榮成山，由此到達之罘山，於是沿著海邊往西行，到平原津而發病，死於沙丘平臺。既然沒有到過魯地，讖書憑什麼而說始皇到達魯地？始皇是否到達魯地尚且不可知，它說孔子講「不知什麼樣的一個男子」的說法，也就不可相信了。既然「不知什麼樣的一個男子」的說法不可以相信，那麼說「董仲舒整理發揮我的書」的說法也是不可以相信了。已有的事實是這樣，文字記載再怎麼離奇怪異，也不過是人所說的話罷了。只要不是天上掉下來的、地下冒出來的書籍，就都得遵循前人、因襲古人，有所根據地加以描述；如果從來沒有聽見過、看見過，那就沒有依據加以描述了。大凡聖人預見禍福，也是根據事物出現的苗頭加以類推的，考察事物的開端而預見到事物的結果，從里巷小事而推論朝廷大事，由顯而易見的事情去考察昏暗不明的事情。讖書秘文，預見很遠的尚未發生的事情，往往說得空洞含糊，預先看到未有的事，乍一聽、猛一看，顯得非常離奇神怪，好像不是一般人的口裡所能說出來的。

放象❶事類以見禍，推原❷往驗❸以處❹來❺，賢者亦能，非獨聖也。周公❻治魯，太公知其後世有削弱之患；太公治齊，周公睹其後世當有劫❼弒之禍。見法術之極❽，睹禍亂之前❾矣。紂作象箸❿而箕子譏⓫，魯以偶人⓬葬而孔子歎，緣象箸見龍干⓭之患，偶人睹殉葬之禍也。太公、周公俱見未然，箕子、孔子并睹未有，所由見方來⓮者，賢聖同也。魯侯⓯老，太子弱，次室⓰之女依柱而嘯⓱，由老弱之徵，見敗亂之兆也。婦人之知⓲尚能推類以見方來，況聖人君子，才高智明者乎！秦始皇七年，嚴襄王⓳母夏太后⓴薨，孝文王后曰華陽后㉑，與文王葬壽陵㉒，夏太后子嚴襄王葬於范陵，故夏太后別葬杜陵㉓，曰：「東望吾子，西望吾夫，後百年，旁當有萬家邑㉔。」其後，皆如其言。必以推類見方來為聖，次室、夏太后聖也。秦昭王七年，樗里子㉕卒㉖，葬於渭南章臺之東，曰：「後百年，當有天子宮挾我墓。」至漢興，長樂宮在其東，未央宮在其西，武庫㉗正值㉘其墓，竟㉙如其言。先知之效，見方來之驗也。如以此效聖，樗里子聖人也；如非聖人，先知見方來，不足以明聖。然則，樗里子見天子宮挾其墓也，亦猶辛有㉚知伊川㉛之當戎㉜。昔辛有過伊川，見被髮㉝而祭者，曰：「不及百年，此其戎乎！」其後百年，晉遷陸渾之戎㉞於伊川焉，竟如其言。辛有之知當戎，見被髮之兆也；樗里子之見天子宮挾其墓，亦見博平㉟之基也。韓信葬其母，亦行㊱營㊲高敞地，令其旁可置萬家，其後竟有萬家處其墓旁。故樗里子之見博平土有宮臺之兆，猶韓信之睹高敞萬家之臺也。先知之見方來之事，無達視洞聽㊳之聰明，皆案兆察跡，推原事類。春秋之時，卿、大夫相與會遇㊴，見動作之變㊵，聽言談之詭㊶，善則明吉祥之福，惡則處凶妖之禍。明福處禍，遠圖未然，無神怪之知，皆由兆類。以今論之，故夫可知之事㊷者，思慮所能見也；不可知之事㊸，不學不問不能知也。不學自知，不問自曉，古今行事，未之有也。夫可知之事，惟精思之，雖大無難；不可知之事，厲心㊹學問，雖小無易。故智能之士，不學不成，不問不知。

【章　旨】此章以事實論證，通過層層推理「不學自知，不問自曉」之論，闡明「不學不成，不問不知」之說。

【注　釋】❶放象　仿效。放，通「仿」。❷推原　推究考源。❸往驗　過去的經驗。❹處　判斷。❺來　未來。❻周公　姬旦。武王之弟，西周初年，封於魯。《史記·魯周公世家》說周公並未親自治理過魯國，而一直留在周王朝廷之中。❼劫　用武力威逼。❽極　終極。❾前　先兆；苗頭。❿象箸　象牙筷子。⓫譏　譏刺。參見〈龍虛篇〉。⓬偶人　又叫做「俑」。古人隨葬用的泥木之類假人。據《孟子·梁惠王上》記載，孔子曰：「始作俑者，其無後乎！」最早製作「俑」的人，該斷子絕孫啊！因為以「俑」隨葬，必將導致以人殉葬。⓭龍干　即龍肝。傳說中的名貴食品。⓮方來　未來；將來。⓯魯侯指魯穆公。⑯次室　魯國地名。在今山東棗莊東南。⑰嘯　唉聲歎氣。據《列女傳・貞女》記載，次室一女子依柱唉聲歎氣，別人問她，她說因為看到魯侯年老，太子年幼，擔心魯國快要滅亡了。⑱知　通「智」。見識。⑲嚴襄王　即莊襄王。秦始皇之父，名子楚，西元前二四九至前二四七年在位，因避漢明帝劉莊之諱而改。⑳夏太后　秦孝文王之妃。秦莊襄王之生母。㉑華陽后　秦孝文王的王后。無子，立子楚為太子。㉒壽陵　秦孝文王的陵墓。㉓杜陵　古縣名。因漢宣帝築陵於東原上而得名。㉔邑　城鎮。㉕樗里子　即嬴疾。秦惠文王的異母弟，居於樗里，故名。曾任秦國的左丞相。㉖卒　死。㉗武庫　軍用兵器庫。㉘值　對著。㉙竟　果真。㉚辛有　人名。東周初大夫。㉛伊川　伊河。㉜戎　指古代西北地區的少數民族。㉝被髮　披頭散髮。被，通「披」。㉞陸渾之戎　戎族之一。原居西北，後被秦、晉誘遷到伊川。參見《左傳・僖公二十二年》。㉟博平　廣闊平坦。㊱行　巡視；覓取。㊲營　營建。㊳達視洞聽　此指超過常人的視力和聽力。達視，看得很遠。洞聽，聽得很清楚。㊴會遇　聚會。㊵變　異常；變異。㊶詭　怪異；異常。㊷可知之事　此指經過思考則可知道的事情。㊸不可知之事　此指單憑自己思考尚不可能知道的事情。㊹厲心　用心鑽研。厲，同「礪」。磨礪。

【語　譯】仿效同類事情以預測禍福，推究以往的經驗以判斷未來，賢人也能做到，不只是聖人。周公治理魯國，太公就知道他的後代當有削弱君權的憂患；姜太公治理齊國，周公就預見他的後代當有殺君篡國的禍害。彼此預見到對方採用的治國方法和手段的最終結果，就看到禍亂發生的先兆了。商紂王做了象牙筷子來使用，箕子曾對紂王予以譏諷；魯國用偶人隨葬，孔子曾給予嚴厲的抨擊。這是由做象牙筷子而預見到吃龍肝的禍患，由用偶人隨葬看到了用人殉葬的災難。太公、周公都能預見尚未發生的事，箕子、孔子都能看到尚未出現的禍害，所用來預見未來的推理方法，賢人和聖人都是相同的。魯侯年老了，太子弱小，所以次室一女子靠著柱子唉聲歎氣，耽心魯國快衰亡了，這是由魯侯年老、太子年幼這個現象，預見到魯國將要敗亂的徵兆。婦人的見識，尚且能用類推的方法來預見未來，更何況聖人君子，才能高超、智慧聰明的人呢！秦始皇七年，莊襄王的母親夏太后死了。孝文王的王后叫做華陽后，與孝文王一起埋葬在壽陵，夏太后的兒子莊襄王葬在范陵，所以夏太后另外埋葬在杜陵，說：「向東望可以看見我的兒子莊襄王的墓，向西可以看見我丈夫孝文王的墓，百年之後，旁邊當有萬戶的城鎮出現。」這以後，漢宣帝葬在那裡，周圍遷入三萬戶人家，都像她所說的那樣。如果一定要把能用類推的方法預見未來的人稱作為「聖人」，那麼次室女子、夏太后就都是聖人了。秦昭王七年，樗里子死了，埋葬在渭水南岸章臺的東面，說：「一百年以後，當有天子的宮殿夾著我的墳墓。」至漢朝興起，長樂宮座落在樗里子墓的東面，未央宮座落在樗里子墓的西面，兵器庫正對著樗里子的墳墓，果真像樗里子臨終所預言的一樣。先知的效應，就是預見未來的證明。如果用這個標準來衡量檢驗聖人，那麼樗里子就是聖人了；如果樗里子不算是聖人，那麼光靠先知先覺來預見未來，就不足以說明是聖人。這樣看來，那麼樗里子預見一百年有天子宮殿夾著自己的墳墓，也就好像辛有預知伊河流域將會成為北方少數民族聚居之地一樣。從前，辛有路過伊河，看見一位披頭散髮祭祀的人，說：「不等百年，這個地方將要變成北方少數民族居住的地區了。」這以後一百年，晉國把陸渾一支戎族遷居到伊河流域，果真像他所預言那樣。辛有知道伊河流域會成為北方少數民族居住的地區，是根據人披頭散髮祭祀的徵兆而預見的；樗里子預見天子的宮殿會夾著他的墓地，也是看到墓地周圍這片廣闊而平坦的土地具有修建宮殿的地理條件。韓信埋葬自己的母親時，也尋取並營建在地勢高而寬敞的地方，要求墓地旁可以安置萬戶人家，這以後果真有萬戶人家居住在他母親的墓地旁邊。所以樗里子看見廣闊而平坦的土地有營建宮殿樓臺的徵兆，如同韓信看到地勢高而寬敞的墓地將來會有萬戶人家居住一樣。僅憑先知預見未來的事情，沒有超乎尋常人的觀察能力和辨別能力，都是通過考察事物的徵兆和跡象，根據同類事物進行推論得來的。春秋時代，卿、大夫相互交往聚會，看見動作的異常，聽到言語的詭異，善的就說明有吉祥的福分，惡的就判斷有凶妖的禍害。能事先判明禍福，老早就能考察到未來的事情，這並不是有神怪的智能，都是由於看到了事物的徵兆予以類推得出來的。從現在的情況來說，所以能知道的事情，是因為通過自己認真思考的結果；不知道的事情，是因為不學不問才不可能知道的緣故。不學自知，不問自通曉，古往今來的已有事實，是沒有的。凡通過自己思考就能知道的事情，只要精心去思考它，事情即使很大也不難理解它；而單靠自己思考不可能知道的事情，即使用心學習和虛心請問別人，事情雖小也不容易弄懂。因而凡是有智慧才能的人，不學不成，不問不知。

難曰：「夫項託❶年七歲教孔子。案七歲未入小學而教孔子，性❷自知也。孔子曰：『生而知之，上也；學而知之，其次也❸。』夫言生而知之，不言學問，謂若項託之類也。王莽之時，勃海尹方❹年二十一，無所師友，性知開敏❺，明達❻六藝❼。魏都❽牧❾淳于倉❿奏：『方不學，得文能讀誦，論義引五經文，文說⓫議事，厭⓬合⓭人之心。』帝徵⓮方，使射⓯蜚蟲⓰，筴射⓱無非知者，天下謂之聖人。夫無所師友，明達六藝，本不學書⓲，得文能讀，此聖人也。不學自能，無師自達，非神如何？」

曰：雖無師友，亦已有所問受⓳矣；不學書，已弄筆墨矣。兒始生產，耳目始開，雖有聖性，安能有知？項託七歲，其三、四歲時，而受納人言矣。尹方年二十一，其十四、五時，多聞見矣。性敏才茂，獨思無所據，不睹兆象，不見類驗，卻念⓴百世之後，有馬生牛，牛生驢，桃生李，李生梅，聖人能知之乎？臣弒君，子弒父，仁如顏淵，孝如曾參，勇如賁、育㉑，辯㉒如賜、予㉓，聖人能見之乎？孔子曰：「其或繼周者，雖百世可知也㉔。」又曰：「後生可畏，焉知來者之不如今也㉕？」論損益㉖，言「可知」；稱後生，言「焉知」。後生難處，損益易明也。此尚為遠，非所聽察也。使一人立於墻東，令之出聲，使聖人聽之墻西，能知其黑白、短長、鄉里、姓字、所自從出㉗乎？溝有流澌㉘，澤㉙有枯骨，髮首㉚陊亡，肌肉腐絕，使人詢之㉛，能知其農商、老少、若㉜所犯㉝而坐死㉞乎？非聖人無知㉟，其知無以知也。知無以知，非問不能知也。不能知，則賢聖所共病㊱也。

【章旨】此章回答所謂項託、尹方「不學自能，無師自達」之問難。

【注釋】❶項託 即項橐。春秋時代魯國人，《戰國策・秦策》謂其「七歲而為孔子師」。❷性 天生。❸生而知之四句 見《論語・季氏》。❹尹方 人名。勃海郡人。❺開敏 開朗聰明。❻明達 通曉。❼六藝 即「六經」。指《易》、《詩》、《書》、《禮》、《樂》、《春秋》等六部儒家經典著作。❽魏都 鄴縣。曾為戰國時魏文侯之國都，故漢人稱之為「魏都」。❾牧 州牧。❿淳于倉 人名。姓淳于，名倉。⓫文說 文字解釋。⓬厭 同「饜」。滿足。⓭合 符合。⓮徵 召。⓯射 猜測；辨認。⓰蜚蟲 指鳥蟲書。一種變體篆書，以像鳥蟲之形而得名。蜚，通「飛」。⓱筴射 指「策試」。又名「射策」、「對策」、「策問」，漢代的一種考試方法。提出有關經義或政事方面的問題，以簡策難問，徵求對答，謂之「策問」，對答者因其意圖而闡發議論者曰「射策」，針對問題而陳述政事者曰「對策」。筴，同「策」。竹簡。⓲書 寫字。⓳問受 提問與接受指教。⓴卻念 退思；往後推想。卻，退。㉑賁育 指傳說中的兩位大力士孟賁與夏育。㉒辯 能言善辯。㉓賜予 指孔子學生端木賜、宰予。㉔其或繼周者二句 見《論語・為政》。㉕後生可畏二句 見《論語・子罕》。後生，後輩；後來人。㉖損益 增減。㉗所自從出 指家族淵源。㉘澌 死。此指死屍。㉙澤 山澤；野地。㉚髮首 頭髮和面孔。㉛之 代指聖人。㉜若 及。㉝所犯 犯什麼罪。㉞坐死 因受牽連而處死。㉟知 通「智」。才智。㊱病 缺陷。

【語譯】有人責難說：「項託年僅七歲就教孔子。考察七歲小孩尚未進入小學而教孔子，這就是天生自知啊。孔子說：『天生就知道的，是上等；學習而後知道的，是次一等。』孔子所說的天生就知道的，不說依靠學習而知道的人，就是說像項託之類的人。王莽的時代，勃海尹方年紀二十一歲，沒有什麼師友，天生才智聰明，通曉六藝。魏都牧淳于倉向皇帝奏道：『尹方沒有學習，得文能讀誦，論義能引五經章句，解釋文字和議論事理，都能滿足人的心意。』帝王於是召見尹方，讓他測試鳥蟲書，策試沒有不知的，天下都稱頌他是聖人。沒有什麼師友，而通曉六藝，原本沒有學過書法，得文能讀，這就是聖人。不學自能，無師自通，不是神又是什麼？」

我說：雖然沒有師友，也已有所提問與接受指教；沒有學過書法，已經舞弄過筆墨了。小兒剛剛出生，耳目剛開，即使有聖人的稟賦，又怎能有才智？項託七歲教孔子，他三、四歲時，就早已接受別人的教誨了。尹方年紀二十一歲能識鳥蟲文字，他十四、五歲時，就多有聞見了。天生聰明才華茂盛，但如果獨自毫無根據地胡亂思考，不看任何徵兆，不見任何類似的效驗，往下推想到百代之後，會有馬生牛，牛生驢，桃生李，李生梅，聖人能預見到這些情況嗎？會有臣殺君，子殺父，仁者像顏淵那樣，孝子像曾參那樣，勇敢的像孟賁、夏育那樣，能言善辯的像端木賜、宰予那樣，聖人能預見這些情況嗎？孔子說：「將來有繼承周朝禮制的，就是經過百代，也還是可以預見得到的。」又說：「後生可畏，怎麼知道後來的人不如當今呢？」論及後世對周朝禮義制度的增減改易，孔子說情況是可以預見的；而稱後來的人，孔子就說怎麼能知道。這是因為後生的情況難以斷定，而制度的增減改易容易判明。這些例子還比較遠，不是人們所能耳聞目見的。讓一個人站立在牆東，要他喊出聲來，讓聖人在牆的西頭聽他的聲音，聖人能知道這個人的臉部是黑還是白、身材是高還是矮、以及他的籍貫、姓字、家族淵源嗎？水溝裡有流屍，山澤中有枯骨，頭髮和面孔都腐爛掉了，肌肉腐爛完了，讓人去詢問聖人，聖人能知道這流屍枯骨原先是從農還是從商、是年老還是年少、以及犯什麼罪而被處死呢？這不是聖人沒有才智，而是光憑他的才智是不可能知道的。光憑才智不可能知道，就是說不問不能知道。不問不能知道，這是賢人與聖人所共同存在的缺陷。

難曰：「詹何❶坐，弟子侍。有牛鳴於門外，弟子曰：『是黑牛也，而白蹄。』

詹何曰：『然，是黑牛也，而白其蹄❷。』使❸人視之，果黑牛而以❹布裹其蹄❺。詹何，賢者也，尚能聽聲而知其色，以聖人之智，反不能知乎？」

曰：能知黑牛白其蹄，能知此牛誰之牛乎？白其蹄者以何事乎？夫術數❻直❼見一端❽，不能盡其實。雖審❾一事，曲❿辯問之，輒不能盡知。何則？不目見口問，不能盡知也。魯僖公二十九年，介⓫葛盧⓬來朝，舍⓭於昌衍⓮之上，聞牛鳴，曰：「是牛生三犧⓯，皆已用矣。」或⓰問：「何以知之？」曰：「其音⓱云⓲。」人問牛主，竟如其言。此復用術數，非知所能見也。廣漢⓳楊翁仲⓴能聽鳥獸之音，乘蹇㉑馬之㉒野，田間有放眇㉓馬，相去數里，鳴聲相聞。翁仲謂其御㉔曰：「彼放馬知此馬，而目眇。」其御曰：「何以知之？」曰：「罵此轅中馬蹇，此馬亦罵之眇。」其御不信，往視之，目竟眇焉。翁仲之知馬聲，猶詹何、介葛盧之聽牛鳴也，據術任數㉕，相㉖合其意，不達視遙見流目㉗以察之也。夫聽聲有術，則察色有數矣。推用術數，若先聞見，眾人不知，則謂神聖。若孔子之見獸，名之曰狌狌㉘；太史公之見張良，似婦人之形矣。案孔子未嘗見狌狌，至輒能名之；太史公與張良異世㉙，而目見其形。使眾人聞此言，則謂神而先知。然而孔子名狌狌，聞野人㉚之歌；太史公之見張良，觀宣室㉛之畫也。陰見默識㉜，用思深秘。眾人闊略㉝，寡所意識，見賢聖之名物㉞，則謂之神。推此以論，詹何見黑牛白蹄，猶此類也。彼不以術數，則先時聞見於外矣。方今占射事之工㉟，據正術數㊱，術數不中，集㊲以人事。集人事於術數而用之者，與神無異。詹何之徒，方今占射事者之類也。如以詹何之徒性能知之，不用術數，是則巢居者㊳先知風，穴處者㊴先知雨。智明早成，項託、尹方其㊵是也。

【章　旨】此章針對問難者所謂詹何「知黑牛白蹄」之例予以批駁。

【注　釋】❶詹何　人名。❷然三句　見《韓非子·解老》。然，對；是的。白其蹄，使其蹄變白。❸使　派遣。❹以　用。❺裹其蹄　把馬蹄包裹起來。❻術數　指陰陽五行、占卜、星相之類方術。❼直　僅僅；只是。❽一端　一個方面。❾審　明瞭。❿曲　曲折；反覆。此指多方面地。⓫介　春秋時小國名。在今山東膠縣西南。⓬葛盧　人名。時任介國君主。⓭舍　住；居住。⓮昌衍　古地名。在今山東曲阜。⓯犧　用於祭祀的純色牲畜。此指純色牛。⓰或　有人。⓱音　叫聲。⓲云　說。⓳廣漢　郡名。在今四川省北部地區。⓴楊翁仲　人名。㉑蹇　跛子。㉒之　到；往。㉓眇　瞎一隻眼。㉔御　車夫。㉕任數　依靠方術。㉖相　察看；考察。㉗流目　轉眼一看。㉘狌狌　即「猩猩」。㉙異世　不同時代。㉚野人　山野之民。㉛宣室　未央宮前殿正室。㉜識　通「誌」。記住。㉝闊略　馬虎大意。㉞名物　說出事物之名。㉟占射事之工　以通過占卜測度事、預示吉凶的人。㊱據正術數　根據術數推斷。正，判斷。㊲集　摻雜。㊳巢居者　鳥類。㊴穴處者　蟲類。㊵其　表推測語氣。相當於「大概」。

【語　譯】有人責難說：「詹何坐在屋中，學生侍奉著他。有一頭牛在門外叫，他的學生說：『這是一頭黑牛，而且是白色的蹄子。』詹何說：『對的，這是黑牛，而被人把牠的蹄子弄白了。』派人去看牠，果真是黑牛，而用白布把牠的蹄子包裹起來了。詹何，是賢人，尚且能聽見牛的叫聲就知道牛的顏色，憑著聖人的才智，反而不能知道嗎？」

我說：能知道是黑牛而被人把牠的蹄子弄白了，能知道這頭牛是誰的牛嗎？為什麼要把牠的蹄子弄白呢？術數只能預見一個方面，不能弄清它的全部事實。即使明瞭一件事情，但如果多方面地加以駁辯和追問，就不可能全部都知道了。這是為什麼呢？不親眼所見、親自去問，人是不可能全部知道的。魯僖公二十九年，介國君主葛盧前來朝拜魯僖公，居住在昌衍之上，聽到牛叫，就說：「這頭牛生過三頭純色牛，都已經用來祭祀了。」有人問：「怎麼知道呢？」葛盧說：「牠的叫聲是這樣說的。」這個人去問牛主，果真像葛盧所說的那樣。這種推測如果再用術數，就不一定能像所預見的那樣。廣漢楊翁仲能辨別鳥獸的聲音，乘跛馬拉的車到野外去，田野上有一匹正在放牧的瞎了一隻眼睛的馬兒，相距數里，聽到馬的叫聲。翁仲對自己的車夫說：「那匹放牧的馬知道我們這匹馬是跛子，而牠自己有一隻眼睛是瞎的。」他的車夫問：「怎麼知道的？」翁仲說：「那匹馬罵我們這匹拉車的馬是跛子，我們這匹馬也罵牠是瞎子。」翁仲的車夫不相信，走過去看那匹正在放牧的馬，一隻眼睛果真是瞎的。翁仲知曉馬的叫聲，就好像詹何、介國君主葛盧能辨別牛的叫聲一樣，是依靠術數，把兩匹馬叫聲中的含意結合在一起考察出來的，而不是憑藉著看得很遙遠的視力一轉眼而觀察出來的。既然聽聲音有術數，那麼觀察顏色也有術數了。運用術數來推算，就像事先聽到、見到過似的，大家不明白這一點，就認為是神、是聖人了。就像孔子見到一頭野獸，馬上能說出是猩猩；司馬遷看到圖畫上的張良，就說他的形狀像女人之類的事情一樣。考察孔子並沒有見過猩猩，而一見到就能說出猩猩的名字；司馬遷與張良不是同一個時代的人，卻用眼睛一看圖畫就知道張良的形象。假使大家聽到這番話，就一定會說他們是神而有先知了。但是孔子能說出猩猩的名字，是因為聽到山野之民唱的歌；司馬遷能說出張良的形像，是因為看到陳列在宣室的畫像。暗中看到過就默默地記在心中了，用思深刻詭秘。一般人馬虎大意，很少留意周圍事物，見到賢人、聖人一下就能說出事物的名稱，就說他們是神。以此推論，詹何預見是黑牛白蹄，也如同聖人一樣了。他如果不是依靠術數推算出來的，那就是先時已從外界聽到或見到過了。當今從事占卜推測吉凶的人，首先根據術數來判斷，如果術數不符合，再摻雜以人事來判斷。能夠把人事摻雜到術數之中而運用來判斷的人，就同神沒有差別了。詹何之流，就如同當今以占卜推測吉凶的迷信職業者之類的人一樣。如果認為詹何之流天生能知道這一切，不用憑藉術數來推算，這就如同鳥類能預告知道颱風、蚯蚓螞蟻之類能預先知道下雨一樣了。一個人的才智聰明早熟是有的，項託、尹方大概就屬於這一類的人吧！

難曰：「黃帝生而神靈，弱而能言；帝嚳生而自言其名❶。未有聞見於外，生輒能言，稱其名，非神靈之效，生知之驗乎？」

曰：黃帝生而言，然而母懷之二十月生，計其月數，亦已二歲在母身中矣。帝嚳能自言其名，然不能言他人之名，雖有一能，未能遍通。所謂神而生知者，豈謂生而能言其名乎？乃謂不受而能知之，未得能見之也。黃帝、帝嚳雖有神靈之驗，亦皆早成之才也。人才早成，亦有晚就❷。雖未就師❸，家問室學❹。人見其幼成早就，稱❺之過度。云項託七歲，是必十歲；云教孔子，是必孔子問之；云黃帝、帝嚳生而能言，是亦數月；云尹方年二十一，是亦且❻三十；云無所師友，有❼不學書，是亦游學家習。世俗褒稱❽過實，毀敗❾逾❿惡。世俗傳顏淵年十八歲升太山⓫，望見吳昌門外有繫⓬白馬。定考實，顏淵年三十，不升太山，不望吳昌門。項託之稱，尹方之譽，顏淵之類也。

【章旨】此章回答有人關於黃帝、帝嚳生而知之的問難。

【注釋】❶黃帝生而神靈三句　見《史記・五帝本紀》。弱，年幼。《禮記・曲禮上》：「二十曰弱冠。」此指剛出生。❷晚就　與先天相對。指後天以學習成才。就，成。❸就師　從師。❹室學　在家裡學習。❺稱　稱贊。❻且　將近。❼有　通「又」。❽褒稱　贊揚。❾毀敗　誹謗；說別人的壞話。❿逾　超過。⓫太山　即泰山。⓬繫　拴。

【語譯】有人責難說：「黃帝生下來就是神靈，剛出生就能說話。帝嚳生下來時，就自己能說自己的名字。他們並沒有事先在外界聽到什麼或看見什麼，剛出生就能說話，能叫自己的名字。這不是神靈的證明、不是生而知之的效驗嗎？」

我說：黃帝剛出生據說就能說話，但是他的母親懷他到二十個月才出生，計算他的月數，在母親身體中已二年了。帝嚳生下來就能說出自己的名字，但是不能說出別人的名字，即使有這一種本能，不能通曉所有事情。所謂神而先知的人，難道說生下來而只能說自己的名字嗎？乃是說沒有經過傳授就能知天下之道，沒有接觸過實際就能預見事物的未來。黃帝、帝嚳即使有神靈的效驗，也都是早成之才。人的聰明才智有成熟得早的，也有經過後天的學習而晚成的。即使沒有從師，在自己的家室之中也可以向人請教學習的。人們看見他們年幼成才，過早成熟，稱贊他們過了頭。說什麼項託七歲，這一定是有十歲了；說他教過孔子，這一定是孔子問過他什麼的；說什麼黃帝、帝嚳剛出生而能說話，這也一定是出生數月了；說尹方年二十一歲，這也一定將近有三十歲了；說沒有什麼師友指教，又沒有學習過寫字，這也一定是遊學過或在自己家裡練習過。社會上的習俗，贊揚別人時總是言過其實，誹謗別人時往往誇大他的罪惡。世俗中流傳顏淵年十八歲時登泰山，望見吳國都城昌門外拴著一匹白馬。考查實際情況以後可以肯定，顏淵年三十歲，從未登過泰山，也沒有望見吳國都城昌門外拴著白馬。人們對項託的稱贊，對尹方的贊譽，就是屬於顏淵之類的失實。

人才有高下，知物由學。學之乃知，不問不識。子貢曰：「夫子焉不學，而亦何常師之有❶？」孔子曰：「吾十有五而志乎學❷。」五帝、三王，皆有所師。曰：「是欲為人法❸也。」曰：精思亦可為人法，何必以學者？事難空知，賢聖之才能立❹也。所謂神者，不學而知。所謂聖者，須學以聖。以❺聖人學，知其非神。天地之間，含血之類❻，無性❼知者。狌狌知往，鳱鵲知來❽，稟❾天之性❿，自然者也。如以聖人為若狌狌乎？則夫狌狌之類，鳥獸也。僮謠⓫不學而知，可謂神而先知矣。如以聖人為若僮謠乎？則夫僮謠者，妖⓬也。世間聖神，以為巫與⓭？鬼神用巫之口告人。如以聖人為若巫乎？則夫為巫者亦妖也。與妖同氣，則與聖異類矣。巫與聖異，則聖不能神矣。不能神，則賢之黨⓮也。同黨，則所知者無以異也。及⓯其有異，以⓰入道⓱也。聖人疾⓲，賢者遲⓳；賢者才多，聖人智多。所知同業，多少異量；所道⓴一途，步㉑騶㉒相過。

【章旨】此章論「人才有高下，知物由學」，駁所謂聖人從師在於「欲為人法」之論。

【注釋】❶夫子焉不學二句　見《論語．子張》。焉，怎麼；哪裡。常，固定。❷吾十有五而志乎學　見《論語．為政》。有，通「又」。乎，於。❸法　標準；榜樣。❹立　確立；具備。❺以　因為。❻含血之類　有血氣的動物。❼性　天生。❽狌狌知往二句　見《淮南子．氾論》。鳱鵲，喜鵲。❾稟　承受。❿性　本性。⓫僮謠　即「童謠」。流傳於民間的兒童歌謠。僮，即「童」。⓬妖　妖象。⓭與　同「歟」。表疑問語氣詞，相當於「嗎」。⓮黨　類。⓯及　至於。⓰以　因為。⓱道　此指先王之道。⓲疾　快。⓳遲　慢。⓴道　走。㉑步　慢行。㉒騶　通「驟」。疾走。

【語譯】人的才能有高有低，認識事物要靠學習。學習才能有知識，不經常請教就不會獲得才識。子貢說：「孔夫子怎麼不學習呢？可是他又哪裡有固定的老師呢？」孔子說：「我十五歲而有志於學問。」五帝、三王，都有請教的老師。有人說：「這是為了給人做榜樣，並不是真正需要從師啊。」我說：精心思考也可以為人榜樣，何必要以勤學好問做榜樣呢？事物很難憑空思考而得知的，賢人聖人的才能卻可以通過學習而具備。所謂神，就是不需要學習而知道一切。所謂聖人，就必須通過學習而成為聖人。因為聖人需要學習，所以知道聖人不是神。天地之間，凡是有血氣的動物，沒有生而知之的。據說猩猩見有人走過就能叫出他的姓名，人有喜事時，喜鵲就會叫起來，這是承受上天賦予的本性，是自然地承受先天之氣的結果。如果認為聖人是像具有知來知往的本能的喜鵲和猩猩嗎？那麼猩猩、喜鵲之類可是鳥獸啊。童謠是可以不學而知的，那麼可以說知道童謠的人是神而有先知了。如果把聖人當作能說童謠的人一樣嗎？那麼童謠可是一種妖象啊！世間認為聖、神的東西是巫嗎？鬼神是用巫的口來告訴人的。如果認為聖人就好像巫一樣嗎？那麼作巫的人也就是一種妖象了。巫與妖象同屬一種氣，那麼與聖人就不屬於同類了。巫與聖人不同類，那麼聖人就不能算作神了。不能算神，那麼就與賢人同類。既然聖人與賢人同類，那麼他們所知道的東西就沒有什麼差別了。至於他們有所差別的話，也是因為他們各自掌握的先王之道的情況不一樣所造成的。聖人入道快，賢人入道慢；賢人才多，聖人智多。他們所知道的雖然是同一種先王之道，但知道的多少數量不同；他們所走的雖然是同一條道路，但是走得快的聖人必然超過了走得慢的賢人。

事有難知易曉，賢聖所共關思❶也。若夫文質❷之復❸，三教❹之重❺，正朔❻相緣，損益相因❼，賢聖所共知也。古之水火，今之水火也；今之聲色，後世之聲色也。鳥獸草木，人民好惡，以今而見古，以此而知來，千歲之前，萬世之後，無以異也。追觀上古，探察來世，文質之類，水火之輩❽，賢聖共❾之；見兆聞象，圖畫❿禍福，賢聖共之；見怪名物⓫，無所疑惑，賢聖共之。事可知者，賢聖所共知也；不可知者，聖人亦不能知也。何以明之？使⓬聖空坐先知雨也，性⓭能一事知遠道，孔竅⓮不普⓯，未足以論也。所論先知性達者，盡知萬物之性，畢⓰睹千道之要⓱也。如知一不通二，達左不見右，偏駁⓲不純，踦校⓳不具⓴，非所謂聖也。如必謂之聖，是明聖人無以奇也。詹何之徒聖，孔子之黨亦稱聖，是聖無以異於賢，賢無以乏㉑於聖也。賢聖皆能，何以稱聖奇於賢乎？如俱任用術數，賢何以不及聖？

【章旨】此章論「聖無以異於賢，賢無以乏於聖」之道理。

【注釋】❶關思　關心、思考。❷文質　此指兩種不同的風氣。文，文采。質，質樸。❸復　循環往復。❹三教　三種教化。指忠、敬、文。其中「文」，指禮儀、禮法。據說夏代尚忠，商代尚敬，周代尚文。❺重　重複。❻正朔　指曆法。正，夏曆正月為一年之始。朔，夏曆每月初一為一月之始。❼因　因循；沿襲。❽輩　類。❾共　共同；同樣。❿圖畫　描繪；說明。⓫名物　說出事物的名目。⓬使　假使。⓭性　天生。⓮孔竅　耳、目、口、鼻等感覺器官。此泛指人的聰明才智。⓯普　普遍；全面。⓰畢　完全。⓱要　要領。⓲偏駁　片面而雜亂無章。⓳踦校　殘缺不全。踦，一隻腳；腳腿不全。校，通「骹」。器物之腳。⓴具　完備。㉑乏　缺少；不如。

【語譯】事物有難知道與容易知曉之別，這是賢人與聖人共同關注思考的。社會發展中一文一質的循環往復，忠、敬、文三種教化的重複運用，曆法的相互沿用，禮樂典章制度的增減改換和沿襲，這一切都是賢人與聖人所共同知道的。古代的水火，就是現在的水火一樣；現在的聲色，也就是後代的聲色一樣。鳥獸草木，人民好惡，根據當今的情況可以預見古代的情況，根據現在的這種情況可以知道未來的情況，千年之前，萬代之後，沒有什麼不同的。往前觀察上古，往後推論來世，文質之類，水火之類，賢人聖人同樣都是知道的；看見了徵兆，察覺了跡象，就能說明是禍還是福，這是賢人和聖人同樣能做到的；見到奇怪的東西，就能說出它的名目，沒有什麼疑問能使他迷惑不解，這也是賢人和聖人都可以做到的。事情可以知道的，賢人和聖人同樣可以知道；不可能知道的，聖人也不可能知道。怎麼來證明呢？假使聖人憑空坐著就事先知道天要下雨，也只是說明他生來就能在這一件事上有遠見卓識，他的聰明才智並不全面，不值得一提啊。所謂先知先覺而生來就能通達事理的人，就是能夠全部知道萬事萬物的特性，完全掌握無數識別事物的要領的。如果知其一而不通曉其二，明白左而不能預見右，觀察問題片面雜亂不純，處理問題殘缺不全，這就不能稱作聖人。如果一定要稱他為聖人，這就說明聖人並沒有什麼神奇的。詹何之流稱為聖人，孔子之類也稱為聖人，這聖人同賢人相比就沒有什麼不同，賢人同聖人相比就沒有什麼不如的。既然賢人聖人都有才能，為什麼還要說聖人比賢人神奇呢？如果都要依靠使用術數，賢人又為什麼不如聖人？

實者❶，聖賢不能性❷知，須任❸耳目以定❹情實。其任耳目也，可知之事，思之輒❺決；不可知之事，待問乃❻解。天下之事，世間之物，可思而知，愚夫能開精❼；不可思而知，上聖不能省❽。孔子曰：「吾嘗終日不食，終夜不寢以思，無益，不如學也❾。」天下事有不可知，猶結有不可解也。兒說❿善解結，結無有不可解。結有不可解，兒說不能解也。非兒說不能解也，結有不可解，及其解之，用⓫不能也。聖人知事，事無不可知。事有不可知，聖人不能知。非聖人不能知，事有不可知，及其知之，用不知也。故夫難知之事，學問所能及也；不可知之事，問之學之，不能曉也。

【章　旨】此章以「聖賢不能性知」作結。

【注　釋】❶實者　實際情況。❷性　天生；生來。❸任　依靠；憑藉。❹定　確定；判斷。❺輒　立即；就。❻乃　才能夠。❼開精　開悟；明白；開竅。❽省　醒悟；明白。❾吾嘗終日不食四句　見《論語・衛靈公》。❿兒說　人名。兒，通「倪」。據《呂氏春秋・君守》說，是古代擅長解繩結的人。⓫用　因此。

【語　譯】實際情況是，聖賢不能生而知之，必須依靠耳朵、眼睛來判斷事實的真相。他們依靠耳目去觀察判斷事物時，凡是可以知道的事，經過思索就可以判斷清楚；不可知的事，等待向別人請教以後才可以解決。天下的事情，世間的事物，可以經過思考而知道的，即使愚蠢的人也能弄明白；不可以經過思索而知道的，即使是再偉大的聖人也不可能弄明白。孔子說：「我曾經整天不吃，徹夜不眠地思索，沒有獲得任何好處，不如抽點時間學習。」天下的事情有不可知的，好像繩結有不可解的一樣。倪說善於解繩結，繩結對他來說沒有不可以解開的。繩結有不可解的，倪說也不能解開啊。並不是倪說不會解結，而是有的繩結根本就不可以解，等到他去解結時，因此也就解不開了。聖人知曉一切事情，世上的事物對聖人來說沒有不可知的。但世上的事情有不可知的，即使聖人也不能知道啊。並不是聖人不能知道，而是有的事情根本就不可知，等到聖人去了解時，因此也就不知道了。所以難以知道的事情，通過學習、請教，是能知道的；不可知的事情，即使請教別人、認真學習它，也是不能知道的。

知實篇第七十九

【題解】本篇為〈實知篇〉的姊妹篇。「實知」與「知實」，皆旨在探求知識之源，說明知識來源於實際生活，聖賢亦不可能生而知之；但語序有別，則各有側重，〈實知篇〉重在立論，本篇重在事實依據，先後列舉十六個事例，以批駁聖人先知之論。

凡論事者，違實不引效驗❶，則雖甘義繁說❷，眾不見❸信。論聖人不能神而先知，先知之間，不能獨見❹，非徒❺空說虛言❻，直❼以才智準況❽之工❾也。事有證驗，以效❿實然⓫。

【章旨】此章開宗明義，闡明本篇寫作之意圖，在於「事有證驗，以效實然」。

【注釋】❶效驗　證據。❷甘義繁說　動聽的義理，繁富的語言。❸見　被。❹獨見　獨到的見解。❺非徒　不僅僅；不只是。❻空說虛言　空洞的說教，虛假的言辭。❼直　通「特」。只是。❽準況　類推。❾工　巧妙。❿效　證明。⓫實然　確實如此。

【語譯】凡是論述事理的人，如果違背事實又不引用證據，那麼即使道理講得再動聽，語言說得再繁富，眾人還是不相信的。我論述聖人不可能像神一樣而有先知先覺，在所謂有先知的人中間，也沒有什麼人能具有獨到的非凡的預見，這並不只是憑空的說教和虛假的言辭，也不僅僅依靠自己的聰明才智類推得很巧妙，我這種說法是有事實證明的，可以證明事實確實就是這樣。

何以明之？孔子問公叔文子❶於公明賈❷曰：「信乎，夫子❸不言、不笑、不取，有諸❹？」對曰：「以❺告者過也。夫子時❻然後言，人不厭❼其言；樂然後笑，人不厭其笑；義❽然後取，人不厭其取。」孔子曰：「豈❾其然❿乎？豈其然乎？」天下之人，有如伯夷之廉，不取一芥⓫於人，未有不言不笑者也。孔子既不能如心⓬揣度⓭，以決⓮然否⓯，心怪不信，又不能達視遙見，以審⓰其實，問公明賈，乃⓱知其情⓲。孔子不能先知，一也。

陳子禽問子貢曰：「夫子至於是邦也，必聞其政。求之與？抑與之與？」子貢曰：「夫子溫良恭儉讓以得之。」⓳溫良恭儉讓，尊行⓴也。有尊行於人，人親附之。人親附之，則人告語之矣。然則孔子聞政以人言，不神而自知之也。齊景公問子貢曰：「夫子賢乎？」子貢對曰：「夫子乃聖，豈徒賢哉？」㉑景公不知孔子聖，子貢正其名；子禽亦不知孔子所以聞政，子貢定其實。對景公云「夫子聖，豈徒賢哉」，則對子禽亦當云「神而自知之，不聞人言」。以子貢對子禽言之，聖人不能先知，二也。

顏淵炊飯，塵落甑中，欲置之則不清，投之則棄飯，掇而食之。孔子望見，以為竊食㉒。聖人不能先知，三也。

塗[23]有狂夫[24]，投刃[25]而候[26]；澤[27]有猛虎，厲[28]牙而望。知見之者，不敢前進。如不知見，則遭狂夫之刃，犯[29]猛虎之牙矣。匡[30]人之圍孔子[31]，孔子如審[32]先知，當早易[33]道[34]，以違[35]其害。不知而觸之，故遇其患。以孔子圍言之，聖人不能先知，四也。

子畏於匡，顏淵後。孔子曰：「吾以汝為死矣。」[36]如孔子先知，當知顏淵必不觸害，匡人不加悖[37]。見顏淵之來，乃知不死；未來之時，謂以為死。聖人不能先知，五也。

陽貨欲見孔子，孔子不見，饋孔子豚。孔子時其亡也而往拜之，遇諸塗[38]。孔子不欲見，既往，候時[39]其亡，是勢[40]必不欲見也。反[41]，遇[42]於路。以孔子遇陽虎言之，聖人不能先知，六也。

長沮、桀溺耦而耕，孔子過之，使子路問津焉[43]。如孔子知津，不當更問[44]。論者[45]曰：「欲觀隱者[46]之操[47]。」則[48]孔子先知，當自知之，無為[49]觀也；如不知而問之，是不能先知，七也。

孔子母死，不知其父墓，殯於五甫之衢，人見之者，以為葬也。蓋以無所合葬，殯之謹，故人以為葬也。鄰人郰曼甫之母告之，然後得合葬於防[50]。有塋[51]

自[52]在防，殯於衢路，聖人不能先知，八也。既得合葬，孔子反。門人後，雨甚至[53]。孔子問曰：「何遲也？」曰：「防墓崩。」孔子不應[54]。三[55]，孔子泫然[56]流涕曰：「吾聞之，古不修墓[57]。」如孔子先知，當先知防墓崩，比[58]門人至，宜流涕以俟[59]之。人至乃知之，聖人不能先知，九也。

子入太廟[60]，每事問。不知故問，為人法[61]也。孔子未嘗入廟，廟中禮器眾多非一，孔子雖聖，何能知之？或以嘗見，實已知，而復問，為人法。孔子曰：「疑思問[62]。」疑乃當問邪！實已知，當復問，為人法。孔子知五經，門人從之學，當復行問，以為人法，何故專口授弟子乎？不以已知五經復問為人法，獨以已知太廟復問為人法，聖人用心，何其不一也？以孔子入太廟言之，聖人不能先知，十也。

主人請賓飲食，若[63]呼賓若[64]舍[65]。賓如聞其家有輕子泊孫[66]，必教親[67]徹[68]饌[69]退膳，不得飲食；閉館關舍，不得頓[70]。賓之執計，則必不往。何則？知請呼無喜，空行勞辱也。如往無喜，勞辱復還，不知其家，不曉其實。人實[71]難知，吉凶難圖[72]。如孔子先知，宜知諸侯惑於讒臣[73]，必不能用，空勞辱己，聘召之到，宜寢[74]不往。君子不為無益之事，不履[75]辱身之行。無為周流[76]應聘，以取削蹟之辱[77]；空說[78]非主，以犯絕糧之厄[79]。由此言之，近不能知。論者曰：「孔子自知不用，聖思閔道不行，民在塗[80]炭之中，庶幾[81]欲佐[82]諸侯，行道濟[83]民，故應聘周流，不避患恥。為道不為己，故逢患而不惡；為民不為名，故蒙謗而不避。」曰：此非實也。孔子曰：「吾自衛反魯[84]，然後樂正[85]。〈雅〉、〈頌〉各得其所[86]。」是謂孔子自知時也。何以自知？魯、衛，天下最賢之國[87]也，魯、衛不能用己，則天下莫能用己也，故退作《春秋》，刪定《詩》、《書》。以自衛反魯言之，知行應聘時，未自知也。何則？無兆象[88]效驗，聖人無以定也。魯、衛不能用，自知極[89]也；魯人獲麟，自知絕也。道極命絕，兆象著明，心懷望[90]沮[91]，退而幽思[92]。夫周流不休，猶病未死，禱卜[93]使痊[94]也，死非未見[95]，冀[96]得活也。然則應聘，未見絕證，冀得用也。死兆見舍[97]，卜還醫絕[98]，攬筆[99]定書[100]。以應聘周流言之，聖人不能先知，十一也。

孔子曰：「游者可為綸，走者可為矰。至於龍，吾不知，其乘雲風上升。今日見老子，其猶龍邪[101]！」聖人知物知事，老子與龍，人、物也；所從上下，事也，何故不知？如老子神，龍亦神，聖人亦神，神者同道，精氣交連[102]，何故不知？以孔子不知，龍與老子言之，聖人不能先知，十二也。

孔子曰：「孝哉，閔子騫[103]！人不間[104]於其父母昆弟[105]之言。」虞舜大聖，隱藏骨肉之過，宜愈[106]子騫。瞽叟[107]與象[108]，使舜治廩浚井，意欲殺舜。當見殺己之情，早諫豫[109]止，既無如何，宜避不行，若病不為，何故使父與弟得成殺己之惡，使人聞非父弟，萬世不滅？以虞舜不豫見，聖人不能先知，十三也。

武王不豫，周公請命[110]。壇[111]墠[112]既[113]設[114]，筴[115]祝[116]已畢，不知天之許己與不[117]，乃卜三龜，三龜皆吉。如聖人先知，周公當知天已許之，無為頓復卜三龜。知聖人不以獨見[118]立法，則[119]更[120]請命，秘藏不見[121]。天意難知，故卜而合兆。兆決心定，乃以從事。聖人不能先知，十四也。

晏子聘於魯，堂上不趨，晏子趨；授玉不跪，晏子跪。門人怪而問於孔子，孔子不知，問於晏子。晏子解之，孔子乃曉[122]。聖人不能先知，十五也。

陳賈[123]問於孟子曰：「周公何人也？」曰：「聖人。」「使管叔監[124]殷[125]，管叔畔[126]也，二者有諸？」曰：「然[127]。」「周公知其畔而使？不知而使[128]之與[129]？」曰：「不知也。」「然則聖人且[130]有過與？」曰：「周公，弟也；管叔，兄也。周公之過也，不亦宜[131]乎？」孟子，實事之人也，言周公之聖，處其下[132]，不能知管叔之畔。聖人不能先知，十六也。

【章旨】此章列舉十六個事例，說明「聖人不能先知」。

【注釋】❶公叔文子　姓公叔，名拔，諡文，春秋時衛國大夫。❷公明賈　人名。公叔文子之使臣。❸夫子　此指公叔文子。❹諸　兼詞。「之」「乎」的合音。❺以　把。❻時　適時。❼厭　討厭。❽義　禮義。❾豈　難道。❿然　這樣。⓫芥　小草。比喻輕微細小的事物。⓬如心　如意；按照自己的心意。⓭揣度　估量；揣測。⓮決　判斷。⓯然否　對不對。⓰審　考察；明瞭；弄清楚。⓱乃　才。⓲情　真實情況。⓳陳子禽問子貢曰七句　見《論語・學而》。陳子禽，人名。孔子弟子。邦，邦國。聞，知道。與，同「歟」。呢。抑，還是。表選擇語氣副詞。溫良恭儉讓，溫和、善良、恭敬、節儉、謙讓。儒家宣傳的行為準則。⓴尊行　高尚的操行。㉑齊景公問子貢曰五句　事見《韓詩外傳・卷八》。乃，乃是。豈，哪裡。㉒顏淵炊飯七句　事見《呂氏春秋・任數》。炊飯，燒飯；煮飯。甑，蒸飯用的瓦器。置，放。掇，拾取；撿起來。竊食，偷吃東西。㉓塗　通「途」。道路。㉔狂夫　暴徒。㉕投刃　把刀插在地上，準備行凶。㉖候　等待。㉗澤　山澤；山野。㉘厲　同「礪」。磨礪。㉙犯　觸犯；碰上。㉚匡　古地名。春秋時屬衛國，今在河南長垣。㉛圍孔子　見《論語・子罕》。㉜審　真的。㉝易　改變。㉞道　路。㉟違　避開。㊱子畏於匡四句　見《論語・先進》。畏，懼。此指受到威脅。後，最後逃出來。汝，你。㊲悖　亂；暴逆。此指殺害。㊳陽貨欲見孔子五句　事見《論語・陽貨》。饋，贈送。豚，小豬。時，通「伺」。窺伺。亡，無。指人不在家。塗，通「途」。㊴候時　等待時機。㊵勢　情況；情形。㊶反　同「返」。返回來。㊷遇　碰到。㊸長沮桀溺耦而耕三句　見《論語・微子》。耦而耕，兩人在一起耕地。過，路過。津，渡口。㊹更問　再問。㊺論者　指替孔子辯護的人。㊻隱者　隱士。㊼操　操行。㊽則　如果。㊾無為　不必；用不著。㊿孔子母死十句　見《禮記・檀弓上》。五甫之衢，即五甫衢。一作五父衢，路名，在今山東曲阜東南面。謹，鄭重。鄒曼甫，人名。防，即防山。(51)塋　墳地。(52)自　本來。(53)雨甚至　雨下得很大才到。(54)應　答應；應聲回答。(55)三　再三。指門人說了好幾遍。(56)泫然　淚流滿面貌。(57)修墓　壘墳頭。以上事見《禮記・檀弓上》。(58)比　等到。(59)俟　等候。(60)太廟　此指周公廟。(61)法　榜樣。(62)疑思問　遇到疑問，考慮怎樣向人請教。(63)若　或者。(64)若　其；他的。(65)舍　客房。(66)輕子泊孫　輕薄的子孫。泊，通「薄」。輕薄。(67)親　指父母。(68)徹　通「撤」。撤走。(69)饌　酒菜。(70)頓　住宿。(71)人實　人事。(72)圖　預料。(73)讒臣　進讒言的臣子。(74)寢擱置起來。(75)不履　不做。(76)周流　周遊列國。(77)削蹟之辱　《莊子．天運》載，孔子遊說於衛，剛一離開，衛人就剷去其車輪輾過的痕跡，以示厭惡之深。(78)空說　白費氣力去遊說。(79)絕糧之厄　據《荀子．宥坐》：孔子從陳國遊於蔡國，於陳、蔡之交被眾人圍困，七天未吃上一頓飽飯。厄，窮困。(80)塗　泥汙。(81)庶幾　希望。(82)佐　輔助。(83)濟　拯救。(84)反魯　返回魯國。(85)樂正　對當時流行的音樂加以修正。(86)各得其所　各自得到應有的地位。以上事見《論語．子罕》。(87)最賢之國　指周禮最完備的國家。(88)兆象　徵兆；跡象。(89)極　盡頭；窮途末路。(90)望　怨恨。(91)沮　沮喪。(92)幽思　冥思苦想。(93)禱卜　禱告、占卜。(94)痊　痊癒。(95)見　同「現」。顯現。(96)冀　希望。(97)死兆見舍　死人的徵兆出現在家中。(98)卜還醫絕　占卜的人掉頭就走，醫生拒絕治療。(99)攬筆　提筆。(100)定書　刪定《詩》、《書》。(101)游者可為綸七句　見《史記．老子韓非列傳》。游者，指魚類。綸，指魚線。走者，指獸類。矰，繫有繩子的箭。(102)交連　互相溝通。(103)閔子騫　人名。孔子弟子。(104)間　離間；非議。(105)昆弟　兄弟。(106)愈　勝過。(107)瞽叟　傳說是舜父。(108)象　傳說是舜之異母弟。(109)豫　通「預」。預先。(110)武王不豫二句　事見《尚書．金縢》。不豫，稱君主生病。請命，請求天命。(111)壇　祭祀用的土臺。(112)墠　祭祀場地前平整的地面。(113)既　已經。(114)設　設置；安排好。(115)筴　同「策」。(116)祝　祈禱。(117)不　通「否」。(118)獨見　一己之見。(119)則　而。(120)更　再。(121)不見　不讓人看見。(122)晏子聘於魯十句　見《韓詩外傳．卷四》。聘，出使。趨，小步快走。解，解釋。曉，明白。(123)陳賈　人名。戰國時齊國大夫。(124)監　監視。(125)殷　指紂王之子武庚。周武王滅商後，封武庚於殷，故言。(126)畔　通「叛」。(127)然　對的；是這樣的。(128)使　派遣。(129)與　同「歟」。(130)且　尚且。(131)宜　理所當然。(132)處其下　指周公排行在管叔之下。

【語　譯】怎麼來證明呢？孔子向公明賈問起公叔文子的事，說：「是真的嗎，夫子不說話、不笑、不索取別人的財物？有這樣的事嗎？」公明賈回答說：「把這話告訴你的人說得太過分了。夫子該說話時然後說，所以別人不討厭他說的話；夫子該歡樂時然後笑，所以別人不討厭他的笑聲；夫子認為符合禮義的財物才會接受，所以別人不討厭他對財物的索取。」孔子說：「難道真是這樣的嗎？難道真是這樣的嗎？」天下的人，有如伯夷那樣廉潔的人，不取別人絲毫財物，沒有不說、不笑的人。孔子既然不能按照自己的心意去估量，來判斷是非，內心感到奇怪，並不相信公叔文子是個不言、不笑、不取財物的人，卻又不能看得非常透徹，有遠見卓識，來弄清楚這個事實真象，請問公明賈，這才知道這件事的真實情況。孔子不能先知，這是第一個證據。

陳子禽問子貢說：「孔子每到一個國家，一定知道這個國家的政事。是他自己打聽到的呢？還是別人告訴他的呢？」子貢說：「孔夫子是靠溫和、善良、恭敬、節儉、謙讓而得到的。」溫和、善良、恭敬、節儉、謙讓，是高尚的操行。對人有高尚的操行，人就會親近、依附他。人親近、依附他，就有人把國家的政事情況告訴他。這樣說來，那麼孔子知道每個國家的政事，是依靠別人的言語，並不是神而自己先知各國的政事。齊景公問子貢說：「孔夫子是賢人嗎？」子貢回答說：「孔夫子是聖人，哪裡只是賢人啊！」景公不知孔子是聖人，子貢為孔子正名；子禽也不知孔子之所以知道各國政事的原因，子貢確定了孔子知道各國政事的真實原因。如果孔子真的神而自知，子貢回答齊景公說「孔子是聖人，豈只是賢人呢」，那麼他回答子禽也應當說「孔夫子是神而自知的，不是聽別人說的」。就子貢回答子禽的話來說，聖人不能先知，這是第二個證據。

顏淵正在煮飯，塵土落到煮飯的甑中，想放開這點塵土不管的話，飯就不清潔了；如果把它扔到地上，就連飯也扔了，於是便撿起來吃掉。孔子看見了，認為他偷飯吃。聖人不能先知，這是第三個證據。

道路上有暴徒，把刀插在地上而等候著行人；山澤中有猛虎，磨牙切齒地望著行人。預見前面有凶險的人，都不敢再前進。如果不知道的人，就會遭到暴徒的殺害，碰上猛虎的傷害了。匡人包圍了孔子，孔子如果真有先知，就應當及早改變道路，以避傷害。不知道而觸犯了它，所以遭受到禍害。就孔子被匡人圍困來說，聖人不能先知，這是第四個證據。

孔子在匡地受到威脅，顏淵最後才逃出來。孔子說：「我以為你已經死了。」如果孔子能先知，就應當知道顏淵一定不會遭到傷害，匡人不會殺害他的。孔子看見顏淵回來了，才知道顏淵沒有死；沒有回來的時候，說以為顏淵死了。聖人不能先知，這是第五個證據。

陽貨想見孔子，孔子不願接見，陽貨就贈送孔子一隻蒸熟的小豬。孔子窺伺到陽貨不在家的時候才去回拜他，結果在路上碰見了陽貨。孔子不想見陽貨，窺伺他不在家時，去回訪他，這說明孔子堅決不想見他。可是返回時，卻在路上碰到了陽貨。就孔子碰上陽貨來說，聖人不能先知，這是第六個證據。

長沮、桀溺二人一起在耕地，孔子路過這裡，派子路向他們詢問渡口在哪兒。如果孔子先知渡口在哪兒，就不應當再問。替孔子辯護的人說：「孔子想觀察一下這兩個隱士的操行。」如果孔子先知，就應當自己知道他們二人的操行，用不著去觀察；如果孔子不知道而派人去問，這就說明聖人不能先知，這是第七個證據。

孔子的母親死了，因孔子不知道自己的父親的墳墓在哪兒，就臨時性的淺葬在五甫衢。別人看到這種情況，以為正式下葬了。大概是因為沒有地方合葬，臨時性的淺葬也很鄭重，所以別人以為是正式下葬了。鄰居鄹曼甫的母親來告訴孔子，然後孔子才把母親合葬在防山。孔子家的墳地本來在防山，卻把母親臨時葬在五甫衢，聖人不能先知，這是第八個證據。

已經得以合葬，孔子返回家裡。門人後回來，雨下得很大才到。孔子問道：「為什麼遲回？」門人說：「為了防止墓崩塌，我就壘墳頭去了。」孔子沒有吭聲。門人說了好幾遍，然後孔子淚流滿面地說：「我聽說，自古以來不壘墳頭。」如果孔子先知，就當事先知道防止墓崩塌，等到門人到來，應該流著眼淚等候著他。人到了才知道，聖人不能先知，這是第九個證據。

孔子進入周公廟，每件事都要發問。不知道所以發問，給做出榜樣。孔子不曾到過周公廟，廟中的禮器很多不止一種，孔子即使是聖人，又怎麼能全部知道它？有的人認為孔子曾經見過，實際上已經知道，然而還要發問，目的在於給別人做個榜樣。孔子說：「遇到疑難問題，就要考慮如何請教別人。」這是說有了疑問才應當發問啊！實際上已經知道，應當還要發問，這是為了給別人做榜樣，孔子懂得五經，學生跟隨他學習，應當再去請教別人，以為別人做榜樣，為什麼他獨自向弟子傳授呢？不用自己已經知道五經還要去請教別人這種行動給人做榜樣，惟獨用自己知道周公廟的禮儀再去請問別人這種行為給人做榜樣，聖人的用意，為什麼這樣不一致呢？就孔子入周公廟這件事來說，聖人不能先知，這是第十個證據。

主人請客人吃飯，或者請客人去住他家的客房。客人如果聽說他家有輕薄子孫，一定會叫自己的父母撤走飯菜酒食，不能再吃；關閉館舍，不能再在這裡住宿。客人拿定主意，就一定不會去作客。為什麼？因為客人知道被請去沒有什麼好處，只是白跑一趟，徒勞一番，受一番侮辱而已。如果去了而沒有好事，受一番勞累、侮辱又返回的話，這是不知主人的家庭、不知道那裡的實際情況造成的。人事難知，吉凶難以預料。如果孔子有先知之明，就應該知道諸侯被進讒言的臣子所迷惑，一定不能重用自己，白白地使自己受到一番勞累和侮辱，即使聘書或召令到了，也應該擱置起來不去上任。君子不做無益的事，不做有辱於自己的行為。用不著去周遊列國，到處去應聘，而受到被衛人剷平車跡的恥辱；白費氣力去遊說那些不會採用自己意見的君主，而使自己遇到七天沒吃上一頓飽飯的困苦。由此說來，孔子也接近於不能預見未來的凡夫俗子了。為孔子辯護的人說：「孔子自己早就知道各國君主不會重用，聖人的思想是憫惜先王之道沒有實行，老百姓處在水深火熱之中，希望輔助諸侯各國，奉行先王之道，拯救天下百姓，所以周遊列國，希望諸侯應聘，而不避憂患和恥辱。孔子為了奉行先王之道，而不是為了自己，所以遭逢困苦而不感到厭惡；為了拯救百姓，而不是為了名利，所以蒙受誹謗而不迴避。」我說：這不是事實。孔子說：「我從衛返回魯國，然後從事訂正音樂的工作，使〈雅〉、〈頌〉各自取得應有的地位。」這就是說孔子自己是知道時勢的。怎麼說他自知呢？魯國、衛國，是當時中國境內周禮最完備的國家，魯國、衛國不能重用自己，那麼天下各國就沒有能重用自己的了，所以退而作《春秋》，刪定《詩》、《書》。就孔子自衛國返回魯國來說，知道孔子在奔走應聘的時候，並沒有自知之明。為什麼？沒有徵兆和跡象作為根據，聖人是無法確定自己命運的。魯國、衛國不能重用自己，自己就應該知道已經窮途末路了；魯人獲得一隻麒麟，孔子看後就知道自己生不逢時，即將死去了。先王之道已窮途末路，生命已到了盡頭，徵兆和跡象已經表現得很鮮明了，孔子心懷怨恨和沮喪，退而冥思苦想。周遊列國不止，好比人重病未死，所以還要祈禱、占卜，使他痊癒，死人的徵兆還沒有出現，就希望能活下去。既然這樣，那麼應聘對於孔子來說，未見絕望的證明，還是希望能得到君主的重用。死人的徵兆已出現在家中，占卜的人見了扭頭就走，醫生也拒絕治療了，孔子才死了心，提筆刪定《詩》、《書》。就孔子為了應聘而周遊列國來說，聖人不能先知，這是第十一個證據。

孔子說：「魚類可以用魚線釣到，獸類可以用箭射獲到。至於龍，我不知道該怎麼辦，牠乘雲御風上升天空。今日見到老子，他大概就像龍一樣吧！」聖人知道一切事物，老子與龍，一個是人，一個是物；龍的活動從上到下，從下到上，都是事，為什麼孔子不知？如果老子是神，龍也是神，聖人也是神，神者屬於同一道術，精氣互相溝通，為什麼不知道？就孔子不知龍和老子來說，聖人不能先知，這是第十二個證據。

孔子說：「孝順啊，閔子騫！由於閔子騫能掩蓋父母兄弟的過失，因而人們對他的父母兄弟沒有值得非議的話。」虞舜是大聖人，他隱瞞親骨肉的過失，應該勝過閔子騫。瞽叟與象，讓舜去修築穀倉和淘井，企圖趁機殺死舜。當他發現要殺自己的情況時，應該事先規勸制止，已經無可奈何，也應該躲避不去，或者裝病不幹。為什麼要使他的父親與弟弟能構成謀殺自己的罪名，使人們知道這件事而指責自己的父親和弟弟，以至萬代不能磨滅呢？就虞舜沒有預見性這點來說，聖人不能先知，這是第十三個證據。

周武王生病，周公為他請求天命。祭壇已經設置，祭文已經唸完畢，不知道上天允許自己與否，就又去太王、王季、文王面前占卜三次，三次占卜都是吉祥。如果聖人先知，周公就應當知道上天已經允許了他，沒有必要立即又去占卜三次。這就說明聖人不會憑著一己之見來決定如何辦事，而要再去請求天命，並把祈禱之文秘密收藏起來，不讓別人看見。天意難知，所以要把三次占卜的兆象合而對照。兆象確定了，心就安定，於是就根據兆象去辦事。聖人不能先知，這是第十四個證據。

晏子出使到魯國，按照魯國的朝儀，使臣在朝廷大堂之上不能小步快走，而晏子小步快走了；君主授玉時，使臣也不應該跪著接的，而晏子跪在地上接了。門人感到奇怪而請問孔子，孔子不知道，就去問晏子。晏子解釋其中的道理，孔子才知道。聖人不能先知，這是第十五個證據。

陳賈問孟子說：「周公是什麼人呢？」孟子說：「是聖人。」陳賈又問：「派管叔去監視武庚，後來管叔等叛變了，有這二件事嗎？」孟子說：「是這樣。」陳賈又問：「周公是事先知道管叔會叛變而派他去的呢？還是不知道他會叛變而派他去的呢？」孟子說：「周公不知道啊。」陳賈又問：「既然如此，那麼聖人尚且有過失嗎？」孟子說：「周公是弟弟，管叔是兄長。弟弟不能猜疑兄長，那麼周公的過失，不也是理所當然的嗎？」孟子，是講求實際的人，說周公雖然是聖人，但他的排行處在管叔之下，所以不能知道管叔以後會叛變。聖人不能先知，這是第十六個證據。

孔子曰：「賜不受命而貨殖焉，億則屢中❶。」罪❷子貢善居積❸，意❹貴賤❺之期，數❻得其時，故貨殖多，富比陶朱❼。然則聖人先知也，子貢億數中之類也。聖人據象兆，原❽物類❾，意而得之；其見變❿名物⓫，博學而識⓬之。巧商⓭而善意，廣見而多記，由微見較⓮，若揆⓯之今睹千載，所謂智如淵海。孔子見竅⓰睹微，思慮洞達⓱，材智兼倍⓲，強力不倦，超逾倫等⓳，耳目非有達視之明，知人所不知之狀也。使⓴聖人達視遠見，洞聽潛聞，與天地談，與鬼神言，知天上地下之事，乃可謂神而先知，與人卓異㉑。今耳目聞見，與人無別；遭事睹物，與人無異，差㉒賢㉓一等爾㉔，何以謂神而卓絕！

【章旨】此章小結上文，指出聖人與人無異，僅「差賢一等」而已。

【注釋】❶賜不受命而貨殖焉二句　見《論語・先進》。賜，端木賜，字子貢。命，天命。貨殖，做生意買賣。億，通「臆」。猜測。屢中，屢次猜中生意行情。❷罪　責怪。❸居積　囤積居奇。❹意　通「臆」。猜測。❺貴賤　物價漲落。❻數　多次。❼陶朱　即陶朱公。春秋時越國大夫范蠡之別號。助越王句踐滅吳後，先遊齊國，稱鴟夷子皮，後至陶（今山東定陶西北），以經商致富，號陶朱公。見《史記・越王句踐世家》與〈貨殖列傳〉。❽原　推究。❾物類　同類事物。❿變　怪變。指奇異之物。⓫名物　說出事物的名目。⓬識　通「誌」。記住。⓭巧商　善於做生意。⓮較　通「皎」。顯著。⓯揆　推測。⓰竅　小孔。形容細微。⓱洞達　透徹。⓲兼倍　比一般人加倍。⓳倫等　同輩；一般人。⓴使　如果；假使。㉑卓異　卓越超群；大不一樣。㉒差　稍微。㉓賢　高明。㉔爾　通「耳」。表限制語氣，相當於「而已」、「罷了」。

【語譯】孔子說：「端木賜不聽從天命的安排，而去經商做買賣，猜測生意行情則屢次都中。」責怪子貢善於囤積居奇，猜測物價漲落的時間，往往屢次都能抓住時機，所以營利越來越多，財富之多可與陶朱公相比。這樣看來，那麼聖人先知，就像子貢屢次猜中生意行情一樣了。聖人依據事物出現的跡象和徵兆，推究同類事物，猜測而得出某一結論；他看到奇異的事物而能說出它的名目來，是因為博學而又擅長記憶的緣故。善於做生意而又善於猜測行情，廣博的見聞而又多記，由微小而見顯著，如同根據今天的事物進行推測而預見千年以後的情況一樣，這就是人們常說的智慧如淵博的大海。孔子能夠看見微小而不明顯的事物，思考問題很透徹，才能智慧比常人要加倍，強力不倦，超過一般人，並不是耳目具有超人的聽力和視力，能夠知道人們不知道的情況。假如聖人看得非常透徹、非常遠，聽得非常清楚，無所不聞，可以同天地談笑，同鬼神說話，熟知天上地下的事情，這才可以說是神而先知，同一般人大不一樣。現在聖人的耳聞目見，同一般人沒有什麼差別；聖人遇事見物，同一般人並沒有什麼不同，僅僅比一般人稍微高明一等而已，怎麼能說聖人是神而卓絕呢！

夫聖猶賢也，人之殊者❶謂之聖，則聖賢差❷小大之稱，非絕殊❸之名也。何以明之？

齊桓公與管仲謀伐莒❹，謀未發而聞於國❺。桓公怪之，問管仲曰：「與仲甫謀伐莒，未發，聞於國，其故何也？」管仲曰：「國必有聖人也。」少頃❻，當東郭牙❼至，管仲曰：「此必是已。」乃令賓❽延❾而上之，分級❿而立。管仲曰：「子邪，言伐莒？」對曰：「然。」管仲曰：「我不伐莒，子何故言伐莒？」對曰：「臣聞君子善謀，小人善意，臣竊⓫意⓬之。」管仲曰：「我不言伐莒，子何以意之？」對曰：「臣聞君子有三色[13]：歡然喜樂者，鍾鼓[14]之色；愁然清靜者，衰絰[15]之色；怫然[16]充滿手足者，兵革[17]之色。君口垂不唫[18]，所言莒也；君舉臂而指，所當[19]又莒也。臣竊虞[20]國小諸侯不服者，其唯莒乎！臣故言之。」夫管仲，上智之人也。其別物審事矣，云「國必有聖人」者，至誠謂國必有也。東郭牙至，云「此必是已」，謂東郭牙聖也。如賢與聖絕輩[21]，管仲知時無十二聖[22]之黨[23]，當云「國必有賢者」，無為言「聖」也。謀未發而聞於國，管仲謂「國必有聖人」，是謂聖人先知也。及[24]見東郭牙，云「此必是已」，謂賢者聖也。東郭牙知之審[25]，是與聖人同也。

客有見[26]淳于髡[27]於梁惠王者，再[28]見之，終無言[29]也。惠王怪之，以讓[30]客曰：「子之稱淳于生，言管、晏不及。及見寡人，寡人未有得也。寡人未足為言邪？」客謂髡，髡曰：「固[31]也！吾前見王志[32]在遠[33]，後見王志在音[34]，吾是以[35]默然。」客具[36]報，王大駭曰：「嗟乎，淳于生誠[37]聖人也！前淳于生之來，人有獻龍馬[38]者，寡人未及視，會[39]生至。後來，人有獻謳者，未及試，亦會生至。寡人雖屏[40]左右，私心[41]在彼。」夫髡之見[42]惠王在遠與音也，雖[43]湯、禹之察，不能過[44]也。志在胸臆之中，藏匿[45]不見[46]，髡能知之。以髡等為聖，則髡聖人也；

如以髡等非聖，則聖人之知，何以過髡之知惠王也？觀色(47)以窺心，皆有因緣(48)以準的(49)之。

楚靈王會(50)諸侯，鄭子產(51)曰：「魯、邾、宋、衛不來。」及諸侯會，四國果不至。趙堯(52)為符璽御史(53)，趙人方與公(54)謂御史大夫周昌(55)曰：「君之史趙堯且代君位(56)。」其後，堯果為御史大夫。然則，四國不至，子產原其理也；趙堯之為御史大夫，方與公睹(57)其狀(58)也。原理睹狀，處(59)著(60)方來(61)，有以審(62)之也。魯人公孫臣(63)，孝文皇帝時，上書(64)言漢土德(65)，有符(66)黃(67)龍當見(68)。後黃龍見成紀(69)。然則公孫臣知黃龍將出，案律(70)曆(71)以處(72)之也。

【章旨】此章舉例以說明「聖賢差小大之稱，非絕殊之名」。

【注釋】(1)人之殊者　傑出的人才。(2)差　等差；區別。(3)絕殊　截然不同。(4)莒　齊國附近一小國。在今山東莒縣地區。(5)國　國都；京城。(6)少頃　一會兒。(7)東郭牙　人名。姓東郭，名牙。(8)賓　此指負責接待來賓的官員。(9)延　引進。(10)級　等次；級別。(11)竊　自謙之詞。私下。(12)意　通「臆」。推測。(13)色　神色；臉色；表情。(14)鍾鼓　此表示婚慶喜事。(15)衰經　喪服。衰，生麻布製成的喪服。經，麻製的喪帽、腰帶。(16)怫然　憤怒之貌。(17)兵革　指戰爭之事。(18)口垂不唫　嘴唇微微張開而不閉攏。(19)當　對著。(20)竊慮　私下猜想。慮，料想。(21)絕輩　截然不同的類型。(22)十二聖　指黃帝、顓頊等十二人。見本書〈骨相篇〉。(23)黨　類。(24)及　等到。(25)審　明白；清楚。(26)見　同「現」。引見。(27)淳于髡　人名。姓淳于，名髡。(28)再　第二次。(29)言　說話。(30)讓　責怪；責備。(31)固　然；對的；是這麼回事。(32)志　心思。(33)遠　遠方。(34)音　音樂。(35)是以　因此。(36)具　原原本本。(37)誠　真的；果真。(38)龍馬　高大的駿馬。(39)會　恰逢；正碰上。(40)屏　屏退；打發開。㊶私心　內心。㊷見　看出來。㊸雖　即使。㊹過　超過。㊺藏匿　隱藏起來。㊻見　表現。㊼觀色　觀察面部表情。㊽因緣　憑藉。㊾準的　射中目標。此指推測得很準確。㊿會　召見。51子產　鄭國大夫。52趙堯　西漢初人。53符璽御史　皇帝的監印官。54方與公　人名。一說：方與縣令。55周昌　人名。西漢初人。56君之史趙堯且代君位　事見《史記・張丞相列傳》。史，屬官。且，將要。57睹　看到。58狀　跡象。59處　判斷。60著　明顯。61方來　未來；將來。62審　明白。63公孫臣　人名。64上書　呈上奏章。65土德　據陰陽五行說，朝代之更替亦按五行相剋的規律循環往復，秦朝屬水德，為漢朝取代，故漢屬土德。66符　符瑞；吉祥之兆。67黃　五行中的土。漢朝是土德，故祥瑞出現黃色。68見　同「現」。出現。69成紀　古縣名。在今甘肅泰安之北。以上事見《漢書・文帝紀》。70律　樂律。71曆　曆法。72處　判斷。

【語　譯】聖人如同賢人，傑出的人才稱為聖人，那麼，聖人和賢人只是區別才能大小的稱呼，不是截然不同的名稱。怎麼來證明呢？

齊桓公與管仲謀劃攻打莒國，謀劃好後還沒有行動，消息就在京城傳開了。桓公感到奇怪，問管仲說：「我與仲父謀劃攻打莒國的事宜，還沒有行動，消息就在京城傳開了，這是什麼原因呢？」管仲說：「京城裡一定有聖人啊。」一會兒，正碰上東郭牙來了，管仲說：「這個人一定是聖人。」於是命令迎賓官把他引上殿堂，分別按賓主的等級站好。管仲說：「是您嗎，說我們要攻打莒國？」東郭牙回答道：「是。」管仲說：「我們沒有攻打莒國，您為什麼說要攻伐莒國？」回答說：「臣聽說君子善於謀劃，小人善於猜測，臣私下猜測您正謀劃攻打莒國。」管仲說：「我沒有說要攻打莒國，您根據什麼推測的呢？」東郭牙回答說：「臣聽說君子有三種不同的表情：歡喜的時候，就表露出鐘鼓齊鳴、婚慶喜樂的神色；愁悶清靜的時候，就表露出披麻戴孝、舉辦喪事的神色；憤怒的表情使手足抖動的時候，就表露出兩軍對陣、兵刃相交的神色。君主的嘴巴微微張開而不閉攏，所說的正是『莒』啊；君主抬起手臂而指的方向，所對著的又是莒國所在的方向啊。臣私下一想國家很小而諸侯不服的，大概唯有莒國吧！所以臣就說要攻打莒國了。」管仲，是具有上等智慧的人。他善於辨別事物考察事情，說「京城一定有聖人」，是很誠心地認為京城之中一定有聖人的。東郭牙來了，說「這個人一定是聖人」，是認為東郭牙是聖人了。如果說賢人與聖人是截然不同的類別，那麼管仲明知當時並沒有像黃帝等十二位聖人，應該說「京城中一定有賢人」，不應當說「聖人」啊。攻打莒國的謀劃尚未付諸行動而消息就在京城傳開了，管仲說「京城中一定有聖人」，這就是說聖人有先知；等到見了東郭牙，就說「這個人一定是聖人」，是說賢人就是聖人。東郭牙對齊桓公攻打莒國的謀劃知道得那麼清楚，這就說明賢人與聖人相同啊。

賓客中有人引見淳于髡去拜見梁惠王，第二次引見他，始終不說話。梁惠王感到奇怪，因此責備那位賓客說：「您稱讚淳于髡，說連管仲、晏嬰也不如他。等到他來見我，我並沒有什麼收穫。難道不值得跟我說話嗎？」賓客把梁惠王的話轉告了淳于髡，髡說：「是的。我前一次去拜見梁惠王時，他的心思集中在遠方，後一次去拜見惠王時，他的心思集中在音樂上，我因此不說話。」賓客又把淳于髡的話原原本本地稟告梁惠王，惠王非常驚訝地說：「啊，淳于髡是真聖人！前一次淳于髡來見我，有人獻給我一匹高大的駿馬，我還沒有來得及看，就碰上淳于髡來了。後一次來，有人獻上一首歌曲，沒有來得及試唱，也正碰上淳于髡來了。我雖然把左右大臣都打發開了，但是我的心思還在那兒。」淳于髡覺察到梁惠王的心思集中在遠方與音樂上，即使成湯、夏禹那樣明察秋毫的聖人，也不能超過他。心思在內心之中，隱藏在內心深處並沒有表露出來，而淳于髡卻能知道人的心思。如果把淳于髡同聖人等同起來，那麼淳于髡就是聖人了；如果把淳于髡同非聖人等同起來，那麼聖人的智慧，又怎麼超過淳于髡深知梁惠王呢？觀察人的外部表情而窺見人的內心世界，都是由於有所依據，因而能準確地推測它。

楚靈王召見各國諸侯，鄭國大夫子產說：「魯國、邾國、宋國、衛國不會來。」等到諸侯會聚，這四國諸侯果真沒有到來。趙堯任符璽御史，趙人方與公對御史大夫周昌說：「您的屬官趙堯將要取代您的官位。」這以後，趙堯果真當了御史大夫。這樣看來，那麼四國諸侯沒有到來，子產是根據其中的原因推斷出來的；趙堯當上御史大夫，是方與公看到了趙堯要取代周昌的跡象了。根據原理和看到的跡象，判斷清楚未來的事，有所依據才會明白清楚。魯人公孫臣，漢文帝時，上奏章言漢王朝是土德，說漢朝的符瑞黃龍應當出現了。後來黃龍出現在成紀。這樣看來，那麼公孫臣得知黃龍將要出現，完全是根據樂律和曆法判斷出來的。

聖賢之知，事宜❶驗❷矣。賢聖之才，皆能先知。其先知也，任術用數❸，或善商而巧意，非聖人空知。神怪與聖賢，殊道異路也。聖賢知❹不逾❺，故用思❻相出入；遭❼事無神怪，故名號相貿易❽。故夫賢聖者，道德智能之號；神者，眇茫恍惚無形之實❾。實異，質❿不得同；實鈞⓫，效⓬不得殊。聖神號不等，故謂聖者不神，神者不聖。東郭牙善意，以知國情；子貢善意⓭，以得貨利。聖人之知，子貢、東郭牙之徒⓮也。與子貢、東郭同，則子貢、東郭之徒亦聖也。夫如是，聖賢之實同而名號殊，未必才相懸絕⓯，智相兼倍⓰也。

【章　旨】此章小結，得出「聖賢之實同而名號殊」之結論。

【注　釋】❶宜　應該。❷驗　驗證。❸任術用數　根據術數推算。❹知　通「智」。智慧。❺逾　超過。❻用思　思考問題。❼遭　遇上；對待。❽貿易　交換。❾實　事物。❿質　本質。⓫鈞　通「均」。等同。⓬效　表現。⓭意　猜測；推測。⓮徒　流；輩。⓯懸絕　懸殊；大不相同。⓰兼倍　加倍。

【語　譯】聖賢的智慧究竟如何，事實應該說已經驗證了。賢人、聖人的才能，都能有先知。他們的先知，根據術數推算得來的，或許善於做生意而巧妙地猜測行情，並不是聖人憑空知道的。神怪與聖賢，只是道路不同而已。聖人和賢人的智慧相差不遠，所以思考問題的深度不相上下；他們對待事物並沒有什麼神奇怪異的地方，所以名號可以相互交換。因此可以說，賢人、聖人，乃是人的道德智能的名號；神，則是一種渺茫恍惚無形的事物。事物不同，本質就不可能相同；事物相同，表現形式就不可能有別。聖人與神的名號不同，所以說聖人不是神，神不是聖人。東郭牙善於猜測，而知道國家的動態；子貢善於推測，而獲大量財富。聖人的先知，如同子貢、東郭牙之流的猜測一樣。聖人與子貢、東郭相同，那麼子貢、東郭之輩也是聖人。因此，聖人與賢人實際上是相同的，而只是名號不同罷了，不一定他們的才能大不相同，智慧相差很大啊。

太宰問於子貢曰：「夫子聖者歟？何其多能也！」子貢曰：「故天縱之將聖，又多能也。」❶將者，且也。不言已聖，言且❷聖者，以為孔子聖未就❸也。夫聖若為賢矣，治行厲操❹，操行未立，則謂且賢。今言且聖，聖可為之故也。孔子曰：「吾十有五而志於學，三十而立，四十而不惑，五十而知天命，六十而耳順❺。」從知天命至耳順，學就知明，成聖之驗也。未五十、六十之時，未能知天命、至耳順也，則謂之且矣。當子貢答太宰時，殆❻三十、四十之時也。

魏昭王問於田詘❼曰：「寡人在東宮❽之時，聞先生之議曰：『為聖易。』有之乎？」田詘對曰：「臣之所學也。」昭王曰：「然則先生聖乎？」田詘曰：「未有功而知其聖者，堯之知舜也。待其有功而後知聖者，市人❾之知舜也。今詘未有功，而王問詘曰：『若❿聖乎？』敢問⓫王亦其堯乎？」夫聖可學為，故田詘謂之易。如卓與人殊，稟天性而自然，焉⓬可學？而為之安⓭能成？田詘之言「為聖易」，未必能成；田詘之言為易，未必能是⓮。言「臣之所學」，蓋其實也。

【章　旨】此章以孔子為例，言「聖可學為」。

【注　釋】❶太宰問於子貢曰六句　見《論語・子罕》。太宰，官名。此指何人未詳。故，本來。縱，讓；放任。將聖，將要成為聖人。多能，多才多藝。❷且　將要。❸就　成。❹治行厲操　加強自己的品德修養和磨鍊。厲，同「礪」。磨鍊。❺吾十有五而志於學五句　見《論語・為政》。有，通「又」。志，立志。立，自立；有獨立見解。不惑，不致迷惑。耳順，耳朵靈明，能辨別真假是非。❻殆　大概。❼田詘　人名。❽東宮　太子所居之宮。亦指太子。《詩・衛風・碩人》：「東宮之妹。」毛傳：「東宮，齊太子也。」孔穎達疏：「太子居東宮，因以東宮表太子。」❾市人　指一般人。❿若　你。⓫敢問　冒昧地問。自謙之詞。⓬焉　怎麼。⓭安　怎麼。⓮是　如此。

【語　譯】太宰問子貢說：「孔夫子是聖人嗎？為什麼他多才多藝啊！」子貢說：「本來是上天有意讓他將要成為聖人，又使他多才多藝的。」將，是將要的意思。子貢不說已經是聖人，而說他將要成為聖人，是認為孔子當時還沒有成為聖人的緣故。成為聖人如同成為賢人一樣，要加強對自己的道德情操的修養和磨鍊，操行如果沒有修養好，那就只能說將成為賢人。現在子貢說孔子將要成為聖人，這是因為聖人可以通過磨鍊自己的道德情操而成為的緣故。孔子說：「我十五歲而立志學習，三十歲就能自立有主見，四十歲就不致被迷惑，五十歲懂得天命，六十歲而能辨別真假是非。」從懂得天命到一聽就能辨別真假是非，只有通過學習才能使自己智慧聰明，這是成為聖人的經驗之談。沒有到五十、六十歲的時候，就不可能懂得天命、達到一聽就能辨別真假是非的境界，所以子貢說孔子將要成為聖人了。當子貢回答太宰的提問時，孔子大概是三十、四十歲的時候吧。

魏昭王問田詘說：「我在東宮的時候，聽先生說：『做聖人很容易。』有這種說法嗎？」田詘回答說：「聖人是我所學習的榜樣。」昭王說：「這樣說來，那麼先生就是聖人嗎？」田詘說：「還沒有功績以前就知道這個人是聖人的，就像堯識別舜一樣；等到這個人有了功績而後知道他是聖人的，就像一般人知道舜一樣。現在我田詘沒有什麼功績，而王問我田詘說：『你是聖人嗎？』那麼敢問大王您也是堯一樣的聖人嗎？」因為聖人是可以通過學習而成為的，所以田詘認為很容易。如果聖人高超卓越和一般人不同，是稟承天的本性自然而然形成的，怎麼可以學成？即使學著去做又怎麼能成為聖人呢？田詘說「成為聖人很容易」，也不一定能成的；田詘說成為聖人很容易，也不一定能如此的。而他說「聖人是我所學習的」，這大概是符合實際的。

賢聖可學，為勞佚❶殊，故賢聖之號，仁智共之。子貢問於孔子：「夫子聖矣乎？」孔子曰：「聖則吾不能，我學不饜❷，而教不倦。」子貢曰：「學不饜者，智也；教不倦者，仁也。仁且❸智，夫子既❹聖矣。」由此言之，仁智之人，可謂聖矣。孟子曰：「子夏、子游、子張，得聖人之體❺；冉牛、閔子騫、顏淵，具❻體而微。」六子在其世，皆有聖人之才，或❼頗❽有而不具，或備有而不明❾，然皆稱聖人，聖人可勉成❿也。孟子又曰：「非其君不事⓫，非其民不使⓬，治則進，亂則退，伯夷也。何事非君，何使非民，治亦進，亂亦進，伊尹⓭也。可以仕⓮則仕，可以已⓯則已，可以久⓰則久，可以速⓱則速，孔子也。皆古之聖人也。」又曰：「聖人，百世之師也，伯夷、柳下惠是也。故聞伯夷之風者，頑夫⓲廉，懦夫⓳有立⓴志；聞柳下惠之風者，薄夫㉑敦㉒，鄙夫㉓寬㉔。奮㉕乎㉖百世之上，百世之下聞之者，莫不興起。非聖而㉗若是乎？而況親炙㉘之乎？」夫伊尹、伯夷、柳下惠不及孔子，而孟子皆曰「聖人」者，賢聖同類，可以共一稱也。宰予曰：「以予觀夫子，賢於堯、舜遠矣㉙。」孔子聖，宜言「聖於堯、舜」，而言「賢」者，聖賢相出入，故其名稱相貿易也。

【章　旨】此章通過歷代聖賢之比較，說明「聖賢可學，為勞佚殊」之理。

【注　釋】❶佚　通「逸」。❷饜　滿足。❸且　又。❹既　已經。❺體　部分。別於兼（全體）而言。《墨子・經上》：「體，分於兼也。」〈經說上〉：「體，若二分之一；尺之端也。」謂「二」兼「一」，「尺」兼兩「端」。❻具　具備。❼或　有的人。❽頗　略微。❾明　高明。❿勉成　經過努力而達到。⓫事　侍奉；輔佐。⓬使　驅使。⓭伊尹　商初大臣。曾輔佐成湯，為商朝開國元勳。⓮仕　仕進；當官。⓯已　停止；不當官。⓰久　久留官場。⓱速　迅速離開仕途。⓲頑夫　貪得無厭的人。⓳懦夫　軟弱無能的人。⓴立　堅定。㉑薄夫　刻薄的人。㉒敦　厚道。㉓鄙夫　心胸狹隘的人。㉔寬　寬容；寬宏大量。㉕奮　奮起；有所作為。㉖乎　於。㉗而　通「能」。㉘親炙　直接受到教誨熏陶。炙，烤。此指熏陶。㉙以予觀夫子二句　見《孟子・公孫丑上》。以，根據。於，比。

【語　譯】賢人、聖人都是可以通過學習而做到的，因為所付出的勞力不同，所以賢人、聖人的名號，仁者、智者都可以共用。子貢問孔子：「先生是聖人了嗎？」孔子說：「聖人則我不能說，但我自己學習不知滿足，教人不知疲倦。」子貢說：「學習不知道滿足，這是智者；教人不知疲倦，這是仁者。既仁且智，先生已經是聖人了。」由此說來，既仁且智的人，可以稱之為聖人了。孟子說：「子夏、子游、子張，都各自取得孔子的一部分長處；冉牛、閔子騫、顏淵，他們具備了孔子的各個方面，卻不如孔子那樣博大精深。」這六位學生處在孔子時代，都有聖人的才智，有的略微有聖人之才而不全面具備，有的全面具備了聖人之才而不夠高明，但是都稱為聖人，這說明聖人是可以經過努力而成就的。孟子又說：「不是他理想的君主就不去輔佐，不是他理想的百姓就不去使喚；天下太平就去進仕，天下昏亂就退而隱居，這就是伯夷這樣的人。沒有不可以輔佐的君主，沒有不可以使喚的百姓，天下太平也去進仕，天下大亂也去進仕，這就是伊尹這種人。可以進仕就進仕，可以不當官就不當官，可以久留在官場就久留，可以迅速離開官場就離開，這就是孔子這種人。他們都是古代的聖人啊。」又說：「聖人，是百代之師，伯夷、柳下惠就是這樣的人。所以凡是聽到伯夷的風範的人，貪婪無厭的人就變得廉潔了，軟弱無能的也有堅定的志向了；聽到柳下惠的風操的人，刻薄的人就變得厚道了，心胸狹隘的人就變得寬宏大量了。他們在百代之上奮發有為，百代之後，凡是聽到他們的事蹟的人，沒有不為之感動奮起的。不是聖人，能夠像這樣嗎？百代之後尚且如此，更何況親自受到聖人熏陶的人呢？」伊尹、伯夷、柳下惠並不及孔子，而孟子都說他們是「聖人」，原因就在於賢人與聖人同屬於一類，可以共同通用一個名稱。宰予說：「根據我對孔子的觀察，他比堯、舜賢明多了。」孔子是聖人，宰予應該說「聖於堯、舜」，而說「賢」，是因為聖人與賢人不相上下，所以聖人與賢人的名稱可以相互交換啊。

卷二七

定賢篇第八十

【題解】本篇以選賢為論述主旨。

選拔任用官吏以什麼為標準，漢代有舉孝廉、薦賢良方正、選茂才異行、取明經等等。王充對此極為不滿，通過設問方式，批駁了十餘種識別賢人的觀點和用人制度，而且破中有立，闡述了自己的「定賢」標準：「心善」。因此，他極力推崇兩個人物：一是孔子，稱頌為「素王」；二是桓譚，稱許為「素丞相」。

聖人難知❶，賢者比於聖人為易知。世人且不能知賢，安能知聖乎？世人雖言知賢，此言妄❷也。知賢何用？知之如何？

【章旨】此章提出識別賢人的標準問題。

【注釋】❶知　識別。❷妄　虛假。

【語譯】聖人很難識別，賢人同聖人相比較為容易識別一些。一般人尚且不能識別賢人，又怎麼能識別聖人呢？一般人即使說能識別賢人，這話也是虛假的。用什麼來識別賢人呢？怎樣才能識別賢人呢？

以仕宦❶得高官、身富貴為賢乎？則富貴者天命也。命富貴，不為賢；命貧賤，不為不肖❷。必以❸富貴效❹賢不肖，是❺則仕宦以才不以命也。

【章　旨】此章駁「以仕宦得高官、身富貴為賢」之論。

【注　釋】❶仕宦　當官。❷不肖　不賢；不成才。❸以　用。❹效　檢驗；證明。❺是　這。

【語　譯】以當官居高位、自身富貴為賢人的標準嗎？那麼富貴的人是天命啊。命富貴，不算為賢人；命貧賤，不算做不賢。如果一定要以富貴為標準來檢驗賢還是不賢，那麼這就是說當官是憑個人的才能而不是憑命了。

以事君❶調合❷寡過❸為賢乎？夫順附❹之臣，佞❺幸❻之徒是也。準主❼而說❽，適時❾而行，無廷逆❿之郤⓫，則無斥退⓬之患⓭。或⓮骨體嫺⓯麗，面色稱媚⓰，上⓱不憎而善⓲生，恩澤⓳洋溢⓴過度，未可謂賢。

【章　旨】此章駁「以事君調合寡過為賢」之論。

【注　釋】❶事君　侍奉君主。❷調合　和諧。❸寡過　很少過錯。❹順附　順從馴服、阿諛奉承。❺佞　諂媚逢迎。❻幸　寵幸。❼準主　揣測君主的意圖。❽說　勸說。❾時　時機。❿廷逆　在朝廷上對抗君主之意。⓫郤　同「隙」。間隙；隔閡。⓬斥退　被君主貶職或罷官。⓭患　禍害；危險。⓮或　有的。⓯嫺　優美雅麗之姿。⓰稱媚　美麗可愛，漂亮媚人。⓱上　指君主。⓲善　喜愛之心。⓳恩澤　恩惠。⓴洋溢　充滿。

【語　譯】以侍奉君主和諧很少過錯為賢人的標準嗎？順從馴服、阿諛奉承的臣子，依靠諂媚逢迎而得寵幸的人，就是這種人。他們善於揣測君主的意圖然後勸說，尋找適當的時機行事，沒有在朝廷上對抗君主而產生的隔閡，也就沒有被君主貶職或罷官的危險。有的身姿優美，面貌美麗可愛，君主不憎惡而產生喜愛的心情，對他的恩惠很多很多，超過了限度，這種不可以叫做賢人。

以朝廷❶選舉❷皆歸善❸為賢乎？則夫著❹見❺而人所知者舉多，幽❻隱❼人所不識者薦少，虞舜是也。堯求，則咨於鯀、共工，則嶽已不得❽。由此言之，選舉多少，未可以知實。或德高而舉之少，或才下而薦之多。明君求善察惡於多少之間，時得善惡之實矣。且廣交多徒❾，求索❿眾心者，人愛而稱之；清直不容鄉黨⓫，志堅不交非徒⓬，失眾心者，人憎而毀之。故名⓭多生於知謝⓮，毀⓯多失於眾意。齊威王以毀封⓰即墨⓱大夫，以譽⓲烹⓳阿⓴大夫，即墨有功而無譽，阿無效㉑而有名也。子貢問曰：「鄉人皆好㉒之，何如㉓？」孔子曰：「未可也。」「鄉人皆惡之，何如？」曰：「未可也。不若鄉人之善者㉔好之，其不善者惡㉕之。」夫如是，稱譽者而小大皆言善者，非賢也。善人稱之，惡人毀之，毀譽者半，乃可有賢。以善人所稱，惡人所毀，可以知賢乎？夫如是，孔子之言可以知賢，不知譽此人者，賢也？毀此人者，惡也？或時㉖稱者惡而毀者善也！人眩惑㉗無別㉘也。

【章　旨】此章駁「以朝庭選舉皆歸善為賢」之論。

【注　釋】❶庭　通「廷」。❷選舉　選拔、推薦人才。❸歸善　稱好；稱贊。❹著　著名。❺見　同「現」。此指出頭露面。❻幽　不著名。❼隱　不拋頭露面。❽堯求三句　據《尚書・堯典》載，堯徵求賢人，驩兜推薦共工，眾人推薦鯀，堯不同意。四嶽認為「試可乃已」，堯採納四嶽的意見，派鯀治水。又據《史記・五帝本紀》等載，堯在位七十年後，方有人把舜推薦於堯，且經過若干年考察、試用，然後才讓位於舜。咨，商議；推薦。嶽，四嶽。傳說是堯時統治東、南、西、北四方諸侯的首領。已，止。❾多徒　各色各樣的人。徒，類。❿求索　籠絡。索，取。⓫鄉黨　鄉里。⓬非徒　與自己志向不同的人。⓭名　名望。⓮謝　拜賜；籠絡。⓯毀　此指壞名聲。⓰封　賜予封地。⓱即墨　古邑名。在今山東平度東南。⓲譽　稱贊。⓳烹　煮。⓴阿　古邑名。在今山東陽谷東北。㉑效　功效；功績。㉒好　誇獎。㉓何如　怎麼樣。㉔善者　好人。㉕惡　憎惡。㉖或時　也許；或許。㉗眩惑　迷惑。㉘無別　不能辨別。

【語　譯】以朝廷選拔和推薦官吏時大家都稱贊的人為賢人嗎？那麼那些著名的出頭露面而被人所知道的人自然被推薦得多，不著名的不出頭露面而為人所不認識的人就被推薦得少，舜就是這樣的人。堯尋求賢臣，大家推薦鯀、共工，而四嶽阻止堯的意見，以致不能得到像舜一樣的賢人。由此說來，薦舉人的多少，不可以作為識別賢人的依據。有時品德高尚的人而推薦的人少，有時才能低下的人反而推薦的人多。賢明的君主在推薦人的多少之間來確定善惡，有時可以獲得善惡的真實情況，而有時則不然。況且廣交各色各樣的人，那些籠絡眾人之心的，人人喜愛而贊揚他；清廉正直而不為鄉里所容，志向高潔而不同自己志向不同的人交往，不能討好眾人之心的人，人人憎惡而詆毀他。所以一個人的好名聲多半是懂得籠絡人心而得來的，壞名聲多半是由於不能討好眾人之心而造成的。齊威王在很多人誹謗即墨大夫的情況下賜給他萬家封地，而在很多人稱贊阿大夫的情況下烹了他，即墨大夫有功績卻沒有得到大家的稱譽，阿大夫沒有功績而有名氣。子貢問道：「同一鄉的人都誇獎他，怎麼樣？」孔子說：「這還不能肯定。」子貢又問：「同一鄉的人都憎惡他，怎麼樣？」孔子說：「這還不能肯定。不如同一鄉的人中的好人誇獎他，其中不好的人憎惡他。」因此，贊揚多而所有大大小小的人都說好的人，不一定是賢人。好人贊揚他，壞人誹謗他，誹謗和贊揚的人各佔半數，才可能有賢人。那麼，根據好人所贊揚，壞人所誹謗的，就可以識別賢人嗎？像這樣說來，孔子的話可以識別賢人，但不知道稱贊這個人的，是不是好人呢？指責這個人的，是不是壞人呢？也許稱贊這個人的是壞人而指責這個人的是好人呢！人們照樣感到迷惑，無法識別賢人啊。

以人眾所歸附、賓客雲合❶者為賢乎？則夫人眾所附歸者，或亦廣交多徒之人也。眾愛而稱❷之，則蟻附❸而歸之矣。或尊貴而為利，或好士下客❹，折節❺俟❻賢。信陵、孟嘗、平原、春申，食客數千，稱為賢君。大將軍衛青❼及霍去病❽，門無一客，稱為名將。故賓客之會，在好下之君❾，利害之賢❿。或不好士，不能為輕重⓫，則眾不歸而士不附也。

【章　旨】此章駁「以人眾所歸附、賓客雲合者為賢」之論。

【注　釋】❶雲合　像雲一樣地聚合一起。形容人數眾多。❷稱　贊揚；稱贊。❸蟻附　像螞蟻一樣聚集在一起。❹下客　以謙遜的態度對待客人。❺折節　放下尊貴的架子。折，屈折。此指改變。節，氣節。此指尊貴的架子、高傲的態度。❻俟　等待。❼衛青　人名。漢武帝時任大將軍。❽霍去病　人名。漢武帝時任驃騎將軍。❾好下之君　好士下客的封君（有封地的達官貴人）。❿利害之賢　有權有勢的人。⓫輕重　利害。

【語　譯】以眾人所歸附、賓客像雲一樣聚合在一起的人為賢人的標準嗎？那麼人多所歸附的人，有的也廣泛地結交各色各樣的人，大家都喜愛他、稱贊他，人就像螞蟻一樣歸附他了。有的處在尊貴的地位而能給人帶來利益，有的愛好養士，能以謙遜的態度對待賓客，放下尊貴的架子來等待賢人的到來。信陵君、孟嘗君、平原君、春申君，賓客數千，被稱為賢明的封君。大將軍衛青及霍去病，家中沒有養一個賓客，被稱為一代名將。所以賓客的會集，全在於好士下客的封君，在於有權有勢、能給人以利害的達官貴人。有的人不好客下士，不能給人以利或害，眾人、士人就不會歸附他了。

以居位[1]治人[2]、得民心歌詠[3]之為賢人乎？則夫得民心者，與彼[4]得士意者，無以異也。為虛恩拊循[5]其民，民之欲[6]得，即[7]喜樂矣。何以效之？齊田成子[8]、越王句踐是也。成子欲專[9]齊政，以大斗貸、小斗收而民悅。句踐欲雪[10]會稽之恥，拊循其民，弔死[11]問病而民喜。二者皆自有所欲為於他[12]，而偽誘屬[13]其民，誠心[14]不加，而民亦說[15]。孟嘗君夜出秦關，雞未鳴而關不闓，下坐賤客鼓掌偽鳴，而雞皆和之，關即闓，而孟嘗得出[16]。夫雞可以姦聲[17]感，則人亦可以偽恩動也。人可以偽恩動，則天亦可巧詐[18]應也。動致[19]天氣[20]，宜以精神[21]。而人用陽燧取火於天，消煉五石，五月盛夏，鑄以為器[22]，乃能得火。今又但取刀、劍、恆[23]銅鉤[24]之屬，切磨[25]以嚮日[26]，亦得火焉。夫陽燧、刀、劍、鉤能取火於日，恆非賢聖亦能動氣於天。若董仲舒信土龍[27]之能致雲雨，蓋亦有以[28]也。夫如是，應天之治，尚未可謂賢，況徒得人心，即謂之賢，如何？

【章　旨】此章駁「以居位治人、得民心歌詠之為賢」之論。

【注　釋】❶居位　居官在位。❷治人　統治百姓。❸歌詠　歌頌。❹彼　那些。❺拊循　撫慰；安撫。❻欲　欲望。❼即　就；立即。❽田成子　田成。春秋末齊國大夫，諡成子。❾專　專擅。❿雪　洗去。⓫弔死　慰問死者親屬。⓬他　別的；另外。⓭誘屬　誘致；引誘招致。⓮誠心　真誠的心。⓯說　同「悅」。喜悅。⓰孟嘗君夜出秦關六句　見《史記・孟嘗君列傳》。闓，開。⓱姦聲　偽裝的聲音。⓲巧詐　巧妙的欺詐手段。⓳動致　感動；招致。⓴天氣　氣象的變化。㉑精神　精誠之心；真心實意。㉒器　指陽燧。以上參見本書〈說日篇〉。㉓恆　普通；平常的。㉔銅鉤　兵器之一，有彎曲鋒刃。㉕切磨　磨擦。㉖鄉日　面對太陽。㉗土龍　以土堆成的假龍。㉘以　緣故；理由。

【語　譯】以居官在位統治百姓，得到百姓的歌頌為賢人的標準嗎？那麼那些得民心的人，與那些得賓客之意的人，並沒有什麼不同啊。用虛假的恩惠去安撫自己統治下的百姓，老百姓的欲望得到滿足，於是就高興地歸附他了。用什麼來證明這一點呢？齊人田成子、越王句踐就是這種人。田成子企圖專擅齊國的朝政，採用大斗借出、小斗收進的方法而使老百姓感到高興。句踐想洗去會稽的恥辱，安撫自己的百姓，慰問死者親屬和病人而使老百姓感到欣喜。這兩個人都各自另外有想要達到的目的，因而虛偽地引誘招致自己統治下的老百姓，並不是出於真心實意，但是老百姓也感到高興。孟嘗君趁夜逃出秦國的函谷關時，雞未叫，關門就不會打開，食客在嘴邊鼓動手掌學雞叫，於是雞都接著叫了，關門立即打開了，而使孟嘗君能夠逃出來。雞可以被虛假的叫聲感動，那麼人也可以被虛假的恩惠所感動了。人可以被虛假的恩惠感動，那麼天也可以用巧妙的欺詐手段來感應。感動而招致氣象的變化，也應該用真心實意，而人用陽燧向天取火，消煉五色石，在五月盛夏時，把它熔鑄成陽燧，才能取得火種。現在又只取刀、劍、普通的銅鉤之類，磨擦光亮以後把它面對著太陽光，也能夠取得火種。陽燧、刀、劍、銅鉤能夠向太陽取火，那麼普通的人即使不是賢人、聖人也能夠感動天，使氣象發生變化了。像董仲舒相信用土龍能招來雲雨，大概也是有原因的。這樣說來，順應天意的統治者，尚且不可以稱他為賢人，何況僅僅以欺騙手段取得民心的人，要是稱他為賢人，怎麼樣呢？

以居職[1]有成功見效為賢乎？夫居職何以為功效？以人民附[2]之，則人民可以偽恩說[3]也。陰陽和[4]，百姓安者，時[5]也。時和，不肖[6]遭其安；不和，雖聖逢[7]其危[8]。如以[9]陰陽和而效賢不肖，則堯以洪水得黜[10]，湯以大旱為殿下[11]矣。如功效謂事也，身[12]為之者，功著可見；以道[13]為計[14]者，效沒[15]不章[16]。鼓無當[17]於五音[18]，五音非鼓不和[19]。師無當於五服[20]，五服非師不親。水無當於五彩[21]，五彩非水不章[22]。道[23]為功本[24]，功為道效[25]，據功謂之賢，是則道人[26]之不肖[27]也。高祖得天下，賞群臣之功，蕭何為賞[28]首[29]。何則？高祖論功，比獵者之縱[30]狗也。狗身獲禽，功歸於人。群臣力戰，其猶狗也；蕭何持重[31]，其猶人也。必據成功謂之賢，是則蕭何無功。功賞不可以效賢，一也。

夫聖賢之治世[32]也有術[33]，得其術則功成，失其術則事廢[34]。譬猶醫之治病也，有方[35]，篤劇[36]猶治；無方，才[37]微不愈。夫方猶[38]術，病猶亂，醫猶吏，藥猶教[39]也。方施而藥行，術設而教從[40]，教從而亂止，藥行而病愈。治病之醫，未必惠[41]於不為醫者。然而治國之吏，未必賢於不能治國者，偶得其方，遭曉其術也。治國須術以立功，亦有時當自亂[42]，雖用術，功終不立者；亦有時當自安，雖無術，功猶成者。故夫治國之人，或得時而功成，或失時而無效。術人[43]能因[44]時以立功，不能逆時(45)以致安。良醫能治未當死之人命，如命窮壽盡，方用無驗矣。故時當亂也，堯、舜用術，不能立功；命當死矣，扁鵲(46)行方，不能愈病。射(47)御(48)之技，百工之人，皆以法術，然後功成事立，效驗可見。夫治國，百工之類也；功立，猶事成也。謂有功者賢，是謂百工皆賢人也。趙人吾丘壽王，武帝時待詔，上(49)使從董仲舒受(50)《春秋》，高才，通明於事(51)，後為東郡都尉(52)。上以壽王之賢，不置(53)太守。時軍發，民騷動，歲惡(54)，盜賊不息。上賜壽王書曰：「子(55)在朕(56)前時，輻湊(57)並至，以為天下無雙，海內寡二(58)，至連十餘城之勢，任(59)四千石(60)之重(61)，而盜賊浮船(62)行攻(63)取(64)於庫兵(65)，甚不稱在前時，何也？」壽王謝(66)言難禁(67)。復召為光祿大夫，常居左右，論事說議，無不是(68)者。才高智深，通明多見，然其為東郡都尉，歲惡，盜賊不息，人民騷動，不能禁止。不知壽王不得治東郡之術邪？亡將(69)東郡適(70)當復亂，而壽王之治偶逢其時也？夫以壽王之賢，治東郡不能立功，必以功觀賢，則壽王棄而不選也。恐必世多如壽王之類，而論者以無功不察其賢。燕有谷，氣寒，不生五穀。鄒衍吹律致氣，既寒更為溫，燕以種黍，黍生豐熟，到今名之曰「黍谷(71)」。夫和陰陽，當道德至誠。然而鄒衍吹律，寒谷更溫，黍谷育生。推此以況(72)諸有成功之類，有若(73)鄒衍吹律之法。

故得其術也，不肖無不能；失其數[74]也，賢聖有不治。此功不可以效賢，二也。

人之舉事[75]，或意至[76]而功不成，事不立[77]而勢貫山[78]。荊軻、醫夏無且[79]是矣。荊軻入秦之計，本欲劫秦王生致[80]於燕，邂逅[81]不偶[82]，為秦所擒。當荊軻之逐[83]秦王，秦王環柱而走[84]，醫夏無且以藥囊提[85]荊軻。既而[86]天下名[87]軻為烈士[88]，秦王賜無且金二百鎰[89]。夫為秦所擒，生致之功不立，藥囊提刺客，無益於救主，然猶稱賞者，意至勢盛[90]也。天下之士不以[91]荊軻功不成不稱其義，秦王不以無且無見效不賞其志。志善[92]不效成功，義至不謀[93]就[94]事。義有餘，效不足，志巨大而功細小，智者賞之，愚者罰之。必謀功不察志，論陽效不存[95]陰計，是則[96]豫讓拔劍斬襄子之衣，不足識[97]也；伍子胥鞭笞[98]平王屍，不足載也；張良椎[99]始皇誤中副車[100]，不足記也。三者道地不便[101]，計畫不得[102]，有其勢[103]而無其功[104]，懷其計而不得為其事[105]。是功不可以效賢，三也。

【章　旨】此章駁「以居職有成功見效為賢」之論，作者從事實出發論述了「功不可以效賢」的三條理由。

【注　釋】❶居職　做官。❷附　歸附。❸說　同「悅」。取悅；討好。❹陰陽和　陰陽之氣調和。即風調雨順。❺時　時勢；時運。❻不肖　不賢。指不成才的統治者。❼逢　碰上；遇到。❽危　指亂世。❾以　用；根據。❿黜　貶斥。⓫殿下最下等。殿，古代考核官吏政績或軍功，下等的稱「殿」。《漢書．宣帝紀》：「丞相、御史課殿最以聞。」李善注《文選．答賓戲》引《漢書音義》：「上功曰最，下功曰殿。」⑫身　親身。⑬以道　根據先王之道。⑭計　出謀劃策。⑮沒　埋沒。⑯章　通「彰」。明顯；眾所周知。⑰無當　不當；不符合。⑱五音　指宮、商、角、徵、羽五個音調。⑲不和　不和諧。⑳五服　古代的喪服制度。以親疏為差等，有斬衰、齊衰、大功、小功、緦麻五種，統稱「五服」。此泛指各種親屬關係。㉑五彩　指青、赤、黃、白、黑五種色彩。㉒章　通「彰」。鮮明。㉓道　先王之道。㉔本　根本。㉕效　效驗；表現。㉖道人　遵循先王之道的人。㉗不肖　不成材。㉘賞　獎賞。㉙首　第一名。㉚縱　放縱；驅使。㉛持重　沈著穩重。㉜治世　治理國家。㉝術　方法。㉞事廢　事業被廢棄。指事業失敗。㉟方　藥方。㊱篤劇　病情嚴重。㊲才　僅僅。㊳猶　如同。㊴教　教令；教化。㊵從　順從；推行。㊶惠　通「慧」。高明。㊷時當自亂　指社會發展演進本身處在該亂的時期。㊸術人　治國有術的人。㊹因　順應。㊺逆時　違背時勢。㊻扁鵲　傳說中的古代名醫。㊼射　射箭。㊽御　駕車。㊾上　指漢武帝。㊿受　從師受業；學習。(51)通明於事　通曉事理。(52)都尉　官名。一郡的軍事長官。(53)置　安置；派遣。(54)歲惡　年成不好。(55)子　你。(56)朕　皇帝自稱。(57)輻湊　車輪上的輻條聚集到車輪中心。形容人富於謀略，眾心所向。湊，通「輳」。(58)寡二　獨一無二。(59)任　擔負。(60)四千石　太守、都尉的年俸。漢代定為二千石，因吾丘壽王身兼二職，故為四千石。(61)重　重任。(62)浮船　乘船。(63)行攻　流動式攻打。(64)取　奪取。(65)庫兵　武庫中的兵器。(66)謝　謝罪。(67)難禁　指騷亂難以禁止。(68)是　對的。(69)亡將　或是；還是。亡，同「無」。(70)適　碰巧。(71)黍谷　以上事見本書〈寒溫篇〉。(72)況　準況；推論。(73)有若　猶如；有如。(74)數　定數；氣數。參見本書〈治期篇〉。(75)舉事　行事。(76)意至　心意盡到。(77)立　成功。(78)勢貫山　氣勢震撼山嶽。貫，貫穿。此指震撼。(79)夏無且　人名。秦始皇的御醫。(80)致　送到。(81)邂逅　偶爾；一旦。(82)不偶　不巧。(83)逐　追逐。(84)環柱而走　環繞著殿柱而逃跑。(85)提　投擲。(86)既而　後來。(87)名　稱。(88)烈士　壯烈之士。(89)鎰　古代重量單位。二十兩（一說二十四兩）為一鎰。(90)勢盛　氣勢磅礴。(91)以　因為。(92)志善　心意好。(93)謀　計議；考慮。(94)就　成就。(95)存　考察。(96)是則　這樣看來；那麼。(97)識　通「誌」。記載。(98)箠　鞭打。(99)椎　同「錘」。(100)副車　皇帝的隨從車輛。(101)道地不便　此指客觀環境不利。(102)計畫不得　考慮謀劃不周到。(103)勢　氣勢。(104)功　功效。(105)為其事　達到復仇的目的。

【語　譯】以做官有功績成效為賢人的標準嗎？那麼用什麼來檢驗任職做官的功績和成效呢？如果是根據人民歸附他，那麼人民是可以用虛假的恩惠來討好的。風調雨順，百姓安居樂業，這是時勢決定的。時勢和順，不成材的統治者也會碰上治世；時勢混亂，即使是聖君也會碰上亂世。如果以風調雨順來檢驗君主是賢還是不賢，那麼堯就會因為當時洪水泛濫而遭到貶斥，成湯就會因為天下大旱而被視為統治才能是最低下的了。如果功效說的是具體的事蹟，那麼親身做這些事的人，功效就會顯著可見；而以先王之道來為這些事出謀劃策的人，功效就會被埋沒而不會眾所周知了。鼓聲不合乎宮、商、角、徵、羽五音，但是五音沒有鼓聲配合就不和諧。老師不合於五種親屬之列，但是各種親屬關係的人沒有老師的教導，就不懂得相親相愛。水不合於青、赤、黃、白、黑五種色彩，但是這五種色彩沒有水來調和，顏色就不鮮明。先王之道是功效的根本，具體的功效是先王之道的表現，根據有具體功效的人稱為賢人這個標準，那麼這些遵循先王之道行事的人反而被視為不賢的人了。漢高祖取得天下，獎賞各位大臣的功績，蕭何是受賞人中的第一名。這是為什麼呢？漢高祖論及蕭何的功績時，把蕭何比作指揮獵狗的獵人，而把其他功臣比作被驅使的獵狗。獵狗自己捕獲到了禽獸，功績歸於獵人。群臣們奮力作戰，他們如同獵狗一樣；蕭何沈著穩重地指揮，他如同獵人一樣。一定要根據成效和功績來稱之為賢人，這樣說來那麼蕭何就沒有功績了。功績和獎賞不可以作為檢驗賢人的標準，這是第一點理由啊。

聖人、賢人治理國家有方法，按照聖賢的治國方法就會成功，違反聖賢的治國方法，事業就會失敗。譬如醫生治病一樣，有了好藥方，病情嚴重還能治好；沒有好藥方，僅僅一點輕微的病也不能治好。藥方如同治國的方法，病情如同國家處在亂世，醫生如同官吏，藥物如同教化。採用了好的藥方，藥物就會發生效用，有了行之有效的治國方法，教化就會跟著推行；教化一推行，國家的混亂局面就會被制止，如同採用了正確的藥物，病情就會痊癒一樣。能治好病的醫生，不一定比沒有從事醫生職業的人高明。這樣說來，能治理好國家的官吏，不一定比不能從事治國的人賢明。只是碰上懂得了治國方法，正好通曉治國的策略而已。治理國家必須掌握好的方法而建立功績，也有時社會本身處在該亂之中，即使運用好的治國方法，治國的功績終究不能建立起來的；也有時社會本身就處在安定之中，即使沒有運用正確的治國方法，治理國家的功績還是能建立起來的。因此，那些治理國家的人，有的順應時勢而成功，有的違反時勢的發展而沒有效用。治國有方的人能夠順應時勢的發展而立下豐功偉績，不能夠違反時勢的發展而招致國家安定太平。優秀的醫生能治療不應當死的人的命，如果命數已完，壽限已盡，儘管用了好的藥方也不會生效了。所以社會處在該亂的時世，即使堯、舜運用好的治國方法，也不可能建立功績；一個人命中注定該死了，即使扁鵲採用最好的治病方法，也不能使病情痊癒了。射箭、駕馭車馬的技師，各種各樣的手工業工人，都要運用各自的方法和技術，然後才能成就自己的功業，功效可以表現出來。治理國家，也像各種手工業者所從事的工作一樣；治國功業的建立，如同手工業者的事業有成一樣。如果說做事有功效的人是賢人，這就是說各種各樣的手工業工人都是賢人。趙人吾丘壽王，漢武帝時為皇帝的近侍官，皇帝派他跟從董仲舒學習《春秋》，高才，通曉事理，後來做了東郡都尉。漢武帝根據壽王的賢明才幹，沒有另外為東郡派遣太守，而讓他身兼二職。當時由於不停地興兵打仗，百姓騷動不安，年成不好，盜賊不止。漢武帝給壽王下達詔書說：「你在我面前的時候，富於謀略，以為天下無雙，海內獨一無二，以至於擁有統轄十餘座縣城的權勢，擔任四千石年俸的重任，但是現在在你管轄的地區內，盜賊乘船流動攻打，把武庫中的兵器都奪取了，這和你以前在我身邊時的表現很不一樣，為什麼呢？」壽王謝罪說盜賊、騷亂難以禁止。於是漢武帝又召他為光祿大夫，常在皇帝左右，論事說理，沒有不對的。吾丘壽王才高智深，通曉事理而多有見識，然而他當東郡都尉時，年成不好，盜賊不止，人民騷動，他卻毫無辦法加以禁止，不知壽王是治理東郡的方法不得當呢？還是東郡碰巧處在一定會亂的時期，而壽王的治理恰好碰上這個時期呢？憑著壽王的賢能，治理東郡而不能建立功業，如果根據功效去考察賢人，那麼壽王這樣的賢人就要被拋棄而不會被選用了。恐怕世上有很多像吾丘壽王之類的賢人，但是評論的人因為沒有功效而看不到他們的賢才。燕國有一個山谷，氣候寒冷，不生長五穀。鄒衍吹律管而招致溫氣，使原來的寒冷氣候變成溫暖的氣候了，燕國這個山谷因此而種植莊稼，莊稼生長得豐茂成熟，至今仍名叫「黍谷」。陰陽調和，風調雨順，應當取決於道德和誠心。但是鄒衍吹律管，使寒冷的山谷變得溫暖，使作物能在山谷中生長成熟。根據這種情況來推論各種辦得成功的事情，就有如鄒衍以吹律管的方法使寒冷的山谷變得溫暖一樣。因此如果方法得當，不賢的人也沒有辦不好的事情；如果違背了事情本身的度數，即使是聖賢也有治理不好國家的。這就說明功效不可以作為檢驗賢人的標準，這是第二點理由啊。

人們辦事，有的心意盡到了而事情卻辦不成功。事情沒有辦成功而氣勢震撼山嶽。荊軻、御醫夏無且就是這類人物。荊軻進入秦國的計畫，本想劫持秦始皇，把他活捉到燕國去，偶爾不巧，被秦國活捉了。當荊軻追逐著秦始皇，秦王環繞著宮殿上的柱子而奔逃時，御醫夏無且用藥箱子投擲荊軻。後來，天下的人稱荊軻為壯烈之士，秦王賞賜夏無且二百鎰黃金。荊軻被秦國活捉，把秦始皇活捉到燕國去的功績不能建立，夏無且用藥箱子投擲追逐秦始皇的荊軻，也無益於救助自己的君主，然而人們之所以還要稱贊荊軻、秦始皇還要獎賞夏無且，是因為他們的心意盡到了，表現出來的英勇氣勢也很磅礡。天下的人士並不因為荊軻沒有成就功業而不稱贊他的正義之舉，秦始皇並不因為夏無且用藥箱投擲荊軻沒有出現成效而不獎賞他的心意。心意好就用不著檢驗是否成功，道義盡到了就不用考慮是否辦好事情。道義有餘，成效不足，志向遠大而功效微小，明智的人應該獎賞這種人，愚蠢的人就會去懲罰這種人。如果一定要考察功效而不看人的心意，只論表面效果而不考慮內心的動機，那麼這就像豫讓拔出劍來砍去趙襄子的衣襟一樣，不值得記載下來；像伍子胥用鞭抽打楚平王的屍體一樣，不值得記載下來；像張良指使一大力士用鐵鎚謀刺秦始皇而誤中隨行的副車一樣，不值得記載下來。三人的客觀環境不利，考慮謀劃不周到，僅有氣勢而沒有實際功效，心懷報仇的計畫而不能達到自己要報仇的目的。這說明功效不可以作為檢驗賢人的標準，這是第三點理由啊。

以孝於父、弟❶於兄為賢乎？則夫孝弟之人，有父兄者也，父兄不慈，孝弟乃章❷。舜有瞽瞍❸，參❹有曾晳❺，孝立名成，眾人稱之。如無父兄，父兄慈良❻，無章❼顯之效，孝弟❽之名，無所見矣。忠於君者，亦與此同。龍逢、比干忠著夏、殷，桀、紂惡❾也；稷、契、皋陶忠暗❿唐、虞，堯、舜賢也。故螢火之明，掩[11]於日、月之光；忠臣之聲，蔽[12]於賢君之名。死君之難[13]，出命[14]捐身[15]，與此同。臣逢其時，死其難，故立其義而獲其名。大賢之涉世[16]也，「翔而後集[17]」，「色斯而舉[18]」；亂君[19]之患，不累[20]其身；危國之禍，不及其家，安得逢其禍而死其患乎？齊侯問於晏子曰：「忠臣之事其君也，若何？」對曰：「有難不死，出亡不送。」侯曰：「列地而予之[21]，疏爵而貴之[22]，君有難不死，出亡不送，可謂忠乎？」對曰：「言而見用[23]，臣奚[24]死焉？諫而見從，終身不亡，臣奚送焉？若言不見用，有難而死，是妄死[25]也；諫而不見從[26]，出亡而送，是詐偽[27]也。故忠臣者能盡善於君，不能與陷於難。」案[28]晏子之對以求賢於世，死君之難，立忠節者不應科[29]矣。是故大賢寡可名之節[30]，小賢多可稱之行[31]。可得筭[32]者小，而可得量者少也。至大，筭弗能；數至多，升斛弗能。有小少易名之行，又發於衰亂易見之世，故節行顯而名聲聞也。浮於海者，迷於東西，大也；行於溝[33]，咸[34]識舟楫[35]之跡，小也。小而易見，衰亂亦易察。故世不危亂，奇行不見；主不悖惑[36]，忠節不立。鴻卓之義[37]，發於顛沛[38]之朝；清高之行，顯於衰亂之世。

【章旨】此章駁「以孝於父、弟於兄為賢」之論。

【注釋】❶弟 通「悌」。尊敬兄長。❷章 通「彰」。顯著；出名。❸瞽瞍 一作「瞽叟」。舜父。《史記・五帝本紀》：「瞽叟盲而舜母死，瞽叟更娶妻而生象。象傲，瞽叟愛後妻子，常欲殺舜。」❹參 曾參。❺曾皙 人名。曾參之父。❻慈良 慈愛善良。❼章 同「彰」。明顯。❽弟 通「悌」。❾惡 兇惡。❿暗 不顯著。⓫掩 掩蓋住；看不見。⓬蔽 遮蔽；掩蓋。⓭死君之難 為君主的危難而死。⓮出命 獻出生命。⓯捐身 捨身。⓰涉世 經歷社會生活。⓱翔而後集 像鳥兒那樣來回飛翔，察看形勢，然後再落到樹上。比喻處理事情，沈著穩重。⓲色斯而舉 見《論語・鄉黨》。感到驚恐就趕快起飛。比喻機靈，能隨機應變以保全自己。色，作色；驚恐的樣子。⓳亂君 昏庸無能的君主。⓴累 連累；禍及。㉑列地而予之 分封土地給他。列，通「裂」。分割。予，給予。㉒疏爵而貴之 分封爵位給他，使他的社會地位更加尊貴。疏，分；分予。貴之，使之尊貴。㉓見用 被採納。㉔奚 何；怎麼會。㉕妄死 白白地送死。㉖見從 被接受。㉗詐偽 虛假的；欺騙的；裝模作樣。㉘案 按照；根據。㉙科 法律條文。引申為標準。㉚可名之節 值得稱道的節操。㉛可稱之行 值得讚美的行動。㉜筭 籌碼。古代計數用的器具。㉝溝 水溝；河流。㉞咸 都。㉟舟楫 船隻。㊱悖惑 昏庸；胡作非為。㊲鴻卓之義 崇高的節操。鴻，大。卓，卓越。㊳顛沛 戰亂；動蕩不安。

【語譯】以孝順父母、尊敬兄長為賢人的標準嗎？那麼孝順父母、尊敬兄長的人，是有父兄的，父兄不慈愛，這種孝順父母、尊敬兄長之心才能出名。舜有父瞽瞍，曾參有父曾皙，才成就了他們作為孝子的名聲，大家都稱讚他們。如果沒有父兄，或者父兄本來就很慈愛善良，就不會有明顯的孝順父母、尊敬兄長的表現，孝悌的名聲，就沒有機會表現了。忠於君主的情況，也與這種情況相同。關龍逢、比干的忠君名聲之所以在夏、殷兩代很顯著，是因為夏桀王、商紂王很兇惡；后稷、契、皋陶忠君的名聲之所以在唐、虞二代不顯著，是因為堯、舜兩位君主很賢明。所以螢火蟲的光亮，在太陽、月亮的光芒下就被掩蓋了；忠臣的名聲，在賢明君主的盛名之下就被遮蔽了。為君主的危難而死，獻出生命，犧牲自己，與這種情況相同。臣子遇到君主蒙難的時候，為君主的危難而死，因此才顯示出忠君的節義而獲得忠臣的美名。大賢的社會生活經歷，要像鳥兒來回飛翔，察看形勢，然後再落到樹上那樣處事沈著穩重，要像鳥兒感到驚恐就趕快起飛那樣機靈，善於隨機應變以保全自己；昏庸無能的君主所造成的禍患，不會禍及大賢本身；岌岌可危的朝廷所造成的災禍，不會影響到大賢的家庭，大賢怎麼能遇上君主所造成的禍害而死於君主的危難之中呢？齊景公問晏子說：「忠臣侍奉他的君主，應該怎麼樣呢？」晏子回答說：「君主有危難的時候不為他而死，君主外出逃亡的時候不去護送他。」齊景公說：「君主分封土地給臣子，封賞給他爵位而使他的地位更加尊貴，君主有危難的時候，臣子不為他而死，君主出逃的時候又不去護送，可以說是忠臣嗎？」晏子回答說：「臣子的建議如果被君主採用了，臣子怎麼會為君主而死呢？臣子的進諫如果被君主接受了，君主終身不會逃亡避難，臣子怎麼會去護送君主出逃呢？如果臣子的建議不被君主採用，君主有危難的時候而臣子為君主而死，這是白白地去送死啊；如果臣子的進諫規勸不被君主接受，君主出逃避難時臣子反而去護送他，這是虛情假意，裝模作樣了。所以忠臣能做到盡力給君主提供最好的建議，而不能與君主共同陷於災難之中。」根據晏子的回答而到社會上去求賢，為君主的危難而死、建立忠臣的節操的人，不應該作為標準了。所以大賢很少有值得稱道的節操，小賢則有許多可贊美的行為。能夠用籌碼計算的東西，一定數目很小；能夠用升斗量的東西，一定數量很少。如果數目很大，用籌碼就不能計算了；數量太多，用升斛就不能量了。稍微有一點特異名聲的行為，又產生在一個衰落混亂而容易顯示一個人的節操的時代，所以節操顯示出來而忠臣的名聲風聞於世了。在大海上漂浮的人，容易被方向迷惑，這是因為海洋太大了；在河流裡行船的人，都能識別船隻的行跡，這是因為河流太小了。小的東西就容易看清，衰落混亂的時代也容易考察出一個人的忠節。因此如果時世不危亂，就不可能表現出奇異的行為；君主不昏庸，忠臣的節操就不可能建立起來。崇高的節操，產生在動蕩不安的時代；清高的行為，顯現在衰落混亂的社會。

以全身❶免害，不被❷刑戮，若南容❸懼「白圭❹」者為賢乎？則夫免於害者幸❺，而命祿吉也，非才智所能禁，操行所能卻❻也。神蛇能斷而復屬❼，不能使人弗斷❽。聖賢能困而復通❾，不能使人弗害❿。南容能自免於刑戮，公冶⓫以非罪⓬在縲絏⓭，伯玉⓮可懷⓯於無道⓰之國，文王⓱拘⓲羑里⓳，孔子厄⓴陳、蔡，非行所致之難，掩㉑己而至，則有不得自免之患，累㉒己而滯㉓矣。夫不能自免於患者，猶不能延命㉔於世也。命窮，賢不能自續㉕；時厄，聖不能自免㉖。

【章　旨】此章駁「以全身免害，不被刑戮」為賢之論。

【注　釋】❶全身　保全自身。❷被　遭受；蒙受。❸南容　南宮适。字子容，孔子學生。據《論語·公冶長》載，孔子對南容說：「邦有道，不廢；邦無道，免於刑戮。」❹白圭　原指君主和大臣行大禮時拿在手中的一種玉器，此指《詩·大雅·抑》中的四句詩：「白圭之玷，尚可磨也；斯言之玷，不可為也。」玷，玉石上的斑點。喻人的缺點、過失。孔子曾以此詩句告誡南容，使之震驚不已，故言「懼白圭」。❺幸　僥倖。❻卻　避免。❼屬　連接。❽弗斷　不斷斷。❾通　亨通；順利。❿弗害　不加害。⓫公冶　公冶長。⓬非罪　無罪；無辜。⓭縲絏　捆綁犯人的繩索。泛指監獄。以上事見《論語·公冶長》。⓮伯玉　蘧伯玉。春秋時衛國大夫。⓯懷　藏。⓰無道　沒有遵循先王之道。⓱文王　周文王。⓲拘　囚禁。⓳羑里　古地名。殷朝末年設監獄於此，在今河南湯陰之北。⓴厄　困厄；陷入困境。㉑掩　掩襲；突然侵襲。㉒累　牽累；損害。㉓滯　停滯。此指處於困境之中。㉔延命　延長壽命。㉕自續　自己使之延長。㉖自免　自己難以避免。

【語　譯】以保全自身，避免禍害，不蒙受刑罰殺死，像南宮适被孔子吟誦「白圭」詩句所震驚的人為賢人的標準嗎？那麼免於禍害的人是一種僥倖，而祿命是吉利的，不是聖賢的才智所能禁止，操行所能避免的。神蛇能使斷開了的軀體重新連接起來，卻不能使人們不斷斷牠。聖賢能使自己從困境中解脫出來，卻不能使人們不去加害他。南宮适能使自己避免刑罰，公冶長曾無辜地被關押在監獄之中，蘧伯玉在沒有遵循先王之道的國度之中能隱藏自己的政治主張，周文王被囚禁在羑里，孔子在陳、蔡兩國之間陷入困境，這並不是操行不好所帶來的災難，災禍突然侵襲自己，就會有自己無法避免的災難，使自己受到損害而陷入困境之中，那些不能避免自己受害的人，還不能在社會生活中延長自己的壽命啊。壽命到了盡頭，賢人也不可能使自己的壽命延長；時代處在危難之中，聖人也不能避免自己不受危害。

以委❶國去位❷，棄富貴就❸貧賤為賢乎？則夫委國者，有所迫❹也。若伯夷之徒，昆弟❺相讓❻以國❼，恥有分爭之名，及大王❽亶甫重戰❾其故民，皆委國及去位者，道不行而志不得也。如道行志得，亦不去位。故委國去位，皆有以❿也，謂之為賢；無以者，可謂不肖乎？且有國位者，故得委而去之，無國位者，何委⓫？夫割財用⓬及讓下受分⓭，與此同實。無則何割？口饑何讓？「倉廩實，民知禮節；衣食足，知榮辱⓮。」讓生於有餘，爭生於不足。人或割財助用，袁將軍再與兄子分家財，多有以為恩義。昆山之下，以玉為石⓯；彭蠡⓰之濱，以魚食⓱犬豕。使推讓之人，財若昆山之玉、彭蠡之魚，家財再分，不足為也。韓信寄食⓲於南昌⓳亭長⓴，何財之割？顏淵簞食瓢飲㉑，何財之讓？管仲分財取多㉒，無廉讓㉓之節㉔。貧乏不足，志義廢㉕也。

【章旨】此章駁「以委國去位，棄富貴就貧賤為賢」之論。

【注釋】❶委 放棄。❷去位 離開君主之位。❸就 歸；趨。❹迫 被逼迫。❺昆弟 兄弟。❻相讓 互相推讓。❼國此指國君之位。⑧大王　即太王。古公亶父。⑨重戰　不輕易打仗。⑩以　緣故；理由。⑪何委　放棄什麼。⑫割財用　分出自己的財物。割，分。⑬讓下受分　使在下位的人得到分給的財物。⑭倉廩實四句　見《管子・牧民》。倉廩，糧倉。實，充實。⑮以玉為石　把玉看做石頭一樣。指盛產玉石。⑯彭蠡　古澤名。即今江西之鄱陽湖。⑰食　通「飼」。餵。⑱寄食　在別人家裡吃飯。⑲南昌　古亭名。在今江蘇淮陰東南。⑳亭長　秦朝的地方小吏名。㉑簞食瓢飲　形容家境貧窮。《論語・雍也》：「一簞食，一瓢飲，在陋巷，人不堪其憂。」簞，古代盛飯用的竹筐。㉒管仲分財取多　事見《史記・管晏列傳》。管仲家貧，曾與鮑叔牙一起作生意，每次分財物時，管仲就取多的，鮑叔牙體諒他，從不計較。㉓廉讓　廉潔推讓。㉔節　節操；品質。㉕廢　丟棄。

【語　譯】以放棄國家、離開君主之位，拋棄富貴生活而歸向貧賤生活為賢人的標準嗎？那麼放棄國家的人，是由於受到逼迫啊。像伯夷之類，兄弟互相以國君之位推讓，以蒙受爭奪王位的名聲為恥，以及太王亶父不忍心讓他原有的百姓遭受戰爭的苦難，都放棄國家及離開王位而出走的原因，是由於先王之道不被推行而理想不能實現的緣故。如果先王之道得到推行，理想能得以實現，他們也不會離開王位的。因此放棄國家、離開君主之位，都是有理由的，如果因此而稱他們為賢人，那麼沒有任何理由而委國去位的君主，可以稱他們不賢嗎？況且有國君之位的人，固然能夠放棄它，離開它，那些沒有國君之位的人又放棄什麼呢？分出自己的財物，讓那些處在下位的人能得到分給的財物，與這種情況相同。沒有財物的人分給別人什麼？飢不飽肚的人能讓予什麼？「糧倉充實，老百姓才懂得禮節；衣食充足，老百姓才懂得榮辱。」讓人財物的行為產生於財物有餘，爭奪財物的行為產生於財物不足。有的人拿出財物資助別人，袁將軍一再把家產分送給兒子，許多人都認為這是講究恩義的行為。昆山之下，把玉當作石頭一樣；彭蠡湖畔，用魚飼養犬、豬。假如推讓的人，財物多得像昆山之玉、彭蠡之魚一樣，家財一再分讓，也不值得贊揚。韓信在南昌亭長家裡吃飯，有什麼財物可以分給別人？顏淵簞食瓢飲，家境貧窮，有什麼財物可以讓給別人？管仲同鮑叔牙一起作生意，因家境貧苦，每次分財物都要取多的，沒有廉潔推讓的節操。可見，家境貧苦，不足衣食，什麼志向、情義都丟棄了。

以避世離俗❶，清身潔行為賢乎？是則委國去位之類也。富貴，人情所貪；高官大位，人之所欲。樂去之而隱，生不遭遇❷，志氣不得也。長沮、桀溺避世隱居，伯夷、於陵❸去貴取賤，非其志❹也。

【章旨】此章駁「以避世離俗，清身潔行為賢」之論。

【注釋】❶避世離俗　遠離世俗社會；隱居。❷遭遇　碰上。此指受到君主的寵愛。❸於陵　古地名。在今山東鄒平東南。此指陳仲子，隱居於於陵，故自稱「於陵仲子」。《荀子・不苟篇》、《韓非子・外儲說左上》等作「田仲」，或作「陳仲」。《淮南子・氾論》：「季襄、陳仲子立節抗行，不入洿君之朝，不食亂世之食，遂餓而死。」高誘注：「陳仲子，齊人，孟子弟子。」❹非其志　不是他們的本意。

【語譯】以遠離世俗的隱居生活，使自己的思想和行為變得更清潔為賢人的標準嗎？這就屬於放棄國家、離開王位的一類啊。富貴生活，是每個人的內心情感所追求的；高官大位，是每個人所希望得到的。樂於放棄高官厚祿而隱居的人，都是得不到君主的賞識重用，自己的理想抱負不能實現啊。長沮、桀溺避世隱居，伯夷、於陵仲子拋棄富貴生活而情願過貧賤日子，並不是他們的本意啊。

以恬憺❶無欲，志不在於仕❷，苟❸欲全身❹養性為賢乎？是則老聃❺之徒也。道人與賢殊科❻者，憂世濟民❼於難。是以孔子棲棲❽，墨子遑遑❾。不進與孔、墨合務❿，而還⓫與黃、老⓬同操，非賢也。

【章　旨】此章駁「以恬憺無欲，志不在於仕，苟欲全身養性為賢」之論。

【注　釋】❶恬憺　清靜無為。憺，通「澹」。淡泊。❷仕　進仕；做官。❸苟　苟且。❹全身　保全自身生命。❺老聃　即傳說中的老子。姓李，名耳，字伯陽，楚國苦縣（今河南鹿邑）厲鄉曲仁里人。曾為周朝「守藏室之史」，後隱居。著有《老子》一書，為春秋時著名思想家，道家學派的創始人。❻殊科　不同類。❼憂世濟民　憂傷時世，拯救百姓。❽栖栖　忙碌不安之貌。《論語·憲問》：「丘何為是栖栖者與？」❾遑遑　匆忙不安定之貌。❿合務　從事同樣的事業。⓫還　後退；回頭。⓬黃老　指黃老學派。以傳說中的黃帝同老子相配，並於漢代同尊為道家的創始人，故名。

【語　譯】以清靜無為、無欲，志向不在於做官，苟且希望保全自身生命，養性為賢人的標準嗎？這就是老聃之輩了。道家與賢人之所以不同類，就在於賢人憂傷時世、拯救百姓於苦難之中，所以孔子忙碌不安，墨子也匆忙不安。不進一步與孔子、墨子這樣為憂世濟民而忙碌奔波的人從事同樣的事業，而回過頭來與主張清靜無為的黃老學派同一志趣的人，不是賢人。

以舉義千里❶，師❷將❸朋友無廢禮為賢乎？則夫家富財饒❹，筋力勁強者能堪❺之。匱乏❻無以舉禮，羸弱❼不能奔遠，不能任❽也。是故百金之家，境外無絕交；千乘之國，同盟無廢贈，財多故也。使❾穀食如水火，雖貪吝❿之人，越境而布施⓫矣。故財少則正禮⓬不能舉一，有餘則妄施⓭能於千，家貧無斗筲⓮之儲者，難責以交施矣。舉擔千里之人，杖策⓯越疆之士，手足胼胝⓰，面目驪⓱黑，無傷感不任之疾，筋力皮革⓲必有與人異者矣。推此以況⓳為君⓴要證之吏，身被㉑疾痛而口無一辭者，亦肌肉骨節堅強之故也。堅強則能隱事㉒而立義㉓，軟弱則誣時㉔而毀節㉕。豫讓自賊㉖，妻不能識；貫高㉗被箠㉘，身無完肉。實體有不與人同者，則其節行有不與人鈞㉙者矣。

【章旨】此章駁「以舉義千里，師將朋友無廢禮為賢」之論。

【注釋】❶舉義千里　東漢時代，世俗重名節、義氣，師長、知交、長官死亡、判罪、流放，學生、好友、屬吏等，皆要遠道奔喪、護送，以提高名望，稱之「舉義千里」或「千里赴義」。❷師　師長。❸將　泛指地方長官。❹財饒　財物富足。❺堪　勝任；承當。❻匱乏　貧困。❼羸弱　瘦弱多病。❽任　負擔。❾使　假使。❿貪吝　貪婪吝嗇。⓫布施　以財物與人。⓬正禮　正常的禮節。⓭妄施　胡亂地施與財物。⓮斗筲　很小的容器。筲，一種竹製容器。可容一斗二升（一說五升）。⓯杖策　手持馬鞭子。⓰胼胝　俗稱老繭。⓱驪　黑色。⓲皮革　皮膚。⓳況　比較對照。⓴君　此指地方長官。㉑被　遭受。㉒隱事　掩蓋事實。㉓立義　樹立節操。㉔誣時　歪曲事實；胡亂招供。時，通「是」。真實情況。㉕毀節　毀壞名節。㉖自賊　傷害自身。事見《戰國策・趙策一》和《史記・刺客列傳》。㉗貫高　人名。西漢初任趙王張敖之相。據《史記・張耳陳餘列傳》載，張敖謀反，事泄被捕，及對獄，貫高曰：「獨吾屬等為之，王不知也。」榜笞刺熱，身無完膚，終不復言。㉘箠　鞭子。此指鞭打。㉙鈞　通「均」。相同。

【語譯】以舉義千里，不廢棄師長、長官、朋友之間的禮義為賢人的標準嗎？那麼家財富足、精力強勁的人才能承當這種耗費。生活貧困的人就沒有什麼財物來講究禮義，體弱多病的人就不可能奔波千里來履行這種忠義，因為負擔不了啊。因此，擁有百金的富裕之家，就是遠在境外的親友也不會斷絕交往；擁有千乘的大國，同盟之間也不會廢棄相互饋贈的禮節，這是因為財物多的緣故啊。假如穀物糧食如同水火一樣容易得到，即使是貪婪吝嗇的人，也會在境內外到處施捨的。所以財物少則正常的禮節也不可能承擔一次，財物有餘則胡亂地施捨於人能承擔千次，家境貧困沒有一點點積儲的人，很難承擔這種責任而相互施予人財物了。挑著擔子千里奔波的人，手持馬鞭馳騁疆場的戰士，手足磨出老繭，面部曬得黝黑，不會感染體力吃不消的病痛，精力、皮膚一定有與一般人不同的地方。根據這種情況來比較對照那些替長官作要證的下級官吏，自身蒙受巨大的痛苦而不願供出一個字，這也是皮肉、筋骨、氣節堅強的緣故啊。意志堅強的人就能隱瞞事實真象而樹立自己的節操，意志軟弱的人就會歪曲事實而胡亂招供，毀壞自己的名節。豫讓毀傷自身，妻子不能認識他的面目；貫高蒙受嚴刑拷打，身無完肉。實體如果有不與一般人相同的，那麼他的節行也就有不與一般人相同的地方了。

以經明❶帶徒❷聚眾❸為賢乎？則夫經明，儒者是也。儒者，學之所為也。儒者學；學，儒矣。傳先師之業，習口說❹以教，無胸中之造❺，思定❻然否❼之論。郵人❽之過書❾，門者❿之傳教⓫也，封⓬完書不遺，教審⓭令不誤者，則為善矣。儒者傳學，不妄⓮一言，先師⓯古語，到今具⓰存，雖帶徒百人以上，位博士⓱、文學⓲，郵人、門者之類也。

【章　旨】此章駁「以經明帶徒聚眾為賢」之論。

【注　釋】❶經明　精通經書。❷帶徒　帶門徒；教學生。❸聚眾　聚徒講學。❹口說　背誦。❺造　創見。❻思定　思考判斷。❼然否　正確與否。❽郵人　即郵差。傳遞文書的差役。❾過書　遞送文書。❿門者　守門人。⓫傳教　傳達長官的指令。⓬封　封泥；泥封。古代遞送的文書，用繩子捆紮好以後，在繩結上用泥封住，並加蓋印章。⓭審　清楚明白。⓮妄　亂說；隨便改動。⓯先師　前輩老師。⓰具　詳盡；全部。⓱博士　古代學官名。源於戰國時代，秦、漢時期，博士所掌為古今史事待問及書籍典守，至漢武帝時，設五經博士，置弟子員，專主經學傳授。⓲文學　官名。博士助理。

【語　譯】以精通經書，帶門徒，聚徒講學為賢人的標準嗎？那麼精通經書的，儒生就是這類人。儒生，是靠勤奮學習而精通經書的。儒生靠的是勤奮學習經書；能夠勤奮學習經書的人，就能成為儒生了。傳授前輩老師的學問，溫習和背誦老師講授的知識而又用來教給學生，胸中沒有一點創見，也不能思考和判斷論點的正確與否。像郵差傳遞文書，守門人傳達長官的指令，封記完好，文書沒有遺失，傳達指令清楚明白而沒有遺誤的人，就是好的了。儒生傳播學問，不隨便改動一言一字，前輩尊師的古訓，到現在都還詳盡地保存著。即使帶學生百人以上，位居博士、文學，還是屬於郵差、守門人之類啊。

以通覽古今❶，秘隱傳記❷無所不記為賢乎？是則儒者之次❸也。才高好事❹，勤學不舍❺，若專成❻之苗裔❼，有世祖❽遺文，得成❾其篇業，觀覽諷❿誦。若⓫典⓬官文書，若太史公及劉子政⓭之徒，有主領⓮書記⓯之職，博覽通達之名矣。

【章　旨】此章駁「以通覽古今，秘隱傳記無所不記為賢」之論。

【注　釋】❶通覽古今　博覽古今群書。❷秘隱傳記　珍貴罕見的歷史文獻資料。❸次　同列；同類。❹好事　對周圍的事物有廣泛的興趣。❺不舍　不停止；不間斷。❻專成　即「專城」。古代以稱州牧太守等地方長官，言為一城之主。一說「專成」為「容成」之誤，容成為黃帝之史官。❼苗裔　後代。❽世祖　歷代祖宗。❾成　通「承」。繼承。❿諷　誦讀。⓫若　或者。⓬典　主管。⓭劉子政　即劉向。字子政，沛人，漢皇族楚元王劉交四世孫。治《春秋穀梁傳》，西漢著名文學家、經學家、目錄學家。⓮主領　主管。⓯書記　書籍文獻。

【語　譯】以博覽古今群書，珍貴罕見的歷史文獻無所不記為賢人嗎？這就是儒生的同類了。這種人才學高深，對周圍的事物有廣泛的興趣，勤奮學習，從不間斷，好像專城的後代，有世代祖先的遺著，能繼承祖先的文章之業，觀看誦讀。或者掌管圖書檔案資料，像司馬遷及劉子政之輩一樣，有主管書籍文獻的職務，就有博覽群書、通曉古今的名位了。

以權詐❶卓譎❷，能將❸兵御❹眾為賢乎？是韓信之徒也。戰國❺獲其功，稱為名將；世平❻能無所施，還❼入禍門矣。「高鳥死，良弓藏；狡兔得，良犬烹❽。」權詐之臣，高鳥之弓，狡兔之犬也。安平身無宜，則弓藏而犬烹。安平之主，非棄臣❾而賤士❿，世⓫所用助上⓬者，非其宜也。向⓭令⓮韓信用權變之才，為⓯若叔孫通⓰之事，安得謀反誅死之禍哉？有攻強⓱之權⓲，無守平之智，曉將兵之計，不見已定之義，居平安之時，為反逆之謀，此其所以功滅國絕⓳，不得名⓴為賢也。

【章　旨】此章駁「以權詐卓譎，能將兵御眾為賢」之論。

【注　釋】❶權詐　權術詐謀。❷卓譎　奇異；變幻莫測；變化多端。❸將　率領。❹御　指揮。❺戰國　此指國家處於戰亂時代。❻世平　社會太平。❼還　反過來。❽高鳥死四句　見《史記・淮陰侯列傳》。高鳥，高高飛翔的鳥兒。狡兔得，狡猾的兔子被捕獲了。❾棄臣　拋棄權術之臣。❿賤士　以士為賤。即輕視有功的將士。⓫世　一生；平生。⓬上　君主。⓭向　從前。⓮令　假使。⓯為　做。⓰叔孫通　人名。漢初薛人，先為秦博士，秦末歸項羽部，後附劉邦，任博士，稱「稷嗣君」。與儒生共立朝儀，為劉邦所重用，任太子太傅。⓱攻強　進攻強敵。⓲權　權謀。⓳國絕　封國被取消。⓴名　稱。

【語　譯】以權術詐謀變化多端，能率領士兵指揮軍隊打仗為賢人嗎？這就是韓信之輩啊。他們在國家處於戰亂時代建立赫赫戰功，被稱頌為一代名將；在社會太平時期才能沒有地方施展，反倒陷入災禍之中了。「高飛的鳥兒沒有了，良弓就用不著了；狡猾的兔子被捕獲了，良狗就被煮爛吃了。」有權術詐謀的臣子，就像能射高飛的鳥兒的弓箭，追逐狡兔的獵狗一樣。安定太平的時代這種人就沒有用處了，就好像射飛鳥的弓箭被收藏起來與獵狗被煮著吃了一樣。安定太平時代的君主，並不是要拋棄有權術的臣子而輕視有戰功的將士，而是他們平生用來輔助君主的本領，已經不適用了。從前假如韓信運用善於權變的才能，做出像叔孫通那樣的事業來，怎麼會有因謀反失敗而遭受被殺而死的禍害呢？有攻打強敵的權謀，沒有恪守太平時世的智謀，懂得統率軍隊的戰術，卻看不見天下已經安定的大勢，身處太平安定的時代，卻做出反叛朝廷的陰謀勾當，這就是韓信之徒所以使自己的戰功被毀沒、封國被取消，不能稱之為賢人的緣由啊。

以辯❶於口，言甘辭巧❷為賢乎？則夫子貢之徒是也。子貢之辯勝❸顏淵，孔子序置❹於下。實才不能高，口辯機利❺，人決能稱之。夫自文帝尚多❻虎圈❼嗇夫❽，少❾上林尉❿，張釋之稱周勃、張相如⓫，文帝乃悟⓬。夫辯於口，虎圈嗇夫之徒也，難以觀賢。

【章　旨】此章駁「以辯於口，言甘辭巧為賢」之論。

【注　釋】❶辯　善辯。❷言甘辭巧　花言巧語。❸勝　超過。❹序置　排列次序放在……。《論語．先進》記載，孔子把自己的學生分為「德行」、「言語」、「政事」、「文學」四類，顏淵放在「德行」類，子貢放在「言語」類，故言。❺機利　機智鋒利。❻多　稱贊。❼虎圈　帝王園林中養虎的地域。❽嗇夫　此指管理虎圈的小吏。❾少　輕視；斥責。❿上林尉　管理上林苑的官吏。⓫張相如　人名。西漢初，曾封為東陽侯。⓬乃悟　才醒悟。《史記．張釋之馮唐列傳》記載，漢文帝到上林苑遊獵，詢問上林苑的情況，上林尉回答不出。虎圈嗇夫在一旁替上林尉對答如流，文帝很賞識他，命令張釋之為嗇夫上官。張釋之以周勃和張相如為例，說這兩個人雖然不善言辭，但都是了不起的人物，所以不能光憑利嘴快舌來判斷人，漢文帝因此醒悟，未再給嗇夫升官。

【語譯】以能言善辯，花言巧語為賢人嗎？那麼子貢之徒就是這種人。子貢的口才超過顏淵，但孔子卻把子貢排列在顏淵之下。實際才能不算高，而口才機智鋒利，人們必定會稱讚他。自漢文帝稱讚虎圈嗇夫，斥責上林尉，張釋之稱頌周勃、張相如，說他們雖然不善言辭，但都是了不起的人，漢文帝才因此醒悟。能言善辯，是虎圈嗇夫之類啊，以利嘴快舌來衡量，就難以考察真正的賢人。

以敏❶於筆，文墨雨集❷為賢乎？夫筆之與口，一實也。口出以為言，筆書❸以為文。口辯，才未必高；然則筆敏，知❹未必多也。且筆用何為敏？以敏於官曹❺事？事之難者莫過於獄❻，獄疑則有請讞❼。蓋世❽優者❾莫過張湯❿，張湯文深⓫，在漢之朝，不稱為賢。太史公序累⓬，以湯為酷⓭，酷，非賢者之行。魯林中哭婦⓮，虎食其夫，又食其子，不能去⓯者，善⓰政不苛，吏不暴也。夫酷，苛暴之黨⓱也，難以為賢。

【章旨】此章駁「以敏於筆，文墨雨集為賢」之論。

【注釋】❶敏　敏捷。❷文墨雨集　形容文思敏捷，落筆成文，快得像雨水一樣集注下來。❸書　寫。❹知　通「智」。❺官曹　官府。❻獄　審理案件。❼請讞　請求上級部門審核定案。讞，審判定罪。❽蓋世　舉世。❾優者　善於斷決案件的人。❿張湯　人名。漢武帝時任廷尉、御史大夫，以執法嚴明著稱於世。⓫文深　指制定或援引法律條文非常苛刻。⓬序

累　排列高下。⑬以湯為酷　把張湯寫成酷吏。司馬遷把張湯的事蹟寫在《史記・酷吏列傳》之中。酷，嚴酷；殘酷。⑭魯林中哭婦　事見《禮記・檀弓下》。參見本書〈遭虎篇〉。⑮去　離開。⑯善　贊許；以之為善。⑰黨　類。

【語　譯】以文章寫得很快，文思敏捷，落筆快得像雨水一樣集注下來為賢人的標準嗎？文筆與口才相比，其實是相同的。從口裡講出來為言語，用筆寫出來就變成文章了。人的口善辯，才能不一定很高；這樣看來，那麼文筆敏捷的人，智慧不一定很多了。而且文章寫得快是應用在什麼場合呢？是應用在處理官府的事務上嗎？官府的事務最難以處理的莫過於審理案件了，如果案件有疑難之點就有請上級部門審核定案。舉世最善於斷決案件的人莫過於張湯，張湯以嚴於執法著稱於世，在漢朝內外，並沒有稱之為賢人。太史公司馬遷撰《史記》時排列高下，把張湯的事蹟寫在〈酷吏列傳〉之中。嚴酷，不是賢人的品行。魯國有一個在山林中哭泣的婦人，說老虎吃掉了她的丈夫，又吃掉了她的兒子，而不願意離開這個山林的原因，是因為這裡沒有苛政，沒有殘暴的官吏欺壓啊。由此可見，嚴酷的刑罰，與苛政暴吏是同類的，因此酷吏很難被認為是賢人。

以敏於賦、頌❶，為弘麗之文❷為賢乎？則夫司馬長卿❸、楊子雲❹是也。文麗而務巨❺，言眇❻而趨深❼，然而不能處❽定❾是非，辯❿然否之實。雖文如錦繡，深如河漢⓫，民不覺知是非之分，無益於彌⓬為⓭崇實之化。

【章　旨】此章駁「以敏於賦、頌，為弘麗之文為賢」之論。

【注　釋】❶賦頌　古代的兩種文體之名。❷弘麗之文　宏偉華麗的文章。❸司馬長卿　司馬相如。字長卿，西漢著名文學家。❹楊子雲　揚雄。字子雲，西漢著名文學家。❺務巨　指作品篇幅巨大。❻言眇　語言精妙。眇，通「妙」。精妙；精微。❼趨深　旨趣深遠。❽處　判斷。❾定　確定。❿辯　通「辨」。分別。⓫河漢　即銀河。⓬彌　通「弭」。止。⓭為　通「偽」。

【語譯】以賦、頌寫得快，能寫作宏偉華麗的文章為賢人嗎？那麼司馬相如、揚雄就是這種人。文章華麗而且篇幅巨大，語言精妙而又旨趣深遠，但是不能判斷確定是非，辨別對與不對的實際情況。即使文章美如錦繡，深如銀河，人們從中卻不能覺察是非的界限，對制止弄虛作假而崇尚實際的教化是沒有好處的。

以清節❶自守，不降志辱身❷為賢乎？是則避世離俗，長沮、桀溺之類也。雖不離俗，節與離世者鈞❸，清其身❹而不輔其主，守其節而不勞❺其民。大賢之在世也，時❻行❼則行，時止❽則止，銓❾可否之宜，以制清濁之行❿。子貢讓⓫而止善⓬，子路受而觀⓭德。夫讓，廉也；受則貪也。貪有益，廉有損，推⓮行⓯之節，不得常清眇⓰也。伯夷無可，孔子謂之非⓱。操違於聖，難以為賢矣。

【章旨】此章駁「以清節自守，不降志辱身為賢」之論。

【注釋】❶清節　清白的節操。❷降志辱身　使自己的志向降低，使自己的身分受到屈辱。❸鈞　通「均」。一樣。❹清其身　使自身清白。❺勞　慰問；關懷。❻時　時勢。❼行　行動。指當官。❽止　停止。指退隱。❾銓　權衡。《漢書・王莽傳中》：「考量以銓。」顏師古注引應劭曰：「量，斗斛也；銓，權衡也。」❿行　操行；品行。⓫讓　讓財；不要補償。⓬止善　阻止別人去做好事。《呂氏春秋・察微》記載，魯國法令規定，凡贖回一個在國外當奴隸的人，則可從官府領取一筆錢作為補償。子貢贖回一人，卻不要補償。孔子說，如果開了這個先例，以後就不會有贖人的人了，因為贖人白花錢，不要補償，一般人是不願做的。⓭觀　「勸」字之訛。勉勵。據《呂氏春秋・察微》，子路救了一個落水的人，那人送了一頭牛以示謝意，子路接受了。孔子贊揚子路說，這樣做，今後從河裡搭救落水的人就會更多了，因為可以得到別人的報答和酬謝。⓮推　拒絕；推讓。⓯行　可行；接受。⓰眇　通「杪」。高。⓱伯夷無可二句　據《論語・微子》載，孔子說伯夷是一個不肯降低自己的意志、不願辱沒自己身分的人，在伯夷看來，時勢不好，就絕對不可以出來做官，而自己不同，不論時勢好壞，沒有什麼可以不可以做官的。

【語譯】把自己堅守清白的節操，不使自己的意志動搖，不使自己的身分受到屈辱的人稱為賢人嗎？那麼避離世俗而隱居起來的長沮、桀溺就是這一類人啊。即使不脫離世俗，但是節操卻與脫離世俗隱居的人一樣，保持自身的清白而不輔佐君主，堅守自己的節操而不關懷自己身邊的老百姓。大賢在社會生活中，時勢適宜做官就出來做官，時勢適宜隱居就隱居，權衡一下時勢是否適宜做官，以此確定人的操行的清濁，然後加以選擇。子貢推讓官府的補償，卻起了阻礙別人做好事的作用。子路接受了別人的酬謝，卻起了勉勵別人做好事的作用。推讓官府的補償，這是廉潔的表現；而接受別人的酬謝卻是一種貪財的行為。貪財有益於社會，廉潔反而有損於別人，推讓與接受財物的節行，不能是常常清白高潔的了。伯夷避世離俗，認為不可以出來做官，孔子認為這種一概否定做官的態度是不可取的。這種清節自守，不降志辱身的操行違背了孔子的思想，因此很難把這種自守清白的節操，不願降志辱身的人稱為賢人了。

或問於孔子曰：「顏淵何人也？」曰：「仁人也，丘不如也。」「子貢何人也？」曰：「辯人❶也，丘弗如也。」「子路何人也？」曰：「勇人也，丘弗如也。」客曰：「三子者，皆賢於夫子，而為夫子服役❷，何也？」孔子曰：「丘能仁且忍❸，辯且詘❹，勇且怯❺。以三子之能，易❻丘之道，弗為也。」孔子知所設施❼之矣。有高才潔行，無知❽明以設施之，則與愚而無操者同一實也。夫如是，皆有非❾也。無一非者，可以為賢乎？是則鄉原❿之人也。孟子曰：「非之⓫，無舉⓬也；刺之，無刺也。同於流俗，合於污世，居⓭之似忠信，行之似廉潔⓮，眾皆說⓯之，自以為是，而不可與入堯、舜之道。故孔子曰：『鄉原，德之賊也⓰。』」似之而非者，孔子惡之。

【章　旨】此章以孔子為例，言「無一非者」不可以為賢。

【注　釋】❶辯人　善辯、有口才的人。❷服役　奔走效勞。❸忍　殘忍。❹詘　言語笨拙。❺怯　膽怯；懦弱。❻易　交換。❼設施　採取措施。此指隨機應變。❽知　通「智」。明智。❾非　缺點；錯誤。❿鄉原　此指鄉里的好好先生。原，通「愿」。《說文》云：「愿，謹也。」《左傳・襄公三十一年》云：「愿，吾愛之，不吾叛也。」杜注云：「愿，謹善也。」⓫非之　批評他。⓬無舉　沒有大錯誤。⓭居　平居。指平日為人。⓮廉潔　正直清白。⓯說　通「悅」。喜歡。⓰鄉原二句　見《孟子・盡心下》。殘害道德的人。

【語　譯】有人問孔子說：「顏淵是什麼樣的人呢？」孔子說：「顏淵是講仁義的人，我不如他啊。」又問道：「子貢是什麼樣的人呢？」孔子回答道：「子貢是有辯才的人，我不如他啊。」又問道：「子路是怎樣的人呢？」孔子說：「子路是很勇敢的人，我不如他啊。」有個賓客說：「既然顏淵、子貢、子路三人都比先生您賢明能幹，可是他們三人都在替您奔走效勞，這又是為什麼？」孔子說：「我孔丘既能做到仁愛又能殘忍無情，既有善辯能力卻又言語笨拙，既勇敢又懦弱。如果用他們三人的才能，來交換我孔丘的這套本領，我是不幹的。」孔子是懂得隨機應變去處理問題的人。有高超的才能和廉潔的操行，卻缺乏明智以隨機應變地處理問題的人，實際上就與愚蠢而沒有操守的人是同一類的。這樣說來，人人都有缺點啊。沒有缺點的人，可以稱為賢人嗎？這就是鄉里的好好先生。孟子說：「批評他，卻又舉不出大的錯誤來；譏刺他，卻又沒有值得諷刺的地方。這種人只是與世俗同流合汙，平日為人好像忠誠可靠，行為也好像正直清白，大家都喜歡他，他本人也自以為是，但是卻不符合堯、舜的道德準則。所以孔子說：『鄉里的老好人，是先王之道的破壞者。』」這種好像有操守而實際上背離先王之道的人，孔子感到非常厭惡。

夫如是。何以知實賢❶？知賢❷竟何用❸？世人之檢❹，苟❺見才高能茂❻，有成功見效，則謂之賢。若此甚易，知賢何難？《書》曰：「知人則哲，惟帝難之❼。」據才高卓異者則謂之賢耳，何難之有？然而難之，獨有難者之故也。夫虞舜不易知人，而世人自謂能知賢，誤也。然則賢者竟不可知乎？曰：易知也。而稱難者，不見所以知之，則雖聖人不易知也；及見所以知之，中才❽而❾察之。譬猶工匠之作❿器也，曉之則無難，不曉則無易。賢者易知於作器。世無別，故真賢集⓫於俗士⓬之間。俗士以辯惠⓭之能，據官爵之尊，望顯盛之寵⓮，遂專⓯為賢之名。賢者還⓰在閭巷⓱之間，貧賤終老，被⓲無驗⓳之謗。

【章旨】此章論識別賢人之難易。

【注釋】❶實賢　真正的賢人。❷知賢　識別賢人。❸何用　用何；根據什麼。❹檢　檢驗。即考察標準。❺苟　如果。❻茂　盛；多。❼知人則哲二句　見《尚書・皋陶謨》。哲，明智。帝，指舜。❽中才　中等才能的人；一般人。❾而　通「能」。❿作　製作。⓫集　混雜。⓬俗士　庸俗的士人。⓭惠　通「慧」。聰明。⓮寵　榮耀；榮譽，⓯專　壟斷。⓰還　退居。⓱閭巷　鄉里。⓲被　遭受；蒙受。⓳無驗　沒有功效。

【語譯】這樣，怎樣識別真正的賢人呢？識別賢人究竟根據什麼呢？世人的考察標準，如果是看才能的高超與多樣，那麼有成功見效的人，就可以稱為賢人。如果是這樣，識別賢人就很容易，有什麼難識別的呢？《尚書・皋陶謨》說：「能識別好人壞人的就是明智的人，這一點連舜也感到很困難。」根據才能高超、成就傑出就稱作賢人這個標準來看，識別賢人有什麼困難呢？但是既然感到困難，也自有他感到困難的原因啊。既然虞舜都感到識別賢人不容易，而世人自己說能識別賢人，這就不對了。既然這樣，那麼賢人終究不可識別嗎？我說：容易識別。而說它難的原因，在於不了解用什麼來識別賢人，在這種情況下，那麼即使是聖人也不容易識別賢人；等到知道了用什麼標準來識別賢人，就是普通人也能識別賢人了。譬如工匠製作器具，通曉製作方法就不難，不知道製作方法就不容易。識別賢人比工匠製作器具更加容易。世人沒有識別能力，所以真正的賢人混雜在庸俗的士人之間，就很難識別了。庸俗的士人憑藉著能言善辯與小聰明，佔據尊貴的官職爵位，享有顯赫的榮譽，於是壟斷了賢人的稱號。賢人退居在鄉村里巷之中，處在貧困低賤的生活之中終老一生，遭受沒有功效的詆毀。

若此，何時可知乎？然而必欲知之，觀善心也。夫賢者，才能未必高也而心明❶，智力未必多也而舉是❷。何以觀心？必以言❸。有善心，則有善言。以言而察行，有善言則有善行矣。言行無非，治家親戚有倫❹，治國則尊卑有序。無善心者，白黑不分，善惡同倫❺，政治錯亂，法度失平。故心善，無不善也；心不善，無能善。心善則能辯❻然否❼。然否之義定，心善之效明，雖貧賤困窮❽，功不成而效不立，猶為賢矣。故治不謀❾功，要❿所用者是⓫；行不責效，期所為者正⓬。正、是審明，則言不須繁，事不須多。故曰：「言不務多，務審所謂；行不務遠，務審所由⑬。」言得道理之心⑭，口雖訥⑮不辯⑯，辯在胸臆之內矣。故人欲心辯，不欲口辯。心辯則言醜⑰而不違⑱，口辯則辭好⑲而無成⑳。

【章旨】此章明確提出賢人標準：善心。

【注釋】❶心明 思想上能明辨是非。❷舉是 行為舉止無非。❸以言 根據言論。❹倫 人倫。指人與人之間的道德關係。❺同倫 同類。❻辯 通「辨」。❼然否 是非。❽困窮 指仕途困厄、不得志。❾謀 考慮。❿要 關鍵。⓫是 正確。⓬正 端正。⓭言不務多四句 見《荀子・哀公》。務，必須；一定。⓮心 核心；根本。⓯訥 出言遲鈍。⓰辯 善辯；口才好。⓱言醜 言辭不美。⓲不違 不違反正道；不出差錯。⓳辭好 語言漂亮；言辭華麗。⓴無成 沒有用處。

【語譯】如果像這樣，什麼時候可以識別賢人呢？但是一定想要識別賢人的話，就去考察有沒有善心吧。賢人，才能不一定高而思想上一定要能夠明辨是非，智力不一定要勝過別人但是行為舉止一定要正確無誤。根據什麼去看有沒有善心？必定是根據言論。有善心，就有善言。根據人的言論而考察人的行動，有善言就有善行了。言語行動沒有錯誤，治家時父母兄弟之間的關係就合乎倫理道德規範，治國就會使上下尊卑等級有序。沒有善心的人，黑白不分，善惡同類，政治錯亂，法制失調。所以心善，其他一切沒有不善的；心不善，其他一切也不可能辦好。心地仁慈善良的人，就能明辨是非。是非的道理能夠判斷，心地善良的成效就很明顯，即使貧窮下賤，政治上不得志，沒有成功，還是可以稱為賢人的。所以治理國家不一定考慮功效，關鍵在於所依據的道理是否正確；行動不一定追求效果，主要看指導行動的動機是否端正。如果動機果真是端正的，道理是完全正確的，那麼言辭就不必繁富，事效就不須很多。所以《荀子・哀公》說：「言語不必追求長篇大論，應當努力使所說的話在理；行動不必好高騖遠，應當力求使所做的事符合原則。」說話能符合道理的根本，嘴巴即使出言遲鈍，不善辯，辯也在人的心胸之中了。所以人追求的內心的辯解，並沒有希望嘴巴善辯。心辯則言辭不漂亮而不會違背正道，光靠嘴巴能說會道，那麼言辭再華麗也會一事無成。

孔子稱[1]少正卯[2]之惡[3]曰：「言非而博，順非而澤。內非而外以才能飾之，眾不能見，則以為賢[4]。」夫內非外飾是，世以為賢，則夫內是外無以自表[5]者，眾亦以為不肖矣。是非亂而不治，聖人獨知之。人言行多若少正卯之類，賢聖獨識之。世有是非錯繆[6]之言，亦有審[7]誤紛亂之事，決[8]錯繆之言，定紛亂之事，唯賢聖之人為能任之。聖心明而不暗，賢心理而不亂。用明察非，非無不見；用理銓[9]疑，疑無不定。與世殊[10]指[11]，雖言正是，眾不曉見。何則？沈溺[12]俗言之日久，不能自還[13]以從實[14]也。是故正是之言為眾所非，離俗之禮[15]為世所識。《管子》曰：「君子言堂滿堂，言室滿室[16]。」怪此之言，何以得滿？如正是[17]之言出，堂之人皆有正是之知，然後乃滿。如非正是，人之言刺[18]異，安得為滿？夫歌曲妙者，和者則寡；言得實者，然者則鮮[19]。和歌與聽言，同一實也。曲妙人不能盡和，言是人不能皆信。「魯文公逆祀[20]，去[21]者三人；定公順祀[22]，畔[23]者五人。」貫[24]於俗者，則謂禮為非；曉禮者寡，則知是者希[25]。君子言之，堂室安能滿？夫人不謂[26]之滿，世則不得見口談之實語，筆墨之餘跡，陳[27]在簡策之上，乃可得知。故孔子不王[28]，作《春秋》以明意[29]。案[30]《春秋》虛文[31]業[32]，以知孔子能王之德。孔子，聖人也。有若孔子之業者，雖[33]非孔子之才，斯[34]亦賢者之實驗㉟也。夫賢與聖同軌而殊名，賢可得定，則聖可得論也。

【章　旨】此章以孔子為證，言聖心與賢心之同軌。

【注　釋】❶稱　宣揚。❷少正卯　人名。魯國人，曾在魯國聚徒講學。❸惡　壞處；醜事。❹言非而博五句　見《荀子・宥生》。博，博學。澤，潤色；修飾。飭，通「飾」。巧飾；粉飾。❺自表　自我表露。❻錯繆　顛倒。繆，通「謬」。錯誤。❼審　真實；正確。❽決　確定；判明。❾銓　通「詮」。詳解；詳釋。❿殊　不同。⓫指　通「旨」。意旨；意見。⓬沈溺　陷入不良境地。⓭自還　自拔。還，歸；返。此指擺脫。⓮從實　服從事實。⓯離俗之禮　違背世俗規矩的禮節。⓰君子言堂滿堂二句　見《管子・牧民》。⓱正是　正是之知。⓲刺　違背。⓳鮮　少。⓴逆祀　違反祭祖的正常順序的祭祀。魯文公祭祀時，把自己生父魯僖公的神主牌位放在魯閔公之上，故言。㉑去　離開。㉒順祀　按照禮法祭祀。即將魯僖公的神主牌位移到魯閔公之下。㉓畔　通「叛」。離開。指當時五名大臣因已習慣於「逆祀」，反而對「順祀」不滿意，故離開了。㉔貫　通「慣」。習慣。㉕希　同「稀」。稀少。㉖謂　通「為」。㉗陳　陳列；排列。㉘王　當王。㉙意　意圖；主張。㉚案　考察。㉛虛文　一紙空文。指僅見之於文字而沒有得到實行的主張。㉜業　業績。㉝雖　即使。㉞斯　這。㉟實驗　實際證明。

【語　譯】孔子宣揚少正卯的壞處時說：「言論有錯誤而顯得博學，附和錯誤的觀點而又要加以粉飾打扮。思想不好而外表卻用才能粉飾起來，使大家都不能看清楚，就把他當作賢人。」內心的思想不好，而外表卻打扮得很好，世人把他當作賢人，那麼內心很好而外表卻沒有用什麼來自我表露的人，眾人也就會把他視為不賢了。是非混亂而不清，只有聖人心中明白。人的言論行動多像少正卯之類，只有賢人聖人能夠識別他。世上有是非顛倒的言論，也有正確與錯誤混淆不清的事情，判斷錯謬的言論，斷定混淆不清的事情，只有賢人聖人才能夠勝任它。聖人之心明而不暗，賢人之心理而不亂。用聖明的思想去察看錯誤的言論，錯誤的言論就沒有不被看清的；用條理清醒的頭腦去詮釋疑難問題，疑難問題就沒有不被判斷清楚的。如果與世上一般人的意見不同，即使話說得很正確，大家還是不能理解的。為什麼？因為陷入世俗之論的不良境地的時間太久了，就不能自拔而服從真理。因此正確的觀點往往為眾人所非難，違背世俗規矩的禮節常常被世俗所譏諷。

《管子》說：「君子言於堂就符合滿堂人的心意，言於室就符合滿室人的心意。」這種說法很令人奇怪，說話怎麼能使所有的人都感到滿意？如果說出的話是正確的言論，滿堂的人都有正確的觀點，然後才能感到滿意。如果沒有正確的觀點，人的發言違背了在座的人的不同意見，怎麼能使人人都滿意呢？美妙的歌曲，唱和的人就很少；說的話符合實際情況，同意的人就少。和歌與聽人說話，是同一種實際情況。歌曲美妙，人人不可能都能唱和，言論正確，人人不可能都會相信。「魯文公違反祭祖的正常順序，把自己生父魯僖公的神主牌位放在魯閔公之上，因不滿意這種祭法而離開的有三人；魯定公依照禮法祭祀，把魯僖公的神主牌位又移到魯閔公之下，不滿意這種祭法而離去的有五人。」習慣於世俗之法的人，就說按禮法行事是錯誤的。懂得禮法的人少，那麼具有正確觀點的人也就稀少。君子說的話，滿堂滿室的人怎麼能都滿意呢？聽話的人不可能都感到滿意，那麼世人就不可能知道說話者所說的真實內容，只有筆墨的餘跡，排列在竹簡之上，才可能知道。所以孔子沒有當王，寫作《春秋》來表明自己的政治主張。考察《春秋》所闡述的尚未得到實行的政治主張這一業績，就可以知道孔子具有能夠當王的德行。孔子，是聖人啊。如果有具備像孔子那種業績的人，即使沒有孔子那樣的才能，這也就是賢人的實際證明啊。賢人與聖人遵循相同的道路而不同名稱，賢人可以確定，那麼聖人也就能夠論定了。

問：「周道❶不弊❷，孔子不作《春秋》。《春秋》之作，起周道弊也。如周道不弊，孔子不作者，未必無孔子之才，無所起也。夫如是，孔子之作《春秋》，未可以觀聖；有若孔子之業者，未可知賢也。」

曰：周道弊，孔子起而作之，文義❸褒貶是非，得道理之實，無非僻之誤。

以故見孔子之賢，實也。夫無言則察之以文，無文則察之以言。設孔子不作，猶有遺言，言必有起，猶文之必有為也。觀文之是非，不顧作之所起，世間為文者眾矣。論文以察實，則君山漢之賢人也。陳平❹未仕，割肉閭里，分均若一，能為丞相之驗也。夫割肉與割文❺，同一實也。如君山得執漢平❻，用心與為論不殊指❼矣。孔子不王❽，素王❾之業在於《春秋》。然則桓君山不相，素丞相❿之跡⓫存於《新論》⓬者也。

【章　旨】此章批駁「孔子之作《春秋》，未可以觀聖；有若孔子之業者，未可知賢」之辯，並根據自己之定賢標準，稱頌孔子為「素王」、桓譚為「素丞相」。

【注　釋】❶周道　指西周的禮儀制度。❷弊　敗壞。❸文義　指《春秋》的思想內容。❹陳平　漢初陽武人。少時家貧，好黃老之術。楚漢之爭時任劉邦之謀臣，後封曲逆侯。惠帝、呂后時任丞相。事見《史記・陳丞相世家》。❺割文　指評論文章。❻執漢平　掌握漢朝的治國大權。平，衡。指秤。❼殊指　不同的意見。指，通「旨」。意旨；意見。❽不王　沒有當王。❾素王　古代道家稱有王之德，而不必居王之位者。素，虛位。《莊子・天道》：「以此處下，玄聖、素王之道也。」漢人以為孔子作《春秋》是代王者立法，有王者之道，而無王者之位，故稱孔子為「素王」。❿素丞相　指具有丞相之才而無丞相之位者。⓫跡　事蹟；功績。⓬新論　書名。桓譚著作，凡二十九篇。原本已佚，今《桓子新論》以清人嚴可均《全後漢文》輯本為完備。

【語　譯】有人問道：「西周的禮儀制度不敗壞，孔子就不會作《春秋》。《春秋》的寫作，起因在於西周禮儀制度的崩潰。如果西周的禮儀制度不敗壞，孔子不作《春秋》，未必就沒有孔子的才能，只是沒有起因來促使他從事著述而已。因此，孔子作《春秋》，不足以看出他是聖人；有具備像孔子那樣業績的人，不足以知道他就是賢人啊。」

我回答道：西周的禮儀制度的崩潰，使孔子起而作《春秋》，《春秋》的思想內容褒貶是非，肯定了西周的倫理道德和政治制度的實際地位，沒有違反禮義或不合正道的錯誤，因此表現出了孔子的賢明，這是事實啊。沒有言論就根據文章來考察他，沒有文章就根據他說的話來考察。假設孔子不作《春秋》，也還有遺留下來的別的言論，發表言論一定有緣由的，如同寫文章一定有目的一樣。考察文章的是非好壞，而不顧及寫作的起因、動機，世上寫文章的人多得很，時常是非不分，好壞不定。桓君山所作的評論，可以說是符合實際情況的。通過評論文章來考察這個人的實際情況，就可以說桓君山是漢代的賢人。陳平沒有當官以前，鄉里祭祀土地神時主持分配祭肉，分配得公平合理，這是他能做丞相的證明。分配祭肉與評論文章，屬於相同的情況。如果桓君山能夠在漢朝掌握治國大權，他的動機與著書立說的意旨一定也是相同的。孔子沒有當王，作為素王的業績在於《春秋》。這樣說來，那麼桓君山沒有當丞相，作為素丞相的功績也存在於《新論》一書之中了。

卷二八

正說篇第八十一

【題解】本篇旨在糾正漢儒對五經篇目的失實之說，故篇名之「正說」。

漢代自武帝設立五經博士，使今文經學成為官學。今文經學，起始於漢初，盛行於西漢。它以今文經籍為研究對象。所謂「今文」，就是漢代通行的隸書。漢初的儒家經籍，都承師說，出自漢儒之手，如《書》出於伏生，《禮》出於高堂生，《春秋公羊傳》出於公羊氏和胡母生。為鞏固皇權之需，漢武帝採納董仲舒、公孫弘的建議，表彰儒家經典，建立經學博士。至漢宣帝、元帝時代，立於「學官」凡十四博士，計《詩》分齊、魯、韓三家，《書》分歐陽、大夏侯、小夏侯三家，《禮》分大戴、小戴兩家，《易》分施、孟、梁丘、京氏四家，《春秋公羊傳》分嚴、顏兩家。強調「師法」、「家法」，追求「微言大義」，主天人相與之學，重陰陽災異之說，開一代讖緯之風。至西漢末年，古文經學崛起，並盛行於東漢。所謂「古文」，是指先秦通行的古籀文字。相傳漢武帝末，魯恭王劉餘壞孔子宅，於壁中得《尚書》等經典數十篇，因以古文寫成，故名「古文經」。西漢末年，劉歆發出〈讓太常博士書〉，要求建立古文經傳於學官，旋即引起四次重要的今古文經學派別之爭：一是劉歆（古）和太常博士們（今）爭立《毛詩》、古文《尚書》、《逸禮》、《左氏春秋》；二是韓歆、陳元（古）和范升（今）爭立《費氏易》及《左氏春秋》；三是賈逵（古）和李育（今）之爭；四是鄭玄（古）和何休（今）爭論《公羊傳》及《左氏傳》之優劣。西漢中葉以後，今文經學逐漸衰微，至東漢則古文經學取而代之矣。

王充站在古文經學的立場上，對風靡一代的今文經學予以批判，指出漢儒空生虛說，使「平常之事，有怪異之說；徑直之文，有曲折之義」，把儒家經書神化，並成為進身做官的敲門磚。本篇對五經原委、篇目的考證與說明，雖多承前輩古文經學家之說，但於經學史、文學史之研究亦不無裨益。

儒者說❶五經❷，多失其實。前儒不見本末❸，空生虛說。後儒信前師之言，隨舊述故❹，滑習❺辭語。苟❻名一師之學，趨❼為師教授，及時蚤❽仕，汲汲❾競進❿，不暇⓫留精⓬用心⓭，考實根核⓮。故虛說傳⓯而不絕，實事沒⓰而不見⓱，五經並失其實。《尚書》、《春秋》事較易，略正⓲題目粗粗⓳之說，以照⓴篇中微妙之文。

【章　旨】此章指明本篇之寫作目的，在於「略正題目粗粗之說，以照篇中微妙之文」。

【注　釋】❶說　解說。❷五經　指《易》、《書》、《詩》、《禮》、《春秋》五種儒家經書。❸本末　始末；來龍去脈。❹述故　遵循舊說。❺滑習　熟習；滾瓜爛熟。❻苟　如果。❼趨　急；趕快。❽蚤　通「早」。❾汲汲　心情急切貌。❿競進　爭相往上爬。⓫暇　閒暇。⓬留精　集中精力。⓭用心　動用腦筋。⓮根核　本源；根源。⓯傳　流傳。⓰沒　埋沒。⓱見　同「現」。⓲正　糾正；考訂。⓳粗粗　淺陋。⓴照　明白；弄清。

【語　譯】儒生解說五經，大多不符合五經的實際情況。前輩儒生不見五經的始末，憑空捏造許多虛妄的說法。後代儒生相信前師的話，追隨和遵循舊說，把那些辭句背得滾瓜爛熟。如果因追隨某一學派而有一點名氣，就急於為師教人，等待時機盡早當官，心情急切地爭相往上爬，不集中精力動用腦筋，去考訂核實五經的本源。因此，虛妄的說法流傳不絕，事實真相卻被埋沒，沒能顯現出來，五經都喪失了原來的實際面貌。《尚書》、《春秋》事實比較容易弄清，這裡略加糾正有關五經篇題方面的淺陋說法，以便弄清對有關經書內容方面的微妙的解說。

說《尚書》者，或❶以為本❷百兩篇，後遭秦燔❸《詩》、《書》，遺在者二十九篇。夫言秦燔《詩》、《書》，是也；言本百兩篇者，妄也。蓋《尚書》本百篇，孔子以授也。遭秦用李斯之議，燔燒五經，濟南伏生❹抱百篇藏於山中。孝景皇帝時，始存❺《尚書》。伏生已出山中，景帝遣鼂錯❻往從受《尚書》二十餘篇。伏生老死，《書》殘不竟❼。鼂錯傳於倪寬❽。至孝宣皇帝之時，河內女子發❾老屋，得逸❿《易》、《禮》、《尚書》各一篇，奏之。宣帝下示⓫博士⓬，然後《易》、《禮》、《尚書》各益⓭一篇，而《尚書》二十九篇始定矣。至孝景帝時，魯共王壞孔子教授堂以為殿，得百篇《尚書》於牆壁中⓮。武帝使⓯使者⓰取視，莫能讀者，遂秘⓱於中⓲，外不得見。至孝成皇帝時，徵為古文《尚書》⓳學。東海⓴張霸㉑案㉒百篇之序，空造百兩之篇㉓，獻之成帝。帝出秘百篇㉔以校㉕之，皆不相應，於是下霸於吏㉖。吏白㉗霸罪當㉘至死，成帝高其才而不誅，亦惜其文而不滅。故百兩之篇，傳在世間者，傳見之人則謂《尚書》本有百兩篇矣。

【章　旨】此章駁正《尚書》本百兩篇之說。

【注　釋】❶或　有的人。❷本　原本；本來。❸燔　燒。❹伏生　伏勝。精通《尚書》，曾任秦博士。今文《尚書》的最早傳播者，漢文帝時，曾派鼂錯向他學習今文《尚書》，西漢的《尚書》學者，都出於他的門下。❺存　立。指開始設立博士官，教授《尚書》。據《後漢書・翟酺列傳》載，立《尚書》博士，在漢文帝時代，非漢景帝時。❻鼂錯　人名。漢文帝時為太常掌故，景帝時任御史大夫。據《史記・儒林列傳》載，派鼂錯向伏生學習《尚書》的是漢文帝。❼竟　全。❽倪寬　人名。漢武帝時任御史大夫。❾發　開；拆除。❿逸　失傳。⓫示　展示；傳聞。⓬博士　指武帝時設立的五經博士。⓭益　增益；增加。⓮魯共王二句　據《漢書・藝文志》載，魯共王拆孔子住宅所得的用古文字書寫的《尚書》，於當時通行的今文《尚書》二十九篇之外，尚多出十六篇。魯共王，指漢景帝之子劉餘。共，通「恭」。壞，拆毀。⓯使　派遣。⓰使者　使臣。⓱秘　珍藏。⓲中　指宮中藏書之地。⓳古文尚書　漢代的《尚書》學有兩個淵源：一是伏生所傳者，凡二十九篇，以漢代通行的隸書寫成，稱為「今文《尚書》」，流傳至今。二是魯共王從孔子住宅牆壁中所發現的，以漢以前通行的古文字寫成，共四十五篇，較今文《尚書》多十六篇，叫「古文《尚書》」，亦稱《逸書》，東漢時代已失傳，現僅存目，佚文見《漢書・律曆志》等。今本《十三經注疏》中的「古文《尚書》」，係東晉梅賾以後的偽本，與漢代孔壁本《尚書》不同。⓴東海　郡名。在今山東南部與江蘇北部。㉑張霸　人名。㉒案　根據。㉓空造百兩之篇　據《漢書・儒林傳》，張霸將二十九篇《尚書》分作數十篇，又採取《左傳》上的有關記載和一百篇《尚書》殘存的各篇序言，編造出一百零二篇本《尚書》。空造，憑空捏造。㉔秘百篇　指宮中珍藏的一百篇古文《尚書》。㉕校　校勘；互相核對。㉖下霸於吏　把張霸交給司法官吏去治罪。㉗白　上報。㉘當　判罪。

【語　譯】解說《尚書》的人，有的認為本來有一百零二篇，後來碰上秦始皇焚燒《詩》、《書》，遺留保存的為二十九篇。說秦始皇焚燒《詩》、《書》，是對的；說本來是一百零二篇的，就是胡說了。大概《尚書》本來是一百篇，是孔子用來傳授學生的。碰上秦始皇採用李斯的建議，焚燒五經，濟南伏生抱一百篇《尚書》藏到山中。漢景帝時，開始設立博士，教授《尚書》。伏生從山中出來以後，漢景帝派鼂錯去跟著伏生學習《尚書》二十餘篇。伏生老死後，《尚書》因此殘缺不全。鼂錯又傳授給倪寬。到漢宣帝時，河內郡一婦女拆除老屋，獲得失傳的《易》、《禮》、《尚書》各一篇，上奏皇上。宣帝交給博士們看，然後《易》、《禮》、《尚書》各增加一篇，於是《尚書》二十九篇開始確定下來。至漢景帝時，魯共王拆毀孔子教授堂以為宮殿，在牆壁中得到百篇本《尚書》。漢武帝派遣使臣取來觀看，沒有能夠讀懂它的人，於是把它珍藏在宮中藏書之地，外面的人不能看到。至漢成帝時，徵求研究古文《尚書》學的人。東海郡張霸根據一百篇《尚書》殘存的序言，憑空編造出了一百零二篇本《尚書》，把它獻給漢成帝。成帝取出秘藏的一百篇本《尚書》互相核對，都不相符合，於是把張霸交給司法官吏去治罪。司法官上報張霸的罪當判至死刑，成帝看重他的才學而沒有處死，又愛惜他的著述而沒有燒毀它。所以一百零二篇本《尚書》，流傳在世間的，看見的人就認為《尚書》原本有一百零二篇了。

或言秦燔詩書者，燔《詩經》之書也，其經不燔焉。夫《詩經》獨❶燔其詩。「書」，五經之總名也。傳曰：「男子不讀經，則有博戲❷之心。」子路使子羔為費宰，孔子曰：「賊夫人之子❸。」子路曰：「有民人焉，有社稷焉，何必讀書，然後為學？」五經，總名為「書」。傳者不知秦燔書所起❹，故不審❺燔書之實。秦始皇三十四年，置酒咸陽宮，博士七十人前為壽。僕射❻周青臣❼進頌秦始皇。齊人淳于越❽進諫，以為始皇不封子弟，卒❾有田常❿、六卿之難⓫，無以救也，譏青臣之頌，謂之為諛。秦始皇下其議丞相府，丞相斯以為越言不可用，因此謂諸生之言惑亂黔首，乃令史官燒五經，有敢藏詩書百家語者刑⓬，唯博士官乃得有之。五經皆燔，非獨詩家之書也。傳者信之，見言「詩書」，則獨謂⑬《詩經》之書矣。

【章　旨】此章駁正秦焚《詩經》之書而其經不燒之說。

【注　釋】❶獨　乃；正是。❷博戲　此指遊手好閒，不務正業。博，通「簙」。古代一種棋戲。❸賊夫人之子　見《論語・先進》。賊，殘害；摧殘。❹起　起因。❺審　清楚；了解。❻僕射　官名。此指博士僕射，即博士長官。❼周青臣　人名。❽淳于越　人名。時為博士。❾卒　通「猝」。突然。❿田常　田成子。即陳成子，春秋時齊國大臣。陳厘子之子，名恆，一作常。齊簡公四年，殺簡公，擁立平公，任相國，從此出現「田氏代齊」的局面。⓫六卿之難　指春秋後期晉國的范氏、中行氏、知氏、韓、趙、魏六家世卿，掌握晉國大權，後六卿兼併，范、中行、知三家滅亡，韓、趙、魏三家分晉。⓬刑　判刑。⓭謂　以為；認為。

【語　譯】有人說秦始皇焚燒詩書，燒的是解釋《詩經》的書籍，《詩經》本身沒有被燒毀。《詩經》被燒毀的正是它的詩本身。「書」，是五經的總名。傳書說：「男子不讀經書，就會有遊手好閒、不務正業之心。」子路派子羔去當費宰，孔子說：「這是害人子弟。」子路說：「費那個地方有老百姓，有土地和五穀，為什麼一定要讀書，然後才能叫做學習呢？」五經，總名叫做「書」。傳書作者不知道秦始皇焚書的起因，所以不了解焚毀五經的實際情況。秦始皇三十四年，在咸陽宮大擺酒席，七十位博士上前替始皇祝壽。博士僕射周青臣上前歌頌秦始皇，齊人淳于越上前進諫，認為秦始皇不分封子弟，使秦朝突然發生像田常篡位、六卿分晉一樣的災難，沒有什麼辦法去挽救國家，諷刺周青臣的頌揚，認為是對秦始皇的阿諛奉承。秦始皇把淳于越的議論交給丞相府去評議，丞相李斯認為淳于越的話不可取，並根據淳于越的議論說諸儒生的話在於迷惑和煽動老百姓，於是下令史官全部燒掉五經，有膽敢私藏詩書百家之言的人就要被判刑，惟有博士官才能保存詩書。可見五經都被燒了，不光是燒掉了解釋《詩經》的書籍。傳聞的人相信只燒掉解釋《詩經》之書的說法，看到說有關「詩書」二字，就以為燒掉的只是解釋《詩經》的有關書籍了。

傳者或知《尚書》為秦所燔，而謂二十九篇，其遺❶脫❷不燒者也。審若此言，《尚書》二十九篇，火之餘也。七十一篇為炭灰，二十九篇獨遺邪？夫伏生年老，鼂錯從之學時，適得二十餘篇，伏生死矣，故二十九篇獨見，七十一篇遺脫。遺脫者七十一篇，反謂二十九篇遺脫矣。

或說《尚書》二十九篇者，法❸斗❹四七宿❺也。四七二十八篇，其一曰斗矣，故二十九。夫《尚書》滅絕於秦，其見在者二十九篇，安得法乎？宣帝之時，得佚《尚書》及《易》、《禮》各一篇，《禮》、《易》篇數亦始足，焉得有法？案百篇之序，闕❻遺者七十一篇，獨為二十九篇立法❼，如何？或說曰：「孔子更❽選二十九篇，二十九篇獨有法也。」蓋俗儒之說也，未必傳記之明也。二十九篇殘而不足，有傳之者，因❾不足之數，立取法之說，失聖人之意，違古今之實。夫經之有篇也，猶有章句❿；有章句也，猶有文字也。文字有意以立句，句有數以連章，章有體以成篇，篇則章句之大者也。謂篇有所法，是謂章句復有所法也。《詩經》舊時亦數千篇，孔子刪去復重⓫，正而存三百篇，猶二十九篇也。謂二十九篇有法，是謂三百五篇復有法也。

【章　旨】此章駁正《尚書》二十九篇遺脫、法斗四七宿之說。

【注　釋】❶遺　亡。❷脫　失。❸法　效法。❹斗　北斗星。❺四七宿　即二十八宿。❻闕　通「缺」。殘缺。❼立法　指建立效法星宿的說法。❽更　另外。❾因　根據。❿章句　章節句讀。⓫復重　重複。

【語　譯】有的解說經書的人知道《尚書》被秦燒毀了，卻認為二十九篇是其中已經亡失而沒有燒掉的部分。如果真像這種說法的話，《尚書》二十九篇，就是秦焚書後的殘餘部分了。七十一篇成為炭灰，二十九篇惟獨會遺留下來嗎？伏生年老，鼂錯跟隨他學習《尚書》的時候，正好得二十餘篇，伏生死了，所以二十九篇單獨出現，七十一篇就亡失了。亡失的本來是七十一篇，反而說成是二十九篇曾一度亡失了。

有人說《尚書》二十九篇，是效法天上的北斗星和二十八宿。四七二十八篇，另外一篇是效法北斗，所以為二十九篇。《尚書》在秦焚書時就滅絕了，現今見存的二十九篇，只是剩下來的，怎麼能說它是效法北斗和二十八宿呢？漢宣帝的時代，獲得散失的《尚書》及《易》、《禮》各一篇，《禮》、《易》的篇數也才開始補足，怎麼能有所效法呢？根據一百篇《尚書》的序言，殘存下來的七十一篇，惟獨替二十九篇建立效法星宿的說法，怎麼行呢？有人解釋說：「孔子另外刪選了二十九篇，所以二十九篇惟獨有效法星宿的說法。」這大概是俗儒的解釋吧，不一定是傳記上的明文。二十九篇殘缺不全，有的解說者，根據這個不完整的篇數，建立取法星宿的說法，這就不符合孔子的意願，違背了古今的事實了。經書有篇數，好比文章有章節句讀；有章節句讀，就像有文字一樣。文字自有一定意義以構成句子，句子自有一定的數量以連成章節，章節自有一定的體例以綴結成篇，篇就是最大的章節句讀啊。說篇有所效法，這就是說章節句讀也有所效法啊。《詩經》舊時也有數千篇，孔子刪掉重複的詩篇，訂正後而保存三百零五篇，如同《尚書》現存二十九篇一樣。說二十九篇有所效法，這就是說三百零五篇也有所效法吧！

或❶說❷《春秋》，十二月❸也。《春秋》十二公❹，猶《尚書》之百篇，百篇無所法，十二公安得法？說《春秋》者曰：「二百四十二年，人道浹，王道備，善善惡惡，撥亂世，反諸正，莫近於《春秋》❺。」若此者，人道、王道適具足也。三軍❻六師萬二千人，足以陵❼敵伐寇，橫行天下，令行禁止，未必有所法也。孔子作《春秋》，記魯十二公，猶三軍之有六師也；士眾萬二千，猶年有二百四十二也。六師萬二千人，足以成軍；十二公二百四十二年，足以立義。說事❽者好神道恢❾義，不肖❿以⓫遭禍，是故經傳篇數，皆有所法。考實根本，論其文義，與彼賢者作書，無以異也。故聖人作經，賢者作書，義窮理竟⓬，文辭備足⓭，則為篇矣。其立篇也，種類相從⓮，科條⓯相附⓰。殊種異類，論說不同，更⓱別為篇。意異則文殊⓲，事改則篇更⓳。據事意作，安得法象⓴之義乎？

【章旨】此章駁正《春秋》立十二公為效法每年十二月之說。

【注釋】❶或　有的人。❷說　解釋。❸十二月　效法十二個月。❹十二公　指春秋時代魯國歷史上的十二位君主。即隱公、桓公、莊公、閔公、僖公、文公、宣公、成公、襄公、昭公、定公、哀公。《春秋》一書按十二公編年紀事。❺二百四十二年七句　見《公羊傳・十四年》。人道，人倫之道。浹，透徹；周全。王道，先王之道；王者治國之術。備，完備。善善惡惡，表彰好的，譴責壞的。撥，治理；整頓。反，同「返」。近，接近。此有比較、比得上之意。❻三軍　泛指一國的軍隊。❼陵　侵侮。❽說事　論說事理。❾恢　擴大；誇大。❿肖　相似。⓫以　而。⓬竟　終；盡。⓭備足　完備；完美。⓮相

從　相隨；歸類。⑮科條　法令條規。此指文章的章節。⑯附　連接。⑰更　另外。⑱文殊　文章不同。⑲篇更　篇章改變。⑳法象　效法模仿。

【語　譯】有人解釋《春秋》，認為記載魯國十二位君主的歷史是效法每年十二個月的。《春秋》按魯國隱公、桓公、莊公、閔公、僖公、文公、宣公、成公、襄公、昭公、定公、哀公十二位君主編年紀事，如同《尚書》的一百篇一樣，既然一百篇沒有什麼效法的，按十二公編年紀事怎麼會有所效法呢？解說《春秋》的人說：「魯國二百四十二年歷史，人倫之道周全，先王之道完備，表彰好的，譴責壞的，整頓亂世，使它返回正道，沒有哪部著作的記載比得上《春秋》的。」如此說來，魯國二百四十二年歷史，人倫之道、先王之道正好都講得很完備了。一國軍隊下面按六個師編制，共一萬二千人，就足以戰勝侵侮的敵寇，橫行天下，命令做的就立即執行，不准做的就馬上停止，不一定有什麼要效法的。孔子作《春秋》，記載魯國十二位君主的歷史，好像一國的軍隊有六個師的編制一樣；士兵人數一萬二千，如同魯國有二百四十二年歷史一樣。六個師共一萬二千人，足以成為一國軍隊；十二位君主經歷的二百四十二年歷史，也就足以闡明作者自己的觀點了。論說事理的人總喜歡把事理說得神乎其神，把意義誇大得無邊無際，別人如果不這樣做就會遭受禍害，因此經傳的篇數，都被說成是有所效法的了。考查核實問題的本源，研究《春秋》的文義，就可以得知孔子作《春秋》，與那些賢人寫書作文，並沒有什麼不同啊。所以聖人寫經書，賢人作傳書，義理講完了，文辭完備了，就成為一篇了。經書立篇，往往是把同一種類的內容歸納在一起，把文章的章節連接起來。種類不同，論說不同，就另成一篇。意義不同，文章就不同，事情改變了，篇章也就更換了。根據事情的意義來作文章，怎麼會有什麼效法模仿的意思呢？

或說《春秋》二百四十二年者，上壽九十，中壽八十，下壽七十。孔子據中壽三世而作，三八二十四，故二百四十年也。又說為赤制❶之中數❷也，又說二百四十二年，人道浹，王道備。夫據三世，則浹備之說為是，則據三世之論誤。二者相伐❸而立其義，聖人之意何定哉？凡紀事言年月日者，詳悉重之也。〈洪範〉五紀❹，歲月日星，紀事之文，非法象❺之言也。紀十二公享國❻之年，凡❼有二百四十二，凡此以立三世之說矣。實孔子紀十二公者，以為十二公事適足以見王義邪？據三世，三世之數適得十二公而足也？如據十二公，則二百四十二年不為三世見❽也。如據三世，取三八之數，二百四十年而已，何必取二？說者又曰：「欲合隱公之元也。不取二年，隱公元年不載於經。」夫《春秋》自❾據三世之數而作，何用隱公元年之事為始❿？須隱公元年之事為始，是竟以備足為義，據三世之說不復用矣。設隱公享國五十年，將盡紀元年以來邪？中斷以備三八之數也？如盡紀元年以來，三八之數則中斷⓫；如中斷以備三世之數，則隱公之元不合，何如？且年與月日，小大⓬異耳⓭，其所紀載，同一實也。二百四十二年謂之據三世，二百四十二年中之日月必有數矣。年據三世，月日多少何據哉？夫《春秋》之有年也，猶《尚書》之有章。章以首義⓮，年以紀事。謂《春秋》之年有據，是謂《尚書》之章亦有據也。

【章　旨】此章駁正《春秋》之年有據之說。

【注　釋】❶赤制　指漢王朝。據陰陽五行之說，漢王朝屬火德，火與五色之中的赤色相應，故言。❷中數　半數。❸相伐　互相衝突。❹五紀　指歲、月、日、星辰、曆數。❺法象　效法模仿。❻享國　在君主之位。❼凡　共計。❽見　同「現」。出現。❾自　本來。❿始　開端。⓫中斷　指破壞。⓬小大　指時間長短。⓭耳　而已；罷了。⓮首義　揭示要旨。

【語　譯】有人解釋《春秋》記載魯國二百四十二年歷史，是以上壽九十，中壽八十，下壽七十為依據的，孔子根據中壽三代而寫作的，三八二十四，所以為二百四十年。又解釋為孔子替漢王朝預先測定的享國年數的一半，又解釋說這二百四十二年之中，魯國的人倫之道說得很周全，先王之道講得也很完備。如果說《春秋》記載二百四十二年的歷史事件是孔子根據中壽三代而確定的這個說法是對的，那麼所謂人倫之道、先王之道講得周全完備的說法就不對了；如果說人倫之道、先王之道講得周全完備的說法是對的，那麼孔子根據中壽三代而確定的這個說法就是錯誤的。這兩個方面互相衝突而確立孔子的三世說，聖人的意旨怎麼確定呢？凡是記載事情標明年月日的，是為了詳盡以表示對這件事的重視。《尚書・洪範》中的五紀，歲月日星辰，是記載史事的文字，而不是效法模仿的言辭。《春秋》記載魯國十二位君主在位的年數，總共二百四十二年，凡這些就成為確立三世說的根據了。實際上孔子記載魯國十二位君主的歷史，是認為十二位君主的事蹟正好足以闡明先王之道呢？還是根據三世的說法，而三世的年數正好能由十二位君主的在位年數才湊足呢？如果根據十二位君主的歷史事蹟足以闡明先王之道，那麼二百四十二年就不是為了湊足三世的年數而出現的。如果是根據三世而確立的，那麼只取三八的年數，二百四十年就可以了，為什麼一定要多取二年？解釋《春秋》的人又說：「這是想要配合魯隱公紀元的開始啊。不多取二年，魯隱公元年的事就不可能記載在經書之中了。」如果說《春秋》本來是根據三世的年數而作的，那麼為什麼一定要用魯隱公元年的史事作為開篇呢？必須用隱公元年的事作為《春秋》的開端，這完全是以完備歷史事實為目的，根據中壽三世而確定《春秋》只記載二百四十二年歷史的說法沒有必要再採用了。假如魯隱公在位五十年，是將隱公元年以來的歷史事實全部記載下來呢？還是從中間斷以符合中壽三世二百四十年的年數呢？如果把隱公元年以來的史實全部記載下來，三八二百四十年的年數就被破壞了；如果從中間斷以備足中壽三世二百四十年的年數，那麼就與以魯隱公紀元為開篇不相配合了，怎麼辨呢？況且年與月、日只不過是時間長短不一樣罷了，它們各自所記載的東西，都是同樣的歷史事實啊。二百四十二年的年數被說成是根據中壽三世而確定的，那麼二百四十二年中的日月也就必定有什麼數字作為根據了。年數是根據中壽三世而確定的，那麼其中的月數、日數的多少又根據什麼來確定呢？《春秋》記事有年數，如同《尚書》有章數一樣。章數用來揭示要旨，年數用來記述事情。認為《春秋》記載二百四十二年魯國歷史事實的年數有所依據，這就等於說《尚書》中的章數也有什麼根據的了。

說《易》者皆謂伏羲❶作八卦❷，文王❸演❹為六十四。夫聖王起，河❺出圖，洛❻出書。伏羲王❼，河圖從河水中出，《易》卦是也。禹之時得洛書，書從洛水中出，〈洪範〉九章❽是也。故伏羲以卦治天下，禹案❾〈洪範〉以治洪水。古者烈山氏❿之王得河圖，夏后⓫因⓬之曰《連山》⓭；歸藏氏⓮之王得河圖，殷人因之曰《歸藏》⓯；伏羲氏之王得河圖，周人因之曰《周易》。其經卦皆六十四，文王、周公因彖⓰十八章⓱究⓲六爻⓳。世之傳說《易》者，言伏羲作八卦，不實其本，則謂伏羲真作八卦也。伏羲得八卦，非作之；文王得成六十四，非演之也。演作之言，生於俗傳。苟⓴信其文，使夫真是㉑幾㉒滅不存，既不知《易》之為河圖，又不知存於俗何家《易》也，或時㉓《連山》、《歸藏》，或時《周易》。案禮夏、殷、周三家相損益㉔之制，較著㉕不同。如以周家在後，論今為《周易》，則《禮》㉖亦宜為周禮。六典㉗不與今《禮》相應，今《禮》未必為周，則亦疑今《易》未必為周也。案左丘明㉘之《傳》㉙，引周家以卦，與今《易》相應，殆㉚《周易》也。

【章旨】此章駁正《易》之來源說。

【注釋】❶伏羲　傳說中的上古帝王。❷八卦　指乾（☰）、坤（☷）、震（☳）、巽（☴）、坎（☵）、離（☲）、艮（☶）、兌（☱）等八種符號。分別象徵天、地、雷、風、水、火、山、澤八種自然現象。❸文王　指周文王。❹演　推演；發展。❺河　指黃河。❻洛　指洛水。❼王　稱王。❽九章　指《尚書・洪範》九疇。即五行，五事，八政，五紀，皇極，三德，稽疑，庶徵，五福、六極等九種法則。傳說禹繼承鯀業治水，天帝賜給他這九種方法，以治水、治天下。❾案　按照；根據。❿烈山氏　上古帝王神農氏之別稱。⓫夏后　即夏后氏。此指夏朝。⓬因　繼承。⓭連山　相傳為《周易》以前的古《易》。《連山》卦以純艮（䷳）開始，艮象徵山，故名。今傳《古三墳書》有《連山》，係後人偽編。清人馬國翰《玉函山房輯佚書》有《連山》一卷，亦不足信。⓮歸藏氏　傳說中的上古帝王。⓯歸藏　相傳為《周易》之前的古《易》。《歸藏》卦以純坤（䷁）為首，坤象徵地，萬物莫不歸藏於其中，故名。今所傳之《古三墳書》有《歸藏》，係後人偽編。清人馬國翰《玉函山房輯佚書》中有《歸藏》一卷，亦不足信；惟晉人郭璞著書已引用之，故知其成書甚早，已佚。⓰彖　〈彖辭〉。一名「彖傳」，是《易傳》中說明各卦基本觀念的篇名。孔穎達疏：「〈彖辭〉統論一卦之義，或說其卦之意，或說其卦之文，或說其卦之名。」⓱十八章　指〈彖辭〉十八章。⓲究　推究。⓳爻　構成《易》卦象的基本符號。分陽爻（⚊）和陰爻（⚋），每三爻合成一卦，可得八卦，兩卦（六爻）相重，可得六十四卦。卦的變化取決於爻的變化，故「爻」表示交錯和變動之義。《易・繫辭上》云：「爻者，言乎變者也。」又〈繫辭下〉云：「爻也者，效天下之動者也。」六爻，八卦每卦本為三爻，配成六十四卦後，每卦則為六爻。⑳苟　如果。㉑真是　真實情況。㉒幾　幾乎；差不多。㉓或時　或許；也許是。㉔損益　刪減增加。

㉕較著　顯著；明顯。㉖禮　當時專指《禮經》，即今存之《儀禮》。㉗六典　指治典（主管行政）、教典（主管風俗教化）、禮典（主管禮儀）、政典（主管軍事）、刑典（主管刑法）、事典（主管工場建築事業）。典，法。㉘左丘明　傳說是《左傳》的作者。㉙傳　即《左傳》。㉚殆　恐怕；大概。

【語譯】解釋《易經》的人都認為是伏羲氏作八卦，周文王把八卦兩兩相配而後推演成六十四卦。聖王興起時，黃河出圖，洛水出書。伏羲氏稱王時，河圖從黃河水中出現，這就是《周易》的八卦。禹治理天下洪水時得到洛書，書從洛水中出現，這就是《尚書·洪範》中的九疇。所以伏羲氏以八卦來治理天下，夏禹根據《尚書·洪範》來治理洪水。古代烈山氏稱王時得到河圖，夏朝繼承它而稱為《連山》；歸藏氏稱王時得到河圖，商朝人繼承它而叫做《歸藏》；伏羲氏稱王時得到河圖，周朝人繼承它而名為《周易》。它們的經卦都是六十四，周文王、周公根據《易經·彖辭》十八章推究卦象，寫出卦辭。世上傳聞解釋《易經》的人，說伏羲氏作八卦，如果不切實地考究《易》的本源，那就會認為八卦真的是伏羲氏作的了。伏羲得到八卦圖，並沒有作八卦；周文王得而配成六十四卦，並不是他推演成的。推演作卦的說法，產生在世俗的傳聞之中。如果相信這種說法，就會使那些真實情況幾乎被抹煞而不存在了，既不知道《易》就是河圖，又不知道存在世上的是哪一家《易》，也許是《連山》、《歸藏》，也許是《周易》。考察禮在夏、殷、周三代互相刪減增加的各種制度，有顯著的不同。如果因為周代處在三代的最後，就說今天的《易》是《周易》的話，那麼今天的《禮經》也就應該是周代的禮了。然而《周禮》的六典與現今保存的《禮經》卻並不相符合，如果現存的《禮經》不一定是周代的儀禮，那麼也就可以懷疑現存的《易》未必是《周易》。但考察左丘明的《左傳》，所引用的周代的卦辭，與現存的《易》又相符合，由此看來，現存的《易》恐怕就是《周易》了。

說《禮》者，皆知禮也，為❶《禮》何家禮也？孔子曰：「殷因於夏禮，所損益，可知也。周因於殷禮，所損益，可知也❷。」由此言之，夏、殷、周，各自有禮。方今周禮邪？夏、殷也？謂之周禮，《周禮》六典，案❸今《禮經》，不見六典。或時殷禮未絕，而六典之禮不傳，世因謂此為周禮也。案《周官》❹之法不與今禮相應❺，然則《周禮》六典是也。其不傳，猶古文《尚書》、《春秋左氏》❻不興矣。

【章　旨】此章言說《禮》者不知《禮》為何家之禮。

【注　釋】❶為　通「謂」。認為。❷殷因於夏禮六句　見《論語・為政》。因，承襲。❸案　考察。❹周官　一名《周官經》。是《周禮》之別名，以其全書按「天官」、「地官」、「春官」、「夏官」、「秋官」、「冬官」之序名篇而得名。❺相應　相符合。❻春秋左氏　即《左傳》。

【語　譯】解說《禮經》的人，都知道儀禮，你們認為今天的《禮經》記載的是哪個朝代的禮呢？孔子說：「殷代承襲的是夏代的禮，其中刪減增益的內容，是可以知道的；周代承襲的是殷代的禮，其中刪減增益的內容，是可以知道的。」由此說來，夏、殷、周，各自有禮。現今流傳的《禮經》，記述的是周代的禮呢？還是夏代、殷代的禮呢？如果認為它是周代的禮，那麼《周禮》有六典，而考察現今流傳的《禮經》，卻沒有看到六典。也許是因為殷代的禮並沒有絕跡，還在流傳，而記載六典的禮書卻沒有流傳下來，世人根據周代處在三代的最後的情況，於是認為今天流傳的《禮經》就是周代的禮了。考察《周禮》所記載的制度，與今天的《禮經》所說的並不相符合，那麼《周禮》應該是記載有六典的禮書了。《周禮》的一度失傳，就如同古文《尚書》、《春秋左氏傳》的一度不流行一樣。

說《論》者，皆知說文解語❶而已，不知《論語》本❷幾何❸篇；但❹知周以八寸為尺，不知《論語》所獨一尺之意❺。夫《論語》者，弟子共紀孔子之言行，敕❻記之時甚多，數十百篇，以八寸為尺，紀之約省❼，懷持❽之便❾也。以其遺非經，傳文記識❿恐忘，故但以八寸尺，不二尺四寸⓫也。漢興失亡，至武帝發⓬取⓭孔子壁中古文，得二十一篇，齊、魯、河間九篇，三十篇。至昭帝讀二十一篇，宣帝下太常⓮博士。時尚稱書難曉，名之曰傳，後更隸寫以傳誦。初，孔子孫孔安國⓯以教魯人扶卿⓰，官至荊州刺史，始曰《論語》。今時稱《論語》二十篇，又失齊、魯、河間九篇。本三十篇，分布亡失，或二十一篇，目或多或少，文辭或是或誤⓱。說《論語》者，但知以剝解⓲之問，以纖維⓳之難，不知存問本根篇數章目。溫故知新，可以為師⓴，今不知古，稱師如何？

【章　旨】此章言說《論語》者不知《論語》篇數及其所獨一尺之意。

【注　釋】❶說文解語　解釋文義語意。❷本　原本。❸幾何　多少。❹但　僅僅。❺一尺之意　用一尺長的竹簡書寫《論語》的用意。《論語》為五經之一，漢人寫經書多用二尺四寸長的竹簡，而《論語》獨以一尺（周制以八寸尺）書之，故言。❻敕　告誡；教導。❼約省　簡要。❽懷持　懷藏攜帶。❾便　方便。❿記識　記錄。⓫二尺四寸　二尺四寸長的竹簡。漢人專用以書寫經書。⓬發　發掘。指魯恭王拆毀孔子舊宅。⓭取　指漢武帝派人取視古文典籍事。⓮太常　官名。秦置奉常，漢景帝時改稱太常，為九卿之一，掌管宗廟禮儀，兼管選試博士。⓯孔安國　人名。孔子十二世孫，兩漢經學家，漢武帝時官至諫議大夫，曾以漢代隸書傳授孔壁中發現的古文《尚書》、《論語》。⓰扶卿　人名。漢武帝時人。⓱或是或誤　有對有錯。⓲剝解　割裂分解。此形容瑣碎。⓳纖維　即纖微。細小之意。⓴溫故知新二句　語出《論語・為政》：「溫故而知新，可以為師矣。」

【語譯】解說《論語》的人，都知道解釋文義語意而已，不知道《論語》原本有多少篇；僅僅知道周代以八寸為尺，不知道《論語》只用一尺長的竹簡來書寫的用意是什麼。《論語》，是弟子共同記錄孔子的言行的一部書，由於接受教導，需要記錄的時候很多，數十百篇，以八寸為尺，記錄孔子言行就簡要一些，懷藏攜帶也更方便一些。因為《論語》不是作為經書遺留下來的，而是弟子生怕忘記而作為傳文記錄下來的，所以只用八寸為一尺的竹簡來記錄，而不用寫經書用的二尺四寸長的竹簡。漢朝建立時《論語》就遺失掉了。至漢武帝時魯恭王拆毀孔子舊宅發現，派人把存在孔子壁中的古文《論語》取來查看，得《論語》二十一篇，齊、魯、河間等地又呈獻上了九篇，合為三十篇。至漢昭帝讀了二十一篇，宣帝把古文《論語》交給了太常博士。當時還稱它文字難懂，名之為傳書，後來改用隸書抄寫，以便於傳授誦讀。當初，孔子十二世孫孔安國把古文《論語》教授給魯人扶卿，官至荊州刺史，才開始稱為《論語》。現在稱《論語》二十篇，又失掉了齊、魯、河間呈獻的九篇了。原本三十篇，分布遺失，有二十一篇，篇目有多有少，文辭有對有錯。解說《論語》的人，只知道用瑣碎的問題來提問，用細小的問題來責難，不知道存問原本有的篇數章目。溫故知新，可以為師，今不知古，怎麼能稱作老師呢？

孟子曰：「王者之迹熄而詩亡❶，詩亡然後《春秋》作。晉之《乘》❷，楚之《檮杌》❸，魯之《春秋》❹，一❺也。」若孟子之言，《春秋》者，魯史記之名；《乘》、《檮杌》同。孔子因❻舊故❼之名，以號《春秋》之經，未必有奇說異意，深美❽之據也。今俗儒說之：「春者歲之始❾，秋者其終❿也。《春秋》之經，可以奉始養終⑪，故號為《春秋》。」《春秋》之經何以異《尚書》？說《尚書》者，以為上古帝王之書，或以為上⑫所為下⑬所書⑭，授事相實⑮而為名，不依違⑯作意⑰以見奇。說《尚書》者得經之實，說《春秋》者失聖之意矣。《春秋左氏傳》：「桓公十有⑱七年冬十月朔⑲，日有食之。不書日⑳，官㉑失之也。」謂「官失」之言，蓋其實也。史官記事，若今時縣官㉒之書矣。其年月尚大難失，日者微小易忘也。蓋紀以善惡為實，不以日月為意。若夫公羊㉓、穀梁㉔之傳，日月不具，輒為意使㉕。夫平常之事，有怪異之說；徑直之文，有曲折之義，非孔子之心。夫《春秋》實及言冬夏，不言者，亦與不書日月，同一實也。

【章　旨】此章駁正俗儒解釋《春秋》之名說。

【注　釋】❶王者之迹熄而詩亡　趙岐《孟子章句》云：「王者，謂聖王也。太平道衰，王迹止熄，頌聲不作，故《詩》亡。《春秋》撥亂作於衰世也。」趙氏之釋欠周全。吳淇《六朝選詩定論緣起》云：「所謂『詩亡』者，蓋以王迹之熄耳。王迹既熄，則輶軒之使不出而風亡，朝聘之禮不行而雅亡。」朱駿聲《說文通訓定聲》更謂「『迹』即『𨑒』之誤」。《說文解字》云：「𨑒，古之遒人，以木鐸記詩言。」《左傳・襄公十四年》杜預注：「遒人，行人之官也。木鐸，木舌金鈴。徇於路，求歌謠之言。」故孟子認為，自採詩制度廢弛而詩歌亡佚，《春秋》之作則取而代之矣。王者，指堯、舜、禹、湯、周文王、周武王之類聖王。❷乘　春秋時晉國史書的名稱。《孟子・離婁下》孫奭疏云：「以其所載以田賦乘馬之事，故以因名為乘也。」朱熹注：「或曰，取記載當時行事而名之也。」❸檮杌　春秋時楚國史書的名稱。❹春秋　指春秋時魯國史書的名稱。❺一同　一；同類。❻因　沿襲。❼舊故　原來；舊有。❽深美　深奧美妙。❾春者歲之始　指春天裡莊稼開始生長。歲，年成。

⑩秋者其終　指秋天裡莊稼成熟了。終，成。⑪奉始養終　有始有終；概括始終。⑫上　指帝王。⑬下　指臣子。⑭書　記錄。⑮授事相實　根據事實；從實際情況出發。⑯依違　模稜兩可；沒有根據。⑰作意　故意；隨心所欲。⑱有　通「又」。⑲朔　陰曆每月初一。⑳不書日　不寫明紀日的干支。㉑官　指史官。㉒縣官　天子。此指漢代皇帝。㉓公羊　指公羊高。相傳為《春秋公羊傳》的作者。㉔穀梁　指穀梁赤。相傳為《春秋穀梁傳》的作者。㉕輒為意使　往往是故意這樣做的。

【語　譯】孟子說：「聖王採詩制度廢弛而詩就亡佚了，詩亡佚然後《春秋》之作興盛了。晉國的《乘》，楚國的《檮杌》，魯國的《春秋》，都是一類啊。」按照孟子的說法，《春秋》，是魯國史記的名稱，與《乘》、《檮杌》是一樣的。孔子沿襲舊有的書名，用來稱《春秋》這部經書，不一定有什麼奇異的解釋和深奧美妙的道理。現在俗儒解釋《春秋》說：「春是指莊稼開始生長，秋是指莊稼已經成熟。《春秋》這部經書，可以概括始終，所以稱為《春秋》。」《春秋》這部經書與《尚書》有什麼不同？解釋《尚書》的人，把它看作是上古帝王的書，有人認為是帝王做的事而由臣子記錄成書的，根據事實而取名，不是沒有事實依據，隨心所欲而見奇的。解釋《尚書》的人能符合這部經書的實際情況，而解釋《春秋》的人卻不符合孔子的意思了。《春秋左氏傳》說：「魯桓公十七年冬十月初一，有日蝕出現。不寫明紀日的干支，這是史官的失職啊。」說「史官失職」這句話，大概是合乎實際的。史官記事，如同現在記載漢代皇帝言行的書一樣，其年月因為還比較大而難以遺漏，日子則因為小而容易被忘掉。因為記錄歷史事實是以勸善懲惡為主要內容的，而不在意事情發生的具體時間。譬如《公羊傳》、《穀梁傳》，時間沒有具備，往往是作者有意這樣做的。本來很平常的事，卻做出怪異的解釋；本來是直截了當的記載，卻增添許多曲折複雜的意思，這不是孔子的思想。《春秋》實際上是說到冬天和夏天的事情的，書中之所以不提冬、夏二字，也與不寫明日子、月份一樣，是屬於同樣一回事啊。

唐、虞、夏、殷、周者，土地之名。堯以唐❶侯嗣位❷，舜從虞❸地得達❹，禹由夏❺而起❻，湯因❼殷❽而興，武王階❾周❿而伐⓫，皆本所興昌之地，重本不忘始，故以為號，若人之有姓矣。說《尚書》謂之有天下之代號唐、虞、夏、殷、周者，功德之名，盛隆之意也。故唐⓬之為言，蕩蕩⓭也；虞⓮者，樂也；夏⓯者，大也；殷⓰者，中也；周⓱者，至也。堯則蕩蕩民無能名⓲；舜則天下虞樂；禹承二帝之業，使道尚蕩蕩，民無能名；殷則道得中；周武則功德無不至。其立義美也，其褒⓳五家⓴大矣，然而違其正實，失其初意。唐、虞、夏、殷、周猶秦之為秦，漢之為漢。秦起於秦㉑，漢興於漢中㉒，故曰秦、漢。猶王莽從新都㉓侯起，故曰亡新㉔。使秦、漢在經傳之上，說者將復為秦、漢作道德之說矣。

【章旨】此章駁正說《尚書》者關於唐、虞、夏、殷、周為「功德之名，盛隆之意」之說。

【注釋】❶唐　古地名。在今山西臨汾西南，相傳為堯的封地。❷嗣位　繼承帝位。❸虞　古地名。在今山西永濟西的蒲州鎮，相傳為舜先祖的封地。❹達　顯達。此指成為帝王。❺夏　古地名。相傳為禹最早的封地。❻起　興起。❼因　由。❽殷　古都名。在今河南偃師西部。❾階　憑藉。❿周　古地名。在今陝西岐山縣東北，曾為周文王先祖居地。⓫伐　建立功業。⓬唐　空闊；無邊無際。⓭蕩蕩　形容浩大無邊。⓮虞　通「娛」。安樂。⓯夏　大。《書・舜典》孔穎達疏：「夏訓大也，中國有文章光華禮義之大。」⓰殷　中；適當。⓱周　至；極。⓲名　形容；稱贊。⓳褒　贊揚。⓴五家　指唐、虞、夏、殷、周五代。㉑秦　古地名。即秦城、秦亭，在今甘肅清水縣東北，秦代先祖非子曾封於此地。㉒漢中　郡名。在今陝西西南部。㉓新都　古地名。在今河南新野東部，是王莽的封地。㉔亡新　指被滅亡的新朝。新，王莽篡漢後的國號，建都長安。

【語譯】唐、虞、夏、殷、周，都是土地的名稱。堯以唐侯身分繼承帝位，舜從虞地得以成為帝王，禹由夏這個地方興起，成湯由殷都而興盛，周武王憑藉周這塊土地而建立功業，都是原先所興起昌盛的地方，尊重根本，不忘開始崛起之地，故把這些地名作為朝代的名號，好像人人都有自己的姓氏一樣。解釋《尚書》的人說這些擁有天下的朝代號為唐、虞、夏、殷、周，是表示功德的名稱，含有興盛昌隆的意義。因此說「唐」這個字的意思，是形容功德浩大無邊；「虞」這個字的意思，是安樂；「殷」這個字，是適中，恰當；「周」這個字，是周到，功德無所不至的意思。堯在位時，功德浩蕩，老百姓不能用語言來形容；舜在位時，天下百姓安居樂業；禹繼承二位先帝的事業，使先王之道得到發揚光大，浩蕩無邊，老百姓無法用言語形容；成湯崛起於殷，奉行先王之道也能恰如其分；周武王治理天下，功德無所不至。這種對唐、虞、夏、殷、周朝代名號的解釋也夠美好了，對唐堯、虞舜、夏禹、成湯、周等五代的贊揚也夠高了，但是違背了它們的真正實際，不符合它們最初的本意。唐、虞、夏、殷、周，如同秦朝稱為「秦」，漢朝稱為「漢」一樣。秦王朝興起於秦地，漢王朝興起於漢中，所以朝代的名號叫做「秦」、「漢」。好像王莽從新都崛起，因此稱作被滅亡了的「新朝」一樣。假如秦、漢的名號也出現在經傳之上，解釋的人又將會替「秦」、「漢」的名稱作出道德上的解釋了。

堯老求禪，四嶽舉舜。堯曰：「我其試哉！」❶說《尚書》者曰：「試者，用也；我其用之為天子也。」文❷為天子也。文又曰：「『女於時，觀厥刑於二女❸。』觀者，觀示虞舜於天下，不謂堯自觀之也。」若此者，高大❹堯、舜，以為聖人相見已審❺，不須觀試，精❻耀相炤❼，曠然❽相信。又曰：「『四門穆穆，入于大麓，烈風雷雨不迷⑨。』言大麓，三公⑩之位也。居一公之位，大總錄⑪二公之事，眾多並吉，若疾風大雨。」夫聖人才高，未必相知也。成事，舜難知佞，使皋陶陳⑫知人⑬之法。佞難知，聖亦難別。堯之才，猶舜之知⑭也。舜知佞，堯知聖。堯聞舜賢，四嶽舉之，心知其奇⑮，而未必知其能⑯，故言「我其試哉」。試之於職，妻⑰以二女，觀其夫婦之法，職治修⑱而不廢，夫道正而不僻⑲。復令入大麓之野，而觀其聖，逢烈風疾雨，終不迷惑。堯乃知其聖，授以天下。夫文言「觀」、「試」，觀試其才也。說家以為譬喻增飾⑳，使事失正是㉑，滅而不存；曲折失意，使偽說傳而不絕。造㉒說之傳，失之久矣。後生精㉓者，苟欲明經㉔，不原實；而原之者，亦校㉕古隨舊，重是之文㉖，以為說證。經之傳不可從，五經皆多失實之說。《尚書》、《春秋》，行事㉗成文㉘，較著可見，故頗㉙獨論。

【章旨】此章以《尚書》為例，指出「五經皆多失實之說」。

【注釋】❶堯老求禪四句　見《尚書．堯典》。禪，禪讓；以帝位讓人。四嶽，東南西北四方諸侯的首領。舉，推舉。其，表擬議語氣。相當於「姑且」之意。❷文　指《尚書》中的文字記載。❸女於時二句　見《尚書．堯典》。女，嫁女於人。時，通「是」。此，指舜。厥，代詞。其；他的。刑，通「型」。示範。❹高大　使之形象高大。❺審　明白；清楚。❻精　指日月之光。《呂氏春秋．圜道》：「精行四時。」高誘注云：「精，日月之光明也。」❼炤　同「照」。❽曠然　坦然。❾四門

穆穆三句　見《尚書・舜典》。穆穆，形容恭敬的樣子。大麓，深山老林。❿三公　太師、太傅、太保。泛指輔佐天子的最高官吏。⓫大總錄　總攬。⓬陳　陳述。⓭知人　識別賢人、佞人。⓮知　通「智」。⓯奇　罕見；傑出。⓰能　管理國家的能力。⓱妻　以女嫁人。⓲修　善。⓳僻　邪。⓴增飾　渲染。㉑正是　真象。㉒造　偽造。㉓精　精明能幹。㉔明經　講明經書。㉕校　考核；對照。㉖重是之文　重複這樣的文字。是，此；這。㉗行事　已有的事例。㉘成文　現存的文字。㉙頗　略微。

【語　譯】堯年老了，尋求能夠繼承帝位的人，四方諸侯首領一致推舉舜。堯說：「我姑且試試看吧！」解釋《尚書》的人說：「試，就是用啊；我姑且任用舜為天子吧。」《尚書》中的文字記載是堯讓舜試做天子的。《尚書》又記載說：「『堯把女兒嫁給舜，觀察他對待二女的治家情況。』所謂觀察，就是把舜放在天下人面前，大家來考察，不是說堯自己一個人去觀察他。」這樣說的目的，是為了使堯、舜的形象更高大，認為聖人相互了解已經很清楚，不須再觀察試用，就像日月之光互相照耀一樣，坦然互相信任。又說：「『都門四開，堯讓舜去迎候四方諸侯，態度十分恭敬嚴肅，讓他進入深山老林，即使遇到狂風暴雨也不迷路。』解釋《尚書》的人說『大麓』，是指太師、太傅、太保三公輔佐天子的最高官位。身居一公之位，總攬其他二公的事務，事情雖多，處理得都很吉利，就如同遇上狂風暴雨不迷路一樣。」聖人才能高超，不一定互相了解。已有的事例，舜也難以識別花言巧語、諂媚奉承的人，曾讓皋陶陳述識別賢人與佞人的方法。佞人難於識別，聖人也難以辨別。堯的才能，如同舜的智慧一樣。舜識別佞人的能力，就如同堯辨別聖人的能力一樣。堯聽說舜是賢人，四方諸侯的首領推舉他為繼承人，心中就知道他是傑出的人才，但未必知道他管理國家的實際能力，所以說「我姑且試試看吧！」堯在職務工作方面去試看舜，又把兩個女兒嫁給他，觀察他在處理夫婦關係方面所遵循的規則，結果是他職務上治理得很好而不鬆懈，做丈夫的行為端正而不邪。堯又令他進入深山老林之中，以觀察他的聖明，結果舜遇上狂風暴雨，始終不會被迷惑。堯這才知道舜是聖人，於是把天下交給他。《尚書》中記載說「觀」、「試」，是觀察試探舜的才能啊。解釋經書的人把它當作比喻和渲染的話，使得事實失去了真象，事實的真象被掩滅不存在了；事實被歪曲，失去了原意，使偽說得以流傳而沒有絕滅。偽說的流傳，使真象失去很久了。精明能幹的後生，如果想通曉經書，不注重訓詁和考查史實，是根本不行的；而即使是考察本原的人，也只是用古人的說法加以對照，追隨陳舊的解釋罷了，重複這樣的文字，把它當作自己議論的證據。經書的解釋不可以聽從，五經都有許多不符合事實的說法。《尚書》、《春秋》，已有的事例和現存的文字，比較明顯地可以看見其中不符合事實的說法，因此單獨對它們略微作一番評論。

書解篇第八十二

【題解】本篇題為〈書解〉，「書」指儒家經書以外的諸子百家之作，以其「失經之實，傳違聖人之質」，而被尊孔讀經者斥為「於世無補」的「玉屑」，故此「解」有辯解之意。王充不滿於「罷黜百家，獨尊儒術」，更反對「五經」獨尊的學術局面。他認為經書多「虛說」，而諸子百家之述多「實篇」，針鋒相對地說：「書亦為本，經亦為末，末失事實，本得道質。」並指出：「知屋漏者在宇下，知政失者在草野，知經誤者在諸子。」這些觀點，已足見其為諸子百家之述辯解的學術立場。

通篇採用對答形式，一問一答，論題集中，富有針對性和論辯色彩。

或曰：「士之論高[1]，何必以[2]文[3]？」

答曰：夫人有文質乃成。物有華[4]而不實[5]，有實而不華者。《易》曰：「聖人之情見於辭[6]。」出口為言，集扎[7]為文，文辭施設[8]，實情敷烈[9]。夫文德[10]，世服也。空書為文，實行為德，著[11]之於衣為服。故曰：德彌[12]盛者文彌縟[13]，德彌彰[14]者文彌明。大人[15]德擴[16]，其文炳[17]；小人德熾[18]，其文斑[19]。官尊而文繁，德高而文積[20]。華而睆[21]者，大夫之簀[22]，曾子寢疾[23]，命元起易[24]。由此言之，衣服以品[25]賢，賢以[26]文為差。愚傑不別，須文以立折[27]。非惟於人，物亦咸然[28]。

龍鱗有文，於蛇為神㉙；鳳羽五色，於鳥為君㉚；虎猛，毛蚡蝓㉛；龜知㉜，背負文㉝。四者體不質㉞，於物為聖賢。且夫山無林，則為土山；地無毛，則為瀉土㉟；人無文，則為僕㊱人。土山無麋鹿，瀉土無五穀，人無文德不為聖賢。上天多文㊲，而后土㊳多理㊴，二氣㊵協和，聖賢稟受，法象㊶本類㊷，故多文彩。瑞應㊸符命㊹，莫非文者。晉唐叔虞㊺，魯成季友㊻，惠公夫人號曰仲子㊼，生而怪奇，文在其手。張良當貴，出與神會㊽，老父授書，卒㊾封留侯。河神，故出圖；洛靈，故出書。竹帛㊿所記怪奇之物，不出潢洿(51)。物以文為表，人以文為基。棘子成(52)欲彌(53)文(54)，子貢譏之。謂文不足奇者，子成之徒也。

【章旨】此章為文彩一辯，謂「物以文為表，人以文為基」。

【注釋】❶論高　見解高明。❷以　憑藉；依靠。❸文　文采。❹華　同「花」。開花。❺實　結果。❻聖人之情見於辭　見《周易・繫辭下》。見，同「現」。❼扎　同「札」。古代寫字用的竹簡或木簡。❽施設　陳列；擺設出來。❾敷列　充分表達出來。敷，布；陳列。烈，通「列」。羅列。❿文德　指體現德行的文彩。即禮義規定的文飾、服飾。⓫著　附著；裝飾。⓬彌　越；更加。⓭縟　繁；多彩。⓮彰　明顯。⓯大人　地位尊貴的人。⓰擴　充；盈。⓱炳　鮮明。⓲熾　盛。⓳斑　華麗；斑爛。⓴積　厚；盛。㉑睆　光滑。㉒簀　蓆子。㉓寢疾　病重臥床不起。㉔命元起易　《禮記・檀弓上》記載，曾子臨死前睡在季孫氏賞給他的蓆子上，一個伺候他的童子說：「多麼華麗的蓆子，這是只有大夫才能享用的啊！」曾參聽後，認為自己不是大夫，就叫曾元把它換掉。剛換過，還沒有躺好，曾參就去世了。元，指曾元。曾參之子。易，更換。㉕品　區分。㉖以　用；根據。㉗折　判斷；區別。㉘咸然　都是這樣。㉙神　神物。㉚君　首領。㉛蚡蝓　同「紛綸」。花紋很多的樣子。㉜知　通「智」。㉝文　花紋。㉞不質　華麗；不樸素。㉟潟土　不生長草木的鹽碱地。㊱僕　通「樸」。未經加工的木材。本書〈量知篇〉云：「無刀斧之斷者謂之樸。」引申為不成器的東西。㊲文　指日、月、星辰等。㊳后土　大地。㊴理　紋理。此指山川陵谷等。㊵二氣　指陰陽二氣。㊶法象　效法；仿效。㊷本類　指天地。㊸瑞應　祥瑞。㊹符命　指君主或帝王得到天命的憑證。㊺晉唐叔虞　周武王之子。生下來時手上有「虞」字樣，故名「虞」，封於唐，後因唐改晉，故稱為「晉唐叔虞」。見《左傳・昭公元年》。㊻魯成季友　魯桓公的小兒子。因出生時手上有「友」字樣，故名友，字成季。見《左傳・昭公三十二年》。㊼仲子　即宋仲子。春秋時宋武公之女，因出生時手上有「為魯夫人」字樣，故後來嫁給了魯惠公。見《左傳・隱公元年》。㊽會　約會；見面。㊾卒　終於。㊿竹帛　古代用於書寫的竹簡和絲織品。此泛指書籍。(51)潢洿　小水坑。洿，同「汙」。(52)棘子成　人名。衛國大夫。(53)彌　通「弭」。止；取消。(54)文　此指禮節儀式。

【語　譯】 有人說：「士大夫的見解高明，為什麼一定要依靠文采呢？」

王充回答說：人要具備文、質兩個方面才算完美。植物有光開花而不結果實的，也有只結果實而不開花的。《周易》說：「聖人的情感通過文辭表達出來。」說出口的話就是言語，把寫在簡上的辭句編在一起就成為一篇文章，文辭寫出來了，真情實感也就充分表達出來了。按禮儀規定能體現德行的文飾，主要表現在世人所穿的衣服上。只見諸文字為「文」，實際去做的為「德」，裝飾在衣服上為「服」。所以說：德越高的享用的文飾越多彩，德越明顯的享用的文飾越鮮明。官大位尊的人德行充足，文飾就鮮明；地位低下的人德盛，他的文飾就顯得五花八門。官尊而文繁，德高而文盛。華麗而光滑的，是大夫享用的蓆子，曾參病重臥床不起，發現自己享用的是季孫氏賞給的蓆子，就趕忙叫曾元把蓆子換掉，剛換過還沒有躺好，曾參就死了。由此說來，衣服可以用來區分賢人，賢人是以文采多少來區分高下的。愚蠢和俊傑不能分別，必須以文采來判斷。不僅對於人類，萬物也都是這樣。龍鱗有花紋，在蛇類中是神物；鳳毛有五色，在鳥類中是首領。勇猛的老虎，往往毛色的花紋很多；有智慧的龜甲，往往背上帶有花紋。這四種動物的形體都很華麗，在動物之中是聖賢。況且山上沒有樹林，就是土山；地面上沒有生長草，就是不生草木的鹽碱地；一個人沒有文采，就是不成器的東西。土山上不可能有麋鹿，鹽碱地裡不可能生長五穀，人沒有能體現德行的文采就不可能成為聖賢。上天有眾多的星辰而大地也有山陵川谷等，陰陽二氣協調和諧，聖賢稟承二氣，仿效天地，所以多文采。祥瑞符命，沒有一種不具文采的。晉唐叔虞，魯成季友，魯惠公夫人名叫仲子，他們出生時都令人感到奇怪，都有相關的文字印在手上。張良命中注定富貴，外出時與石頭變的老人相會，老父送給他一部《太公兵法》，終於被劉邦封為留侯。黃河之神，因此獻出河圖；洛水之靈，因此獻出洛書。書籍所記載的一切怪異奇譎之物，都不出於小小的汙水坑之中。萬物以文采為外表，人則以文采為基本形態。棘子成想取消禮節儀式，子貢曾譏笑他，說如果把皮毛去掉，虎豹皮和犬羊皮就無法區分了。認為文采不足為奇的人，就如同棘子成之輩一樣可笑。

著作者為文儒❶，說經者為世儒❷。二儒在世，未知何者為優。或曰：「文儒不若世儒。世儒說聖人之經，解賢者之傳，義理廣博，無不實見，故在官常位；位最尊者為博士，門徒聚眾，招會千里，身雖死亡，學傳於後。文儒為華淫❸之說，於世無補，故無常官，弟子門徒不見一人，身死之後，莫有紹傳❹。此其所以不如世儒者也。」

答曰：不然。夫文儒、世儒說聖情，共起並驗，俱追聖人。事殊而務同❺，言異而義鈞❻。何以謂之文儒之說無補於世？世儒業易為，故世人學之多；非事❼可析第❽，故官廷設其位。文儒之業，卓絕不循❾，人寡❿其書，業雖不講，門雖無人，書文奇偉，世人亦傳。彼⓫虛說⓬，此⓭實篇⓮。折累⓯二者，孰⓰者為賢？

案⑰古俊乂⑱著作辭說，自用其業，自明⑲於世。世儒當時尊，不遭文儒之書，其迹不傳。周公制禮樂，名垂⑳而不滅。孔子作《春秋》，聞㉑傳而不絕。周公、孔子，難以論言。漢世文章之徒，陸賈、司馬遷、劉子政、楊子雲，其材能若奇，其稱㉒不由人。世傳《詩》家魯申公㉓，《書》家千乘㉔歐陽㉕、公孫㉖，不遭太史公，世人不聞。夫以業自顯，孰與須人乃顯？夫能紀百人，孰與廑㉗能顯其名？

【章　旨】此章為「文儒」一辯，駁「文儒不若世儒」之說。

【注　釋】❶文儒　指學識淵博、能著書立說的儒生。❷世儒　指從事今文經學的儒生。❸華淫　華而不實。淫，過分。❹紹傳　繼承。❺務同　指勉力從事的精神是相同的。❻鈞　通「均」。相同。❼非事　不急之務；平常之事。❽析第　區分等級高下。❾卓絕不循　卓越非凡，不循故常。❿寡　少。⓫彼　指世儒。⓬虛說　虛妄無稽的言論。⓭此　指文儒。⓮實篇　內容充實的文章。⓯累　重疊；比較。⓰孰　誰；哪一個。⓱案　考察。⓲俊乂　一作「俊艾」。賢能的人。⓳自明　自己出名。明，顯明。指出名。⓴垂　流傳。㉑聞　名聲。㉒稱　名聲。㉓申公　指申培。又名申培公，魯人，漢文帝時任博士。所注釋之《詩》，史稱之為《魯詩》。㉔千乘　郡名。在今山東高青高苑鎮北。㉕歐陽　歐陽生。西漢千乘人，字和伯，精通《尚書》。㉖公孫　可能指公孫弘。但公孫通曉《春秋公羊傳》，而非《尚書》。故「公孫」前疑有脫文。㉗廑　通「僅」。《漢書・賈誼傳》：「其次廑得舍人。」顏師古注：「『廑』與『僅』同。」《增韻》：「纔也。」

【語　譯】著書立說的人為文儒，解釋經書的人為世儒。二種儒生在當世，不知哪一種為優秀。有的人說：「文儒不如世儒。因為世儒解釋聖人的經書，講解賢人的傳書，廣博的義理，沒有不能真實地表達出來的，所以經常處在固定的官位上；官位最尊貴的為博士，聚集了很多學生，招引和會集千里學人，自己即使死亡了，而學問流傳到後人。文儒發表華而不實的議論，對社會沒有什麼補益，所以沒有固定的官位，弟子門徒沒有看見一人，自己死了之後，沒有人繼承他的學業。這些就是文儒不如世儒的原因啊。」

王充回答說：不是這樣。文儒、世儒解釋聖人的事情，都出於同一個動機，同樣有效驗，都是追隨聖人之道。做的事不同而勉力從事這一點精神卻是相同的，說的話不一樣而義理卻是相同的。怎麼能說文儒的議論對社會沒有補益呢？世儒的學問容易做，所以世人學的多；平常的事情可以分出高下來，所以官府、朝廷設立了這種官位。文儒的學業，卓絕非凡，不循故常，人們很少能看他們的書，他們的學業雖然沒有用來直接傳授學生，門下雖然沒有弟子，但他們的著作文章雄偉奇絕，世人也同樣傳播著。世儒傳授的是虛妄無稽的言論，文儒寫的是內容充實的篇章。反轉來比較二種儒生，哪一個更為賢能呢？考察古代賢能之士的著書立說，往往自己致力於自己的學業，自己在世上出名。世儒當時雖然地位尊貴，如果不是文儒的著作把他寫進去，世儒的事蹟就不可能流傳下去。周公制定禮樂，他的名字流傳於世而不可泯滅。孔子作《春秋》，他的名聲流傳於世而不可滅絕。周公、孔子是少有的聖人，當然很難用他們作例子來論證我的觀點。漢代寫文章的人，陸賈、司馬遷、劉子政、揚子雲，他們的才能好像奇人一樣，他們的聲譽不是靠別人得來的。世上流傳的《詩經》注釋家魯人申培公，《尚書》注釋家千乘郡人歐陽生、公孫弘，如果不被太史公司馬遷寫進《史記》之中，世人就不可能知道他們的名字。憑藉自己的學業而出名的人，與必須依賴別人的經書才能出名的人相比，哪一個更好呢？能夠記載一百人的事蹟而使他們出名的人，與僅僅能使自己出名的人相比，哪一個更高明呢？

或曰：「著作者，思慮間❶也，未必材知❷出❸異人❹也。居不幽，思不至。使著作之人，總❺眾事之凡❻，典❼國境之職，汲汲❽忙忙，何暇❾著作？試使❿庸人積閑暇之思，亦能成⓫篇八十數⓬。文王日昃不暇食⓭，周公一沐三握髮⓮，何暇優游⑮為麗美之文於筆札？孔子作《春秋》，不用於周也。司馬長卿不預⑯公卿⑰之事，故能作〈子虛〉之賦。楊子雲存⑱中郎⑲之官，故能成《太玄經》，就⑳《法言》。使孔子得王，《春秋》不作；長卿、子雲為相，賦㉑、《玄》㉒不工㉓籍㉔。」

答曰：文王日昃不暇食，此謂㉕演㉖《易》而益㉗卦。周公一沐三握髮，為周改法而制。周道㉘不弊㉙，孔子不作，休思慮間也，周法闊疏㉚，不可因㉛也。夫稟天地之文，發於胸臆㉜，豈為間作不暇日㉝哉？感偽起妄，源流氣烝。管仲相桓公，致於九合㉞；商鞅相孝公，為秦開帝業。然而二子之書㉟，篇章數十。長卿、子雲，二子之倫㊱也。俱感，故才併㊲；才同，故業鈞㊳。皆士㊴而各著，不以思慮間也。問事彌多而見彌博，官㊵彌劇㊶而識彌泥㊷。居不幽則思不至，思不至則筆不利。嚚㊸頑㊹之人，有幽室之思，雖無憂，不能著㊺一字。蓋人材有能，無有不暇。有無材而不能思，無有知而不能著。有鴻㊻材欲作而無起，細知㊼以問而能記。蓋奇有無所因，無有不能言，兩有無所睹，無不暇造作。

【章旨】此章為著作者一辯，駁所謂著書立說者僅有閒暇而「未必材知出異人」之論。

【注釋】❶間 同「閒」。閒暇；空閒。❷知 通「智」。❸出 超出；出眾。❹異人 不同於一般人。❺總 總攬。❻凡 大要；要領。❼典 掌管。❽汲汲 忙碌的樣子。❾暇 空閒。❿使 讓。⓫成 寫成。⓬八十數 暗指《論衡》一書。⓭文

王曰昃不暇食　見《尚書・無逸》。日昃，亦作「日仄」、「日側」。太陽偏西。不暇食，沒有工夫吃飯。⑭周公一沐三握髮　見《史記・魯周公世家》。沐，洗頭髮。⑮優游　悠閒自在的樣子。⑯預　參預。⑰公卿　三公九卿。泛指高級官吏。⑱存留。⑲中郎　皇帝的侍從官。⑳就　成就；完成。㉑賦　指〈子虛賦〉。㉒玄　指《太玄經》。㉓工　巧。㉔籍　籍籍。繁盛之貌，指有文采。㉕謂　通「為」。㉖演　推演；發展。㉗益　增益。㉘周道　指周代的禮儀制度。㉙弊　敗壞。㉚闊疏　粗略；不周密。㉛因　因襲；沿用。㉜胸臆　內心。㉝不暇日　不荒廢日月。㉞九合　多次召集諸侯開會結盟。九，言其次數之多。㉟二子之書　指《管子》和《商君書》。為後人編輯而成。㊱倫　輩。㊲併　並列；不相上下。㊳鈞　通「均」。相同。㊴士　通「仕」。當官。㊵官　職務。㊶劇　繁忙。㊷泥　固執；堅定。㊸嚚　頑固。㊹頑　愚笨。㊺著　寫作。㊻鴻　大；傑出。㊼細知　小智。知，通「智」。

【語譯】有的人說：「從事著述的人，只是有空閒時間思考問題，未必是才能智慧出眾，不同於一般人。居住環境不幽靜，文章的思路就不可能到來。讓從事著述的人，總攬許多事務的要領，掌管國內的職務，忙忙碌碌，還有什麼空閒時間去從事著述呢？試讓一個平庸的人把空閒時的思慮集中起來，也能寫成八十多篇文章。周文王忙於國家大事，太陽偏西了還沒有工夫吃飯，周公忙於接見士人，洗一次頭髮都要中斷三次，他們有什麼空閒時間悠閒自在地把美麗的文字寫在自己的文章之中呢？孔子作《春秋》，是因為自己沒有被周天子重用啊。司馬相如沒有參預三公九卿的事務，所以能夠寫出〈子虛賦〉。揚雄因為當了中郎這一閒官，所以能寫出《太玄經》，完成《法言》一書的寫作任務。如果孔子能當上君王，《春秋》一書就不能寫作的；司馬相如、揚雄如果當上丞相，〈子虛賦〉、《太玄經》就不可能寫得這樣工巧富有文采了。」

王充回答說：周文王在太陽偏西時還沒有工夫吃飯，這是為了發展《周易》而把八卦增益成六十四卦。周公一沐三握髮，是因為忙於替周朝改訂法度而制禮作樂的緣故。周代的禮儀制度不敗壞，孔子就不會寫《春秋》，不是因為他有空閒時間來思考啊，而是因為周代的禮制已經不周密完備，不可以再沿用了。稟承天地的文章，發自於內心，哪裡是由於人閒著沒事而寫作以免荒廢日月呢？而是因為痛感虛妄之說，就像水源外流、熱氣蒸騰一樣，非寫不可啊。管仲輔佐齊桓公，多次召集諸侯會盟；商鞅輔佐秦孝公，為秦國開創帝王之業。

但是他們二人的著述，篇章數十。司馬相如、揚雄，二人之輩，都有所感觸，因而表現出來的文學才華不相上下；由於才華相同，所以文學成就也相同。都在當官而又各自著書立說，並不是因為他們思考問題有空閒時間啊。過問的事情越多而見識也就越廣博，職務越繁忙而主見也就越堅定。如果說居住的環境不幽靜就會造成文思不至，文思不至就會使文筆不流利的話，那麼頑固愚笨的人，有幽靜的房子供他思考，雖然無憂無慮，還是寫不出一個字來。大概人才有能與不能，不在於有沒有閒暇。有沒有才智而不能思考的人，沒有有才智而不能寫作的人。有才高又想寫作而缺乏感觸的人，也有才智低下而因為勤學好問反而能記錄成文的人。大概奇才有無從下筆的，沒有不能寫的，大材和小智兩者有看不到的，沒有缺乏工夫進行寫作的。

或曰：「凡作者精思已極❶，居位不能領職。蓋人思有所倚著❷，則精❸所盡索❹。著作之人，書言通奇❺，其材已極，其知❻已罷❼。索古作書者，多位布散❽槃❾解❿；輔傾寧危，非著作之人所能為也。夫有所偏⓫，有所泥⓬，則有所自，篇章數百。呂不韋作《春秋》，舉家⓭徙⓮蜀；淮南王作道書⓯，禍至滅族；韓非著治術⓰，身下秦獄⓱。身且不全⓲，安能輔⓳國？夫有長於彼，安能不短於此？深⓴於作文，安能不淺㉑於政治？」

答曰：人有所優，固㉒有所劣；人有所工，固有所拙㉓。非劣也，志意不為也；非拙也，精誠不加也。志有所存，顧㉔不見泰山；思有所至，有身不暇徇㉕也。稱干將之利㉖，刺則不能擊㉗，擊則不能刺；非刃不利，不能一旦㉘二也。蚌彈[29]雀則失鵝[30]，射鵲則失雁；方員[31]畫不俱成，左右視不並見。人材有兩為，不能成一。使干將寡刺[32]而更[33]擊，蛢舍鵲而射雁，則下射無失矣。人委[34]其篇章，專為政治，則子產[35]、子賤[36]之迹，不足侔[37]也。古作書者，多立功不用也。管仲、晏嬰，功書[38]並作[39]。商鞅、虞卿[40]，篇治俱為。高祖既得天下，馬上之計[41]未敗[42]，陸賈造[43]《新語》[44]，高祖粗[45]納采[46]。呂氏[47]橫逆[48]，劉氏將傾，非陸賈之策，帝室不寧。蓋材知[49]無不能[50]，在所遭遇，遇亂則知立功，有起則以其材著書者也。出口為言，著文為篇。古以言為功者多，以文為敗者希[51]。呂不韋、淮南王以他為過[52]，不以書為非[53]；使客作書，不身[54]自為，如不作書，猶蒙此章章[55]之禍。人古今違[56]屬[57]，未必皆著作材知極[58]也。鄒陽舉疏[59]，免罪於梁[60]；徐樂[61]上書，身拜郎中。材能以其文為功於人，何嫌[62]不能營衛[63]其身？韓[64]蚤[65]信[66]公子非[67]，國不傾危，及非之死，李斯妬奇[68]，非以著作材極，不能復有為也。春物[69]之傷，或[70]死之也；殘物不傷，秋亦大長。假令非不死，秦未可知[71]。故才人能令其行可尊，不能使人必法[72]己；能令其言可行，不能使人必采取之矣。

【章旨】此章為作者之地位一辯。

【注　釋】❶極　盡。❷倚著　偏重。❸精　精力。❹索　竭。❺通奇　通達奇特，精深傑出。❻知　通「智」。❼罷　通「疲」。疲憊不堪；消耗殆盡。❽布散　閒散。❾槃　通「般」。快樂。❿解　通「懈」。懈怠；無所事事。⓫偪　同「逼」。催逼；推動。⓬泥　執泥；頑固。引申為堅持。⓭舉家　全家。⓮徙　遷徙。此指流放。⓯道書　指《淮南子》。⓰治術　治國之術。此指《韓非子》。⓱身下秦獄　韓非受李斯、姚賈嫉妒，被害死於秦國獄中。見《史記．老子韓非列傳》。⓲全　保全。⓳輔　輔佐。⓴深　精通；擅長。㉑淺　短。㉒固　必。㉓拙　笨拙。㉔顧　看。㉕徇　謀求。㉖利　鋒利。㉗擊　砍。㉘一旦　一時；同時。㉙彈　擊。㉚鵴　鴶鵴；布穀鳥。㉛員　通「圓」。㉜寡刺　不刺。㉝更　改為。㉞委　放棄。㉟子產　公孫僑的字。㊱子賤　虙不齊。字子賤，孔子弟子。㊲侔　等；齊；等量齊觀。㊳功書　功業和著書。㊴並作　都有作為；都有所建樹。㊵虞卿　人名。戰國時代人，著有《虞氏春秋》，已佚。㊶馬上之計　指使用武力的主張。㊷敗　壞。此指改變而言。㊸造　作。㊹新語　陸賈著。漢高祖嘗謂陸賈曰：「試為我著秦所以失天下，吾所以得之者何，及古成敗之國。」乃粗述存亡之徵以奏，高祖稱善，號其書曰《新語》。其大旨主於崇王道，黜霸術，而歸本於修身用人，凡二卷，十二篇。㊺粗　粗略；大體。㊻納采　採用。以上事見《史記．酈生陸賈列傳》。㊼呂氏　指高祖皇后呂雉及其家族呂產、呂祿之輩。㊽橫逆　橫行。指劉邦死後，呂后、呂產、呂祿之輩篡權之事。㊾材知　才智。㊿不能　不能辦到的事情。51希　稀少。52以他為過　由於別的事情犯了罪過。他，別的。53以書為非　因為著書而有罪。54身　親身。55章章　顯著。章，通「彰」。56違　錯誤；過失。此指犯罪。57屬　接連不斷。58知極　智慧用盡。59疏　奏章。60梁　指梁孝王劉武。61徐樂　人名。西漢武帝時代人，因上書武帝言政，被封為郎中。62嫌　疑。63營衛　保護。64韓　指韓國君主韓王安。65蚤　通「早」。66信　聽從。67公子非　指韓非。以其出身於韓國貴族之家而得名。68妬奇　嫉妒韓非才能出眾。69物　植物。70或　有的植物。71秦未可知　指秦王朝的前景未可預測。72法　效法。

【語　譯】有人說：「大凡著書的人精力和思慮都已經用盡，即使居於官位也不可能總領眾職。人的思想偏重在哪個方面，精力也就消耗在哪個方面。著書立說的人，寫作上精深奇特，他的才能已經用盡，他的智慧已消耗殆盡。考察古代寫書的人，大多處在閒散無事的地位；至於要輔佐將要傾覆的社稷，安定將要危亡的國家，這不是寫書作文的人所能做的事。人有所推動，有所堅持，就會有所開端，寫出百篇的文章來。呂不韋作《呂氏春秋》，全家被流放到四川去；淮南王劉安作《淮南子》，災禍至於滅族；韓非著《韓非子》，自己身陷囹圄而死在秦獄之中。自身尚且不能保全，怎麼能輔佐國家？一個人在那方面有長處，怎麼能在這方面沒有短處呢？擅長於作文章，怎麼能不短於政治呢？」

王充回答說：一個人有什麼長處，就必有什麼短處；一個人有精工的一面，就必有笨拙的一面。不是生來就有短處，而是思想上不願意去做啊；不是生來就很笨拙，而是缺乏真心誠意啊。心裡想到別的什麼，即使是泰山也會看不見；思想上考慮別的什麼，即使有什麼謀求的東西也會身不由己。贊賞干將的鋒利，刺就不能砍，砍就不能刺，這不是因為刀刃不鋒利，而是一把寶劍不能同時起兩種作用啊。用蚶擊山雀就失掉了布轂鳥，射鵲則失掉了雁；方和圓不可能同時畫成，一雙眼睛同時向左右看不可能都看得見，人同時做兩件事，也許一件事都不能成功。假如不用干將來刺而改為砍，蚶捨棄射鵲而改為射雁，那麼砍下、射中就不會失誤了。人一旦放棄他的寫作，專門從事政治，那麼子產、子賤的事蹟就不值得一比了。古代著書的人，很多是建立了功業的，只是沒有被重用啊。管仲、晏嬰，功業和著書都有所建樹。商鞅、虞卿，既寫文章又從事政治。漢高祖已經取得天下，而使用武力治天下的主張沒有改變，陸賈撰寫《新語》，漢高祖大體上採用陸賈的建議。呂氏橫行專權，漢王朝將要滅亡之際，不是陸賈的策略，漢王朝就不可能安寧了。有才能智慧的人就沒有辦不到的事，關鍵在於遭遇的是什麼，遇到亂世就憑藉自己的才智建立功業，有所感觸就憑著自己的才能著書立說。出口為言語，著文為篇章。古代因為發表言論而建立功業的人多，而因寫文章而家破人亡的人少。呂不韋、淮南王是因為別的事情犯罪的，不是因為著書作文而有罪的；他們都指使門客寫書，不親自去撰寫書，即使不著書，也還是要蒙受這種顯著的災禍的。古往今來，人們犯罪接連不斷，未必都是在寫作上才能智慧用盡的人。鄒陽在獄中上書，被梁孝王劉武赦免了罪行；徐樂向漢武帝上書言政，被任命為皇帝的侍從。憑藉才能因為寫文章而建立功業於人，為什麼懷疑寫文章的人不能保護自身生命呢？韓國如果早一些聽信韓非的話，國家就不會有覆滅的危險了。至於韓非之死，則是因為李斯嫉妒他才能出眾，並不是因為著書而才智用盡，不能再在政治上有所作為的緣故啊。春天植物受到傷害，有的因此而死了；而有些被殘害的植物，如果不再受傷害，到秋天也會長大成熟的。假如韓非不死，秦王朝的前景也就難以知道了。所以有才學的人能使自己的行為受到人們尊重，卻不能使別人必定要效法自己；能使自己的言論切實可行，卻不能使別人必定採納自己的主張。

或曰：「古今作者非一，各穿鑿❶失經傳之實，違聖人質，故謂之蕞殘❷，比之玉屑❸。故曰：『蕞殘滿車，不成為道；玉屑滿篋，不成為寶。』前人近聖，猶為蕞殘，況遠聖從後復重為者乎？其作必為妄，其言必不明，安可采用而施行？」

答曰：聖人作其經，賢者造其傳，述作者之意，采聖人之志，故經須傳也。俱賢所為，何以獨謂經傳是❹，他書❺記非❻？彼見經傳，傳經❼之文，經須而解，故謂之是。他書與書相違，更造端緒❽，故謂之非。若此者，韙❾是於五經。使言非五經，雖是不見❿聽。使五經從孔門出，到今常令人不缺滅，謂之純壹⓫，信之可也。今五經遭亡秦之奢侈⓬，觸李斯之橫議⓭，燔燒禁防⓮，伏生之徒，抱經深藏。漢興，收五經，經書缺滅而不明，篇章棄散而不具⓯。鼂錯之輩，各以私意，分拆文字⓰，師徒相因相授，不知何者為是。亡秦無道，敗亂之也。秦雖無道，不燔諸子。諸子尺書⓱，文篇俱在，可觀讀以正說⓲，可采掇⓳以示後人。

後人復作，猶前人之造⑳也。夫俱鴻㉑而知㉒，皆傳記㉓所稱，文義與經相薄㉔，何以獨謂文書㉕失經之實？由此言之，經缺而不完，書無佚本㉖，經有遺篇。折累㉗二者，孰與蕞殘？《易》據事象㉘，《詩》采民㉙以為篇，《樂》須㉚民歡，《禮》待民平。四經有據，篇章乃成。《尚書》、《春秋》，采掇史記㉛。史記與，無異書，以民、事一意。六經之作，皆有據。由此言之，書亦為本㉜，經亦為末㉝，末失事實，本得道質。折累二者，孰為玉屑？知屋漏者在宇㉞下，知政失者在草野㉟，知經誤者在諸子。諸子尺書，文明㊱事實㊲。說章句㊳者終不求解扣明㊴，師師相傳，初為章句者，非通覽㊵之人也。

【章旨】此章為「諸子尺書」一辯，認為「書亦為本，經亦為末」，而「知屋漏者在宇下，知政失者在草野，知經誤者在諸子」。這無疑是向經傳挑戰！

【注釋】❶穿鑿　牽強附會。❷蕞殘　支離破碎的東西。蕞，細小。❸玉屑　玉石的碎末。形容無用的東西。❹是　對。❺他書　別的書籍。❻記非　記述的是錯誤的。❼傳經　解釋經書。經，經書。❽更造端緒　猶言別創一說。端緒，頭緒。❾韙　是；對。❿見　被。⓫純壹　純粹完整。⓬奢侈　浪費；糟蹋。⓭橫議　蠻橫無理的論調。⓮禁防　指禁止儒家經書流傳。如規定「偶語詩書者棄市」之類。⓯不具　不完備。⓰分拆文字　割裂文字。指對經書進行支離破碎、牽強附會的解釋。⓱尺書　指儒家經書之外的書籍。漢人規定，經書以二尺四寸長的竹簡書寫，其他書籍用一尺二寸長的竹簡書寫，故言之為「尺書」。⓲正說　糾正言論。說，指儒家經書及其解說之文。⓳采掇　採取；拿來。⑳造　創作。㉑鴻　通「洪」。大；博學。㉒知　通「智」。㉓傳記　指史書之類。㉔相薄　不相上下。薄，迫近；接近。㉕文書　此指諸子百家的著作。㉖佚

本　散失不全的版本。㉗折累　綜合判斷。㉘事象　事物的表象。㉙采民　採集民間歌謠。㉚須　等待；依賴。㉛史記　指史官的記載。㉜本　根本。㉝末　枝節。㉞宇　屋宇；房屋。㉟草野　民間。㊱文明　文章明白。㊲事實　事情真實。㊳說章句　解釋經書的段意和字句。㊴求解扣明　為求得徹底理解而去問清楚明白。扣，通「叩」。問。㊵通覽　學識淵博，通曉古今。

【語　譯】有人說：「古往今來著書立說的人不只一個，都各自牽強附會，不符合儒家經傳的實際情況，違背了聖人的本質，所以稱之為支離破碎的東西，比作為玉石的碎末而已。因而可以說：『支離破碎的東西堆滿車子，也不能成為道；玉石的碎末裝滿箱子，也不可能成為寶。』前人接近聖人，還只是些支離破碎的東西，何況遠離聖人，跟隨前人之後又重新來寫書作文的人呢？他們的寫作必定是虛妄的，他們的言論必定是不清楚的，怎麼可以採用他們的意見而施行呢？」

王充回答說：聖人寫作自己的經書，賢人寫作自己的傳書，都是表述著作者的意見，採納聖人的思想，所以經書需要作傳加以解釋。都是賢聖所寫的書，為什麼惟獨認為經傳是對的，而別的書籍記載的不對呢？他們看見的經傳，只是解釋經書的文章，經書需要它才能解釋清楚，因此認為它是對的。別的書籍與經書相違背，別創一說，所以認為它是不對的。像這樣看來，一切以五經為是非標準了。如果所說的話不符合五經，即使完全正確也不會被人聽信。假使五經是從孔門傳出來的，傳到今天一直沒有讓人弄殘缺或弄丟失過，稱得上是純粹完整的東西，聽信它還是可以的。現在的五經受到已滅亡的秦王朝的糟蹋，碰到李斯蠻橫無理的言論的譴責，被焚燒過，禁止流傳，伏生之類儒生，抱著經書深深地藏於山林之中。漢朝興起，收集五經，許多經書已殘缺不全，文字掩滅而不明晰，篇章散佚而不完備。鼂錯之輩人，各自按照自己的意思，對經書進行支離破碎、牽強附會的解釋，師生相承相授，不知什麼說法是正確的。那個已滅亡的秦朝無視先王之道，敗壞搞亂了儒家經書的本來面貌。秦始皇雖然殘暴無道，卻沒有焚燒先秦諸子的著作。諸子百家的著作，文章都還存在，可以觀看閱讀以糾正經書及對經書的各種解釋，可以拿來給後人察看。後人重新寫書，就和前人寫作一樣。都一樣博學而有才智，都是史書所稱贊的，文章的思想內容與經書不相上下，為什麼只說諸子百家的著作不符合經書的實際呢？由此說來，經書殘缺而不完整，諸子百家的著作沒有散佚不全的，經書有遺失的篇章。綜合判斷經書與諸子百家的書籍，誰是支離破碎的東西呢？《易》是根據事物的表象寫成的，《詩》是採集民間歌謠而編成的，《樂》有賴於百姓的歡歌漫舞而成書，《禮》全靠百姓安居樂業、講究禮儀而成文。這四部經書都是有所依據，才成就這些篇章的。《尚書》、《春秋》，都是採集古代史官的記載而寫成的。史記的寫作，與諸子百家的著作沒有區別，與有賴於百姓和事象的經書的寫成是同樣的道理。六經的寫作，都有其根據。由此說來，先秦諸子的著作當作為根本，儒家經書也該是枝節了，經書違背了事實，諸子百家著作卻具有先王之道的實質。綜合判斷經書和諸子百家的著作，誰是玉石的碎末呢？知道屋漏的人在屋下，知道政治失誤的人在民間，知道儒家經傳有錯誤的人在先秦諸子之中。諸子百家的著作，文章明白，事情真實。解釋儒家經書段意字句的人始終不想求得徹底的理解而去問個明明白白，只是師承遞傳，陳陳相因。起初為經書作章句的人，不是學識淵博、通曉古今的人。

卷二九

案書篇第八十三

【題解】這是一篇書評，故以〈案書〉名篇。案書，就是給書籍作案語，評論其是非得失。

中國的書評，淵源流長。「圖書」之名，可追溯於《周易・繫辭上》所記「河出圖，洛出書」的典故，最早出現於《史記・蕭相國世家》「何獨先入，收秦丞相御史律令圖書藏之」，而泛指地圖和法令、戶籍等文書。一般認為，書評當與古代書籍的出現同步。但可以稽考者，應數《論語》所載孔子論《詩》之語。戰國時代，百家爭鳴，諸子各自對百家著述均有所評論。西漢盛極一時的今古文經學之爭，對今古文經亦有所評；而後隨著淮南王劉安〈離騷傳〉和佚名〈詩大序〉之作，書評之風日盛。特別是劉向校書而作《別錄》，劉歆進而編輯第一部圖書分類目錄《七略》，使中國書評之學初露端倪。而列專篇以〈案書〉之名作書評者，當推王充此篇為最，標誌著中國古代書評之學已趨於成熟。這就是此篇的學術價值之所在。

王充此篇對先秦以來的各家著作，分別予以粗略的評論，指陳各自的優劣高下，略述個人評論作家作品的見解，反對「珍古不貴今」，主張著書立說必須「得實」，而不要「華虛誇誕，無審察之實」；必須有益於「富民豐國，強主弱敵」，而不要「無道理之較，無益於治」；必須是非分明，論點突出，使「言無不可知，文無不可曉」，而不要自相矛盾，兩說並轉，文意難辨。本篇書評涉及的是劉向《別錄》、劉歆《七略》難以顧及的，對後世書評亦有參考意義。

儒家之宗❶，孔子也。墨家之祖❷，墨翟❸也。且案❹儒道❺傳而墨法廢者，儒之道義可為，而墨之法議❻難從也。何以驗之？墨家薄葬右❼鬼，道乖❽相反違其實，宜❾以難從也。乖違如何？使❿鬼非死人之精⓫也，右之⓬未可知。今墨家謂鬼審⓭死人之精也，厚其精而薄其屍，此於其神厚而於其體薄也。薄厚不相勝⓮，華實不相副⓯，則怒而降禍，雖右其鬼，終以死⓰恨。人情欲厚惡⓱薄，神心猶然。用墨子之法，事⓲鬼求福，福罕至而禍常來也。以一況⓳百，而墨家為法，皆若此類也。廢而不傳，蓋⓴有以㉑也。

【章　旨】此章評論墨法廢而不傳，在於「墨之法議難從」。

【注　釋】❶宗　宗師。❷祖　鼻祖。❸墨翟　春秋戰國之際著名思想家、政治家，墨家學派的創始人。墨家被《漢書・藝文志》列為「九流」之一，主張兼愛、非攻、尚賢、尚同、明鬼、節葬、節用、非樂、非命。西漢以後，統治者崇儒抑墨，墨學漸趨衰微。❹案　考察。❺儒道　儒家學說。包括五經和《論語》。❻議　通「義」。❼右　尊崇；信奉。❽乖　違背；背離。❾宜　當然。❿使　假如。⓫精　精神。⓬右之　尊奉它。⓭審　果真；確實。⓮不相勝　不相稱。⓯華實不相副　猶言表裡不一致。⓰死　指屍體。⓱惡　憎惡。⓲事　侍奉。⓳況　比況；推論。⓴蓋　恐怕；大概。㉑以　原因。

【語　譯】儒家的宗師，是孔子；墨家的鼻祖，是墨翟。考察一下儒家學說流傳下來而墨翟的主張被廢棄不用的原因，就在於儒家的學說可以做到，而墨家的主張很難順從。怎麼來證明呢？墨家主張薄葬而信奉鬼神，這個主張自相矛盾，違反事實真象，當然叫人難以順從了。怎麼樣自相矛盾，違背事實呢？如果鬼神不是人的精神，尊崇它也不會知道。現在墨家認為鬼神確實是死人的精神，尊崇死人的精神而輕視死人的屍體，這就是說對死人的精神很尊重而對死人的軀體很鄙薄啊。鄙薄的與尊崇的不相稱，表裡不一致，就會觸怒鬼神而降下災禍，即使尊崇人的鬼魂，終究因為薄待了人的屍體而被怨恨。人的感情總是希望得到尊重而憎惡別人鄙薄的，鬼神的心還是這樣的。採用墨子的主張，靠侍奉鬼神來求福，不但福佑很少到來而災禍卻經常降臨了。以一推論百事，而墨家所提出的主張，都像這種情況。可見，墨家的主張廢棄而不流傳，大概是有原因的。

《春秋左氏傳》者，蓋出孔子壁中。孝武皇帝時，魯共王壞❶孔子教授堂以為宮，得佚❷《春秋》三十篇，《左氏傳》也。公羊高、穀梁寘❸、胡母氏❹皆傳《春秋》，各門異戶，獨《左氏傳》為近得實❺。何以驗之？《禮記》造於孔子之堂❻，太史公漢之通人也，左氏之言與二書合，公羊高、穀梁寘、胡母氏不相合。又諸家❼去❽孔子遠，遠不如近，聞不如見。劉子政玩弄❾《左氏》，童僕❿妻子皆呻吟⓫之。光武皇帝之時，陳元⓬、范叔⓭上書連屬⓮，條⓯事⓰是非，《左氏》遂立。范叔尋⓱因罪罷⓲。元、叔天下極才⓳，講論是非，有餘力矣。陳元言納⓴，范叔章㉑詘㉒，《左氏》得實，明矣。言多怪㉓，頗㉔與孔子「不語怪力㉕」相違返㉖也。《呂氏春秋》亦如此焉。《國語》，《左氏》之外傳㉗也。《左氏》傳經，辭語尚略，故復㉘選錄《國語》之辭以實㉙。然則《左氏》、《國語》，世儒之實書㉚

也[30]。

【章旨】此章評論《左傳》和《國語》，認為其中雖夾雜怪誕之言，亦不失為「世儒之實書」。

【注釋】❶壞　拆毀。❷佚　失傳。❸穀梁寘　一名穀梁赤。《春秋穀梁傳》作者。❹胡母氏　指胡母子都。景帝時為博士，精通《春秋公羊傳》。❺近得實　距離《春秋》時間近，比較符合《春秋》的實際情況。❻造於孔子之堂　漢儒以為《禮記》係孔子嫡系弟子所作，其思想內容可升堂入室，故言「造於孔子之堂」。造，寫作。❼諸家　指《左傳》之外其他解釋《春秋》的各家。❽去　距離。❾玩弄　指欣賞和喜愛。❿童僕　奴僕。童，同「僮」。⓫呻吟　誦讀。⓬陳元　東漢廣信人。字長孫，少傳父業，習《左氏春秋傳》，建武初，任為郎官，以才高名世，後辟司空府，以病去官，卒於家中。⓭范叔　即范升。字辯卿，東漢代人，九歲通《論語》、《孝經》，及長習《老子》等，教授後生，光武時任議郎、博士，永平中為聊城令，坐事免職，卒於家。⓮連屬　接連不斷。⓯條　條陳；上書陳述。⓰事　指設立《左氏傳》博士官之事。⓱尋　不久。表時間副詞。⓲罷　罷官；免職。⓳極才　最上等人才。⓴納　被採納。㉑章　奏章。㉒詘　同「黜」。排斥；摒棄。㉓言多怪　指《左傳》所載很多占卜、占夢的事。㉔頗　稍微。㉕不語怪力　《論語・述而》：「子不語怪、力、亂、神。」力，暴力。㉖返　同「反」。㉗左氏之外傳　古傳《左傳》為左丘明解說《春秋》而作，又名之《春秋內傳》，《國語》為補《左傳》之不足而作，又名《春秋外傳》。㉘復　又。㉙實　充實。㉚實書　真實可靠的書籍。

【語譯】《春秋左氏傳》，大概出自於孔子壁中。漢光武帝時，魯共王拆毀孔子教授堂，把它改建成宮殿，獲得失傳的《春秋》三十篇，這就是《左氏傳》。公羊高、穀梁寘、胡母氏都傳授《春秋》，各立門戶而自成一家，只有《左氏傳》較接近孔子時代而符合《春秋》的實際情況。怎麼證明呢？《禮記》創作於孔子嫡系弟子之手，思想內容可達到升堂入室的地步，太史公司馬遷是漢代博覽群書、通曉古今的人，左氏的記載與《禮記》、《史記》二書相符合，公羊高、穀梁寘、胡母氏傳授的《春秋》與《禮記》、《史記》不相符合。又《左氏傳》之外的其他解釋《春秋》的各家，距離孔子的時代較遠，遠的不如近的，耳聞不如目見。劉子政欣賞喜愛《左氏傳》，家裡的奴僕、妻兒子女都誦讀它。漢光武帝時，陳元、范升接連不斷地上書，陳述設立

《左傳》博士官一事的是非，《左傳》博士於是設立了。范升不久因犯罪而被罷官。陳元、范升是天下最上等的人才，講論是非，力量綽綽有餘了。陳元的言論被光武帝採納了，范升的奏章卻被摒棄了。《左傳》符合《春秋》的實際情況，是很明顯的。至於《左傳》所載許多占卜、占夢的事，稍微與《論語・述而》所謂「孔子不談怪異、勇力、叛亂、鬼神」相違反的了。《呂氏春秋》也是這樣一部書。《國語》，是《左氏傳》的外傳。《左氏》傳經，辭語還比較簡略，因此又選錄有《國語》之辭來充實它的內容。這樣看來，那就可以說，《左氏傳》、《國語》，是世間儒家的兩部真實可靠的書籍啊。

公孫龍❶著〈堅白〉之論，析言剖辭，務❷折曲❸之言，無道理之較❹，無益於治。齊有三鄒子❺之書，瀇洋❻無涯，其文少驗，多驚耳之言。案大才之人，率❼多侈❽縱❾，無實是之驗；華虛誇❿誕⓫，無審察之實。商鞅相秦，作〈耕戰〉之術⓬。管仲相齊，造〈輕重〉⓭之篇。富民豐國，強主弱敵，公賞罰，與鄒衍之書⓮不可並言⓯。而太史公兩紀⓰，世人疑惑，不知所從。案張儀與蘇秦同時，蘇秦之死，儀固⓱知之。儀知秦審⓲，宜從儀言，以定其實，而說不明，兩傳⓳其文。東海⓴張商㉑亦作列傳，豈〈蘇秦〉㉒商之所為邪㉓？何文相違其也！〈三代世表〉㉔言五帝、三王皆黃帝子孫，自黃帝轉相生㉕，不更㉖稟㉗氣於天。作〈殷本紀〉，言契㉘母簡狄㉙浴於川，遇玄鳥㉚墜卵，吞之，遂生契焉。及〈周本紀〉

言后稷㉛之母姜嫄㉜野出㉝，見大人之迹㉞，履㉟之，則妊身㊱，生后稷焉。夫觀〈世表〉，則契與后稷，黃帝之孫也；讀殷、周〈本紀〉，則玄鳥、大人之精氣也。二者不可兩轉，而太史公兼紀㊲不別㊳。案帝王之妃，不宜野出，浴於川水。今言浴於川，吞玄鳥之卵；出於野，履大人之迹，違尊貴之節㊴，誤㊵是非之言也。

【章　旨】此章評論《史記》，對《史記》同時記載公孫龍、鄒衍、管子、商鞅之書及〈三代世表〉、〈殷本紀〉、〈周本紀〉之述，令「世人疑惑，不知所從」，以為不妥。

【注　釋】❶公孫龍　戰國時代著名哲學家，名家（邏輯學家）代表人物。傳說字子秉，趙國人，曾為平原君門客。著有《公孫龍子》，〈堅白〉為其中一篇。❷務　致力於。❸折曲　曲折。❹較　通「校」。考校；研討。❺三鄒子　指戰國時齊人鄒忌、鄒衍、鄒奭三人。❻瀇洋　同「瀇瀁」。漫無邊際。❼率　大都。❽侈　誇大。❾縱　放縱；狂妄。❿誇　誇張。⓫誕　荒誕；虛妄。⓬耕戰之術　指《商君書》中的〈耕戰篇〉。今本作〈農戰〉。⓭輕重　指《管子》的〈輕重篇〉。⓮鄒衍之書　據《漢書・藝文志》著錄，鄒衍著作有《鄒子》、《鄒子終始》，早已佚。⓯不可並言　不可相提並論。原文脫「不可」二字，據上下文意補。⓰兩紀　把它們記載下來。⓱固　本來。⓲審　清楚；明白。⓳兩傳　並傳。指《史記・蘇秦列傳》保存了蘇秦之死的兩種說法：一是為齊國大夫所刺死；二是私通燕國，事敗露被齊王車裂而死。⓴東海　郡名。㉑張商　「張」字疑為「馮」之誤。據《漢書・藝文志》，馮商曾奉漢成帝之命續修《史記》。馮商，字子高。西漢陽陵人，曾事劉向，受詔續《太史公書》七篇。㉒蘇秦　指《史記》中列傳名。㉓邪　同「耶」。㉔三代世表　《史記》中的篇名。㉕轉相生　輾轉相生；一代生育一代。㉖更　另外。㉗稟　承受。㉘契　傳為商朝的始祖。㉙簡狄　人名。㉚玄鳥　燕子。《詩・商頌・玄鳥》：「天命玄鳥，降而生商。」㉛后稷　傳為周朝的始祖。㉜姜嫄　人名。㉝野出　到野外去。㉞大人之迹　巨人的腳印。㉟履　踩。㊱妊身　懷孕。㊲兼紀　並記。㊳別　區分；區別。㊴節　禮節。㊵誤　惑亂；混淆。

【語　譯】公孫龍著有〈堅白論〉，分析言辭，致力於曲折之言，沒有道理的研討，對於國家之治並無補益。

齊國有鄒忌、鄒衍、鄒奭三鄒子之書，漫無邊際，他們的文章很少有證據，大多作些驚人耳目的言辭。考察那些有很大才能的人，大多數好作誇張狂妄的言辭，沒有實事求是的證據；好寫華美虛妄荒誕的文章，並不認真考察事物的實際情況。商鞅輔佐秦孝公，寫作了〈耕戰篇〉一文。管仲輔佐齊桓公，寫作了〈輕重篇〉一文。他們都主張使老百姓生活富裕起來，使國家財富豐裕起來，使軍隊強大，使敵人衰弱，使賞罰變得公平，與鄒衍的書不可以並稱於世。但太史公司馬遷卻把它們一起記載下來，使世人感到疑惑，不知所從。考察張儀與蘇秦本是同時代的人，蘇秦的死，張儀本來是知道這件事的。張儀對蘇秦的死因既然很清楚，就應當根據張儀的說法，來判斷蘇秦之死的實際情況，可是司馬遷說不清楚，就在《史記・蘇秦列傳》中把蘇秦之死的兩種說法都記載下來了。東海郡張商也曾應詔續寫《史記》，作過列傳，難道《史記》中的〈蘇秦列傳〉是張商所寫的嗎？為什麼〈蘇秦列傳〉與〈張儀列傳〉的說法互相矛盾得那樣厲害呢！〈三代世表〉說五帝、三王都是黃帝的子孫後代，自黃帝起，一代生育一代，並不是另外承受上天施放的精氣而出生的。而作〈殷本紀〉，又說契的母親簡狄在河裡洗澡，碰巧燕子飛過時掉下一顆卵，簡狄吃了這一燕子卵，就生下契來了。到〈周本紀〉又說后稷的母親姜嫄到野外去，看見巨人的足跡，踩了巨人足跡就懷孕了，生下后稷。觀看〈三代世表〉，那麼契和后稷，都是黃帝的子孫啊；讀殷、周〈本紀〉，那麼契和后稷卻是承受了燕子、巨人的精氣而出生的。這兩種說法不可以都同時記載一部書之中，而太史公司馬遷一起記載而不加以區別，以致二者互相矛盾。考察帝王的妃子，是不應該到野外去，到河水中去洗澡的。現在司馬遷說簡狄在河水中洗澡，吞吃了燕子卵；說姜嫄到野外去，踩了巨人的足跡，這就違背了作為帝王妃子的尊貴的禮節，是混淆是非的說法。

《新語》，陸賈所造，蓋董仲舒相被服❶焉，皆言君臣政治得失，言可采行，事美足觀。鴻知❷所言，參貳經傳，雖古聖之言，不能過增❸。陸賈之言，未見遺闕❹，而仲舒之言雩祭❺可以應❻天，土龍❼可以致❽雨，頗難曉❾也。夫致旱者以雩祭，不夏郊❿之祀，豈晉侯⓫之過邪？以政失道，陰陽不和也？晉廢夏郊之禮，晉侯寢疾⓬，用鄭子產之言，祀夏郊而疾愈。如審雩不修，龍不治，與晉同禍，為之可也。以政致旱，宜復以政。政虧⓭，而復修雩治龍，其何益哉！《春秋》公羊氏之說：「亢陽⓮之節⓯，足以致旱。」陰陽相渾⓰，旱湛⓱相報，天道⓲然也，何乃修雩設龍乎？雩祀，神喜哉？或雨至，亢陽不改，旱禍不除，變復之義，安所施哉？且夫寒溫與旱湛同，俱政所致，其咎⓳在人。獨為亢旱⓴求福，不為寒溫求祐㉑，未曉其故。如當復報寒溫，宜為雩、龍之事。鴻材巨識，第㉒兩疑焉。

【章旨】此章評論陸賈《新語》及其被服董仲舒的情況。

【注釋】❶相被服　如同被子、衣服緊貼在身上一樣。形容受影響之深。❷鴻知　大智。知，通「智」。才智。❸過增　有所超過和增加。❹闕　通「缺」。❺雩祭　求雨之祭。❻應　感應；感動。❼土龍　用土堆成的龍。❽致　招致。❾曉　理解。❿夏郊　相傳為夏代的一種君主祭祀。因在都城南郊祭祀天地時以夏禹之父鯀配祭，故稱。⓫晉侯　指春秋末期晉國君主晉平公。參見本書〈死偽篇〉。⓬寢疾　臥病不起。⓭政虧　政治敗壞。⓮亢陽　陽氣過盛。此指君主驕橫。⓯節　節操；品行。⓰相渾　相互混雜。⓱湛　大水；水潦。⓲天道　自然規律；自然之道。⓳咎　罪過。⓴亢旱　大旱災。㉑求祐　求神保佑。㉒第　但；只是；姑且。

【語譯】《新語》，是陸賈所作的，是對董仲舒影響最深的著作，說的都是君主臣子政治得失的問題，言語可以採納實行，事實完美足以觀看。大智所說的話，可以與經傳並列，即使是古代聖賢的話，也不能有所超過和增加。陸賈的言論，沒有出現遺缺的地方，但是董仲舒說雩祭可以感動上天，土龍可以招來雨水，就很難使人理解了。招致旱災的原因是由於不舉行雩祭，就如同不舉行夏郊之祭，是晉平公的過錯一樣呢？還是由於政治敗壞，造成陰陽失調而招來旱災的呢？晉國廢除了夏郊祭祀，晉侯曾臥病不起，後來採用了鄭國大夫子產的意見，郊祭時以鯀配祭，病就好了。如果果真是因為沒有舉行雩祭，沒有修治土龍，以致遭受晉侯同樣的禍害，那麼這樣做還是可以的。如果說是因為政治敗壞而招致了旱災，那就應當用改善政治的方法來消除旱災。政治敗壞，反而舉行雩祭求雨，修治土龍，這種做法有什麼好處呢？《春秋》公羊氏的解釋是：「君王驕橫，就足以招致旱災。」陰陽相互混雜，旱澇災害就會交替發生，自然規律就是這樣的，為什麼卻要去修雩祭、設土龍呢？舉行雩祭，是讓神靈歡喜嗎？有時雨來了，酷熱的天氣卻沒有改變，旱災沒有解除，雩祭能消除旱災的道理，又如何運用呢？況且天氣的寒溫與旱澇的發生是同一個道理，都是政治上的原因造成的，其中的罪過在於人本身。只為大旱而求神賜福，不為寒溫而求神保佑，不理解這裡面是什麼緣故。如果是當報答恩德而祭祀，那麼天氣的寒溫也該用修雩祭、設土龍這類事來改變天氣啊。才智很高的人，對雩祭可以感動上天、土龍可以招來雨水這兩種說法，姑且存疑吧！

董仲舒著書不稱子者，意殆❶自謂過❷「諸子」也。漢作書者多，司馬子長、楊子雲，河漢❸也，其餘涇渭❹也。然而子長少臆中❺之說，子雲無世俗❻之論。仲舒說道術奇矣，比方二家❼尚❽矣。讖書❾云「董仲舒亂我書」，蓋孔子言也。讀之者或為「亂我書」者，煩亂❿孔子書也；或以為「亂⓫」者，理也，理孔子之書也。共一「亂」字，理之與亂，相去甚遠。然而讀者用心不同，不省⑫本實⑬，故說誤⑭也。夫言「煩亂孔子之書」，才高之語也；其言「理孔子之書」，亦知奇之言也。出入聖人之門，亂理孔子之書。子長、子雲無此言焉。世俗用心不實，省事失情⑮，二語⑯不定，轉側⑰不安。案仲舒之書，不違儒家，不反⑱孔子。其言「煩亂孔子之書」者，非也；孔子之書不亂，其言「理孔子之書」者，亦非也。孔子曰：「師摯之始，〈關雎〉之亂，洋洋乎盈耳哉⑲！」亂者，終⑳孔子之言也。孔子生周，始其本㉑；仲舒在漢，終其末㉒。班叔皮㉓續《太史公書》，蓋其義也。賦頌㉔篇下其有「亂曰」章，蓋其類也。孔子終論，定於仲舒之言，其修雩治龍，必將有義，未可怪也。

【章旨】此章評論讖書「董仲舒亂我書」之論。

【注釋】❶殆　大概。❷過　超過。❸河漢　形容司馬遷和揚雄的才學如同黃河、漢水一樣博大精深。❹涇渭　即涇水、渭河。形容其餘的人如同水勢小的涇水、渭河一樣才智短淺。❺臆中　揣測；臆斷。❻世俗　庸俗。❼二家　指司馬遷和揚雄。❽尚　上；高明。❾讖書　記載一種神秘預言的書。參見本書〈實知篇〉。❿煩亂　擾亂；搞得亂七八糟。⓫亂　治理。《爾雅・釋詁》：「亂，治也。」《書・顧命》：「其能而亂四方。」蔡沈集傳云：「而，如；亂，治也。」這種用反義詞來解釋詞義的方法，訓詁學稱之為「反訓」。⓬省　明白。⓭本實　根本事實。⓮說誤　解釋有誤。⓯失情　違反實情。⓰二語　指「煩亂」和「整理」兩種解釋。⓱轉側　輾轉反側；翻來覆去。⓲反　違背。⓳師摯之始三句　見《論語・泰伯》。師摯，春秋時魯國著名樂師。始，樂曲的前奏；序曲。一般由名師演奏。亂，樂曲的結尾；尾聲。一般為樂器合奏。洋洋乎，洋洋灑灑貌。形容樂曲豐富優美動人。⑳終 結束；總結。㉑始其本 指開創了儒家學說。本，根本。㉒終其末 總結儒家學說。㉓班叔皮 班彪。字叔皮，東漢史學家，曾作《史記後傳》六十多篇，經其子班固增刪修訂，寫成《漢書》一百篇。㉔賦頌 指《楚辭・離騷》與《詩經・商頌》等。

【語譯】董仲舒著書不稱「子」的原因，意思大概是自己認為超過了「諸子」吧。漢代寫書的人很多，司馬遷、揚雄，他們的學問如同黃河、漢水一樣博大精深，而其餘的人好比涇水、渭河一樣，才能都不如司馬遷和揚雄。但是司馬遷卻很少主觀臆斷的說法，揚雄也沒有庸俗的論調。董仲舒解釋道術可謂奇妙了，比起司馬遷、揚雄二家要高明得多。讖書上說「董仲舒亂我書」，大概是孔子說的吧。讀了這句話的人，有的認為「亂我書」的意思，是把孔子的書弄得亂七八糟；有的認為「亂」是整理的意思，就是整理孔子的書啊。同一個「亂」字，解釋為整理與弄亂兩個意思，相距很遠了。但是讀者由於用心不同，不明白根本事實，所以解釋有錯誤啊。說董仲舒「煩亂孔子之書」，這是表明董仲舒才能高超的話；說董仲舒「理孔子之書」，也是說明他的才智出奇的話。出入孔子的門下，搞亂或整理孔子的書，司馬遷、揚雄沒有這種說法啊。世俗之人思考問題不切實際，了解事物違背實情，「煩亂」和「整理」這兩種說法沒有確定，就好像人輾轉反側，睡不安寧一樣。考察董仲舒的書，不違反儒家思想，不違背孔子之意。那種說「煩亂孔子的書」，是不對的；孔子的書並沒有弄亂，所以那種說「整理孔子的書」的說法，也是不對的。孔子說：「師摯演奏的序曲，演奏〈關雎〉的尾聲，優美動人的音樂充滿了耳朵呀。」所謂「亂」，實際是指總結孔子的學說。孔子生於周代，創立了儒家學說；董仲舒生在漢代，總結孔子的學說。班叔皮續寫《太史公書》，大概也是這個用意吧。賦、頌最後都有「亂曰」一章，大概也屬於這一類。孔子學說的全貌，是經過董仲舒的闡述而最終確定下來的，因此，他說的修雩祭、設土龍，一定有它的道理，沒有什麼可奇怪的。

顏淵曰：「舜何人也，予何人也❶。」五帝、三王，顏淵獨慕❷舜者，知己步❸騶❹有同也。知❺德所慕，默識❻所追，同一實也。仲舒之言道德政治，可嘉美❼也。質定❽世事，論說世疑❾，桓君山莫上也。故仲舒之文可及，而君山之論難追也。驥與眾馬絕迹❿，或蹈驥哉。有馬於此，足行千里，終不名⓫驥者，與驥毛色異也。有人於此，文偶⓬仲舒，論次⓭君山，終不同於二子者，姓名殊⓮也。故馬效千里，不必驥騄⓯，人期賢知，不必孔、墨。何以驗之君山之論難追也？兩刃相割⓰，利鈍乃知；二論相訂⓱，是非乃見⓲。是故韓非之四難⓳，桓寬⓴之《鹽鐵》，君山《新論》之類也。世人或㉑疑，言非是㉒偽，論者實㉓之，故難為也。卿㉔決㉕疑訟㉖，獄㉗定嫌罪㉘，是非不決，曲直不立，世人必謂卿獄之吏才不任職。至於論，不務全㉙疑，兩傳並記，不肯明處，孰與剖破渾沌㉚，解決亂絲㉛，言無不可知，文無不可曉哉？案孔子作《春秋》，「采毫毛之善，貶纖介之惡㉜」。可褒，則明其善以義㉝其行；可貶㉞，則明其惡㉟以譏其操。《新論》之義，與《春秋》會一㊱也。

【章　旨】此章以董仲舒和桓君山相比，字裡行間流出懷才不遇的憤懣之情。

【注　釋】❶舜何人也二句　見《孟子・滕文公上》。予，我。❷慕　仰慕；敬仰。❸步　步行；慢慢走。❹騶　通「驟」。快跑。❺知　通「智」。❻默識　記在心裡。識，牢記。❼嘉美　嘉獎贊美。❽質定　考訂。❾世疑　世人未定論的疑難問題。⑩絕迹　足跡絕不同。⑪名　叫做；稱作。⑫偶　配得上。⑬次　並列；並稱。⑭殊　不同。⑮騄　騄耳。千里馬之一。⑯相割　相砍；相削。⑰訂　訂正；交鋒。⑱見　同「現」。⑲四難　指《韓非子》中以〈難〉為題的四篇文章：〈難一〉、〈難二〉、〈難三〉、〈難四〉。⑳桓寬　人名。字次公，西漢汝南人，漢宣帝時為郎官，後官廬江太守丞。輯《鹽鐵論》，凡六十篇。㉑或　通「惑」。㉒是　肯定。㉓實　核實；考證。㉔卿　此指主管司法的高級官吏「廷尉」。㉕決　判決。㉖訟　訴訟案件；官司。㉗獄　獄吏。㉘嫌罪　嫌疑罪犯。㉙全　通「詮」。詮釋；訂正。㉚渾沌　此指糊塗不明的事物。㉛亂絲　比喻雜亂無頭緒的事物。㉜采毫毛之善二句　見《說苑・至公》。介，通「芥」。小草，形容輕微細小的事物。㉝義　以為正確；贊許。㉞貶　貶斥；斥責。㉟明其惡　使其惡明於世；揭露其醜惡。㊱會一　合一；一致。

【語　譯】顏淵說：「舜是什麼樣的人，我就做什麼樣的人。」五帝、三王，顏淵唯獨仰慕舜，是因為知道自己的步調與舜有一致的地方。有才智有道德的人所仰慕的，與牢記在心裡所追慕的，應該是完全相同的。董仲舒講求道德政治，是可以贊美的。考訂世上的事物，評論社會上沒有定論的疑難問題，沒有比桓君山更高明的人了。所以董仲舒的文章可以達到，而桓君山的議論很難趕得上。千里馬與眾馬相比，足跡絕不相同，但是有些馬還是能趕上千里馬的。有馬在這裡，足能行千里，但始終不能叫做千里馬，原因就在於牠與千里馬毛色不同啊。有人在這裡，文章配得上董仲舒，議論可以與桓君山並列，但終究不同於董仲舒和桓君山二人，原因就在於姓名不同啊。所以馬實際上能達到千里的，不一定叫做驥或騄耳，人們期待出現賢明智慧之士，就不一定像孔子、墨翟一樣。怎麼來證明桓君山的議論很難趕得上呢？兩把刀相砍，才能知道哪把刀鋒利，哪把刀不鋒利；兩種議論互相交鋒，才能顯現誰是誰非。因此韓非的「四難」，桓寬的《鹽鐵論》，都是桓君山的《新論》一類著作。世人感到疑惑，說韓非肯定偽說，論者要予以核實訂正，所以難辨得多。司法官判決疑難案件，獄吏斷定嫌疑罪犯，如果是非不能判決，曲直不能確立，世人一定會認為司法官、獄吏的才能不勝任自己的職務。至於議論，並不力求訂正疑難，兩傳同時記載，不肯明確地做出判斷，與辨析模糊不清的事物、解決雜亂無章的事物相比，所說的言語沒有不可知道的，文章沒有不可理解嗎？考察孔子作《春秋》，「一點點好事都要表彰，輕微細小的惡事都要貶斥」。遇到可褒揚的人，就張揚他的善事，以贊揚他的行為；遇到該斥責的人，就揭露他的罪惡，以譏刺他的操行。《新論》的宗旨，與《春秋》是一致的。

夫俗好珍古不貴今，謂今之文不如古書。夫古今一也，才有高下，言有是非，不論善惡而徒貴古，是謂古人賢今人也。案東番鄒伯奇、臨淮袁太伯、袁文術、會稽吳君高、周長生之輩，位雖不至公卿，誠❶能知之囊橐❷，文雅之英雄也。觀伯奇之《元思》❸，太伯之《易章句》❹，文術之《咸銘》❺，君高之《越紐錄》❻，長生之《洞歷》❼，劉子政、楊子雲不能過也。蓋才有淺深，無有古今；文有偽真，無有故新。廣陵陳子迴、顏方，今尚書郎班固，蘭臺❽令楊終、傅毅之徒，雖無篇章❾，賦頌記奏，文辭斐炳❿，賦象屈原、賈生⓫，奏象唐林⓬、谷永⓭，並比⓮以觀好⓯，其美一也。當今未顯⓰，使⓱在百世之後，則子政、子雲之黨⓲也。韓非著書，李斯采⓳以言事；楊子雲作《太玄》，侯鋪子⓴隨而宣㉑之。非、斯同門㉒，雲、鋪共朝，睹奇見益，不為古今變心易㉓意，實事㉔貪善㉕，不為並肩以迹相輕，好奇無已㉖，故奇名無窮。楊子雲反〈離騷〉之經㉗，非能盡反，一篇文往往見非，反而奪之㉘。《六略》㉙之錄萬三千篇，雖不盡見，指趣㉚可知，略藉不合義者，案㉛而論之。

【章旨】此章言書評要「實事貪善」，反對「珍古不貴今」。

【注釋】❶誠　確是；真正。❷能知之囊橐　才能和智慧像囊橐一樣博大精深。囊橐，口袋。《詩・大雅・公劉》：「于橐于囊。」毛傳云：「小曰橐，大曰囊。」❸元思　書名。今已佚。❹易章句　書名。今已佚。❺咸銘　書名。今已佚。❻越紐錄　今名《越絕書》。一名《越絕紀》，東漢袁康、吳君高著，原書二十五卷，今存十五卷。❼洞歷　書名。今已佚。❽蘭臺　漢代宮中藏書地名。「蘭臺令」為其長官。整理圖書的官吏，叫做「蘭臺令史」。據《後漢書》楊終、傅毅本傳，兩人均未任蘭臺令，楊終在漢明帝時任蘭臺校書郎，傅毅在漢章帝時任蘭臺令史。❾篇章　此指大部頭著作。❿斐炳　文彩飛揚的樣子。⓫賈生　賈誼。⓬唐林　字子高，沛人。以明經飭行顯名，仕王莽，封侯，數上疏諫正。⓭谷永　字子雲，長安人。博學經書，工於筆札，建昭中為太常丞，遷光祿大夫，徵為大司農。《漢書・卷八五》有傳。⓮並比　並列對比。⓯好　長處。⓰顯　出名。⓱使　假使。⓲黨　類。⓳采　採納。指採用韓非某些政治主張。⓴侯鋪子　侯芭。揚雄弟子，鉅鹿人。㉑宣宣揚。㉒同門　同學。㉓易　改變。㉔實事　實事求是。㉕貪善　仰慕好的。㉖無已　沒有止境。㉗反離騷之經　據《漢書・揚雄傳》載，揚著文弔屈原，喜以〈離騷〉之句，反其意而用之，取名為〈反離騷〉。離騷，屈原的代表作。被後世尊為經。㉘奪之　使之更奪目耀眼。㉙六略　指劉歆所編目錄書《七略》。以其中「輯略」為全書總論，故以其他「六藝略」、「諸子略」、「詩賦略」、「兵書略」、「術數略」、「方技略」六部分而得名為《六略》。全書共著錄中國古代書籍一萬三千二百六十九卷，為中國圖書目錄學之祖。㉚指趣　宗旨；大意。指，通「旨」。㉛寀　考訂。

【語譯】世俗喜歡珍重古而不以今為貴，認為當今的文章不如古代的書籍。古今其實是相同的，才能有高低之分，言語有是非之別，不評論善惡好壞，而只以為古代的最為尊貴，這就等於說古人勝過今人啊。考察東番鄒伯奇、臨淮袁太伯、袁文術、會稽吳君高、周長生之輩，官位雖然沒有到達公卿，卻是才能和智慧博大精深、文雅的英雄。看看伯奇的《元思》，太伯的《易章名》，文術的《咸銘》，君高的《越紐錄》，長生的《洞歷》這些書，連劉子政、揚子雲也不能超過他們。大概才學有淺深，而沒有古今之別；文章有真偽，而沒有新舊之分。廣陵陳子迴、顏方，當今的尚書郎班固，蘭臺令楊終、傅毅之類，雖然沒有大部頭著作，但賦頌記奏，文辭卻顯得文彩飛揚，賦好像屈原、賈誼，奏記好像唐林、谷永一樣，放在一起來比較觀察他們的長處，他們作品的美是相同的。當今不出名，假使在百代之後，就屬於劉子政、揚子雲之類的人了。韓非著書，李斯採用了韓非的某些政治主張來說明政事；揚子雲作《太玄經》，他的弟子侯芭隨著而宣揚它。韓非、李斯同學，揚子雲、侯鋪子同生一朝，看見奇異的著作，不因為作品產生時代的早晚而改變評價標準，實事求是，凡是好的都表示仰慕，也不因為作者是同時代的人就認為經歷平凡而互相瞧不起，愛好奇書而沒有止境，所以奇名無窮。揚子雲反〈離騷〉之經，也不能夠全部反掉，一篇作品往往因為被駁難，反而使它更加奪目耀眼。《六略》著錄各種書籍一萬三千二百六十九卷，雖然不能全部見到，但它的大意可知，所以略藉其中某些不合道理的地方，進行考訂而加以評論。

對作篇第八十四

【題解】本篇旨在論述《論衡》以及《政務》之寫作目的和動機，因採用問答體形式而談論創作問題，因此取名為〈對作〉。

本篇是《論衡》全書的一篇緒論。王充在此文中就《論衡》的緣起和宗旨，內容和性質，以及其創作目的，都一一作了說明。他指出：「是故《論衡》之造也，起眾書並失實，虛妄之言勝真美也。」又說：「故《論衡》者，所以銓輕重之言，立真偽之平，非苟調文飾辭，為奇偉之觀也。」這就是王充《論衡》的寫作目的，也是貫穿於全書的中心思想。

或問曰：「賢聖不空生❶，必有以用其心。上自孔、墨之黨❷，下至荀、孟之徒❸，教訓❹必作垂文❺，何也？」

對曰：聖人作經，賢者傳記❻，匡濟❼薄俗，驅民使之歸實誠也。案《六略》之書萬三千篇，增善❽消惡❾，割截❿橫拓⓫，驅役⓬游慢⓭，期便道⓮善，歸正道焉。孔子作《春秋》，周民弊⓯也，故采⓰求毫毛之善，貶⓱纖介之惡，撥⓲亂世，反⓳諸正，人道⓴浹㉑，王道㉒備㉓，所以檢押㉔靡薄㉕之俗者，悉具密致。夫防決㉖不備，有水溢㉗之害；網解㉘不結㉙，有獸失㉚之患。是故周道不弊，則民不文薄㉛；民不文薄，《春秋》不作。楊㉜、墨之學不亂傳義，則孟子之傳不造㉝；韓國不小弱，法度不壞廢，則韓非之書不為㉞；高祖不辨㉟得天下，馬上之計未轉㊱，則陸賈之語不奏；眾事不失實，凡論㊲不壞亂，則桓譚之論㊳不起。故夫賢聖之興文㊴也，起事不空為，因因不妄作。作有益於化㊵，化有補於正㊶，故漢立蘭臺之官，校㊷審㊸其書，以考其言㊹。董仲舒作道術之書㊺，頗言㊻災異政治所失，書成文具㊼，表在漢室㊽。主父偃㊾嫉之，誣㊿奏其書。天子(51)下仲舒於吏，當(52)謂之下愚。仲舒當死(53)，天子赦之。夫仲舒言災異之事，孝武猶不罪(54)而尊其身，況所論(55)無觸忌之言(56)，核(57)道實(58)之事，收故實(59)之語乎？故夫賢人之在世也，進(60)則盡忠宣化(61)，以明(62)朝廷；退則稱論貶說(63)，以覺(64)失俗(65)。俗也不知還(66)，則立道(67)輕(68)為非(69)；論者不追救(70)，則迷亂不覺悟。

【章　旨】此章論古代賢聖興文的原因在於「宣化」（宣揚教化）。

【注　釋】❶空生　猶言虛度一生。❷黨　類。❸徒　類。❹教訓　教導。❺垂文　指思想內容重在教誨和勸導的文章。❻傳記　指解釋經書的著述。❼匡濟　匡正、拯救。❽增善　表彰好的。❾消惡　制止壞的傾向。❿割截　制裁；阻止。⓫橫拓　橫行；放縱。⓬驅役　驅逐。⓭游慢　遊手好閒、不務正業。⓮道　通「導」。引導。⓯民弊　民風敗壞。⓰采　採納。此指表彰。⓱貶　貶斥；指責。⓲撥　治理；整頓。⓳反　同「返」。⓴人道　人倫之道。㉑浹　徹；周全。㉒王道　先王之道；治國之道。㉓備　完備。㉔檢押　一作「檢柙」。矯正；糾正。㉕靡薄　奢侈輕薄。孔子作《春秋》，「人道浹，王道備」

之說，漢代頗為盛行。《公羊傳．哀公十四年》疏：「正以三代異辭，因父以親祖，以親曾祖，以曾祖親高祖，骨肉相親；極於此，故云『人道浹』也。云『王道備』者，正以撥亂於隱公，功成於獲麟，懍懍治之，至於太平，故曰『王道備』也。」董仲舒《春秋繁露．玉盃》、司馬遷〈太史公自序〉，均持此說。㉖防決　堤岸缺口。決，通「缺」。缺口。㉗溢　泛濫。㉘解散；壞。㉙結　織補。㉚失　通「逸」。奔逃。㉛文薄　浮華輕薄。㉜楊　指楊朱。戰國時魏人。㉝造　作。《孟子．滕文公下》：「孟子曰：楊、墨之道不息，孔子之道不著，是邪說誣民，充塞仁義也。」又說：「天下之言不歸楊，則歸墨。楊氏為我，是無君也；墨氏兼愛，是無父也。無父無君，是禽獸也。」㉞為　作。《史記．老子韓非列傳》：「非見韓之削弱，數以書諫韓王，韓王不能用。於是韓非疾治國不務修明其法制，執勢以御其臣下，富國強兵，而以求人任賢，反舉浮淫之蠹，而加之於功實之上……悲廉直不容於邪枉之臣，觀往者得失之變，故作〈孤憤〉、〈五蠹〉、〈內、外儲〉、〈說林〉、〈說難〉，十餘萬言。」㉟辨　通「辯」。爭論。㊱轉　變。《史記．酈生陸賈列傳》：「陸生時時前說稱《詩》、《書》，高帝罵之曰：『迺公居馬上而得之，安事《詩》、《書》？』陸生曰：『居馬上得之，寧可以馬上治之乎？』高帝不懌而有慙色，迺謂陸生曰：『試為我著秦所以失天下，吾所以得之者何？及古成敗之國！』陸生迺粗述存亡之徵，著十二篇，號其書曰《新書》。」㊲凡論　指社會輿論。㊳桓譚之論　指桓譚的著作《新論》。㊴興文　著書。㊵化　教化。㊶正　通「政」。㊷校　校勘。㊸審審定。㊹考其言　考訂書中文字。言，字。㊺道術之書　指宣揚天人感應、災異迷信的書籍。此指董仲舒的《春秋繁露》、〈舉賢良對策〉。㊻頗言　大講。㊼具　完備；完成。㊽表在漢室　上表呈送給漢朝廷。㊾主父偃　人名。漢武帝時任郎中。㊿誣誣告。(51)天子　指漢武帝。(52)當　應當。(53)當死　判處死罪。《史記．董仲舒列傳》：「仲舒廢為中大夫，居舍，著災異之記。是時遼東高廟災，主父偃疾之，取其書奏天子。天子召諸生，示其書，有刺譏。董仲舒弟子呂步舒不知其師書，以為下愚。於是下董仲舒吏，當死，詔赦之。」(54)不罪　不降罪。(55)所論　指王充《論衡》所發之論。(56)觸忌之言　指觸犯朝廷的言論。(57)核　考核。(58)道實　符合實際道理。(59)故實　史實。(60)進　仕進；當官。(61)宣化　宣揚教化。(62)明　顯揚。(63)稱論貶說　評論是非。(64)覺　喚醒；矯正。(65)失俗　不良風氣。(66)還　回頭。指改斜歸正，回到正道上來。(67)立道　伸張道義。(68)輕　輕視；指責。(69)為非　幹壞事的人。(70)追救　補救。

【語　譯】有人問道：「賢人、聖人不會虛度一生，一定有自己用心的地方。上自孔子、墨子之類，下至荀子、孟子之輩，教導人們時一定要寫內容重在開導的文章，這是為什麼呢？」

我回答說：聖人寫作經書，賢人寫作解釋經書的著述，目的在於糾正拯救不良的風氣，驅使老百姓歸於誠實。考察《六略》著錄的書籍一萬三千多篇，表彰好的，消除壞的傾向，阻止放蕩不羈的行為，驅逐遊手好閒的習氣，希望有利於引導人們從善，回歸到正道上來。孔子作《春秋》，起因於周代的民風敗壞，所以對於細小的好事都要表彰，對於微小的壞事都要指責，整頓混亂的社會，使它返回到正道，人倫之道更周全，先王之道更完備，所用來矯正奢侈輕薄的習俗的規定，都極為完備詳盡。如果堤岸決口而不及時修復，就有河水泛濫的禍害；如果狩獵用的網破了而不按時織補，就有禽獸奔逃的危險。因此可以說，如果周朝的禮儀制度不敗壞，那麼老百姓就不會養成浮華輕薄的惡習；如果周代的民風不浮華輕薄，孔子就不會作《春秋》。如果楊朱、墨翟的學說沒有搞亂經傳的本義，那麼孟子的著作就不會寫作；如果韓國不是很弱小，法制沒有被破壞、廢棄，那麼韓非的書就不會寫；如果漢高祖不爭論奪得天下的原因，使用武力的主張不變，那麼陸賈的《新語》就不會寫出呈上；如果眾多的事不符合實際，社會輿論不混亂，那麼桓譚的《新論》就不會出現。所以賢人聖人的著書，都是因事而作，不是憑空所為，都是根據一定的原因而寫，不是隨便亂作的。著書要對教化有益處，教化對政治有補救，所以漢代設立蘭臺的官吏，校勘審定宮中的藏書，以考訂書中的文字。董仲舒寫作宣揚天人感應、災異迷信的書，大講災變怪異的發生是政治上的失誤引起的，書稿文章完成以後，上表給漢朝廷。主父偃嫉妒他，誣告他的書有問題。漢武帝把董仲舒交給司法官處理，被判罪為智能低劣。董仲舒被判處死罪，但漢武帝赦免了他。董仲舒宣揚災變怪異的事，漢武帝尚且沒有降罪而尊重他的人身，何況我在《論衡》中所說的並沒有觸犯朝廷的言論，而是考核道理是不是符合實際的事情，收集過去的歷史事實呢？所以賢人在世，當官就盡忠職守，宣揚教化，以顯揚朝廷的聖德；退位後就著書立說，評論是非，以矯正不良的風氣。如果這種不良風氣還不知道回到正道上來，就應當伸張道義，嚴厲指責作壞事的人；評論世事的人如果不趕緊去補救，那些迷失正道的人是不會覺醒的。

是故《論衡》之造也，起眾書並失實，虛妄之言勝真美也。故虛妄之語不黜❶，則華文❷不見❸息❹；華文放流❺，則實事不見用❻。故《論衡》者，所以銓❼輕重❽之言，立❾真偽之平❿，非苟調文⓫飾辭⓬，為奇偉之觀⓭也。其本⓮皆起人間有非，故盡思極心⓯，以譏⓰世俗。世俗之性，好奇怪之語，說⓱虛妄之文。何則？實事不能快意⓲，而華虛⓳驚耳動心也。是故才能之士，好談論者，增益⓴實事，為美盛㉑之語；用筆墨者，造生㉒空文㉓，為虛妄之傳。聽者以為真然㉔，說而不舍；覽者以為實事，傳而不絕。不絕，則文載竹帛之上；不舍，則誤入賢者之耳。至或南面稱師㉕，賦㉖姦偽㉗之說；典城佩紫㉘，讀虛妄之書。明辨然否㉙，疾心㉚傷㉛之，安能不論？孟子傷楊、墨之議大奪㉜儒家之論，引平直㉝之說，褒是抑㉞非，世人以為好辯㉟。孟子曰：「予豈好辯哉？予不得已㊱！」今吾不得已也！虛妄顯於真，實誠亂於偽，世人不悟，是非不定，紫朱雜廁㊲，瓦玉集糅㊳，以情言之，豈吾心所能忍哉！衛驂乘㊴者，越職而呼車，惻怛㊵發心㊶，恐上㊷之危也。夫論說者㊸閔㊹世憂俗，與衛驂乘者同一心矣。愁精神而幽㊺魂魄，動胸中之靜氣，賊㊻年損㊼壽，無益於性㊽。禍重於顏回，違負㊾黃、老之教㊿，非人所貪。不得已，故為《論衡》。文露(51)而旨直(52)，辭姦(53)而情實。其《政務》(54)言治民之道，

《論衡》諸篇，實俗間之凡人所能見，與彼作者㊺無以異也。若夫九虛㊻、三增㊼、〈論死〉、〈訂鬼〉，世俗所久惑，人所不能覺也。人君遭㊽弊㊾，改教於上；人臣遇惑，作論於下。下實得，則上教從㊿矣。冀61悟62迷惑之心，使知虛實之分。實虛之分定，而華偽之文滅；華偽之文滅，則純誠之化日以孳63矣。

【章旨】此章言《論衡》之寫作動機與目的。

【注釋】❶黜　廢除。❷華文　華而不實的文章。❸見　被。❹息　止息；制止。❺放流　放任自流；泛濫。❻不見用　不被採用。❼銓　權衡。❽輕重　是非。❾立　確立；判斷。❿平　衡；標準。⓫調文　戲弄文字；玩弄筆墨。⓬飾辭　修飾文辭。⓭觀　景象；外觀；樣子。⓮本　根源。⓯盡思極心　用盡心思。⓰譏　譏諷。⓱說　通「悅」。喜歡。⓲快意　快人心意；大快人心。⓳華虛　華而不實的言辭和文章。⓴增益　誇大。㉑美盛　極盡贊美之辭。㉒造生　編造。㉓空文　毫無根據的文字。㉔真然　果真如此；確實如此。㉕南面稱師　指當老師的人。南面，面朝南而坐。指處於尊位。㉖賦誦　誦讀；宣揚。㉗姦偽　姦詐虛偽。㉘典城佩紫　泛指各級官吏。典城，掌管一城一地。泛指地方長官。佩紫，王侯將相用的印章上都束有紫色絲帶。㉙然否　是非。㉚疾心　痛心。㉛傷　憂傷。㉜奪　壓倒；取而代之。㉝平直　公平正直。㉞抑貶　貶斥。㉟好辯　喜歡爭辯。㊱予豈好辯哉二句　見《孟子・滕文公下》。㊲紫朱雜廁　比喻真偽混雜。紫，暗紅色。朱，大紅色。㊳集糅　混雜。㊴驂乘　陪同主人乘車的人。參見本書〈幸偶篇〉。㊵惻怛　痛惜憂傷。㊶發心　發自內心。㊷上　主上。㊸論說者　指王充本人。㊹閔　憂慮。㊺幽　幽閉；苦悶。㊻賊　傷害。㊼損　減少。㊽性　生命；壽命。㊾負　背棄。㊿黃老之教　指漢初黃老學派自然無為的主張。51文露　文字通俗淺近。52旨直　思想內容平直鮮明。53姦　通「干」。犯；直率。54政務　著作名。已佚。55彼作者　那位作者。此指王充本人。56九虛　指本書中〈書虛篇〉、〈變虛篇〉、〈異虛篇〉、〈感虛篇〉、〈福虛篇〉、〈禍虛篇〉、〈龍虛篇〉、〈雷虛篇〉、〈道虛篇〉等九篇論文的合稱。57三增　指本書中〈儒增篇〉、〈藝增篇〉、〈語增篇〉等三篇論文的合稱。58遭　遇到。59弊　世風敗壞。60從　聽從；採納。61冀　希望。62悟　喚醒。63孳滋生：增長。

【語　譯】所以《論衡》的寫作，起因在於眾多的書籍都失去了內容的真實性，虛妄之言超過了真美之言。因此虛妄之語不廢除，華而不實的文章就不會被制止；華而不實的文章泛濫成災，那麼真實的事物就不會被採納。所以《論衡》是用來權衡是非之言，判斷真偽的標準的，不是隨意玩弄筆墨，修飾文辭，作奇偉的樣子的。它的寫作根源是由於人世間有錯誤言論而引起，因而用盡心思，來譏諷世俗社會。世俗社會的習性，是愛好奇怪的言語，喜歡虛妄的文章。為什麼呢？因為實事求是的言論不能快人心意，而華而不實的言論和文章往往能驚人耳目，動人心弦。因此有才能的人，喜歡談論的人，往往誇大事實，極盡贊美之辭；喜歡寫作的人，往往編造一些毫無根據的文字，寫作虛妄的傳記。聽者以為確實是這樣，於是傳說不止；看者以為是實事求是，於是也傳誦不絕。不絕，文章就會記載在竹帛之上；不止，就會誤入賢人的耳朵之中。甚至有的人面朝南而坐，自稱老師，宣揚姦詐虛偽的學說；各級行政長官，一齊閱讀虛妄的書籍。明辨是非的人，感到痛心憂傷，怎麼能不發表議論？孟子因楊朱、墨翟的主張大有壓倒儒家的學說之勢而感到憂傷，於是發表公平正直的意見，贊揚正確的主張，貶斥錯誤的觀點，而世人卻認為孟子喜歡爭辯。孟子說：「我哪裡喜歡爭辯呢？我是不得已而辯論啊！」現在我也是不得不進行辯論啊！虛妄比真美更顯於世，真實被虛偽擾得混亂不堪，世上的人們不覺悟，是非不能判定，如同紫色與大紅色混雜在一起，瓦礫與珠玉集聚混雜在一起，按照人的情感來說，難道是我的內心所能容忍的嗎？衛國大將軍桓司馬的陪同人員超越自己的職責範圍而叫喊著趕馬，這是在危難關頭感到痛惜憂傷而發自內心的呼喚，生怕自己的主人有危難啊。像我王充這樣的人，憂慮世俗社會，與衛國大將軍桓司馬的驂乘的心是相同的。使精神愁苦，使心靈苦悶，驚動胸中的靜氣，損傷了年歲，減少壽命，這對自己的生命沒有益處。顏淵因勤學而早死，違背了黃老學派主張的自然無為的人生哲學，這不是人們所貪求的事。我完全是不得不爭辯，所以撰著《論衡》的。文字通俗淺近，思想內容平直鮮明，言語直率而情感真實。《政務》論及治理民眾的方法。《論衡》各篇，所論述的問題實際上是社會上一般人所能識別的，他們與那位作者沒有什麼不同的。九虛、三增、〈論死〉、〈訂鬼〉等篇所論及的問題，世俗社會的人已經被迷惑很久了，只是人們沒有能夠覺悟啊。人君遇到世風敗壞，就要在上面改革政治教化；人臣遇到世俗之人被迷惑不悟，就應該在下面發表議論。如果下面的議論符合實際，那麼君主改革政治教化時就會採用了。希望喚醒世俗之人那顆被迷惑的心，使他們能懂得虛妄與真實的區分標準。只要真實與虛妄的分辨標準確定了，那些華而不實的文章就會滅絕了；華而不實的文章被消滅了，那麼純真、誠實的教化就會一天天地增長起來了。

或曰：「聖人作❶，賢者述❷。以賢而作者，非也。《論衡》、《政務》可謂作者。」

非曰作也，亦非述也，論也。論者，述之次也。五經之興❸，可謂作矣。《太史公書》❹、劉子政《序》❺、班叔皮《傳》❻，可謂述矣。桓君山《新論》、鄒伯奇《檢論》❼，可謂論矣。今觀《論衡》、《政務》，桓、鄒之二論也，非所謂作也。造端❽更為❾，前始未有，若倉頡作書❿，奚仲⓫作車是也。《易》言伏羲作八卦，前是⓬未有八卦，伏羲造之，故曰作也。文王圖⓭八⓮，自演⓯為六十四，故曰衍⓰。謂《論衡》之成，猶六十四卦，而又非也。六十四卦以狀⓱衍增益，其卦溢⓲，其數多。今《論衡》就世俗之書，訂⓳其真偽，辯⓴其實虛，非造始更為，無本㉑於前也。儒生就先師之說詰㉒而難㉓之，文吏㉔就獄卿之事㉕覆而考之，謂《論衡》為作，儒生、文吏謂作乎？

【章旨】此章言《論衡》的性質，王充迴避《論衡》是創作。

【注釋】❶作　創作。❷述　闡述前人成說。《禮記・樂記》：「作者之謂聖，述者之謂明，明聖者，述作之謂也。」《論語・述而》：「述而不作。」❸興　興起；產生。❹太史公書　即《史記》。漢人稱此書為《太史公》、《太史公記》、《太史公書》、《太史記》。而《史記》之名，到《隋書・藝文志》方確定。❺劉子政序　指劉向所著《新序》、《說苑》等。❻班叔皮傳　指班彪所著《史記後傳》。❼檢論　書名。劉伯奇著，已失傳。❽造端　起頭；開創。❾更為　另外創作。❿書　文字。⓫奚仲　傳說是車的創造者。任姓，黃帝的後裔，為夏代的車正。《管子・形勢》：「奚仲之為車也，方圜曲直，皆中規矩準繩，故機旋相得，用之牢利，成器堅固。」《太平寰宇記・卷一五》謂滕縣東南六十里有奚公山，引《徐州記》云：「奚仲造車處，山上有軌轍見存。」⓬前是　在此以前。⓭圖　畫。⓮八　即八卦。⓯演　推演；發展。⓰衍　發揮；擴展。⓱狀　形象；圖像。⓲溢　超出；增多。⓳訂　考訂。⓴辯　通「辨」。辨別。㉑本　根據。㉒詰　追問。㉓難　責難；非難。㉔文吏　掌握並熟悉文書、法令的官吏。㉕獄卿之事　指司法案件。獄，獄吏。此指負責審訊犯人的官吏。

【語譯】有的人說：「聖人創作，賢人闡述前人成說。以賢人的身分而從事創作，是不對的。《論衡》、《政務》，可以說是創作的。」

《論衡》、《政務》不能叫做創作，也不是闡述前人成說，而是發議論之作。發議論，是次於闡述別人成說的。五經的產生，可以說是創作了。《太史公書》、劉子政《序》、班叔皮《傳》，可以說是闡述別人成說的作品了。桓君山的《新論》，鄒伯奇的《檢論》，可以說是發議論了。現在看一看《論衡》、《政務》，如同桓君山、鄒伯奇的二部論著一樣，不是人們所說的創作啊。起頭另外創作，以前從來沒有，像倉頡創作文字，奚仲製造車子就是這樣。《易》說伏羲作八卦，在此之前沒有八卦，伏羲創造八卦，所以稱之為創作。周文王畫八卦，自己把八卦推演為六十四卦，所以叫做擴展。認為《論衡》的產生，好像六十四卦，而又是不對的。六十四卦是根據圖像擴展而增加出來的，它的卦增加了，它的數增多了。而今《論衡》根據世俗社會流傳的各種書籍，考訂它們的真偽，辨別它們的虛實，不是起始另外創作，都是根據前人的觀點生發出來的。儒生根據先師的說法追問而責難它，文吏根據司法案件反覆審察而考訂它，說《論衡》是創作，那麼儒生、文吏所從事的工作能說是創作嗎？

上書奏記❶，陳列❷便宜❸，皆欲輔政。今作書者，猶上書奏記，說❹發胸臆❺，文成手中，其實一也。夫上書謂之奏，奏記轉易❻其名謂之書。建初❼孟年❽，中州❾頗歉❿，潁川、汝南民流⓫四散。聖主⓬憂懷，詔書數⓭至。《論衡》之人，奏記⓮郡守，宜禁奢侈，以備困乏。言不納用，退題記草⓯，名曰《備乏》⓰。酒縻⓱五穀，生起盜賊，沈湎⓲飲酒，盜賊不絕，奏記郡守，禁民酒。退題記草，名曰《禁酒》⓳。由此言之，夫作書者，上書奏記之文也，謂之造作，上書奏記是作也。

【章　旨】此章以上書奏記說明《論衡》不是創作。

【注　釋】❶奏記　下級官吏給皇帝或上司寫的奏章或報告。❷陳列　陳述列舉。❸便宜　應採取的政策和措施。❹說　言論；主張。❺胸臆　內心。❻轉易　變換。❼建初　漢章帝年號。西元七六至八八年。❽孟年　初年。❾中州　中原地區。❿歉　農業歉收。⓫流　流亡。⓬聖主　指漢章帝。⓭數　多次。⓮記　奏記。⓯草　草稿。⓰備乏　著作名。今已失傳。

⓱糜　通「靡」。浪費。⓲沈湎　沈溺。⓳禁酒　作品名。今已失傳。

【語譯】下級官吏給皇帝或上司呈遞奏章或報告，陳述列舉應採取的政策和措施，都想有助於政治。現在寫書的人，如同下級官吏給皇帝或上司呈遞奏章或報告一樣，一切主張都發自內心，文章成於手中，其實是相同的。官吏向皇帝呈遞報告叫做奏章，奏記變換一個名稱就叫做書。建初初年，中原地區連年農業歉收，潁川、汝南一帶的老百姓流亡四方。漢章帝內心感到非常憂傷，多次下詔書到災區。《論衡》的作者，向郡守寫報告，應該禁止官吏的奢侈生活，以防備經濟生活的貧困。所言之事不被郡守接納，回來後把奏記草稿加上一個標題，名叫《備乏》。釀酒浪費五穀，生活中出現盜賊，人們沈溺飲酒作樂，社會上盜賊不絕，我便向郡守寫報告，應該禁止老百姓飲酒。回來以後把奏記草稿加上一個題目，名叫《禁酒》。由此說來，寫作書稿的人，給皇帝上書或給上司寫報告的文章，如果叫做創作，那麼上書奏記也都叫創作了。

晉之《乘》，而❶楚之《檮杌》、魯之《春秋》，人事各不同也。《易》之「乾坤」❷，《春秋》之「元」❸，楊氏❹之「玄」❺，卜❻氣號❼不均也。由此言之，唐林之奏，谷永之章，《論衡》、《政務》，同一趨❽也。漢家極筆墨之林❾，書論之造，漢家尤多。陽成子張❿作《樂》，楊子雲造⓫《玄》，二經⓬發於臺下⓭，讀於闕掖⓮，卓絕驚耳，不述而作，材疑⓯聖人，而漢朝不譏。況《論衡》細說微論，解釋世俗之疑，辯照⓰是非之理，使後進⓱曉⓲見然否⓳之分，恐其廢失，著之簡牘⓴，祖㉑經章句之學㉒，先師奇說㉓之類也。其言伸繩㉔，彈割㉕俗傳㉖。俗傳蔽惑㉗，偽書放流。賢通之人，疾㉘之無已㉙。孔子曰：「詩人疾之不能默，丘疾之不能伏㉚。」是以論也。玉亂於石，人不能別；或若楚之玉尹㉛以玉為石，卒㉜使卞和受刖㉝足之誅。是反為非，虛轉為實，安能不言？俗傳既過，偽書又偽。若㉞夫鄒衍謂今天下㉟為一州，四海之外有若天下者九州。《淮南書》㊱言共工與顓頊爭為天子，不勝，怒而觸不周之山，使天柱折，地維絕㊲。堯時十日並出，堯上射九日㊳。魯陽㊴戰而日暮，援戈麾㊵日，日為卻㊶還。世間書傳，多若等類，浮妄虛偽，沒㊷奪㊸正是㊹。心濆湧㊺，筆手擾㊻，安能不論？論則考之以心，效之以事，浮虛之事，輒㊼立證驗。若太史公之書，據㊽許由不隱，燕太子丹不使日再中㊾，讀見之者，莫不稱善。

【章　旨】此章通過分類對比來論述《論衡》之作。

【注　釋】❶而　及；和。❷乾坤　指陰陽二氣。乾，八卦之一。表示天、陽。坤，八卦之一。表示地、陰。❸元　開端。此指天地萬物的本源。❹楊氏　指揚雄。❺玄　揚雄《太玄經》把「玄」解釋為萬物的本源。《後漢書‧張衡列傳》引桓譚《新論》云：「揚雄作玄書，以為玄者天也，道也。言聖賢制法作事，皆引天道以為本統，而因附續萬類，王政、人事、法度。故伏羲氏謂之易，老子謂之道，孔子謂之元，而揚雄謂之玄。」❻卜　賦予。❼號　稱呼。❽趨　通「趣」。旨趣；意向。❾筆墨之林　形容文人之眾，論著之多。❿陽成子張　本書〈超奇篇〉寫作「陽成子長」。名衡，字子長，西漢末年人，曾補《史記》，作《樂經》，今已失傳。⓫造　寫作。⓬二經　指《樂經》、《太玄經》。⓭臺下　蘭臺之下。陽成子長和揚雄都曾在蘭臺為官，故言。⓮闕掖　指皇帝處理事務之處。泛指宮廷。⓯疑　通「擬」。比擬。⓰照　明。⓱後進　指後輩讀書人。

⑱曉　明白。⑲然否　是非。⑳簡牘　古代書寫用的竹、木簡和木版。㉑祖　效法；沿襲。㉒章句之學　儒家各派對經書採取不同的分章分句以及不同的解釋，眾說紛紜，百家爭鳴，所建立之以儒家經書為研究對象的學問。章句，漢代注釋家以分章析句來解釋古代經書的一種著作體式。如王逸有《楚辭章句》。《漢書・藝文志》載《書經》有歐陽章句、大小夏侯章句。《春秋》有公羊章句、穀梁章句等。㉓先師奇說　指《新論》、《檢論》中與眾不同的觀點。奇，奇異；不同一般。㉔伸繩　伸之繩墨；伸張法度。㉕彈割　抨擊；剖析。㉖俗傳　庸俗低劣的書傳。㉗蔽惑　蒙蔽迷惑。㉘疾　厭惡；疾恨。㉙無已　不止。㉚詩人疾之不能默二句　見《鹽鐵論・相刺》。默，沈默。伏，藏在心中不說出來。㉛玉尹　管理玉工的官吏。㉜卒　終於。㉝刖　斷足的酷刑。㉞若　像；如。㉟天下　指中國。參見本書〈談天篇〉。㊱淮南書　即《淮南子》。㊲地維絕　參見本書〈談天篇〉。地維，古代神話中繫於大地四角的繩子。維，繩子。絕，斷。㊳堯時十日並出二句　參見本書〈感虛篇〉、〈說日篇〉。㊴魯陽　此指魯陽公。㊵麾　通「揮」。揮舞。㊶卻　退。㊷沒　淹沒。㊸奪　壓倒。㊹正是　正確的東西。㊺濆湧　像泉水一樣噴湧而出。㊻筆手擾　手握筆疾書。㊼輒　就。㊽據　證實。㊾燕太子丹句　事見司馬遷《史記・刺客列傳》。參見本書〈感虛篇〉。

【語　譯】晉國的《乘》，及楚國的《檮杌》、魯國的《春秋》，都是史書，只是所記載的人和事各不相同而已。《易》所說的「乾坤」，《春秋》所說的「元」，揚雄所說的「太玄」，都是氣，只是各人賦予氣的稱呼不同罷了。由此說來，唐林的奏表，谷永的辭章，與《論衡》、《政務》，旨趣是相同的。漢代極盡筆墨之林，所以書籍文章的寫作，漢代尤多。陽成子長寫作《樂》，揚子雲寫作《太玄》，這兩部著作都寫於蘭臺之下，作於在宮中讀書之時，內容卓絕，使人驚歎不止，不述而作，才能比擬聖人，而漢朝卻並不譏諷。何況像《論衡》這樣的細說微論，解釋世俗的疑問，辨明是非的道理，使後輩的讀書人明白是非的分別，生怕他們廢棄失傳，才著錄在竹簡木簡之上，這樣做都是效法經書章句之說，是屬於和前輩師長不同一般的論說之類而已。它的目的在於伸張法度，抨擊和剖析庸俗低劣的書傳。這種庸俗低劣的書傳蒙蔽迷惑人們，那些偽書泛濫成災，賢明通達的人們，都對這種現象感到厭惡不止。孔子說：「詩人厭惡它不能沈默，我孔丘疾恨它不能藏在內心不說。」因此，我要發表議論。寶玉被石頭混淆，人們不能辨別；或許像楚國的玉尹那樣把寶玉當作石頭，終於使卞和蒙受斷足的酷刑。正確的反而變成了錯誤的，虛偽的反而轉變為真實的，怎麼能不站出來說話？庸俗低劣的傳記既然是錯誤的，庸俗低劣的傳書又是虛假的。像鄒衍說當今的中國為一州，四海之外有如中國的共九州。《淮南子》說共工與顓頊爭當天子，沒有取勝，憤怒地用頭撞擊不周山，使天柱折斷，使繫著大地的繩子斷了。又說堯時十個太陽一同出來，堯向天上射箭，射下九個太陽。又說魯陽公與別人交戰，看到太陽快要西落，就拿起戈向太陽一揮，太陽又為他返回到中天。世上流行的書傳，多數像上述這類事例一樣，空泛虛妄作偽，淹沒和壓倒了正確的東西。看到這種現象，我心潮澎湃，筆手騷動不安，怎麼能不發表議論？要議論就要用心思考問題，用事實來論證，凡是空泛虛假的事，立即就被檢驗出來了。像太史公的《史記》，證實許由沒有歸隱，燕太子丹並沒有使偏西的太陽再回到中天，讀者看到這些，沒有一個不稱好的。

《政務》為郡國守相、縣邑令長陳通❶政事所當尚❷務❸，欲令全❹民立化，奉稱❺國恩。《論衡》九虛、三增，所以使俗❻務❼實誠❽也；〈論死〉、〈訂鬼〉，所以使俗薄喪葬也。孔子徑庭❾麗級❿，被棺斂者不省；劉子政上⓫薄葬，奉送藏者⓬不約⓭；光武皇帝草車茅馬⓮，為明器⓯者不姦⓰。何世書俗言不載？信死之語汶濁⓱之也。今著〈論死〉及〈死偽〉之篇，明⓲死無知，不能為鬼，冀⓳觀覽者將一曉解約葬，更為節儉。斯⓴蓋《論衡》有益之驗㉑也。言苟㉒有益，雖㉓作何害？倉頡之書，世以㉔紀事；奚仲之車，世以自載㉕。伯餘㉖之衣，以辟㉗寒暑；桀之瓦屋㉘，以辟風雨。夫不論其利害，而徒譏其造作，是則倉頡之徒有非，《世本》㉙十五家皆受責也。故夫有益也，雖作無害也。雖無害，何補？

【章　旨】此章言《論衡》、《政務》之社會效益，並推而廣之，認為評論應從著作的社會效益出發，而不要在作或述等名稱上做文章。

【注　釋】❶陳通　陳述。❷尚　崇尚；重視。❸務　勉力從事。❹全　保全。❺奉稱　頌揚。❻俗　一般人。❼務　努力做到。❽實誠　實事求是。❾徑庭　匆匆忙忙穿過庭院。徑，徑直。指直接穿過。❿麗級　跨越臺級。指一步跨上一級臺階。按古代禮節，客人入門後，應該繞左側而行，匆匆忙忙地穿過庭院，被認為不符合禮節。又，上臺階應該走一步，就把雙腳併齊一下，一步跨上一級臺階，也被認為是不合禮儀規定的。據《呂氏春秋‧安死》載，當孔子聽說陽虎要用君主佩帶的美玉給季平子裝殮時，就不顧自己應該遵守的禮節，急急忙忙跑去勸阻。參見本書〈薄葬篇〉。⓫上　上書。⓬藏者　埋藏的東西。⓭不約　沒有節約。⓮草車茅馬　用茅草紮成車馬做隨葬品。《後漢書‧光武帝紀》載，光武在臨平亭南闢陵地，務從省約。⓯明器　古代隨葬用的器物。⓰姦　偽。指仿製。⓱汶濁　模糊；被蒙蔽。⓲明　闡明。⓳冀　希望。⓴斯　這。㉑驗　效驗；證明。㉒苟　假如。㉓雖　即使。㉔以　用來。㉕載　乘坐。㉖伯餘　傳說是黃帝的臣子，發明衣服。《淮南子‧氾論》云：「伯餘之初作衣也，緂麻索縷，手經指挂，其成猶網羅。」高誘注：「伯餘，黃帝臣。《世本》曰：『伯餘製衣裳。』」㉗辟　通「避」。㉘瓦屋　用瓦片蓋房。㉙世本　一名「系本」。史書名，記載從黃帝以降到春秋時代諸侯大夫的姓氏、世系、城邑、製作等，原書已佚，今有輯本。

【語　譯】《政務》在於為郡守、國相、縣令、邑長等各級官吏陳述處理政府事務所應當重視努力去幹，要使各級官吏去保全老百姓，確立教化，頌揚朝廷的恩德。《論衡》中的九虛、三增，目的是要使一般人努力做到實事求是；〈論死篇〉、〈訂鬼篇〉，目的是要使一般人薄喪事葬禮。孔子聽說陽虎要用君主佩帶的美玉給季平子裝殮，就不顧禮節，一步跨上一級臺階，匆匆忙忙穿過庭院去勸阻，因為被裝進棺材的東西沒有堅持省儉的原則；劉子政上書給皇帝提倡薄葬，因為奉送去埋葬的東西並沒有按節約的原則辦事；漢光武帝劉秀贊成用茅草紮成的車馬做隨葬品，因為古代隨葬用的器物不是仿製的。哪個時代的書傳不記載世俗之言？因為相信人死變鬼的胡言亂語常常使人們受蒙蔽啊。而今我寫〈論死篇〉及〈死偽篇〉，就是要闡明人死了就沒有知覺，不可能變為鬼，希望讀者和瀏覽的人因此將懂得一點薄葬的意義，更加變得節儉。這大概就是《論衡》這部書最有益於社會的證明吧。說的話如果有益於社會，即使是創作又有什麼妨害呢？倉頡創造的文字，使世人可以用來記事；奚仲製造的車子，使世人可以拿來自己乘坐。伯餘製作的衣服，使世人可以用來防寒避暑；夏桀修建的瓦屋，使世人可以用來躲避風雨。如果不論及它給世人帶來的好處，而只是譏諷他們的創造，這就是說倉頡這種人創造了文字也有錯誤，《世本》中記載的十五位有發明創造的人都要受到譴責了吧。所以如果對人類社會有好處的話，即使是創作也沒有妨害；如果沒有什麼益處，即使無害，對社會又有什麼補益呢？

古有命使❶采詩❷，欲觀風俗，知下情也❸。詩作民間，聖王可云❹「汝❺民也，何發❻作」，因罪其身，歿滅❼其詩乎？今已不然❽，故《詩》傳至今。《論衡》、《政務》，其猶《詩》❾也。冀望❿見采⓫，而云有過，斯蓋《論衡》之書所以興⓬也。且凡造作之過，意其言妄而謗誹也。《論衡》實事疾妄⓭，〈齊世〉、〈宣漢〉、〈恢國〉、〈驗符〉、〈盛褒〉⓮、〈須頌〉之言，無誹謗之辭。造作如此，可以免於罪矣。

【章旨】此章以《詩》自比《論衡》之旨，聊作自我開脫之辭。

【注釋】❶命使　派使臣。❷采詩　採集詩歌。❸欲觀風俗二句　《漢書・藝文志》云：「古有采詩之官，王者所觀風俗，知得失，自考正也。」《孔叢子・巡狩篇》云：「古者天子命史采詩謠，以觀民風。」❹云　說。❺汝　你們。❻發　抒發。❼歿滅　消滅。❽不然　不是這樣。❾詩　即《詩經》。❿冀望　希望。⓫見采　被採納。⓬興　寫作。⓭實事疾妄　實事求是，疾恨虛妄。⓮盛褒　今本《論衡》無此文。

【語　譯】古代天子有派使者去民間採集詩歌的制度，目的是想從中觀察民間風俗，了解下情啊。詩歌作於民間，聖王可以說「你們老百姓，為什麼要作詩」，以致囚禁他們，判他們的罪，毀滅他們的詩篇嗎？現在已經證明不是這樣，所以《詩經》一直流傳到今天。《論衡》、《政務》，這就如同《詩經》一樣。既希望被採納，卻又說它有錯誤，這恐怕就是我之所以要寫作《論衡》這部書的原因。況且大凡寫書的錯誤，想必是因為其中言論荒謬而有誹謗君主的地方吧。《論衡》實事求是，疾恨虛妄之言；〈齊世〉、〈宣漢〉、〈恢國〉、〈驗符〉、〈盛褒〉、〈須頌〉中的言論，並沒有誹謗君主的話。創作這樣的作品，應該可以免於罪過了。

卷三〇

自紀篇第八十五

【題解】本篇是王充的自傳，故名曰〈自紀〉。

王充作《論衡》一書，前後凡三十餘年，可謂傾注畢生之精力。〈自紀〉一篇，寫於晚年，是《論衡》一書的終篇之作。正如晉人葛洪《抱朴子・自敘篇》所云：「王充年在耳順，道窮望絕，懼聲名之偕滅，故以〈自紀〉終篇。」

本篇旨在記述作者自己的家世、生平、人格特徵和著述情況，並以問答體式回敬了人們的攻擊和誣蔑。不啻是王充一生言行的真實寫照，是研究王充生平、思想、著述的重要資料。

王充者，會稽上虞人也，字仲任。其先❶本魏郡元城❷，一❸姓孫。幾世嘗從軍有功，封會稽陽亭。一歲❹倉卒❺國絕❻，因❼家❽焉，以農桑為業。世祖勇任氣❾，卒❿咸⓫不揆於人⓬。歲凶⓭，橫道⓮傷殺，怨讎⓯眾多。會⓰世擾亂，恐為怨讎所擒，祖父汎⓱舉家擔載⓲，就⓳安會稽，留⓴錢唐縣，以賈販㉑為事。生子二人，長曰蒙，少曰誦，誦即充父。祖世任氣，至蒙、誦滋甚㉒，故蒙、誦在錢唐，勇勢凌人㉓。末㉔復㉕與豪家丁伯㉖等結怨㉗，舉家徙處㉘上虞。

【章　旨】此章自紀家世。

【注　釋】❶先　祖先。❷元城　縣名。在今河北大名東北。❸一　又。❹一歲　一年。❺倉卒　變亂。卒，通「猝」。❻國絕　指王莽篡漢。王充因此而失去所封的土地和爵位。❼因　於是。❽家　安家落戶。❾任氣　任性；意氣用事。❿卒　終於。⓫咸　都。⓬不揆於人　不容於人；得不到別人的諒解。⓭歲凶　災荒年頭。⓮橫道　橫行霸道。⓯怨讎　怨家仇人。⓰會　碰上。⓱汎　王汎。王充的祖父。⓲擔載　用擔子挑，用車子裝。⓳就　到。⓴留　停留；居住。㉑賈販　做生意買賣。㉒滋甚　更加厲害。㉓凌人　侵害人。㉔末　最後。㉕復　又。㉖丁伯　人名。㉗結怨　結下怨仇。㉘徙處　遷居。

【語　譯】王充，是會稽郡上虞縣人，字仲任。我祖先原本是魏郡元城人，又姓孫。幾代後曾因有人從軍有戰功，被封於會稽陽亭。但只一年就因遇到變亂而失掉封地和爵位，於是在那裡安家落戶，以農桑為業。我的祖先們世代勇猛任性，始終不容於人。災荒年頭，因為橫行霸道傷人殺人，所以冤家仇人很多。碰上社會騷亂不安，害怕被怨家仇人活捉，祖父王汎全家把財物用肩挑車裝，搬到會稽附近去安家，留居在錢塘縣，以經商販賣為業。他生子二人，長子叫王蒙，少子叫王誦，王誦就是王充的父親。先祖世代任性，意氣用事，到王蒙、王誦更加厲害，所以王蒙、王誦在錢塘縣，常憑勇力侵害別人。最後又與豪強地主丁伯等結下怨仇，全家遷居上虞縣。

建武❶三年，充生。為小兒，與儕輩❷遨戲❸，不好狎❹侮❺。儕倫❻好掩❼雀、捕蟬、戲錢❽、林熙❾，充獨不肯，誦奇之。六歲教書❿，恭愿⓫仁順⓬，禮敬具備⑬，矜莊⑭寂寥⑮，有巨人⑯之志。父未嘗笞⑰，母未嘗非⑱，閭里⑲未嘗讓⑳。八歲出於書館㉑，書館小僮㉒百人以上，皆以過失袒謫㉓，或以書醜㉔得鞭㉕。充書日進，又無過失。手書既成㉖，辭師㉗，受㉘《論語》、《尚書》，日諷㉙千字。經明德就，謝㉚師而專門㉛，援筆㉜而眾奇㉝。所讀文書，亦日博㉞多。才高而不尚㉟苟㊱作㊲，口辯㊳而不好談對㊴，非其人，終日不言。其論說始若詭㊵於眾，極聽其終，眾乃㊶是之㊷。以筆著㊸文，亦如此焉；操行事㊹上㊺，亦如此焉。

【章旨】此章自紀少年時代的學習與品性。

【注釋】❶建武　漢光武帝年號。西元二五至五六年。❷儕輩　同輩。❸遨戲　遊戲。❹狎　態度親暱隨便。❺侮　戲弄。❻儕倫　同輩伙伴。❼掩　捉。❽戲錢　用銅錢作遊戲。❾林熙　爬樹之類遊戲。《淮南子・修務》作「木熙」云：「木熙者，舉梧檟，據句枉。」高誘注：「熙，戲。舉，援也。」熙，通「嬉」。遊戲。❿書　寫字。⓫恭愿　恭敬、老實謹慎。⓬仁順　友愛、聽話。⓭禮敬具備　指對人很有禮貌。⓮矜莊　莊重。⓯寂寥　沈默寡言。⓰巨人　大人；成年人。⓱笞　用鞭子抽打。⓲非　責備。⓳閭里　街坊鄰里。⓴讓　指責。㉑書館　教兒童讀書寫字的私塾。㉒僮　兒童。今通作「童」。㉓袒謫　指脫衣裸體挨打。謫，責罰。㉔書醜　字寫得很醜。㉕得鞭　挨鞭子打。㉖手書既成　已經學會寫字。㉗辭師　告別老師。㉘受　學習。㉙諷　背誦。㉚謝　辭去；辭謝。㉛專門　獨立鑽研學問。㉜援筆　提筆寫文章。㉝奇　驚異；贊賞。㉞博　廣泛；廣博。㉟尚　喜歡。㊱苟　隨隨便便。㊲作　寫作。㊳口辯　口才好。㊴談對　談笑對答。㊵詭　怪異。㊶乃　於是；才。㊷是之　以之為是。是，正確。㊸著　寫作。㊹事　侍奉。㊺上　尊長。

【語譯】建武三年（西元二七年），王充出生。作為小孩兒，他與同輩伙伴在一塊遊戲，不喜歡隨便打鬧。同輩伙伴們喜歡捉麻雀、捕蟬、用銅錢作遊戲、爬上樹枝做驚險動作，惟獨王充不願意做，王誦感到不平凡。

六歲便教王充寫字，王充為人恭敬老實謹慎，講友愛，聽父母的話，對人很有禮貌，態度莊重，沈默寡言，富有成年人的志向。父親從來沒有打過他，母親從來沒有責備過他，街坊鄰里從來沒有指責過他。八歲到書館去學習，書館的小童有一百人以上，都因為犯了過失而脫衣服挨打，有的因為字寫得醜而受鞭子抽。王充識字寫字一天天進步，又沒有犯過錯誤。學會了寫字以後，王充就告別老師，學習《論語》、《尚書》，每天背誦一千字。經書學懂了，品德修養好了，王充就辭別老師而去從事專門研究，援筆為文而眾人都為之驚奇。所讀的書，也一天天廣博起來。才華高超而不喜歡隨隨便便寫作，口才好而不喜歡談笑對答，不是碰上與自己情投意合的人，他可以整天不說話。他的言論初聽時好像很古怪，與眾不同，直到把他的話聽完了，大家才認為他的話是正確的。拿起筆來寫文章，他也是這樣的；在品行和侍奉尊長上面，他也是這樣的。

在縣位至掾功曹❶，在都尉❷府位亦掾功曹，在太守❸為列掾五官功曹❹行事❺，入州為從事❻。不好徼名❼於世，不為利害見將❽。常言人長❾，希❿言人短⓫。專薦未達⓬，解⓭已進者⓮過。及所不善⓯，亦弗譽⓰；有過不解，亦弗復陷⓱。能釋⓲人之大過，亦悲⓳夫人之細非⓴。好自周㉑，不肯自彰㉒，勉以行操為基，恥以材能為名。眾會乎坐，不問不言；賜見君將㉓，不及不對㉔。在鄉里㉕慕㉖蘧伯玉㉗之節，在朝廷貪㉘史子魚㉙之行。見㉚汙傷㉛不肯自明㉜，位不進亦不懷恨。貧無一畝㉝庇㉞身，志佚㉟於王公；賤無斗石之秩㊱，意若食㊲萬鍾㊳。得官不欣，失位不恨。處逸樂而欲㊴不放㊵，居貧苦而志不倦㊶。淫讀㊷古文，甘㊸聞異㊹言。世書俗說，多所不安，幽處獨居，考論㊺實虛。

【章旨】此章自述為官經歷和處世態度。

【注釋】❶掾功曹　主管人事的屬官。❷都尉　郡的軍事長官。❸太守　郡守。一郡之長。❹列掾五官功曹　即五官功曹掾史。簡稱五官掾，是太守的屬官，兼管功曹和其他各部門的有關事務。❺行事　代理；執行。❻從事　一稱「從事史」。郡守徵聘的屬官。❼徼名　沽名釣譽。徼，通「邀」。求取。❽見將　拜見州郡長官。❾長　長處。指人的優點。❿希　通「稀」。少。⓫短　指人的缺點。⓬未達　指沒做官的賢人。⓭解　開脫。⓮已進者　指已做官的賢人。⓯所不善　指王充不滿意的人。⓰譽　贊揚。⓱陷　陷害；追究查處。⓲釋　原諒。⓳悲　惋惜。⓴細非　小過失。㉑周　密；隱蔽。㉒彰　顯露；炫耀。㉓君將　泛指州郡長官。㉔對　回答；吭聲。㉕在鄉里　指沒有當官的時候。㉖慕　愛慕；敬仰。㉗蘧伯玉　人名。春秋時人，孔子稱頌他為君子。《論語・衛靈公》：「君子哉，蘧伯玉！邦有道，則仕；邦無道，則可卷而懷之。」㉘貪　追求。㉙史子魚　史鰌。春秋時衛國大夫，臨死時囑咐其子，不要「治喪正室」，以勸告衛靈公進用蘧伯玉而斥退彌子瑕，古人謂之「屍諫」。事見《韓詩外傳・卷七》。《論語・衛靈公》載孔子稱頌他：「直哉，史魚！邦有道，如矢；邦無道，如矢。」㉚見　被。㉛汙傷　汙蔑中傷。㉜明　表白。㉝一畝　一畝之宮。指簡陋的住宅。《禮記・儒行》：「儒有一畝之宮，環堵之室。」㉞庇　遮蔽。㉟佚　通「逸」。安樂。㊱無斗石之秩　指沒有一官半職。斗石，指微薄的俸祿。秩，官吏品級；俸祿。㊲食　享受俸祿。㊳萬鍾　優厚的俸祿。鍾，古代容量單位。六十四斗為一鍾。㊴欲　欲望。㊵放　放縱。㊶倦　懈怠。㊷淫讀　廣泛閱讀。淫，無節制。㊸甘　樂意。㊹異　奇異；不尋常。㊺考論　考查論說。

【語譯】王充在上虞縣官位至掾功曹，在都尉府的官位也是掾功曹，在郡太守他代理五官功曹掾史的職務，進入揚州府後任從事史。他不喜歡在世上沽名釣譽，不為個人的利害關係去拜見州郡長官。他經常講別人的優點，很少說別人的缺點。專門推薦沒有當官的賢人，為已經當官的賢人開脫罪過。至於自己不滿意的人，他不去贊揚；別人有過錯，即使不為他開脫，也不再去追究查處。他能原諒別人的大過失，也惋惜別人的微小錯誤。他喜歡自我隱蔽，不願自我標榜，努力把修養操行作為自己做人的根本，而把依靠才能沽名釣譽作為自己的一種羞恥。眾人會聚在一起，不問他就不發言；賜他進見州郡長官，不問到他自己就不吭聲。在沒有做官的時候，他非常敬慕蘧伯玉的節操，當官以後他非常嚮往史子魚的操行。被汙蔑中傷而不願自我表白，官位不能晉升也不感到遺憾怨恨。家貧沒有簡陋的住宅遮蔽身體，而內心卻比王公貴族還要安樂；地位低賤沒有一官半職，而心中卻像享有優厚的俸祿一樣充實。獲得官職時他並不感到欣慰，失掉官位時他也不感到遺憾。身處安樂之中而欲望並不放縱，居在貧苦之境而思想並不懈怠。他廣泛地閱讀古文，樂意聽取不同尋常的言論。社會上流行的書傳和一般言論，多有不妥的地方，王充因此獨自隱居下來，考查論說這些世書俗說的虛實真偽情況。

充為人清重[1]，游[2]必擇友，不好苟交[3]。所友位雖微卑，年雖幼稚，行苟[4]離俗[5]，必與之友。好[6]傑友[7]雅徒[8]，不泛[9]結俗材。俗材因其微過，蜚條[10]陷[11]之，然終不自明，亦不非怨[12]其人。或曰：「有良材奇文，無罪見陷，胡[13]不自陳[14]？羊勝[15]之徒，摩口膏舌[16]；鄒陽自明，入獄復出。苟有全完[17]之行，不宜為人所缺[18]；既耐[19]勉自伸[20]，不宜為人所屈[21]。」答曰：不清不見塵[22]，不高不見危[23]，不廣不見削[24]，不盈[25]不見虧。士茲[26]多口[27]，為人所陷[28]，蓋亦其宜。好進[29]故自明，憎退[30]故自陳。吾無好憎，故默無言。羊勝為讒，或使[31]之也；鄒陽得免，或拔[32]之也。孔子稱命[33]，孟子言天[34]，吉凶安危，不在於人。昔人[35]見之，故歸之於命，委[36]之於時[37]，浩然[38]恬忽[39]，無所怨尤[40]。福至不謂己所得，禍到不謂己所為。故時進意不為豐㊶，時退志不為虧㊷。不嫌㊸虧以求盈，不違㊹險以趨㊺平；不鬻㊻智以干祿㊼，不辭爵以弔名㊽；不貪進以自明，不惡退以怨人。同安危而齊死生，鈞㊾吉凶而一㊿敗成，遭十羊勝，謂之無傷。動(51)歸於天，故不自明。

【章　旨】此章自述其為人與交友的基本準則。

【注　釋】❶清重　清高莊重。❷游　交遊；結交朋友。❸苟交　濫交朋友。❹苟　如果。❺俗　低級庸俗。❻好　喜歡。❼傑友　才能出眾的人。❽雅徒　品德高尚的人。❾泛　濫。❿蜚條　飛條。即飛書，猶今之匿名信。蜚，通「飛」。⓫陷　誣陷。⓬非怨　責怪和怨恨。⓭胡　何；為什麼。⓮陳　陳述；申辯。⓯羊勝　人名。西漢人，梁孝王劉武的門客，曾為梁孝王密謀策劃當帝位繼承人。事見《漢書・梁孝王傳》。⓰摩口膏舌　利嘴油舌。形容人的嘴巴厲害，善於撥弄是非，誣陷別人。摩，砥礪；磨鍊。膏，潤滑。⓱全完　完美無缺。⓲缺　毀傷。⓳耐　通「能」。⓴伸　表白。㉑屈　冤屈；冤枉。㉒塵　被灰塵汙染。㉓危　危險。㉔削　減。㉕盈　滿。㉖茲　此；這樣。㉗多口　多口舌。指遭受各方面的誹謗攻擊。㉘陷　陷害。㉙進　仕進；當官。㉚退　貶退；丟官。㉛使　指使。㉜拔　解救。㉝命　天命。《論語・憲問》：「子曰：道之將行也歟，命也；道之將廢也歟，命也。」㉞孟子言天　《孟子・梁惠王下》：「孟子曰：行，或使之；止，或尼之。行、止，非人所能也。吾之不遇魯侯，天也，臧氏之子，焉能使予不遇哉！」參見本書〈偶會篇〉。㉟昔人　古人。㊱委　歸結。㊲時　時運；時勢。㊳浩然　形容心胸開闊的樣子。㊴恬忽　坦然不在意。㊵怨尤　怨恨。㊶豐　躊躇滿志。㊷虧　言灰心喪氣。㊸嫌　嫌棄；討厭。㊹違　逃避。㊺趨　追逐。㊻鬻　賣。㊼干祿　求取祿位。㊽弔名　即「釣名」。沽名釣譽。㊾鈞　通「均」。等同。㊿一　相同；一樣。(51)動　動輒；往往。

【語　譯】王充為人清高莊重，結交朋友一定有所選擇，不喜歡濫交朋友。所交的朋友，地位雖然卑微，年齡雖然幼稚，如果操行脫離了世俗，就一定同他交朋友。喜愛才能出眾的朋友和品德高尚的人，不濫交結庸俗低劣的人。庸俗的人抓住他的微小過失，寫匿名信誣陷他，但他始終不自我表白，也不責怪和怨恨那些人。有人說：「人有優秀才能和奇妙文章，沒有罪過而被陷害，為什麼不自己申辯？羊勝之類人，嘴巴很厲害，善於撥弄是非，誣陷別人；鄒陽上書表白自己，入獄又釋放出來了。如果有完美無缺的操行，就不應該被人毀傷；既然能夠竭力為自己表白，就不應該被人冤枉。」我回答道：不清潔的東西就不存在被灰塵汙染的問題，不高的東西就不存在有什麼危險，不寬廣的東西就不存在被削減的威脅，不滿的東西就不存在被虧損的問題。有才能的人這樣遭受各方面的誹謗和攻擊，被人陷害，恐怕也是不奇怪的。喜歡做官所以必須自我標榜，憎恨丟官所以必須自我申辯。我沒有好惡之心，所以沈默無言。羊勝被人讒害，也許有什麼力量在指使這樣做；鄒陽得以免罪釋放，也許有什麼力量在解救他。孔子稱是天命，孟子說是天意，這就是說人的吉凶安危，並不決定於人。古人看到這一點，所以歸結於天命，歸結於時運，心胸坦然平靜，沒有什麼怨恨的。福佑到了而不認為是自己取得的，災禍來了而不認為是自己造成的。所以升官了而不感到躊躇滿志，丟了官而不因此灰心喪氣。不會因為厭棄貧賤而去追求富貴，不會因為逃避險惡的遭遇而去追逐平安舒適的生活；不賣弄才智去求取祿位，不計較爵位的高低而去沽名釣譽；不貪求高官而自我標榜，不厭惡丟官而怨天尤人。把安與危、死與生看得是一樣，把吉與凶、失敗與成功看成是一樣，即使碰到十個羊勝之類的人，也認為沒有什麼傷害一樣。一切歸結於天命，所以不需要自我表白。

充性恬澹❶，不貪富貴。為上❷所知，拔擢❸越次❹，不慕高官；不為上所知，貶黜❺抑❻屈❼，不恚❽下位。比❾為縣吏，無所擇❿避⓫。或曰：「心難而行易⓬，好友同志，仕⓭不擇地⓮，濁操⓯傷行⓰，世何效放⓱？」答曰：可效放者，莫過孔子。孔子之仕，無所避矣。為乘田⓲委吏⓳，無於邑⓴之心；為司空㉑相國，無說豫㉒之色。舜耕歷山㉓，若終㉔不免；及受堯禪㉕，若卒㉖自㉗得。憂德之不豐㉘，不患爵之不尊；恥名之不白㉙，不惡位之不遷㉚。垂棘㉛與瓦同櫝㉜，明月㉝與礫㉞同囊，苟有二寶之質，不害為世所同。世能知善，雖賤猶顯㉟；不能別白㊱，雖尊猶辱㊲。處卑與尊齊操，位賤與貴比德㊳，斯㊴可矣。

【章　旨】此章自述為官態度。

【注　釋】❶恬澹　恬靜澹泊；不追求名利。❷上　上司。❸拔擢　提拔。❹越次　超越等次；越級。❺貶黜　降職、罷官。❻抑　被壓抑。❼屈　受委屈。❽恚　恨；怨恨。❾比　屢次。❿擇　選擇；挑選。⓫避　迴避；推辭。⓬行易　行為一般。易，平；尋常；一般。⓭仕　做官。⓮地　職位。⓯濁操　玷汙節操。⓰傷行　敗壞品行。⓱效放　效法；學習。放，通「仿」。⓲乘田　古代官名。春秋時魯國主管畜牧的小官吏。《孟子・萬章下》：「（孔子）嘗為乘田矣。」趙岐注：「乘田，苑囿之吏也，主六畜之芻牧者也。」⓳委吏　古代掌管糧倉的小官吏。《孟子・萬章下》：「孔子嘗為委吏矣。」趙岐注：「委吏，主委積倉廩之吏也。」⓴於邑　同「嗚唈」。鬱鬱不樂。㉑司空　古代大官名。主管土木工程。孔子曾做過魯國的司空，見《史記・孔子世家》。相國，官名。相當於後來的丞相。㉒說豫　高興。說，通「悅」。㉓歷山　古山名。舜的耕地。《墨子・尚賢下》：「昔者舜耕於歷山，陶於河瀕，漁於雷澤，灰於常陽，堯得之服澤之陽，立為天子。」㉔終　終生；一輩子。㉕禪　君主禪讓。㉖卒　終究。㉗自　當然；應該。㉘豐　厚；高尚。㉙白　清白。㉚遷　升遷。㉛垂棘　古地名。春秋晉地，以產美玉著稱，確址無考。後以此借代美玉。㉜櫝　木匣子。㉝明月　指明月之珠。㉞礫　碎石。㉟顯　高貴。㊱別白　分別黑白。㊲辱　羞辱；可恥。㊳比德　品德相同。㊴斯　這。

【語　譯】王充性情恬靜澹泊，不追求名利，不貪圖富貴。為上級官吏所了解，就可以破格提拔，而王充並不仰慕高官厚祿；不為上級官吏所了解，就會降職罷官，被壓抑，受委屈，也不因為官小位卑而怨恨。屢次做縣吏，他沒有挑選和推辭的。有人說：「思想難能可貴而行為一般，喜歡結交志同道合的人，當官而不選擇職位好壞，玷汙了節操，敗壞了品行，有什麼值得世人學習的？」我回答說：值得學習的人，莫過於孔子。孔子當官，沒有什麼推辭的了。做掌管畜牧的小吏也好，做管理糧倉的小吏也好，他都沒有鬱鬱不樂的心，做司空也好，當相國也好，也沒有半點興高采烈的臉色。舜在歷山耕種，好像心甘情願地在那裡過一輩子似的；等到他接受堯的禪讓，又好像是他自己終究應該得到帝王之位一樣。一個人最怕品德不高尚，不怕官位不尊貴；恥於名聲不清白，不厭惡自己的官位不能升遷。美玉與瓦片一起混雜在一個木匣子裡，明月之珠與碎石同放在一個袋子中，如果具有美玉和珍珠這兩種寶物的質地，那麼就不怕世人把珠玉混同成瓦礫了。世人如果能識別善惡，那麼即使地位卑賤也還是很高貴的；如果不能分別黑白，那麼即使地位尊貴也還是很羞辱的。只要地位處於卑賤和尊貴時操守是一樣，只要地位卑賤和尊貴時品德相同，這就可以了。

俗性貪❶進忽❷退，收❸成❹棄❺敗。充升擢在位之時，眾人蟻附❻；廢退窮居，舊故❼叛去❽。志❾俗人之寡恩❿，故閑居作《譏俗節義》⓫十二篇。冀俗人觀書而自覺，故直露⓬其文，集⓭以俗言⓮。或譴謂之淺，答曰：以聖典⓯而示小雅⓰，以雅言⓱而說丘野⓲，不得所曉⓳，無不逆⓴者。故蘇秦精說㉑於趙，而李兌㉒不說㉓；商鞅以王說秦㉔，而孝公不用㉕。夫不得心意所欲，雖盡堯、舜之言，猶飲牛以酒，啖㉖馬以脯㉗也。故鴻麗㉘深懿㉙之言，關㉚於大而不通於小。不得已而強聽，入胸者少。孔子失馬於野，野人閉不與㉛，子貢妙稱㉜而怒，馬圄㉝諧㉞說而懿。俗曉形露之言，勉以深鴻之文，猶和㉟神仙之藥以治鼽㊱咳，製貂狐之裘㊲

以取薪㊳菜也。且禮有所不偫㊴，事有所不須。斷決㊵知辜㊶，不必皋陶；調和葵韭，不俟㊷狄牙㊸。閭巷㊹之樂，不用〈韶〉、〈武〉㊺；里母㊻之祀，不待太牢㊼。既有不須，而又不宜。牛刀割雞㊽，舒戟㊾采葵，鈇鉞裁箸㊿，盆盎酌(51)卮(52)，大小失宜(53)，善(54)之者希(55)。何以為辯？喻深以淺。何以為智？喻難以易。賢聖銓(56)材之所宜，故文能為深淺之差。

【章旨】此章為《譏俗節義》之淺薄進行自我辯解。

【注釋】❶貪 追求；喜愛。❷忽 忽視；輕視。❸收 接收。此指巴結。❹成 成功得志的。❺棄 唾棄；鄙棄。❻蟻附 像螞蟻成群地爬在食物上一樣。❼舊故 老朋友；老同事。❽去 離開。❾志 同「誌」。記載。❿寡恩 忘恩負義。⓫譏俗節義 此處有人斷為《譏俗》、《節義》，實有不妥。⓬直露 直截了當地表露出來。⓭集 摻雜。⓮俗言 民間語言；通俗語言。⓯聖典 聖人的經典著作。此指深奧的著作。⓰小雅 小牙；小孩子。雅，通「牙」。⓱雅言 典雅的語言。⓲丘野 山野；田野。此指居住在農村的人。⓳曉 告訴。⓴逆 反；格格不入。㉑精說 以精深的道理遊說。㉒李兌 人名。趙國大臣。㉓說 通「悅」。㉔秦 指秦孝公。㉕用 採用。㉖啖 餵。㉗脯 乾肉。㉘鴻麗 鴻大華麗。㉙深懿 精深美妙。㉚關 通「貫」。通用；適用。㉛孔子失馬於野二句 《呂氏春秋．必己》所載略有出入，言孔子的馬吃了道旁的莊稼，農夫扣留了他的馬。野人，農夫。閉，關閉；扣留。與，給與。㉜妙稱 用美妙的言語去勸說農夫放馬。㉝馬圉 養馬的人。㉞諧 詼諧；說話有趣。參見本書〈逢遇篇〉。㉟和 調和；配製。㊱鼽 鼻子不通。指傷風感冒。㊲裘 皮衣。㊳薪 柴禾。㊴偫 具備。㊵斷決 判決。㊶辜 罪過。㊷俟 等待。㊸狄牙 亦名「易牙」。齊桓公的大臣，擅長調味。㊹閭巷 民間。㊺韶武 古代的雅樂。〈韶〉是舜的樂章，〈武〉是周武王的樂章。㊻里母 里社。古代鄉人祭祀土地神的地方。㊼太牢 古代帝王、君主祭祀時，牛、羊、豬三牲齊備，稱之為「太牢」。㊽牛刀割雞 《論語．陽貨》：「割雞焉用牛刀？」比喻使用的手段大小不恰當。㊾舒戟 長戟。㊿裁箸 削製筷子。(51)酌 斟酒。(52)卮 酒杯。此指酒。(53)失宜 失當。(54)善稱贊。55希　少。56銓　衡量。

【語　譯】一般人的性情是喜愛做官的人而輕視被貶退的人，巴結成功得志的人而鄙棄失敗的人。王充升官在位的時候，許多人像螞蟻成群地爬在食物上一樣投靠他；而當他被免官、生活窮困的時候，那些舊交故友都一一背叛了他，離開了他。為了記載俗人的忘恩負義，所以閒居時寫作了《譏俗節義》凡十二篇文章。希望俗人觀看了這些文章而自己覺悟起來，所以它的文字表述得直截了當，並摻雜以通俗的語言。有人進行指責，認為文章很淺薄。我回答道：把聖典式的深奧著作拿給小孩子去看，用貴族之間交流的典雅語言去說給山野人家聽，他們就不可能知道講的是什麼，沒有一個不感到格格不入的。因此蘇秦曾經用精深的道理去遊說趙國，但李兌並不樂意接受；商鞅以先王之道去勸說秦孝公，而秦孝公卻不予採用。不符合別人心中所想的話，即使全部是堯、舜的言論，也好像是把酒拿去給牛喝，把乾肉拿去給馬吃一樣。所以鴻富華麗、精深美妙的語言，適用於大人君子而不適用於小人庸夫。不得已而要求勉強去聽，那聽進去的人就很少了。孔子在野外丟失了馬，農夫把馬扣留了不願歸予主人，子貢用漂亮的語言去勸說農夫，反而使對方發怒了，養馬的人用幽默詼諧的話去勸說，農夫卻認為講得很好。一般人只懂得形象淺露的語言，勉強給他們講讀精深鴻大的文章，就如同給人配製神仙之藥來治療傷風感冒咳嗽，製作貂皮、狐皮的衣服穿著去打柴、挖野菜一樣。況且禮儀無論規定得如何周到，總還有不完備的地方，事情也有不必這樣做的時候。判決知罪的人，不一定由皋陶擔任；烹調葵韭等一般的菜肴，不必等待狄牙親自動手。民間的樂曲，不一定都用〈韶〉、〈武〉；鄉人祭祀土地神，不必待用太牢。事情既有不必這樣做的，又有不宜這樣做的。用牛刀殺雞，用長戟採葵，用鈇鉞之類兵器削筷子，用盆子瓦罐酌酒，都比喻使用的手段大小不恰當，稱贊這樣做的人當然很少。怎麼才算善辯？就是善於用淺顯的事物來比喻深刻的道理。怎麼才算有智慧？就是善於用易懂的事例來比喻難懂的問題。賢人、聖人善於衡量人的才智的高低，所以能寫出深淺不同的文章來。

充既疾❶俗情，作《譏俗》之書；又閔❷人君之政，徒欲治人，不得其宜，不曉其務，愁精苦思，不睹所趨，故作《政務》之書。又傷❸偽書俗文多不實誠❹，故為《論衡》之書。夫賢聖歿❺而大義分❻，蹉跎❼殊趨，各自開門❽。通人❾觀覽，不能訂銓❿。遙⓫聞傳授，筆寫耳取⓬，在百歲之前。歷日彌久，以為昔古之事，所言近是⓭，信之入骨，不可自解，故作是論⓮。其文盛，其辯爭⓯，浮華虛偽之語，莫不澄定⓰。沒⓱華虛⓲之文，存敦厖⓳之樸⓴；撥㉑流失之風㉒，反㉓宓戲之俗㉔。

【章旨】此章重申《論衡》等書之寫作目的動機。

【注釋】❶疾　痛恨。❷閔　憂慮。❸傷　痛心。❹實誠　真實；實事求是。❺歿　死。❻分　分歧。❼蹉跎　失時；耗費很長時間。❽各自開門　各立門戶，建立各種學派。❾通人　博通古今的人。❿訂銓　訂正衡量。⓫遙　遙遠；久遠。⓬取　聽取。⓭近是　接近正確；大都是對的。⓮是論　這部論著。指《論衡》。⓯爭　競爭激烈。⓰澄定　澄清訂正。⓱沒　消除。⓲華虛　華而不實。⓳敦厖　敦厚。⓴樸　淳樸。㉑撥　矯正。㉒流失之風　流行的不正之風。㉓反　同「返」。恢復。㉔宓戲之俗　指古老淳樸的社會風尚。宓戲，即伏羲氏。

【語譯】我既痛恨庸俗的社會風氣，所以寫作了《譏俗》一書；又憂慮君主的政治，徒然想治理百姓，卻不得其要領，不通曉它的事務，勞精費神，冥思苦想，看不清努力的方向，所以又寫作了《政務》一書。又痛恨那些偽書俗文多不真實，所以寫作《論衡》一書。賢人、聖人一去世，於是經書的大義出現了分歧，長期朝著不同的方向發展，各自形成了不同的學派。博通古今的人，也不能訂正評論清楚。久遠的傳說代代相傳，有的用筆寫，有的憑耳朵聽取，都是上百年之前的東西。經歷的時日越久遠，以為是古代的事情，所說的大都是正確的，從內心深處相信它，完全陷入了不可自拔的境地，所以我才寫作這部《論衡》。《論衡》文字繁多，爭辯激烈，對於那些浮華虛偽的說法，無不加以澄清訂正。消除華而不實的文風，保存敦厚淳樸的本質；矯正流行的不正之風，恢復淳樸的社會習俗。

充書形露易觀。或曰：「口辯者其言深，筆敏❶者其文沈❷。案經藝之文❸，賢聖之言，鴻重優雅，難卒❹曉睹。世讀之者，訓古❺乃下。蓋賢聖之材鴻，故其文語與俗不通。玉隱石間，珠匿魚腹，非玉工珠師，莫能采得。寶物以隱閉不見❻，實語❼亦宜深沈難測。《譏俗》之書，欲悟俗人，故形露其指❽，為分別❾之文。《論衡》之書，何為復然？豈材有淺極❿，不能為覆⓫？何文之察⓬，與彼⓭經藝殊軌轍⓮也？」

答曰：玉隱石間，珠匿魚腹，故為深覆；及玉色剖於石心，珠光出於魚腹，其⓯猶隱⓰乎？吾文未集於簡札⓱之上，藏於胸臆⓲之中，猶玉隱珠匿也；及⓳出荴露⓴，猶玉剖珠出乎！爛若天文㉑之照㉒，順㉓若地理㉔之曉㉕，嫌疑㉖隱微㉗，盡可名處㉘，且名白㉙事自定也。《論衡》者，論之平㉚也。口則務㉛在明言㉜，筆則務在露文㉝。高士㉞之文雅㉟，言無不可曉，指㊱無不可睹。觀讀之者，曉然㊲

若盲之開目，聆然[38]若聾之通耳。三年盲子，卒見父母，不察察[39]相識，安[40]肯說[41]喜？道畔[42]巨樹，塹[43]邊長溝，所居昭察[44]，人莫不知。使樹不巨而隱，溝不長而匿，以斯[45]示人，堯、舜猶惑[46]。人面色部[47]七十有餘，頰[48]肌明潔，五色[49]分別，隱微憂喜，皆可得察，占射[50]之者，十不失一。使面黝而黑醜，垢重襲[51]而覆部[52]，占射之者，十而失九。夫文由[53]語[54]也，或[55]淺露分別，或深迂[56]優雅[57]，孰為辯[58]者？故口言以明志[59]，言恐滅遺，故著[60]之文字。文字與言同趨[61]，何為猶當隱閉指意[62]？獄[63]當[64]嫌辜[65]，卿決疑事，渾沌[66]難曉，與彼分明可知，孰為良吏？夫口論[67]以分明為公[68]，筆辯以荴露為通[69]，吏文[70]以昭察為良。深覆典雅[71]，指意難睹，唯賦頌[72]耳[73]！經傳之文，賢聖之語，古今言殊，四方談異[74]也。當言事時，非務難知，使指[75]閉隱也。後人不曉，世相離遠，此名曰語異，不名曰材鴻。淺文讀之難曉，名曰不巧[76]，不名曰知明[77]。秦始皇讀韓非之書，歎曰：「獨不得此人同時！」其文可曉，故其事可思。如深鴻優雅，須師乃學，投之於地，何歎之有？夫筆著者，欲其易曉而難為，不貴難知而易造[78]；口論務解分而可聽，不務深迂[79]而難睹[80]。孟子相賢，以眸子明瞭者[81]；察文[82]，以義[83]可曉[84]。

【章　旨】此章係王充為《論衡》等書之「形露易觀」進行辯駁。

【注　釋】❶筆敏　擅長寫文章。❷沈　深沈；含蓄。❸經藝之文　指《詩》、《書》、《易》、《禮》、《樂》、《春秋》六部儒家經書。合稱「六經」。《史記・滑稽列傳》：「孔子曰：『六藝於治一也，《禮》以節人，《樂》以發和，《書》以道事，《詩》以達意，《易》以神化，《春秋》以道義。』」劉歆《七略》著錄六經經籍，稱為「六藝略」，見《漢書・藝文志》，故「六經」又稱之為「六藝」。❹卒　通「猝」。倉猝；一下子。❺訓古　即「訓詁」。解釋古書詞句的意義。以通俗的話解釋詞義謂之「訓」，以當代的話解釋古代詞語或以普遍通行的話解釋方言謂之「詁」。《爾雅》有〈釋詁〉、〈釋訓〉，晉人郭璞〈爾雅序〉云：「夫《爾雅》者，所以通詁訓之指歸。」疏云：「詁，古也，通古今之言使人知也。訓，道也，道物之貌以告人也。」訓詁，亦作「詁訓」、「訓故」、「故訓」。《漢書・藝文志》云：「漢興，魯申公為《詩》訓故。」又卷三六〈劉歆傳〉云：「初，《左氏傳》多古字古言，學者傳訓詁而已。」❻見　同「現」。外露。❼實語　真實的話；至理名言。❽指　通「旨」。用意。❾分別　分明；通俗易懂。❿淺極　淺薄到了極點。⓫覆　掩蓋；含蓄。⓬察　明白；淺顯。⓭彼　那些。⓮殊軌轍　比喻截然不同。軌轍，車輪輾過的痕跡。⓯其　通「豈」。難道。⓰隱　隱秘。⓱簡札　竹簡和木簡。⓲胸臆　指內心。⓳及　等到。⓴扶露　展露。扶，形容水上荷葉舒展清秀。引申為舒展、展開。㉑天文　指日月星辰。㉒照　照耀；光輝。㉓順　條理清楚。㉔地理　指山脈河流。㉕曉　清晰。㉖嫌疑　不確定；不清楚。㉗隱微　不明白。㉘名處　說出名目；作出判斷。㉙名白　概念清楚明白。㉚論之平　論之衡。指言論是非的衡量標準。平，衡。指秤。舊指一種衡量的標準。㉛務　務求；力求。㉜明言　使語言明白。㉝露文　使文字清楚。㉞高士　才高學富的人。㉟文雅　文章優美。㊱指　通「旨」。思想內容。㊲曉然　明白清楚的樣子。㊳聆然　聽得真切的樣子。㊴察察　清清楚楚。㊵安　怎麼。㊶說　同「悅」。㊷道畔　路旁。㊸塹　護城河。㊹昭察　明顯。㊺斯　此；這個。㊻惑　迷惑；看不清楚。㊼人面色部　古代相面術認為人的面孔有七十多個部位，根據這些部位的氣色變化情況，便可測定吉凶。色，氣色。部，部位。㊽頰　面頰。㊾五色　泛指各種不同的氣色。㊿占射　由占卜預測吉凶。此指相面、看相。(51)垢重襲　汙垢重疊。(52)覆部　遮蓋了面部。(53)由　通「猶」。如同。(54)語　說話。(55)或　有的。(56)深迂　深奧迂迴曲折；拐彎抹角。(57)優雅　優美文雅；不通俗。(58)辯　能言善辯。(59)明志　表達志向。(60)著　寫；記錄。(61)趨　趨向；目的。(62)指意　旨意；宗旨。(63)獄　獄吏。此指負責審判的官吏。(64)當　審判定罪。(65)嫌辜　疑難案件。(66)渾沌　含糊不清。(67)口論　口頭論說。(68)公　通「工」。精巧。(69)通　通達。(70)吏文　公文。(71)典雅　引經據典，文辭優雅。(72)賦頌　古代盛行的兩種文體。(73)耳　而已；罷了。(74)談異　方言不同。(75)指　通「旨」。宗旨；主旨。(76)不巧　笨拙。(77)知明　才智高明。知，通「智」。(78)易造　不費氣力的作品。(79)深迂　深奧曲折。(80)睹　了解。(81)孟子相賢二句　事見《孟子・離婁上》。相，識別。眸子，瞳仁。(82)察文　觀察文章好壞。(83)義　義理；道理。(84)曉　通曉；明白。

【語譯】王充的書文字淺顯容易看懂。有人說：「善於說話的人，他的話很精深，擅長寫文章的人，他的文章一定很深沈含蓄。考察《詩》、《書》、《易》、《禮》、《樂》、《春秋》六部經書的文章，都是聖賢所說的話，博大精深，優美文雅，就難以一下子讀懂。世上閱讀經書的人，必須依靠訓詁才能讀下去。這大概是因為聖賢的才能高大，所以他們的文章語言與一般的社會語言不相通用。寶玉隱藏在石頭之間，珍珠深藏在魚腹之中，不是玉工珠師，就不能採集得到。寶物尚且隱閉而不外露，至理名言也應該深沈含蓄難以預測。《譏俗》的寫作，既然是想使一般人覺悟，所以語言表露出作者的用意，寫出通俗易懂的文字。《論衡》的寫作，為什麼又要這樣呢？莫非是作者的才能淺薄到了極點，根本不能寫作含蓄深刻的作品來。不然為什麼文章寫得這樣淺顯明白，與那些儒家經書殊軌異轍呢？」

王充回答道：寶玉隱藏在石頭之間，珍珠深藏在魚腹之中，所以變得深沈含蓄。等到寶玉從石頭中間剖出來，珍珠從魚腹之中取出來，難道還有什麼隱秘嗎？我的文章還沒有寫在竹簡木簡之上的時候，深藏在內心之中，如同寶玉隱藏在石頭之間和珍珠深藏在魚腹之中一樣。等到文章像出水芙蓉一樣出於胸臆之中，展露在外，也就如同寶玉被剖出、珍珠被取出一樣啊！燦爛如同日月星辰一樣照耀大地，條理如同山脈河流一樣清晰，凡是不清楚、不明白的事情，都可以弄得一清二楚，而且名目一旦弄清楚明白，事情也自然就確定下來了。《論衡》，就是衡量言論是非真偽的標準。張口就要力求把話說明白，動筆就要力求把文章寫清楚。才高學富的人的文章很優美，語言沒有說得不可以明白的，主旨沒有不可以看懂的。觀看、閱讀它的人，明白清楚得像盲人睜開了眼目，聽得真切的樣子好像聾子打通了耳朵。眼睛瞎了多年的孩子，突然開眼看到父母親，不清清楚楚地相識，怎麼能高興喜悅呢？路旁的大樹，護城河邊的長溝，所在的位置很明顯，人沒有不知道的。假如樹不大而且隱蔽起來，溝不長而且隱藏起來，把這個指示給人看，即使是堯、舜也還是看不清楚的。人的面孔有七十多個部位，面頰肌膚明潔，各種氣色分明，隱秘微小的憂慮和喜悅的感情，都可以看得明白，給他相面的人，十個當中不差一個。如果面色黝黑，醜陋不堪，汙垢重疊，遮蓋了面部，給他相面的人，十個當中有九個要失誤。寫文章如同說話一樣，有的淺顯明白，有的深曲典雅，誰是能言善辯的人？所以人用嘴巴說話以表達志向，說過的話又生怕遺忘消失，因而把自己所說的話用文字記載下來。文章與說話的目的是相同的，為什麼寫文章還應當把自己的主旨隱藏起來呢？司法官審判嫌疑罪犯，廷尉判決疑難案件，含糊不清，使人難以分清是非，與那個辦得是非分明的相比，哪一個是優秀的司法官吏？口頭論說以論說得很清楚明白為精美，寫文章爭辯以像出水芙蓉一樣展露為通達，公文以昭示清楚為最佳。深沈含蓄，引經據典，文辭優雅，思想內容難懂，只有賦、頌二種文體而已！經書和解釋經書的文字，聖賢的語言，之所以不容易弄懂，主要是由於古今的語言不同，各個地方的方言有差別啊。當時所說的事情，並不是竭力要使人難懂，讓文章的主旨隱藏起來。後人不懂它的意思，是因為時代相距太遠了。這只能說是語言不同，不能說是才能有大有小造成的啊。淺顯的文章，讀了它仍然難懂，這叫做笨拙，不能叫做才智高明。秦始皇讀韓非的著作，感歎說：「我怎麼偏偏不能同這個人生活在一起呢！」韓非的文章可以使人讀懂，所以他說的事情才那樣引人深思。如果是深奧博大優雅的文章，要等老師指點以後才能學懂，把它丟在地上，又有什麼好歎息的呢？提筆寫文章的，應當力求文章通俗易懂，但寫作時卻很費氣力，不應推崇那種晦澀難懂而容易寫作的文章；口頭論說要力求解釋明白，使人可以聽懂，不要力求深奧曲折，使人很難懂得。孟子識別賢人，以瞳仁清亮與否為標準；考察文章，應當以其中的道理是否說得明白為標準。

充書違詭❶於俗。或難曰：「文貴夫順合眾心，不違人意，百人讀之莫譴，千人聞之莫怪。故《管子》曰：『言室滿室，言堂滿堂。』今殆❷說❸不與世同，故文刺❹於俗，不合於眾。」

答曰：論貴是❺而不務❻華，事尚❼然❽而不高❾合❿。論說辯⓫然否，安得不譎⓬常心，逆⓭俗耳？眾心非而不從，故喪⓮黜⓯其偽而存定其真。如當從眾順人心者，循舊守雅⓰，諷⓱習⓲而已，何辯之有！孔子侍坐於魯哀公，公賜桃與黍，孔子先食黍而啖桃，可謂得食序矣，然左右皆掩口而笑，貫俗之日久也⓳。今吾實猶孔子之序食也，俗人違之，猶左右之掩口也。善雅歌，於鄭為不悲⓴；禮舞㉑，於趙為不好。堯、舜之典㉒，伍伯㉓不肯觀；孔、墨之籍，季、孟㉔不肯讀。寧㉕危㉖之計，黜㉗於閭巷；撥世之言，訾㉘於品㉙俗。有美味於斯，俗人不嗜，狄牙甘㉚食；有寶玉於是㉛，俗人投㉜之，卞和佩服㉝。孰是孰非？可信者誰？禮俗相背，何世不然？魯文逆祀，去者三人㉞；定公順祀，畔者五人㉟。蓋獨是㊱之語，高士不舍㊲，俗夫不好㊳；感眾㊴之書，賢者欣頌，愚者逃頓㊵。

【章旨】此章對有人非難《論衡》違反世俗人心進行辯駁，理直氣壯，言辭精美。

【注釋】❶違詭　違反。❷殆　大概；幾乎。❸說　學說；觀點。❹刺　違背。❺是　正確。❻務　追求。❼尚　崇尚；講究。❽然　正確；做得對。❾高　推崇。❿合　迎合。⓫辯　通「辨」。辨別。⓬譎　違背。⓭逆　不順應。⓮喪　消除。⓯黜　排斥；貶斥。⓰雅　常規。⓱諷　誦讀。⓲習　學習。⓳孔子侍坐於魯哀公六句　《韓非子．外儲說左下》記載：「孔子侍坐於魯哀公，哀公賜之桃與黍。哀公曰：『請用。』仲尼先飯黍，而後啗桃。左右皆掩口而笑。哀公曰：『黍者，非飯之也，以雪桃也。』仲尼對曰：『丘知之矣。夫黍者，五穀之長也，祭先王為上盛。果蓏有六，而桃為下，祭先王不得入廟。丘聞之也，君子以賤雪貴，不以貴雪賤。今以五穀之長雪果蓏之下，是從上雪下也。丘以為妨義，故不敢以先於宗廟之盛也。』」侍坐，陪坐。啖，吃。食序，進食的先後次序。貫，通「慣」。習慣。⑳善雅歌二句　春秋時代，鄭、衛二國盛行民間音樂，雅樂在這些國家不受歡迎。雅歌，正聲。《後漢書・祭遵列傳》：「對酒設樂，必雅歌投壺。」李賢注：「雅歌，謂歌『雅』詩也。」於鄭，對於鄭國來說。悲，動聽。㉑禮舞　朝廷舉行各種典禮時用的舞蹈。㉒堯舜之典　指《尚書》中〈堯典〉、〈舜典〉。㉓伍伯　即五霸。指春秋時代的齊桓公、晉文公、楚莊王、宋襄公、秦穆公。㉔季孟　季孫氏、孟孫氏。㉕寧　安定。㉖危　危亂。㉗黜　廢棄；不理睬。㉘訾　詆毀。㉙品　眾。㉚甘　愛好。㉛是　此。㉜投　拋棄。㉝佩服　佩帶。㉞魯文逆祀二句　事見《公羊傳・文公二年》。注釋見本書〈定賢篇〉。魯文，即魯文公。㉟定公順祀二句　事見《公羊傳・定公八年》。注釋見本書〈定賢篇〉。定公，即魯定公。畔，通「叛」。離開。㊱獨是　獨到見解。㊲舍　捨棄。㊳好　愛好。㊴感眾　使眾人為之感動。㊵逃頓　跑掉；捨棄。

【語　譯】王充的書與世俗背道而馳。有人責難說：「寫文章貴在符合眾人的心意，不違背眾人的心意，百人讀了就不會指責，千人聽了就不會責怪。所以《管子》說：『在室內講話，滿室的人都感到滿意；在廳堂裡講話，滿堂的都感到滿意。』現在大概是自己的學說與世俗不同，所以寫出來的文章與世俗背道而馳，不符合社會上多數人的心意。」

王充回答道：論說貴在思想內容正確而不追求辭藻的華麗，辦事講求做得對而不以迎合別人心意為高妙。論說既然要辨別是非，怎麼能不違背常人的心意，不違反世俗的見解呢？因為眾人的意見是錯誤的，而我又不願同流合汙，所以要消除和貶斥那些虛偽的東西而保存和肯定那些真實的東西。如果應當順從眾人的意見，墨守舊規，那就誦讀學習而已，哪裡還要辨別是非呢！孔子陪同魯哀公坐，哀公賞賜給他桃與黍，孔子先吃黍而後吃桃子，可以說是能遵守進食的先後次序了，但是四周的人都捂著嘴巴暗笑，這是因為人們習慣於先吃桃而後吃黍的時間太久了。現在我的做法實際上就如同孔子按順序進食一樣，世俗的人們違反了進食的次序，就像哀公左右的人看見孔子先吃黍後吃桃而捂著嘴巴暗笑一樣。正規的雅樂，在鄭國卻認為不動聽；朝廷典禮用的舞蹈，在趙國卻不認為很優美。《尚書》中的〈堯典〉、〈舜典〉，春秋五霸卻不願意觀看；孔子、墨子的著作，季孫氏、孟孫氏就不願意閱讀。可使國家轉危為安的計策，一般老百姓就不感興趣；矯正世俗不良風氣的主張，必然會受到一般人的詆毀。有美味佳肴在這裡，一般俗人不嗜好，而狄牙卻喜歡吃；有珍珠寶玉在這裡，一般俗人拋棄它，而卞和卻佩帶它。誰是誰非？可以相信的是誰？禮法與世俗相違背，哪個時代不是這樣？魯文公違反祭祀祖先的正常順序，把生父魯僖公的神主牌位放在魯閔公之上，結果有三人憤然離去了；定公按照禮法的規定祭祀，將魯僖公的神主牌位又移到魯閔公之下，結果有五個臣子因為習慣於「逆祀」，對「順祀」不滿而離開了。大概是有獨到見解的話，才高學富的人不會捨棄，而凡夫俗子是不喜歡的；使眾人為之感奮的著作，有才能的賢人會欣喜地贊頌它，而愚蠢的人一定會丟棄它。

充書不能純美❶。或曰：「口無擇言❷，筆不擇文。文必麗以❸好，言必辯以巧。言瞭❹於耳，則事味❺於心；文察❻於目，則篇留於手❼。故辯言無不聽，麗文無不寫❽。今新書❾既在論譬❿，說⓫俗為⓬戾⓭，又不美好，於觀不快⓮。蓋師曠調音⓯，曲無不悲；狄牙和膳⓰，肴⓱無淡味。然則通人⓲造⓳書，文無瑕穢⓴。《呂氏》、《淮南》，懸於市門，觀讀之者，無訾一言㉑。今無二書之美，文雖眾盛㉒，猶多譴毀㉓。」

答曰：夫養實㉔者不育華㉕，調㉖行者不飾辭。豐草㉗多落英㉘，茂林多枯枝。為文欲顯白㉙其為㉚，安能令文而無譴毀？救火拯溺㉛，義㉜不得好㉝；辯論是非，言不得巧㉞。入澤隨㉟龜，不暇㊱調足㊲；深淵捕蛟，不暇定㊳手。言姦㊴辭簡㊵，指趨㊶妙遠㊷；語甘文峭㊸，務意淺小㊹。稻穀千鍾，糠皮太半㊺；閱錢㊻滿億，穿㊼決㊽出萬。大羹㊾必有淡味，至寶㊿必有瑕穢；大簡(51)必有不好，良工必有不巧。然則辯言必有所屈(52)，通文猶有所黜(53)。言金由貴家起，文糞自賤室出。《淮南》、《呂氏》之無累害(54)，所由出者，家富官貴也。夫貴，故得懸於市；富，故有千金副(55)。觀讀之者，惶恐畏忌，雖見乖不合，焉敢譴一字！

【章　旨】此章自述《論衡》並非完美無缺，駁斥有人攻其一點，不及其餘。

【注　釋】❶純美　完美無缺；盡善盡美。❷口無擇言　說話不說讓人挑剔的話。擇，選擇。此指挑剔、指摘。《孝經・卿大夫》：「是故非法不言，非道不行，口無擇言，身無擇行。」❸以　而。❹瞭　明白。此指動聽。❺味　玩味。❻察　清楚；值得一看。❼留於手　愛不釋手。❽寫　抄寫；傳抄。❾新書　近作。此指《論衡》。桓譚作《新論》，《論衡》步《新論》而作，故稱。❿論譬　論批；評論。⓫說　論說；批評。⓬為　則；就。⓭戾　乖戾；不合情理。⓮快　暢快；舒服。⓯調音　奏樂。⓰和膳　烹調食物。⓱肴　菜肴。⓲通人　博通古今的人。⓳造　寫作。⓴瑕穢　缺點；汙點。㉑呂氏淮南四句　據《史記・呂不韋列傳》載：「不韋乃使其客人人著所聞，集論以為八覽、六論、十二紀，二十餘萬言，以為備天地萬物古今之事，號曰《呂氏春秋》。布咸陽市門，懸千金其上，延諸侯、游士、賓客，有能增一字者，予千金。」又據《全後漢文・卷一三》引桓譚《新論》載，《淮南子》成書後，劉安也曾公布於都市門口，並懸賞千金，但當時無一人敢改動它。懸，掛。㉒眾盛　又多又長。㉓譴毀　譴責和反對。㉔實　果實。㉕華　同「花」。㉖調　調理；修養。㉗豐草　茂盛的草叢。㉘落英　落花。㉙顯白　公開表白。㉚為　目的；用意。㉛拯溺　搶救落水的人。㉜義　通「儀」。儀表；姿態。㉝好　美麗；好看。㉞巧　美好。㉟隨　追逐；捉拿。㊱不暇　沒時間；顧不上。㊲調足　調整步伐。㊳定　決定。㊴姦　通「干」。

干犯；直率。㊵簡　簡捷；直截了當。㊶指趨　宗旨。指，通「旨」。㊷妙遠　深遠。㊸峭　通「俏」。俏麗；華美。㊹務意淺小　指思想內容淺薄無聊。㊺太半　大半。㊻閱錢　聚錢。㊼穿　孔穴。指圓錢中心的方孔，用來穿繩子。㊽決　裂口。㊾大羹　太羹。古代用來祭祀的淡肉湯。㊿至寶　最珍貴的寶玉。(51)大簡　猶言大手筆。寫文章的高手。(52)屈　理虧。(53)黜　貶低；指責。(54)累害　遭受攻擊指責。(55)副　通「附」。相配。

【語　譯】我的著作不可能完美無缺。有人說：「說話不說使人挑剔的話，動筆不寫使人挑剔的文章。文章一定要宏麗而美好，言辭一定要雄辯而工巧。言語講得使人的耳朵感到動聽，所說的事情才能使人在心中再三玩味；文章使人值得一看，所寫的篇章才能使人愛不釋手。所以雄辯的議論，人們沒有不愛聽的；華麗的文章，人們沒有不爭相傳抄的。現在《論衡》既然在於議論、批評，評論世俗之見不合常情，又寫得不漂亮，所以讀起來就使人感到不暢快了。大概是師曠奏樂，樂曲無不動聽；狄牙烹調食物，菜肴沒有絲毫淡味。這樣說來，那麼博通古今的人著書作文，文章應當沒有缺點、汙點吧。《呂氏春秋》、《淮南子》寫成以後，懸掛在都市的城門上，有改動一字者，賞給千金，結果凡是觀看和閱讀的人，沒有指責它們一個字。現在《論衡》沒有《呂氏春秋》、《淮南子》二書那樣完美無缺，文章雖然又多又長，還是要遭到很多人的譴責和反對的。」

王充回答道：培養果實的人不在培育花朵上費氣力，修養操行的人不在言辭上用功夫。茂盛的草叢中往往多落花，茂密的樹林中往往多枯枝。寫文章想公開表白自己的觀點，怎麼能使自己的文章不遭受譴責和詆毀呢？一個人在救火或搶救落水者的時候，姿態不可能很好看；一個人在辯論是非的時候，言語不可能很美好。一個人進入湖泊之中去追逐烏龜的時候，就顧不上如何調整步伐了；到深淵中去捕捉蛟龍，就顧不上決定用哪隻手去捉了。言辭直率簡捷，但文章的主旨卻精妙深遠；語言華美甜蜜，但思想內容卻很淺薄無聊。稻穀千鍾，糠皮有大半；聚錢滿億，圓錢中心的方孔裂口就超過一萬。太羹必有淡味，至寶必有汙點；大手筆必有不討人喜歡的敗筆，最優秀的工匠必有不精巧的地方。既然這樣，那麼雄辯的言論也有說理不周密的地方，博通古今的文章也有可以廢棄的言辭。一字千金是因為它出自權貴之口，文如糞土是因為它出自平民之手。《淮南子》、《呂氏春秋》沒有遭到別人的攻擊和指摘，是因為它們出自富貴官僚之手。作者地位尊貴，所以能夠把書懸掛在都市城門之上；作者家庭富裕，所以才有千金相配來懸賞。那些觀看、閱讀這兩部書的人們，心中早就惶恐不安，感到畏懼忌諱了，即使看見書中有違背常情、不合事理的地方，怎麼敢譴責、篡改一個字！

充書既成，或稽合❶於古，不類❷前人。或曰：「謂之飾文❸偶辭❹，或徑❺或迂❻，或屈❼或舒❽。謂之論道，實事委瑣❾，文給甘酸❿，諧⓫於經不驗⓬，集⓭於傳不合，稽之子長不當⓮，內⓯之子雲不入。文不與前相似，安得名佳好、稱工巧？」

答曰：飾貌⓰以強類⓱者失形，調辭⓲以務似者失情。百夫⓳之子，不同父母，殊類⓴而生，不必相似，各以所稟㉑，自為佳好。文必有與合，然後稱善，是則代匠斲不傷手㉒，然後稱工巧也。文士之務，各有所從，或調辭以巧文，或辯偽以實事。必謀慮㉓有合，文辭相襲㉔，是則五帝不異事㉕，三王不殊業㉖也。美色㉗不同面，皆佳於目；悲音㉘不共聲，皆快於耳。酒醴㉙異氣，飲之皆醉；百穀殊味，食之皆飽。謂文當與前合，是謂舜眉當雜八彩㉚、禹目當復重瞳㉛。

【章旨】此章自述《論衡》不合古類前，以巧妙的比喻回敬時人的攻擊，闡明文章的個性化主張。

【注釋】❶稽合 考查對照。❷類 類似；相同。❸飾文 修飾文字。❹偶辭 排比字句。❺徑 直截了當。❻迂 曲折迴旋。❼屈　拐彎抹角。❽舒　平鋪直敘。❾委瑣　煩瑣。❿文給甘酸　形容文章內容雜駁。給，充斥。⓫諧　合。此指對照。⓬驗　符合。⓭集　雜。此指比較。⓮當　適當。⓯內　通「納」。歸入。⓰飾貌　修飾容貌。⓱強類　強求相似。⓲調辭　遣詞造句。⓳百夫　眾人；許多人。⓴殊類　不同族類。㉑稟　承受。指稟承父母的氣。㉒代匠斲不傷手　《老子》七十四章：「夫代大匠斲者，希有不傷其手矣。」意思是說，代替木匠去砍削木料的人，很少有不砍傷手的。斲，砍；削。㉓謀慮　此指構思。㉔襲　沿襲；沿用。㉕不異事　做同樣的事情。㉖不殊業　建立同樣的功業。㉗美色　美麗的面孔。㉘悲音　動聽的音樂。㉙酒醴　甜酒。泛指各種酒類。㉚八彩　傳說堯的眉毛有八種色彩。㉛重瞳　雙瞳仁。傳說舜的眼睛有雙瞳仁。

【語　譯】我的書已經寫成，有人把它拿來同古人的書加以對照考查，不同於前人的著作。於是有人說：「說你的著作是在修飾文字、賣弄辭藻吧，卻又有的直截了當，有的迂迴曲折，有的拐彎抹角，有的平鋪直敘。說你的著作是在論述大道理吧，講的都是實際而煩瑣的事情，文章內容雜駁，與經書對照不相符合，與傳書對比也不相稱，用司馬子長的《史記》考查不適當，與揚子雲的著作歸為一類也格格不入。文章不與前人的著述相類似，怎麼能稱為佳美、稱為工巧的著作呢？」

王充回答說：修飾容貌強求與別人相似的人就失去了自己的本來面目，遣詞造句力求與前人相似的人就喪失了自己要表達的思想感情。眾人的兒子，不同父母，不同族類而生，不一定形態相似，各自承受了父母的氣，各自都有美好的地方。如果文章一定要有與前人相雷同之處，然後才能稱為好文章，這就好比只有代替木匠去砍削木料而沒有傷手的人，然後才能稱得上技術工巧了。寫文章的人的追求，各人有不同的，有的人愛好修辭造句而使自己的文章更巧麗，有的人喜歡辨別真偽以弄清事實真象。如果一定要構思相同，文字詞藻相承襲，這就等於說五帝要做同樣的事情，三王要建立同樣的功業。美人的面孔長得並不是一樣的，但看上去都很漂亮；動聽的音樂並不是相同的聲調，但聽起來都很悅耳。各種酒類不同氣味，喝了它都會醉的；各種穀物不同味道，吃了都能飽肚。認為文章應與前人的著述相符合，這就好像是傳說舜的眉毛應當像堯一樣也有八種色彩，禹的眼睛應當像舜一樣也有兩個瞳仁。

充書文重❶。或曰：「文貴約❷而指❸通，言尚省而趨❹明，辯士之言要而達❺，文人之辭寡而章❻。今所作新書出萬言，繁不省，則讀者不能盡❼；篇非一，則傳者不能領❽。被❾躁人❿之名，以多為不善。語約易言，文重難得⓫。玉少石多，多者不為珍⓬；龍少魚眾，少者固⓭為神⓮。」

答曰：有是言也。蓋實言⓯無多⓰，而華文⓱無寡⓲。為世用⓳者，百篇無害；不為用者，一章無補。如皆為用，則多者為上，少者為下。累積千金，比於一百，孰為富者？蓋文多勝寡，財富愈⓴貧。世無一卷，吾有百篇；人無一字，吾有萬言，孰者㉑為賢？今不曰所言非，而云泰㉒多；不曰世不好善，而云不能領，斯㉓蓋㉔吾書所以不得省㉕也。夫宅舍多，土地不得小；戶口眾，簿籍㉖不得少。今失實之事多，華虛㉗之語眾，指實㉘定宜㉙，辯爭之言，安得約徑㉚？韓非之書，一條無異㉛，篇以十第㉜，文以萬數。夫形大，衣不得褊㉝；事眾，文不得褊。事眾文饒㉞，水大魚多；帝都㉟穀多，王市㊱肩磨㊲。書雖文重，所論百種。按古太公望，近董仲舒，傳作書篇百有餘㊳，吾書亦纔出百，而云泰多，蓋謂所以出者微㊴，觀讀之者，不能不譴呵㊵也。河水㊶沛沛㊷，比夫眾川，孰者為大？蟲繭㊸重厚，稱㊹其出絲㊺，孰者為多？

【章　旨】此章對有人認為《論衡》篇幅太多、文不簡約予以解釋，提出「實言無多，而華文無寡」的觀點，衡量尺度在於「為世用」。

【注　釋】❶文重　文章篇幅多、部頭大。❷約　簡練。❸指　通「旨」。❹趨　旨趣。❺要而達　扼要通達。❻寡而章　少而鮮明。章，通「彰」。顯著；鮮明。❼盡　讀完。❽領　接受。❾被　蒙受。❿躁人　浮躁話多的人。語出《易·繫辭下》。躁，浮躁。⓫難得　難以得當。⓬珍　珍貴。⓭固　本來。⓮神　神奇。⓯實言　平實之言；內容充實的文章。⓰無多　不嫌其多。⓱華文　華虛之文；華而不實的文章。⓲無寡　再少也不好。⓳為世用　為世所用；有益於社會；對世道人心有好處。⓴愈　勝過。㉑孰者　哪一個。㉒泰　通「太」。㉓斯　這。㉔蓋　大概。㉕省　簡略。㉖簿籍　戶口冊。㉗華虛　華而不實；虛妄浮艷。㉘指實　判斷虛實。㉙定宜　判斷是非。㉚約徑　簡短平直。㉛一條無異　貫穿一個中心，沒有別的。㉜第　排列次序。㉝褊　狹小。㉞饒　豐富。㉟帝都　帝王之都；國都。㊱王市　國都中的集市。㊲肩磨　肩膀碰肩膀。形容人多擁擠。㊳太公望三句　《漢書·藝文志》著錄《太公》二百三十七篇，著錄有「董仲舒百二十三篇」。太公望，呂尚。㊴微　低微。指地位卑賤。㊵呵　斥責。㊶河水　黃河之水。㊷沛沛　水勢洶湧澎湃貌。㊸蟲繭　蠶繭。㊹稱　量輕重。㊺出絲　繅出的蠶絲。

【語　譯】我的著作文字篇幅多、部頭大。有人說：「文章以簡練而主旨明確為貴，說話以簡要而旨趣清楚為尚，雄辯之士的語言扼要而通達，文人的言詞少而鮮明。現在你所寫作的《論衡》超出萬言，文字繁多而不簡要，閱讀的人就不能讀完；篇章不止一個，傳誦的人就不能接受。你蒙受浮躁話多的人的名聲，就是因為文章寫得太多就不好。語言簡練就容易說，文章篇幅太大就很難寫得恰當。寶玉少而石頭多，多的石頭就不顯得珍貴；龍少而魚多，少的龍本來就顯得很神奇。」

王充回答說：有這種說法。大概是說內容充實的文章不嫌其多，而華而不實的文章再少也不算好。對世道人心有好處的文章，即使多達百篇也沒有什麼妨害；對社會沒有用處的文章，即使只有一章也沒有什麼益處。如果文章都有益於社會，那麼篇幅多的應該為上等，少的為下等。好比累積千金，同累積一百相比，哪一個為富人呢？恐怕是文章多的勝過少的，財產富足的勝過貧乏的吧。世人沒有一卷書，我有百篇；別人沒有一字，我有萬言，哪一個為賢人呢？現在你們不說人家所說的話不對，而說人家文章太多；不說世人不喜歡好文章，而說他們不能接受我的作品，這大概就是我的著作之所以不能寫得太簡略的原因吧。房屋多，土地不可能很少；戶口多，戶口冊不可能很少。現在違背實際情況的事太多了，譁眾取寵、虛妄浮艷的語言太多了，指明真實情況、判斷是非、辯論爭議的文章，怎麼能寫得簡短平直呢？韓非的著作，貫穿一個中心，沒有別的，篇數以十來排列次序，文字以萬數來計算。身體肥大的人，衣服不能狹小；內容眾多的文章，文字不能太少。內容多，文章就豐富；水勢大，魚群就多；國都糧食多，集市上的人就會摩肩接踵。我的書雖然篇幅很大，文字繁多，但所論及的問題有上百種。考察古代的太公呂望，近代的董仲舒，《漢書・藝文志》著錄他們的書都有百篇之多，我的書也才超出一百篇，卻說篇章太多，大概是認為作者地位低賤，觀看的人不能不大聲斥責吧。黃河之水洶湧澎湃，同那些眾川相比，哪一種為浩大？蠶繭重厚，同又輕又薄的相比，衡量它們繅出的蠶絲，哪一種為多呢？

充仕❶數❷不耦❸，而徒著書自紀❹。或虧❺曰：「所貴鴻材者，仕宦耦合，身容❻說納❼，事得❽功立，故為高也。今吾子❾涉世❿落魄⓫，仕數黜斥⓬。材未練於事，力未盡於職，故徒幽思，屬文著記⓭，美言何補於身，眾多欲以何趨⓮乎？」

答曰：材鴻莫過於孔子。孔子才不容，斥逐，伐樹⓯，接淅⓰，見圍⓱，削迹⓲，困餓陳、蔡⓳，門徒菜色⓴。今吾材不逮㉑孔子，不偶㉒之厄㉓，未與之等，偏可輕乎？且達者㉔未必知㉕，窮者㉖未必愚。遇者則得，不遇失之。故夫命厚祿善，庸人尊顯；命薄祿惡，奇俊㉗落魄。必以偶合稱材量德，則夫專城食土者㉘，材賢㉙孔、墨。身貴而名賤，則㉚居㉛潔而行墨㉜，食㉝千鍾之祿，無一長㉞之德，乃可戲㉟也。若夫德高而名白㊱，官卑而祿泊㊲，非才能之過，未足以為累㊳也。士願與憲㊴共廬㊵，不慕與賜㊶同衡㊷；樂與夷俱旅㊸，不貪㊹與跖比迹㊺。高士所貴，不與俗均㊻，故其名稱不與世同。身與草木俱朽，聲與日月並彰㊼，行㊽與孔子比窮㊾，文與楊雄為雙㊿，吾榮之(51)。身通(52)而知困(53)，官大而德細(54)，於彼為榮，於我為累。偶合容說(55)，身尊體佚(56)，百載之後，與物(57)俱歿(58)，名不流(59)於一嗣(60)，文不遺於一札(61)，官(62)雖傾倉(63)，文德不豐，非吾所臧(64)。德汪濊(65)而淵懿(66)，知滂沛(67)而盈溢，筆瀧漉(68)而雨集，言溶瀉(69)而泉出，富材羨知(70)，貴行(71)尊志(72)，體列於一世(73)，名傳於千載，乃吾所謂異(74)也。

【章旨】此章自述仕數不進而發憤著書，表明自己的高潔情操，以回敬時人的嘲弄。

【注釋】❶仕　做官。❷數　屢次。❸耦　通「偶」。遇合。指受上司賞識重用。❹紀　通「記」。記載。❺虧　損；挖苦；嘲弄。❻身容　本身受重用。❼說納　主張被採納。❽事得　事成。❾吾子　你。指王充。❿涉世　處世。⓫落魄　不得志。⓬黜斥　被貶斥。⓭屬文著記　作文著書。⓮何趨　什麼目的。意思是寫那麼多做什麼用。⓯伐樹　《莊子・讓王篇》釋文：「孔子之宋，與弟子習禮大樹下。宋司馬桓魋欲殺孔子，伐其樹，孔子遂行。」⓰接淅　《孟子・萬章下》：「孔子去齊，接淅而行。」《說文解字》云：「淅，汏米也。」淅米、汏米，今曰淘米。西元前五一七年，孔子在齊國時，有人要害他，他聽說後，連飯都來不及做，匆匆忙忙把淘過的米濾乾，就離開了齊國。參見《史記・孔子世家》。⑰見圍　被圍困。事見《論語・子罕》。⑱削迹　剷平車輪輾過的痕跡。《莊子・天運篇》疏：「夫子嘗遊於衛，衛人疾之，故剗削其迹，不見用也。」⑲困餓陳蔡　《論語・衛靈公》：「在陳絕糧，從者病，莫能興。」⑳菜色　青色。形容飢餓的臉色。以上均言孔子一生的坎坷遭遇。㉑逮　及。㉒不偶　不遇；不得志。㉓厄　厄運；災難。㉔達者　官運亨通的人。㉕知　通「智」。㉖窮者　不得志的人。㉗奇俊　才能出眾的人。㉘專城食土者　指州郡一級地方長官和有爵位封地的人。㉙賢　超過。㉚則　或者。㉛居所處的地位。㉜墨　不清潔；卑鄙骯髒。㉝食　享受。㉞長　優點。㉟戲　嘲弄；譏笑。㊱名白　名聲清白。㊲泊　通「薄」。少。㊳累　虧損；缺陷。㊴憲　原憲。孔子門生，是一個安貧樂道的人。㊵共廬　同住一間房屋。㊶賜　端木賜。子貢。㊷同衡　同乘一輛車子。㊸俱旅　同行。㊹貪　求；喜歡。㊺比迹　同走一條道路。㊻均　同。㊼彰　明；光輝燦爛。㊽行　行跡。㊾比窮　同樣窮困不得志。㊿為雙　成雙；並列。(51)榮之　以之為榮。(52)通　顯達。(53)知困　才智困乏。知，通「智」。(54)細　薄。(55)容說　受到重用和寵愛。說，同「悅」。(56)佚　通「逸」。安逸。(57)物　指形體。(58)歿　消亡。(59)流　流傳。(60)嗣　世；代。(61)札　簡札。(62)官　此指俸祿。(63)傾倉　滿倉。形容俸祿之多。(64)臧　善；贊賞。(65)汪濊　像汪洋一樣寬廣。(66)淵懿　像淵一樣深美。懿，美。《詩・大雅・烝民》：「民之秉彝，好是懿德。」懿德，美德。(67)滂沛　水勢盛大。形容富於才智。(68)瀧瀧　滂沱大雨；大雨傾盆一樣。(69)溶瀶　像泉水奔湧。形容語言流暢，口若懸河。(70)富材羡知　多才足智。羡知，智慧有餘。知，通「智」。(71)貴行　行為高貴。(72)尊志　志向不凡。(73)體列於一世　指人活了一世。列，陳列；出現。(74)異　奇異；傑出。

【語譯】王充做官多次不受上司賞識，只好退而著書自記。有人嘲笑說：「有大材的人最可貴的地方，在於做官時迎合上司的心意，受到上司的賞識，本身受重用，主張被採納，事情辦好了，功業建立了，所以顯得比別人高出一籌。現在你處世不得志，做官多次被貶斥，才華不能在辦事中充分表現出來，能力不能在任職期間盡量發揮出來，所以只能冥思苦想，寫文章著書立說，文章寫得再美對自己又有什麼好處？著作寫得再多又想要以此達到什麼目的呢？」

王充回答說：大材莫過於孔子。孔子的才華並不為當世所容，到處被貶斥、驅逐：在宋國受到砍樹之逐，在齊國連飯都來不及做，匆匆忙忙把淘過的米濾乾就逃跑了，在匡地被圍困，在衛國蒙受削平車跡之辱。在陳、蔡之間被圍困七天七夜，沒吃上一頓飽飯，門生的臉上呈現一片飢餓的顏色。現在我的才能不及孔子，窮困不得志的厄運，不能同孔子等同，為什麼偏要因此輕視我呢？況且官運亨通的人未必聰明，窮困不得志的人未必愚蠢。碰到上司賞識的人就得到富貴，沒有得到上司賞識就會失去富貴。因此命中注定祿命大，即使是庸庸碌碌的人也會處於顯赫尊貴的地位；注定祿命單薄而險惡的人，即使是才能出眾也會窮困潦倒不得志。如果一定要用是否得志和受重用來衡量一個人的才能與品德，那麼那些州郡一級的地方長官和有爵位封地的人，才能就一定超過孔子、墨子了。身分高貴而名聲很壞，或者地位清高而行為卑鄙，享受千鍾俸祿，而沒有一點優良品德，這種人才應該受到嘲笑啊。至於德高而名聲清白，官職卑微而俸祿單薄的人，這不是才能方面的過錯，不足以當作他們的缺陷。讀書人情願同安貧樂道的原憲住在一間房子裡，而不仰慕與家財萬貫的端木賜同乘一輛車子；樂於與伯夷同行，而不貪求與盜跖同走一條路。品行高潔的讀書人最可貴的地方，在於不與世俗之輩相同，所以他的名稱不與世人一樣。身體與草木一起腐朽了，但名聲與日月同光輝，行跡與孔子一樣窮困不得志，但文章與揚雄並駕齊驅，我以此為榮光。自身地位顯達而才智貧乏，官職很大而道德很小，這對他人來說是一種榮耀，而在我看來是一種缺陷。迎合上司而受到重用和寵幸，即使地位尊貴而生活安逸，百年之後，這些身外之物與形體一起消亡了，名聲不流傳於一代，文章也沒有遺留下來一篇，當官時的俸祿即使滿倉，而文章道德不多，這不是我所贊賞的。德行像汪洋一樣寬廣而又像深淵一樣美好，才智像水勢一樣盛大而橫溢，筆底文章洋洋灑灑而像大雨傾注一樣，語言流暢而像泉水盛湧一樣流出，多才足智，行為高尚，志向不凡，自身雖然只活於一代，名聲卻流傳於千載，這才是我所稱道的奇俊啊。

充細族孤門❶。或啁❷之曰：「宗祖❸無淑❹懿❺之基❻，文墨❼無篇籍❽之遺，雖著鴻麗之論，無所稟階❾，終不為高。夫氣無漸❿而卒⓫至曰變⓬，物無類⓭而妄⑭生曰異⑮，不常有而忽見⑯曰妖，詭⑰於眾而突出⑱曰怪。吾子何祖？其先不載。況未嘗履墨涂⑲，出儒門⑳，吐論㉑數千萬言，宜為妖變，安得寶斯文㉒而多賢㉓？」

答曰：鳥無世㉔鳳凰，獸無種㉕騏驎，人無祖㉖聖賢，物無常㉗嘉珍㉘。才高見屈㉙，遭㉚時而然。士貴故孤㉛興，物貴故獨產。文孰㉜常在有以放㉝賢，是則醴泉㉞有故源，而嘉禾㉟有舊根也。屈奇㊱之士見㊲，倜儻㊳之辭生，度㊴不與俗協，庸用㊵不能程㊶。是故罕發之迹㊷，記於牒㊸籍；希出之物，勒㊹於鼎銘。五帝不一世而起，伊㊺、望㊻不同家而出。千里殊迹㊼，百載異發㊽。士貴雅材而慎興㊾，不因高據㊿而顯達。母驪(51)犢騂(52)，無害犧(53)牲；祖濁裔(54)清，不牓(55)奇人(56)。鯀惡禹聖，叟(57)頑(58)舜神。伯牛寢疾，仲弓(59)潔全(60)。顏路(61)庸固(62)，回傑超倫(63)。孔、墨祖愚，丘、翟聖賢。楊家不通(64)，卓有子雲(65)；桓氏稽古(66)，適出(67)君山(68)。更稟於元(69)，故能著文。

【章　旨】此章回擊有人認為王充出身細族孤門，因而不能著書立說的謬論。

【注　釋】❶細族孤門　與大族豪門相對。言自己家庭出身低微。❷啁　通「調」。調笑。❸宗祖　祖宗。❹淑　善。❺懿　美。❻基　根基。❼文墨　著述。❽籍　書冊。❾稟階　指學術上的師承淵源。❿漸　逐漸發展。此指發展過程。⓫卒　通

「猝」。突然。⑫變　災變。⑬類　種類。⑭妄　胡亂。⑮異　怪物。⑯見　同「現」。出現。⑰詭　異。⑱突出　突然出現。⑲履墨涂　走墨家的路；跟隨墨家學習。履，走。涂，通「途」。⑳儒門　儒家之門。㉑吐論　發表言論。㉒寶斯文　以斯文為寶。㉓多賢　推崇贊美。㉔世　世代相傳。㉕種　傳宗接代。㉖祖　祖祖輩輩。㉗常　永恆；永久；世世代代。㉘嘉珍　美好珍奇之物。㉙見屈　被壓抑。㉚遭　碰到；遇上。㉛孤　單獨。㉜孰　通「熟」。㉝放　通「仿」。㉞醴泉　甘美的泉水。㉟嘉禾　生長特別茁壯的禾稻。古人視之為祥瑞之兆。㊱屈奇　傑出。屈，通「崛」。特出的樣子。㊲見　同「現」。出現。㊳倜儻　卓越不凡。㊴度　風度；氣派。㊵用　因此。㊶程　衡量。㊷罕發之迹　很少發生的事蹟。罕，很少。㊸牒　木簡。㊹勒　刻。相傳禹鑄九鼎，將許多罕見之物的形象刻在鼎上。參見本書〈儒增篇〉。㊺伊　即伊尹。㊻望　即姜太公呂尚。㊼殊迹　事蹟不同。㊽異發　人物不同。㊾慎興　對做官、升遷持謹慎態度。㊿高據　出身高貴。(51)驪　通「犁」。黃黑雜色的牛。(52)騂　純赤色的牛。(53)犧　古代祭祀用的純色牲畜。(54)裔　後代。(55)牓　通「妨」。妨礙。(56)奇人　奇特傑出的人才。(57)叟　指瞽叟。傳說是舜的父親。(58)頑　愚昧無知，不通義禮。(59)仲弓　人名。伯牛之子冉雍，孔子門生。(60)潔全　指體膚健全清潔。(61)顏路　人名。顏回的父親，孔子門生。(62)庸固　平庸笨拙。(63)超倫　超群出眾。(64)不通　不顯貴。(65)子雲　揚雄，字子雲。(66)稽古　稽故；滯留不進；官運不通。(67)逿出　穎脫而出；冒出。逿，通「矞」。用錐子穿透東西。(68)君山　桓譚，字君山。(69)更稟於元　王充認為，他能著書立說，是因為承受了精微之氣，而不是祖師傳授的。稟，承受。元，元氣。即氣。

【語　譯】我家庭出身低微，不是大族豪門。有人調笑說：「祖宗沒有善美的根基，著述方面又沒有一篇文章遺傳下來，即使你現在寫出鴻麗的作品，也沒有學術方面的師承淵源，終究不算為高明。天氣不經過逐漸發展的過程而突然變化叫做災變，物沒有種類而胡亂生長叫做怪異，不是經常有的事物而忽然出現叫做妖怪，不同於眾類而突然出現的現象叫做怪異。你的祖先是什麼樣的人？你的先輩並沒有什麼事蹟記載下來。況且你沒有跟隨墨家學習，出入儒家之門，發表的言論即使有數千萬文字，也應該算作妖變，怎麼能把這些文章看作寶貝而加以推崇贊美呢？」

王充回答說：鳥類中沒有世世代代相傳的鳳凰，獸類中沒有傳種接代的麒麟，人類中沒有祖祖輩輩都是聖賢，物類中沒有世世代代都是美好珍奇之物的。才能高超的人被壓抑，這是時運所造成的。人才可貴是因為他單獨出現，事物可貴是因為它單獨出產。如果文章的成熟總是要仿效賢人寫過的作品，這就等於說甘美的泉水一定有舊的源頭，生長特別茁壯的禾稻一定有老的根系啊。傑出人才的出現，卓越不凡的作品的問世，風度與世俗不相合，平庸之輩因此不能對它加以衡量。所以很少發生的事跡，常記載在書籍之中；很少出現的珍奇之物，常刻在鼎上。五帝不是在同一時代興起的，伊尹、呂尚不是在同一個家庭出生的。相距千里則事蹟不同，相隔百年則人才各異。讀書人貴在有高超的才能而不輕易去做官往上爬，不依靠出身高貴來獲取顯赫的地位。母牛黃黑雜色，小牛純赤色，這並不妨礙用小牛來做祭品；祖先品行汙濁，後代行為清白，並不妨礙後代成為傑出的人才。鯀行為惡劣而禹成為一代聖主，瞽叟愚昧無知而舜卻神明聖潔。伯牛患病臥床不起，而仲弓卻體膚健全清潔。顏路庸俗笨拙，而顏回卻傑出超群。孔子、墨子的祖先都是平庸愚昧之輩，而孔丘、墨翟卻成為千古聖賢。揚氏家族並不顯貴，卻出了才能卓絕的揚子雲；桓氏門第官運不通，桓君山卻穎脫而出。我因為承受了精微之氣，所以能夠著書撰文。

充以❶元和三年❷徙❸家辟❹詣❺揚州部❻丹陽、九江、廬江，後入於治中❼。材小任大，職在刺割❽，筆札之思，歷年寢廢❾。章和二年，罷州❿家居。年漸七十，時可懸輿⓫。仕路⓬隔絕，志窮⓭無如⓮。事有否⓯然⓰，身有利害。髮白齒落，日月逾邁，儔倫⓱彌索⓲，鮮⓳所恃⓴賴。貧無供養，志不娛快㉑。歷數㉒冉冉㉓，庚辛㉔域際㉕，雖懼終徂㉖，愚猶沛沛㉗，乃作《養性》之書，凡㉘十六篇。養氣自守，適㉙食則㉚酒，閉目㉛塞聰㉜，愛精自保，適輔服藥引導㉝，庶㉞冀㉟性命可延，斯須㊱不老。既晚無還㊲，垂㊳書示後。惟人性命，長短有期，人亦蟲物，生死一時。年歷但㊴記㊵，孰使留之？猶㊶入黃泉，消為土灰。上自黃、唐，下臻㊷秦、漢而㊸來，折衷㊹以聖道，析理㊺於通材㊻，如衡㊼之平，如鑒之開㊽，幼老生死古今，罔㊾不詳該㊿。命以不延，吁嘆悲哉！

【章旨】此章自述晚年生活，抒一生命運之悲苦。

【注釋】❶以　在。❷元和三年　西元八六年。❸徙　搬家。❹辟　徵召；被徵去做官。《後漢書·王充列傳》記載：「刺史董勤辟為從事，轉治中，自免還家。」❺詣　往；到。❻揚州部　漢武帝時，全國分為十三個監察區，叫做十三刺史部，簡稱為十三部，又稱為十三州。揚州，即揚州。❼治中　即治中從事史。州刺史從事。❽刺劾　檢舉彈劾官吏。❾寢廢　中斷。❿罷州　辭去揚州治中的官職。罷，免官。此指辭職。⓫懸輿　把車子吊起來不再乘坐。指告老退職。⓬仕路　仕途；官場。⓭志窮　志向不能實現。⓮無如　無奈；無可奈何。⓯否　閉塞不通。指不順利。⓰然　順利。⓱儔倫　同輩伙伴。⓲彌索　越來越少。⓳鮮　少。⓴恃　依靠。㉑志不娛快　心裡不愉快。㉒歷數　指歲月。㉓冉冉　慢慢地過去。㉔庚辛　指庚寅年（漢和帝永元二年，西元九〇年）和辛卯年（永元三年，西元九一年）。㉕域際　交界；之間。㉖終徂　指死亡。徂，逝。㉗沛沛　形容心潮激蕩，充滿生命的活力。㉘凡　總共。㉙適　適量。㉚則　法；有定量。㉛目　指眼睛。㉜聰　指耳朵。㉝引導　即「導引」。屬原始氣功療法。長沙馬王堆漢墓出土的帛書中有導引圖。㉞庶　庶幾；也許可能。㉟冀　希望。㊱斯須　須臾；短時間。㊲無還　無法返老還童。㊳垂　傳下去。㊴但　徒；白白地。㊵記　書寫。㊶猶　若；如果。㊷臻　到。㊸而　以。㊹折衷　取正。作為判斷事物的標準。㊺析理　剖析事理。㊻通材　博通古今之才。㊼衡　秤。㊽開　明亮。㊾罔　無。㊿該　具備。

【語譯】我在元和三年被徵去做官，搬家到揚州部丹陽、九江、廬江，後來進入州府任治中。才能小而職務大，職責在於檢舉和彈劾官吏，著書立說的念頭，中斷多年了。章和二年，我辭官回到家中居住。年近七十，已經到了告老退休的時間。仕途已經被隔絕了，志向不能實現，無可奈何。凡事總有順利與不順利的時候，身體也有好與不好的時候。我現在頭髮白了，牙齒脫了，歲月一天天地過去了，同輩的伙伴越來越少，很少有什麼可以依賴的人了。家境貧困，沒有供養的東西，心情很不愉快。歲月慢慢地過去，庚寅、辛卯年之交，我雖然怕死去，但心潮激蕩，充滿生命的活力，於是寫作《養性》一書，共計十六篇。養氣自守，吃飯和飲酒都要適量，閉目塞聽，愛護精力，自我保養，適當輔以藥物和氣功療法，希望自己的性命也許能夠延長，短時間不會衰老。然而，既已到了晚年，無法返老還童，只有把自己的書留傳給後代看。人的性命，長短有期數，人也是動物，生死總有一定的期限。我歷年寫下來的文章，誰能使它留傳下去呢？如果我死了，消失變成了土灰。但我的著作，上自黃帝、唐堯，下到秦、漢以來，用聖人之道為判斷是非的標準，從博通古今的人才那裡找依據來剖析事理，如同用秤稱東西那樣公平，好像鏡子一樣明亮，老幼、生死、古今之事，無不詳細具備。我的性命已經不能延續了，令人歎息悲傷啊！

附錄

後漢書・王充列傳

王充，字仲任，會稽上虞人也。其先自魏郡元城徙焉。充少孤，鄉里稱孝。後到京師❶，受業❷太學❸，師事扶風班彪❹。好博學而不守章句。家貧無書，常遊洛陽市肆❺，閱所賣書，一見輒❻能誦憶，遂博通眾流百家之言。後歸鄉里，屏居❼教授。仕郡為功曹，以❽數❾諫爭不合去❿。充好論說，始若詭異，終有理實。以為俗儒守文，多失其真，乃閉門潛思，絕慶弔之禮⓫，戶牖牆壁，各置刀筆⓬，著《論衡》八十五篇，二十餘萬言⓭，釋物類同異，正⓮時俗嫌疑。刺史董勤辟為從事，轉治中，自免還家。友人同郡謝夷吾上書，薦充才學⓯，肅宗特詔公車⓰徵，病不行。年漸七十，志力衰耗，乃造《養性書》十六篇，裁節嗜欲，頤⓱神自守。永元中，病卒於家。

【注釋】❶京師 京城。指洛陽。❷受業 從師學習。❸太學 中國古代的大學。西周時已有太學之名。《大戴禮記·保傅》：「帝入太學，承師問道。」漢武帝元朔五年（西元前一二四年）設五經博士，弟子五十人，為西漢太學之始。東漢太學日盛。順帝時有二百四十房，一千八百五十室，質帝時，太學生多達三萬人。袁山松《後漢書》云：「充幼聰明。詣太學，觀天子臨辟雍，作《六儒論》。」❹班彪 （西元三～五四年）字叔皮。扶風安陵人，東漢史學家，作《史記後傳》六十餘篇，後由其子班固續修而成《漢書》。❺市肆 市上的書店。肆，市集貿易的地方。❻輒 就；立即。❼屏居 退居；隱居。❽以 因為。❾數 屢次。❿去 離開。⓫慶弔之禮 喜慶弔喪的禮節。⓬刀筆 古代寫字的工具。古人用筆在竹簡、木簡上寫字，有誤，則用刀刮去重寫，故言。⓭著論衡二句 袁山松《後漢書》云：「充所作《論衡》，中土未有傳者，蔡邕入吳始得之，恆秘玩以為談助。其後王朗為會稽太守，又得其書，及還許下，時人稱其才進。或曰：『不見異人，當得異書。』問之，果以《論衡》之益，由是遂見傳焉。」《抱朴子》亦云：「時人嫌蔡邕得異書，或搜求其帳中隱處，果得《論衡》，抱數卷持去。邕丁寧之曰：『唯我與爾共之，勿廣也。』」⓮正 訂正；考訂。⓯薦充才學 謝承《後漢書》云：「夷吾薦充曰：『充之天才，非學所加，雖前世孟軻、孫卿，近漢楊雄、劉向、司馬遷，不能過也。』」⓰公車 官署名。《後漢書·光武紀下》：「舉賢良方正各一人，遣詣公車。」李賢注引《漢官儀》云：「公車掌殿司馬門，天下上事及徵召皆總領之。」⓱頤 養；保養。

【語譯】王充，字仲任，會稽郡上虞縣人。他的祖先從魏郡元城縣遷徙到這裡。王充從小孤單，沒有兄弟，鄉里人都稱贊他孝順。後到京城洛陽，進太學讀書，師事扶風班彪。他愛好博覽群書，而又不遵守章句。家中貧困沒有錢買書，他常到洛陽市面上的書店去玩，閱讀所賣的書籍，一見就能記憶背誦，於是博通眾多流派和百家的學說。後來回到家鄉隱居，把知識傳授給學生。在郡中做官為功曹，因多次進諫，與上司意見不合，離職而去。王充喜歡發表議論，一開始好像有點怪異，但讀下去最終使人感到有道理，符合實際情況。他認為一般儒生遵守偽書俗文，大多不符合真實情況，於是閉門深思，斷絕喜慶弔喪之類的應酬往來，在房內四處放置書寫工具，著作《論衡》八十五篇，共二十餘萬字，解釋物類的同異，訂正當時社會上存在的疑難問題。刺史董勤徵召他為從事，又轉升為治中。不久王充自動辭官回家。友人同郡謝夷吾上書皇帝，極力推薦王充的才華和學問，肅宗特地下詔書要公車徵召，但王充因病沒有動身。王充年漸七十，精力衰耗，於是寫作《養性書》十六篇，嚴格控制、調節食欲和嗜好，養神自守。永元年間，在家中病死。

◎新譯墨子讀本

李生龍／注譯　李振興／校閱

墨子是戰國時期重要的思想家，也是邏輯學家、軍事家。現傳《墨子》一書共五十三篇，內容可分為三類：一屬名辯類，其中提出不少推理方法，對中國邏輯學發展有頗大助益。二屬軍事類，對於墨子「非攻」的思想研究有重要的參考意義。三屬思想類，本書的「導讀」部分有詳盡的說明。本書各篇有題解說明，各段有章旨概括重點，注釋簡潔明晰，實為研究《墨子》的最佳讀本。

◎新譯韓非子

傅武光、賴炎元／注譯

韓非乃集先秦法家之大成者，其思想影響後世至深且鉅，《韓非子》一書即其傳世之作。本書由國立台灣師範大學國文系賴炎元與傅武光二位教授共同執筆，歷時六載始告完成。除正文之題解、注釋、語譯詳贍易讀外，書前之「導讀」一篇更條分縷析，對韓非其人其書、思想淵源、學說體系及評價，皆有完整而獨到之介紹，允稱今人研讀《韓非子》之最佳選擇。

◎新譯列子讀本

莊萬壽／注譯

《列子》是魏晉時人蒐集古代文獻而編成的一本道家叢談，書中保存了許多先民的生活哲理、神話和傳說，是研究中、上古文化不可或缺的材料。特別是它以虛構的短篇寓言表達思想主張，說理而不流於說教，是古籍中少見的形式。透過本書詳細淺明的注釋和通暢的白話翻譯，能幫助讀者跨越時空，從輕鬆的小故事中汲取古人智慧。

◎新譯公孫龍子

丁成泉／注譯　黃志民／校閱

公孫龍是戰國時代一位著名的學者和出色的辯論家，他也是名家學派的創始人之一，《公孫龍子》即其傳世之作。公孫龍所創立的學說，對中國古代哲學，特別是邏輯學方面有很大的貢獻。本書在吸收現代學者研究成果的基礎上，於考訂異文、注釋、語譯皆力求曉暢易讀，書前「導讀」對公孫龍其人其書和思想特色並有詳細的介紹。想要了解名家思想，本書是最佳選擇。

◎新譯新語讀本

王毅／注譯　黃俊郎／校閱

《新語》乃漢初學者陸賈於天下初定，為總結歷史教訓、鞏固漢朝政權，應劉邦之命所撰寫的著作。書中闡述「秦所以失天下，漢所以得之者何，及古今成敗之故」，提出了各種進步的思想，融會貫通，博采眾家之長，開啟漢代文化思想發展的道路。而其語言精煉優美，講究對稱和韻律，也是漢代文章之典範。本書以明刊李廷梧本為據，參酌各家版本加以校正，並詳為導讀和注譯解析，以為現代讀者研讀之用。

◎新譯潛夫論

彭丙成／注譯　陳滿銘／校閱

《潛夫論》為東漢思想家王符以儒家仁政愛民思想為主而兼採各家，總結上古至兩漢之歷史經驗教訓，對東漢後期之各種「衰世之務」進行廣泛而深入之批評與檢討。本書各篇仍依王符舊次，重新分章標點，務使眉目清晰。書前「導讀」頗能反映大陸近年研究王符之成果，注釋力求簡明，譯文則務在通俗，俾使讀者一目了然。